新修 民俗語彙

野本寛一

柊風舎

新修民俗語彙

目次

序　民俗語彙の樹海へ

民俗事象や民俗的営為は常にそれらを示す民俗のことばによって表示される。それはじつに多彩である。自然環境との連動性が強い第一次産業や採集民俗などは自然環境や地域性の影響を受けやすいため民俗のことばにも特色が生まれやすい。また、さまざまな職能集団、諸職には特定の労務・技能や道具にかかわる多くのことばがある。これもまた民俗のことばである。右にいう民俗のことばは「民俗語」ともいえる。柳田國男監修、民俗学研究所編の『綜合日本民俗語彙』では「民俗語」ということばが用いられている。藤原与一は「語彙」に対して「語詞」という語を用いている。その民俗語・民俗語詞の集合体が「民俗語彙」である。「彙」は「集める」という意味なのである。時にひとつの民俗語を民俗語彙と表現することもあるのだが、厳正にいえば「語彙」とは当然「語群」なのである。

民俗語・民俗語彙は、民俗世界をより詳細に記録するための要語であり、時に民俗世界を探索する緒《いとぐち》となり、指針となる。一方、民俗語は日本語の総体のなかでも重い意味を持つ。民俗語の集積はこの国のことばの層の厚さを示すことにもつながる。語の振幅を確かめる資料にもなる。また、特定の語の水源を探るよすがともなるはずだ。民俗語の集積は右の、二面の効用をもたらすものだといえよう。

昭和三十年六月、柳田國男監修、民俗学研究所編集によって『綜合日本民俗語彙』全五巻(平凡社)が刊行された。これは壮大な業績であり、民俗学に対して多大な裨益《ひえき》をもたらし続けている。のみならず、日本語研究並びに隣接諸学にとっても大きな恵みであった。柳田の企画によって分野別に『分類習俗語彙』、『分類語彙』も刊行された。

柳田の、民俗語並びに民俗語彙に対する着眼は早かった。明治四十二年三月、自家版として刊行された『後狩詞記』のなかに「民俗語彙」集成の祖型が見られる。「土地の名目」＝「ニタ」をはじめとする四十一語、「狩ことば」＝「トギリ」をはじめとする三十一語が収載され、解説がなされている。これに刺激を受けて民俗語を収集した研究者も出た。その成果の多くは『綜合日本民俗語彙』に束ねられている。

右のような大きな集成があるなかで、私が、たとい量は少なくとも民俗語彙を書きとどめなければならないと実感した契機は以下による。昭和五十二年三月から六月まで、静岡新聞紙上に「大井川 その風土と文化」を連載した。当時、静岡県藤枝市で暮らしていた私は、連載の準備のために、写真を担当してくれた八木洋行氏とともに昭和五十一年一月から五十二年三月まで大井川流域のムラムラに足しげく通った。その大井川溯源行のなかで、それまでまったく耳にしたことのなかった民俗のことば、民俗語をムラムラを訪れるたびごとに多くの方々から浴びるように聞かされた。それは例えば、焼畑にかかわる民俗語であったり、木材の河川流送にかかわるものだった。おのおのの営みについての聞きとりが詳細に及ぶにつれて耳新しい民俗語はその数を増した。それらはムラびとたちの体験や見聞のなかで生き生きと機能していた民俗のことばだった。しかし、そのころにはもう、焼畑も、木材の河川流送も現実には行われていなかった。今のうちに生業要素の体系にまつわる民俗語、職能集団ごとに纏《まと》まりを持つ民俗のことばを記録しておかなければとり返しのつかないことになるという焦燥感が湧いた。

『綜合日本民俗語彙』が刊行された昭和三十年ごろから始まった高度経済成長は、アジア太平洋戦争とその終結による社会変容よりはるかに大きい波動を起こした。それは、生活様式、社会生活の変革を迫ることになり、価値観の変質をもたらすことになった。平地農村地帯、山のムラムラ、臨海のムラや離島などでは複合的な数々の生業要素のひとつひとつを徐々に欠落させ、都市部との連動のなかで換金作物も変転を重ねるようになる。欠落を余儀なくされた生業要素のひとつひとつや、新たな生活様式のなかで消えていった諸職にはおのおのに独自の民俗世界があり、体系的な民俗語彙があった。

大井川溯源行以降も全国各地をめぐり、民俗に関する学びを続けてきた。そのなかで、多様な民俗語を学んできた。学び続けてきた民俗語彙を一書に纏《まと》めたいという思いはあったものの、踏み切ることには躊躇があった。それは、自身の学びの主題・領域と、学びの地域に片寄りがあったからである。このことは、収載されるはずの民俗語に片寄りを生ぜしめることになり、ある種の恣意性を纏《まと》うことにもなるからである。また民俗語彙の集積が、旗を掲げるほどの量に達していないこともあった。こうした瑕疵《かし》を承知しながら『新修民俗語彙』を公にさせていただきたいと思う。私には、私にさまざまな民俗とそれにかかわる民俗語をお教えくださった方々から託されたという思いがある。学んだ民俗語彙を書き残すことは、生を享《う》け、時代を生きて民俗を学んだ者の責務だという思いに至ったのである。

主要参考文献

本書を成すにあたっては多くの先行成果に学ぶところが大きかった。そのなかの主要なものは本文中にもたびたび引用させていただいた。その際、発行所、発行年を省略した。よって主要参考文献を以下に掲げる。なお、本文中に挙げたすべての文献について、巻末に改めて「参考文献一覧」として一括して収録した。

・柳田國男監修・民俗学研究所編『改訂綜合日本民俗語彙』全五巻（平凡社　一九七〇）
・福田アジオほか編『日本民俗大辞典』上・下（吉川弘文館　一九九九、二〇〇〇）
・北原保雄ほか編『日本国語大辞典　第二版』（小学館　二〇〇三）
・中村幸彦、岡見正雄、阪倉篤義編『角川古語大辞典』全五巻（角川書店　一九八二）
・日本建築学会民家語彙集録部会編『日本民家語彙解説辞典』（日外アソシエーツ　一九九三）
・松永美吉著・日本地名研究所編『民俗地名語彙事典』（ちくま学芸文庫　二〇二一）
・宮良當壮『宮良當壮全集　第八巻　八重山語彙　甲篇』『宮良當壮全集　第八巻　八重山語彙　乙篇』（第一書房　一九八〇、一九八一）
・谷川健一編『日本民俗文化資料集成　第16巻　農山漁民文化と民俗語　倉田一郎集』（三一書房　一九九五）
・倉田一郎『国語と民俗学』（岩崎美術社　一九六八）
・酒井卯作編著『琉球列島民俗語彙』（第一書房　二〇〇二）
・稲雄次編著『秋田民俗語彙事典』（無明舎出版　一九九〇）
・藤原与一『日本語方言辞書　昭和・平成の生活語』全三巻（東京堂出版　一九九六、一九九七）
・藤原与一『小さな語彙学』（三弥井書店　一九九一）
・鈴木寛之「民俗学と語彙研究」（関一敏編『現代民俗学の視点　第2巻　民俗のことば』朝倉書店　一九九八）

凡例

1　本書収載の民俗語彙について内容の分野・類別を概観していただくためと、利用の際の便宜を考えて、目次のような章立て方式をとった。

2　見出し語は、片仮名ゴチック体で示す。配列は章・節ごとに五十音順によった。同音異義の見出し語については、①、②……のように番号を振った。

3　見出し語の下の【　】の中は、民俗学で一般化している、人生儀礼、社会組織、産育などの類別で統一、整理すべきではあったが、生業、生活要素や自然環境要素などにかかわる語彙が多岐にわたり、これまでの枠組にそぐわない語彙も多いので、民俗学の分類部門を考慮しつつ、当該民俗語を解説する本文理解のための指針を二段階か三段階の語句で示した。いわば「リード」の形にした。

4　見出し語の語意・使用場面などはすべて伝承者の体験や見聞、伝承によった。解説文は長いものは六百字を目途とし、前半に事例を示し、後半に解説を付した。類例や語源・転訛などに言及したものもある。

5　見出し語の中には、その見出し語と対応する民俗語、類似概念を示す語、関連語などを並列して掲げているものもある。民俗の動態にもとづく理解の便宜を考えてのことである。また、見出しの中には「語」の範疇を越え、文節・句に及んだものも若干ある。民俗事象の纏《まと》まりを重視しての便宜的扱いである。

6　見出し語の解説文の中に注目すべき民俗語や方言をふくんでいる場合がある。本文中ではそれらを「　」の中に片仮名で示し、索引の中では明朝体で示し、見出し項目と区別して検索できるようにした。

7 同類語や関連語、並びに関連内容についての叙述がある場合、見よ項目として文末に▼○○○の形で示した。

8 見出し語の選定は筆者が直接体験者・伝承者から聞きとったものに限っている。このことは、分野・地域に片寄りを生ぜしめている。また、恣意性を免れることはできない。沖縄県の民俗語彙は独立させるべきだという考え方もあるが、本書では不十分ではあるが沖縄県の民俗語彙の若干を取りあげている。

9 見出し語および解説にかかわる写真や図を収載しているがじゅうぶんなものではない。それは、語彙にかかわる民俗事象が伝承者の記憶のなかにのみ生きており、事象がすでに消滅している例が多いこととともかかわる。

10 見出し語の解説の末尾にその民俗語の伝承者の居住地・氏名・生年を示した。これは、当該の民俗語が「どこで」「いつごろ」使われていたかを理解していただくためである。なお、居住地の表記については利用の際の便宜を考え、できるだけ最新のものとし、「字」「小字」の表記は原則として省略した。ただし、現在の住居表示では調査当時の集落名が抜け落ちてしまうものについては、末尾にその集落名を付した。合併や廃村などにより現在は存在しない市町村や、現在の住居表示では表せないものについては、地名に「旧」を付して表記した。また、離島については、住居表示とは別に島名を記した。

11 本文の表記には、民俗語彙の使用された背景などを考慮し、旧字体を使用したものもある。

12 引用に際しては、旧字体を新字体に変更した。また、地名の表記は原文のままとした。

Ⅰ　農耕

農耕にかかわる民俗語彙は、稲作・定畑・焼畑の三分野に分けた。定畑については陸稲や自家用野菜、販売専用野菜などの例を欠いている。田稗《たびえ》・クワイ・カラトリイモについては水田に栽培されるところから便宜上稲作の項に収載した。これまであまり注目されてこなかった焼畑については多くの民俗語彙を集積することができた。その事例は栽培作物・焼畑の技術・山地の循環利用から儀礼にまで及んでいる。稲作については身近で自明のこととしてとりたてて凝視してこなかったのだが、民俗語彙を手繰りながら見つめ直すと稲作の見方がこれまでじつに粗略だったことに自省を迫られる。

1　稲作

アゲタ【農耕・稲作・水田環境】「フケダ」（深田）に対して土が浅く乾燥する田のことを「アゲタ」と呼んだ。「フケダの稲は「サカ」がよい」（穂が重く、稔りがよい）、「アゲタの稲はサカが悪い」といわれた。「アゲタのアキオチ」という口誦句があった。「アキオチ」（秋落ち）とは収穫期に籾が充実せず、虫害などが多く、収量が減ることを意味する。「フケダはアキオチせん」ともいった（奈良県吉野郡吉野町山口・森口たまゑさん・明治四十年生まれ）。

アゼシメ【農耕・稲作・水田管理】「オゴロモチ」（モグラ＝土竜）が田の畦《あぜ》に穴をあけた年は、冬季、畦《あぜ》の内側の土を三尺幅、深さ八寸分掘り出してそこに赤土を入れる。その赤土を掛矢で入念に叩いて締め固めてから、剝いた田の土をもとにもどす。これを「アゼシメ」(畦締め)という(奈良県吉野郡吉野町滝畑・上坂美代子さん・昭和四年生まれ)。

アッセマワシ・ヒキマワシ【農耕・稲作・水田・牛耕】水田で牛を使う場合、牛を左に回すことを「アッセマワシ」という。アッセマワシは手綱で牛の腹を叩く。右に回すことを「ヒキマワシ」と称してこちらは手綱を引く(広島県山県郡北広島町新庄・伊藤洋さん・昭和八年生まれ)。

「アッセ」の意は定かではないが、「圧制」とのかかわりも考えられる。

アテコシ【農耕・稲作・水田配水】水田に水を入れるに際して、框《かまち》ごとに水路から水を入れるのではなく、田から田へ次々と水を流してゆく方法を「アテコシ」(当て越し)という。棚田などに多く見られる(福井県小浜市上根来・岩本重夫さん・大正十三年生まれ)。▼カケヌキ・フクロダ

アトフミ【農耕・稲作・後口】水田に水を受け入れる口を「ミナクチ」(水口)といい、水田から水を排出する口を「アトクチ」(後口)と呼んだ。そのアトクチを作ることを「アトフミ」(後踏み)という。アトフミをする人は農業の巧者でなければだめだとされていた。アトクチを作る素材に藁があり、これを「アトクサ」と呼ぶ。アトクチはアトクサと土を使って「ロク」(水平)にしなければならない。田植直後は田の水深を一寸に保たなければならないとされていた。アトクチとは別に、大水のときに水をはずすための「ヤマアト」(水源を意識した「山後口」の意か)の準備も

水田のアトクチ(島根県江津市桜江町)

しておかなければならなかった（島根県浜田市金城町追原美又・越田ミトヨさん・明治四十一年生まれ）。

アトクチが重視されていたことは、以下に述べる島根県邑智郡邑南町矢上の浜啓助さん（大正三年生まれ）の伝承によっても明らかである。当地には囃《はや》し田《だ》があり、田植が終わる日の午後三時ごろ、最後の田のアトクチで「サンバイマツリ」を行った。アトクチの両側に栗の枝を立て、蕗《ふき》（富貴）・茗荷（冥加）を添える。アトクチに杁《えぶり》を跨がせ、両側に大足を置く。さらに両側に稲苗を三把ずつ置き、その上に飯を供える。こうして「ドウガシラ」（胴頭＝囃《はや》し方《かた》の頭《かしら》）が西に向かって豊作を祈る。囃《はや》し田《だ》およびそのサンバイ祭りは昭和三十五年ごろまで行われた。

アメヨロコビ【農耕・稲作・田植終了】 田植終了後、部落一斉に農休みをした。日の決定は宮座組織の一老が行った。これを「アメヨロコビ」（雨喜び）または「ジュンキヨロコビ」（順気喜び）と称した（奈良市大保町・火狭平治さん・大正七年生まれ）。

アラシ①・ハダコ【農耕・稲田の畑地化とその循環】 一つの框《かまち》の水田を二分し、その境界に内畦《うちあぜ》を作り、一方に稲を作り、いま一方を「アラシ」と称する臨時畑地にして、里芋を主に、茄子・瓜類・甘藷などを栽培する。アラシを使うのは一年のみで、一年単位でアラシの部分と稲田の部分を交替循環させる。アラシで里芋を栽培する場合は、里芋を植えた土盛りと次の土盛りの間に「ハダコ」と称する溝状の空間をとる。ハダコを設ける目的は排水である。よって、ハダコの底は稲作部分より低くする。ハダコの幅は水田環境によって異なる。この方法は連作を嫌う里芋栽培にとって有利であり、畑地の少ない水田地帯にとって有効な方法だった（滋賀県野洲市三上・粂川豊治さん・大正十五年生まれ）。

水田のアラシに栽培された里芋（滋賀県野洲市三上）

イナグイ【農耕・稲作・乾燥杭】 刈りとった稲を乾燥させるために立てる杭を「イナグイ」(稲杭)という。長さは七尺から七尺五寸までで、地上一尺のところに「カンザシ」と呼ばれる、稲束を支える横木を結びつけ、その上に根方と穂を交互にしながら稲束を井桁に積み上げてゆく。鶴岡市の下平形では七尺の杭に稲束五十把を積み、丸沼では七尺五寸の杭に五束掛け(五十把)、七尺の杭に四束掛け(四十把)という形で乾燥させた。杭を長い間使うと根方が腐るので、そこを削って、短くなった杭に四束掛けをしたのである。稲杭に稲束を積みかけたものを「ホニオ」と呼んだ。稲杭の補充には毎年稲刈り前に旧立川町添川や羽黒町手向に出向き、山で材を求めて馬で運んだ。樹種は杉・ナラだった(山形県鶴岡市平形下平形・熊木作蔵さん・明治四十五年生まれ)。

秋田県横手市大雄田村の森岡巳之吉さん(昭和四年生まれ)も稲杭で稲を干した。当地の杭は長さ九尺、根腐れしたものは八尺にして使った。ここではカンザシの代わりに支えとして稲の小束二把を使った。材は栗で耐用年数は二十年以上、仲介者が毎年巡回してきて、現物は八月に納入された。

イナニオ【農耕・稲作・稲束の管理】 稲株一株分を片手で摑《つか》む。十株で一把(一把＝一合六〜七勺)、五十把で一《ひと》ニオとし、それを長さ八尺の松または檜《ひのき》の杭に井桁に組みあげる。これが「イナニオ」(稲ニオ)である。杭には三本の「アシギ」(足木)を入れることもある。稲ニオ五本で米一俵となる。ニオには二種類ある。まず穂を外側にして組んで一週間から十日干す。次に穂を内側にして積み直す。穂を外にして干す段階で、過剰に干しすぎると「ドウワレ」(胴割れ)と称して米が割れることがある(福島県伊達郡国見町泉田・阿部林右衛門さん・明治三十七年生まれ)。

イネコヅミ【農耕・稲作・収穫】 脱穀の段取りがつくまで稲束を積んでおく稲積みのことを「イネコヅミ」と呼んだ。稲株は二列八株で一把とする。一把に束ねることを「テドル」(手取る)という。イネコヅミはまず、基台に相当するものとして、縦一列に、稲束の根方の上に穂をのせながら並べる。次に、縦に並ぶ基台束の上に左右から穂をのせるようにして束を並べる。こうして五段か六段を重ねてオイ(覆い)を掛ける。これがイネコヅミである。脱穀まで十日間ほどイネコヅミのままにしておく。イネコヅミの周辺には落穂が多かった。

「ちゃんと拾わんと罰かぶる」と父に注意された（福岡県柳川市三橋町垂見・大橋キミエさん・明治四十二年生まれ）。

イネノホバラミ【農耕・稲作・穂孕《ほばら》みと物忌み】旧暦七月十五日を「レンゲ」と称し、この日から「イネノホバラミ」（稲の穂孕《ほばら》み）が始まるとして、この日塩鯖とうどんを食べた。また、この日は田に入ってはいけない日だと言い伝え、この日田に入ると稲の穂で目を突いて目が見えなくなると語り伝えた（島根県安来市広瀬町西比田・荒川熙民さん・大正十一年生まれ、上田静子さん・大正十四年生まれ）。

石塚尊俊は『日本の民俗32　島根』で「レンゲ」について以下のように述べている。「旧六月十五日。出雲・隠岐ではこの日をレンゲといい、麦だんご・そうめんなどをつくり、仕事を休んだ。神社では麦祭りをするところが多く、隠岐郡西郷町の国分寺の蓮華会《れんげえ》ももとはこの日の行事であった」。また、『日本国語大辞典第二版』には「れんげの日」として次のようにある。「島根、鳥取県地方で六月一五日のことをいう。神社に麦を供え、また、小麦粉で作った小さな蓮華団子を食べる」。これらを見るとレンゲが麦の収穫祭的な行事として浸透していたことがわかる。対して、項目に掲げた「稲の穂孕《ほばら》み」と七月十五日とレンゲの結びつきは異様に見える。しかも、この日に田に入ることを禁忌としているのだ。これは、穂孕《ほばら》みに対する人の物忌みである。熊本県水俣市湯出頭石の柏木好喜さん（昭和八年生まれ）は次のように語る。「山のコブシの花が咲いたら田に入るな。それは稲の穂孕《ほばら》みにかかわる慎み・物忌みである」。「レンゲ」についても、「稲の穂孕《ほばら》みと物忌み」についても、さらなる資料収集が必要である。

なお、稲作については穂孕《ほばら》み以前にも田植に関する禁忌がある。奈良県吉野郡吉野町滝畑の上坂美代子さん（昭和四年生まれ）は、「田植後三日目に田を覗いてはいけない」という禁忌を伝えていた。苗の根ざし、活着を静かに守るという、人の慎みである。

イバリ【農耕・稲作・水田管理】「イバリ」とは天水田における土盛りのことで、「イバリヲウツ」という表現がある。毎年二月・三月を中心に四月中旬まで行われた。乾いた田の切り株五つ分の幅のところへ、隣接する株四つ分の田床を掘った土をあげる。株四列分の土をさらに二列分に分け、その二列分を左右に分けて積む。当地では砂地を二尺ほど掘ると「バネ」（ハニ＝粘土）が出るのでそこまで掘って土を盛る。こうしてできた溝の部分に天水をためるのであるが、単に水をためるだけでなく、溝には藁や草、甘藷の蔓《つる》などを入れて肥料になるようにした。当地の田植は六月十日ごろだったので、五月中旬には「コシヲキル」（腰を切る）と称して土盛りを崩して代作りをした。砂地なので作業は辛苦というほどではなかったという（静岡県掛川市大渕新井・小谷長夫さん・大正七年生まれ）。

イリマキ・ナラシ①・ナワシロボシ【農耕・稲作・苗代】 稲の籾蒔きは「イリマキ」（入り蒔き）と称して春の土用の入りの日に行うのがならわしだった。そのころはヤマツツジと椿の花が咲いていた。苗代田の中に幅三尺のシマ（苗床）を作り、「イガミスキ」と呼ばれる、柄に湾曲のある鍬を鏝《こて》のように使ってシマの上部を均した。この「ナラシ」の作業を木の棒や竹で行う家もあった。奈良県北葛城郡河合町の廣瀬大社、同県桜井市の大神神社、大阪市平野区平野宮町の杭全神社の御田祭には、いずれも竹の「ナラシボウ」（均し棒）を使って苗代の床を均す演目がある。種籾蒔きは必ず夫婦で行うものだという伝承があった。籾蒔き後一週間で、芽が五ミリほどになったところで「メボシ」（芽干し）をした。昼間芽干しを行うと雀の害がひどいので「ヨボシ」（夜干し）を三夜ほど行った。「籾が転ばないために芽干しをするものだ」といわれた。風が吹くと苗代に波が立ち、籾が転ぶことがあった。芽干しをすると根の張りがよくなる。鳥除けには苗代の上に糸を張り、その糸に使用済みのハガキを何枚も吊った。籾蒔き後二十日ごろ、根を強くするために「ナワシロボシ」（苗代干し）と称して二日間ほど苗代田の水を抜いた。水位

苗代ならし（廣瀬大社御田祭、奈良県北葛城郡河合町）

は、苗の根の隠れるほどがよい（奈良市中ノ川町・池ノ畑伊平さん・明治三十七年生まれ）。▼メボシ

ウエボリ・サボリ・サモトカリ【農耕・稲作・田植前】田植の三日前、牛で植田を犂《す》くことを「ウエボリ」（植掘り）という。牛の入らない小さい框《かまち》の田を人が鍬で耕起することを「サボリ」という。山つきの田の、田に接する斜面を「サモト」と呼び、そこの草を刈ることを「サモトカリ」と称した。田植には、水田のない美甘・新庄や鳥取方面から「サオトメ」を傭《やと》った（岡山県真庭市旧八束村・岸野増男さん・明治三十九年生まれ）。

田植にかかわる多くの事象名に「サ」がつくことはすでに指摘されている。「サ苗」「サ月」「サ乙女」「サミダレ」「サオリ」「サノボリ」などがそれであるが、ここに「サボリ」「サモト」を加えた。両者は「田」と深くかかわっている。岸野家では傭《やと》った早乙女に、朝飯として黄な粉餅、昼は煮ものと塩鯖、夕飯には「アゴ」（飛び魚）の汁と鯖の煮付けなどを出した。また昼夜の飯は家族ともども大豆飯を食べた。その大豆は一月二日の縫い初《ぞ》めの袋に入れておいた大豆である。田植に大豆や黄な粉が重要な役割を果たしているのだが、黄な粉は稲の花、稲の穂波の象徴であり、田植にこれを食べることは秋の稔りの予祝でもある。

ウズメウチ【農耕・稲作・肥草】水田に肥料として干し草を入れる場合、ただ草を田の中に撒《ま》くのではなく、乾草を土中に埋めておくと肥料効率がよくなると伝えられている。これを「ウズメウチ」（埋め打ち）という（奈良県五條市大塔町惣谷・戸毛幸作さん・昭和五年生まれ）。

ウチグロ【農耕・稲作・水温調節】水口《みなくち》から入ってくる冷えた水を直接田に入れることなく、水を巡回させ、温めてから田に回すために、畦《あぜ》に沿って畦《あぜ》の内側にもう一本の畦《あぜ》を作る。それを「ウチグロ」と呼ぶ。「内畔《うちぐろ》」の意である。水口《みなくち》からの水は畦《あぜ》と内畔《うちぐろ》の間をめぐる（福島県大沼郡三島町・小柴定雄さん・大正六年生まれ）。
▼テアゼ・ヒエボリ

ウラケ【農耕・稲の裏作作物】水田に夏作として栽培する稲に対して、冬作・裏作として栽培する作物のことを

「ウラケ」と呼んだ。ウラケとしては大麦・裸麦・小麦・菜種を栽培した。水田の湿潤度の強い方からウラケを並べると、菜種↓小麦↓大麦・裸麦の順になる（三重県伊賀市才良・加藤繁さん・大正十四年生まれ）。

「ウラケ」とは「裏食」の意と考えられる。

ウワバ・オキ【農耕・稲作・水田環境】棚田状の水田の框《かまち》の上流部（高位部）を「ウワバ」（上場）、対して下方を「オキ」（沖）と呼んだ。代掻きは、はじめ「ナガクワ」（長鍬）と称して横に回す。次いで「マワシグワ」（回し鍬）と称してウワバからオキへ、オキからウワバへと回しながら掻き進める。回し鍬をするとオキに土が寄るのだが、畦《あぜ》塗りに土を使ってあるのでちょうどよい（広島県山県郡北広島町溝口枕・村武政基さん・明治三十八年生まれ）。

オオナエ・コナエ【農耕・稲作・稲株】田植に際して七本苗を一株として植えることを「オオナエ」（大苗）、三本苗で植えることを「コナエ」（小苗）といった（山形県鶴岡市羽黒町市野山・斎藤千代子さん・大正十年生まれ）。

大苗・小苗は標高、水温などの環境条件によった。

オサ【農耕・稲作・水田区画】水田の一区画を「オサ」という。「一人で苗を取って一反のオサを一日で植えにゃあ一人前じゃあない」「一反のオサの稲を一人で一日のうちに刈って丸けにゃあ一人前じゃあない」などという口誦句がある（静岡市清水区大内・大木きよさん・明治十九年生まれ）。

オサバイサマ・サンバイヤシロ【農耕・稲作・田の神】田植が終わって稲が青々としてきたころ「オサバイサマ」を祭った。田の畦《あぜ》の角にエビス型の石があり、「オサバイサマの石」と呼んでいた。長さ四尺の女竹の若竹七、八本に色紙を垂らして石の脇に立てて、神酒と洗米を供えて豊作を祈った。オサバイサマに供えた竹を粗末に扱うとお咎めがあるとして、丁寧に束ねて家のエビス棚に飾った（高知県四万十市鍋島・江口豊重さん・大正四年生まれ）。

高知県高岡郡四万十町下津井の森壽臣さん（大正三年生まれ）は次のように語る。田植に際して苗代田の水口《みなくち》脇にある拳二つ分ほどの「イシヤシロ」（石）にオニノメカヅラを巻き、栗の柴・薄《すすき》束を立て、栗の実・つるし柿・ジャコ・餅・酒を供え、「オサバイサマを祭る」と称して豊作を祈った。

広島県庄原市東城町塩原では、四年に一度、五月に大山供養田植が行われる。その際、供養田の東南隅、畦《あぜ》の曲点に土盛りをし、「サンバイヤシロ」と呼ばれる一種の民俗的神籬《ひもろぎ》が作られる。立てられるものは、二メートルほどのフクラシ（ソヨゴ）で、併せて栗の枝、根方に十二本の薄《すすき》も立てられる。ソヨゴや栗の枝にはシデと麻が垂らされる。広島県内には「サンバイオロシの唄」を歌ってサンバイサマを迎えおろす例もある。オサバイサマもサンバイサマも田の神であり、稲の豊穣をもたらしてくれる神である。

サンバイヤシロ（大山供養田植、広島県庄原市東城町塩原）

オシメリショウガツ【農耕・稲作・儀礼】夏の土用のあと初めて雨が降った日を「オシメリショウガツ」（お湿り正月）と称し、区長が決定し、参事が「お湿り正月を祝いめされよ」と大声でふれ歩いた。区民はそれを受けて一斉に仕事を休んだ。「サクラメシ」（酒と醤油で味付けをした飯）を食べる家が多かった（静岡県浜松市北区引佐町川名・山下治男さん・大正十三年生まれ）。

この時期は稲の開花前の重要な時期であり、田に入らないということは、稲の開花から穂孕《ほばら》みに対する人の物忌みの日ともなっていたと考えられる。

カカシマツリ【農耕・稲作・収穫祭】稲刈りが終わると形の崩れたカカシは焼き、整った形のものを納屋に収めた。これを「カカシアゲ」（案山子上げ）という。さらに旧暦十月十日「トオカンヤ」に「カカシマツリ」と称して次のようにした。「ノマス」と呼ばれる栗板製の一斗枡の中に「ワラヅト」と呼ばれる藁束(細い束)をひねり結びにしたものを入れ、その上に「月」(大)と「星」(小)と称する二個の餅を盛る。さらにノマスの中に葉がついたままの聖護院大根を入れる。ノマスとは別の皿に丸餅を二つ盛る。これらをカカシへのお礼としてカカシに供える。当家では旧暦八月十五日に、力をつけて稲刈りをするのだとして餅を食べた。次いで旧暦九月十三日にも、中間に力をつけるのだとして餅を食べた。そして最後に、稲作作業の終わりに、カカシを神に見たてて、豊作のお礼の気持ちをこめ、先のような供えものをして家族も餅を食べた(長野県安曇野市穂高柏原塚原・中島正美さん・大正元年生まれ)。

カカシアゲ・カカシマツリについては『改訂綜合日本民俗語彙』にも『日本民俗大辞典』にも項目・事例があるが、事例の絶対数が不足しているのでここでも取りあげた。

カケヌキ・フクロダ【農耕・稲作・水温管理】 谷の段田で、水口《みなくち》と出口を同じ位置(右側なら右側だけ)につけることを「カケヌキ」(掛け貫き)と呼んだ。カケヌキの田は水が動かないので冷えが固定化してよくない。このような田を「フクロダ」(袋田)と呼んだ。右に水口《みなくち》を作ったら出口を左にし、次の出口は右にするようにして常に水を回すのがよいとされた(静岡県浜松市北区引佐町渋川古東土・鈴木善市さん・大正二年生まれ)。▼アテコシ

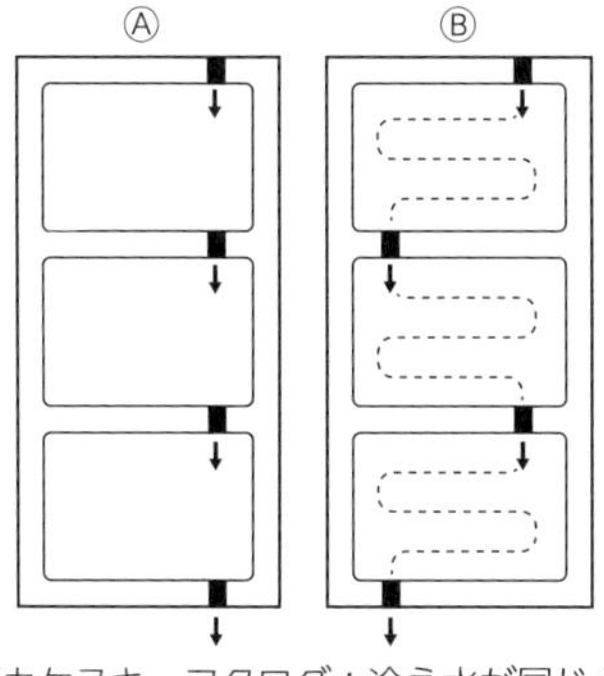

Ⓐカケヌキ・フクロダ:冷え水が同じところを通るのでよくない。Ⓑ水が回るのでよい(静岡県浜松市北区引佐町)

カスガイヅミ【農耕・稲作・米俵の積み方】 米俵の積み方のひとつに、まず二俵を並べ、その二俵に交わる形で二俵の上に一俵をのせるという形があり、これを「カスガイヅミ」(鎹積み)と呼んだ。上の一俵の置き方が鎹《かすがい》を連想させたのである(静岡県藤枝市大東町・仲田要作さん・明治三十三年生まれ)。

カタツムリ【農耕・稲作・籾摺《もみす》り臼】稲籾の籾殻を除去して玄米にするための籾摺《もみす》り臼の、歯が埋め込まれた臼の摺《す》り面《めん》や時に歯のことを「カタツムリ」と呼んだ。円形の籠枠の中に、粘土に塩を混ぜた固着性の強い土を入れ、そこに樫の板を削った歯を埋め込む。その歯の埋め型が擂鉢《すりばち》の刻みのような模様をなす。円の中に旋回につながる模様が作られるので、その全体像を円形の殻を持つカタツムリにたとえて呼ぶのである（静岡県藤枝市善左衛門・原川康男さん・大正四年生まれ）。

カチキ【農耕・稲作・水田環境】湿田の稲刈りは、稲を土の上に置くこともできないし、稲を運ぶのも困難である。そこで、幅三尺、長さ三尺五寸ほどの木枠にヤシャブシの枝を数か所結びつけたものを作って利用した。これを「カチキ」と呼んだ。その上に稲束を置いたり、これで稲を運んだりした。ヤシャブシの枝から「カリシキ」（刈敷）を連想しての呼称だと思われる（静岡県榛原郡吉田町大幡・堀住千二さん・大正三年生まれ）。「カチキ」は「カッチキ」ともいい、「カリシキ」の転訛である。

カマ【農耕・稲作・水田環境】浮島沼の残存地を水田化した新田のことを「シンオコシ」（新起こし）と呼んだ。シンオコシの中には、湿潤度が甚だしく、稲も作れず水がたまっている場所があった。そのような箇所を「カマ」と呼んだ（静岡県沼津市桃里・鈴木善一郎さん・明治四十五年生まれ）。

カマイカキ【農耕・稲作・害獣除け】三月、田植後に部落総出で、稔った稲を狙ってやってくる猪を除ける垣を作った。素材は、石・木・サンゴ石などだった。これを「カマイカキ」（猪垣）という（沖縄県八重山郡竹富町西表島祖納出身・高道正文さん・大正六年生まれ）。

山つきの田には芒《のぎ》の長い品種を栽培し、稔りの季節には人の小便をためておき、猪の出そうなところに撒《ま》いた。▼ケビエ

カマヤキ【農耕・稲作・稲活性化の物忌み】六月十五日、糯米《もちごめ》の粉六割、ウルチ米の粉四割の米粉餅に小豆餡

を入れたものを茗荷または「ウマグイ」（サルトリイバラ）の葉に包み、イロリに掛けた鉄鍋で焼いて食べた。これを「カマヤキ」と呼んだ。「この日に田の水を見てはいけない」「この日に田の水を見にゆくと稲が稗になる」と言い伝えられていた（鳥取県八頭郡智頭町市瀬上板井原・平尾新太郎さん・明治四十一年生まれ）。

カマヤキという儀礼食は、稲苗の活着・分蘖《ぶんけつ》・稲の花の豊かな開花などを願う稲作の物忌みだったと考えられる。

カモバン【農耕・稲作・鴨追い】 竹富島には水田がないので竹富島の人びとは西表島の与那良に通って稲作をした。竹富島の人びとは苗代田を一か所に纏《まと》めた。十二月に苗代に籾蒔きをすると鴨の食害を受けた。鴨は籾だけでなく、苗も食べてしまう。苗代田の鴨追いは「カモバン」と呼ばれ、輪番で、種籾の播種《はしゅ》量に応じて泊まりこみの日数を定めた。おのおのが作小屋に泊まった。竹富島と西表島の間は松舟で、夏は行きも帰りも帆を使い、冬は棹と櫓《ろ》を使った（沖縄県八重山郡竹富町竹富・竹富島・内盛正玄さん・大正十四年生まれ）。

カモヨケ【農耕・稲作・害鳥除け】 苗代田に鴨がついて害をなすので「カモヨケ」（鴨除け）をした。それは綱に二尺間隔ほどに「カモワン」（鴨椀）と呼ばれる木の椀を吊ってこれを苗代田の上に張り渡すというものである。「カラスヨケ」（烏除け）は、六尺ほどの竿の先に烏を紐で吊ってその竿を苗代田の随所に立てるというものだった（秋田県由利本荘市鳥海町栗沢牛越・佐藤隆男さん・昭和三年生まれ）。

沖縄県八重山郡竹富町西表島で稲作をした人びとは鴨・鷺の害に悩まされた。鴨はオタマジャクシを捕食するために水田に入って苗を荒らした。防除法には次のものがあった。棒の先にクバの葉を結びつけて垂らしておくと、枯れるほどに音を出すので鴨除けになった。カカシのことを「シメー」（締め）と称し、赤いものを着せたシメーは鴨除けになるといわれていた。さらに、五～六尺の綱の中央に石受けをつけ、そこに石を入れ綱を重ねて振り回して綱の一方を離し、鴨や鷺に向かって石を投げるという方法があった。これを「アブンダフコー」と呼んだ。石が群に当たること、振り回す音などに効果があると伝えられた（沖縄県八重山郡竹富町小浜・小浜島・大嵩秀雄さん・明治三十八年生まれ）。

▼ズッパイ

カヤシグサ【農耕・稲作・除草】田の草取りのことを「カヤシグサ」（返し草）と呼んだ。「テマンガ」（手馬鍬）という鉄爪つきの手掻き具を使った。一番草は掻いて浮かす。一番草の「田の草取り唄」はゆっくり。一番草から十日後に二番草。地均しをするように掻いて草を埋める。田の草取り唄のテンポは早かった。三番草は二番草の十二、三日後。三番草は草を拾い集め、穴を掘って埋める（大阪府河内長野市天見・田中キミエさん・明治三十四年生まれ）。

ガラシマイ【農耕・稲作・稲の品種】在来種で芒《のぎ》の長い稲（米）のことを「ガラシマイ」（烏米）と呼んだ。多収優良品種の蓬莱米が普及してからも、山つきの田で猪の害を受けやすい田にはガラシマイを植えた。猪が芒《のぎ》を嫌うので食害がなかったという（沖縄県八重山郡竹富町西表島祖納出身・高道正文さん・大正六年生まれ）。

カラトリクバリ【農耕・水田の里芋栽培・収穫儀礼】田植が終わって苗代田があくと、そこを耕し代掻きをして畦《あぜ》寄り一尺余の部分に土盛りをし、燐酸《りんさん》・アンモニアなどを元肥《もとごえ》として入れ、「カラトリイモ」（茎・芋ともに食用になる里芋）の種芋を植えた。秋、稲刈りが終わったあと、苗代田で栽培したカラトリイモを収穫した。苗代田に水を張り、カラトリイモの中心の若い葉だけを残してイモの葉を除き、「イモホリツグシ」と呼ばれる長さ一尺二寸、幅二寸ほどの篦《へら》を使ってカシラ芋と子芋を切り離し、まず、茎つきのカシラ芋を引き抜く。次に、茎のついたままのカシラ芋を小川で洗った。その後、バケツを持って

学生たちの芋煮会（山形県山形市、馬見ヶ崎川河川敷）

子芋を集め、苗代田の泥水で洗った。子芋は冷たい堰水で洗うと腐るといわれていた。茎の先に若葉を残し、根方に細根を残したままのカシラ芋をつけた一本のカラトリイモは立派である。斎藤家ではこうしたカラトリイモを七株、多くは二十株を藁で束ねて親戚や親しい知人の家に配るという儀礼を続けていた。これを「カラトリクバリ」と呼んだ。収穫した「カラ」(茎)は夜、家族全員で皮剝きをし、乾燥保存の準備をした。熱帯原産の里芋、それも茎まで保存野菜として食べることのできるカラトリイモの魅力は積雪地帯の人びとにとって大きなものだった。カラトリクバリが終わると「ツチアライ」(土洗い)と称して秋の収穫を祝った。その日は子芋を鰹の出粉《だしこ》を入れて汁にして「イモノコジル」(芋の子汁)を作った。山形県を中心に東北地方で盛んに行われる「芋煮会」の源流はここにある。土洗いの日にはカラトリイモのナマの「カラ」(ズイキ)を菊の花・ホウレン草とともに胡麻和えにした(山形県鶴岡市羽黒町市野山・斎藤千代子さん・大正十年生まれ)。▼ヤトウ①

カリシマイ【農耕・稲作・刈り上げと鮭】 稲の刈り上げのことを「カリシマイ」(刈り終い)と呼んだ。カリシマイには鮭を食べる習慣があった。切り身の塩焼きは当然だが、「ザッパジル」も作った。ザッパ汁は鮭の頭・骨を刻み、葱・白菜・豆腐、それに蒜《ひる》も入れた。「ヒズナマス」はヒズ(氷頭)を刻み、大根おろしを混ぜた。味噌味である(秋田県大仙市強首熊ノ木・佐藤時雄さん・大正十一年生まれ)。ザッパ汁は家によって具に相違があった。大仙市藤木八圭の菊地春枝さん(大正十年生まれ)は、鮭の頭・中骨を刻み、大根を鉈《なた》でそいで味噌味の汁を作った。

山形県東田川郡庄内町肝煎では秋の農あがりのことを「ツチアライ」(土洗い)といった。土洗いには鮭を食べた。切り身は煮あげ籠で煮た。鮭の頭や骨を刻んで入れる汁のことをここでは「ドンガラ汁」と呼び、必ず蕪を入れた(門脇金雄さん・大正七年生まれ)。

カンガリ【農耕・稲作・環境】 山間地での、水田とそこに接する山裾斜面の土地利用の慣行に「カンガリ」がある。山裾斜面の所有権が水田所有者のものでなくても、「カンガリ四尋半」という不文律があり、田に接する斜面の四尋半については、その範囲の草や灌木を伐採利用する権利が田の所有者に与えられるというものアである。田の所有者は斜面四尋半の草を、田代作りの際に刈敷《かりしき》にしたり牛馬飼料にしたりしてきたのである。なかにはカンガリ四尋半の範囲に、柿の木や栗の木を植える者もいた（大阪府河内長野市天見・田中竹一郎さん・大正二年生まれ）。

カンガリという語の意味は「陰刈《かげが》り」から来ていると考えられる。本来は、田境の山に樹木が繁った場合、水田への日照が阻害されるので、それを防ぐために四尋半の斜面の使用権を譲ったのである。島根県雲南市木次町平田金迫の鳥谷猛さん（昭和八年生まれ）は以下のように語る。当地には不文律慣行を伝える「山裾七・五・三」という口誦句がある。田の持ち主と山の持ち主が異なっていても次の条件での山裾の柴草刈りの権利は田の所有者に与えられた——田の南＝田境から七間幅・田の東西＝田境から五間幅・田の北＝田境から三間幅。ここでも、山の木が水田に与える陰、日照障害が考えられていたのである。

ガンダ・ツカルンダ【農耕・稲作・水田環境】 沖縄県八重山郡竹富町小浜島の大嵩秀雄さん（明治三十八年生まれ）は西表島に稲作の出作りに出かけた。水田環境は厳しく、「ガンダ」（天水田）でも、「ツカルンダ」（湧水田＝湿田）でも稲作を行った。ガンダの場合、漏れを防ぎ田床を固めるために「ターフン」（田踏み）に力を入れた。馬一頭と牛七頭までを一組として田を踏ませた。馬は足が速いので外側にし、牛を内側にして徹底的に踏ませた。ガンダは犂《す》き起こしてから踏ませるのである。牡牛に石を牽《ひ》かせるという方法もあった。

同町新城島から西表島へ出向いた西大舛高一さん（大正六年生まれ）はツカルンダの代掻きに「ゴールマシャー」（転《ころ》ばし＝回転式砕土機）を牛に牽《ひ》かせ、時に人が乗って体重をかけることもあったという。

キシゲ【農耕・稲作・水田環境】 山つき斜面、田畔《たぐろ》の草を「キシゲ」と

ツカルンダの代掻き（沖縄県八重山郡竹富町西表島）

呼んだ。天水田は水が貴重なので、田植後、水の蒸発を防ぐためにキシゲの萱《かや》その他の草を刈って田の中に敷き込んだ（奈良県吉野郡吉野町滝畑・上坂美代子さん・昭和四年生まれ）。「キシゲ」とは田畔《たぐろ》斜面に生える萱《かや》、すなわち「岸萱《きしがや》」の意であろう。

クイタンボ【農耕・稲作・畦畔《けいはん》】 大井川中流域の入り口、左岸に鍋島というムラがある。昭和五十三年に二十九戸だった。当地には能登の千枚田のような小さな框《かまち》の棚田が三百框《かまち》あった。ところがこの地は土質が脆いので、頑丈な畦《あぜ》を築くことができなかった。そこで、畦《あぜ》の外側に、一～二メートルほどの水に強い栗の木をびっしりと打ちこみ並べるという方法が編み出された。栗材を美しくそろえて打ち並べた三百框《かまち》の田が緩傾斜地に並ぶこの地の景観は人目をひき、「鍋島の「クイタンボ」（杭田圃）」として知られるようになった。栗材は生木が望ましいのであるが、まず椎茸の原木として使ったものの「サナレ」と呼ばれる芯材も利用した。サナレでも七、八年の使用には耐えた。田植に備えて四月二十日前後には一斉に杭田圃の補修が行われた。大石家では一軒で杭田圃四十三框《かまち》、合計一反三畝を作っていた。収量は八～九俵で、七人家族で十か月まかなえた（静岡県島田市身成鍋島・大石まきさん・大正八年生まれ）。

大井川流域には、鍋島のほかに、島田市伊久美の長島、榛原郡川根本町藤川・田野口・瀬沢などにも杭田圃があったが、効率追求のなかですべて姿を消してしまって今や記憶する者すら少ない。

杭田圃の景観（静岡県島田市身成鍋島）

クロヅミ【農耕・稲作・水田の麦代化、耕土さらし】 土を積み上げた状態を「クロ」という。「ドボタの「クロヅミ」（クロ積み）」という口誦句がある。「ドボタ」とは深田のことで、ドボタで裏作に麦を栽培しようとすれば土盛りをして広畝を作らなければならない。麦代作りには稲株が邪魔になるので、四又鍬で稲株が裏に隠れるように土を返さなければならない。一つの塊が五寸の立方体になるように返す。この立方体を「クロ」と呼ぶ。比較的土の固まりがよい田の場合、クロを四個並べて基礎とし、二段目に二個、三段目に一個重ね、これを連ねておいてのちに均す。ひどいドボタの場合、基礎のクロを六個ないしは八個並べてその上に段を重ねる。ドボタの麦代作りは一反歩積むのに若い衆で四日かかるといわれていた。クロを積み上げた部分は高畝となり、クロを掘った部分は溝となる（京都府城陽市水主・中岡與重さん・大正十四年生まれ）。

「クロ」は「クレ」（土塊）の転訛であろう。

クワイナワシロ【農耕・クワイ栽培】 オモダカ科の「クワイ」（慈姑）を栽培する田のことを「クワイナワシロ」と呼んだ。クワイナワシロは約四十坪だった。クワイは十一月中旬に収穫した。クワイを栽培した田に稲を作ると根が熱を持ちイモチ病になると伝えられていた。クワイの種芋貯蔵は竪穴を掘り、藁と柿の葉を使って保温し、藁で屋根をかけた（山形県酒田市天神堂・佐藤恒男さん・大正九年生まれ）。

クワシロ【農耕・稲作・湿田】 深い湿田のことを「ドブタ」という。ドブタでは牛耕も牛馬による馬鍬《まぐわ》を使った代掻きもできない。人が鍬で代掻きをするしか方法がない。このような田のことを「クワシロ」（鍬代）と呼んだ。稲の苗を植えるにも「タカウネ」（高畝）を作って植える場合もある。当地には「ヒラキドリ」（拓き取り）ということばが残っている。湿地帯を開拓して水田にした場合、開拓した者の所有になるというのである。「コッテ新開」という名の田がある。「コッテ牛（去勢してない牡牛）のごたる男」が開いたと伝えられている（佐賀県唐津市浜玉町浜崎砂子・堀勇三郎さん・大正七年生まれ）。

クンタンヤキ・ハイヤキ【農耕・稲作、定畑】 山で篠竹を刈る。径一間、深さ一間ほどの穴を掘り、底に杉の枯葉を火種用として一尺ほど入れる。その上に刈った篠竹を入れ、蓋として籾殻を山状に盛る。その中央に、篠竹の層に届くように煙突として節を抜いた青竹を立てる。着火後一昼夜蒸し焼きにする。これを「クンタンヤキ」（熾炭焼き）または「ハイヤキ」（灰焼き）と呼んだ。灰は二晩水に浸けたあとで俵に入れて家に運び、厩《きゅう》肥《ひ》と混ぜてから田畑に入れた（静岡県田方郡函南町田代・鈴木庫雄さん・明治三十四年生まれ）。

コイゴメ【生業複合・稲作と養鯉《ようり》】 水田養鯉《ようり》で水田に鯉を入れた。鯉は害虫を喰い、水を攪拌して水温を上げ、しかも糞は肥料となり、土壌は改善された。水田で育った鯉は換金商品となる。鯉を入れた田で収穫される米は粒が大きく、軟らかく味がよいので「コイゴメ」（鯉米）と称して重視された。鯉米は正月に飯にして食べた。まず当主が箸をつけ、家族一同が食べた。当地では鯉のことを「コイサマ」と呼んでいた。しかし、田に鯉を入れると鯉が畦《あぜ》をつつくので、鯉を入れる田を順次替えてゆかなければならなかった（山形県酒田市天神堂・佐藤恒男さん・大正九年生まれ）。

水田養鯉《ようり》は稲作と養殖漁業が複合するものであるが、養蚕のなかで生ずる蛹《さなぎ》を鯉の餌として与える慣行が長野県佐久地方では盛んだった。ここには養鯉《ようり》と養蚕の生業連鎖が見られる。稲作・養鯉《ようり》・養蚕の生業複合が見られたのである。▼コイノコウリ

コイノコウリ【農耕・稲作・養鯉《ようり》との複合】 田植終了後、鯉桶に八分《はちぶ》ほどに成長した鯉の稚魚を入れ、天秤棒で前後に担いで「コイノコー、コイノコー」と振り売り声をあげながら「コイノコウリ」（鯉の子売り）が巡回してきた。百匹を一束として売買された。一反歩に一束から二束入れて「水田養鯉《ようり》」を行った。鯉は水を掻きまわすので水温調節にもなり、害虫捕食の効を持ち、糞は肥料にもなった。こうしたことから養鯉《ようり》の本場、長野県佐久市には「米魚両善」というキャッチコピーがあった。鯉の子売りも佐久からやってきたのである。四年で成魚となるので自家用にもしたし、買い手も巡回してきた（長野県飯田市下久堅小林・宮井五郎さん・明治四十一年生まれ）。

飯田市上久堅森の木下善治さん（大正十二年生まれ）は以下のように語る。鯉の子を二束買って一反歩の水田に入れた。当歳の鯉は冬期には「コイダ」（鯉田）と呼ばれる深めの湛水田に入れた。別に三十〜四十坪の「イド」（井戸）と呼ばれる飼育池があり、そこに二、三歳の鯉を入れた。鯉を食べるのは、四月二十七日、十月五

日の須原神社の祭り・正月・節供・甲子《きのえね》様・来客時などだった。鯉の食法にはコイコク・うま煮・アライなどがあるが、ウロコを落とし、背割りにして塩焼き・醤油焼きにして食べる方法もある。食用には三年鯉が最もよく、三キロほどのものを五切れにするのがよい。四年鯉は枝骨が出るのでよくない。▼コイゴメ

ゴウダ・エキダ【農耕・稲作・水田立地】平地の水田を「ゴウダ」(郷田)、山田のことを「エキダ」という。「エキ」は谷の意である。田植はエキダから始めた。エキダには「コエカヅキ」(方名)という虫が多く湧いた(島根県浜田市金城町追原美又・越田ミトヨさん・明治四十一年生まれ)。

コエオケコスリ【農耕・稲作・猪除け】秋の稔りの季節に稲田を荒らす猪を除けるための防除呪術法に「コエオケコスリ」(肥桶擦り)がある。猪は闇夜に出ると伝えられており、八月下旬から九月上旬にかけて、日暮れから午後八時、九時まで家の門口で肥桶の縁を鍬の柄でこする。ギューギューと奇怪な音が出る。これを「狼の声」だと言い伝えている。子供のころよくコエオケコスリをやらされた。山田に「シシバンゴヤ」(猪番小屋)を作ったり、猟師に頼んで銃の「カラウチ」をしてもらったりしたこともある。さらに、山中の山つき田には長い芒《のぎ》のあるウルチの品種を栽培した。その米の味はよくないが猪の害にはあわなかった(京都府南丹市園部町竹井・森田周次郎さん・明治四十三年生まれ)。

猪から稲を守るために山つきの田に芒《のぎ》の長い「羽地黒穂」「名護赤穂」などの品種を栽培したという話を沖縄県八重山郡竹富町西表島祖納出身の高道正文さん(大正六年生まれ)から聞いた。なお「モグラヨケ」(土竜除け)のために肥桶の耳の部分を天秤棒でこすってキューキューと音を立てたという話は静岡県浜松市天竜区春野町杉平城・三重県伊賀市服部町・愛知県北設楽郡東栄町月などでも聞いた。

コエハジメ【農耕・稲作・肥料】麦刈りと田植の間、その短い間に「コエハジメ」(肥始め)と称して、牛の放牧地の中に点在するホウソ(コナラ)の切り株から生えた蘖《ひこばえ》を刈った。これを「コエカリ」(肥刈り)と称し、それを運びおろし、牛舎で牛に踏ませ、堆肥にしてから田に入れた(兵庫県丹波市青垣町稲土菅原・足立正一さん・大

正十五年生まれ）。

コナエウチ【農耕・稲作・苗配り】田植に際して苗束を早乙女に配る役目を「コナエウチ」と称し、子供がこれにあたった。小正月に、笠型の餅の下に藁十二本に餅花をつけたものを垂らした飾りを作る。これを「カサモチ」（笠餅）と呼ぶ。この笠型の餅はコナエウチの子供が食べるものだとされていた（秋田県横手市前郷・佐藤久吉さん・昭和六年生まれ）。

コバシ①・コバシヤスメ【農耕・稲作・脱粒具・脱粒祝い】長野県の下伊那地方では稲扱《いねこ》きが終わると「コバシヤスメ」と称して新米を炊き、サンマなどを買い、煮ものを用意して祝った。「コバシ」とは「扱箸《こばし》」「扱《こき》箸《ばし》」のことである。コバシとは長さ一尺余の割り竹二本の根方を麻紐などで若干の動きを可能にするほどに縛り固め、二本の竹を開き、そこに稲穂を挟んで扱《こ》くのである。下伊那では昭和十年代までコバシを使っていた家もある。脱穀法は進化しても「コバシヤスメ」ということばだけは残っている。

ゴールマシャー【農耕・稲作・耕土揉捻具《じゅうねんぐ》】田植前に田の土を砕化《さいか》、揉捻《じゅうねん》するために、長さ一尋五尺、径一尺の松材を七か所または九か所に突起を残す形にしたものを作って田の中で牛に牽《ひ》かせた。これを「ゴールマシャー」と呼んだ。ゴールマシャーは西表島の田で使った（沖縄県八重山郡竹富町新城島出身・西大舛高一さん・大正六年生まれ）。

同町西表島古見の仲本芳雄さん（大正十五年生まれ）はゴールマシャーのことを「クルバシャー」（転《ころ》ばし）と呼び、最近は電柱の古材に鉄板を差し込んだものを使うと語っていた。

サオリ【農耕・稲作・田植始め】田植始めの日を「サオリ」と呼ぶ地が多いのだが、当地では、日柄を選んで巡りのよい日に一株でも植えるようにした（静岡県浜松市北区引佐町川名・山下サダエさん・明治三十七年生まれ）。

サシゴ【農耕・稲作・牛馬耕】 水田の牛馬耕に際して牛馬の使い手とは別に、牛馬の方向転換を補助する役として「ハナトリ」（鼻取り）があることはよく知られているが、これとは別に牛馬の方向を指示・補助する役として「サシゴ」（指し子）と呼ばれる者を使う地もあった。サシゴは牛馬に指示を伝える「サシボウ」（指し棒）を持った。サシボウの樹種は朴《ほお》で、長さは六尺だった（山形県村山市山の内赤岩・黒沼儀太郎さん・昭和十二年生まれ）。

サナブリマス【農耕・稲作・農と漁の複合】 田植は五月末から六月十日ぐらいの間で、「ユイッコ」（結い）で行われた。田植終了の見通しがつくと男たちは二つのグループに分かれ、一方は餅搗《つ》きをし、一方は鱒（サクラマス）獲りをした。鱒は切り身、炭火焼きにして、植えあげ、すなわちサナブリの膳を飾った。これを「サナブリマス」と呼んだ（秋田県仙北市西木町上桧木内中泊・鈴木壽さん・昭和八年生まれ）。

同じ仙北市西木町小山田鎌足の小林徳五郎さん（大正五年生まれ）はサナブリのことを「デキアガリ」と呼び、男たちは田植の最終日には苗取りを早く済ませ、サナブリマスを獲りに出かけた。男たちだけの「ユイサカモリ」（結い酒盛り）にはマスジル（鱒汁）を作る。鱒の頭から骨までを叩き、ササ切り大根、山菜のミズを入れた。ユイサカモリとは別に、イエごとに田植の手伝いを受けた人を招いて「サナブリイワイ」をした。ここでもサナブリマスが中心で、切り身を焼いたり、煮たり、鱒汁にしたりして食べた。

秋田県湯沢市秋ノ宮では田植終了祝いのことを「ヨテイ」といい、終了の目途がつくと年寄りが「ネジリミズ」（捩りミズ）を採りに、若手が鱒を獲りに出かけ、ヨテイには田植の手伝い人を招き、モギリミズ入りの鱒汁でもてなした（菅原孝太さん・大正六年生まれ）。田植最終日のことを「ヨテ」「ヨテイ」と称した例は秋田県内の各地で耳にした。青森県から茨城県にかけて「末子」のことを「ヨテゴ」と呼ぶ例が見られることからすると、右に見る田植終了のサナブリのことを「ヨテ祝い」「ヨテイ祝い」とすることも肯《うなず》ける。サナブリマスの慣行は山形県にも多く見られ、新潟県にもあった。▼シツケアガリ

サビラキ【農耕・稲作・田植儀礼】 田植の始めのことを「サビラキ」と呼んだ。サビラキには植え始めの田の水口《みなくち》に朴葉《ほおば》に盛った黄な粉飯を供えた。また、サビラキの日をはじめ、田植期間中は昼には朴葉《ほおば》に盛った黄な

粉飯を食べた（秋田県由利本荘市鳥海町栗沢牛越・佐藤隆男さん・昭和三年生まれ）。

田植の儀礼食や昼飯に黄な粉飯が登場する例は多い。奈良県内には正月の雑煮とともに、皿に黄な粉を盛っておき、雑煮の餅に黄な粉をまぶして食べるという例が多く見られる。これらの黄な粉は稲の花の象徴でもあり、稲の秋の稔りの象徴と見ることができる。黄な粉は稲の豊穣予祝の力を持つ食物だと考えられてきたのである。

サンバイメシ【農耕・稲作・田植始めの儀礼食】 田植の始めの日に「サンバイメシ」を炊いて、近隣で配りあって食べた。サンバイメシとはウルチ米に塩を入れて炊いた飯である。「サンバイ」とは田の神様のことである（広島県山県郡北広島町溝口枕・村武政基さん・明治三十八年生まれ）。

シダ【農耕・稲作・未熟稲】「アオダチ」（青立ち）の穂の「アオマイ」（青米）のことを「シダ」と呼ぶ。夏が冷温だとシダが出る。「スルス」（摺り臼）をしたあと、次のようにした。①割れ米などとともに時間をかけてゆっくり煮る。②稗・粟などの雑穀とともに煮る。食用以外には、馬・鶏の餌にした（青森県弘前市中崎野脇・小山吉雄さん・昭和五年生まれ）。

未熟稲のことを「フネ」「フネン」（不稔）と呼んだ。フネンはモチ種もウルチ種も混ぜて石臼で粉化し、練ってから蒸し、搗《つ》いて餅にした。干しておき、春先、間食にした（青森県つがる市木造土滝・太田清志さん・昭和九年生まれ）。

「シダ」は「シイナ」（死稲）の転訛だと考えられる。▼シニ

シツケアガリ【農耕・稲作・田植終了行事】 当地では田植の終了を「シツケアガリ」（仕付上り）または「サノボリ」と称した。シツケアガリには、「カセ」（加勢）に参加してもらった人びとを招いて赤飯・小豆飯・五目飯などでもてなす。シツケアガリには小学校五年生以上、高等科までの男女の生徒が「シママワリ」「カミマイリ」と称して島の聖地をめぐった。その日は弁当として黄な粉をまぶした握り飯を竹の皮または月桃の葉に包

んで持つ（長崎県佐世保市宇久町平十川・宇久島・坪井要さん・昭和三年生まれ）。

黄な粉は稲の花の象徴でシツケアガリの稲の豊穣予祝にふさわしい。また、聖地めぐりは、郷土学習の効果をもたらすものだった。▼サナブリマス

シニ【農耕・稲作・不熟稲】籾摺《もみす》り後の米には次の種類があった。①コメ（欠点のない米）、②「コゴメ」（小米＝折れ米・割れ米）、③「アオゴメ」（実入りの悪い米で色が青みをふくむ）、④「シニ」（死に米の意。実が入らず、茶色がかっている）。小米は粉化し蓬《よもぎ》を加えて練り、蒲鉾《かまぼこ》型の棒状に固めて蒸してから切って食べた。シニも粉化し、捏《こ》ねて蒲鉾《かまぼこ》型の棒状にして切って焼いて食べた。これを「ヌカダンゴ」と呼んだ。ヌカダンゴはほろ苦かった（京都府南丹市園部町竹井・森田周次郎さん・明治四十三年生まれ）。
私の育った静岡県牧之原市松本では、ここでいう「シニ」のことを「シーナ」と呼んでいた。「シーナ」とは「死稲《しいね》」の意である。▼シダ

シバナガテ【農耕・稲作・河川灌漑堰】稲作にかかわる灌漑用水を確保するために川（子吉川水系笹子川）に作る堰のことを「シバナガテ」と呼んだ。シバナガテは栗またはナラの径二十五センチほどの丸太を立方状に組んで骨組みとし、上下八本の貫に栗またはナラの杭状の棒を隙間なく結わえつける。これを「ヨツワク」と呼ぶ。ヨツワクの中には石を詰める。川の中にヨツワクを三つ据え、岸とヨツワク、ヨツワクとヨツワクの間に柴を厚く立てて水を止める。柴堰には、漆または胡桃の「マッカ」（又木）の支柱を使う。又の部分を河底に立てて安定させる。柴垣（柵《しがらみ》）は止水効果をあげるために三重にした。毎年四月末日、村落総出でヨツワクの修理、柴垣作りを行い、田に水を引いた。そして、九月、田に水引きの必要がなくなるとシバナガテの役割を解くのである。柴垣の部分は仮設性が強く、毎年取り替えることになっていた。シバナガテの設置時期は鱒（サクラマス）の溯上期だった。シバナガテは鱒の溯上をここで遮断した。当地の人びとは最も味がよいとされる春鱒を享受したのだが、シバナガテ除去以後の鱒はこの季節に、減少した魚群で溯上し、上流部で産卵を果たしたのである（秋田県由利本荘市鳥海町栗沢牛越・佐藤静雄さん・昭和三年生まれ）。

稲作と鱒の関係は複雑である。それは、川と人の関係を象徴的に語っている。

シバフミ・トコガタメ【農耕・稲作・田植準備】田植の植代掻きの前にナラ類や栗などの柴を踏み込む。田の中を素足で馬を回しながら踏み込む。これを「シバフミ」(柴踏み)という。柴踏み終了後、田の凹凸を均化するために「オオアシ」(大足＝田下駄)を踏む。柴刈り山には共有山と個人山があり、六月に柴刈りをして馬で運んだ。六束が一駄で、一反の田に十駄入れるといわれていた。柴はもとより肥料ではあるが、湿田により多く入れた。ただし、柴を入れすぎると発酵してガスが出る。この現象を「フク」(吹く)といった。柴を入れずに馬を回すこと(田の中を歩かせること)を「トコガタメ」(床固め)と呼んだ。水田の水持ちをよくするためである(長野県下伊那郡阿南町新野大村・村松辰一さん・大正三年生まれ)。

シラ【農耕・稲作・貯蔵】沖縄県八重山地方では稲叢《いなむら》のことを「シラ」または「シーラ」と呼ぶ。若干の差異はあるもののシーラの構造はおよそ次のとおりである。以下は八重山郡竹富町小浜島の大嵩秀雄さん(明治三十八年生まれ)による。土台として水除けのために径四十五センチほどの石四個を七尺四方に据える。その上に台木を渡し、台木に交わる形で五本の床木を置く。それと交わる形で床として竹を並べる。その上に稲束を穂を内側にして積み上げてゆく。屋根は萱《かや》を編んだもので「トゥマー」(苫)で葺く。屋根の頂は藁を詰め、萱《かや》を返して丁寧に縛る。シラの屋根から台木にかけてクロツグの綱で堅く固定する。同町新城島出身の西大舛高一さん(大正六年生まれ)はシラの床に竹か萱《かや》の簾《すだれ》を敷いたという。また、シラがたくさんある家は裕福で、そんな家には二年も三年も崩さないシラがあったという。大嵩さんは、大ジラのことを「マムル」と呼んだ。マムルは非常のときに使うものだと

大足（静岡県浜松市北区引佐町、山下光雄家）

伝承されていたという。なお、「種ジラ」は別に作った。

柳田國男は『海上の道』の中に「稲の産屋」の一節を設け、人の産屋を「シラ」と呼んだ例と八重山の「シラ」とのかかわりに深く心を寄せている。

シリゲ【農耕・稲作・水田環境】 棚田の段の上段寄りの部分を「シリゲ」と呼んだ。シリゲは段先に対して土が軟らかい。棚田のシリゲの冬作には菜種を作った。菜種は九月二十日に定畑に蒔きつけておいて十一月下旬に棚田のシリゲに移植した。最上段の段先の冬作は裸麦である。裸麦は指に和手拭を巻いて穂をしごいて収穫した（三重県伊賀市西出・重倉志みさん・大正四年生まれ）。

シンハガネ・マエハガネ【農耕・稲作・灌漑溜池】 稲作灌漑用溜池は谷型の地形に堤を築いて水をためる形式が多い。堤の断面が台形になるのが一般的である。その台形の中央三メートル幅に上下を貫く形で粘土を入れて固める。これを「シンハガネ」（芯鋼）と呼ぶ。対して池の水に接する法面《のりめん》に「マエハガネ」（前鋼）を入れる。マエハガネは粘土と砂を混ぜたものでこれを五十センチ幅で固着させる。マエハガネは叩き板で叩き、シンハガネは掛矢を使って叩く。ともに下から上へと固めてゆく（三重県伊賀市高倉・川森増一さん・大正十年生まれ）。

溜池の水に接する法面《のりめん》は漣《さざなみ》その他で欠損する。それを修復する作業を「ハガネイレ」という。右に見た溜池関連でハガネ（鋼）にかかわる語彙は、堤の強靱性に対する願望や、磨耗した鍬先とその修復に関する体験から出たものと思われる。▼ハガネイレ

スジダワラ【農耕・稲作・種籾】 種籾のことを「スジ」といい、種籾を保管する俵を「スジダワラ」と呼んだ。スジ俵は一斗俵で、母屋の梁に吊るした（新潟県燕市旧分水町桑見・松井文治さん・明治三十七年生まれ）。

「スジ」は系統を意味するところから種籾に適用されたものと思われる。

ススキ【農耕・稲作・稲叢《いなむら》】 「ススキ」は「稲叢《いなむら》」「堆《にお》」の意で、本来は刈りとって実のついたままの稲束を円錐

形に積み上げたものを意味したのだが、のちに、脱穀後の稲藁を積んだものも指すようになる。稲は「十二把一束三升付き」という口誦句があり、これによって米の量を概算した。「六十束でススキ一基」と決めていたので、ススキを数えれば収穫量が算出できた。ちなみに稲八株が一把である。稲刈り・脱穀が機械化されるようになると、「トンボススキ」と呼ばれる穂のついたままのススキが組まれることは稀になったが、稲刈りの途中に雨が降ったり、霜の恐れがあるときには急遽トンボススキを組むことがあった。そんなときのトンボススキは百把で一基とした（奈良県天理市福住町上入田・今西鹿蔵さん・大正十一年生まれ）。

杉・ナラ・クヌギなどで直上型の幹の立木を中心に稲を円錐形に積み上げるものを「キススキ」、立木を使わないものを「ジンドススキ」「マルジンド」「カクジンド」などと呼び分けることもある。『改訂綜合日本民俗語彙』には「稲穂」と「穂薄《ほすすき》」「花薄《はなすすき》」との共通性を示唆する解説が見られる。▼シラ、トンボススキ

キススキ（奈良市中畑町）

マルジンド（奈良県天理市福住町）

カクジンド（奈良県五條市霊安寺町）

スズメオドシ【農耕・稲作、定畑・雀威《おど》し】秋、稲の稔る水田、粟の稔る定畑に次のような「スズメオドシ」（雀威《おど》し）を竿先に吊って立てた。七寸×三寸五分ほどの板の両面にアワビ殻を一個ずつ吊ったもの――。アワビの貝殻は音を立てるだけでなく、反射光を放つところに雀を追い威《おど》す力があると考えたのである（和歌山県東牟婁郡串本町田原・地中強さん・大正四年生まれ）。

同様の威《おど》しは静岡県賀茂郡南伊豆町伊浜でも行われていた。

セキバン【農耕・稲作・灌漑用水】柏崎一帯は稲作灌漑用水として鳥屋山（四四九メートル）の東南斜面を水源とする多田川の水を使った。別所・鑓道など十三か所に堰があり、水田の反別割りで「セキバン」（堰番）に出た。田植前から盆までの間に、「トマリヤマ」（泊り山）と称して一週間から十日ほど山主の山小屋に泊まりこんで堰番をした。小屋には風呂コガ（桶）としてドラム罐《かん》を運びこんでいた。別所の堰は十二時間単位で開閉した（宮城県大崎市古川柏崎・村上良吉さん・大正二年生まれ）。

セマチダ・ヨロイダ【農耕・稲作・水田環境】主として狭い谷の上から下まで小さい框《かまち》の続く迫田《さこだ》を「セマチダ」（狭地田）という。そのような環境の田は、比喩的に表現すれば鎧《よろい》の札《さね》の段が上から下に重なり連なっているように見えるので「ヨロイダ」（鎧田）と呼んだ。田植唄に、〽腰の痛さじゃろ　狭地田の長さ　茣蓙《ござ》（茣蓙《ござ》蓑《みの》）の広さよ　日の長さよ　アラ　ビン（蛭）のじゃろ　アブ（虻）のじゃろ――というのがある（佐賀県鹿島市常広新籠出身・倉崎キトさん・大正七年生まれ）。

ゾウナワ【農耕・稲作・刈り稲乾燥】刈った稲の束を乾燥させるために稲架《はさ》に張り渡す太縄のことを「ゾウナワ」と呼んだ。秋の作業が終わってからウルチの藁を叩いて径三センチの太縄を手で綯《な》う。径六尺の輪で、高さ二尺ほどを「ヒトタマ」（一玉）と称した。ゾウナワは稲架《はさ》に張り渡して「カンザラシ」（寒ざらし）、雪ざらしする。寒ざらしをしておくと、秋、稲を掛けたときたるんだり伸びたりしない。稲架《はさ》の柱は畦畔《けいはん》に四尺間隔で育てた「タモギ」（モクセイ科のサトトネリコ）を使う。榛《はん》の木《き》も用いられる。高さは二間余で止め、各柱木の上に

「ナガキ」（長木）と呼ばれる横木を渡す。枝は打って燃料にする。ゾウナワは一尺間隔で十段張り渡す。終戦後ゾウナワの代わりに、流通する真竹を使うようになった（新潟県燕市松橋・長谷川武さん・昭和九年生まれ）。
ゾウナワの稲架《はさ》は、竹が手に入れにくかった地の伝承知のひとつであろう。▼ススキ、タモギ

ソラダテ【農耕・稲作・収穫、乾燥】「ソラダテ」は刈った稲を田でそのまま乾燥させる方法のひとつである。六把を、穂を上にして円錐状に立てておく。稲は二週間ほどで乾いた。これを「ソラダテ」（空立て）と呼んだ。同じ方法を「ジンダテ」（陣立て）とも称した（宮城県大崎市古川大崎伏見本屋敷・門脇れふ子さん・昭和七年生まれ）。「シマダテ」という方法がある。刈った稲は、まず田の中で「シマダテ」にして干す。根を下、穂を上にし、根方を開く形で十二把円形に据えると全体は円錐形になる。これが一《ひと》シマである。シマダテで二十日前後干してから四十〜五十シマを集めて「ニオコ」にする。ニオコは、穂を内側、根を外側にして円形に積み上げる。ニオコの下には藁を敷き、杉の葉を敷くと鼠除けによいのだが稲垣地区は山から離れているので、これができなかった。ニオコにした状態で十日間ほど置き、その後稲束をショイコで路傍まで運び、稲束を路傍に立て並べる。次にそれを荷車に積み、馬に引かせて家の納屋まで運ぶ（青森県つがる市稲垣町繁田・尾野桂さん・昭和十年生まれ）。

ソラマチ【農耕・稲作・水田環境】天水田のことを「ソラマチ」（空待ち＝雨待ち）という。「天水田は寒と土用にヒビク（ヒビ割れる）」という口誦句がある。天水田の水持ちをよくするために八〜九年に一度「ソコタタキ」（底叩き）をしなければならない。底叩きは以下のようにした。田の半分の耕土を掘り返して空いている半分にのせておき、底の赤土を補足しながら槌で叩き固める。これが終わると耕土をもどし、いま一方にかかる。最後に畦《あぜ》を叩いて締める（和歌山県田辺市本宮町皆地在住、大峯集落出身・田畑清乃さん・明治四十二年生まれ）。

タウエダスキ【農耕・稲作・田植と新嫁】当地では田植に先立ち、嫁いだ娘に実家から赤い腰巻と手拭を贈る習慣があった。また、初嫁は田植に先立ち、「タウエダスキ」（田植襷）と称して、赤色か赤い柄ものの襷《たすき》を近

隣と田植組に配るならわしがあった（島根県安来市広瀬町西比田・上田静子さん・大正十四年生まれ）。
遠く離れた静岡県磐田市富里でも田植前に新嫁が赤色の「タウエダスキ」を字内の各家に配ったと聞いた（富里出身・鈴木次太郎さん・明治三十七年生まれ）。
新嫁は子供を産む力に満ちており、その力を稲の穂孕《ほばら》み・稲の豊穣に類感させようという信仰心意を見ることができる。

タウエヅナ【農耕・稲作・株間】 田植に際しては株間を正しくそろえて植えなければならない。その株間の基準寸法を早乙女に指示するのが「タウエヅナ」（田植綱）である。株間の単位を印すのに、赤い布切れを結びつける、結び玉を作るなどの方法がとられていたが、当地には、ミズナラの実を綱に糸でかがりつけるというものがあった。株間は標高が高く水温が低いほど狭く、標高が低く水温が高いほど広かった。五寸間隔、五寸五分、六寸、六寸五分の印をつけた田植綱があった。「ツナヒキ」（田植綱を用意する）の家は毎年定めた。「ツナモチ」（綱持ち＝田植綱を持って移動する係）は二人で、手伝い衆ではない、田植組のなかの歌上手の者が選ばれた。当地には「ハヤシダ」（囃し田）があり、田植綱の綱持ちが囃《はや》し田《だ》における田植唄の音頭出しを務めた。囃《はや》し田《だ》の囃《はや》し方《かた》の編成はサンバイサン（指揮者）一人、大太鼓十五人、小太鼓二人、笛二人、手打鉦《てうちがね》二人だった（広島県安芸高田市美土里町北中北・加藤保兼さん・明治三十七年生まれ）。
昭和十年ごろ株間の寸法を定めた回転式田植の「スントリワク」（寸取り枠）ができ、以後は各戸で田植をするようになった。それまでは田植は共同作業で、田植綱が重要な役割を果たしていた。

タウチゾウニ【農耕・稲作・耕起儀礼】 一月十一日朝「タウチ」（田打ち）と称して田を三鍬起こし、両端にシデつきの薄《すすき》を立て、真中に餅を供えた。この日鏡割りをし、夕食にその餅を雑煮にし、「タウチゾウニ」（田打雑煮）と称した（静岡県浜松市北区引佐町奥山・奥村米子さん・大正十三年生まれ）。

タガコム・コミ【農耕・稲作・逆流湛水と苗】 梅雨どきや台風のとき、琵琶湖本体から内湖へ、また長命寺川などの川へ、そしてクリークへと増水した水が逆流して水田に至る。そして水田は冠水する。この冠水のことを「タガコム」（田が浸《こ》む）という。冠水のことを「コミ」（浸《こ》み）ともいう。田植終了後に田が浸《こ》むと苗がだめになる。「オンボナエ」（予備苗）を植えつくし、県外まで苗の調達にまわり二回植え直したことがある。三回目はどこを探しても稲の苗はないので稗の苗を植えたことがある。逆流に乗ってコイ科のワタカが産卵のために群をなして入ってくる。そのワタカに稲の苗を喰われるという被害もあった（滋賀県近江八幡市北津田町・辻清一郎さん・大正三年生まれ）。

タグツ【農耕・稲作】 田植前の準備作業のなかで「タグツ」（田沓）を履いて行う作業があった。田沓とは、牛革で底を作った草鞋型《わらじがた》の履物で、一定の経済力のある者が使った。「フケダ」（深田）の田植準備の過程で作業に応じて田沓を履いた。①荒起こし（犂《すき》）→②クレ返し→③荒代掻き（牛・馬鍬《まぐわ》）＝田沓使用→④肥草広げ＝田沓使用（笹などを踏むことがあるので）→⑤草返し（牛・犂《すき》）＝田沓使用→⑥植え代掻き。田沓は旧吉田町まで買いに行った（広島県安芸高田市美土里町北中北・加藤保兼さん・明治三十七年生まれ）。

タコアシ【農耕・稲作・苗床管理】 苗床に種籾を蒔いたあと水を抜くことによって芽干しをしないと酸素不足になり、実が上に出て根が蛸足状に生えて苗が弱くなる。これを「タコアシ」と呼ぶ。芽干しをすると、雀・烏などの害鳥がつきやすいので、夜間に水を抜く「ヨボシ」（夜干し）をした（大阪府河内長野市天見・甲田一郎さん・大正五年生まれ）。

タチュウド・ソトメ【農耕・稲作・田植の労務】 若狭上根来から近江の田植に傭《やと》われる形は、「タチュウド」（立人）二、三人と「ソトメ」（サオトメ＝早乙女）五人といった組み合わせが多かった。立人は男で、大足踏み（草・堆肥などを踏み込み、かつ田均しをする）、田植綱の綱張り、綱持ちその他だった。立人という呼称は腰をかがめて田を植える早乙女に対することばだった。立人は早乙女より早く田に出なければならなかった。若狭上根来の早乙女の植え株は内縄（綱）で七株、近江側は外縄（綱）で八株だった。五泊ほどしたこともあった（福井県小浜市上根来・岩本重夫さん・大正十三年生まれ）。
「タチュウド」については『改訂綜合日本民俗語彙』に詳細な記述がある。

タナイ【農耕・稲作・籾浸け井戸】大井川下流部左岸の旧大洲地区（現藤枝市）には氾濫に対応すべくくふうを重ねた「フナガタヤシキ」（舟形屋敷）、三角屋敷と呼ばれる屋敷の形があり、舟の舳先《へさき》にあたる部分の方位は氾濫流が襲いくる方向に向けられていた。分かれ川という溝が先端から屋敷の両側にかけて作られていた。分かれ川から母屋の裏の位置に水を引いて「タナイ」と呼ばれる井戸が設けられていた。これは飲み水用の井戸ではなく、野菜などを洗うのに使われたが、籾蒔き前に籾種を浸けておくことに使ったのだという。「種井《たない》」という呼称はここから来ていると考えられる（静岡県藤枝市大東町・仲田要作さん・明治三十三年生まれ）。

タナガクシ【農耕・稲作・籾蒔き準備】苗代に種籾を蒔きつけることを「タナガクシ」と称した。「種隠し」の意である。卵が浮くほどの塩水を作り、角桶《つのおけ》に注ぎ、そこにサラシ布の袋に入れた種籾を浸ける。二日に一度水を替え、一週間浸ける。最後の日には風呂の残り湯に浸け、翌日筵《むしろ》に広げてからタナガクシした。「八十八夜のアサッテ蒔き」と称して、八十八夜を目途とした（京都府南丹市日吉町田原・竹林八重野さん・大正六年生まれ）。

タナイ（静岡県島田市牛尾）

タナガリ【農耕・稲作・湿田の稲刈り】湿田のなかには田植や稲刈りに腰まで浸かる田があった。田植前には「アーラグサ」（葦）を刈って田に入れた。稲刈りは「タナガリ」（棚刈り）といって、刈った稲束を一時的にまだ刈っていない稲の上にのせてゆくという刈り方をした。その稲束を、四尺に三尺、深さ八寸ほどの「ハイブネ」（田舟）に積み、ハイブネに縄をつけてそれを引いて運んだ（静岡県富士市川尻・加藤あきさん・明治十八年生まれ）。

あきさんの次のことばが心に残った。「体が小さい人は深い田で困るもんで、嫁には体の大きい人がほしいといったもんです」。

タネイケナカマ【農耕・稲作・種籾浸け】当地では十戸に一つの割で種籾を浸ける池を持っていた。種籾浸けが近くなると「タネイケナカマ」（種池仲間）が集まって池の掃除をした。籾浸けに際しては種池仲間がそろって池に神酒を注いでからおのおの籾を浸けた（滋賀県高島市今津町日置前伊井・青谷善一さん・明治三十八年生まれ）。

タネドリイバチ【農耕・稲作・籾蒔き儀礼】鳩間島では「タネドリ」（種取＝稲の種籾おろし）に際して、次のような「タネドリイバチ」（種取飯初）を作った。まず、膳の中央に糯米《もちごめ》で作った径五寸ほどの「シラ」（稲叢《いなむら》）型の高盛飯を据える。膳の四隅には小型のイバチを置く。真中の高盛飯はシラ型が象徴するとおり、稲作の豊穣、稲ジラの高大化を予祝するものである。四隅の小型イバチはシラを綱で固定して安定させるために使う石を象徴するものだと伝えている。

タネドリイバチの高盛飯は、「ブナリンガン」（オナリ神＝兄弟を守護する霊を持つとされる姉妹）から食べるのがならわしである。当日は本物のシラの頂に、根元を束ねた薄束《すすきたば》の先を開いた「トマ」と呼ばれるものをかぶせる呪術を行った（沖縄県八重山郡竹富町鳩間・鳩間島・小浜安喜さん・明治三十八年生まれ）。

鳩間島の人びとは西表島に通って稲作をしていた。▼シラ

京都府南丹市日吉町田原の多治神社で行われる御田祭。ここでは種籾を入れた小型の種籾俵を種池に浸ける様子を表す「種籾浸け」という演目が演じられる

タネピカス【農耕・稲作・種籾蒔きの準備】種籾を三晩四日水に浸し、その間水を替える。四日目の朝、「ミザル」(「タラグ」とも)という、径二尺、深さ二尺ほどの、藁で編んだ容器の底にクワズイモ(シバシ・イーゴーンム＝サトイモ科常緑多年草、葉柄・根茎は止血剤、マラリア・リウマチに対する薬効が伝えられる。葉は大きく肉厚なので、包装・即席容器として利用される)の葉を敷き、その上に籾を入れ、その上にもクワズイモの葉をかける。そして蔵の隅の暖かいところに薦《こも》を敷き、その上に籾を入れたミザルを置き、さらに薦《こも》で覆う。こうしておいて、砂浜に、二メートル四方、深さ二メートルほどの穴を掘り、穴の中で藁を焼く。このようにして穴を暖めておいて、穴の底に薦《こも》を敷く。このような準備ができたところで、種籾を四～五個の笊《ざる》に移して薦《こも》の上に置く。笊《ざる》の上にも薦《こも》をかぶせる。さらに、その上に砂をかぶせる。これを「タネピカス」(種を発芽させる)という。「ドウワレ」と称して籾種が割れるころあいに、「タネピキンナー」(芽を出したか)と籾種に向かって挨拶してから籾の状態を確かめる。籾が割れて五ミリ～一センチ白い根が出たころ、掘り出して苗代に蒔く。そして、水加減を見てから家に帰る(沖縄県八重山郡竹富町西表祖納・西表島・松山忠夫さん・大正五年生まれ)。

タネモミダワラ【農耕・稲作・種籾俵】稲作の種籾は次のようにして用意した。秋、よい穂を選んで千把扱《せんばこき》で穂を扱《こ》いてその穂を槌で軽く叩いて粒にし、竹の篩《とおし》で通し、唐箕《とうみ》で煽る。精選した実を「タネモミダワラ」(種籾俵)と呼ばれる長さ尺二寸、径六寸ほどの小俵に入れる。鼠除けのために俵の周囲にナマの杉の枝葉を針鼠のように挿して蔵の天井から吊るす。種俵には品種を明記した札をつけておく。籾蒔きに際しては俵のまま十五日間水に浸ける。風呂水に浸けることもある(山形県鶴岡市羽黒町市野山・斎藤九左衛門さん・明治三十八年生まれ)。

新潟県燕市旧分水町桑見の松井文治さん(明治三十七年生まれ)は種籾俵のことを「スジダワラ」と呼び、一斗入りの俵に種籾を入れて、杉の葉をつけて梁に吊った。「スジ」は種籾を表すことばとなっているが、それは「スジ」が種の「筋」「系統」を示すものであることから発したものと思われる。

タビエ・ハタビエ【農耕・田稗《たびえ》、畑稗《はたびえ》】稗は根刈りにし、八把八束を「ニオ」にして干す。雪前に家へ運んで穂を切る。「タビエ」(田稗)は四尺五寸四方、幅(深さ)一尺で底に竹簀《たけす》を張った「ヒエカゴ」(稗の焙《あぶ》り籠)に山盛りに穂を入れ、四本脚の台を作ってイロリの火で焙《あぶ》る。ヒエカゴの稗から湯気が出て水滴がなくなるまで一晩焙《あぶ》り続ける。翌朝「ウチニワ」(土間)に筵《むしろ》を敷き、槌で叩いて脱粒する。稗粒は踏み臼または水車で搗《つ》いて精白する。「ハタビエ」(畑稗)は稗粒が堅くこぼれやすいので稗をナマのまま叩いて脱粒する。脱粒後その稗粒を蒸す。蒸してから精白する。色は畑稗《はたびえ》のほうが白いが、味は田稗《たびえ》のほうがよい。「ヒエメシ」(稗飯)は、稗・米・馬鈴薯・大根の干し葉を混ぜて炊いた。「アイゴ」(完全に精白されていない稗)と蕎麦を混ぜて石臼で碾《ひ》いて練って蒸したものを「ヌカダンゴ」(糠団子)と呼んでこれを食べた。稗の粉とチチコグサまたは蕗《ふき》の皮を混ぜて搗《つ》いたものを「クサモチ」と称した。正月と祭りには稗の粉とモチ種の粟を混ぜて蒸して搗《つ》いた餅を食べた(岩手県和賀郡西和賀町沢内貝沢・岩井貞吉さん・明治二十六年生まれ)。▼ヒエコーカシ

ターフン【農耕・稲作・田踏み】牛馬に水田を踏ませ、土を練り、田床を安定させることを「ターフン」(田踏み)といった。天水田のことを「ガンダ」、湧水田のことを「ツカルンダ」と称した。ガンダは馬と牡牛に踏ませた。牛に比べて馬のほうが足が早いので馬に外を牛に内側を回らせて踏ませた。ガンダは牛に石を牽《ひ》かせ、ツカルンダでは放牧の牛を五、六頭並べて踏ませたこともある(沖縄県八重山郡竹富町新城島出身・西大舛高一さん・大正六年生まれ)。

なお、右は同町西表島の農耕伝承であるが、西表島祖納出身の高道正文さん(大正六年生まれ)は天水田のことを「アミダ」(雨田)と呼んでいた。

タモギ【農耕・稲作・立木の稲架《はさ》】稲架《はさ》の杭に代替する立木で、モクセイ科のサトトネリコを田の畦畔《けいはん》に植え、育てて使った。この木のことを「タモギ」または「タマギ」などと呼んだ。新潟県三島郡出雲崎町川西の阿部芳太郎さん(明治三十八年生まれ)は以下のように語る。この地ではタモギを四尺間隔に植えて稲束を十二段掛けることのできる高さになると梢《こずえ》を止めた。春、芽の出るころに枝おろしをしてそれを焚木や野菜の支柱に使った。稲架《はさ》に使うタモギ並木のある畦畔《けいはん》には必ず「イナバ」(稲場)と呼ばれる稲置きのための小区画があった。

稲刈りのあと、この稲場に稲束を積み、タモギに横木を固定して月夜を選んで夜ナベに稲の稲架《はざ》掛けをした。芳太郎さんは、「タモギの稲架《はさ》で干した米はうまい」と語っていた。

新潟県燕市旧分水町桑見の松井文治さん（明治三十七年生まれ）は、タモギを火葬の燃料に使う習慣があったと語る。生タモギは火力があるので火葬の薪に適していた。平素竈《かまど》で燃やす薪の長さは一尺二寸五分だったが、火葬の薪は二尺にした。一家の主な人が亡くなると、特別に「ハジタモギ」（端タモギ）を伐って火葬の薪にした。ハジタモギは境界木でもあり、稲架《はさ》の支柱としても重要な木である。タモギは生長が早いので七、八年たつと使えるようになった。▼ゾウナワ

稲架として使われたタモギの木陰で休憩する阿部芳太郎さん夫妻（新潟県三島郡出雲崎町）

タワラユイ【農耕・稲作・予祝儀礼】田植が終わった日に「タワラ」と呼ばれる予祝物を樋倉の各戸に配った。タワラとは、朴《ほお》の葉の上に小正月に飾った繭玉（糯米《もちごめ》）と大豆を炒ったものをのせ、もう一枚の朴《ほお》の葉を、葉先と葉根の方位を敷いた朴《ほお》の葉とは逆にして二枚で包み、藁で縛ったものである。これを作って配ることを「タワラユイ」（俵結い）と呼んだ。俵結いは稲の豊穣予祝である（山形県西置賜郡小国町五味沢樋倉・佐藤静雄さん・大正七年生まれ）。

チチ【農耕・稲作・雀除け】秋、稲穂の籾が完熟する前の、液に近い軟質の状態を「チチ」（乳）と呼んだ。雀がそのチチを好んで啄《ついば》む。その雀を除けるために竹竿の先に藁束を縛りつけ、藁束に点火して田の中に立てた。これを「カカシ」と呼んだ（新潟県魚沼市大栃山・大島寛一さん・明治三十八年生まれ）。人形《ひとがた》でない「カカシ」は鳥獣に対する「嗅がし」から来た呼称である。

チントリシロカキ【農耕・稲作・代掻き】牛馬を持っていない農家の田の代掻きに馬持ちが傭《やと》われて代掻きを行うことを「チントリシロカキ」（賃取り代掻き）といった。馬（木曽馬）を使っての一日の代掻き日傭《ひよう》は、一人の田植日傭《ひよう》四日分だとされていた。昭和三十六年、耕耘機《こううんき》が導入される前のことである（長野県飯田市下瀬・植松荘人さん・大正十五年生まれ）。

テアゼ・ヒエボリ【農耕・稲作・水温管理】山の冷え水を直接田に入れると青穂が立つので、水口《みなくち》から入れた水を回してから田全体に配るべく、本畦《ほんあぜ》に沿ってもう一本の内畦《うちあぜ》を作る。これを「テアゼ」（手畦）と呼ぶ。手畦《てあぜ》と本畦《ほんあぜ》の間の溝を「ヒエボリ」（冷え堀）という。冷え堀には「ヒエモチ」（冷え糯）と称して冷えに強いモチ種の苗を植えた（静岡県浜松市北区引佐町川名・山下治男さん・大正十三年生まれ）。
手畦《てあぜ》と本畦《ほんあぜ》の間を「テミゾ」（手溝）と呼ぶ地もある。▼ヨコテモチ

テイタ【農耕・稲作・苗代均化用具】「テイタ」とは「手板」の意である。苗代田の苗床の土を均化、水平化するために使う板のことを「テイタ」と呼ぶ。長さ五尺、幅七寸、厚さ一寸三分ほどの杉板で、板を握るための穴が板の片側に二か所あけられている。苗代田の中でこの板を持って下方を突いたり、表面の土を均したりする。この作業を終えた直後に種籾を蒔くと籾が土中にもぐってしまう。それを防ぐために作業後一晩寝かして（放置して）から籾蒔きをした。日中に蒔くと水温が上がるため種が動いて寄るとして、早朝か夕方籾蒔きをした。籾蒔きは身を浄めてから行うものだとされていた（石川県輪島市白米町・日裏幸作さん・大正十四年生まれ）。

手畦と手溝（長野県飯田市上久堅原平）

テッパツ【農耕・稲作・共食】苗代・田植の前に井堰《いぜき》造りと水路の溝掘りを部落の「デアイ」（出合い＝共同作

業）で行った。これが終了すると区長の招待という形をとって田中区の「クラブ」（集会所）で「テッパツ」と呼ばれる宴会を行った。牛蒡・鶏肉の入った「カヤクメシ」（加薬飯）、魚、酒が出る（三重県伊賀市田中・松尾薫さん・大正十三年生まれ）。

テッパツは僧が托鉢で食物を受ける鉄の容器であるが、各地に飯を山盛りにすることを「テッパチモリ」（鉄鉢盛り）と表現する例が見られるところからすると、「テッパツ」が自分の持ち出し以上の酒食に恵まれる会食や宴会を指すに至ったものと考えられる。

テドル【農耕・稲作・収穫】 束ねることを「テドル」（手取る）という。稲刈りは一人が四株幅ずつ担当する。稲株を刈って左に倒してゆき、四株二列、すなわち八株でテドル。こうして刈り進め、一、二反で一つの「イネコヅミ」（台積みの上に左右から穂を内側にして五、六段積みにした合掌型で縦長の稲叢《いなむら》）を作り、脱穀の段取りがつくまで覆いをかけておく（福岡県柳川市三橋町垂見・大橋キミエさん・明治四十二年生まれ）。

トウド・トウドヤ【農耕・稲作・季節労務】 「トウド」とは「田人」の意で主として早乙女を指す。田植は標高差によって期日が異なるのでトウドが移動して日当を稼ぐ習慣があった。トウドの仲介をする者を「トウドヤ」（田人屋）と呼んだ。二町二反歩の田を作る前川家（標高一四〇メートル）では、トウドヤさんの仲介で、毎年伊賀市諏訪（標高三四〇メートル）から六人のトウドさんがやってきて三泊四日田植をしてから次へ移動していった。一日七畝植えれば一人前だといわれた。諏訪のトウドさんは自分の家の田植を済ませてから前川家へ来たのである（三重県伊賀市服部町・前川庄太郎さん・大正九年生まれ）。

トオシマチ【農耕・稲作・水田構造】 「イデガワ」（水路）から水田へ水を入れる取水口を「ミトグチ」、その田の水の落とし口は「ミトジリ」という。一枚一枚の田の計数単位を「マチ」と呼ぶ。一つのミトグチから取水して水を送る複数のマチの纏《まと》まりのことを「トオシマチ」（通しマチ）という。通しマチの一枚一枚の田に別の品種を栽培すると管理しにくいので、通しマチは品種をそろえるのがよいといわれた。田干し、施肥《せひ》なども効率的に行うことができる（三重県伊賀市下友生・榎実さん・昭和四年生まれ）。

トメヤマ【農耕・稲作・水源涵養】 稲作に必要な水の水源を守るためにムラで伐採を禁じた山を「トメヤマ」（留め山）と呼んだ。留め山にされるところにはブナの木が多かった（福島県南会津郡只見町田子倉・大塚純一さん・大正十年生まれ）。▼ミズバヤシ

トリノクチ【農耕・稲作・稲作予祝儀礼】 苗代に種籾蒔きをする日、苗代田の水口《みなくち》にツツジの花を挿し、焼き米を供えた。この焼き米を「トリノクチ」（鳥の口）と呼んだ。種籾蒔きの日には子供たちが布袋を持って焼き米をもらいに巡回してきた。このとき子供たちに与える焼き米も「トリノクチ」と呼んだ。子供たちが「鳥」、すなわち苗代籾や稲を喰い荒らす害鳥に見たてられているのである（静岡県浜松市北区引佐町渋川寺野・伊藤信次さん・大正八年生まれ）。

ドロサラエ【農耕・稲作・灌漑溜池】 灌漑用溜池のことを「ツツミ」（堤）という。細澤家は新堤（かかり水田三町歩）・押洞堤（かかり水田五町歩）にかかわっていた。池は年に一回水を抜いて干した。水抜きのことを「ドロサラエ」（泥浚え）と呼んだ。池には鯉を入れていたので泥浚《さら》えには鯉を捕り、水利権者で分けた（長野県飯田市滝の沢・細澤恒雄さん・昭和五年生まれ）。

トンボススキ【農耕・稲作・刈穂の乾燥】 稲穂のついたままの稲束を積む稲叢《いなむら》のことを「トンボススキ」と呼んだ。トンボススキは百把が単位だった。早霜の恐れがある場合はトンボススキを積んだ（奈良県天理市福住町上入田・今西鹿蔵さん・大正十一年生まれ）。▼ススキ

ナエジワラ【農耕・稲作・苗ジ藁の伝承】 稲苗を束ねる藁のことを「ナエデ」（苗手）・「ナエデワラ」（苗手藁）と呼ぶ地が多いが、当地ではそれを「ナエジワラ」と呼んだ。新藁を保存しておきそれをナエジワラにした。束

ねたナエジワラから一度にすべての苗を抜いてナエジワラの輪の中に苗を植えると死人が出ると言い伝えている。ナエジワラの輪は完全に解いてすでに苗を植え終えてある方へ投げよといわれた。十月三十一日に「カミオクリ」（神送り）と称して神々を出雲に送り出す準備をする。この日、オシロモチ（粢《しとぎ》）を作り、餅を搗《つ》き、おのおの新藁で編んだ苞《つと》に入れ神棚の両側に吊り下げた。この苞《つと》の藁を保存しておいてナエジワラにした（静岡県浜松市北区引佐町川名・山下サダエさん・明治三十七年生まれ）。

ナガラ【農耕・稲作・乾燥】稲架のことを「ハサ」と呼び、ハサ杭のことを「ハサクギ」と呼んだ。ハサの横木は三段（三本）をよしとした。横木のことを「ナガラ」という。ナガラは朴《ほお》の木をよしとした。ナガラを崩して保存する際、ナガラが直接地面や雪に接しないように、ナガラを地上、空間に保存管理するようにくふうした。ハサクギほどの丸太を×字状に組み、交点を縛り固めたものを二組作って×字の下を土に挿し込んで固定する。それぞれの×字支柱にナガラの両端をのせる。こうすれば×字の交点の上部に多数のナガラを積んでおくことができる。この二組の×字型の棒のセットを「ハサモリ」（稲架守り）と称した（青森県西津軽郡鰺ヶ沢町一ツ森町・大谷石太郎さん・明治三十二年生まれ）。

ナラシ②【農耕・稲作・穂束乾燥】刈りとった稲束を稲架《はさ》の竹竿に掛け干しすることを「ナラシ」という。稲束を逆さにして竿に掛けた状態が、竹竿に稲穂がナリさがった状態になるからである。竹竿は真竹で、山から離れた当地では屋敷の裏の小さな竹藪から伐り出す。×字型に組んで竿を支える杭木は樫をよしとし、仲買人の仲介によったが、農協の周旋によった時代もある。竹竿を収納する長細い小屋のことを「タケダナ」（竹棚）と呼んだ（京都府京田辺市興戸・里西正治さん・昭和三十三年生まれ）。

ニギニギダゴ【農耕・稲作・田植団子】ウルチの二番米をシタメ（湿気を与えて）、石臼で粉化し、水で練り、球体にしたものと楕円体にしたものとを作って蒸し、黒砂糖をまぶして婆さんが田植のお茶受けとして持ってくる。これを「ニギニギダゴ」といった（福岡県柳川市三橋町垂見・大橋キミエさん・明治四十二年生まれ）。

同県糸島市岩本の泊清一さん（大正三年生まれ）は田植のオヤツには葛粉と糯米《もちごめ》の粉を混ぜた団子を食べたという。田植と団子の結びつきに注目したい。

ニナワハズシ【農耕・稲作・収穫儀礼】 稲架《はさ》で干しあげた稲束を家に運び入れた祝いを「ニナワハズシ」（荷縄はずし）と称した。この日には糯米《もちごめ》五升を使って餅を搗《つ》いた。その前の刈り上げには三升搗《つ》いた。当家でこれら以外の行事に搗《つ》いた餅、その糯米《もちごめ》の量は以下のとおりだった。正月＝五升、小正月＝五升、サナブリ＝二〜三升、盆＝赤飯三升（秋田県大仙市横堀星宮・長沢精一さん・昭和三年生まれ）。

ニュー【農耕・稲作・刈穂乾燥】 稲叢《いなむら》のことを「ニュー」という。稲株二握りを一把とし、十把を一束、一束を一単位として、ニュー一つで十俵収まるようにして立てた。基部には土盛りをし、木の台を置いて鼠害と湿気とを除けた。屋根には藁を掛け、「クモデ」（蜘蛛手）と呼ばれる縛り方で固めた（新潟県魚沼市大栃山・大島金七さん・明治四十三年生まれ）。「ニュー」は「ニオ」の転訛と考えられる。「ニオ」には「堆」の字があてられ、藁や薪を積み上げたものを指す地もあるが、「ニオ」は発生的には「新穂《にいほ》」だったと考えられる。▼シラ、ススキ

ヌマダシ【農耕・稲作・肥料】 灌漑用水路や屋敷の一角に「ヌマタメ」（沼溜）を作っておき、冬季、「ヌマダシ」と称してヌマタメからたまったヌマ（泥土）を出し、半年から一年積んでおき田畑に入れて肥料にした（静岡県藤枝市大東町・内藤正治さん・明治三十三年生まれ）。

ヌマタメ（静岡県藤枝市大東町）

ヌルミ【農耕・稲作・苗代】 寒冷なうえに長びく霧や雨によって日照を阻害される当地の苗代にはくふうが見られた。一反歩の苗代田のうち五畝

分を「ヌルミ」（温み）と称する保温用の水たまりにした。ヌルミの水を少しでも太陽で暖めてから苗代に回したのである（静岡県御殿場市中畑・勝又富江さん・明治四十年生まれ）。

ネリ【農耕・稲作・稲架《はさ》材】平成十九年以降、福島県大沼郡昭和村に折々足を運んだ。村内を歩くと随所に、稲架《はさ》の柱や横木を円錐状に組んで立て、大切に保管しているのを見かけた。なかにはビッシリと蔓《つる》に絡まれ、コンバインの時代に入って稲架《はさ》が使われなくなったことを証言しているものもあった。以下は昭和村下中津川の本名マキさん（大正十四年生まれ）による。稲架《はさ》の材は、柱は栗、横木は杉で、円錐状に組み立てたものは「ネリ」と呼ぶ。当地の稲架《はさ》は肋木《ろくぼく》式で、柱の間隔は二間単位、横木の段は八段だった。稲架《はさ》に掛けられる稲は一間八段で一俵と概算されたので、稲架《はさ》全体を見ればその年の収穫量が概算できた。

稲架材を立てて保管するネリ（福島県大沼郡昭和村）

ノヤマ【農耕・茶畑と水田の肥草】共同の草刈場を「ノヤマ」（野山）と呼んだ。早くは自由に刈っていたが、のちに草刈り日を定めた。当地は茶産地なので、強《こわ》い草は茶畑に入れ、軟らかい草は田に入れた。屋根萱《やねがや》用の萱《かや》をノヤマで刈ることもできたが量が少なかった。屋根萱《やねがや》は川土手にも栽培したがこれも量が少なかったので、屋根には萱《かや》・小麦稈《から》・大麦稈《から》・稲藁などを使った。萱屋根《かややね》は二十五年持ったが小麦稈《から》は十年がやっとだった（静岡県菊川市中内田西平尾・石田くわさん・明治三十五年生まれ）。

ノンメ【農耕・稲作・農前祝い】四月十七日に苗代前の祝いをした。「ノンメ」（農前）と称して餅を搗《つ》き、酒を飲んだ（山形県新庄市升形・佐藤精さん・昭和六年生まれ）。

ハガネイレ【農耕・稲作・灌漑用水池の堤修復】 灌漑用貯水池の堤も長い年月の間には傷みを生ずる。とりわけ、水際は小なりといえども漣《さざなみ》を受け続けて欠損する。そこで、二十～三十年に一度「ハガネイレ」という修堤工事を行ってきた。工事期間は冬で、水を抜いて池の堤の内側を露出させ、土手土《どてつち》が削りとられ減っている箇所に粘土を加え、掛矢で叩いて固めるのである。これを「ハガネイレ」と呼びならわしてきた。「ハガネイレ」とは、「鋼入れ」の意で、本来は磨耗して減った鍬先に鋼を補充して形を整えることである。「サッカケ」（先掛け）とも呼ばれるこの鍬の修復作業である鍛冶屋の「ハガネイレ」が、工程意図の共通性から堤修復に転用された呼称である（奈良市秋篠町・大川喜久治さん・明治三十九年生まれ）。▼シンハガネ・マエハガネ

ハサドウグ【農耕・稲作・稲架《はさ》材】 刈り上げた稲を乾燥させる設備を「ハサ」（稲架）と呼び、その稲架《はさ》を構成する材を「ハサドウグ」（稲架道具）と呼んだ。当地は平地水田地帯で山から遠く離れているので、稲架《はさ》道具の入手、調達に苦心した。山主の住む千畑・太田の山に、買い手と山師（仲買人）、山主が集まって現物を見ながら交渉するという形をとった。柱は栗材で十四尺、横木は杉で長さ二間～十五尺、それに柱を支える栗の支柱「マッカ」（又木）が必要である。支柱は立てっぱなしにするので、根方は焼いてから立てた。稲架《はさ》は風圧を受けるので、斜めに支えるマッカの位置を風向によって移動させ、やりくりしなければならなかった。横木（横棹）は取りはずし、集めて長さ二尋の「ドバ」（稲藁で編んだ薦《こも》）を十六枚ほど使って屋根にして保護した。父は、田何枚で一《ひと》ハサと計算していた。稲架《はさ》道具はどうしても傷むので毎年五、六本ずつ補充した。コンバインが登場して稲架《はさ》が消えたのは昭和四十四年のことだった（秋田県大仙市横堀星宮・長沢精一さん・昭和三年生まれ）。

ハシリツキ【農耕・水田・灌漑配水】 田植に際してムラの水田に水が配られ、最も高い位置の田に水が入ることを「ハシリツキ」（走り付き）という（香川県仲多度郡多度津町山階・鈴木正信さん・昭和十六年生まれ）。

ハッテ【農耕・稲作・脱粒具】 稲穂から籾を脱粒する「千把扱《せんばこき》」のことを「ハッテ」という。一把の稲を二分し、半分ずつ広げてハッテで扱《こ》く（山形県鶴岡市砂谷・白旗喜物治さん・大正十四年生まれ）。

ヒエダチ【農耕・稲作・水口《みなくち》】棚田の水口《みなくち》下の一坪ほどを「ヒエダチ」（冷え立ち）と呼んだ。冷えた水が直接入るので稲の苗を植えてもこの部分だけは穂が稔らず「アオダチ」（青立ち）になる。青立ちのことを冷え立ちと呼んだ。よってここには稗を植えることになった。この稗は「水口稗《みなくちびえ》」と呼ぶ（山形県西村山郡大江町柳川・庄司豊雄さん・大正二年生まれ）。

ヒエナワシロ・ヒエダ【農耕・稗田】八十八夜に桶に水を張って稗種をうるかす（湿す）。四十日から四十五日目に水から出し、「メダシ」（芽出し）と称して種を筵《むしろ》に包み、厩肥《きゅうひ》・堆肥の中に入れて三日間おく。それを「ヒエナワシロ」（稗苗代）に蒔く。稗苗代は稗がよく根を張るようにとして深田を選んだ。一か月ほどで稗田植ができる。仕事の都合で稗田植が遅れる場合は根先を切ることもある。棚田の場合、山つきの田が最も水が冷え、下になるほど水温が上がる。棚田の、上から下への栽培穀物の順は次のとおりだった。①ワセ稗→②オクテ稗→③ワセ糯米《もちごめ》→④オクテ糯米《もちごめ》→⑤ワセウルチ米→⑥オクテウルチ米。昭和十六年、岩井家では水田一町歩・定畑二反五畝で農業を営んでいた。内訳は、「ヒエダ」（稗田）＝八反歩、稲田＝二反歩、定畑には蕎麦・大豆・小豆・大根などを作った。東北地方の山間部の水田では本来的に稲よりも稗のほうが適していたこと、冷害に強いことが右によってわかる（岩手県和賀郡西和賀町沢内貝沢・岩井貞吉さん・明治二十六年生まれ）。

　水田にかかわる作物として便宜上ここに入れた。

ヒトマエ【農耕・稲作・水田の水温差と稲株】田植に際して、早乙女一人が分担すべき苗株の数の単位を「ヒトマエ」と呼ぶ。山中で水温が低いほど分蘖《ぶんけつ》が少ないので株間は狭くなり、郷中《ごうなか》（平地）は水温が高いので分蘖《ぶんけつ》も多く、株間は広くなる。山中のムラの「サシ」（定規）は五尺で、これを六株で割って植える。郷中《ごうなか》のサシが五尺七寸で、これを六株で割って植える（奈良県吉野郡吉野町喜佐谷・山口楚乃さん・明治四十二年生まれ）。

　広島県山県郡北広島町は花田植（囃《はや》し田《だ》）が盛んである。大朝の囃《はや》し田《だ》を見学した折、大朝の方々から「オーツカノテーツクビョウシ」（大塚のテーツク拍子）ということばを聞いた。それは大朝より標高が高く、島根県境に位置する、より寒冷な大塚の囃《はや》し田《だ》、その囃《はや》し方《かた》のテンポは大朝より早くあわただしいというのだ。これは大朝の苗の株間より大塚の苗の株間のほうが狭いので田植囃《たうえばや》しのテンポを早くしなければ早乙女たちの手の動きに合わないということである。環境条件は田植唄のテンポにまで影響するのである。

ヒドリダ【農耕・稲作・豊穣祈願】 田植作業の全日程の中間にあたる日のことを「ヒドリダ」(日取り田)と呼んだ。この日、田の神様に膳を供えた。膳には朴《ほお》の葉を敷き、飯・黄な粉・黒砂糖を盛り、「モンギリミズ」(捥《も》ぎりミズ)、すなわち刃物を使わないで捥《も》ぎとったミズ(ウワバミソウ)も必ず供えなければならないとされていた。田の神様と同じものを田植にかかわる者たちも食べた(山形県最上郡真室川町差首鍋高坂・井上春松さん・昭和三年生まれ)。

ヒドリダのモンギリミズは、稲作にとって欠くことのできない「水」の恵みを願うものであり、黄な粉は稲の花と秋の稔りの象徴である。

大朝の花田植(広島県山県郡北広島町)

フキミソ【農耕・稲作・田植飯】 田植時、田小屋で蕗《ふき》の葉に味噌を包んで焼いて食べる。これを「フキミソ」(蕗味噌)と呼んだ。これは田植にかかわる野外の食で、平素家の中で食べるものではないとされていた。家の中でフキミソを作るとそのよい香りにつられて「納戸の荒神様がフキミソをほしがって外へ出てくる」といわれていた。「ナンドコウジン」(納戸荒神)が家からいなくなるとその家は寂《さび》れると伝えられている(静岡県浜松市北区引佐町川名・山下治男さん・大正十三年生まれ)。

フケダ【農耕・稲作・水田環境】 「フケダ」とは年中水がたまっている「深田」のこと。「フケダの稲は「サカ」(斛・量)がよい。穂が重い。フケダの稲は「アキオチ」(収穫時に虫の害などによって質が悪くなること)せん」といった伝承がある。「アゲタ」とは土が浅く、水が変わる田のことである。「アゲタの稲はサカが悪い」「アゲタの稲は穂が軽い」などと伝えられていた。フケダには「ヘル」（ヒル＝蛭）がいて血を吸われるので石灰を撒《ま》いて防除した（奈良県吉野郡吉野町山口・森口たまゑさん・明治四十年生まれ）。

フチ・イアゲ【農耕・稲作・水温管理】森越という地の田を作る四十戸で、高さ五尺、約三十坪で円形の水溜《みずだめ》を作った。外周は石積みで隙間は漏水のないように固めた。これを「フチ」と呼んだ。フチには川から水を引き、フチで水を温めてから田に水を引いた。フチから田に水を引くことを「イアゲ」と呼んだ（静岡市葵区長熊・長倉てつさん・明治四十四年生まれ）。

フドース・プドーシ【農耕・稲作・除芒具】芒《のぎ》の長い稲穂の芒《のぎ》を扱《こ》き落とす竹箸を「フドース」と呼んだ。長さは三寸余で根方が藁の芯でつながれていた。竹箸の根方を縛ったものもあった（沖縄県八重山郡竹富町新城島出身・大舛久起さん・大正八年生まれ）。

同町西表島祖納出身の高道正文さん（大正六年生まれ）は同様のものを「プドーシ」と呼んでいた。「穂通し」の意である。芒《のぎ》の長い在来種を種籾にするとき、長い芒《のぎ》を除くのにこれを使うと便利だったという。

長野県の下伊那地方では稲《いね》扱《こ》きが終わると「コバシヤスメ」と称して新米を炊き、サンマなどを買い、煮ものを用意して祝った。「コバシ」とは「扱箸《こばし》」「扱箸《こきばし》」のことである。コバシとは長さ一尺余の割り竹二本の根方を麻紐などで若干の動きを可能にするほどに縛り固め、二本の竹を開き、そこに稲穂を挟んで扱《こ》くのである。下伊那では昭和十年代まで扱箸《こばし》を使っていた家もある。脱穀法は進化しても「コバシヤスメ」ということばだけは残っている。フドースとコバシは用途が異なり、似て非なるものである。

フトナエ・ナミナエ・ホソナエ【農耕・稲作・苗束】田植をするときに植える一株の苗束の苗の本数は一様ではなかった。水田の標高差・水温・日照条件・土質などによって苗束の太さ（苗の数）は異なった。水温の低い地は「フトナエ」（太苗）、水温の高い地は「ホソナエ」（細苗）でよいことになる。平均的な土地が「ナミナエ」(並苗)ということになる。静岡県御殿場市周辺では、太苗＝六～十本、細苗＝二～三本、並苗＝四～五本だった(静岡県御殿場市中畑・勝又富江さん・明治四十年生まれ)。

フトバラ・ネノウ・ヤゴ【農耕・稲作・穂の伝承】 当地は豊川の河川氾濫を受けた地で、稲作も多大な被害を受けた時代が長かった。それゆえ、稲穂に関する観察も伝承も詳細だった。「九月一日の一穂走り」という口誦句があるが、九月一日から五日くらいの間は一般にはまだ穂は出ず、穂全体を包む外皮は割れていない。その、出穂前のふくらんだ状態を「フトバラ」(太腹)と呼ぶ。フトバラの状態で河川氾濫にあうと収穫はゼロになる。受粉が皆無だからだ。九月五日を難日とし、この日に水が入ると稲が全滅すると言い伝えられている。フトバラの前の、籾粒ができかかるころの穂先の部分を「ネノウ」と呼ぶ。ネノウの水害ももとより収穫はない。「一穂走り」のころ出る小さな穂のことを「ヤゴ」と呼ぶ。ヤゴは屑米にしかならない(愛知県豊川市当古町東船渡・平松市次さん・明治三十九年生まれ)。

『改訂綜合日本民俗語彙』に「ネノウミズ」の項があり、以下のように記されている。「愛知県丹羽郡で、稲の穂の出る頃をネノウといい、その頃に田へ引く水をネノウ水と称する。二百十日から一週間前という」。ネノウの語義は定かではないが、「根《ね》(隠れている状態)の穂《ほ》」とも考えられる。「ヤゴ」は蘖《ひこばえ》や脇《わき》生《ば》えを示す「ヤゴバエ」と同系であろう。

プーノムヌン【農耕・稲作・出穂の物忌み】 稲の出穂期に、無事に穂が稔りますようにという願いをこめて物忌みをした。これを「プーノムヌン」(穂の物忌み)と称して、その日は学校の生徒以外は物音を立てずに静かに過ごした(沖縄県八重山郡竹富町新城島出身・西大舛高一さん・大正六年生まれ)。

ホエセギ【農耕・稲作・河川灌漑堰とサクラマスの溯上】 灌漑用水を導くために瓜巣川に粗朶《そだ》を使った堰を作った。これを「ホエセギ」と呼んだ。梅雨期の増水でホエセギが抜ける(壊れる)とサクラマスが溯上してきた(岐阜県高山市国府町名張・松本誠治さん・大正四年生まれ)。

「ホエセギ」の「ホエ」（生え）は木の枝のことで、木の枝を使って堰を作ったのである。

ホトライレ【農耕・稲作・肥草入れ】水田に対して行う収穫後の肥草入れの一種に「ホトライレ」がある。当地ではナラ類の若葉や薄《すすき》の若葉のことを「ホトラ」と呼ぶ。ホトラを刈って田の脇に積んでおく。それを雪の降る直前に、牛を使って犂《すき》で畝掘りをし、掘ったところに入れ、再度犂《すき》で土をかぶせる。これを「ホトライレ」と呼んだ。ホトライレをした田の米はうまいといわれている（福井県小浜市上根来・岩本重夫さん・大正十三年生まれ）。

ホニオ【農耕・稲作・刈穂の乾燥】「イナグイ」（稲杭）は長さ七尺から七尺五寸の杉またはナラ材の杭で、これを稲刈り後、田の中に立てる。杭の地上一尺の位置に「カンザシ」と呼ばれる尺五寸ほどの木を杭に交わる形に縛りつける。その上に、根と穂を交互にしながら稲束を井桁に積み上げる。下平形では、七尺の杭に五十把を積む。杭の根が腐り、短くなったものには四十把を積む。このように稲を積まれた状態の杭を「ホニオ」と呼ぶ。藁ではなく、稲穂がついており、これを乾燥させる機能を持つからである。秋、庄内の稲田にはホニオが林立した。一反歩に百八十本から二百本立つといわれた。山から離れた鶴岡市旧藤島町では、稲刈り前に同市羽黒町や東田川郡庄内町の山間部へ不足の稲杭を求めに出かけた。片側十本ずつ馬の背に振り分けにして運んだ（山形県鶴岡市平形下平形・熊木作蔵さん・明治四十五年生まれ）。

▼ホニオグイ

ホニオグイ【農耕・稲作・刈穂の乾燥】長さ九尺の杭に、稲束を組み掛けて乾燥させる。この杭を「ホニオグ

杭干しのホニオ（山形県酒田市局）

イ」と呼ぶ。樹種は栗を最良とし、杉・檜葉《ひば》なども使った。二町三反歩の稲作をしていたので、五百本のホニオグイが必要だった。杭は「ヤマタテ」で得ていた。ホニオグイは貴重品なので、屋根を掛けて管理した。根方が腐ると、そこを削って使い続けた。田に挿し立てるときには、薬罐《やかん》で水を注ぎ、土を軟化するなどのくふうをした。ホニオグイを使わない場合は、一把ずつ広げる「ジンダテ」（陣立て）、六把を固めて立てる「タバダテ」（束立て）などにして干した（宮城県大崎市古川柏崎・村上良吉さん・大正二年生まれ）。▼ソラダテ、ホニオ、ヤマタテ

ホンニョトリ【農耕・稲作・刈穂の乾燥】 稲杭に稲束を積む方法とは別に、田の土をブロック状に掘り出したものを積み、それをベースに稲束を積む方法があった。田の土を八寸×尺六寸×六寸（厚さ）の形に掘り出し、中央に二段積み、四方に一段ずつ置いて、その四方からブロック塊に根方を下にして三把ずつの稲束を寄せ立てる。穂は中央のブロックの上にかかる。こうして十五段重ねて積む。この方法を「ホンニョトリ」と呼んだ。戦前、小作などで稲杭のない家がこの方法をとった。「ホンニョトリ」は「穂ニオ取り」の意であろう。

当地にはホンニョトリとは別に、複数の稲束を円錐形に直接田床に立てて乾燥させる方法もあった。これを「ソラダテ」（空立て）または「ジンダテ」（陣立て）と呼んだ。ホンニョトリは一か月、ソラダテは二週間ほどで乾燥した。こうして乾燥させた稲を穂を内側にして稲叢《いなむら》にする。六把で一束、一つの稲叢《いなむら》は二百束、一反歩で一つの稲叢《いなむら》ができる。稲叢《いなむら》のことを「イナニオ」（稲ニオ）と呼ぶ。稲ニオの底部には鼠除けとして「イグネ」（屋敷林）の杉の葉を敷きつめた。穂のついた稲を積む稲ニオに対して、藁を積んだニオのことを「カメニオ」と呼んだ（宮城県大崎市古川大崎伏見本屋敷・門脇れふ子さん・昭和七年生まれ）。

マチイ【農耕・稲作・灌漑用水】 大井川の本流から灌漑用水を引いた。それは源助用水・善左衛門用水などで、かかり水田が広いものであるが、その用水からさらに、田に水を分けるための水路を「マチイ」（待井）と呼んだ（静岡県藤枝市大東町・内藤正治さん・明治三十三年生まれ）。

マンガアライ【農耕・稲作・田植終了と付け買い支払い】「マンガアライ」（馬鍬洗い）は田植終了の祝いであり農休みでもあったが「付け買い」（掛け売り）を清算する日にもなっていた。当地では春蚕《はるこ》の繭の代金が入る時期だったからである。農家のなかには農耕馬の装蹄（蹄鉄打ち）の代金を付けにする者もあった。農家では付け買いの支払いはまず肥料屋、早乙女、その次に鉄沓屋《かなぐつや》の順だった。そこで支払えない家は「ボンゼッキ」（盆節季）、盆にも払えないで「節季」に回す家もあった。節季にも現金で支払うことができず、米・大豆などで代替を乞う家もあった（静岡県御殿場市古沢・長田喜蔵さん・明治十八年生まれ・鉄沓屋《かなぐつや》）。

ミオ【農耕・稲作・湖と田を結ぶ水路】海や川で水が流れる筋を「ミオ」という。古語の「ミヲ」と同義である。ところが、当地では水田と佐鳴湖を結ぶ水路のことを「ミオ」という。水の流路を示す点で一致している。漁師である斎藤さんは、佐鳴湖西北隅のミオの入口で四つ手網漁を行った。対象は「ノボリブナ」である。ノボリブナとは、田植前に産卵のためにミオを溯上して田に入る鮒のことである。この季節、ミオの入口には鮒が集まるのである（静岡県浜松市西区入野町・斎藤みつさん・明治三十八年生まれ）。

ミズカケコグチ【農耕・稲作・水口《みなくち》祭り】水口《みなくち》のことを「ミズカケコグチ」と称した。籾蒔きに先立って行われる水口《みなくち》祭りにはミズカケコグチの脇の畦《あぜ》に牛玉札《ごおうふだ》とヤマツツジ、椿の花枝を立て、その前に煎り米を供えて苗の生長と稲の豊作を祈った（奈良市中ノ川町・池ノ畑伊平さん・明治三十七年生まれ）。

ミズカミ【農耕・稲作・灌漑用水管理者】水田灌漑用水管理組織の管理者を「ミズカミ」（水上）と呼ぶ。ミズカミの下の管理当番のことを「クワトリ」（鍬取り）という。水の分配は線香一本分とされていた。すなわち一本の線香の着火から燃えつきまでの間に水あげ水車であげることのできる水量が分配されることになる。水あげ水車は、若者が激しく踏み続けると田に水がたくさん入り、老人などがゆっくり踏むと田に水が入らないということになる。クワトリは自分の田でも勝手な扱いは慎まなければならなかった。水利共同体の田に水が配られ、高い位置の水田にまで水が行きわたることを「ハシリツキ」（走り付き）と称した。ミズカミには水が走り付きに至るまでの采配と責任があった（香川県仲多度郡多度津町山階・鈴木正信さん・昭和十六年生まれ）。

ミズクエキ・カンボエ・ミズオトシ【農耕・稲作・灌漑用水準備】 小字別に割り当てられた範囲の「ホリサラエ」（堀浚え）を新暦五月の田植前に行った。藻《も》を浚《さら》い、水流をよくするためである。「ミズクエキ」（水工役）と称して各戸から一人ずつ出て共同作業をした。また、これとは別に、個人分担の堰の中の土あげを一月・二月に行った。これは田隣の「カセ」（加勢）で、「カンボエ」と呼ばれる土あげ専用の柄が五尺ほどのスコップで土をあげた。堰の土は麦の畝に入れて肥料にした。カンボエはもとは木製だった。秋、麦蒔きに先立って行った「ミズオトシ」（水落とし）の際には淡水魚を獲った。個々が自分が管理を担当している堀の範囲の中に甕や桶を埋めたり、竹簀《たけす》の囲みを作ったりしてそこに魚がたまるようにくふうした（福岡県柳川市大和町皿垣開・塩塚末吉さん・大正七年生まれ）。

ミズバヤシ【農耕・稲作・水源涵養林】 福島県南会津郡只見町只見の新国勇さん（昭和三十二年生まれ）は以下のように語る。只見町の蒲生・叶津・入叶津などのムラには、集落の背後に「ミズバヤシ」（水林）と呼ばれる森がある。樹齢二百～二百五十年のブナの木が中心をなしており、下草刈りをしてもいけないとされている。子供のころ、ダンゴサシに使うミズキをこの森から伐り出して叱られたことがあった。禁伐の森である。この森は稲作のための水源涵養林と雪崩除けの森として守られてきたものである。▼トメヤマ

ミズモトゴメ【農耕・稲作・水口《みなくち》と冷水】 当地では水田の水口《みなくち》のことを「ミズモト」（水元）と呼ぶ。高地で水が冷えるので水元の四～五坪は青穂になる。これを避けるために水元には冷えに強いモチ種の苗を植えた。これを「ミズモトゴメ」（水元米）と呼んだ。框《かまち》ごとに水元米の苗を植えた（愛媛県上浮穴郡旧柳谷村高野・長谷直国さん・明治四十二年生まれ）。

ミソカツボ【農耕・稲作・コボシ米、屑米】 秋の収穫を終え、「オード」（外庭）で籾摺《もみす》りなどの作業をする。オ

ードには籾粒・米粒・割れ米などがこぼれる。これを「コゴメドオシ」（小米簁）でふるって竪臼《たてうす》と杵で叩《はた》いて粉化する。このハタキ粉四分の三、糯米《もちごめ》四分の一で餅を搗《つ》き、蒲鉾状《かまぼこじょう》にのし、これを「イタチ」と呼んだ。叩《はた》くところから「ハタキモチ」とも呼んだ。イタチを切って焼き、仏前に供えた。これを「ツボモチ」または「コマカモチ」と呼んだのだが、大晦日に搗《つ》くところから「ミソカツボ」とも呼んだ（静岡県藤枝市高柳・油井亮吉さん・明治三十二年生まれ）。

ミゾサライ・シガラカキ【農耕・稲作・灌漑用水】苗代・田植に先立つ四月初めに、盤脚池や葉梨川について字《あざ》のかかわる範囲の水路整備を共同で行った。「ミゾサライ」（溝浚い）は文字どおりの水路掃除であり、葉梨川については、「シガラヲカク」「シガラカキ」といって柵《しがらみ》を作った。杭（杉）・砂入り叺《かます》・俵・真竹などの現物を持ち寄ったが、多くは地主が出した。杭を打ち、割った真竹を編みつけ、砂叺《すなかます》や俵を固定させ柵《しがらみ》を作った。普通この柵《しがらみ》は三年間持つものだが大水が出ると一年で破損した。昭和十年に蛇籠《じゃかご》を積む形になり、昭和三十年にはコンクリートで固定された。シガラカキの日には、作業後当屋で小宴を開くことになっていた。酒の肴は田螺《たにし》と葱の味噌和えと決まっていた。田螺《たにし》は当屋で用意した（静岡県藤枝市西方・小沢千代吉さん・明治三十六年生まれ）。

ミッカナエ【農耕・稲作・物忌み】田植をしてから三日目に、田に植えた苗を覗いてはいけない。「「ミッカナエ」（三日苗）を覗くな」という伝承がある（奈良県吉野郡吉野町滝畑・上坂美代子さん・昭和四年生まれ）。

右の禁忌伝承は、稲苗の定着、根張りを妨げることを慎むための「人の物忌み」を示すものと考えられる。

ミトマツリ【農耕・稲作・豊作祈願】水田の水口《みなくち》のことを「ミト」と呼んだ。春の彼岸にミトの脇の畦《あぜ》で次のような「ミトマツリ」をした。氏神の牛王宝印札《ごおうほういんふだ》を漆の細木に挟んだものを立てる。その脇に「ナワシロナ」（菜種の茎葉）三本と薄《すすき》三本を立てる。さらに白米一升を供えて、田の水の恵みと稲の豊穣とを祈った（滋賀県甲賀市信楽町多羅尾・岩田勘三郎さん・大正五年生まれ）。

ミヨサ【農耕・稲作・未熟稲】 未熟稲、死に米のことを「ミヨサ」と呼ぶ。他地の「シイナ」（死稲）にあたる。当地では、人の流産のことも「ミヨサ」と呼んだ。ミヨサは石臼で粉にし、蓬《よもぎ》餅にして食べた（大阪府河内長野市天見・堀切五十次さん・明治三十五年生まれ）。

『日本国語大辞典 第二版』では「殻ばかりで実のない籾」とし、「みよさ」「みよし」を挙げ、ともに「粃」の字をあてている。「実」に続けて「ヨサ」「ヨシ」があることからすれば「ミヨソ」（実他所）とも考えられる。

ムギシロクズシ【農耕・稲作・田代作り】「ムギシロクズシ」は「麦代崩し」の意である。水田で稲の裏作として麦を栽培する場合、田の中に短冊状に土盛りをしてそこに麦を蒔く。この土盛りのことを「ムギシロ」（麦代）と呼ぶ。麦の収穫後、田植の前にこの麦代を崩して均化し、水を呼びこまなければ田植ができない。田植準備のひとつにこの麦代崩しがあった（長野県飯田市大休・横田トシ子さん・昭和九年生まれ）。

ムギョウダ【農耕・稲作・水田の裏作】 稲作水田の裏作（冬作）に麦を栽培する田のことを「ムギョウダ」と呼ぶ。「麦生田」の意である（愛知県豊川市八幡町忍地・近田節治さん・明治四十四年生まれ）。

ムコサマダ【農耕・稲作・田植】 川名では苗代田のことを「ムコサマダ」（婿様田）と呼んだ。家々では植田の田植を終えてから最後に苗代田の田植をするのが一般的だった。嫁の実家へ「タギリ」（田義理）と称して嫁の夫が田植の手伝いに行くならわしがあった。それゆえ、婿の来訪を待って、婿とともに大勢で苗代の田植をすることになった。苗代田が婿様田と呼ばれるゆえんである（静岡県浜松市北区引佐町川名・山下治男さん・大正十三年生まれ）。

メボシ【農耕・稲作・苗代】 苗代に籾蒔きをしたあとに水を抜き、芽立ち・根ざしを健全にすることを「メボシ」（芽干し）という。当地には「八十八夜で三日干し」という口誦句がある。「三日干し」というのは三日目に一日干すということである。「芽干しをしないと「タコアシ」になる」という口誦句もある。タコアシとは籾から根が数本出て苗の足が長くなりすぎ、籾（実）が水の上に出てしまうということである。ただし、昼間芽干しをすると雀や鳥が籾を啄《ついば》むので、昼の芽干しには糸張り・網張りなどの鳥除けをしなければならない。鳥害を恐れて「ヨボシ」（夜干し）をしたこともある。時には、蒔いてから三日目に一日干し、二、三日おいてもう一度一日干しをしたこともある（大阪府河内長野市天見・尾花莅さん・昭和二年生まれ）。

苗代に蒔いた籾の管理は嬰児を扱うように神経を使った。同じ河内長野市天見の田中キミエさん（明治三十四年生まれ）から、蛙が産卵のために苗代に入って蒔いた種籾を荒らすので、蛙除けのために苗代に夏ミカンの皮を入れたと聞いた。石川県能登の千枚田のある輪島市白米町の日裏幸作さん（大正十四年生まれ）は、苗代の蛙除けにトコロ（野老）を擂《す》って入れたという。▼イリマキ・ナラシ①・ナワシロボシ

モエル【農耕・稲作・水田養鯉《ようり》】水田養鯉《ようり》で、六月末に鯉の卵千個以上を苗代跡の田に入れておくと七月末には孵化して千匹以上の稚魚が生まれた。このように孵化することを「モエル」と称した。九月初めまで苗代田に置き、蚕の蛹《さなぎ》・残飯などを与えた。九月末から十月中旬の稲刈り前まで稲田に入れ、稲刈り直前に四間×五間の池に入れた。水田養鯉《ようり》中はカワセミなどの鳥の害にあわないように注意した（福島県耶麻郡猪苗代町関都・安部作馬さん・明治三十八年生まれ）。

「モエル」は、一般的には草木などが芽を吹く「萌える」の意であるが、『日本国語大辞典　第二版』によると、宮城県仙台市・山形県西田川郡（現鶴岡市）・静岡県などに「孵化」を意味する例があるという。

モヅカ【農耕・水田作物・肥料】琵琶湖の内湖である大中之湖・西之湖、とりわけ西之湖やクリーク沿いの水田で、藻《も》とその根についている泥を掻きあげて肥料にする習慣があった。藻《も》のことを「モラ」と呼んだ。八月に鉄の爪のついた朳《えぶり》型の「カナカギ」（鉄鉤）と呼ばれる掻き具で掻きあげ、モラと泥が混合した状態のまま水域との境である「ガテ」（畦）に、「モヅカ」（藻塚）と称して、掻きあげたものを積んでおく。秋まで放置して乾燥させる。乾燥したモラと泥の混合物を鋤で切って、稲刈りの終わった田に肥料として入れる。この肥料は当面冬作の麦や菜種に力を与えるのであるが、その効力は当然夏作の稲にも及ぶ（滋賀県近江八幡市円山町・井上正

六さん・大正六年生まれ）。

モミドシャク【農耕・稲作・種籾の保存管理】稲籾の保存法のひとつに「モミドシャク」がある。田や畑の中に高さ一間の杭柱を三尺四方に立てる。その高さ三尺ほどの位置に床を張って、四囲を板で遮閉した小型で粗略な倉を建てた。中には稲の種籾を入れる。鼠がつきやすいので藁屋根の上に杉の葉をかけ、柱の床下の部分にも鼠除けに杉の葉をつける。「トシャク」とは積み上げることで、大根・人参・牛蒡などを竪穴に入れ、「スクモ」（籾殻）で覆い、さらに土を山盛りにして藁屋根をかけ、中心に竹を立てたものも「トシャク」と呼んでいる（山口県山口市阿東嘉年下火打原・城市和夫さん・昭和三年生まれ）。

島根県鹿足郡津和野町名賀徳次の山本亀一さん（大正三年生まれ）もモミドシャクを作った。当地では家の近くの広い田の中に「ハゼ」（稲架）の杭を使って作った。モミドシャクを建てる地には塩と神酒を振り、神酒は自分も飲んだ。モミドシャクにはモチ種・ウルチワセ・ウルチオクテの種籾を別々に袋に入れ、合計二俵ほど入れた。杉の葉も使った。柴草も「トシャク」（ボウシ）にして立てた。モミドシャクは昭和三十五年まで作った。

滋賀県高島市今津町でもモミドシャクと類似の種籾保存の設備を作り、これを「タネモミガコイ」（種籾囲い）と呼んだ。四本柱の床下部分には鼠返しとして杉の葉をつけた。

いずれも弥生時代の高床式の穀倉と共通性を持つ。鼠返しも整っている。「ホコラ」（祠）が「穂倉」であったこととも無縁ではない。

種籾囲い。黒く見えるのは鼠返しの杉の葉（滋賀県高島市今津町日置前伊井、青谷家）

ヤキゴメブルマイ【農耕・稲作・米の儀礼食】「ヤキゴメブルマイ」は「焼き米振舞」の意で、これには二種類ある。そのひとつは「アキアゲ」（秋上げ＝稲刈りから籾摺《もみす》りまでの秋の作業の終了祝い）に親戚および田植の手伝いをしてもらった人びとを招待して行うヤキゴメブルマイである。①ヤキゴメブルマイに使う籾は「コバシ」（竹製挟み式稲扱《いねこ》き具《ぐ》）で籾にする→②鍋に少し水を入れそこに籾を入れて「ウムシイリ」（蒸し煎り）にする→③搗《つ》く→④箕《み》で簸《ひ》出《だ》して米を精選する→⑤米を茶碗に入れる→⑥熱湯で出した濃い緑茶を茶碗に注いで塩を加える→⑦茶碗に蓋をしてよく蒸す。このようにすると焼き米粥のごときものができる。いまひとつのヤキゴメブルマイは、保存しておいたウルチ種・モチ種の種籾で、籾蒔きの折余ったものを混ぜ合わせ、以下はアキアゲの折と同様にする。こちらは家族で食べることが多かった（静岡県浜松市北区引佐町川名・山下サダエさん・明治三十七年生まれ）。

ウムシイリという方法で作られる「焼き米」の食法は、米の食法としては古層の食法であることは明らかである。その古層の食法が儀礼食として伝承されてきたのである。しかも、熱い緑茶と塩を加え、味覚・嗅覚を満たす優れた食物として伝えているところに注目したい。

ヤグラハンデ【農耕・稲作・乾燥】稲架《はさ》のことを「ハンデ」と呼ぶ。田の中に長さ五メートルの柱木四本の先端を纏《まと》めて固定し、根方を正方形に開いて立てる。四本の柱木の、人の背丈ほどの位置に、棹状の横木を井桁状に縛りつけて固定する。井桁組みは一組ではなく、可能な限り数を増やすことができる。各段に稲束を掛けて干す状態を櫓《やぐら》に見たて「ヤグラハンデ」（櫓稲架）と称したのである。狭い場所で稲を一挙に乾燥できるという利点がある（静岡県島田市身成鍋島・大石まきさん・大正八年生まれ）。

ヤシャンボー【農耕・稲作・畦畔榛《けいはんはん》の木《き》の複合力】大井川扇状地の静岡県旧志太郡・榛原郡地域ではカバノキ科のハンノキ（榛の木）のことを「ヤシャンボー」と呼んだ。扇状地の水田地帯には畦畔《けいはん》にヤシャンボーが列をなして植えられていた。山から離れたこの地の人びとにとって、生長が早く、乾燥の早いヤシャンボーの枝は燃料にもなった。この木のことを「トボライマキ」とも呼んだ。葬式の人寄りがわかってから伐っても間に合うといわれていた。ヤシャンボーの若枝は田に入れる刈敷《かりしき》にもなった。畦畔《けいはん》に等間隔に植えられたヤシャンボーは、秋、刈った稲束を掛けて乾燥させる「ハンデ」（稲架＝ハサ）の支柱となった。夏は休憩の日陰を作り、牛繋ぎの木ともなった。時に防潮・防風の役割も果たした。潮風に当たると一瞬のうちに葉が赤くなるのもこの木の特徴である。このように、山から離れた人びとに多くの恵みをもたらし、風情ある景観の形成要素となっていたヤシャンボーも、昭和四十年代の耕地整理で姿を消した（静岡県焼津市藤守・加藤正さん・明治三十二年生まれ）。

ヤチノイブタ【農耕・稲作・湿地の深田】「ヤチノイブタ」の「ヤチ」は湿地帯のことで「イブタ」は「深田」の意である。イブタの「イブ」は「イブセシ」の語幹で、いとわしいこと、汚れることなどを意味するものと考えてよかろう。「ヤチノイブタに物を落とすと上中条の池に浮き出る」という言い伝えがある。ヤチノイブタの環境改善のために木を沈めて田床を安定させる方法がとられた。当地では沈床木としてケヤキを使っていた（新潟県三島郡出雲崎町川西・阿部芳太郎さん・明治三十八年生まれ）。

稲架木として使われた榛の木（滋賀県長浜市木之本町）

ヤトウ①【農耕・里芋の仮植と水田栽培】新潟県の村上市から山形県の鶴岡市・酒田市にかけて、苗取りを終了した苗代跡の水田に「カラトリイモ」と呼ばれる、茎と芋を食べる里芋を栽培することが盛んだった。

　カラトリイモの種芋はイロリのヨコザ（主の座）の向かい側の地下に三尺立方の穴蔵を作って貯蔵した。種芋は濡らした籾殻の中に入れた。桜の花が咲くと種芋を穴蔵から出して「メダシ」（芽出し）のために畑に植えた。その床《とこ》のことを「ヤトウ」と呼んだ。田植が済み、苗代田が空くと、苗代田に畝を盛り、干し草を元肥《もとごえ》にしてカラトリイモを定植した（新潟県村上市蒲萄・岡田伊之助さん・昭和二年生まれ）。

山形県鶴岡市温海川の白幡卯八さん（昭和八年生まれ）はカラトリイモの芽出しの床《とこ》のことを「シロ」と呼んでいた。

『改訂綜合日本民俗語彙』に「ヤトウ」の項があり、以下のようにある。「兵庫県宍粟郡富栖村皆河では、苗床から移植することをヤトウという」。「ヤトウ」は「ヤトフ」でもあり、「借りる」という意味がある。本植ではなく、仮植のこと、畑地を借りるところからきた語彙だと考えられる。▼カラトリクバリ

ヤマノカミオリ・ヤマノカミノボリ【農耕・稲作・山の神】三月九日は山の神様が山から里に降りる日だとして苗代田の畦《あぜ》の上の雪を掘り、餅を焼いて供える。家の神棚には一升枡に米半分を入れて供える。この日を「ヤマノカミオリ」と称した。十一月十六日は山の神様が山へ帰る「ヤマノカミノボリ」で、この日は一升枡に米を山盛りにするか、箕《み》の中に一升枡山盛りにした分の米を広げて神棚に供えた（新潟県村上市荒沢・大滝スミイさん・昭和七年生まれ）。

苗代田に栽培されるカラトリイモ（里芋）（山形県鶴岡市田麦俣）

ユヤマ【農耕・稲作・灌漑用水】稲作農業を主とする村落共同体によって灌漑用水堰の設置・管理・運用を行う例は広く見られる。河川から灌漑用水を取水する場合、堰・井堰《いぜき》を築造するのであるが、その素材を得るための共有山を持つ例がある。当地ではそれを「ユヤマ」と呼ぶ。「ユヤマ」は「イヤマ」の転訛であり、「堰山」の字があたる。堰は音では「エン」、訓では「セキ」である。取水堰のことを「イゼキ」（井堰）・「イデ」（井出）・「イ」などと呼ぶが、この地では「ユ」と呼ぶのである。コンクリート堰のできる前の「ユ」はおよそ次のとおりだった。太さ尺五寸、長さ一間の松材八本を使って方形の木枠を二つ作り、それに長さ一間半の松材を四方の柱として直方体型の木枠を作り、河床に立て並べて川を遮断する「ユ」の骨格とする。そして、その

木枠の中に石を積み上げる。しかし、これだけでは水を堰き止め、必要量を取水口、灌漑水路に入れることはできない。そこで、「ユ」の上流側に羊歯《しだ》の葉を並べて詰めたのである。その羊歯《しだ》を採取するのが市生原共有の「ユヤマ」だったのである（高知県高岡郡四万十町市生原・坂本良水さん・大正十二年生まれ）。

こうして石や羊歯《しだ》で「ユ」を築いても、多くの水が漏れて下流に流れていく。市生原の人びとが止水植物として照葉樹ではなく羊歯《しだ》を選んだところに実は「水分《みくまり》の民俗思想」がある。自分たちだけでなく、下流域の人びとも等しく田植をしなければならないのである。三重県伊賀市に木津川に合する服部川が流れている。かかわる灌漑用井堰《いぜき》とその素材は、上流から①荒木井堰《いぜき》＝石のみ、のちに芝一枚まで→②十二郷井堰《いぜき》＝石・芝・笹・筵《むしろ》→③小田井堰《いぜき》＝蛇籠《じゃかご》・臼籠・筵《むしろ》・砂利、となっており、上流ほど粗、下流ほど密になっていた。

ヨコテモチ【農耕・稲作・水田環境】 山中の棚田で冷えた水を温めるために横溝を作って水を迂回させてから田に入れるという方法がとられた。その横溝を「ヨコテ」と呼ぶ。このように水を回す溝の水も冷えているので、その溝にも冷水に強い「アカモチ」「ケモチ」と呼ばれるモチ種の苗を植えた。これを「ヨコテモチ」と呼んだ（奈良県天理市福住町上入田・今西鹿蔵さん・大正十一年生まれ）。▼テアゼ・ヒエボリ

ヨテ【農耕・稲作・田植終了儀礼】 田植終了のことを「ヨテ」という。ヨテの夜には田植を手伝ってくれた人を招いて家人ともども田の植えあげを祝う。田植終了の見通しがつくと午後、菅原孝太さんは川に鱒（サクラマス）獲りに出かけた。年寄りは近い山へ山菜のミズ（ウワバミソウ）を採りに行く。「ネジリミズ」（捩りミズ）と称して刃物を使わないでミズを採る。このほうが味がよいと伝えられている。当地ではヨテと蚕の「タナオロシ」（棚おろし）を兼ねたので宴は盛大だった（秋田県湯沢市秋ノ宮・菅原孝太さん・大正六年生まれ）。

当地では「ヨテ」のことを「ヨテイ」と呼ぶ者もいる。『改訂綜合日本民俗語彙』には「ヨテウエ」の項に田植の最終日（秋田県仙北郡）とあり、「ヨテダウエ」の項に、秋田県平鹿郡（現横手市）で家の田植の終わった晩をいうとある。また、「ヨテコ」を末子とする例も示されている。「ヨテ」は「終わり」を意味することばであ

る。同県大仙市藤木八圭の菊地春枝さん（大正十年生まれ）は「サナブリ」にあたる行事を「ヨデ」と呼んでいた。

ヨナエトリ【農耕・稲作・苗】　田植の前夜、夜ナベに翌日植える苗の苗取りをし、苗束を用意しておくことを「ヨナエトリ」（夜苗取り）といった（山形県西置賜郡飯豊町上原・高橋要松さん・大正八年生まれ）。

ヨナゲル①【農耕・稲作・脱稃《だっぷ》】　稲籾を脱稃《だっぷ》して米の状態にすることを「ヨナゲル」という。「ヨネ」は籾殻を除いた米の状態であることを意味する（埼玉県秩父郡小鹿野町両神・白石みつさん・大正元年生まれ）。

ワセトリ【農耕・稲作・収穫儀礼】　稔りの秋を迎え、本格的な早稲の刈り入れに入る前に数株の早稲を手刈りで刈りとる。刈りとった早稲を玄米にして煎り、それを粉化して砂糖を加えて食べた。もとより神棚にも供えた。これを「ワセトリ」（早稲取り）と呼んだ（島根県邑智郡邑南町井原獺越・植田三五郎さん・大正十一年生まれ）。
　早稲取りの米を焼き米にする地もある。

ワチ【農耕・稲作・草肥】　川名の谷田では裏作に麦を作らなかった。山つきの田には必ず田の周辺に「ワチ」と呼ばれる採草地があった。ワチの幅は二十間ほどで、そこには薄《すすき》やコナラの柴が生えた。十月十五日のムラ祭り前に「ボウシカリ」（帽子刈り）と称してワチの草刈りをし、それを稲叢《いなむら》状の「ボウシ」（帽子）にするのがならわしだった。こうして草を乾燥させておき、正月過ぎに田の中に背負い込んで押切りで細かくして田の肥料にした。ワチは田に付属するものとして、売買の際にも田とワチはセットとされた。水田の至近距離で肥料が得られる点、

檻型猪ごめ罠。当地では「ワチ」と呼ぶ（愛知県北設楽郡東栄町）

田の日照が確保できる点からもワチは合理的なものだった（静岡県浜松市北区引佐町川名・山下治男さん・大正十三年生まれ）。

「ワチ」は田を囲む「輪地」から発したものと思われる。早川孝太郎は『猪・鹿・狸』で「……一般にワチと呼んでいたのは、焼畑にめぐらした垣《かき》の謂《いい》であった。二本ずつ杭《くい》を打って、それを骨組として、横木をたがいちがいに組んでいったものである。また焼畑でなくとも、山村の畑には、多くワチがめぐらしてあった」と述べている。これは猪除けのワチである。浜松市北区引佐町寺野ではこれを「シシワチ」と呼び、草刈りワチと区別した。筆者が愛知県北設楽郡東栄町中設楽布川で見たものは、ワチの一か所だけ垣を作らず、そこに「シシアナ」（陥穽《かんせい》＝落とし穴）を設けたものであった。猪にかかわるワチもその語源は「輪地」である。なお東栄町では木造で大型の猪籠《しし ご》の罠のことも「ワチ」と呼んでいる。▼モンドリ

2 定畑

アイガチ・シマイガチ【農耕・定畑・脱粒】 定畑で栽培した粟も黍も穂刈りで、刈穂を日乾《にっかん》したあと庭に筵《むしろ》を広げ、「カチバイ」（搗ち棒）と呼ばれる根方を先端にした反りのある棒で叩いて脱粒する。「アイガチ」（相搗ち）と称して二人が向き合って交互にバイを打ちおろして穂を叩いて粒にする。こうして叩いても落としきれずに穂に粒が残る。そんな穂を臼に入れて杵で搗《つ》いて残りの粒を落とす。これを「シマイガチ」（終い搗ち）と呼んだ（石川県小松市大杉町・朝日春子さん・明治四十二年生まれ）。

アオヤキバイ【農耕・定畑・練り肥】 「アオヤキバイ」（青焼き灰）は麦の捏《こ》ね蒔きに使われ、元肥《もとごえ》の役割を果たす。アオヤキバイを必要とする者が、麦蒔きに先立つ十月初旬、灰焼きをする日に共有山に集まる。一反歩に三人がつき、午前八時ごろから午後二時まで「モヤクサ」刈りをする。刈った草は何か所にも積み上げる。そ

の積み草の上に「アオ」と呼ばれる樅《もみ》の木の葉をかぶせ、周囲に、一斗入りの背負いヤナ（柳樽）で運んだ水をかける。こうして燃やし、灰になる前に草を踏んで黒灰にするのだが、青草や樅《もみ》の葉を使うので「アオバイ」と呼ぶ。二晩おいてから、できたアオバイを均等に分け、叺《かます》に入れておのおの家の前庭まで運んだ。アオバイは豆篵《まめとおし》大の篵《とおし》にかけて細かくし、篵《とおし》に残ったものは槌で叩いて再度篵《とおし》にかけた。細かくしたアオバイと人糞尿と麦の種とを土の上で鍬を使って捏《こ》ね合わせ、蒔ける程度にしてリンゴ箱に入れて畑まで運んだ。ミカン箱に紐をつけたものに移し、罐詰《かんづめ》の空罐《あきかん》を使って畝蒔きした。アオバイは個人の草山で作ることもあった。共有山の灰焼きは昭和十九年まで行った（長野県飯田市上村下栗・熊谷実さん・明治四十二年生まれ）。

アキブルマイ【農耕・定畑・収穫儀礼】 稗刈りを終え、麦を蒔き終えると秋の仕事は終わりで、これを「ヤマアガリ」（山あがり）と呼んだ。山あがりには「アキブルマイ」（秋振舞）をした。アキブルマイには「ソバハットウ」（ソバ切り）・「ソバカッケ」（一辺が六センチ、厚さ一センチほどの茹でゆげたソバの菱餅）にニンニク味噌をつけて食べる。また、粟餅などを作って世話になった家の者、「カマド」（当地では分家のことをカマドと呼ぶ＝カマド分けのことである）などを招いた。八幡家には中村カマド・大上カマド・南野カマド・下カマド・小田カマドなどがあった（岩手県久慈市山形町霜畑・八幡ちよさん・大正二年生まれ）。

アサマキ【農耕・定畑、焼畑・播種《はしゅ》】 穀類・豆類などで播種《はしゅ》適期を逸した場合は「アサマキ」（朝蒔き）をせよ、と伝えられている（徳島県美馬市木屋平川上・梅津多金美さん・明治三十六年生まれ）。

アズキボウソウ【農耕・定畑、焼畑・小豆の収穫儀礼】 小豆を莢《さや》から落とし終えた日、小豆五に対してウルチ米五の比率で塩味の小豆飯を炊いて食べた。これを「アズキボウソウ」と呼んだ（鳥取県八頭郡若桜町落折・平家義勝さん・明治四十四年生まれ）。

「アズキボウソウ」の「ホウソウ」は「烹炒《ほうそう》」（煮たり焼いたりすること）の意と思われる。

アラシノ【農耕・定畑、焼畑・休閑】定畑でも「カノ」（焼畑）でも粟に虫がつくと、水を張った桶を持ってその中に虫を叩《はた》き入れて歩いた。カノでは一、二年は虫がつかないが、三、四年目になると虫が多発することがある。そんなときは「アラシノ」（休閑）にして山にもどした（福島県南会津郡檜枝岐村・星やすさん・明治二十九年生まれ）。

アリチ【農耕・定畑、焼畑・土質】地味のよい畑地・焼畑地のことを「アリチ」と呼んだ（長野県下水内郡栄村堺上ノ原・山田直吉さん・明治二十六年生まれ）。

アワノタネドゥリ【農耕・定畑・儀礼的粟蒔き】新城島では旧暦十月ツチノエの日に「アワノタネドゥリ」（儀礼的粟蒔き）を行った。仏壇の前で初種をおろす報告をして畑に向かうのであるが、このとき「人に出会うと不作になる」と称して、タネドゥリのための外出であることを他人に知らしめ、出会わないようにするために農具である鉄の篦《へら》を叩きながら歩いた。また、この日は、三味線などの音を立ててもいけないとされていた。家の近くの畑の中の五十センチ四方ほどの地を篦《へら》で起こしてそこに粟の種を蒔いた。粟種を蒔いたところには薄《すすき》の葉先を結んだ「サン」を三本立てた（沖縄県八重山郡竹富町新城島出身・西大舛高一さん・大正六年生まれ）。

同町黒島の東盛おなりさん（明治三十七年生まれ）は以下のように語る。旧暦十月のツチノエの日にアワノタネドゥリをした。穂のままの粟を畑に持ってゆき、三尺四方ほどの畑地を耕して種蒔きをした。薄《すすき》の葉の先端を結んだサンを三本立てた。粟の種蒔きをする前日には一週間分の水を汲んでおいた。儀礼的粟蒔きの往復に水汲み女に出会うと粟が不作になると語り伝え、水を持たない男の人に会うことを喜んだ。タネドゥリを終えて帰るときには「タネドリカズラ」と呼ばれる蔓草《つるくさ》を頭に巻き、種おろしの唄を歌いながら帰ってくることになっていた。

粟と雨、または粟と水との不適合伝承は全国各地で耳にした。タネドゥリの日の音曲禁忌は粟の根ざし芽生えを祈る人の慎み、物忌みである。▼イジクソ

アワヒマチ【農耕・定畑・粟の収穫儀礼】どの家でもウルチ粟・モチ粟を栽培した。二百十日前に収穫できるので、毎年二百十日にヒラクボ・ナカクボの十二戸がモチ粟を持ち寄って寺に集まり、粟餅を搗《つ》いて本尊に供え、自分たちも共食した。これを「アワヒマチ」（粟日待）と呼んだ（静岡県浜松市北区引佐町的場・太田清一さん・明治二十七年生まれ）。

右のほかにも引佐町内には二百十日を中心としたその前後に共同体で粟餅を共食したり、個人の家々で粟餅や粟粥を作って粟の収穫祭を行う例が多く見られた。引佐町狩宿の世田源太郎さんは二百十日に粟日待を行ったのだが、毎年二百十日前後は米がなくなるころで、ちょうどそのころ粟が穫れるのでうれしかったと語る。二百十日は台風の多い日で農家の厄日とされる。粟はとりわけ台風・強風に弱い作物である。台風の厄日の前に粟が収穫できるというのは農家にとって大きな喜びだったのである。そしてこの日、稲の開花・穂孕《ほばら》み・稔りも祈ったのである。

アワプーイ【農耕・定畑・粟の収穫祭】伊良部島では旧暦六月吉日に「アワプーイ」（粟の収穫祭）を行った。収穫した粟を臼で搗《つ》いて粉化し、炊いて、冷ましてから噛んだ。ツカサに付添う女性のなかでなるべく若い女性五、六人が塩で口を洗い浄めてから鍋を囲んで、粟の粉粥をよく噛んで鍋の中に吐き入れた。アワプーイの三日前にこうして噛み、祭りの日にはできあがったミキを萱《かや》の葉で作った皿に盛って御嶽《うたき》の神に供えた。これとは別に各家々でも粟のミキ（噛み酒）を作った。また、アワプーイにはこのほかに粟の握り飯も作った。伊良部島ではこのほかに、旧暦二月の「ムギプーイ」にも麦のミキを作った。旧暦十一月には「ムプーイ」と称する甘藷の収穫祭があった（沖縄県宮古島市伊良部・伊良部島・手登根かにめがさん・明治三十年生まれ）。

豊年祭の踊り子はおのおの採りものとして稲穂と粟穂をセットとして持つ（沖縄県石垣市新川、御嶽）

同市池間島の勝連メガさん（明治三十二年生まれ）は、アワプーイには、粟粥を煮てから冷まし、若い娘が口で噛んだものを壺に入れて発酵させ、酒にしたものを御嶽《うたき》に供えたと語る。八重山諸島では稲や粟の豊年祭のことを「プーリ」という。

同県石垣市白保（石垣島）の仲島タマさん（大正五年生まれ）は以下のように語る。プーリの「ミシャグ」（神酒）は粟のミシャグと米のミシャグの両方を作った。本来の粟のミシャグは、五合は飯にしたもの、一合五勺はナマで粉化したものをおのおの別に噛んで甕の中で混ぜるというものだった。ナマが多いほど早く発酵するといわれていた。米でもミシャグを作った。子供から大人までの女性で唾液のよく出る者を選び、○○は粟のミシャグ、○○は米のミシャグと分担を決め、噛む前に歯を塩で磨いた。プーリには甕二つから三つ分のミシャグを噛んだ。プーリには御嶽《うたき》の神前に膳に盛った粟一升を最初に右にあげ、次いで米一升を左に供えた。ミシャグも粟のミシャグをはじめに右に供え、次いで米のミシャグを左に供えた。「アユー」（祭祀歌謡）でも、「アワミシャグノアユー」が「コメミシャグノアユー」に優先した。

先に紹介した伊良部島や池間島は畑作の島である。右によると石垣島に稲作はあるものの粟の先進性・土着性の強さが窺われる。右の諸例は粟の重要性を物語っている。

アワフセ【農耕・定畑・強風と稔熟期の粟伏せ】 粟は稔りの季節に風にあうと実がこぼれる。それを防ぐためにイナサ（東南）の強風が吹く気配があると直ちに「アワフセ」（粟伏せ）をした。夜中でも起こされることがあった。粟伏せは、長さ三間の杉丸太を二人で転がしながら立っている粟を伏せてゆく。イナサの風を背に受ける形で棒を転がす。同時に黍も伏せた。粟栽培は昭和二十年代前半まで行ったので、粟伏せもそのときまで行った（神奈川県三浦市南下浦町金田・岩野伝司さん・明治三十七年生まれ）。

右と同様の粟伏せについては、静岡県の伊豆半島、三重県志摩市志摩町でも聞いた。

アワフミ①【農耕・定畑、焼畑・脱粒】 収穫した粟の穂を平籠（径四尺、または四尺四方で深さ六寸ほどの籠）に入れ、柱と柱の間につけた横棒などにつかまって素足で穂を踏む作業を「アワフミ」（粟踏み）という。粟粒は平籠の隙間から敷いた筵《むしろ》の上に落ち、カスだけ平籠の中に残る。夜ナベ仕事として行ったのだが足の平（裏）が痛くなった（静岡県藤枝市瀬戸ノ谷蔵田・藤田賢一さん・明治三十五年生まれ）。

アワフミ②【農耕・定畑、焼畑・粟の夏蒔き技術】出穂期に台風の被害にあうのを避けて七月の土用に粟の種蒔きをした。収穫は十月・十一月だった。夏の土用は土が乾燥しており、粟種の根ざし・芽立ちに心配があるため、蒔きつけ後の早朝、朝露があるうちに種を蒔いたばかりの粟畝を踏んだ。これを「アワフミ」（粟踏み）という。「アサツユフミ」（朝露踏み）ということもある（鹿児島県肝属郡南大隅町根占横別府・黒江ふみさん・大正十四年生まれ）。

アワムシオクリ【農耕・定畑、焼畑・粟虫送り】粟の穂が出る前に「アワムシオクリ」（粟虫送り）をした。背丈三尺五寸ほどの藁人形を作り、それを六尺の木の棒の先に刺し、子供も大人もそろって板を叩きながら越波集落の上境から下境まで送り、その藁人形を藪の中へ放った。また、粟の穂の稔る前に、子供たちは粟畑に赴き粟虫を捕って帰った。粟虫は十能にのせ、塩を振ってイロリの火で炒って食べた。蜂の子も豆も十能で炒って食べた。子供たちはよく十能を使った（岐阜県本巣市根尾越波・松葉長之助さん・明治三十九年生まれ）。

イジクソ【農耕・定畑、焼畑・粟と雨】粟の種蒔きの折、雨に遭遇して粟の穂が出なくなることを「イジクソ」といった（富山県南砺市上梨）。▼アワノタネドゥリ

イシハライ【農耕・定畑・害獣狩】石垣島では猪除けの石垣のことを「イノガキ」ないしは「フッパライシ」と呼んだ。川平部落のイノガキは川平湾から山川原を経てアザナ崎に至る長大なもので、山川原を境にして東西に分け、おのおのに「イシブサ」（石垣補佐＝石垣の責任者）を一名ずつ置いた。旧暦一月の吉日を選んで「イシハライ」（石垣払い）という石垣の清掃・修理作業を行った。前日からツカサが山川御嶽《うたき》に籠って祈った。石垣を貫く通路には「ゾウ」と呼ばれる木製の門扉が設けられている。川平のイノガキにはゾウが五か所あった。

イシハライの日にはイシブサが各ゾウの箇所で、酒を供え、米などの供物を芭蕉葉に包み、線香をあげて、猪がフッパライイシを越え、「プカヂ」（外地）から「ウチバリ」（内原＝垣の中）に侵入しないように祈った。九月以降は山中で豊富な樫の実や椎の実を食べているので猪の畑地への侵入は少ないが、一月から二月にかけては山に餌がなくなるので、猪は石垣内の畑に侵入し、甘藷を喰う。イシブサは内原に猪の侵入が多いと判断すると村役に連絡する。村役が「カル」（狩＝猪狩）を行うと決めると、午後十時銅鑼が打ち鳴らされる。ムラびとたちは山川御嶽《うたき》の前に集合し、石垣に沿って五十メートル間隔に立ち、焚火を焚いて一晩中オラビ続け、侵入している猪が垣の外へ出ないように番をする。夜が明けると猟師と犬が垣の中で猪を狩る。以前は槍、のちに銃を使った。内原のカルで獲れた猪は売るものではないとされ、肉・骨・内臓のすべてを大釜に入れ、臭い消しに蓬《よもぎ》とアオサを入れ、味噌味の汁にしてムラ中の者で共食した（沖縄県石垣市川平・石垣島・大屋實さん・明治四十五年生まれ）。

イナッパタケ【農耕・定畑・砂地畑】 海浜部の砂地畑のことを「イナッパタケ」という（千葉県山武市白幡納屋・北田実さん・明治四十四年生まれ）。

イノシシノカカシ【農耕・定畑・害獣除け】 山つきの定畑作物に食害を与える猪・鹿を除けるために以下のような威《おど》しを作った。竿先に紐を垂らし、罐詰《かんづめ》の空罐《あきかん》を五個ほどつけ、さらにその紐の先に真竹一節ほどの竹をつける。その竿を谷川の岸に斜めに立て、罐《かん》をつけた紐を流れに垂らし、竹の節を流れに浮かせる。竹の節が流される動きに連動して空罐《あきかん》が鳴る。これを「イノシシノカカシ」と呼んだ（静岡県伊豆市湯ケ島長野・浅田武さん・明治三十三年生まれ）。

「カカシ」（案山子）は一般的に鳥威《おど》しの人型を示すが、本来は害獣に対する人臭の「嗅《か》がし」である。この例はその流れがさらに拡大解釈され、音による害獣防除に適用されたものである。

イモアライ【農耕・定畑・里芋洗い】 当地では赤茎の里芋（親芋・子芋）、青茎の里芋（子芋）を洗うのに筒状の竹籠を使った。これはのちに金網の籠にかわった。籠の中に芋と小石を入れ、揺することによって土や粗皮が除去されるのである。これを「イモアライ」（芋洗い）と呼んだ（兵庫県丹波市青垣町遠阪今出・藤賀定男さん・昭和六年生まれ）。

イモツボ【農耕・定畑・甘藷、里芋の貯蔵】「リュウキュウイモ」（甘藷）と「クキイモ」（里芋）の両方を貯蔵する竪穴を「イモツボ」と呼び、その上に小屋がけをしたのでこれを「イモゴヤ」と呼んだ。穴の底と周囲は「シヅラ」（蕨《わらび》の葉）を敷いたり当てたりして、イモと籾殻を交互に積む。上部には土をかけ、鼠除けに杉の葉をかぶせておく（愛媛県上浮穴郡旧柳谷村高野・長谷直国さん・明治四十二年生まれ）。

イモノシロ【農耕・定畑・甘藷の苗床】甘藷の苗蔓《なえづる》を取るための苗床のことを「イモノシロ」と呼んだ。苗床には「ゴ」と呼ばれる松の落葉を入れた（愛知県豊川市千両町・伊藤繁一さん・大正七年生まれ）。

イモノヤヂ【農耕・畑作・甘藷の苗床】甘藷の苗床のことを「イモノヤヂ」と呼んだ。イモノヤヂには落葉・藁・下肥・米糠・クマシ（堆肥）などを入れた。イモノヤヂには「ジンドムシ」（カブトムシの幼虫）が発生した（三重県伊賀市西高倉・川口らくゑさん・大正四年生まれ）。

イモノヤヂの「ヤヂ」は「家地」を意味し、「甘藷《いも》の家地《やぢ》」の意である。

イヤジリ【農耕・定畑・連作障害】栽培作物に連作障害が出ること、それを避け忌むことを当地では「イヤジリ」と呼んだ。四万十川河口部左岸に下田島と通称する中洲がある。ここで砂糖黍を栽培した。種は砂糖黍の二節分を二本で一単位として植えた。二年目までは連作できるが、三年目は芽が出そろわず、収穫量が激減する。里芋や生姜、甘藷などを輪作してイヤジリを避けた（高知県四万十市鍋島・江口豊重さん・大正四年生まれ）。

ウスカラミ【農耕・定畑・穀物の脱粒】稗や麦の穂を落とす（茎から離す）ために、束の穂の部分を、横倒しに据えた竪臼《たてうす》の中央のくびれの部分に打ちつける方法を「ウスカラミ」（臼絡み）と呼んだ（岩手県久慈市山形町霜畑・八幡太郎さん・大正三年生まれ）。

ウスゴ【農耕・定畑・穀物精白臼のくふう】臼には餅搗《つ》き臼と穀物の脱稃《だっぷ》・精白をする臼とがある。後者は穀物の飛散を防ぐために図のように臼の口部を絞るというくふうや、「ウスゴ」をはめこむといったくふうが見られた。ウスゴは臼の本体の樹種にかかわらず、松材をあてた。ウスゴは臼底の中央部に径十五センチ、厚さ四センチほどの松材の、厚さ半分（二センチ）をはめこんだもので、二センチは臼底より上に出ることになる。この部分が穀物の飛散を防ぐ働きをするのである（静岡県浜松市北区引佐町川名・山下治男さん・大正十三年生まれ）。

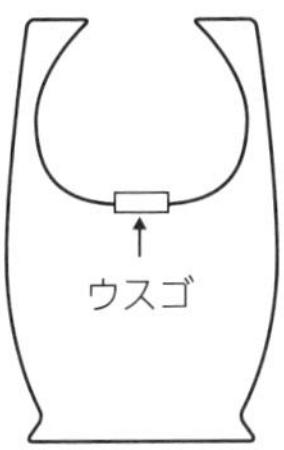

ウスゴ。精白臼断面図（静岡県浜松市北区引佐町）

ウムザスタラギ【農耕・定畑、稲作・害獣除け】「ウムザ」とは猪のことである。「スタラギ」は防除である。当地では稲や畑作作物を猪の食害から守るために、猪の血をつけた縄を耕地の周囲に張りめぐらした。また、人間の汗の染みた衣類を耕地に吊るした。これらを「ウムザスタラギ」という（沖縄県石垣市伊原間・石垣島・玉木勇さん・明治三十七年生まれ）。

ウルカバエ【蒟蒻栽培】蒟蒻栽培をしていたころ掘り残した蒟蒻芋が生えてくることがあった。これを「ウルカバエ」と呼んだ。ウルカバエも育てて集め、仲買人に売った（奈良県五條市西吉野町湯川・中西孝仁さん・昭和四年生まれ）。

「ウルカ」の「ウル」は「潤」で、この場合、余禄的な恵みを示す。「カ」は状態を示す接尾語か。▼フッセ

オオウネソバ【農耕・桑畑の間作】桑畑のことを「カバラ」（桑原）と呼んだ。桑の木の株間を五〜六尺間隔にして、その株間の畝に栽培する蕎麦のことを「オオウネソバ」という（山梨県南都留郡鳴沢村鳴沢・渡辺佐久馬さ

ん・大正二年生まれ）。

オオマワリ【農耕・定畑・麦種】正月に家の奥座敷の鴨居にそって注連縄《しめなわ》を張りめぐらせた。これを「オオマワリ」（大回り）と呼んだ。麦の収穫期に種にする麦を選んで俵に詰めるのだが、その折オオマワリの注連縄《しめなわ》で麦種の俵を結び固めた（静岡県浜松市天竜区水窪町奥領家草木・松島八十八さん・明治二十九年生まれ）。

オゴロオトシ【農耕・定畑・小害獣モグラ捕獲器】当地ではモグラのことを「オゴロ」と呼ぶ。畑を荒らし、田の畦《あぜ》に穴をあけるオゴロを捕獲するために、一節を残した真竹の中央に「モドリ」（回転式弁）をつけ、一旦入るともどれないようにした竹筒罠を設置した。これを「オゴロオトシ」と呼ぶ。現在では同形のものがプラスチックパイプで作られている（三重県伊賀市猪田西出・中森文雄さん・大正六年生まれ）。

オツボ【農耕・定畑】「オツボ」は本来、麻栽培専用の畑だったことから「麻坪《おつぼ》」と呼ばれた。後に、家屋敷周辺の定畑を指すようになる。八幡家の場合、オツボが一反五畝あり、昭和十年代から二十年代までは以下のように利用していた。タカキミ（モロコシ）＝一畝、トウモロコシ＝一畝、イナキミ（黍）＝一畝、土質のよい畑に麻＝三畝（昭和三十一年まで）、その他、春は馬鈴薯、秋は大根、その他の野菜類を栽培した（岩手県久慈市山形町霜畑・八幡ちよさん・大正二年生まれ）。

母屋近くの限られた畑地という点で、「坪庭」や宮崎県山間部の「園《その》」などとの比較も必要である。

オマキイワイ【農耕・定畑・麻の予祝儀礼】三月上旬、麻の種蒔きをした日、「オマキイワイ」（麻蒔き祝い）という行事を行った。その日、炭俵用の、まだ穂が残っている長い萱《かや》を箸にして飯を食べた。家族全員でこれを行うのであるから、隣に座った者の萱箸《かやばし》が顔や体に当たって邪魔になるほどだった。食事が終わると、家族全員分の萱箸《かやばし》を纏《まと》めて麻畑の真中に挿し立てた。今年もこのように丈の長い麻ができますようにという予祝祈願である（鳥取県八頭郡智頭町市瀬上板井原・平尾新太郎さん・明治四十一年生まれ）。

カイトビエ【農耕・定畑】 焼畑に栽培する稗に対して里の集落周辺の定畑に栽培する稗を「カイトビエ」(垣内稗)という。焼畑の稗は撒播《さっぱ》するのに対して、カイトビエは苗を仕立て、苗の先端を切って根を洗ってから定畑の畝に移植する。移植は二本ずつ八寸間隔で斜めに植える。根方に肥料として干し草を入れる。収穫後、稗《ひえ》稈《がら》を畝下に肥料として埋め、十月二十日から十月末にかけて麦蒔きをした(静岡市葵区井川・長島角太郎さん・明治三十四年生まれ)。

カコ【農耕・定畑、焼畑・害獣除け】 定畑や焼畑の作物につく猪を除けるために燻《いぶ》すものに「カコ」がある。長さは藁の丈、中心にボロ木綿を綯《な》った火綱を入れ、その周囲に稗を搗《つ》いたときの糠を入れる。周囲を稲藁で囲み、四か所を固く縛る。点火して定畑や焼畑地で一晩中燻《いぶ》しておく(静岡県島田市川根町家山雲見・宮脇きくさん・明治三十八年生まれ)。

ガッチョケ【農耕・定畑、焼畑・害鳥除け】 カケス(懸巣)のことを「ガッチ」という。ガッチが蕎麦を喰い荒らすので和紙で風船を作り、その風船にいくつもの目玉を描き、竹の先に吊って何本も立てて威《おど》しにした。これを「ガッチョケ」という(静岡県榛原郡川根本町壱町河内・吉川美智雄さん・明治二十九年生まれ)。

カド【農耕・牧畑・麦コナシ場】 麦の穂落とし・脱粒を「結い」の共同作業で行うための約三十坪の作業場のことを「カド」と呼ぶ。土を叩き固めて水平にしてある。西ノ島町の三度は戦前九十戸あり、それが六つの組に分かれており、おのおのにカドを持っていた。穂落としは焼き落とし、脱粒は唐竿《からさお》で行った。作業に先立って「カドヅクリ」と称し、カドの補修・掃除などを行った(島根県隠岐郡西ノ島町浦郷三度・西ノ島・藤谷一夫さん・昭和二年生まれ)。

カマカンジ【農耕・定畑、焼畑・用具】 トウキビ(トウモロコシ)を移植する際に、使い古しの鎌の先を曲げたもので穴を掘り、土をかぶせた。この用具を「カマカンジ」と呼んだ(高知県吾川郡仁淀川町森柚ノ木谷・片岡正光さん・大正四年生まれ)。

カラダテ【農耕・定畑、焼畑・粟の収穫】粟を収穫するとき、雨が多い場合は穂刈りをしないで根から扱《こ》ぎ、八〜十株を円形に立て、穂の付け根を縛っておく。これを「カラダテ」と呼んだ。こうしておいて天気がよくなってから穂だけ切りとった(静岡市葵区大間・砂有次郎さん・明治三十七年生まれ)。

カンダイウチ【農耕・定畑・大麦の穂落とし、脱粒法】大麦の穂落としと脱粒を兼ねた作業に「カンダイウチ」という方法があった。「カンダイ」とは「鍬台」のことである。直上する幹から斜め上に生えている枝の部分を柄として生かし、枝(柄)とそれにつながる幹(台)の部分を鍬のように鋭角にとるのではなく、鈍角にとる。草屋根を整える大型のコテのような形状になるのだがこれをも鍬台と称したのである。カンダイの適材はアズサかサワグルミだとされていた。カンダイウチ(鍬台打ち)は二、三軒の「ヨイトリ」(結い)で行うのが通例だった。麦束の穂と穂が重なるようにして麦束の列を作っておき、穂の部分をカンダイで打ち叩いて穂落としと脱粒を同時に行う。麦束の列を二列作っておき、ヨイトリの仲間が順次叩きながら循環するという方法をとった(岩手県気仙郡住田町世田米小股・紺野平吉さん・明治四十二年生まれ)。

キツネノオ【農耕・定畑、焼畑・モチ種粟の品種】モチ種粟の品種に「キツネノオ」(狐の尾)と呼ばれるものがあった。極めて美味であり、「三杯知らず」とも呼ばれていたが収穫率は低かった(兵庫県養父市八鹿町日畑・西村哲雄さん・明治二十九年生まれ)。

クマセ【農耕・定畑・肥料・複合肥料】ナラ類やクヌギなどの「アトバエ」(蘖《ひこばえ》)・藁・草・摺《す》り糠《ぬか》・厩《きゅう》肥《ひ》などを合わせた堆肥のことを「クマセ」と呼ぶ(三重県伊賀市摺見・鈴木清さん・昭和二年生まれ)。「クマセ」は「クム」(朽む)とのかかわりが考えられる。「クマセ」は腐らせる、熟成させるという意味になろう。

クユリ【農耕・定畑・土質環境】 定畑のなかで乾燥度の高い土質の畑を「クユリ」と呼ぶ。畝を作るときに埃《ほこり》が立つほどのところである。クユリには粟・蕎麦・胡麻・甘藷などを栽培した。対して湿性畑を「シケヂ」(湿け地)と称し、里芋・生姜・大根・人参などを作った(静岡県浜松市北区引佐町三岳・安間文男さん・大正五年生まれ)。

「クユリ」は「クユル」(燻る)から出たもので、埃《ほこり》が舞いあがる状態を煙が立つ状態に見たてたものと思われる。

クワダイ【農耕・定畑、焼畑・耕具】 岩手県岩手郡葛巻町江刈上外川は、焼畑の集落だった。外山喜四郎さん(明治三十二年生まれ)は、昭和六年に本村から分家して焼畑を営み、それを定畑に変える形で開墾を続けた人である。「クワダイ」(鍬台)とは、木の幹の部分を鍬床(刃=土を掘る部分)にし、枝の部分を柄にしたもので、いわば自然木を利用して鍬の原形を作ったものである。台の部分にU字型の鍬鉄をはめこめば完成である。この鍬台型の鍬以前のものが「木鍬」であり、以後のものが「風呂鍬」になる。外山さんは鍬台を自分で作った。樹種は胡桃、または白樺だった。男鍬の柄は百二十センチ、女鍬の柄は百十五センチで、鍬台の長さや重さも調整した。▼ヘラ・ヘラヤ

ゲショウヂ【農耕・畑地環境・痩せ地】 定畑地・焼畑地で痩せ地のことを「ゲショウヂ」と呼んだ。ゲショウヂには「ヤツマタ」と呼ばれるシコクビエを栽培した。苗を仕立て、根を洗って移植した(徳島県三好市東祖谷・山口義輝さん・明治四十二年生まれ)。

「ゲショウヂ」とは「下性地」の意であろう。▼カマシ

鍬台(岩手県宮古市川井)

ゲスオキ【農耕・定畑・穀種の捏《こ》ね蒔き】 稗・粟・麦の種を定畑に蒔きつけるときに「ゲスオキ」(下種置き)という方法をとった。右に挙げた穀物の種と堆肥・人糞尿・馬糞を捏《こ》ね混ぜて、これを摑《つか》んで畑の畝に置いてゆく方法である(岩手県久慈市山形町霜畑二又・馬場みなさん・大正八年生まれ)。

長野県飯田市上村下栗小野では麦の種を青灰・下肥と練り合わせて畝に置いたのだが、これを「モミアシ」(揉み合わせ)と呼んだ。

ケワサ【農耕・定畑・稗の移植法】 定畑での稗栽培は移植法だった。これを「ウエビエ」(植え稗)と呼んだ。移植に際しては苗の根を洗い、葉先を切って植えた。これを「ケワサ」と呼んだ(徳島県三好市東祖谷・山口義輝さん・明治四十二年生まれ)。

「ケワサ」の「ケ」は作物、「ワサ」は生長を促進する意と考えられる。

ケンド【農耕・定畑、焼畑・精選具】「ケンド」とは篵《とおし》のことで、目の粗い篩《ふるい》を指す。「ツヅラケンド」はツヅラフジ科の蔓《つる》を縦横に組んだ篵《とおし》で、大豆・小豆などの精選に使う。「ヒエゴメケンド」は精白稗を精選する篩《ふるい》で、針金が張ってある。「チャオロシ」と呼ばれる茶の精選用ケンドもある(高知県吾川郡仁淀川町椿山・西平信弘さん・明治三十九年生まれ)。

ゴウロ【農耕・定畑・畑土均化】 石のように固まった土塊《つちくれ》のことを「ゴウロ」という。ゴウロを粉砕して畑地を均化するために「ツブテゴシ」(ツブテガエシ)とも)を使った。ツブテゴシは熊手の柄と同じ長さの柄の先に輪切り丸太をつけた槌で、これでゴウロを叩いた(千葉県館山市大神宮・大沢美津さん・大正三年生まれ)。

コート【農耕・定畑・垣内畑】 里の、家近くの定畑を「コート」と呼んだ。例えば蕎麦の栽培地には次の四種があった。①カノ(焼畑)、②個人の山畑、③ムラ共有地の山畑、④コート。コートに栽培した蕎麦は粒は大きくなるが中身の詰まりがよくない。対してムラの共有山畑では粒は小さいが実が詰まっていた(福島県大沼郡金山町小栗山坂井・五ノ井謙一さん・大正四年生まれ）。

「コート」は「カイト」（垣内）に通じる語である。

コノハサライ【農耕・定畑、稲作・堆肥】栃木県ではコナラ・ミズナラ・クヌギなどの落葉を馬に踏ませてから堆肥にして田畑に施す慣行が広く行われていた。秋、その木の葉を集めることを「コノハサライ」（木の葉浚い）という。一部には木の葉のことを「キノハ」と呼ぶ例もある。以下は栃木県那須塩原市油井の阿久津権之さん（大正四年生まれ）による。木の葉浚《さら》いは家族総出で行うが、人手が足りず雇い人をすることもあった。採集地は三町歩の平地林の雑木林で、採集するのはコナラとクヌギの葉だった。「コノハカゴ」（木の葉籠）と呼ばれる粗い目籠で、径二尺五寸、深さ三尺ほどの籠に集めたのであるが、そのとき藁縄で編んだ五尺×四尺で三寸目の網も使った。籠はリヤカーに積んで馬に引かせた。母屋の裏に二間×二間半の「コノハゴヤ」（木の葉小屋）があり、その小屋がいっぱいになるまで木の葉を運んだ。十一月から翌年の夏まで馬に木の葉を踏ませることができた。木の葉は毎日厩《うまや》に入れた。冬季は馬の防寒にもなった。木の葉に馬の糞尿が混ざって染みる。それを順次屋敷の堆肥置場に移して堆肥にし、田畑に入れた。木の葉浚《さら》いと牛馬飼育は堆肥によって畜産と農耕が連鎖した。また、木の葉浚《さら》いと馬には別な連鎖もあった。平地林に馬を放牧すると馬が草や灌木を喰うので、それによって木の葉浚《さら》いの障害物が除かれることになった。

木の葉小屋と木の葉籠（栃木県那須塩原市蟇沼、郡司久助家）

サカイギ【農耕・定畑・境木】愛知県東部に豊川が流れている。放水路ができる前、右岸の豊川市の農家の

「シンキリ」（河原畑の新切）は洪水被害にさらされてきた。新切畑の「サカイギ」（境木）としては木槿《むくげ》・フユキ（マサキ）・ウツギなどが植えられている。豊川市行明町の榊原まさゑさん（昭和二年生まれ）は以下のように語る。六月、麦刈りの時期に水が出たことがあった。舅の家一郎から、二十把一束の麦十五束をひと括りにして、太縄で境木の「ミミダレノハナ」（木槿《むくげ》）の木に括りつけてくるように指示された。二間の太縄でつないだところ、それでは短いといわれ、長さを四間にした。それでやっと麦束を浮かせ、麦は助かった。水が引くのを待って直ちに広げて干す。そうしなければ実が発芽してしまう。同じ豊川市内でも山の境木は幹の白いヤマモモの木である。

境木は地域・地勢などによってさまざまであるが共通性もある。高知県四万十川下流域の島畑の境木にも、木槿《むくげ》の木が見られた。静岡県川根本町桑野山の河原畑の境木も木槿《むくげ》だった。茨城県・栃木県の畑地の境木はウツギが圧倒的に多い。山から遠く離れた地では、生長の早いウツギの枝が燃料として役立ったことがどこでも語られていた。また、ウツギの白い花は稲作その他の自然暦の指標となった。静岡県磐田市の磐田原ではクチナシの木を境木として植えた。「口無し」に通じ、境界争いを避けるためだという。

サクイレ【農耕・定畑・間作】 麦刈り前に麦の畝間に大豆を蒔くといった間作のことを「サクイレ」（作入れ）といった（岩手県九戸郡九戸村・大村留吉さん・大正八年生まれ）。▼ダイギリ・マサク

ササボ【農耕・定畑、焼畑・粟と雨】「雨の降る日に粟畑に入ると粟が「ササボ」（笹穂＝実の入らない穂）になる」と言い伝えられている（徳島県美馬市木屋平川上・梅津多金美さん・明治三十六年生まれ）。▼アワノタネドゥリ、イジクソ

サナレ【農耕・定畑・寄せ木材】 粟の立木が立ち枯れになり、木の芯だけになったものを「サナレ」と呼んだ。外周部分が腐って芯だけが残ったものは強度が高い。枯れてからサナレになるのに十年かかる。サナレは稲架《はさ》柱や傾斜の強い畑地の「ヨセギ」（耕土流失防止の寄せ木）に使った。栗のサナレは耐久力があり、「代知らず」

と呼ばれた。縁起をかついで太いものを床柱にする例もあった（長野県飯田市上村中郷・熊谷繁正さん・昭和三年生まれ）。

宮崎県東臼杵郡椎葉村では栗の木の立ち枯れた芯のことを「コーソン」と呼んで重視し、稗の穂を焙乾《ばいかん》する際の燃料にした。

サルマキ【農耕・定畑、果樹・害獣としての猿】 農作物や果樹に害を与える猿を共同体で退治する方法があった。「サルマキ」と称する巻き狩である。崖上の岩山に猿を追いつめて「サルツキヤリ」（猿突き槍）で突くのである。槍先はもとより鋼で、一・二〜一・五メートルの柄がついていた。猿巻き場が一霞の中に四か所あった。「サルマキ」（猿巻き）は明治初年まで行われていたという（山形県鶴岡市一霞・佐々木定吉さん・大正五年生まれ）。

シシドイ【農耕・定畑・猪防除の土手】 中代部落の周囲二キロを高さ二メートル、幅二メートルの土手で囲んだ。田畑を荒らす猪を防除するためである。二キロに及ぶこの土手を「シシドイ」（猪土居）と呼ぶ。二キロのシシドイの途中十五か所に落とし穴を設けた。土手の途中に径三尺、深さ二メートルの穴を設け、穴の口に竹《たけ》簀《す》を掛け、土と落葉で擬装した。これとは別に、「カケデッポウ」（猪が道糸を引くと自動発射する銃）も設置した（静岡県浜松市北区引佐町中代・細窪福熊さん・大正二年生まれ）。

静岡県牧之原市には「猪土居」という地名がある。カケデッポウはほかに「ウツデッポウ」とも呼ばれる。「ウツ」は獣道《けものみち》のことである。

シバヤマ【農耕・定畑、稲作・柴肥】 畑に入れる柴を刈る山を「シバヤマ」（柴山）と呼び、標高六五〇〜七〇〇メートルの山地一反歩をあてていた。樹種はコナラで、幹は一・五メートルほどの位置で伐られており、そこから簇生《そうせい》する蘖《ひこばえ》を毎年五月に刈って麦のあとの夏作物である蒟蒻の畑に敷いた。日焼け防止と肥料の効果があった（長野県飯田市南信濃八重河内本村・山﨑今朝光さん・大正十一年生まれ）。

同市南信濃木沢須沢の大澤彦人さん（大正十五年生まれ）は、コナラを根伐りにした低い位置で柴を刈り、これを「シバトリバ」と呼んだ。やはり一反歩で、畑地の傾斜が急であるため、「作《さく》が焼ける」と称して、遮光・遮熱・保水効果と肥料効果を得るために、蒟蒻や大豆を栽培する定畑に入れた。

同市南信濃木沢上島の下平福義さん（大正七年生まれ）はコナラのシバヤマ三反歩から柴を採った。コナラの幹は人の背丈の高さで伐り、シイタケボタや薪にしたあと、翌年から蘖《ひこばえ》を柴にした。柴は、大豆の日焼け止め、積み草（麦畑の肥料）、またここには水田もあるので田柴にも使った。

ジュウネン【農耕・定畑、焼畑・荏胡麻】 荏胡麻のことを「ジュウネン」という。定畑は畝蒔き、カノ（焼畑）はバラ蒔き（撒播《さっぱ》）にする。定畑では作物の隙間に移植栽培もする。七月二十日ごろまでに移植すればよい。「ジュウネンは風が吹く前に刈れ」という口誦句がある。ジュウネンの実を擂《す》って湯と塩を混ぜて蕎麦団子・蕎麦焼餅につけたり、蕎麦掻きにかけて食べる。和えものにも使った（福島県南会津郡檜枝岐村・星倉次郎さん・明治三十五年生まれ）。

青森県・岩手県・宮城県・茨城県・栃木県などでは「ジュウネ」と呼ぶが、福島県内は「ジュウネン」が一般化している。一時期栽培が衰退したが、平成に入り荏胡麻油が健康食品として評価されたことから、奥会津ではかつての栽培経験者が生き生きと栽培を復活させていた。

シロソバ【農耕・定畑、焼畑・蕎麦】 実が入らない蕎麦の実のことを「シロソバ」と呼んだ。ムラ里の蕎麦蒔きは二百十日だったが、山上の高いところは盆の八月十五日に蒔けといわれていた。種蒔きが遅れるとシロソバになると伝えられていた（福井県南条郡南越前町瀬戸旧芋ヶ平集落・山田甚兵衛さん・明治三十八年生まれ）。

稲の稲架干しと荏胡麻のシマダテ（福島県大沼郡金山町八町居平川上）

シロヂ【農耕・定畑・一作限定地】 麦の間にモロコシ（トウモロコシ）を蒔き、二毛作をする畑に対して、トウモロコシだけを作る一毛作の畑のことを「シロヂ」と呼んだ。シロヂのトウモロコシは甘かった（山梨県南都留郡鳴沢村鳴沢・渡辺佐久馬さん・大正二年生まれ）。

セゼ【農耕・定畑・麦打ち台】 麦の穂を茎から切り離すために麦束を打ちつける麦打ち台のことを「セゼ」と呼んだ。セゼは長さ五尺の真竹を二つ割りにし、半割り面を上に向け全体として幅尺五寸ほどになるように編みつけたもので、高さは人の腰の高さになるように脚をつけたものである（兵庫県丹波市青垣町口塩久・広瀬武雄さん・大正八年生まれ）。

ゼンボ・ヒメ【農耕・定畑・イモ】 カシュウイモ（何首烏藷＝ヤマノイモ科の多年草のイモ）を「ゼンボ」と呼んだ。三月末から四月初めに鍬で穴を掘り、「モッカ」（ムカゴ）を植えた。大きいモッカは径一寸五分にもなる。夏草を肥料とし、十月末から十一月初め、麦蒔きの前に収穫した。「ゼンボは上と下にできる」と称し、ムカゴとイモの両方が食べられる点を評価した。茹でて皮を剝き、塩をつけ、茶の子（朝食前）や「ヨウジャ」（夕茶＝昼食と夕食の間の食）に食べた（静岡県榛原郡川根本町東藤川坂京・上杉義雄さん・明治三十二年生まれ）。

宮崎県東臼杵郡椎葉村ではカシュウイモのことを「ヒメ」と呼ぶ。ヒメは「ソノ」（屋敷周辺の定畑）の隅に二坪ほど作った。四月にムカゴを植え、芽が出ると竹の支柱を立て、十月、霜の前に収穫した。平素は湯がいてから皮を剝き、ニホンミツバチの蜜をつけて食べたが、葬式・法事などのときには赤・緑の食紅を使っ

救荒性の強いカシュウイモ（何首烏藷）。静岡県大井川中、上流域では「ゼンボ」、宮崎県東臼杵郡椎葉村では「ヒメ」と呼ばれた（宮崎県東臼杵郡椎葉村不土野、椎葉喜蔵家）

てヒメの煮しめを作った（宮崎県東臼杵郡椎葉村不土野・椎葉喜蔵さん・明治四十三年生まれ）。

「ヒメ」という呼称は右に見た栽培規模からして「秘め」であったことがわかる。ゼンボの藷《いも》は細根に覆われているのが特色で、大井川流域山地に入る茶摘み娘は、これを食べるところを、キンタマを食べているようだとからかわれたという。現今、カシュウイモを日本の畑地で見ることはできないだろう。食糧事情の変化のなかで、カシュウイモは忘れ去られ、栽培種から野生へ帰るのである。

なお、ムカゴのことを「モッカ」と呼ぶのは「モッコ」（藷《も》っ子《こ》）の転訛と考えられる。してみると、ムカゴも「藷《む》か子《ご》」であったことがわかる。▼ヒゲイモ

ソバタテ【農耕・定畑、焼畑・蕎麦の収穫、乾燥】刈った蕎麦を乾燥させるために蕎麦束を纏《まと》めて立てたものを「ソバタテ」（蕎麦立て）という。一摑《つか》み一把、五把で一《ひと》タテ、一《ひと》タテ一升、といわれていた。一《ひと》タテの頂に蓋として一把かぶせたものを「フタタテ」（蓋立て）と呼んだ（福島県大沼郡金山町玉梨・雪下智子さん・昭和二年生まれ）。

ソバッチョウ【農耕・定畑、焼畑・蕎麦・媒花蝶】蕎麦の花が咲くと「ソバッチョウ」（蕎麦蝶）が群をなしてやってきた。人が蕎麦畑の中を歩くとソバッチョウの群れがザーッと音を立てて舞い立った。「ソバッチョウが多い年は蕎麦が豊作になる」と言い伝えられていた。ソバッチョウはしばらく蕎麦畑にいて一斉に南の方向へ飛び去った（長野県松本市安曇番所・小沢寿雄さん・大正十一年生まれ、ほか）。
同県旧安曇村・旧奈川村では「ソバッチョウ」という呼称が一般的で、別に「カバンチョウ」（蝶がカバ色をしているところから）、「トビッチョウ」（群をなして飛来・飛去したから）と呼ぶ例もある。「ソバッチョウ」とはセセリチョウ科の「イチモンジセセリ」のことである。イチモンジセセリの幼虫は「ツトムシ」と呼ばれる稲の害虫であるが、成虫は蕎麦栽培の益虫なのである。ソバッチョウは、南安曇山地で蕎麦が主要食物の座を失い、大量に栽培されることがなくなってから、群をなしての飛来は見られなくなったという。蕎麦の花は虫媒花である。

ソバドシ【農耕・定畑、焼畑・蕎麦の豊作】 蕎麦が豊作の年を「ソバドシ」（蕎麦年）と呼ぶ。ソバドシには一本の茎に千粒の蕎麦の実がつくという。蕎麦は粒が丸ければ小さくても実がよい。逆に大きくなっても角が高い実はよくない。ソバドシには、「カラつき一升、粉にして一升」と言い伝えられていた（静岡県島田市川根町笹間上粟原・成瀬治宣さん・明治二十二年生まれ）。

ソバノヒネマキ【農耕・定畑、焼畑・蕎麦の種】 若い蕎麦種を蒔くと茎が倒れる。「蕎麦のヒネ種は病気に強い」と言い伝えられており、蕎麦種としては三年目のものを蒔いた。これを「ソバノヒネマキ」と呼んだ（静岡市葵区大間・砂有次郎さん・明治三十七年生まれ）。

ソバモジリ・ソバモジリイタ【農耕・定畑、焼畑・蕎麦脱粒】 蕎麦の実を脱粒することを「ソバモジリ」（蕎麦捩り）といい、その作業で蕎麦束を打ちつけて蕎麦粒を落とすための板を「ソバモジリイタ」と呼んだ。蕎麦捩《もじ》り板は以下のようなものだった。立って打ちつける板の縦の長さは三尺、立て膝で打ちつける板の丈は二尺、幅はともに尺二寸、厚さは一寸である。この板の横端両側からおのおの一寸ほどの内側に縦の台木を打ちつけ、その上に台木に交わる形に一寸間隔で横木を打ちつける。それは小さな梯子状をなす。この横木に「クズフジ」（葛）の繊維を固く編みつけ、編み目を固定する。梯子状の横木や葛の繊維は蕎麦束を打ちつけたときの脱粒効果を強めるものだった（福島県大沼郡金山町小栗山坂井・五ノ井謙一さん・大正四年生まれ）。

ソメ【農耕・害鳥獣防除】 農作物を荒らし、食害を与える鳥獣を防除する装置・仕掛け・遮断物などのひとつに「ソメ」がある。「ソメ」は本来「締《し》め」の転訛であるから即物的遮断要素を持つものから発したはずであるが、現実には次のように多様化している。①「カラスノソメ」（烏を対象とした防除）㋐畑地に糸を張る、㋑布切れを垂らす、㋒カガシ（案山子）。本来は「嗅がし」であるがここでは人形《ひとがた》。②「ウサギノソメ」㋐瓶を吊るして音が出るようにする、㋑杉の葉を立てておいて赤くなったものを兎が貂《てん》と錯覚して近寄らない。次のような戯れ唄がある。〽おけさ見て来てうちの嬶《かか》見たら　千里山奥猪《しし》のソメ――。この場合のソメは案山子である（岐阜県大野郡白川村荻町・佐藤盛太郎さん・明治三十五年生まれ）。

ソーラ【農耕・定畑、焼畑・稗の脱稃《だっぷ》、精白具】稗を竪臼《たてうす》で搗《つ》いて精白する際、稗粒の飛散を防ぐために臼の中に入れる藁製用具があった。一摑《ひとつか》みほどのスグリ藁を臼に入る長さに整える。これを二組作って十字に組み、交点を結束する。これを臼に入れ、交点に向けて杵をおろす。この藁具を「ソーラ」と呼んだ（宮崎県東臼杵郡椎葉村大河内竹の枝尾・中瀬守さん・昭和四年生まれ）。

タケモヤ【農耕・定畑・麦の倒伏防止】「カワムギ」（皮麦＝大麦）の出穂前に倒伏を防ぐために畝にそって淡竹《はちく》の支柱を立てた。その支柱の竹を「タケモヤ」と呼んだ。斜面畑の麦畝は「ハカチ」（上端）から「コヂ」（下端）に向かって作られていた。「竹八月」といって八月に伐っておき、翌春、葉の落ちたものを長さ五尺に切り、太いものは割って整えておいた（静岡県浜松市天竜区水窪町奥領家有本・守屋金次郎さん・明治三十七年生まれ）。▼ベーラ・エーラ

タチベイ・イベイ【農耕・定畑、焼畑・脱粒具】稗・粟・シコクビエなどを粒化するときに叩く棒で、人が立った状態で使う棒、先に若干の反りのある棒を「タチベイ」（立ち棒）と呼び、短く先が二叉に分かれており、座った状態で叩く棒のことを「イベイ」（居棒）と呼んだ（長野県下水内郡栄村堺上ノ原・山田さのさん・明治四十二年生まれ）。

ここでは「ボウ」（棒）が「ベイ」に転訛しているのであるが、さらに「棒」が「バイ」になっている地もある。なお当地には稗・粟の脱粒に使われる「クドボウ」と呼ばれる棒もある。材は朴《ほお》の木で長さは五尺、軽いからよいといわれているが、この名称からすればもとは「クド」（火棚）で乾燥させている稗・粟を混ぜ返す棒だったと推察される。二叉のイベイと同様のものを岩手県久慈市山形町霜畑二叉では

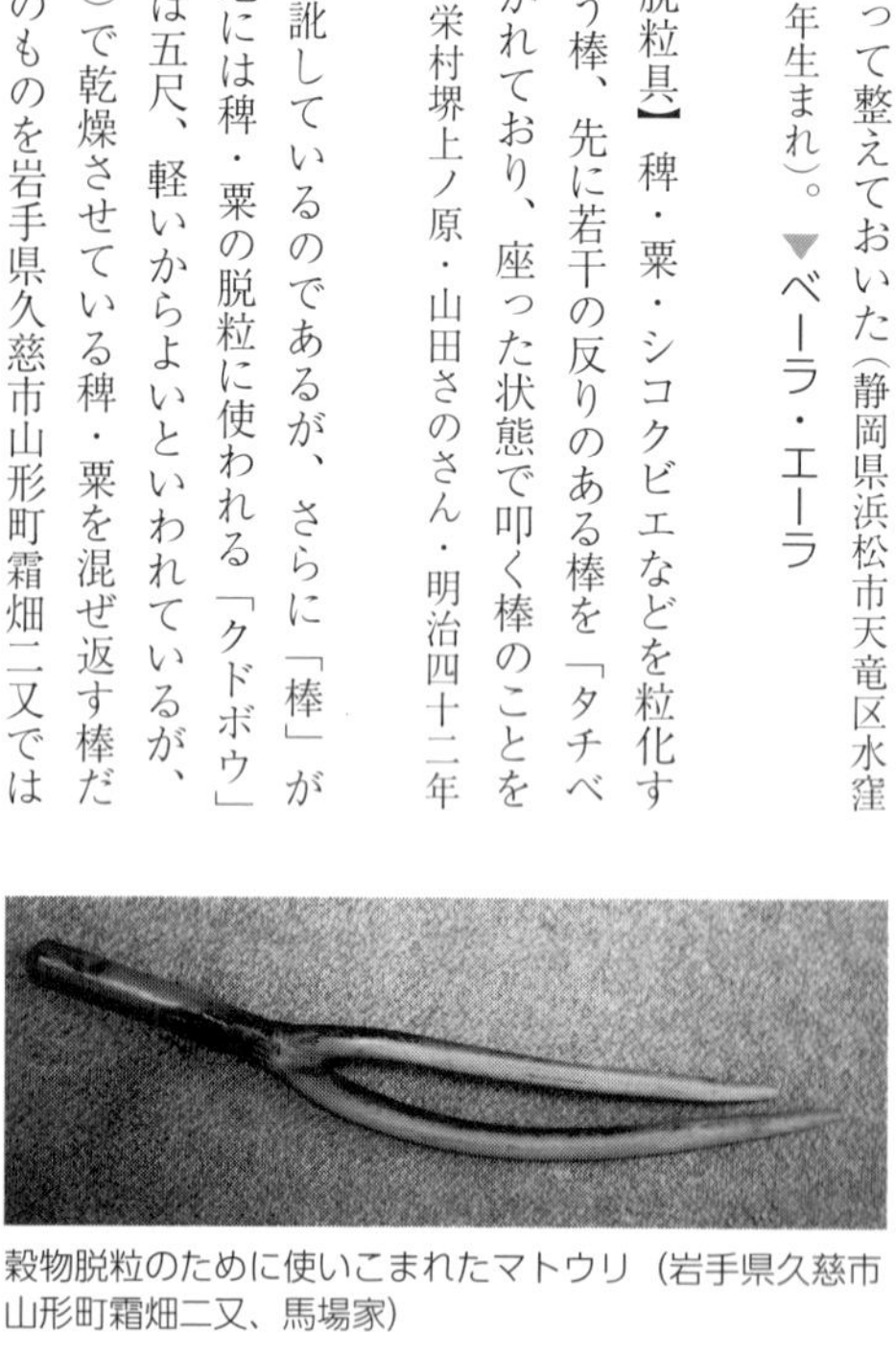

穀物脱粒のために使いこまれたマトウリ（岩手県久慈市山形町霜畑二又、馬場家）

「マトウリ」と呼んでいた。「マトウリ」とは「又振り」、すなわち「又振り棒」の意であろう。

タチボ【農耕・定畑、焼畑・粟と風】粟は風に弱い。特にモチ種の粟は風に弱く、強い風に当たると穂が立って死んだ状態になる。これを「タチボ」（立ち穂）と呼ぶ（静岡県藤枝市瀬戸ノ谷蔵田・藤田賢一さん・明治三十五年生まれ）。

タツ【農耕・定畑・麦の風選】麦コナシのあと、箕《み》を使って、実と芒《のぎ》やゴミとを選別する風選作業を「タツ」という。箕《み》を肩に担ぎ、箕《み》の口を風下に向けて軽く煽りながら風選を進める（静岡県藤枝市大東町・仲田要作さん・明治三十三年生まれ）。

タバウチ【農耕・定畑・脱粒】麦・ノイネ（野稲＝陸稲）を根刈りして脱粒するとき「タバウチ」（束打ち）という用具を使った。径八分、長さ尺八寸の木の棒を二本用意し、おのおの一方の端に長さ尺五寸の綱の端を固く結びつける。麦や野稲の束にこの綱を巻きつけ、人は二本の棒を握って、筵《むしろ》の上に横たえた餅搗《つ》き臼に束を強く叩きつける（宮崎県児湯郡西米良村村所・上村義政さん・明治三十年生まれ）。

タビバタケ・ダドコ・ヒラ【農耕・定畑・畑地の形状】広島県尾道市因島重井町では自島以外の無人島の畑を「タビバタケ」（旅畑）と呼んだ。もとより舟で移動する。家の周囲の野菜畑を「サエン」（菜園）、平地畑を「ダドコ」と呼び、斜面畑や斜面の段々畑を「ヒラ」と呼んだ（同町北浜・因島・村上松夫さん・昭和十二年生まれ）。

ダンゴエ【農耕・定畑・麦の元肥《もとごえ》】有明海干潟の陸寄りの泥地の二〜三反歩をムラの共有地として石垣で区切り、新地と呼んだ。旧暦四月初めの「カラマ」（小潮）に七日間ムラ一斉に出て「ジーキャー」（フジツボ）を集め、「ガタツチ」（潟土）を掘り、十月まで乾燥させる。これを各戸に均等分配する。各戸ではガタツチとジーキャーと厩肥《きゅうひ》を混ぜて積む。これを「ダンゴエ」と呼び、十一月・十二月に麦蒔きの元肥《もとごえ》にした（佐賀県鹿島市音成東塩屋・倉崎次助さん・明治四十一年生まれ）。

ヂイモ【農耕・定畑、焼畑・里芋】甘藷・馬鈴薯など新大陸系のイモに対して里芋のことを「ヂイモ」（地芋）と呼んだ（岐阜県関市板取杉原・横関誠さん・昭和四年生まれ）。

ツケオケ【農耕・定畑・練り肥】当地では粟やモロコシ（トウモロコシ）播種《はしゅ》の元肥《もとごえ》に「ゲス」と呼ばれる混合練り肥を使った。「コエバ」（コイバ＝肥場）・「ゲスバ」とも呼ばれる一間半四方、深さ尺五寸ほどの穴の中に厩《きゅう》肥《ひ》、人糞尿、ナラ・クヌギの落葉を入れて、足や「ゲスコネボウ」（ネズミサシの木の根を槌頭にし、細い幹を柄にしたもの）で丁寧に捏《こ》ね合わせる。できあがったゲスを深さ三尺、径尺五寸の「ツケオケ」（付け桶＝馬に負わせて付ける意）に入れる。ゲスを付け桶に入れたところで過燐酸《かりんさん》を六合加えてゲスコネボウでよく掻きまわす（過燐酸《かりんさん》は十八歳のときから使いはじめた）。付け桶は馬の木鞍の両側に付けてある「カルコ」という木枠に固定する。「カル」とは背負うという意である。付け桶はこうして馬に振り分けにして負わせ、畑まで運ぶ。付け桶二本分のゲスで粟なら七畝分、トウモロコシなら五畝分だといわれていた。トウモロコシの場合、尺五寸間隔にゲスを置く。その際、ゲスを入れた「フリオケ」（振り桶）と呼ばれる桶を肩から掛けて、畝にゲスを置いてゆく。「種を直接ゲスの上に置くと種が焼ける」と称して、ゲスの塊を挟むように両端に一粒と二粒の計三粒を蒔いた。蕎麦種はゲスの中に練り込んで蒔いた（山梨県南都留郡鳴沢村鳴沢・渡辺佐久馬さん・大正二年生まれ）。

ツチゲシ【農耕・定畑・環境】段々畑で、畑面に対して段をなす傾斜の強い法面《のりめん》のことを「ゲシ」と呼ぶ。「ツチゲシ」とは、人工的に練り土で塗り固めて築いたゲシのことである。土は周辺地からよく固まる土を採取してくる。ゲシの高さは一～一・五メートルで、四月・五月・八月の雨の日に土を足で踏んでよく捏《こ》ね、それを、厚さ一尺ほどになるように、手で丁寧に法面《のりめん》に塗りつけてゆく。「ツチゲシは雨に三回当てると固まる」と言い伝えられている。ツチゲシを築く場合、ツチゲシの頭が上段の畑の面より二寸ほど高く出るようにした。低い畦《あぜ》のような形になるのだが、これは耕土の流失を防ぐためのものである。ツチゲシの根方（「ゲシシタ」）には幅一尺、深さ六寸ほどの溝をつける。各段畑の水を排水溝に集めて流すようにくふうされているのである。これも耕土流失防止になっている。「ツチゲシに雑草を生やしてはいけない」といわれている。苦労して拓いた段々畑の栽培作物の中心は夏作の甘藷と冬作の麦だったが、タバコや温州ミカンも栽培された（広島県呉市倉橋町尾立・倉橋島・水場節時さん・大正四年生まれ）。

雨が降るとゲシシタの溝の整備をした。ツチゲシの補修はするものの、ゲシ塗りは五十年に一度でよいといわれていた。「ゲシ」という語は「キシ」（岸）から発生したものと考えられる。愛媛県松山市饒（中島）でもツチゲシを築いた。ここではツチゲシを固めるのに長さ尺五寸ほどの樫の角材に二本の握り棒を固定した「ドウヅキ」を使い、木製の鏝《こて》も使った。

ツチハネ【農耕・定畑・融雪】「シミワタリ」（堅雪）のころ「ツチハネ」（土撥ね）をする慣行があった。ツチハネとは畑地に積もった雪を除き、そこに穴を掘って、掘った土を叺《かます》に入れて雪上にあげ、さらにその土を畑地全体の上に撒《ま》くことである。雪解けを促すためである。土を撒《ま》くと雪解けが一か月余り早くなるといわれていた。畑地には小松菜・大根などの野菜を作る。土だけでなくイロリや風呂場の灰も融雪促進のために田畑に撒《ま》いた（長野県下高井郡木島平村往郷馬曲・芳澤定治さん・大正十年生まれ）。

トウカ【農耕・定畑・稗の焙乾《ばいかん》容器】稗の精白に先立って行われる穎果《えいか》の焙乾《ばいかん》や栗の実の焙乾《ばいかん》に使われる容器で、縦三尺、横一尺五寸、深さ二寸五分ほどの麹蓋《こうじぶた》状の浅箱の内側にトタンを張ったものを「トウカ」と呼ぶ。岩手県久慈市山形町霜畑二又の馬場みな（大正八年生まれ）家には稗の焙乾《ばいかん》ムロがあり、ムロの内部周囲の棚に稗粒入りのトウカを重ねて入れた。一回のムロ入れは一石二斗、焙乾《ばいかん》所要時間は一昼夜だった。同町霜畑の八幡ちよさん（大正二年生まれ）は栗の実の焙乾《ばいかん》にトウカを使った。居間のイロリではなく「ジョウイ」（常居＝ここでは寄りつきの間）のイロリの炉縁《ろぶち》の外四か所に高さ二尺の丸太で上部が二又になったものを立てる。二本の二又に桁木を渡し、それに井桁になるように二本の桁木を組む。これを積み台にしてその上に栗の実の入ったトウカを井桁に積み上げる。十枚のトウカを組んで、全体を筵《むしろ》で覆い、イロリで火を焚く。

トコ①【農耕・定畑、焼畑・除草】 畑地の除草回数の単位を「トコ」(ドコ＝床)と呼ぶ。粟の除草の一番草のことを「イチドコ」、「中《なか》むしり」のことを「ニドコ」と呼んだ。三番草は「サンドコ」だが、「カノ」(焼畑)の粟は「ヨドコ」(四番草)まで取った(福島県南会津郡檜枝岐村・星やすさん・明治二十九年生まれ)。

トコダイコン・ウエダイコン【農耕・定畑・大根】 直蒔《じかま》き大根のことを「トコダイコン」(床大根)という。床大根は主として切り干し大根にする。これに対して間引きして移植した大根のことを「ウエダイコン」(植え大根)と呼ぶ。植え大根は軟らかいのでそのまま煮ものなどに使う。切り干し大根は、ナマのものを切って吊るし干しにし、食べるときには茹でてから水に浸けアク抜きをして煮しめにする。漬物にするのも床大根である(高知県高岡郡津野町芳生野丙日曽の川・谷脇里美さん・大正七年生まれ)。

ナバラ・ハタケ・ヒラキ【農耕・畑の種類】 当地では屋敷まわりの野菜畑のことを「ナバラ」(菜原)、平地畑のことを「ハタケ」、段々畑のことを「ヒラキ」(拓き)と呼んだ(愛媛県松山市饒・中島・大内明さん・大正十二年生まれ)。

昭和二十年代から三十年代前半にかけてミカン栽培のためにヒラキがたくさん造成された。その際、施主は食事だけを出す「オコウロク」で行われた。オコウロクとは「コウロク」(合力)のことで、結いではない無報酬の奉仕を意味する。結果的には交換労働のようになることが多かった。

ナマヤボ・マクリヤボ【農耕・山の畑地化】「ヤボ」とは、原生林ではなく、二次林でも太い木が繁る山ではなく、ウツギ・ツエギ(シロモジ)など径十五センチ以下の灌木や草の生える浅山を指すのが基本である。こうしたヤボは焼畑にすることが多いのであるが、焼畑にしないで山地のヤボを畑地化することを「ナマヤボ」(生ヤボ)と呼んだ。ナマヤボは主として、サエ(高山)とサト(里)の中間の「コーマ」と呼ばれる位地で南向きか東向きだった。ナマヤボを拓くのは緊急性のあるときが多かった。「ナマヤボでも伐って捲《まく》らにゃあ」などと囁かれた。土質のよいところを二〜三畝拓いた。これを「マクリヤボ」（捲りヤボ）と呼ぶのは、伐った木や刈った草を捲《まく》り纏《まと》めて畝にして山肌を露出させ、そこを畑地化することによる。一年目は「シミャーモ」と呼ばれるオクテの里芋・カライモ（甘藷）・大豆・小豆、二年目は小豆、三年目はキビ（トウモロコシ）を作ってその後は荒らした（宮崎県東臼杵郡椎葉村不土野尾前・尾前新太郎さん・大正十一年生まれ）。

同村大河内大藪の浜砂忠さん（昭和七年生まれ）は、山地を焼かずに、伐った草木を捲《まく》り寄せ、鍬で耕す畑のことを「マクリヤボ」、「イモノヂ」（芋の地）と呼び、「シメーモ」（オクテ）・「キイモ」（黄芋＝ワセ）・「アカイモ」（ヤツガシラ＝ナカテ）などを栽培したという。

ナラズエ【農耕・定畑・蕎麦の刈敷《かりしき》】樹木の「ヒコバエ」（蘖）のことを「ズエ」と呼び、ナラ類、特にミズナラの蘖《ひこばえ》のことを「ナラズエ」と呼んだ。定畑の蕎麦蒔きは七月十日で、それに先立ち蕎麦を条播《じょうは》する際に、畝溝に入れる刈敷《かりしき》（肥料）の採取が行われた。六月十三日がナラズエ採取の「ヤマノクチアケ」（山の口あけ）だった。遅霜の害がある場合は延期された。五十町歩ほどの共有の刈敷山《かりしきやま》があり、それはミズナラ林だったが、木々の高さは身長ほどだった。その切り株に生える蘖《ひこばえ》をズエ・ナラズエと呼び、山の口あけの日には夜中に家を出て夜明けとともに競争で刈った。ナラズエのまっすぐなものを二、三本残して次の炭木として育て、ほかを刈敷《かりしき》として鎌で刈った。炭木となるには十五年から二十年かかった（長野県松本市安曇鈴蘭・福島吉勝さん・大正六年生まれ）。

鈴蘭の刈敷山《かりしきやま》は平地だったので背負って運んだのだが、同市奈川古宿の忠地由正さん（大正十五年生まれ）はナラズエの運搬に「シバフネ」（柴舟）を使った。径八〜十センチ、長さ最低五メートルほどのまっすぐな白樺の木を三本以上（八本ほど）使い、前方に来る根方を藤蔓《ふじづる》またはミズナラの細いものをよじって結束した。これを「シバフネ」と呼び、ナラズエ二十〜三十束を積み、白樺の梢《こずえ》を曲げ返して結束し、荷縄の代わりにして山から里へ運びおろした。▼シバフネニゴリオケ【農耕・定畑・肥料】どの家でも勝手場に「ニゴリオケ」（濁り桶）と呼ばれる一斗五升入りほどの桶を置き、米の研ぎ汁や食べカス・茶ガラなどを入れておき、畑に肥料として施した（静岡県裾野市佐野・鈴木浚一さん・明治三十三年生まれ）。

ニワジマイ【農耕・畑作、稲作の収穫儀礼】秋、粟・稗・高黍などの脱粒・脱稃《だっぷ》などの作業を母屋の前の庭で行う。それらの作業を終了した十一月中旬から下旬にかけて「ニワジマイ」（庭終い）と称する収穫祝いをした。そのために必ず粟のドブロクを醸《かも》すことになっていた。濃い親戚を招待し、粟のドブロクを飲んで収穫を祝った（岩手県下閉伊郡岩泉町安家年々・祝沢口義雄さん・大正十一年生まれ）。

同県一関市川崎町門崎の小野寺清喜さん（大正十四年生まれ）は十一月中旬に籾摺《もみす》りを終えると「ニワバライ」と称してその年溯上してきた鮭の切り身を焼いて食べ、秋終いを祝った。

ネコアシ【農耕・定畑、焼畑・粟の品種伝承】穂の先端が猫足の形状をなす粟の品種がある。これを「ネコアシ」という。これはウルチ種のワセである。作物品種学的な同定はできないが、静岡市葵区田代の滝浪文人さん（大正五年生まれ）が伝える、ネコアシを除く粟の品種は以下のとおりである。「サカアワ」ウルチ＝ワセ、「ノボリト」ウルチ＝ナカテ、「サンゴロウ」ウルチ＝ワセ、「シロモチ」モチ種＝ワセ、「コメモドシ」モチ種＝オクテ、「アサヒナ」モチ種＝ワセ、「ヨスケ」モチ種＝オクテ、「カノツノ」モチ種＝ナカテ、「メグロ」モチ種＝ナカテ。伝承種の多さが注目されるが、特にモチ種は多く、早・中・晩もそろっており、モチ種への執着が読みとれる。アワ（粟）という呼称は、黍（黄実）に対しての実の色の淡さを示したものとも考えられるのであるが、各地で、粟に「婿騙《むこだま》し」「爺騙《じいだま》し」の伝承を耳にした。色も白く、味もよいので、その

ネコアシ粟の稔り（静岡市葵区田代）

粟を米だといって婿・爺を騙したという筋立てである。

石川県白山市白峰苛原の長坂吉之助さん（明治二十七年生まれ）は、標高差によって粟の種類を蒔き分けた。六〇〇メートル以下にはムコダマシ、六〇〇～七〇〇メートルにはシロアワ、七〇〇～八〇〇メートルにはネコアシを蒔いた。

ハカゲトウキビ【農耕・定畑・トウモロコシ】 実入りの悪いトウキビ（トウモロコシ）のことを「ハカゲトウキビ」（葉蔭唐黍）と呼ぶ（宮崎県東臼杵郡椎葉村大河内竹の枝尾・中瀬守さん・昭和四年生まれ）。

ハシル【農耕・定畑、焼畑・大豆の実り】 豆類の莢《さや》が自然に割れて実が飛散することを「ハシル」という。「大豆は霜が一回降りるとハシル」「大豆は葉が落ちてカラ風が吹くとハシル」などという（宮崎県東臼杵郡椎葉村不土野尾前・尾前新太郎さん・大正十一年生まれ）。

ハタシメ【農耕・定畑、焼畑・耕土保全】 一月十一日、定畑に「オタカラ」（幣束《へいそく》）を立て、幣《へい》串《ぐし》に洗米と大豆を和紙に包んで結びつけ、畑地の安全を祈った。これを「ハタシメ」（畑締め）と呼んだ。この日風呂に入ると定畑や焼畑の土が「アロード」（泥流）になって流れ去るとしてこの日は風呂を沸かさなかった（静岡県浜松市天竜区水窪町奥領家針間野・田中為三さん・明治四十四年生まれ）。

ヨセで耕土流失を防ぐ傾斜畑（静岡県浜松市天竜区水窪町奥領家草木）

畑締めの呪物。高さ80センチの胡桃の又木にヌルデの木片7本ほどを巻きつける。中には干し柿を入れる。ヌルデの木片は稗・粟の俵を象徴する（静岡県浜松市天竜区水窪町地頭方向市場、川下勘三郎さん）

浜松市天竜区水窪町・佐久間町では一月十一日の畑締めが盛んだった。この日、風呂を基本とし、茶碗のすすぎ水を飲むこと、茶碗をゆすぐこと、手を洗うこと、洗濯など、とにかく水を流すことを禁忌とした。傾斜の強い定畑や焼畑に頼って暮らしを立ててきたこの地域の人びとは耕土の流失を極度に恐れていた。年の初めに水の禁忌を守ることによってその年の耕土の保全と畑作作物の豊作を祈ったのである。「ハタシメ」は「畑地を締め守る」ことを意味している。▼ヨセ①、ヨセ②

ハタマツリ①【農耕・定畑、焼畑・稗、粟の防虫祈禱】稗・粟の出穂前に行う虫追いを主眼とする祈禱を「ハタマツリ」（畑祭り）と呼ぶ。「ムシオイ」ということもある。畑に御幣を立て、オミキアゲをする。「オマエダチ」（獅子頭）を持って舞う。笛・太鼓・「チャッカリコ」（手平鉦）で囃《はや》し、次の祈禱歌を歌った。〽押し開く　天の岩戸を押し開く　神を進めて獅子踊り　〽神の社に松据ゑて　松の双葉よその下よ——（青森県下北郡東通村目名小田野坂・奥島重治さん・明治三十九年生まれ）。

ハタワサビ【農耕・定畑・山葵《わさび》】当地では畑でワサビ（山葵）を栽培した。谷地、日陰地、水が近い畑をよしとした。「ハタワサビ」の日陰を作るために杉を植えた。芽（苗）は山葵《わさび》の根の「ガニメ」（蟹目＝瘤）から取った。時期は十二月から三月初めだった。山あいのものは二年で出荷した。出荷は普通四月から八月だが、正月用は値が上がるので正月に合わせて出荷することもあった（山口県岩国市錦町中ノ瀬稗原・竹本秀子さん・大正十年生まれ）。

道路から下方の段々畑を覗く。畑の狭さとヨセ木が目立つ（静岡県浜松市天竜区水窪町奥領家大沢）

ハトマナコ【農耕・定畑・害鳥除け】畑に大豆を蒔くと鳩に啄《ついば》まれて被害を受ける。その鳩除けのために、古ハガキに目玉を描いたものを太い萱《かや》の先に挟んで大豆畑に点々と立てた。「ハトマナコ」（鳩眼）とは鳩の目の意味ではなく、「鳩を見張り、鳩を追う人の眼」の意味である。これは「眼の呪力」「視線の呪力」による鳩除けである。現在は目玉型のビニールボールがこれに代わっている（山形県西村山郡大江町柳川・庄司豊雄さん・大正二年生まれ）。

ハナヅラ【農耕・害小獣】畑作物の根を枯らしたり、田の水を漏らさせたりして農業に害を与える「オゴロ」（モグラ＝土竜）の通り道に仕掛ける罠のことを「ハナヅラ」という。真竹の一節を残し、中央に回転弁をつけて、オゴロが弁の上を通過すると直ちに弁が反転しオゴロが逃げられなくなる罠を「ハナヅラ」と呼んだ。オゴロの道を見つけるのに苦労した（三重県伊賀市諏訪・堀正勝さん・明治四十二年生まれ）。

ヒエガラミ【農耕・定畑・稗・脱粒】根刈りした稗の穂は脱粒しなければならない。母屋の一角に厚さ一寸五分のナラまたは栗の板で三間半×三間の板庭を作り、その中央に、胴のくびれた竪臼《たてうす》を横たえて据える。横たえた竪臼《たてうす》の安定をよくするために、竪臼《たてうす》が板に接する部分上下二か所を平らに削ってそこを下にして板に据える。稗束を一把ずつ竪臼《たてうす》のくびれ部分に打ちつけて脱粒する。これを「ヒエガラミ」（稗絡み）と呼んだ。これは女性の仕事とされ、ヒエガラミをする者を「カラミテ」（絡み手）と呼んだ（岩手県久慈市山形町霜畑二又・馬場みなさん・大正八年生まれ）。

ヒエシトギ①【農耕・定畑、焼畑・儀礼食としての稗粢《ひえしとぎ》】精白した稗粒に湿気を与えて臼杵で搗《つ》いて粉化したものをナマのまま形を整えて神饌《しんせん》にするものをシトギ（粢）という。オカラク・オシロモチなどと呼ぶ地もあるが、オシロモチは基本的には米の粢《しとぎ》である。岩手県久慈市山形町霜畑二又の馬場みなさん（大正八年生まれ）は以下のように語る。旧暦八月十五夜には「ヒエシトギ」（稗粢）を作った。神棚へはナマのものを、仏壇には焼いたものを枝豆とともに供えた。十二月十二日の山の神祭りには径五寸の稗粢《ひえしとぎ》を二個神棚に供えた。岩手県岩手郡葛巻町でも十二月十二日稗粢《ひえしとぎ》を作り、八月の風祭りにも稗粢《ひえしとぎ》を作った。九戸郡九戸村でも十二月十二日には山の神に稗粢《ひえしとぎ》を供え、おさがりは焼いて食べたという。

ヒエシトギ②【農耕・定畑、焼畑・儀礼食としての稗粢《ひえしとぎ》】 精白した稗を水に浸してから水を切る。水を切った稗を水車で搗《つ》いて粉にする。「コロシ」（篩《ふるい》）に掛けてから水で捏《こ》ねる。径三寸厚さ五分ほどに丸める。当地では三月十六日に山の神様が野に下り、九月十六日に山に帰ると伝えている。さらに、十二月十二日には山の神様が歳神になるとされている。これらの日には神様にナマの「ヒエシトギ」（稗粢）を供えた。褻《け》の日には稗《ひえ》粢《しとぎ》と同じ形の平団子をイロリで焙《あぶ》って漬物を添えて食べた。粟の粉でも同様のものを作ったが、稗のほうが美味だった（岩手県花巻市大迫町内川目白岩・小松平巳代吉さん・明治三十九年生まれ）。

岩手県宮古市江繋の川内金助さん（明治四十二年生まれ）はアラキ（焼畑一年目）の稗の種蒔きの日に稗のオシトギ（お粢）を作って次のように稗の豊作祈願をした。稗を脱稃《だっぷ》して、蒸さないままのものを「シラホシ」と呼んだ。シラホシを水に浸け、水を切ってから臼で搗《つ》いてナマ粉にする。これを径二寸五分ほどの平団子にしてから長さ七寸ほどの藁苞《わらづと》に包んで長さ三尺ほどの棒の先に結わえつける。これをアラキの上境中央に立てて山の神様に対して、「どうぞ稗をたくさんお授けください」と一同で祈ってからアラキ蒔きをした。このほか、十二月十二日、二月十二日の山の神祭りの日、旧暦九月二十九日の「アキジマイ」（秋終い）の日にも稗のオシトギを作って家の神棚に供えた。

ヒエシマ①【農耕・定畑・稗乾燥】 根刈りした稗の穂をシマダテ（複数の穂束を纏《まと》めて円錐状に立てたもの）して乾燥させる状態にしたものを「ヒエシマ」と呼んだ。稗株三摑《つか》みを一把とし、八把を単位として杭の周囲に根方を開いて立てかける。その上に、さらに八把を開いて重ね、「ホユイ」（穂結い）と称して、重ねた八把の上部を一括する。さらに五摑《つか》み二把を「カサ」（笠）または「フタ」（蓋）と称して二段重ねの上に開いて掛ける。蓋の根方を縄で縛って固定する。これを「フタユイ」（蓋結い）という。この地には、「二百十日までにヒエシマが三つ立てば大豊作だ」という口誦句がある（岩手県久慈市山形町霜畑二又・馬場みなさん・大正八年生まれ）。

ヒエシマ②・アワシマ【農耕・定畑、焼畑・刈り取り穀物の乾燥】稗は根刈りで十二摑《つか》みを一把、立てた杭に対して四把ずつを立てかけ、クズフジ（葛蔓《くずづる》）で縛る。「フタ」（蓋）と称して一把を笠状に開いて頭部に掛ける。これを「ヒエシマ」という。蕎麦も同様のシマにした。粟は「ハセ」（稲架）掛けにして干す方法とシマにする方法とがあった。粟は十二摑《つか》み一把で杭を使わずに四把ずつ三方から立て合わせて安定させて立て、フタとして一把を広げる。計十三把となる。これを「アワシマ」という（岩手県遠野市土淵町栃内琴畑・琴畑きよさん・大正十年生まれ）。

同県宮古市区界松草の松草守造さん（明治四十四年生まれ）は、「稗は一シマ八升」と語っていた。シマの立て方によりおのおの収穫量が概算されていたのである。同地にはヒエシマのほかに「ヒクサシマ」（干草シマ）の慣行もあった。干草とは牛馬飼料にする草のことで、九月二十日以降共有の採草地で「ヒクサカリ」（干草刈り）をし、それをシマダテしておき、十月末に家に運んだ。それは、牛馬の冬季の飼料となった。

稗田とヒエシマ（岩手県遠野市土淵町栃内恩徳）

ヒゲイモ【農耕・定畑・カシュウイモ】ヤマノイモ科の多年草、カシュウイモ（何首烏芋）のことを「ヒゲイモ」（鬚芋）という。ヒゲネ（細根）が多いところからの呼称である。そのムカゴ（珠芽）のことを「カンゴロウ」と呼んだ。ともに食用にした（和歌山県田辺市本宮町三越奥番・野下直一さん・明治四十二年生まれ）。▼ゼンボ・ヒメ

ピテヂ・タナヂ【農耕・畑地と田地】「ピテヂ」は「畑地」の意で、部落の周辺にある。「ハコピテ」（箱畑＝石垣で囲まれた定畑）には野菜を栽培した。ほかに「シャチ」（砂地）があり、冬植え夏収の甘藷を作った。「メリ

ピテ」と称し、砂と土が混ざった畑には夏植え冬収の甘藷を作った。これらに対して「タナヂ」は「田の地」の意で水田になる地である（沖縄県八重山郡竹富町波照間・波照間島・勝連文雄さん・大正六年生まれ）。

ヒナゲ・ジャランコ【農耕・定畑・トウモロコシの花】 トウモロコシの雌花を「ヒナゲ」（雛毛）と呼んだ。ヒナゲを使って人形を作った。ヒナゲが黒くなったら収穫してもよいといわれていた。雄花のことは「ジャランコ」と呼んだ。人為的に交配させることもあった。直蒔《じかま》きのことを「ミウエ」（実植）、苗床から移植する方法を「ナエウエ」（苗植）と呼んだ。それぞれ種三粒ずつ、苗三本ずつが基準だった。トウモロコシの種は、果穂の茎への付着部分に近いほうから取ると、育った茎の根方に多くの果穂がつき、先のほうから種を取ると茎の先のほうに多くついて台風の被害にあう。したがって種は果穂の中間部から取れといわれていた（宮崎県東臼杵郡諸塚村家代塚原・沢村利吉さん・大正六年生まれ）。

同じ諸塚村内でも雌花を「ヒナジョ」、雄花を「ジャラボ」と呼ぶ例がある。那須有義さん（明治四十五年生まれ）は果穂のことを「トーラ」と呼んでいた。

フケワラ【農耕・定畑・麦蒔きと飛砂防止】 砂地畑に麦蒔きをしたあと、西南の強風に実が吹き飛ばされないように、また、風や飛砂による麦の芽の被害を防ぐため、さらには畑地の砂を飛ばされないために、稲藁を二つ折りにして畝沿いに埋め立てて作る、半折の藁による防風・防砂列を「フケワラ」という。畑の砂が飛ぶことを畑が「フケル」と表現する。当地ではフケワラ設置が完成しなければ麦蒔きが終わったとはいえないことになっていた（千葉県山武市白幡・藤田正秋さん・大正四年生まれ）。

フッセ【農耕・定畑、焼畑】 畑に残された前年の収穫残余の種やイモ類が芽生えたものを「フッセ」と呼ぶ。二度イモ（馬鈴薯）のフッセは四月に出てくる（長野県飯田市上村下栗・野牧源吾さん・大正十年生まれ）。

岐阜県飛騨地方には「フッセ」のことを「フセ」「フセオエ」などと称する地がある。これによると「フッセ」は「伏せ」「伏せ生え」から発していることがわかる。▼フクタツ、フッツエ

フユバリ【農耕・定畑・麦畝手入れのくふう】冬季、麦の畝間を鍬で耕《うな》い、春芽吹く雑草の芽を埋め、土を動かして北側を高く、南側を低くする。寒冷を防ぎ、麦の根方への日当たりをよくするための耕作を「フユバリ」（冬墾り）と呼んだ。フユバリをうまく行うと麦への日照が四十分も延び、収穫量も増えたという（茨城県常総市国生・長塚清太郎さん・大正七年生まれ）。

長塚節の『土』のなかにも「冬墾り」が出てくる。

フリオケ【農耕・定畑・稗・練り蒔き】畑の中央に径四尺の穴を掘り、そこに人糞尿と稗の種を入れてよく練り混ぜる。この練り種を「フリオケ」（振り桶）と呼ばれる三升入りの桶に入れて、女性が畝溝を掘ったところへ男性が振りつけるようにして置いてゆく。稗の種は一反三升だといわれていた（岩手県久慈市山形町霜畑二又・馬場みなさん・大正八年生まれ）。▼ゲスオキ

ベーオサメ【農耕・定畑、焼畑・脱粒終い】稗・粟・蕎麦などの穀物の脱粒に槌または「ベー」（片手で握って叩く二叉の棒）を使う。脱粒の作業がすべて終了すると、ベー・槌などを並べ、ボタモチを供え、家族も食べて作業終了を祝った。これを「ベーオサメ」という（長野県下伊那郡大鹿村大河原釜沢・内倉与一郎さん・明治四十三年生まれ）。

ベーラ・エーラ【農耕・定畑・大麦の倒伏防除】大麦の倒伏を防ぐための支柱を「ベーラ」と呼ぶ。素材は淡竹《はちく》または虎攢竹《こさんちく》（布袋竹《ほていちく》）の二年以上のもので、長さは二〜二・五メートル。ベーラ立ての季節は麦踏みを一回行ったあとで、三月初めから彼岸前の間、麦が三〜四寸のころである（宮崎県東臼杵郡椎葉村大河内戸屋の尾・那須芳蔵さん・昭和四年生まれ）。

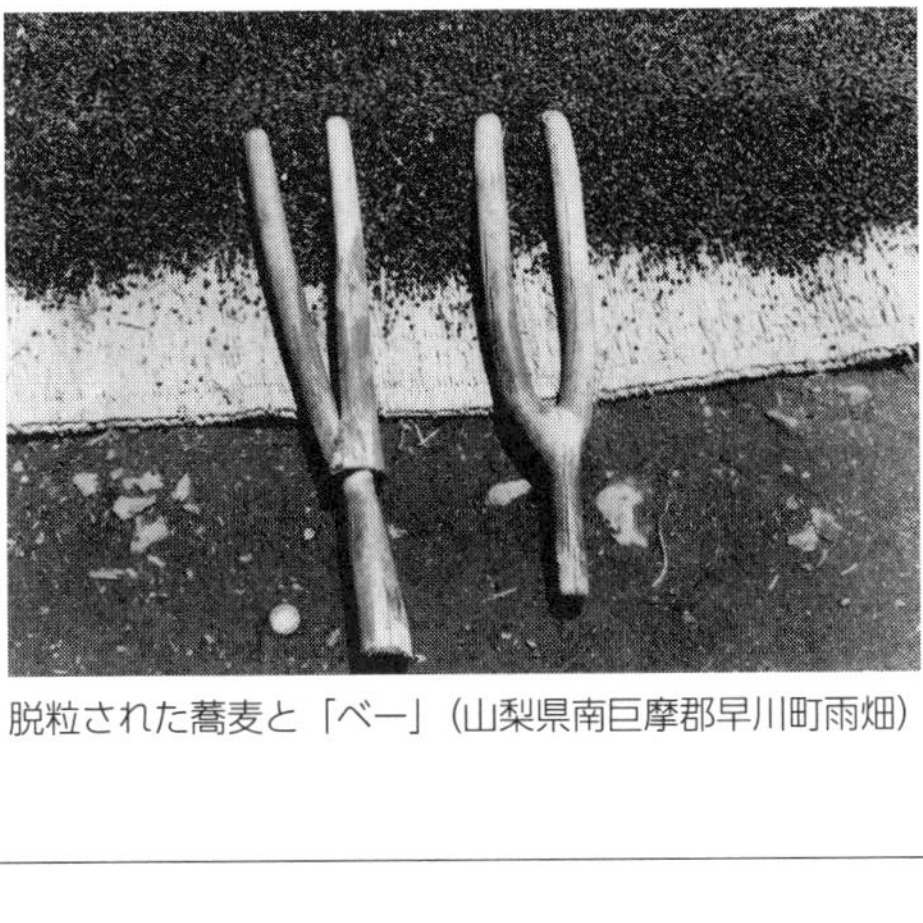

脱粒された蕎麦と「ベー」（山梨県南巨摩郡早川町雨畑）

椎葉村不土野古枝尾の那須登さん（昭和四年生まれ）は、右のベーラのことを「エーラ」と呼ぶ。エーラは真竹で径一寸、長さ二間のものを麦の畝と交わる形で畑の中に張り渡す。エーラを必要とするのは大麦のみで、小麦・裸麦は不要である。彼岸前に追い肥を施し、エーラを張った。

「ベーラ」という語は、棒を表す「バイ」との関係が考えられ、「エーラ」はその転訛と考えられる。▼タケモヤ

ホグラ【農耕・定畑・麦コナシ】麦コナシの際に出る、麦の穂の落とし残し・折れ穂などを集めて椀を伏せた形に積み上げたものを「ホグラ」（穂座）と呼ぶ。これを長さ二メートルの竹竿（淡竹《はちく》）で叩いて粒化することを「ホグラタタキ」と呼んだ（長野県飯田市南信濃木沢上島・下平福義さん・大正七年生まれ）。

ホッケバタ【農耕・定畑・畑地環境】水田が広がる一帯のなかに二坪か三坪の畑地が点在した。このような畑を「ホッケバタ」と呼んだ。畑には大豆・小豆・粟などを栽培した。ホッケバタの法面《のりめん》（土手）は崩れやすいので、毎年麦蒔き後、田の土を捏《こ》ねて一寸五分ほど練りつけて補強した。この作業を「ヨセツケ」（寄せ付け）、「アナツケ」（穴付け）などと呼んだ（千葉県山武市白幡・藤田正秋さん・大正四年生まれ）。

「ホッケ」は、「ホッケル」（解ける）とかかわる。「ホッケバタ」は田の中の畑の土手が崩れやすいところから生まれた呼称だと考えられる。

ポンクリン【農耕・定畑、焼畑、山田・害獣除け】「ポンクリン」とは定畑・焼畑・山田の栽培作物に食害を与える猪・鹿除けの一種。長さ一・二メートル、径八センチほどの真竹の中央を支点として、両端がシーソー式に動くようにする。水を受ける側の端を斜めにそぐ。そこに水がいっぱいになると水がこぼれて軽くなるのでもう一方が低くなる。その低位にブリキ罐《かん》を置き、低下した竹の端が罐《かん》を叩く。罐《かん》を叩く音が山に鳴り響く。音響による害獣防除法で、当地ではこれを「ポンクリン」と呼ぶ。同じ大井川流域でこれを「ドウヅキ」と呼ぶ地もある（静岡県榛原郡川根本町旧長島地区・大石為一さん・明治三十六年生まれ）。

この装置は「シシオドシ」と呼ばれる。京都の詩仙堂などでは静寂を演出する効果を果たしている。「ポンクリン」とは、擬声語と擬態語を組み合わせたユーモラスな命名である。宮崎県東臼杵郡椎葉村大河内の椎葉司さん（昭和五年生まれ）は右と同様の装置を「サコンタロウ」と呼んでいた。「サコ」とは迫・谷のことで水を使うこの装置にふさわしい。「太郎」は、装置を擬人化したもので、シシ番をする人間が継続的に罐《かん》や板を叩いている状態を示すもので「迫の太郎」の意である。和歌山県田辺市本宮町三越発心門の小谷恒定さん（大正五年生まれ）はこの装置のことを「ショーズゴ」と呼んでいた。これはこの装置を示す語として辞典類にも収められている「添水《そうず》」ともかかわる呼称である。京都府南丹市園部町竹井の森田周次郎さん（明治四十三年生まれ）はこれを「カケズ」（掛け水）と呼んでいた。

猪除けのショーズゴ（和歌山県田辺市本宮町三越発心門）

マセ【農耕・定畑、焼畑・猪防除柵】　定畑や焼畑地の作物を荒らす猪を防ぐ垣と堀のセットを当地では「マセ」と呼んだ。畑地の外周に深さ三尺、幅二尺の空堀をめぐらせ、堀の畑側に長さ三尺の栗材を打ちこんで並べ立て、結束したものだった。「イノシシノマセ」とも呼んだ（愛知県北設楽郡設楽町田峯・柳瀬こわかさん・明治三十年生まれ）。

籬《まがき》や馬柵《うませ》を「マセ」と呼ぶが、これらを指す「垣」の呼称を「猪垣《ししがき》」に転用したものである。

マットウリボウ【農耕・定畑・農具・草掻き、脱粒】　栗またはナラ類で、径二・五センチ、長さ五尺ほどの直状で、枝先が二又に分かれてクワガタムシの鋏のような形になったものを伐り出す。二又の部分は九寸前後である。これを「マットウリボウ」または「マットリ」という。主たる用途は二つで、そのひとつは、山畑で雑草の中に大豆・小豆を撒播《さっぱ》してから耕《うな》い、耕《うな》ったあと、草を掻き出す。この草掻きを「カクサカキ」と呼んだ。

このカクサカキにマットウリ棒を使ったのである。マットウリ棒のいまひとつの用途は厩《うまや》から牛馬が踏んだ踏み肥を搔き出すときに使ったものである。長年使うと先が短くなってくる（福島県大沼郡金山町小栗山坂井・五ノ井謙一さん・大正四年生まれ）。

岩手県久慈市や九戸郡などでは稗の脱粒の仕上げ打ち・蕎麦の脱粒などに、柄の部分が七〜八寸の又木を使い、これを「マットウリ」と呼んでいる。「マットリ」「マトウリ」は「木の又を振る」という意味で「又振り」からの命名ではなかろうか。▼タチベイ・イベイ

ミゴエ【農耕・定畑・肥料】 長く効いて「ミハリ」（実張り）をよくする肥料のことを「ミゴエ」（実肥）という。「ホシカ」（干鰯）を機械で刻んだり、臼で搗《つ》いたりして篩《ふるい》にかけ、化学肥料と混ぜて、ミゴエにした。麦蒔きにも元肥《もとごえ》として干鰯《ほしか》を入れ、足で土かけをする。これを「アシビキ」（足引き）と称した（千葉県山武市白幡納屋・北田実さん・明治四十四年生まれ）。

同地の斎藤敬吉さん（明治四十三年生まれ）は、干鰯《ほしか》の粉砕を次のようにした。竪臼《たてうす》を逆さに立てて底を上にする。臼の周囲に筵《むしろ》を巻く。筵《むしろ》に囲まれた臼の底の上に干鰯《ほしか》を盛り、それを鍬の刃で叩いた。

ミシロアオリ【農耕・定畑・風選】「ミシロアオリ」とは「筵煽《むしろあお》り」の意で、筵《むしろ》を立てて二つ折りにし、両端を開閉することによって風を起こして麦コナシのあとの麦を風選する方法である（静岡県藤枝市大東町・仲田要作さん・明治三十三年生まれ）。

ミヨシイリコ【農耕・定畑、焼畑・雑穀未熟穀の粉食】「ミヨシ」とは実入りのよくない半熟の穀物を指すが、当地では稗・粟の未熟穀を指した。カマシ（鴨足＝シコクビエ）の粉、稗または粟のミヨシの粉を熱湯で掻いたものを「ミヨシイリコ」と呼んだ（石川県白山市白峰苛原・長坂吉之助さん・明治二十七年生まれ）。

ムギウズ【農耕・牧畑・麦積み】 牧畑の麦を刈り終えると「ムギウズ」と呼ばれる穂積みを作った。穂を外側

にして根方を中心に集める形で麦束を積み上げる。麦束は十デコ（十摑《つか》み）一束である。径・高さともに一・八メートルほどに積み上げ、薦《こも》を掛けて石の錘《おもり》をつけ薦《こも》が除かれないようにした。こうしておいて麦の穂落としに「カド」が使える順番がめぐってくると牧畑からカドに麦束を運んだ。「ムギウズ」の「ウズ」は「堆《うずたか》し」の「ウズ」と考えられる（島根県隠岐郡西ノ島町浦郷三度・西ノ島・藤谷一夫さん・昭和二年生まれ）。▼カド

ムギオシ【農耕・定畑・麦コナシと藤衣《とうい》】 麦の芒《のぎ》取り・脱粒のことを「ムギオシ」（麦押し）と呼んだ。芒《のぎ》を除ける衣類として「タホ」（タフとも呼ばれる藤の繊維で織った衣類）が好まれた（山梨県南巨摩郡早川町奈良田・深沢まさよさん・明治四十三年生まれ）。

静岡市葵区梅ケ島藤代の鈴木幸一さん（明治三十三年生まれ）は「タホのタッツケ（裁着）はバラ（茨）の中でもよい。バラが負ける」と語る。

ムギカヂ【農耕・定畑】 麦の穂を茎から離し、穂を粒化する作業を「ムギカヂ」（麦搗ぢ）と呼んだ。六月十日ごろから始めた。①麦の穂を初夏の太陽で一日中干す→②熱が冷めないうちに、庭に筵《むしろ》を敷き、「オニバ」と呼ばれる、打面に歯状の刻みをつけた槌で叩いて粒にする（静岡県藤枝市大東町・仲田要作さん・明治三十三年生まれ）。

ムギカブレ【農耕・定畑・麦コナシ】 麦焼き（麦の穂の焼き落とし）、唐竿《からさお》での麦コナシ（粒化）などの作業をすると、麦の芒《のぎ》の刺激と、埃《ほこり》と汗とが混じり、体全体が汗疹《あせも》のような状態になってかぶれて痒くなる。これを「ムギカブレ」と呼んだ。風呂・行水・水浴びなどによって解決した（奈良県吉野郡天川村栃尾・玉井おりょうさん・明治二十八年生まれ）。

ムギドキ【農耕・定畑・麦の豊穣祈願】 旧暦一月十四日を「ムギドキ」と称し、以下のようにした。椿の枝の先に切り餅を挿したものを麦畑の枚数だけ作り、各畑の真中にこれを立て、麦の豊作を祈った（宮崎県西都市上

揚・浜砂久義さん・大正八年生まれ)。
「ムギドキ」は「麦斎」の意である。

ムギノマキアゲ【農耕・定畑、麦田・麦の播種《はしゅ》儀礼】田麦・畑麦をすべて蒔き終えたとき「ムギノマキアゲ」(麦の蒔き上げ)を祝った。里芋を茹でて皮を剝き、鍋に入れて擂粉木《すりこぎ》でつぶし、蕎麦粉を加えながら丁寧に練り、塩味をつける。ボタモチのように握って黄な粉をまぶす。これを「イモモチ」(芋餅)と呼んだ。朝から一日がかりで作り、麦蒔きを手伝ってくれた人の家に配り、家族も食べた。このイモモチに小麦粉も米も入っていないところに注目しておきたい(愛知県北設楽郡設楽町田峯・柳瀬こわかさん・明治三十年生まれ)。

ムギマンガー【農耕・定畑、田麦・麦の脱粒具】麦の穂落としに使う千把扱《せんばこき》のことを「ムギマンガー」(麦馬鍬)と呼ぶ。形状が田代を作る際の砕土具「馬鍬《まぐわ》」に似ているからである。ムギマンガーによる穂落としを午前中に行い、その穂を筵《むしろ》の上に広げておいて昼食を食べて休む。その間に麦の穂は陽光を浴びて蒸れる。午後は蒸れて脱粒しやすくなった麦の穂を「オニバ」(鬼歯=打面に刻みを入れた長柄の槌)で叩いて脱粒する(静岡県藤枝市下当間・小沢重太郎さん・明治三十三年生まれ)。

ムシノソージ【農耕・定畑・害虫追送】粟につく虫・イモにつく虫を海の彼方に送る儀礼を「ムシノソージ」(虫の精進)といった。「〇月〇日だから〇年生まれの子がよい」として、該当する子供たちに薄《すすき》の「サン」(葉先を結んだ呪物)を作ってもらい、畑一枚ごとに挿してもらった。「今日の食べ口《たくち》」として子供たちには各戸から集めたサツマイモを蒸して与えた。この日は粟につく虫・甘藷につく虫を捕って瓶に入れ、それを芭蕉の茎で作った筏《いかだ》にのせ、芭蕉の葉の帆をつけて海に流した。ムラびとたちはすべて浜降り(物忌み・精進)をして浜で家から持参した粟の握り飯・イモの餅を食べた。芭蕉の舟が見えなくなるまで食べていた(沖縄県八重山郡竹富町黒島・黒島・東盛おなりさん・明治三十七年生まれ)。

モバ・ガラモ【農耕・定畑・肥料】「モバ」は「アマモ」とも呼ばれるヒルムシロ科の海水性多年草、茎は扁平で淡緑色。「ガラモ」はホンダワラ科のオオバモクである。ともに瀬戸内海島嶼部の畑作栽培物の肥料として重視された。モバの採取期は夏期で、「クチアケ」（口あけ＝解禁日）を設定する地が多かったが、対してガラモの採取期は冬期で、口あけを設ける地は少なかった。広島県尾道市因島重井町北浜（因島）の村上松夫さん（昭和十二年生まれ）は以下のように語る。モバ採取の口あけは七月下旬で、主として大潮ドキに採った。潮流が六時間ごとに変わるので、モバ採りは「ヒキシオ」（サゲシオ＝干潮）のときに行った。ヒキからミチに転換するシオ（潮）の静止時間を「トロミ」と呼ぶ。モバは三合サゲから五合サゲの間に採るのがよいとされたが、干潮の盛り、すなわち「ヒゾコ」を中心にその前後の四時間を狙って採った。採取具は四〜五尋の真竹二本の中間を縄で括り、×字型にしてモバを挟んで採るものだった。干潮のとき採取して舟に積み、満潮のとき陸揚げした。人糞尿と混ぜて堆肥にすることもあったし、牛の踏ませにしてから堆肥にすることもあった。すべて麦作や甘藷、西瓜畑の肥料にしたのであるが、モバと麦稈《むぎから》を除虫菊の肥料にすることもあった。ほかの島々ではガラモを干して甘藷の肥料にしたり、一旦粉化してから使うという例も見られた。

モラス【農耕・定畑、焼畑・粟稗の粒化】 稗や粟の穂を叩いて粒にすることを「モラス」といい、粒にした状態のものを「モレ」と呼んだ（岐阜県本巣市根尾越波・松葉長之助さん・明治三十九年生まれ）。
穂から粒を漏らし落とすところから「モラス」という語が出たものと思われる。

ヤーアタイ・ハルアタイ【農耕・定畑の種類】「ヤーアタイ」（家畑）は「家の近くの畑」の意で、韮・葱・大根・長命草・胡瓜・南瓜・蓬《よもぎ》などを栽培した。「ハルアタイ」（原畑）は「家から離れた平地畑」の意で、粟・黍・トーンチミ（モロコシ）・麦・大豆・小豆・砂糖黍などを栽培した。ほかに澱粉採取のための蘇鉄山を持ち、漁撈を兼ねた（沖縄県島尻郡粟国村・粟国島・山城栄孝さん・昭和五年生まれ）。

ヤス・カタ①【農耕・定畑・大麦と裸麦】 裸麦を「ヤス」、皮麦すなわち大麦を「カタ」と呼び分けた。精白の容易な裸麦を「ヤス」(易)、精白に手がかかる皮麦のことを「カタ」(堅)と呼び分けたのである(静岡県藤枝市大東町・仲田要作さん・明治三十三年生まれ)。

ヤタ【農耕・定畑・麦の支柱】 麦の倒伏防止のために麦畑の中に立てる枝のことを「ヤタ」という。当地ではヤタにはケヤキの枝を中心として長さ三尺～五尺の枝を冬のうちに伐っておいた。ヤタは麦畑の中に三尺おきに斜めに挿す。麦は肥料が多すぎると倒伏するといわれている。ヤタは麦が中心だが弘法黍(シコクビエ)にも使った(山梨県大月市七保町瀬戸上和田・相馬進さん・明治三十七年生まれ)。

『日本国語大辞典 第二版』によると、島根県出雲・隠岐島・山口県豊浦郡(現下関市)では柵《しがらみ》や護岸工事に使う竹や小さい枝を「やた」と呼ぶとある。▼ベーラ・エーラ

ヤタカチ【農耕・定畑・麦などの脱粒具】 穂落としをした麦の穂から実を離す脱粒に「ヤタカチ」という道具を使った。長さ四尺前後の柄の先端に穴をあけ、麻緒《あさお》を通す。その麻緒《あさお》の先に長さ一尺、径一寸五分の樫かナラの打ち棒を結びつける。その棒の一端に緒を受ける刻みを入れる。柄を持って振り回し、打ち棒を麦の穂に打ちつけて脱粒するのである。これは「カラサオ」(唐竿・連枷)に似てはいるが別物である。唐竿《からさお》は柄と打ち棒を枢《くるる》で連結させ回転を規則的にさせることができるのに対し、ヤタカチは回転が不安定になりやすい。ヤタカチは「原カラサオ」ともいうべきものである。「ヤタ」は長野県飯田市南信濃や上村、静岡県浜松市天竜区水窪町では豆類の莢《さや》を意味するが、滋賀県米原市では稲穂の折れたもの、籾のついた稲穂の先を意味する。「カチ」は「カツ」(搗《つ》く)の連用形である。ヤタカチは原初、麦に限らず、稲・豆類の脱粒、莢《さや》取りなどにも用いられていたことが考えられる(滋賀県米原市志賀谷・鹿取恵正さん・大正四年生まれ)。

ヤトウ②【農耕・定畑・害獣除け】 高さ六～七尺の「ワチ」(木柵)の内側に、長さ四尺の竹の片方の先端を鋭くそぎ、そいだ部分に菜種油を塗り、焙《あぶ》って強靱にしたものを斜めに立てた。そいだ部分をワチの外側に向け、二尺を地面に挿して固定し、ワチを跳び越えたり、破ったりして侵入する鹿や猪がこれに刺さるようにした。

これを「ヤトウ」という。ヤトウは、五、六尺間隔に挿し立てた（静岡県浜松市天竜区春野町豊岡勝坂・藤原みえさん・明治四十二年生まれ）。

ユリブタ【農耕・定畑・選別具】 長さ約三十センチ、幅四・五センチほどの板を方形に組み、底板を張って一角の隅だけに三角の穴をつける。これを豆類の選別に使い、よい豆を隅の穴から落とす。この選別具を「ユリブタ」（揺り蓋）と呼ぶ（静岡市葵区小河内・望月繁福さん・明治三十一年生まれ）。

ヨセ①【農耕・定畑・環境・斜面畑と土止め】 斜面畑で土砂流失を防ぐために並べる横木のことを「ヨセ」と呼ぶ。ヨセの樹種は腐りにくい栗の木が選ばれる。栗のヨセ木の耐用年数は二十年だといわれる。同じ栗でも「サナレ」と呼ばれる立ち枯れの芯材が最も長持ちするといわれている。ヨセを止める杭にも、栗を使う。長野県飯田市南信濃和田山原の松下勇さん（昭和二年生まれ）は、正月飾りのオトコ木の根方を固める栗材を畑のヨセ止めの杭に利用する。同市南信濃八重河内此田の藪下平吉さん（昭和四年生まれ）は、ヨセ止めの杭には漆の木も適していると語る。同市南信濃木沢須沢の大澤彦人さん（大正十五年生まれ）は、ヨセ木方式以外の土止めについて以下のように語る。畑地傾度の強い須沢では、栗以前に、楮《こうぞ》・桑・茶などを畑地に横畝式に植えて

ヨセ茶。傾斜の強い畑の耕土流失防止と自家用の茶を得るためにヨセ木の代わりに茶の木を植える（長野県飯田市南信濃木沢須沢）

ハベと足掛け（奈良県五條市大塔町篠原）

耕土流失を防ぐのが主流だった。楮《こうぞ》は換金作物、桑は生業複合の養蚕を支えるもの、茶は自家用と極めて合理的だった。楮《こうぞ》が土止め植物の第一に挙げられたのは、夏季の日焼け止め、高い傾度による脱水の防止にも役立ったからである。前ページの写真にはヨセ木のほかに茶の木が見える。ヨセ木のほかにガードレールの鉄板、菊の畝など、現代的なヨセのくふうの例もある。

奈良県五條市大塔町篠原や惣谷ではヨセのことを「ハベ」と称している。篠原では、車道から斜面畑の中を通って屋敷に至る急な細道に点々と杭が打たれ、杭の頭が二尺おきに並んでいた。惣谷では車道から斜面の草地に至る細道にこれが見られた。滑り止めの足掛けである。▼サナレ

ヨタネ【農耕・定畑、焼畑・蒔き初《ぞ》めの種】種の蒔き初《ぞ》めのこと、蒔き初《ぞ》めに使う種のことを「ヨタネ」と呼んだ。蒔き初《ぞ》めは巳の日をよしとした（静岡市葵区田代・滝浪きくさん・明治三十年生まれ）。

「ヨタネ」とは斎《い》み浄められた神聖な種、「斎種《ゆたね》」から来ていると思われる。稲の種としての斎種《ゆたね》の例が『万葉集』に見られる。右の「ヨタネ」は定畑・焼畑に蒔かれる稗・粟の種である。

ヨハタウナイ【農耕・定畑・夜間耕作】麦栽培に際して、夜、長さ二メートルほどの棹先に提灯をともして畑耕《うな》いをすることを「ヨハタウナイ」という（長野県飯田市南信濃八重河内此田・藪下平吉さん・昭和四年生まれ）。

リン【農耕・定畑・トウモロコシの果穂単位呼称】当地ではトウモロコシのことを「キビ」と呼ぶ。トウモロコシはイネ科の一年生作物で中南米原産、十六世紀に渡来した。遠山谷においても長い間その恩恵に浴してきている。「リン」とは、トウモロコシの穂の稔った粒の塊、果穂一本の単位を示す語で、この概念を示す語としては貴重である。「リン」という語には花を数える単位を示す用法があるが、それを応用した語彙とも考えられる。当地には次のようなトウモロコシの食法・伝承がある。皮を剝いだリンのまま塩を入れて大鍋で煮る。固いものは実が爆《は》ぜるまで煮る。みるいもの（未熟で軟らかいもの）は実に皺が寄る（長野県飯田市上村下栗小野・成澤徳一さん・昭和二年生まれ）。

トウモロコシの呼称自体多様である。ナンバンキビ・モロコシ・コウライなどがあるが、山を隔てた静岡県浜松市天竜区水窪町では、トウモロコシのことを鞘葉に包まれた果穂の形状から「ツトキビ」（苞黍）と呼ぶ。高知県ではトウモロコシを焼畑で栽培し、これを「ヤマキビ」と呼んだ。

ワタリザク【農耕・島作り】 瀬戸内海で、自分の住居のある島から無人島をふくむほかの島に舟で渡って農業を営むことを「ワタリザク」（渡り作）と称した。渡り作に使われる舟は「ノウセン」（農船）と呼ばれ、漁船とは構造を異にする。大崎下島の農船は六尋舟で幅六尺余、約三トンである。農船には収穫物を積載するための「ドウノマ」と呼ばれる船室が作られていた。プラスチックの角籠式コンテナが六十個ほど積めた。のちに屋根は杉板になったが、農船の屋根のことを「ジョウトマ」と呼ぶ。これは「常苫」の意で、常に苫屋根をつけた状態をいう。簀状《すじょう》の苫は、葺かずに丸めて置くこともできる。船中泊のときや収穫物を雨から守るときに屋根が必要となる。新開さんが渡り作をした島は津久賀島（大長から十キロ）、大崎上島野賀（大長から十キロ）で、櫓舟《ろぶね》の時代は風向や潮流との関係で苦労が多かった。エンジン舟にしたのは昭和二十五年のことだった。作物は、夏作は甘藷、冬作は麦を中心としたが、昭和三十年代から温州ミカンが中心になった（広島県呉市豊町大長・大崎下島・新開重さん・昭和三年生まれ）。

愛媛県今治市大三島町宗方（大三島）ではワタリザクのことを「シマヅクリ」（島作り）、自島での農耕を「ゴウヅクリ」（郷作り）と呼ぶ。島へ通う農船でジョウトマ（屋根）のないものを「ボーズブネ」（坊主舟）と呼んだ（菅勝美さん・大正十三年生まれ）。広島県尾道市因島重井町北浜（因島）の村上松夫さん（昭和十二年生まれ）はワタリザクのことを「タビバタケ」（旅畑）、ゴウヅクリのことを「ジトウザク」（自島作）と呼んでいた。

ワラムロ・ツチムロ【農耕・定畑・大根、蕪の貯蔵】 大根と蕪を貯蔵するムロ（室）には二種類があった。「ワラムロ」（藁室）は平地に杉の葉を敷き、その上に藁を敷く。大根の場合、根を中心部に向け、首を外にして輻射状に並べ、藁を掛け次を積む。径は三尺、高さは四〜五尺になる。外周および上部を藁で隙間なく覆い固める。藁室に貯蔵するものは大根・蕪ともに冬季に食べる分である。「ツチムロ」（土室）は地下に穴を掘り、穴の土面に杉の葉を当て、大根や蕪を入れ、上部を土で覆う。土室に貯蔵した大根や蕪は春になってから食べるものである（山形県西村山郡大江町柳川・庄司豊雄さん・大正二年生まれ）。

3 焼畑

アシコウ【農耕・焼畑・足保護着装具】焼畑耕作は傾斜のある焼畑地で行われるのだから、石の落下や木の伐り跡、焼け残りなどから臑《すね》や足の甲を守らなければならない。そのため、当地では足の甲を守るために「アシコウ」（足甲）という甲当てを使った。素材は菅で、その菅は盆過ぎに刈り、唐傘を広げたような形にして一週間干した。芯縄には「ウンモノ」と呼ばれる藤の繊維を使った。編み方は藁草履と同じで、足首にあたる部分をU字型にし、そこを足首にはめて編みつけた部分で足の甲を保護するように作った。先端にウンモノの紐で足の人差指にはめる輪を作り、別に約三十センチのウンモノの紐をつけ、これを足首に結びつけて固定した。ほかに「ハバキ」（脛巾）も作った。脛巾《はばき》の素材は三年から五年もののサワグルミの木の皮で、臑《すね》の長さの倍の皮を剝き、乾燥させて二つ折りにしてウンモノの紐で上・下を固定する。下は甲になじむように鋏を入れて房状にする（山梨県南巨摩郡早川町奈良田・深沢金治さん・明治四十四年生まれ）。

菅を編んだ足甲（左）とサワグルミの皮で作った脛巾（右）
（山梨県南巨摩郡早川町奈良田）

藤の繊維を「ウンモノ」と呼ぶのは、これを績《う》んで「タフ」（藤布）を作ったからであり、「ウンモノ」は

「ウミモノ」の意である。脛巾《はばき》にもさまざまな素材が使われた。静岡県浜松市天竜区佐久間町では真竹を細くへいで整えて編みつけたもの、愛媛県上浮穴郡久万高原町では藤の繊維と菅または麻で編んだもの、宮崎県西都市銀鏡では棕櫚《しゅろ》の皮を使ったものなどが作られていた。

アトトリ【農耕・焼畑・土の均化、調整】種蒔きは上から下へ。耕《うな》いは下から上へ。種蒔き、耕《うな》いが終わったら、下から上に向かって手で種蒔きあとの土を均化、調整する。これを「アトトリ」（跡とり）という（静岡県藤枝市瀬戸ノ谷蔵田・藤田賢一さん・明治三十五年生まれ）。

アラキ・アラク・アラコ【農耕・焼畑、定畑、稲作水田の新開耕地】

焼畑輪作の一年目を指す語として以下のものが用いられた。「アラキ」と呼んだのは青森県八戸市田向・岩手県久慈市山形町霜畑二又・神奈川県足柄上郡山北町玄倉・静岡県榛原郡川根本町・同県島田市川根町家山雲見・愛知県北設楽郡豊根村三沢・長野県飯田市上村下栗など。「アラク」は岩手県花巻市大迫町内川目白岩・静岡市葵区山間部・山梨県大月市七保町瀬戸上和田・同県南巨摩郡早川町奈良田・同県南都留郡道志村など。なお、岩手県宮古市江繋では「アラクハタケ」と呼んでいた。「アラコ」と呼んだのは静岡県賀茂郡松崎町門野・同郡西伊豆町大沢里大城・静岡市葵区小布杉など。静岡県牧之原市旧菅山村では山地を開墾した畑を「アラコ」と呼んでいた。

右は「アラ」を語幹としながら語尾が「キ」「ク」「コ」と変化している例である。このことが気になっていた。語源はどこにあるのか。『万葉集』に「斎種《ゆたね》蒔く新墾《あらき》の小田……」（一一一〇番歌）、「新墾田《あらきだ》の鹿猪田《ししだ》の稲……」（三八四八番歌）などが見られ、ともに「新たに開墾

千枚田。石川県輪島市白米町のアラケダ

した田」の意である。アラキ系が古い語であることはわかるが、「キ」「ク」「コ」の謎は解けない。この謎が解けたのは石川県輪島市白米町で日裏幸作さん（大正十四年生まれ）から能登の千枚田に関する話を聞いていたときだった。日裏さんは、別な場所の山田に対して千枚田のことを「アラケダ」と呼んだ。アラケダは「アラアケダ」（新開け田）の意で、「新たに開けた田」という意味である。アラキ・アラク・アラコの語源は「アラアケ」「アラケ」だったのである。

アラキオコシ【農耕・焼畑・耕起】 青森県三戸郡の名久井岳山麓から岩手県境にかけては「アラキオコシ」（焼畑地耕起）が盛んだった。当地方では焼畑のことを「アラキバタケ」、定畑のことを「ヤッコメバタケ」と呼んだ。アラキバタケを始める場合、伐採から火入れまでを地主が行い、アラキオコシはアラキオコシ組が請負った。アラキオコシ組には「サキダチ」（先立ち）と呼ばれる親分がおり、賃金は地主からサキダチを経て支払われた。組は十〜十五名で組織され、アラキオコシ鋤を使った。鋤は木製で木の枝の部分を柄にし、幹の部分の強度と重さを以って鋤部を作る。柄の長さは使う者の一尋半をよしとした。鋤の部分は足をのせて押す部分と土を耕起する部分からなる。鋤の使い手に対して、起こした土を畝にする係も必要だった。鋤を使う起こし手の賃金が六であるのに対し、畝盛りは四だった（青森県八戸市田向・若木金次郎さん・大正六年生まれ）。

山口弥一郎の「東北地方の焼畑慣行」（『山口弥一郎選集　第三巻』）によると、アラキオコシ組以前は、夫がアラキオコシ、妻が畝つくりという組み合わせで、近隣の「結い」でアラキオコシが行われていたという。なお、定畑のことを「ヤッコメ」と呼ぶのは、アラキオコシ→焼畑という展開ののち、焼畑を行った地の中から畑作適地を定畑にした経過をふまえ、「焼き込み」を経た畑地を示したものと思われる。

アラキリ【農耕・焼畑・伐採】 二十五年から三十年の休閑期間を終えて、生長した木を伐採することを「アラキリ」というが、本来は原生林を伐って始める「新伐り」を意味した。休閑後のアラキリでも木に巻きついている藤蔓《ふじづる》の処理に苦労した（長野県飯田市上村下栗本村・大川長男さん・明治三十四年生まれ）。

アラシ②【農耕・焼畑・休閑】四年間の焼畑輪作を完了して焼畑地を休閑期間として山にもどすことを「アラシ」（荒らし）と呼んだ。休閑期間に入って二、三年までを「チカアラシ」（近荒らし）という（宮崎県東臼杵郡椎葉村不土野向山日当・甲斐馨さん・大正五年生まれ）。

アーラスピテ・キーヤマ【農耕・焼畑・類別】「アーラスピテ」（荒し畑）の地は厳密にいえば「フーピテ」（古畑）である。フーピテは代々使っている畑のことで、これを四、五年荒らし、休閑させておいて、新たに焼いて開いたところを「アーラスピテ」という。アーラスピテでは粟・麦・豆類を栽培した。「キーヤマ」（木山）は、島内の樹林を伐採し、太い木は薪として運び出し、枝や灌木を焼いて行う焼畑である。作業は「ユイマール」（結い）で行われた。九月に焼き、十月・十一月に鍬打ちをし、整地をした。こうして、約十年間粟と甘藷を輪作した（沖縄県八重山郡竹富町波照間・波照間島・勝連文雄さん・大正六年生まれ）。

アレチカンノ【農耕・焼畑・原生林の焼畑】原生林を拓いて行う焼畑のことを「アレチカンノ」と呼び、その土地のことを「アレチ」という。アレチは特に肥沃で十年間使うことができるといわれていた。山田さんは、次のように九年間輪作した。一年次＝粟・稗→二年次＝粟・稗→三年次＝粟・稗→四年次＝大豆・小豆→五年次＝大豆・小豆→六年次＝荏胡麻→七年次＝粟→八年次＝荏胡麻→九年次＝稗（長野県下水内郡栄村堺上ノ原・山田直吉さん・明治二十六年生まれ）。

　ここでいう「アレチ」とは「荒地」ではなく、「アラチ」（新地）の意と思われる。「カンノ」は焼畑の意である。三月、堅雪になるのを待って山に入り、積雪六尺、その雪上六尺の位置で新地《あらち》に生えるブナ・栃・ナラなどの巨木を伐って橇を使って遠方の谷に捨てる。巨樹の下草や灌木は前年夏に整理しておく。残った巨樹の幹は立ち枯れを待つ。右と同様の雪上伐採は福島県南会津郡檜枝岐村でも行われていた。

アワゴナシ【農耕・焼畑・粟の脱粒】穂刈りした粟を粒化することを「アワゴナシ」と呼んだ。刈った直後の穂は筵《むしろ》の上に広げて足で踏んで粒化する。刈ってから時間を経たものは広げ干しをし、才槌で叩いて粒化した

（静岡市葵区奥仙俣・江口健一さん・明治四十二年生まれ）。

静岡県浜松市天竜区春野町川上の高田角太郎さん（明治三十四年生まれ）は粟を脱粒するのに筵《むしろ》の上に平籠を置き、そこに粟の穂を入れて両足で踏んで脱粒したという。

アワソロエ【農耕・焼畑・粟の収穫】「カノ」（焼畑）の二年目に粟を栽培した。粟は根刈りにしたが、以下のような「アワソロエ」をして里の家に運んだ。粟を一摑《ひとつか》みずつ摑《つか》み、木の台の上にのせ、穂先から茎の長さが一尺になるところで鉈《なた》を使って切断した。その一摑《ひとつか》みの穂の付け根を藁で一把に縛り、一尺のものを二把、×字型に組んで縛る。これを「アワソロエ」という。家に運んだ粟の穂束は二十一畳分の天井の二段竿に掛けた。上段がモチ種、下段がウルチ種と厳正に仕分けた。モチ種の中にウルチ種が混じるとよい餅が搗《つ》けないからである。ウルチ種の中にモチ種が混じる場合には飯がうまくなるのでこちらは問題ないという（福島県南会津郡只見町黒谷倉谷・木津つるよさん・明治三十三年生まれ）。

アワトコドモハハンサク【農耕・焼畑、定畑・播種《はしゅ》、除草などの苦労】「アワトコドモハハンサク」（粟と子供は半作）という残酷な口誦句があった。医療が未発達、未普及の時代、多くの子供が亡くなり、人びとは心を痛めた。その厳しい子育てに粟栽培がたとえられるほどに粟栽培はむつかしいものだと語っているのである。「一番草の泣き草」という口誦句がある。粟の一番草を取るとき、なぜ粟をこんなに薄く蒔いたのだろう、これで秋の収穫ができるだろうか、と半泣きになるほど薄蒔《うすま》きにしたほうが粟の収穫量は多くなるというのである。雨の日は粟の草取りや粟刈りをしてはいけないといわれている。粟の草取りでは粟と「ヨノコ」（イネ科の一年草エノコログサ）の葉の区別に苦労する。粟は葉の付け根が赤みを帯びているが、ヨノコはそれが青く、稈《から》が平らがかっている。粟の品種もネコアシ・アカアワ・シロアワ・コナボコなどがあった。山地の人びとが苦労しながら粟を作り継いだのは、粟には糯米《もちごめ》に代替する粟のモチ種があったからである（石川県白山市白峰苛原・長坂吉之助さん・明治二十八年生まれ）。

アワヒロイ【農耕・焼畑・粟刈り】 当地では粟刈りのことを「アワヒロイ」といった。右手で粟を扱《こ》ぎ、左手でいっぱいになるまで摑《つか》む。左手いっぱいになると「トモ」（粟の茎）で穂の付け根を縛る。縛った下を鎌で切る。稗は粟とちがって一穂一穂鎌で切った（静岡市葵区小布杉三ツ野・寺坂すぎさん・明治二十三年生まれ）。

アワボウシ【農耕・焼畑・粟の脱穀】 脱穀処理した粟稈《あわがら》は焼畑に稲叢《いなむら》状に積んでおいた。これを「アワボウシ」という。必要に応じて「アサニ」（朝荷＝朝飯前の仕事）として運びおろし、馬の寝敷にした。稗は穂刈りにし、茎は立ち枯れにさせて耕《うな》い込《こ》んで肥料にした（静岡県島田市川根町笹間上粟原・成瀬治宣さん・明治二十二年生まれ）。

イチドコ・ニドコ【農耕・焼畑・粟の除草】「カノ」（焼畑）に栽培した粟の除草にかかわる作業で、一番草（除草）のことを「イチドコ」（一床）と呼び、二番草（中むしり）のことを「ニドコ」（二床）と呼んだ。カノの粟は畝蒔きではなくバラ蒔き（撒播《さっぱ》）だった（福島県南会津郡檜枝岐村・星やすさん・明治二十九年生まれ）。

イヌッコ【農耕・焼畑・除草】 出穂前に粟によく似た雑草の「イヌッコ」を除かなければならない。イヌッコとはイネ科の一年草エノコログサ（狗尾草）のことである。茎は粟に比べて丸みを帯びている（静岡県浜松市天竜区水窪町奥領家草木・高氏安精さん・大正五年生まれ）。

エノコログサのことを石川県白山市白峰では「ヨノコ」、宮崎県東臼杵郡椎葉村では「エノコボー」と呼んだ。静岡県浜松市天竜区水窪町奥領家大嵐の高氏かとさん（明治三十一年生まれ）はエノコログサのことを「ハグサ」と呼ぶ。かとさんは粟畑の除草の際、粟とハグサの識別ができなくて困ったという。姑が「ハグサの茎のほうが丸みを帯びていて少し堅い」など識別方法を教えてくれたという。

イヌッコ（エノコログサ）

イブリ【農耕・焼畑・害獣除け】古衣を裂いて径八分、長さ二尺ほどの木綿の布縄を綯《な》い、稗・粟の稔りの季節に点火して焼畑の中に置いた。これを「イブリ」と呼んだ。猪除けである（静岡市葵区黒俣・勝山菊次郎さん・明治三十年生まれ）。

ウイヤマ・コナザク【農耕・焼畑・輪作】焼畑のことを「ヤマヤキ」または「キリヤマ」と呼ぶ。輪作一年目を「ウイヤマ」（初山）と称して稗を作り、二年目を「コナザク」と称して地のよいところに稗を、悪いところに粟を栽培し、三年目には小豆を作った。四年目に三椏《みつまた》を栽培するようになったのは明治末年から大正初年にかけてである。それ以前は四年目以降は休閑だった（徳島県美馬市木屋平川上・梅津多金美さん・明治三十六年生まれ）。

ウエキコギ【農耕・焼畑・樹林再生】焼畑輪作三年を終えたあと、十六年間休閑し、十七年目に再度伐薙《ばってい》、火入れをする。焼畑地を再生させるために、「クナ」と呼ばれる輪作二年目に焼畑地に榛《はん》・落葉松《からまつ》・「フシノキ」（ヌルデ）の苗を縦横四尺間隔に植えた。これを「ウエキ」（植木）と呼ぶ。その苗木は山中の河原で扱《こ》いできたのだが、時期は四月だった。これを「ウエキコギ」（植木扱ぎ）と称した（山梨県南巨摩郡早川町奈良田・深沢さわのさん・明治三十年生まれ）。

ヌルデのことを「フシノキ」と呼ぶのはヌルデの葉茎にヌルデノミミフシが寄生し、「フシ」（虫瘤）を作るからである。フシはタンニンを含有し、薬・インク・歯黒めなどの素材にされた。榛《はん》の根瘤菌は空中の窒素を固定化し、畑地の肥料になった。ヌルデも榛《はん》も先駆植物であり、山林再生を導く。これらのことが伝承知として生きていたことがわかる。

ウエッツムヌン【農耕・焼畑、定畑・小害獣鼠の追送儀礼】鼠のことを忌みことばで「ウエッツ」という。「上の人」の意で、ウエンチユと呼ばれることが多い。「ムヌン」は物忌みである。「ウエッツムヌン」は農作物に害を与える鼠を追放するための儀礼であり、物忌みである。粟の穂が稔るころ、島（黒島）中のツカサ十人と神《かん》主《ぬし》（ツカサの相手役の男性）五、六人、それに「ムラメグリ」（連絡係）がまず保里の浜に集まり、それから仲本二か所→アガリ筋のキャン→ミスカメマの浜→マナドゥムリ→ナカモリウタキ、という順序で島を一巡した。その際、各所でツカサが願い口を唱えて祈り、祈りが終わると特殊な呪術儀礼を行った。例えば、保利の浜では、浜へ降りて願い口を唱えてからツカサと神主《かんぬし》が浜の上の草場に赴き、横になって眠るまねをする。十分ほどしてから神主《かんぬし》が、「コケコッコー」と鶏の鳴きまねをする。すると一同が「夜が明けた、夜が明けた」と叫んで移動した。こうして七回疑似睡眠・疑似鶏鳴をくり返した。鶏は太陽を招く鳥であり、夜の終結を告げる鳥である。よってこの儀礼は、鼠の活動時間の夜の終結を告知し、鼠害を防除するという構造になっているのである。また、鶏鳴によって夜を送ることは、悪しき日をよき日に変えることにもなる（沖縄県八重山郡竹富町黒島・黒島・東盛おなりさん・明治三十七年生まれ・ツカサ経験者）。

刳りぬかれたパパイヤに入れられ、串刺しにされて海彼に送られる鼠（沖縄県国頭郡国頭村比地奥間）

ウシガノコル【農耕・焼畑・火入れ】 傾斜のある焼畑地に下から火を入れると、どうしても火が走って焼け残りの木が多くなる。この焼け残りの木のことを「ウシガノコル」といった。残って動かない木を牛に見たてたのである（静岡市葵区中平・見城徳さん・明治三十九年生まれ）。

ウチゴミ【農耕・焼畑・シコクビエの脱粒】 穀物の脱粒をする際、打ち棒や槌で打つのだが、一回で完全に脱粒できない場合、二度重ねて打つことを「ウチゴミ」（打ち込み）という。当地ではシコクビエのことを「カマシ」という。「カモアシ」（鴨足）の転訛である。この穀物の穂が鴨の足の形状に似ているからである。実が強く付着しているので脱粒に手がかかる。ウチゴミが必要だった（石川県白山市白峰苛原・長坂吉之助さん・明治二十七年生まれ)。

ウドバ【農耕・焼畑・コナシ場】 蕎麦・大豆・小豆などを焼畑地において共同でコナシた。そのコナシ場のことを「ウドバ」と呼ぶ。ウドバには筵《むしろ》を敷き、周囲に蕎麦粒や豆類の飛散を防ぐために「ノレン」と呼ばれる布を張りめぐらした。布は幅五尺、長さ二間の「タフ」(藤布=藤の繊維で織ったもの)で、共同作業のために各戸二枚ずつ用意し、出作り小屋に置いてあった(山梨県南巨摩郡早川町奈良田・深沢さわのさん・明治三十年生まれ)。

ウナイオキ【農耕・焼畑・雑草防止】 焼畑輪作二、三年目の四月、種蒔きに先立って雑草を防止するために焼畑地一面を耕《うな》っておいた。これを「ウナイオキ」(耕い置き)という(静岡市葵区長熊・長倉てつさん。明治四十四年生まれ)。

エビスキビ【農耕・焼畑、定畑・献供穀物と種の交換】 竜ヶ森(八二七メートル)の頂に恵比須様の小祠が祀られている。祭日は十月の初亥の日だった。当日は相撲大会があり、高知県側からも愛媛県側からも多くの人びとが集まった。集まる人びとは恵比須様の前に三～五本のキビ(トウモロコシ)を供えた。そのキビが山のように積まれていた。キビの山の脇には神職と当番が座っていた。キビを奉納した人びとは他人が奉納したキビのなかから自分が新たに栽培してみたいと思うキビを数本いただいて帰る。その際、神職に挨拶さえすればよかった。このいただいた種キビを「エビスキビ」と呼んだ。この慣行は盛行さんが出征した昭和十六年まで行われていたものの、復員した昭和二十二年にはもう行われなくなっていた(高知県高岡郡檮原町太田戸・中越盛行さん・明治四十三年生まれ)。

右は注目すべき穀物の種子交換である。同様の慣行は土佐伊予国境《くにざかい》の雨包山(一一一一メートル)で十二月の初亥の日に行われたエビス祭りにおいても行われていたという。穀物の種借り・種交換を献供穀物を通じて行う例はほかにも見られる。長野県下伊那郡天龍村神原大河内の池大神社の春祭りは三月三日で、九月九日の秋祭りには願果たしとして稲・稗・粟・大豆・蕎麦などの大束を二把供えた。参拝者のなかには供えられた穀物の穂や実を見て、気に入ったものを神種として借りてくる者も多かった。二把借りた者は翌年四把返すことになっていた（長野県下伊那郡天龍村神原向方・坂本きくさん・明治二十六年生まれ）。

オイビ【農耕・焼畑・焼却技術】 焼畑予定地において、まず「クダリビ」（下り火＝上部から点火）を着け、しばらく焼きおろしてから、下からも、左からも右からも点火する。こうして火を真中に寄せてゆくことを「オイビ」（追い火）と呼んだ。追い火の技術は延焼防止にも役立った。点火は檜《ひのき》を割って作った松明によった（岐阜県下呂市小坂町湯屋・上野銀松さん・大正六年生まれ）。

オオオトシ・ニバンオトシ【農耕・焼畑・蕎麦の脱粒】 蕎麦の脱粒のことを「ソバオトシ」（蕎麦落とし）といい、一回目は「オオオトシ」（大落とし）と呼び、反りのある榛《はん》の木《き》の六尺棒を使って二人が向かい合いで立ち、交互に叩く。次に、「ニバンオトシ」（二番落とし）と称して片手で持てる二又角型《ふたまたづのがた》の「マトウリ」と呼ばれる打ち棒で、茎に残った蕎麦粒を落とす（福島県南会津郡只見町叶津入叶津・中野和夫さん・明治二十六年生まれ）。▼タチベイ・イベイ

オオバエ・コバエ【農耕・焼畑・休閑】 焼畑のことを「サクバタ」（作畑）と呼ぶ。一年目を「キリハタ」と呼び、二年目を「コナ」と呼ぶ。三年輪作して三椏《みつまた》を植えたり、以後休閑したりした。十五年間休閑した山を「オオバエ」（大生え）と称し、五年ほど休閑したところを「コバエ」（小生え）と呼んだ。大生えは稗→小豆→馬鈴薯、小生えは蕎麦→稗→小豆と輪作した（徳島県三好市東祖谷菅生名頃・名頃敏太郎さん・明治二十五年生まれ）。

高知県吾川郡仁淀川町椿山の半場清徳さん（明治四十年生まれ）は、休閑後三十年以上の焼畑適地のことを「フカバエ」と呼んでいた。

オコシノ【農耕・焼畑・耕起】 灌木や雑草の生えた原野を伐薙《ばってい》しておき、雪解け後に焼いてから一旦耕起して、作物を栽培する焼畑を「オコシノ」（起こし野）と呼んだ。輪作は一年次＝蕎麦→二年次＝蕎麦→三年次＝馬鈴

薯で、休閑は五年ほどだった（長野県松本市奈川入山・忠地喜用登さん・明治四十一年生まれ）。

オッタテビ【農耕・焼畑・焼却技術】焼畑地の下端から火を入れることを「オッタテビ」（追立て火）という。オッタテビは火が上滑りするので延焼につながり、焼け残りが多くなるとして嫌った。対して「サガリモエ」（上端から点火＝下り焼き）は静かにじっくりと焼ける。火入れの日は長老が監視して火が左巻きにならないよう、また焼け残りが出ないよう注意した（静岡県浜松市天竜区水窪町奥領家草木・高氏安精さん・大正五年生まれ）。

オバル【農耕・焼畑・焼畑地と榛《はん》の木《き》】「オバル」とは榛《はん》の木《き》の方名である。榛《はん》の巨樹の生えている土地の百メートル四方は土地が肥えている。このような地は焼畑に適している（石川県白山市白峰苛原・長坂吉之助さん・明治二十七年生まれ）。

この榛《はん》の巨樹は種子を四方八方に飛散させる。榛《はん》の木《き》は空中の窒素を固定化し肥料効果をもたらす。種子の飛散範囲は焼畑適地ということになる。「ハル」「ハリ」は「墾《はり》」に通じ、榛《はり》の木の生えているところは開墾に適しているのである。▼タネハンノキ

カテアリヤキ【農耕・焼畑・火入れ】焼畑の火入れは危険な作業だし、一気に片付ける必要があるので「カテアリ」（結い）で行った。結いで行う火入れのことを「カテアリヤキ」と呼んだ。結いで加勢してくれた家には必ず「カテアリモドシ」をした（宮崎県東臼杵郡椎葉村不土野尾手納・甲斐忠作さん・明治二十四年生まれ）。

カノ【農耕・焼畑・「刈り」系呼称】山形県・福島県では焼畑のことを「カノ」または「カンノ」と呼ぶ。秋田県・岩手県にも「カノ」という呼称はあり、新潟県東蒲原郡阿賀町、長野県下水内郡栄村にも「カノ」と呼ぶ例がある。新潟県村上市の旧朝日村には「春ガニョ」「夏ガニョ」という呼称があったが、これも「カノ」系である。青森県八戸市・三戸郡から岩手県にかけては焼畑のことを「アラキ」と呼ぶ地があり、岩手県ではアラキとカノの両方が用いられていた。滋賀県長浜市木之本町金居原では「カンノ」と呼び、同町古橋では「カ

リノ」と呼んだ。これまで「カノ」には「火野」「火農」「勧農」などの文字があてられることもあったが、滋賀県の例を見れば「カノ」は「刈り野」であったことがわかる。

「刈る」「刈り」系はほかにもある。兵庫県養父市八鹿町では焼畑のことを「カリュウ」と呼ぶ。「火流」の字があてられることもあるが本義は「刈生《かりふ》」である。同県美方郡香美町香住区香住、同郡新温泉町浜坂では「カリオバタケ」、鳥取県八頭郡若桜町では「カリオ」という。焼畑のことを「カリヤマ」（刈り山）と呼ぶ地もある。「カリオ」は「刈り生《かお》」の意である。広島県旧比婆郡・岡山県旧阿哲郡・島根県鹿足郡・鳥取県東伯郡など中国地方にこの呼称が多い。山梨県南都留郡道志村・神奈川県足柄上郡山北町中川では焼畑のことを「カリハタ」（刈り畑）と称した。

「刈り」系の呼称を持つ焼畑地は灌木や先駆植物をふくむ草山・浅山である場合が多い。

カノカリ【農耕・焼畑・草地伐薙《ばってい》】 焼畑のことを「カノ」という。灌木混じりの草地を刈り払って焼畑にし、蕎麦→大豆・小豆→粟→小豆→休閑六〜七年、または蕪→小豆→小豆→休閑といった輪作・循環を行った。草を刈り、灌木を伐ることを「カノカリ」という。当地には「土用（夏）入り三日で草が成熟する」という伝承があり、それをふまえて長柄の鎌で伐薙《ばってい》し、一週間干してから火入れをした（山形県鶴岡市荒沢鱒淵・佐藤猛さん・大正十三年生まれ）。

カノマメ【農耕・焼畑・大豆】 「カノ」とは焼畑のことで、「カノマメ」とは焼畑で栽培する大豆のことである。それには次の種類があった。青豆・納豆豆《なっとうまめ》・味噌豆（「イバラギ」「白豆」とも）・黒豆。味噌は大豆三斗、米糀一斗、八合塩で作った。雪が消えるころ味噌豆を煮る。十二月二十五日が納豆の「ネセビ」（寝せ日）で、二升ほど使った。蒸した大豆を一合ずつ「ツツッコ」（藁苞《わらづと》）に入れて湯をかける。これを、筵《むしろ》の上に藁のハカマを敷いて五本ずつ包み、積み藁の中に寝かしておく。夕方寝かし、翌日天地返しをし、藁の重しをして、二日おいて重しを除く。納豆汁には乾燥させた里芋のイモガラを入れた。大豆はこのほか黄な粉・煮豆などにした（福島県河沼郡柳津町四ツ谷高森・菊地ふみ子さん・昭和十年生まれ）。

カビ【農耕・防虫用具】農作業・山仕事などの際、蚊や蚋《ぶゆ》（「ブト」「ブヨ」とも）を除けるために使う点火式防虫具で、澱粉を採ったあとの葛の根の芯を中心にして外周に稲藁を配し、固く締めて縛ったものに点火して腰につける。これを「カビ」と呼んだ（宮崎県東臼杵郡椎葉村大河内・椎葉司さん・昭和五年生まれ）。
　蚊や蚋《ぶゆ》を除ける右と類似のものを石川県の白山麓では「カンコ」、広島県庄原市では「ホデ」と呼んだ。

カマシ【農耕・焼畑・シコクビエ】アフリカのサバンナ地帯原産と伝えられるイネ科の雑穀シコクビエのことを「カマシ」と呼ぶ。「カモアシ」（鴨足）の転訛である。この呼称は穂の形状による。穂は手を開いたように先端が広がって、実は梅仁丹のようで赤茶色をなす。カマシは焼畑の六年目に移植栽培した。移植に際しては根を洗った。カマシ・稗・蕎麦の生粉を捏《こ》ね合わせて団子を作り、朴《ほお》の葉に包んで焼いて食べた。朴《ほお》の葉の香りが移ってうまかった。これを「ホオバダンゴ」（朴葉団子）と呼んだ（石川県白山市白峰苛原・長坂吉之助さん・明治二十七年生まれ）。
　この雑穀ほど異称の多い穀物はない。それは穂の

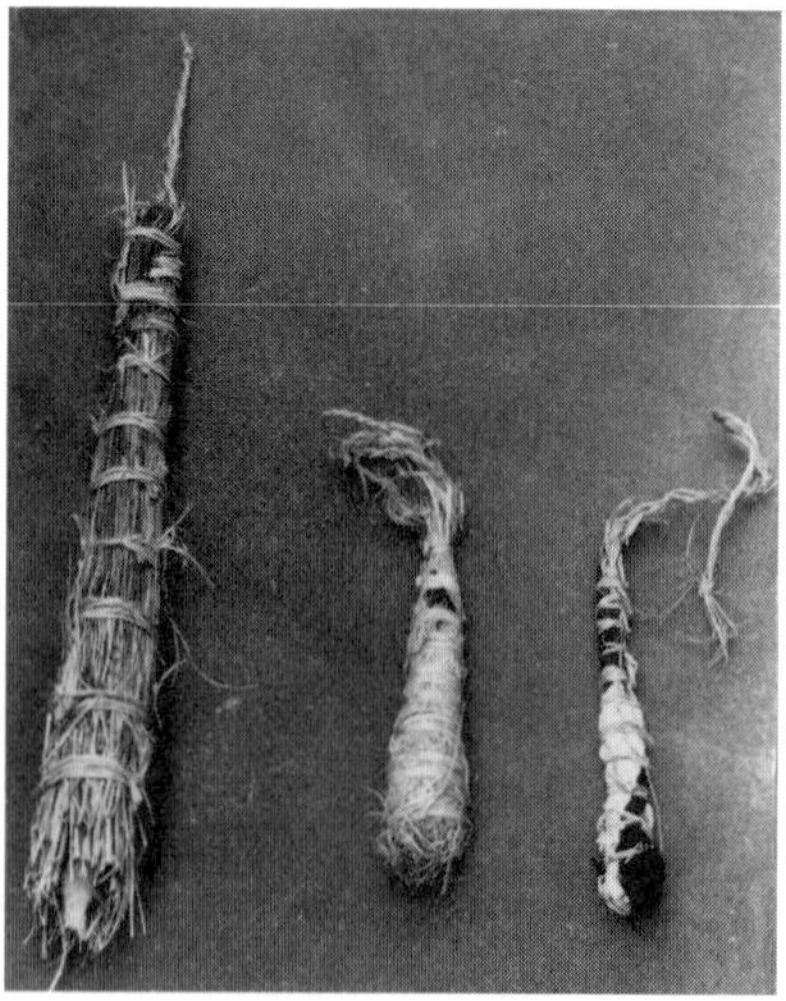

左はホデ（広島県庄原市比和町）、中・右はカンコ（石川県白山麓）

弘法黍（シコクビエ）の稔り（静岡県榛原郡川根本町千頭）

様相が稗・粟・黍などとまったく異なるからである。形状を比喩するものに、鴨足《かもあし》・鴨手《かもで》・兜稗《かぶとびえ》・又稗《またびえ》などがあり、渡来性を強調するものに唐稗《からびえ》・朝鮮稗《ちょうせんびえ》・朝鮮黍《ちょうせんきび》・蝦夷《えぞ》などがある。伝播者としての弘法を冠するものもある。粉化して食べるのが一般的で、粉の色はほぼ小豆粉同様で美しい。主食系の褻《け》の食として団子や掻き粉にして食べた者はまずいといい、砂糖やニホンミツバチの蜜を加え、楽しみの食とした者はうまいという。シコクビエは、①痩せ地にも強く土地を選ばない、②多収穫性である、③精白減少率が低い、④長期保存に耐える、といった利点を持ち、救荒性も強かった。▼ゲショウヂ

カマデ・カマサキ【農耕・焼畑・境界線の呼称】焼畑地の上下に対して左右の境界線を「タテグロ」(縦畔)と呼ぶ例は別に示したが、当地では山の斜面の焼畑地に向かって右の縦筋の境界を「カマデ」(鎌手)と呼び、左側の境界線を「カマサキ」(鎌先)と呼んだ。昭和十六年に共有地「ムラヤマ」(村山)・「シュウギヤマ」(集議山)を個人に分割・分与したのであるが、それ以前は共有地において個人が焼畑をすることがあった。その際、「カマデ」「ヨコジリ」は誰が焼いてもよいが、「ヨコガシラ」と「カマサキ」を勝手に焼畑にしてはいけないというムラ決めがあった(宮崎県東臼杵郡椎葉村不土野向山日当・甲斐馨さん・大正五年生まれ)。
武士の馬手《めて》、弓手《ゆんで》に対し、農民の鎌手、鎌先は注目される。▼ヨコガシラ・ヨコジリ・タテグロ

カラデッポウ【農耕・焼畑・兎除け】栃の実の干したものを十個前後ずつ焼畑の周囲に点々と置き、そのおのおの上に稗の糠を盛りあげ、その頂に点火しておく。火が栃の実に至るとこれが爆《は》ぜて音を発する。これを「カラデッポウ」(空鉄砲)と呼んだ。その音を兎除けにした(石川県白山市白峰・加藤勇京さん・明治二十九年生まれ)。

カリュウ【農耕・焼畑・焼畑呼称】当地では焼畑のことを「カリュウ」と呼んだ。カリュウには、春焼いて粟→大豆→小豆と作る「粟ガリュウ」、盆前に焼く「蕎麦ガリュウ」、盆過ぎに焼く「大根ガリュウ」などがあった。「盆の十三日の昼までは蕎麦蒔きをしてもよいが昼過ぎには蒔くな」という口誦句があった(兵庫県養父市

八鹿町日畑・西村哲雄さん・明治二十九年生まれ)。

「カリュウ」について「火流」の字をあてる例も見られるが、本来は「刈《か》り生《ふ》」の意であろう。「生《ふ》」は畑の意である。

ガンゼキ【農耕・焼畑・土掻き具】焼畑地に種を蒔いたあと土をかぶせるための熊手型の道具を「ガンゼキ」と呼んだ。柄は木製で長さ四尺、爪甲は左右三本ずつで、番線状の鉄の爪部の長さ一寸五分、甲部の長さ各八寸、爪甲部が柄の先の二本の横木にアケビカズラで固定されたものである(高知県吾川郡いの町桑瀬本川・高橋光増さん・明治三十一年生まれ)。

『改訂綜合日本民俗語彙』には「ガンセキ」が収載されている。山口県東部で熊手のこととされ、それから東の中国地方一帯にはガンジキという語もあるとされている。主として燃料の松の落葉を掻き集めるのに用いられたものである。

カンダチ【農耕・焼畑・共同小豆蒔き】焼畑地における小豆蒔きに際しての種蒔き責任者を「カンダチ」という。広い山の斜面で十人から十五人で種蒔きをするのでどうしてもリーダーが必要となる。種蒔き技術の優れた者か、地主がこれにあたることが多かった。ヨコジリ(焼畑地の下端)の右七分から「カマサキ」(焼畑地の左端)に向かって三角形の底辺をなすように直線的に蒔き手が並んで蒔き進める。左縦境に至ると方向を変えて蒔き進める。この蹤跡《しょうせき》の図柄は複雑に展開される。カンダチが「ヨコガシラ」(上部の境)の真中に至ったところで歌い手が「サツキ」という唄を歌うことになっていた。その日のうちに種蒔きを終えたい場合には全員で「サツキ」を歌って勢いをつけた。種は手籠の中に種袋を入れ、そこから蒔いた(宮崎県東臼杵郡椎葉村不土野尾手納・甲斐忠作さん・明治二十四年生まれ)。

「カンダチ」とは「上立ち」(上に立つ巧者)の意と思われる。焼畑における組織的な小豆蒔きの方法が確立していたことがわかる。

カンノノコヤシ【農耕・焼畑・肥料】「カンノ」（焼畑）の三年目に肥やしを入れた。これを「カンノノコヤシ」という。①六月に笹山の笹を焼く→②灰の黒いうちに六尺棒で叩いて火を消してまわる→③黒い灰を叺《かます》に入れて家に運ぶ→④灰を筵《むしろ》の上に広げ、その上に人糞尿を撒《ま》き、灰が濡れる程度の硬さに練る→⑤叺《かます》に入れて運び、三年目の焼畑地に撒《ま》く（長野県下水内郡栄村堺上ノ原・山田直吉さん・明治二十六年生まれ）。

キオロシヅク【農耕・焼畑・木おろし用具】焼畑農耕において原生林の巨木の枝を伐採して幹を枯らし、耕地化するに際してはまず、巨木にのぼって枝を伐り落とすことから始める。その際、巨樹をのぼり下りすれば時間を要するので、木から木へ「キオロシザオ」（木おろし竿）を使って移動した。宮崎県東臼杵郡椎葉村不土野の椎葉伊八さん（大正五年生まれ）は以下のように伝える。木おろし竿は真竹で四、五年もの。「タチカカリ」（直立して手を伸ばした位置）で片手の拇指と中指で輪を作り、そこに指一本分の幅をプラスした太さ。長さは五尋。竿の端には長さ一尋の麻緒《あさお》をつける。もう一方の竿の端には「キオロシヅク」と称す木の鉤《かぎ》を固定する。朴《ほお》の木の枝鉤《えだかぎ》の部分をツヅラカズラを使って七周・五周・三周と固く巻いて固定する。この鉤《かぎ》は、渡ろうとする木の枝に掛け、竿を伝って移動するためのものである。鉤《かぎ》の樹種は朴《ほお》のほかにヤマモチ・アラカシ・ウメ・ツゲ・ユス・グミなどが用いられた。木おろし竿もツクも命を守る重要な道具なので木おろし衆は心を砕いた。椎葉村大河内大藪の浜砂善治郎さん（明治四十年生まれ）は「ツクツケウタ」（木おろし竿にツクを固定するときの唄）を伝承していた。〽朝寝して　ヨイ

キオロシヅク。木鉤の固定部分（宮崎県西都市銀鏡）

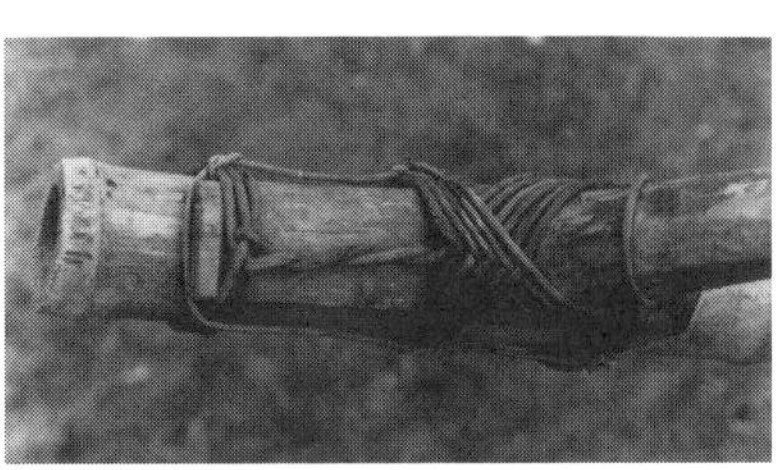

タカノハシバリ。キオロシヅクを竹竿にゆるぎなく固定するために「鷹の羽縛り」と呼ばれる結び方が伝承されている（宮崎県西都市銀鏡）

朝日を夢に見て　今こそ歌うてのぼりおる　守りてたまへや山の神　守りやれ　ヨーホイ　守りてたまへや山の神　守りてたまへ山の神――。この歌詞は「登り木の唄」にも通じている。

キオロシナタ【農耕・焼畑・伐採具】焼畑にする原生林の巨樹の枝を伐り落とすときに使う鉈《なた》を「キオロシナタ」（木おろし鉈）と呼んだ。木おろしに使う鉈《なた》は刃の先端にトメ（トビとも）がない角鉈《かくなた》で、柄が長く、枝を一気に伐り抜いて落とすことができるものである（熊本県八代市泉町樅木・村川種男さん・明治三十五年生まれ）。

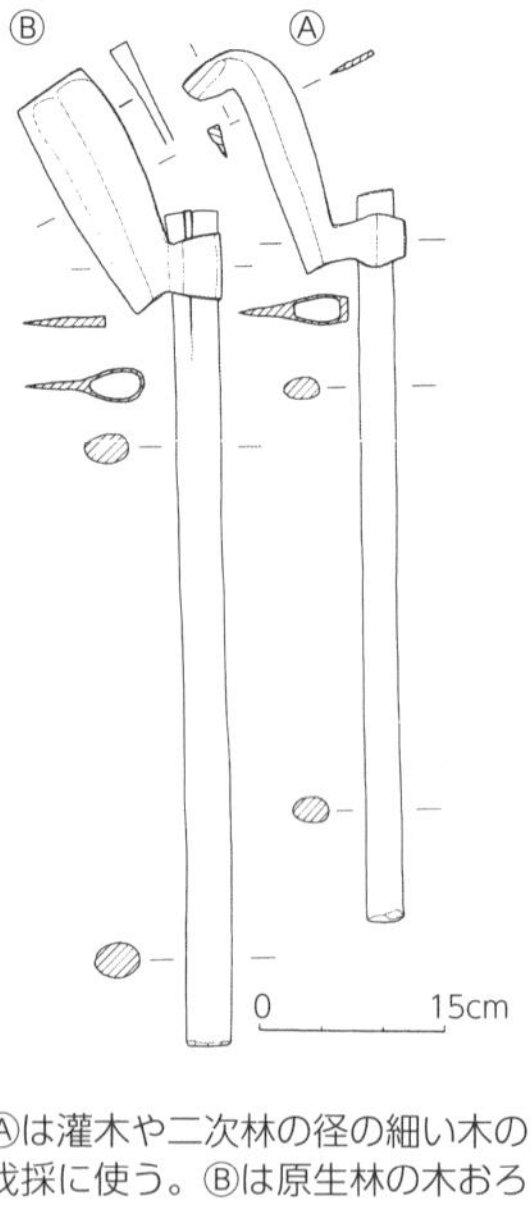

Ⓐは灌木や二次林の径の細い木の伐採に使う。Ⓑは原生林の木おろしに使う（熊本県八代市泉町樅木）

キッツ【農耕・焼畑、定畑・稲作・穀物貯蔵具】「キッツ」とは「木櫃《きひつ》」の意で、東北地方で稲籾を貯蔵しておく箱を指すことが多いのであるが、岩手県では食糧としての稗を貯蔵する巨大な角蒸《かくせい》籠《ろう》型の箱を指す例がある。以下は岩手県久慈市山形町霜畑の八幡ちよさん（大正二年生まれ）による。

キッツは二十石入りだった。古い稗の上に新しい稗を加えてゆくという方法がとられていた。なるべく古い稗がたくさん残るのをよしとしていた。キッツがいっぱいになることはなかった。

穀物貯蔵のキッツ（岩手県久慈市山形町霜畑二又、馬場家）

同じ久慈市山形町には、一尺幅で長さ六尺の板と一尺幅で長さ三尺の板の方形を一段とし、これを五段積みに組み立てたものを使う家もあった。最下段の正面の六尺板の中央に稗の取り出し口がつけられていた。この取り出し口は「マド」(窓)と呼ばれていた。キッツの位置は「イドコ」と呼ばれるイロリのある居間の右手土間のつきあたりだった。「セイロ」とも呼ばれるキッツは厩《うまや》と、イドコの奥の「ネビヤ」との間にあった。▼セイロウ

キッツケ【農耕・焼畑・垂直限界】焼畑で作物栽培ができる山地の上限、垂直限界のことを「キッツケ」という。キッツケの標高は地質・地形・日照条件などによって異なり、静岡市葵区小河内の望月藤三郎さん(明治四十一年生まれ)の山では一四〇〇メートル、同区田代の滝浪久衛さん(大正十三年生まれ)の山では一二〇〇メートルがキッツケだった。田代の滝浪作代さん(明治三十九年生まれ)は別に、「ミンミンゼミが鳴くところまでは焼畑ができる」と語った。

「キッツケ」とは、「伐り付け」の意と考えられる。

キヤグラ【農耕・焼畑・肥料】焼畑地の木の切り株から出て群れ立つヒコバエ(蘖)のことを「キヤグラ」(木櫓)と呼ぶ。キヤグラをなすヒコバエは刈って焼畑地の肥料にした(高知県吾川郡仁淀川町椿山・中内茂さん・明治三十六年生まれ)。

ギョウジ【農耕・焼畑・焼却】共同作業で行われる焼畑の火入れに際しては経験豊かな長老が管理・指示の役割を担った。その役を負うものを「ギョウジ」(行司)と呼んだ。当地では焼畑地の右側を「ホサキ」(火先)、左側を「テシタ」(手下)と呼んだ。行司は、例えば、「ホサキを下げよ」とか「テシタを下げよ」などさまざまな指示を出し、全体がよく焼けるよう配慮した(静岡市葵区大間・砂有次郎さん・明治三十七年生まれ)。

キリアゲノコナ【農耕・焼畑・稗の刈り上げ】稗は穂刈りだった。「穂切り」とも呼んだ。また「稗を摘む」と

もいった。「ホトリガマ」と呼ばれる、刃も柄も短い鎌で穂を切った。稗の穂切りが完了すると、穂を「アマンズ」という三尺～六尺四方で底が金網か竹《たけ》簀《す》の平籠に入れて吊り、下で火を焚いて焙《あぶ》り、臼で搗《つ》いて脱稃《だっぷ》・精白・粉化した。これを「へーノコウセン」（稗の香煎）と呼んだが、また「キリアゲノコナ」（切り上げの粉）とも呼んで、重箱に入れて焼畑地を借りている山地主や近隣の家に配った（静岡市葵区奥仙俣・杉山みえさん・明治三十七年生まれ）。

ホトリガマ（左手）を持つ滝浪文人さん（静岡市葵区田代）

キリヂ【農耕・焼畑】山林がどんなに繁茂している状態でも、先祖が一旦伐採して焼畑輪作した地のことを「キリヂ」（伐り地）と呼ぶ（静岡県榛原郡川根本町旧長島地区・長島英雄さん・明治三十六年生まれ）。

キリツケ【農耕・焼畑・焼却準備】焼畑地の木おろしや伐薙《ばってい》が終わると次のようにする。一番下に落ち葉、その上に小枝、順に大きなものをのせる。しかも焼畑予定地が平均して焼けるように積み並べなければならない。下がよく焼け、「ヂヤケ」（地焼け）して雑草の種が焼けなければならないのである。のみならず、なるべく焼け残りの木がないようにしなければならない。そのために木を切りそろえたり積んだりすることを「キリツケ」（切り付け）または「キッツケ」という。時期は十月の中旬・下旬で、稗・粟の収穫と重なって多忙を極めた（宮崎県西都市上揚・浜砂久義さん・大正八年生まれ）。

クタシ【農耕・焼畑・獣害防除】焼畑作物に食害をもたらす猪を除けるための装置を「クタシ」という。

①麦稈《むぎから》の束を小分けにして二つ折りにし、U字型になった上部を切りそろえる。上部はストローの口がそろって上を向いている状態になる。U字の下部に尺二、三寸のスズ竹を刺して、稔りを控えた焼畑の周囲に四尺

間隔に立てる。こうして立てた麦稈《むぎから》のストロー群にクタシを流しこんで回るのである。「クタシ」とは水を運ぶための蓋つきの背負い樽の古いものに、糞の詰まっている猪の腸や人の小便を入れて冬から秋口まで漬けこんで熟成させ、悪臭を強めた液のことである。このクタシを上向きのストロー群の口に垂らしこむのである。嗅覚の鋭い猪はこれを嫌って近づかないとしていた。クタシは一週間ごとに垂らしこんだ（長野県飯田市上村下栗・胡桃澤栄一さん・明治三十六年生まれ）。

②クタシはクタシ桶と呼ばれる二斗桶に入れた小便の中に猪の内臓を入れて一年間熟成させた。焼畑の周囲には尺五寸ほどのスズ竹の先にシナノキの皮を剝いで径一寸、長さ二寸ほどを円筒状にして刺し、上部にササイタ（屋根材）の廃材を二寸四方に切って雨除けとしてつけ、これを四尺間隔に立てた。クタシはシナ皮筒の両方から入れて回った（長野県飯田市上村下栗屋敷・成澤作男さん・明治四十五年生まれ）。

「クタシ」（腐し）は「腐《くた》す」の名詞化したもので、古語である。南アルプス南麓にある静岡市葵区の田代・小河内や愛知県北設楽郡豊根村富山でも猪除けに「腐《くた》し」を用い、その語彙も生きていた。

クド①【農耕・焼畑・脱粒】 焼畑地の一画に設けた穀物の脱粒場、コナシ場のことを「クド」という。約二間四方ほどの広さで、なるべく平らなところを選んだ。下方と両横に筵《むしろ》を立てて囲み、脱粒の飛散を防いだ。クドに筵《むしろ》を敷き、七、八人が円座となり、蕎麦束などを右回しに送りながら共同作業をした。これを「ウラタタキ」と呼んだ。穀束のウラ（先）を叩くことからの呼称である。叩く用具は「オウ」と呼ばれる棒である（静岡県島田市川根町笹間上粟原・成瀬治宣さん・明治二十二年生まれ）。

クドボウ【農耕・焼畑・稗、粟の穂の焙乾《ばいかん》調整棒】 「クド」（イロリの上に吊る焙乾《ばいかん》棚）で稗・粟の穂を焙乾《ばいかん》するときに、天地返しをしたり掻きまわしたりして満遍なく焙乾《ばいかん》するためにかき混ぜる棒を「クドボウ」という。クド棒には軽くて丈夫な朴《ほお》の六尺棒を使った。なお、クド棒は稗・粟・麦・トウモロコシの脱粒にも用いられた（長野県下水内郡栄村堺上ノ原・山田直吉さん・明治二十六年生まれ）。▼クド②・クドナワ・クドナワノマツリ

クマトウキビ【農耕・焼畑・トウモロコシ】径三センチ、長さ十二センチほどの小型のトウキビ（トウモロコシ）は伊予の久万地方から伝えられたとしている。これを「クマトウキビ」と呼ぶ。粒も小さく、オクテで焼畑栽培に適しているといわれた。高知県では焼畑で栽培する小型のトウキビのことを「ヤマトウキビ」と呼んだ。対して、定畑に作るトウキビは「サトトウキビ」という。当地ではそれを「オオクマ」（大久万トウキビ＝大型）と呼んで定畑に作った（愛媛県西条市西之川・坂東伊三郎さん・明治三十二年生まれ）。

クワハライ・マキアゲ【農耕・焼畑、定畑・蒔きあげ】旧暦六月十五日、稗・粟・トウキビ（トウモロコシ）・大豆・小豆などの畑作物の蒔きつけが終わり、田植が終わったところで鍬・鎌などの道具類を洗い、鍬掛け場に団子を供えて祝った。これを「クワハライ」（鍬払い）・「マキアゲ」（蒔きあげ）などと呼んだ（宮崎県東臼杵郡椎葉村不土野尾前・尾前新太郎さん・大正十一年生まれ）。

椎葉村不土野向山日添の椎葉クニ子さん（大正十三年生まれ）も旧暦六月十五日に定畑・焼畑の種蒔き終了を祝って同様の鍬払いをしたというが、鍬払いには、種蒔きの耕作活動にかかわって、ミミズ・百足《むかで》・昆虫の幼虫などを鍬先や鎌先で殺したことへの供養の意味もこめられているという。この日は「タケノコドウフ」を作って供え、かつ食べるならわしがあったという。それは、クロタケ（真竹）の筍のセビ（先端）を混ぜて固めた豆腐で、美しく、味もよかったという。

クワブリ【農耕・焼畑・播種《はしゅ》の均化】稗・粟・コキビ（黍）・小豆などを焼畑地に撒播《さっぱ》した際、種が一か所に固まることのないようにするため「トーグワ」（唐鍬）を使って均すことを「クワブリ」（鍬振り）と呼んだ（高知県吾川郡仁淀川町椿山・中内茂さん。明治三十六年生

クワブリに用いられた唐鍬（高知県吾川郡仁淀川町椿山、中内家）

まれ）。

ケジメ【農耕・焼畑・害獣除け】焼畑作物を荒らす猪を除けるために、猪の毛・女性の髪の毛を長さ尺五寸ほどの竹串の先に挟み、毛を焦がし、三寸四方の古板や杉皮を雨除けとして、焼畑の周囲に三尺間隔ほどに立てた。これを「ケジメ」（毛締め）と呼んだ。女性の髪の毛はパーマ屋でもらった（高知県吾川郡仁淀川町椿山・西平信弘さん・明治三十九年生まれ）。▼シシカジメ、ヤイジモ、ヤイズリ

ケバタケ・サクラバ【農耕・焼畑・焼畑地にかかわる吉凶伝承】悪い山、クセ地、クセ山のことを「ケバタケ」と呼ぶ。山に「畑」をつけているところから、焼畑を拓くことの禁忌伝承をふくむ山であることがわかる。「サクラバ」は逆に縁起のよい山で、焼畑にしてもよい山を指す（埼玉県秩父市大滝栃本・沢登つやさん・明治三十年生まれ）。「ケバタケ」は「怪畑」、「サクラバ」は「桜場」の意と思われる。

ケビエ【農耕・焼畑・稗の種類】稗の一種に芒《のぎ》の長い品種があり、これを「ケビエ」（毛稗）と呼んだ。鳥類も猪も芒《のぎ》の刺激を嫌うので、雀・小鳥・猪の多いところには毛稗を作れといわれていた。「ジュウシチ」という種類は山裾の川近くがよいと伝えた。「シロビエ」（「大粒稗」とも）は極ワセで粟と同じに稔る。八月二十六夜を過ぎると稔るといわれた。「キリシタビエ」は味がよく、若い衆は稗飯にすると一杯よけいに喰うといわれていた（静岡市葵区小河内・望月藤三郎さん・明治四十一年生まれ）。▼カマイカキ

コズウチ【農耕・焼畑、定畑・脱粒】大豆・小豆・蕎麦を脱粒するた

毛稗（左）とワセ稗（右）（静岡県榛原郡川根本町東藤川坂京）

めに木の又で作った二又の叩き棒（岩手県でいう「マトウリ」）で叩くことを「コズウチ」という。麦・粟・稗の脱粒は「ネコダ」（藁や縄で編んだ大型の筵《むしろ》）の上で横槌を使って叩いた。黍はネコダの上で足を使って踏んで脱粒した。コズウチの「コズ」は根から引きぬいた状態を示すものと考えられる。精白臼は「オシモノウス」（押物臼）と呼ぶ大臼で、二人で搗《つ》いた（山梨県南巨摩郡早川町雨畑・望月りつさん・明治三十四年生まれ）。

コバツカミ【農耕・焼畑・木おろし、焼却準備】原生林で木おろし型の焼畑をする際、木おろしに先立って「カズラ」（蔓）や小木をあらかじめ切っておく。木おろし作業や、おろされた枝、梢《こずえ》などの整理をしやすくするためである。この作業を「コバツカミ」と呼んだ（宮崎県西都市上揚・浜砂久義さん・大正八年生まれ）。

コマガ【農耕・焼畑・木製地掻き具】アラクヅクリ（焼畑）の山焼きのとき、小枝や草を整理し、焼き均すのに「コマガ」を使った。材は杉か樺《かば》で、枝の部分を柄にし、幹の部分を、歯をはめる台にする。柄は五尺、台の長さは一尺、柄と台が直角になるのがよいが多少斜めになっていても使う。台の部分にイタヤカエデで作った歯を並べて固定的に植えこむ。これを「コマガ」と呼んだ（岩手県花巻市大迫町外川目落合・佐々木与四男さん・明治四十五年生まれ）。

「コマガ」という呼称の意味は一見不明だが、台木に歯を並べて植えこむという形態の特色を考えてみると、これが「小馬鍬《こまぐわ》」、すなわち「小さな馬鍬《まぐわ》」であることに気づく。

コヤイワイ【農耕・焼畑・出作り小屋の完成祝い】六月から七月にかけて焼畑の出作り小屋造りをした。これが完成すると「コヤイワイ」（小屋祝い）と称してモチ種の黍で赤飯とボタモチを作り神棚に供え、近所の小屋にも配り、家族も食べた。小屋に幅一尺、長さ一間の板を藤蔓《ふじづる》で吊った神棚があり、毎朝お茶を供えていた（山梨県南巨摩郡早川町奈良田・深沢さわのさん・明治三十年生まれ）。

サカムカエ【農耕・焼畑・木おろしのムラ儀礼】原生林を焼畑にするときは樹上にのぼり、「キオロシザオ」という竿を使って樹間を移動して太い枝を伐りおろす。作業を終えて山を下ってくると、里から女たちが「ドブザケ」（稗・粟のドブロク）と肴を持ってのぼってくる。出会ったところで慰労の酒盛りとなる。これを「サカムカエ」（坂迎え）と呼んだ。坂迎えのドブ酒は立ったまま飲むのがならわしだった（宮崎県東臼杵郡椎葉村不土野尾手納・甲斐忠作さん・明治二十四年生まれ）。

サクゴヤ【農耕・焼畑・出作り小屋】 当地では出作り小屋のことを「サクゴヤ」（作小屋）と呼ぶ。年寄夫婦が隠居するのに作小屋を使う習慣があった。里の本家には盆・正月だけ帰る家もあった（宮崎県児湯郡西米良村村所・上村義政さん・明治三十年生まれ）。

サクハタゴヤ【農耕・焼畑・出作り小屋】 焼畑の出作り小屋のことを「サクハタゴヤ」（作畑小屋）と呼ぶ。播種《はしゅ》期・収穫期には家族で長期間泊まりこんだ。小屋には山の神、秋葉札などを祀った（静岡県榛原郡川根本町旧長島地区・滝口さなさん・明治二十七年生まれ）。

サルバン・ハトバン【農耕・焼畑・害鳥獣】 秋、山畑（焼畑）の作物が稔ると猿や鳩が群をなして荒らしにきた。ともに朝やってくるのであるが、特に鳩は朝早かったので寝る暇がなかった。猿・鳩ともに朴《ほお》の板を叩いて追った。これをそれぞれ「サルバン」「ハトバン」と呼んだ。板は一尺×一尺五寸、厚さ一寸ほどで、これを吊っておき小槌で叩いた（岐阜県本巣市根尾越波・松葉長之助さん・明治三十九年生まれ）。

シシカジメ【農耕・焼畑・害獣除け】 焼畑作物を荒らし、食用筍を掘る猪を除けるために、棒先に女性の髪の毛を挟んで焦がし、臭いを立てた。これを「シシカジメ」という。「シシカジメ」とは「猪香締《ししかじ》め」の意であろう（宮崎県東臼杵郡椎葉村大河内竹の枝尾・椎葉ハルさん・明治二十四年生まれ）。▼ケジメ

シッグネ【農耕・焼畑・境界】 焼畑地の一番上の部分を「カシラ」、一番下の線を「シッグネ」と呼んだ。「尻

クネ」、すなわち「尻境」の意である（静岡市葵区田代・望月伊作さん・明治四十二年生まれ）。

シナトコ【農耕・焼畑・稗の脱粒】トウベ（稲叢《いなむら》に相当する稗積み）を作った場所の地続きの傾斜地の土を掘り、削って平らにし、筵《むしろ》を六枚ほど敷く。筵《むしろ》で囲みも作る。囲みの筵《むしろ》は「メグシ」（目串）と呼ばれる竹串で継ぎ、支柱は直立ではなく、外側に向けて開くように斜めに立てる。ここに稗束を入れて粒化するのである。この、稗コナシの場のことを「シナトコ」と呼ぶ。稗を叩く棒は径一寸、長さ三尺ほどで「シナボウ」「シナウチボウ」と呼ぶ。樹種はミズシ・アカタなどである。叩いたあとの稗稈《ひえがら》は外に投げ、のちに馬の飼料にする。稗粒は粗篩《あらぶるい》で精選する（宮崎県東臼杵郡椎葉村不土野尾前・尾前新太郎さん・大正十一年生まれ）。

　柳田國男の『後狩詞記』にも「シナトコ」の記述があり、次のように記されている。「大豆、小豆、蕎麦、稗等を焼畑の内にてたたき落し収納したる跡を云ふ。猪は来りて落穂をあさるものなり。△焼畑に作りたる穀物は凡て実のみを家に持帰るなり……」

　「シナトコ」とは美しくゆかしい語であるが、どのような意味があるのだろう。私が幼少年期を過ごした静岡県牧之原市松本では「シナベル」という方言が用いられていた。「整える」「片付ける」というほどの意に大人たちは使っていた。古語に、主として「隠す」を意味する語に「しなむ」があり、『時代別国語大辞典　上代編』（上代語辞典編修委員会編）には「シナブ」ともある。シナトコの「シナ」は右に示した方言や古語の語幹に通じるものと考えられるのだが、さらなる検証が必要である。

シマイジマイノヘーゴナ【農耕・焼畑・下山の儀礼】「ヘーゴナ」とは稗粉のことで、臼で搗《つ》き、叩《はた》いて粉化する。「シマイジマイ」とは「終い終い」の意で、焼畑作物の収穫を終えて出作り小屋を閉じて里へ下ることを意味する。この日、稗のハタキ粉と稗の団子を小屋の山の神に供え、稗粉を里へのみやげにした。これを「シマイジマイノヘーゴナ」という。川根本町犬間では重箱一杯ずつ近所に配り、静岡市葵区井川閑蔵では稗の粉を「ニギリゴナ」と称し、山の神に供えてから里に下った。近所へは稗の粉を渋紙の袋に入れて藁で縛って配った（静岡県榛原郡川根本町旧長島地区・滝口さなさん・明治二十七年生まれ、ほか）。

シマイモ・カイトイモ【農耕・焼畑・輪作と里芋】オクテの里芋で蘞《えぐ》みが強いので猪も喰わないと伝えられる種類があった。「シマイモ」と呼ばれるこのオクテの里芋は「ユグイモ」（石川県小松市旧小原町）・「シミャーモ」（宮崎県東臼杵郡椎葉村）・「ヤマイモ」（静岡県安倍川流域）などとも呼ばれ、必ず、焼畑輪作の最終年（四年目または五年目）に焼畑地で栽培された。それは、四、五年目に焼畑地の土が深くなり、はじめて里芋の栽培が可能になるからである。静岡市葵区大間の中村錠作さん（明治三十五年生まれ）は、焼畑輪作の最終年のことを「フルッコ」または「シマイヤマ」（終い山）と呼んでいた。右の諸点から考えると「シマイモ」という呼称は、輪作の終《しま》い、「シマイヤマ」に栽培する里芋、すなわち「シマイイモ」（終い芋）という意であることがわかる。含有する蘞《えぐ》みゆえに長期の貯蔵に耐え、翌年のお茶どきまで食べることができた。蘞《えぐ》みを除くために水をたくさん入れ、長時間煮続ける必要があった。

掘りたてのシミャーモ（宮崎県東臼杵郡椎葉村下福良松木、那須久喜家）

洗い整えられたシミャーモの子芋（宮崎県東臼杵郡椎葉村下福良松木、那須久喜家）

静岡市葵区井川の長島角太郎さん（明治三十四年生まれ）は、鍋に入れたシマイモにたっぷりと水を入れ、そこに唐辛子と塩を加えて長時間煮続けたという。角太郎さんは、このシマイモに対して屋敷周辺の定畑で栽培するワセ・ナカテの里芋のことを「カイトイモ」（垣内芋）と呼んでいた。ワセ・ナカテ・オクテの里芋を一定量ずつ栽培することは食糧の年間構成にとって極めて重要なことである。

シモ【農耕・焼畑・害獣防除】焼畑の周囲に杭を打って綱を張り、そこに人の汗の染みた衣類や布を点々と吊るして人の臭いで猪・鹿除けにする。これを「シモ」と呼んだ。シモとは「締め」の変化である（静岡市葵区小河内・望月繁福さん・明治三十一年生まれ）。

ショウリョウサンノミズマクラ【農耕・焼畑、定畑・種胡瓜】椎葉村で作られる地胡瓜《ぢきゅうり》は大型であるが、なかでも特別大きいものを「種胡瓜」として二本選んで、畑にあるときから印をしておく。これを「ショウリョウサンノミズマクラ」（精霊さんの水枕）と呼んだ。この呼称は、お盆に右と同じような大型の地胡瓜《ぢきゅうり》を精霊様に供えることからついた（宮崎県東臼杵郡椎葉村不土野向山日添・椎葉クニ子さん・大正十三年生まれ）。

同村大河内戸屋の尾の那須芳蔵さん（昭和四年生まれ）は、焼畑の火入れの際、焼け残りの木を集めて焼く「キザネヤキ」をしたところは灰が多くなるのでそこに地胡瓜《ぢきゅうり》を作っておき、夏、焼畑地に出かけた折には水代わりにその地胡瓜《ぢきゅうり》を食べたものだという。それは極めて水分が多く美味だったという。「精霊さんの水枕」という呼称にも同様に水分の多さが感じられる。

大型で水分の多い地胡瓜、ショウリョウサンノミズマクラ（宮崎県東臼杵郡椎葉村不土野向山日当）

シリゾキヤキ【農耕・焼畑・焼却技術】焼畑で伐薙《ばってい》した草木を焼く方法のうち、傾斜地の上部に点火し、下部に退きながら上から下へ下へと焼きおろす方法を「シリゾキヤキ」（退き焼き）と称した。三人ほどで歩調を合わせて丁寧に焼きおろす。下から点火すると火が走って焼け残りが多く出る（高知県吾川郡仁淀川町椿山・中内茂さん・明治三十六年生まれ）。▼オイビ、オッタテビ

シリビサリヤキ【農耕・焼畑・焼却技術】焼畑の火入れは斜面の上方から下方へと焼き進める。こうするとじ

っくりと焼けてよい。「シリビサリヤキ」とは「後退り焼き」の意である。逆に、下から上への「オッタテビ」(追立て火)は火が走って表面だけ焼け、かつ延焼の危険性もある(静岡県島田市川根町笹間上粟原・成瀬治宣さん・明治二十二年生まれ)。▼シリゾキヤキ

シルシ・ヒキャク【農耕・焼畑・本宅と出作り小屋の連絡】 下栗の標高は八〇〇〜一〇〇〇メートル、出作り小屋は遠山川本谷を挟んだ対岸の「東の山」にあった。本村に用事ができたときには、母屋の前に「シルシ」と称して赤い布か筵《むしろ》を立てることになっていた。山に入った者はいつも自分の家を眺めていた。親戚に病人が出たり不幸があったりした場合には「ヒキャク」(連絡役)が立てられた(長野県飯田市上村下栗本村・大川長男さん・明治三十四年生まれ)。

ジンジロムシノマジナイ【農耕・焼畑、定畑・害虫防除の呪術】 ヨトウ蛾類の幼虫であるヨトウムシ(夜盗虫)で、三〜四センチのイモムシのことを「ジンジロムシ」という。夜間現れて稗・粟や野菜類に多大な害を与える。この虫を追放する呪《まじな》いとして次のことを行った。和紙に「古の奈良の都の春日森　葉を喰らう虫早く立ち退け」と墨書し、文字が見えないように長さ四寸、幅一寸ほどに折りたたんで長さ三尺五寸の竹の先に挟み、畑の中に五本も十本も立てた。これを「ジンジロムシノマジナイ」と呼んだ(石川県白山市白峰苛原・長坂吉之助さん・明治二十七年生まれ)。

ジンゾウ【農耕・焼畑・粟、稗の乾燥】 粟も稗も三摑《つか》み一把で、杭を中心に周囲に十二把を立てかけ、穂の部分に一把を開いて掛け、「クゾフジ」(葛蔓《くずづる》)で結ぶ。これを「ジンゾウ」と呼んだ。このシマダテを地蔵に見たてたものであろう。二百十日過ぎから十月まではそのまま置く。雪の降る前にジンゾウを崩して家に運ぶ。

石川県小松市旧小原町の焼畑であるが、これも上から下へのシリゾキヤキである

家の中の土間の壁寄りに粟の丈×一間半〜二間の範囲を固めるように四本の支柱を立て、そこに粟の束を積み上げる。これを「アワニオ」と呼んだ。大変珍しい屋内の「ニオ」である。土間に筵《むしろ》を敷いてその上に座り、左膝の下に鎌の柄を入れて膝で柄を固定し、ニオに積んだ粟の穂を切り落としてゆく。粟の穂は底に竹簀《たけす》を張った籠に入れて半日焙《あぶ》る。こうして、槌で粟の穂を叩いて粒にする。稗についても同様にしたという（岩手県花巻市大迫町内川目白岩・小松平巳代吉さん・明治三十九年生まれ）。

右に見る粟の穂の焙乾《ばいかん》は、先行する稗穂の焙乾《ばいかん》からの影響によるものと考えられる。

シンムグリ【農耕・焼畑・再生焼畑適地】二十年の休閑期間に山を再生させ、再度焼畑にすることができる焼畑適地のことを「シンムグリ」と呼ぶ。例えば、二反歩シンムグリを拓き、四年間輪作して次の休閑期間に入るとすれば二十四年後に再度そこがシンムグリになる。このように循環させようとすれば、四十町歩の山が必要になる。現実には持ち山は一か所に集まっているわけではなく、持ち山の日照条件や土質も一様ではなかった。現実の焼畑地の循環にはさまざまな障害があり、それを克服するくふうがなされていたのである（静岡市葵区小河内・望月藤三郎さん・明治四十一年生まれ）。

「シンムグリ」は「シンムクリ」（新剝り）の意と考えられる。

ズサガラ【農耕・焼畑・蕎麦】蕎麦の茎で枝がバラバラにたくさん出ている茎を「ズサガラ」という。「蕎麦は畑に風が通らないとだめだ」「厚蒔きは天井で穫る」「蕎麦は生長したとき蟻が渡れるほどに蒔けばよい」といった口誦句がある。厚蒔きを戒めているのである。当地ではズサガラにするために厚生えのところを百五十センチほどの柴で叩いてバランスをとったという（福島県南会津郡只見町黒谷倉谷・木津つるよさん・明治三十三年生まれ）。

スズヤボ【農耕・焼畑・スズ竹群生地】標高一〇〇〇〜一一〇〇メートルのスズ竹群生地を焼く焼畑のことを「スズヤボ」と呼ぶ。盆過ぎにスズ竹群生地のスズ竹を刈って一年間放置する。翌年、火入れ前の五月に新しく生えたスズ竹も刈る。このように一年間放置して焼く焼畑のことを「オキヤボ」とも呼ぶ。スズ竹は鉈《なた》で刈るものだが、「オトシギリ」と称して鉈《なた》を上からおろす。このほうが切り跡で怪我をすることがない。スズヤボの輪作は、一年次＝蕎麦→二年次＝稗→三年次＝小豆→四年次＝大豆だった（宮崎県東臼杵郡椎葉村不土野尾前・尾前新太郎さん・大正十一年生まれ）。

ズッパイ【農耕・焼畑・害獣防除】 石をより遠くまで投げるための投擲《とうてき》綱で、麻またはシナノキの内皮で綯《な》った四尺の綱の真中に、石を入れるための椀状の苞《つと》をつけたものを「ズッパイ」と呼んだ。例えば焼畑作物を荒らしている猿に向かって石を投げるときに使う。椀状の部分に石を入れ、綱を二つ折りにした状態で綱の両端を片手で持って遠心力を応用してズッパイを振り回し、狙いをつけて綱の一端を離すと石が飛んでゆく（静岡県榛原郡川根本町旧長島地区・長島英雄さん・明治三十六年生まれ）。▼カモヨケ

セイロウ【農耕・焼畑・稗穂の貯蔵】「セイロウ」とは稗の穂を貯蔵するための箱型の板組みのことである。材は樅《もみ》で、幅一尺、長さ一間、厚さ一寸の板を四枚組み、固定して中に稗の穂を踏み込む。板組みを上に組み重ねてゆけば容量は増える（静岡県榛原郡川根本町奥泉池の谷・大村真一さん・明治三十六年生まれ）。▼キッツ

セビ【農耕・焼畑・伐採儀礼】 原生林を拓く焼畑を「フルコバ」（古木場）という。古木場の木を伐るときは、その山で最も目についた巨樹を「セビ」として残すものだとされたが、夫婦木《めおとぎ》として二本のセビを残すこともあった。古木場に対して、四十〜五十年の二次林を皆伐して営む焼畑のことを「ヤキコバ」（焼き木場）という。焼き木場のセビは、その山の中の最も大きな木を伐り、その切り株にその木の梢《こずえ》を立てるというものだった（宮崎県東臼杵郡椎葉村不土野・椎葉喜蔵さん・明治四十三年生まれ）。

同じ椎葉村不土野の椎葉伊八さん（大正五年生まれ）はセビについて次のように語る。例えば焼畑地で木おろし衆が五人で木をおろす場合、斜面の上から下へ枝をおろして進む。一人の持ち幅は木おろし竿が左右に届く範囲である。おのおの上から三番目の木を自分の「マモリギ」（守り木）として尊び、その木は「セビ」（梢《こずえ》）を

切らずに残す。上から三本目にセビ（梢《こずえ》）の残った木が五本立ち並ぶことになる。これとは別に焼畑にかかわりない木材伐出で木々を皆伐する場合は、伐木する木の中で最も大きな木を伐り、その切り株の真中にその木のセビ（梢《こずえ》）を立てる。

「セビ立て」には焼畑地の伐木と、焼畑以外の木材伐出に関する「セビ立て」の二種類が存在したのである。宮崎県児湯郡西米良村の「木おろし唄」の中の〈朝の登り木の唄〉に次のものがある。〽今朝出でて　今こそ歌うて登りおる　登り木の下枝さらえてセビ立てて　今日の日の守りの神にぞ参らする　受けとり給へよ山の神――。

「セビ立て」は『万葉集』に見られる「鳥総立《とぶさた》て」との脈絡も考えられる。これらの儀礼には樹木再生、山林再生の祈りが見られるのだが、さらなる検討が必要である。

ソバオ【農耕・焼畑・蕎麦】焼畑の輪作の一年目を「ソバオ」（蕎麦生＝蕎麦畑）と称し、蕎麦を作った。八月七日ごろまでに草・灌木を伐薙《ばってい》して、日乾《にっかん》後焼き、八月十三日までに蒔けばよいといわれていた。その伐薙《ばってい》のことを「ソバオキリ」（蕎麦生切り）と呼んだ。蕎麦が生えないところには蕪を蒔いた（埼玉県秩父市大滝・山中国辰さん・大正八年生まれ）。

ソーリ【農耕・焼畑・休閑】焼畑の休閑期間を示す表現に「ソーリ」になる、「ソラス」といった用法もあるが、「ヒトケヤスミ」（ヒトケ＝十六年間の休閑）、「フタケヤスミ」（フタケ＝三十二年間の休閑）という表現もある。本来は原生林を伐ってフタケヤスミをすることを「ソーリ」と称するもので、ヒトケヤスミ程度の休閑ではソーリとはいわなかったという。フタケヤスミが焼畑には理想的ではあるが、残念ながらフタケヤスミを待てずに伐採し、焼畑にすることが多かったという（山梨県南巨摩郡早川町奈良田・深沢金治さん・明治四十四年生まれ）。

タコーラヤボ【農耕・焼畑・竹の焼畑】「ニガタケ」（女竹）群生地を拓く焼畑のことを「タコーラヤボ」という。標高六〇〇～七〇〇メートルの範囲でニガタケの群生地を選び、盆過ぎに「タコーラダオシ」と称し、鉈《なた》でニガタケを伐った。下からソギあげる伐り跡が危険だと伝え、「オトシギリ」(落とし伐り)と称して上から叩き伐りにした。こうして伐り倒しておき、翌年の五月ごろ立ってきたニガタケを再度伐り倒し、六月に焼いた。伐ったまま一年放置するので「オキヤボ」(置きヤボ)と呼んだ。輪作は、一年次＝蕎麦または蕎麦と菜種の混播《こんぱ》↓二年次＝稗↓三年次＝小豆↓四年次＝大豆と作り、あとは「フルバタケ」(古畑)と称し、「ケーゲーシ」といって同じ作物をくり返して合計十年ほど作ってからニガタケのヤボにもどした。スズ竹の群生地が標高一〇〇〇～一一〇〇メートルの山地にあり、ここでもニガタケのタコーラヤボと同じ要領で焼畑を行い、これを「スズヤボ」と呼んだ(宮崎県東臼杵郡椎葉村不土野尾前・尾前新太郎さん・大正十一年生まれ)。▼スズヤボ

タチコバ・カラメヤボ【農耕・焼畑・類別】古木が多く生え立っている焼畑予定地のことを「タチコバ」(立ち木場)と呼んだ。浅山で草山、若山の焼畑予定地を「カラメヤボ」と呼んだ(宮崎県東臼杵郡椎葉村大河内竹の枝尾・中瀬守さん・昭和四年生まれ)。

タチッコキ【農耕・焼畑・稗の収穫】根刈りはせずに茎立ちのまま穂を扱《こ》く。これを「タチッコキ」(立ち扱き)という。その穂を「タホー」(藤布)の袋に入れて家に運んだ。立ったままの稗稈《ひえがら》は焼いて翌年の肥料にした(神奈川県足柄上郡山北町玄倉・山口さくさん・明治二十五年生まれ)。
　稗の穂を手で扱《こ》く収穫法は山梨県南巨摩郡早川町雨畑でも行われていた。手が痛くなったという(望月りつさん・明治三十四年生まれ)。

タナクサ【農耕・焼畑・除草】焼畑の一番草は、春蚕《はるこ》その他の作業が多忙なので草が大きくなっている。三番草は、翌年草を生やさないために種のある草を除くのが目的で、これを「タナクサ」(種草)と呼んだ。「ナギハタ草の三番草」という口誦句があるほどに三番草は重視されていた(石川県白山市白峰苛原・長坂吉之助さん・明治二十七年生まれ)。
　吉之助さんは別に「一番草の泣き草」という口誦句を伝えている。焼畑の粟の除草(一番草)をするとき、ど

うしてこんなに薄蒔《うすま》きにしてしまったのか、これで収穫があるのだろうかと泣くほどの薄蒔《うすま》きにしておいたほうが粟の収穫はよくなるというのである。

焼畑の火は雑草の種を焼くともいわれるが、焼却後、焼畑地に雑草の種を持ちこむことは忌み嫌われた。静岡県の島田市川根町笹間上地区で、焼畑地に雑草の種を持ちこまないために、危険を冒して焼畑地に素足で入ったと聞いたことがある。


タナテゴ【農耕・焼畑・稗、粟の種蒔き手籠】 宮崎県西都市銀鏡の銀鏡神社祭礼の最後に行われる狩猟儀礼「シシトギリ」（猪の跡見《とみ》）で、翁がメンパ（木製の曲げものの弁当箱）を入れて背負う袋を「タナテゴ」という。円筒状ではなく扁平で、深さ・口部幅ともに一尺。紙捻《こより》で編みあげた袋に猪の血を塗り、その上に柿渋を丁寧に塗って仕上げたもので、水を入れても漏らない（宮崎県西都市上揚・浜砂久義さん・大正八年生まれ）。

狩猟儀礼のなかで使われるものだが、もとは民具である。「タナテゴ」（種手籠）という呼称からすれば、稗・粟のような こぼれやすい小粒な種を入れたものと考えられる。

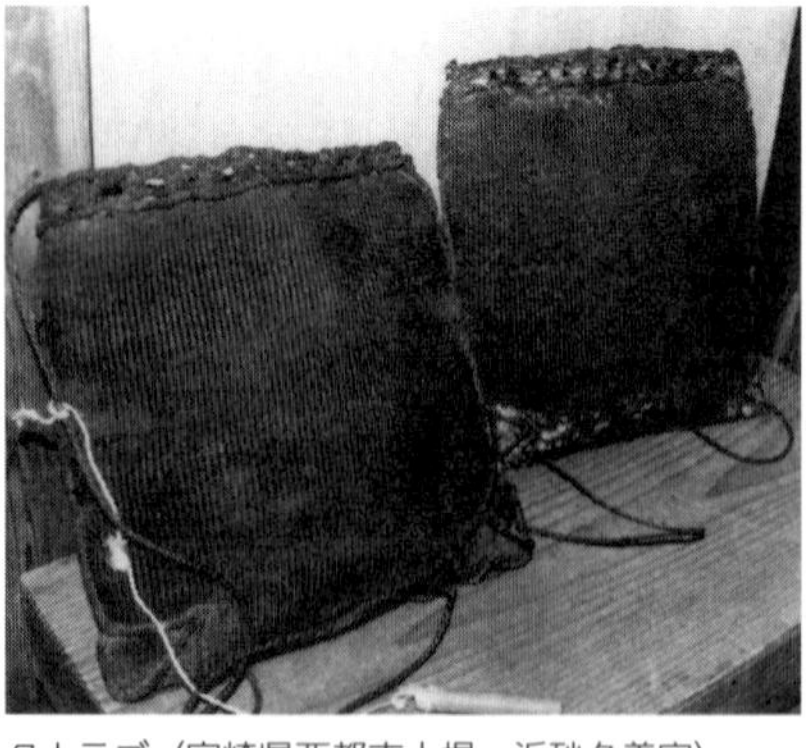
タナテゴ（宮崎県西都市上揚、浜砂久義家）

タナバタダイコン【農耕・焼畑・竹の焼畑】 淡竹《はちく》の藪《やぶ》を「タコーラ」と呼び、ここを拓いた焼畑を「タコーラヤボ」と称した。六月末に火入れをし、七月七日に「タナバタダイコン」（七夕大根）と称して大根を蒔いた。収穫は十一月末だった。竹の根があるので大根は抜きにくいが、タコーラヤボは肥料分が多いので大根はきわだってうまかった。二年目は粟と「ノイネ」（陸稲《おかぼ》）、三年目は大豆・小豆を作った。二年目に豆類を作ると地が肥えすぎているので、カラ（稈）だけ育った（宮崎県児湯郡西米良村村所狭上・中武亮介さん・明治四十年生まれ）。

タナブルイ【農耕・焼畑、定畑・蒔きあげ】①静岡市葵区長熊では焼畑・定畑の稗・粟の種蒔きが終わった八十八夜ごろ「タナブルイ」（種振るい）と称し、カシワモチ・赤飯を神棚に供えた。蒔きあげの祝いと豊作祈願である（長倉てつさん・明治四十四年生まれ）。

②静岡市葵区田代では稗・粟の種蒔きが終わると種の残りものを粉にして朴《ほお》の葉でカシワモチを作った。そして、それを、鎌鍬を洗って箕《み》の中に納めたところへ供えた。これを「カマクワサン」（鎌鍬さん）といい、この日を「タナブルイ」と呼んだ（滝浪文人さん・大正五年生まれ）。

タネアイ【農耕・焼畑・播種《はしゅ》】焼畑で、稗・粟などの種蒔きの際、飛ばし蒔きをすると、種が定着せず、焼畑地が一坪ほど地面を露呈することがある。そのような場所を「タネアイ」（種間）と呼んだ。タネアイは俵の積み場にした（山梨県南巨摩郡早川町奈良田・深沢金治さん・明治四十四年生まれ）。

タネカクシ【農耕・焼畑・蕪播種《はしゅ》】焼畑地に蕪を蒔いてから鍬で打つと発芽しないものがあるという言い伝えがある。そこでこの地では蕪を播種《はしゅ》したあと焼畑地を竹箒で軽く掃く。これを「タネカクシ」（種隠し）という（山形県鶴岡市一霞・佐々木定吉さん・大正五年生まれ）。

タネハンノキ【農耕・焼畑・休閑と榛《はん》の木《き》】当地では焼畑の六年目に、焼畑地に榛《はん》の木《き》の苗と桐の苗を植えてから二十年間の焼畑休閑期間に入った。二十年間焼畑を休ませ、榛《はん》と桐を中心とした山にもどすことを「ソリ」と呼んだ。榛《はん》の木《き》は根につく根瘤菌の働きによって空気中の窒素を根に固定化するので地を肥やすことになる。桐はその肥料効果によって二十年の間によく生育し、商品価値を高めたのである。山中に「タネハンノキ」（種榛の木）と呼ばれる榛《はん》の巨樹があり、ムラびとたちはその榛《はん》の木《き》を大切に守った。その種榛《たねはん》の木《き》の下には実が落ちてそれが芽生えた。ムラびとたちはその苗を定畑に床を作って守り育ててから焼畑地に移植したのである。桐の苗と榛《はん》の苗の間隔は二間半だった（岩手県花巻市大迫町内川目白岩・小松平巳代吉さん・明治三十九年生まれ）。▼オバル

タンズコバ【農耕・焼畑・老人の共同焼畑】 当地では三～四軒で行う共同の焼畑のことを「タンズコバ」と呼んだ。タンズコバは年寄りが共同で行うことが多かった。出作り小屋も共同で一棟、春から秋まで泊まりこんだ（宮崎県西都市銀鏡・浜砂正信さん・大正十三年生まれ）。
「タンズコバ」の意味は難解であるが、「談《だん》じ木場《こば》」から発した可能性も考えられる。

ヂゴクダネ・ゴクラクダネ【農耕・焼畑・稗の播種《はしゅ》法】 焼畑地の稗の種蒔き法に「ヂゴクダネ」（地獄種）といって傾斜地に上から下に向かって蒔く方法と、「ゴクラクダネ」（極楽種）といって傾斜地の下から上に向かって蒔く方法とがあったのだが、「極楽種で広く蒔け」と教えられた。「石や太い木があるところは回って蒔け」ともいわれた。次のような伝承もあった。「稗は蜘蛛の巣に三粒かかればよい」（薄《うす》蒔《ま》きを奨励している）、「稗種の行先がわかるようでなければだめだ」、「稗蒔きは家の者でなければだめだ」（雑な播《は》種《しゅ》ではよい収穫が得られない）、「稗蒔きは腕が痛いほどに腕を振らなければだめだ」、「稗種は手に半分握って二十回振って蒔くのがよい」。稗の種蒔きに先立って「ヨコガシラ」（焼畑の上部境）の中央で、種蒔きの成就と豊作を祈って次のように唱えた。「只今から稗の種おろしを致し申す。虫ケラ葉枯れもせぬように、一粒万倍とおおせやってたもれ」（宮崎県東臼杵郡椎葉村不土野尾手納・甲斐忠作さん・明治二十四年生まれ）。
右を見ると椎葉村では人びとが主食としての稗の栽培にいかに心配りをしてきたのかがよくわかる。

ヂゴミカキ【農耕・焼畑・地ごしらえ】 焼畑予定地を伐採したあと、火入れの前に、地面の古い落ち葉や小枝などを熊手と鎌を使って起こして乾かす作業を「ヂゴミカキ」（地ゴミ掻き）といった（静岡県榛原郡川根本町旧長島地区・長島英雄さん・明治三十六年生まれ）。

ツクリウ【農耕・焼畑・環境】 焼畑を拓いて作物を栽培すれば収穫が可能な山地を「ツクリウ」という。ツクリウと、作物栽培不能な「ミヤマ」（深山）の境界を「キッツケ」と呼んだ。小河内川左岸赤代におけるキッツケは標高一二〇〇メートルで、一二〇〇～一〇〇〇メートルの範囲には大粒稗、一〇〇〇～九五〇メートルではキリシタ稗のワセ、九五〇～九〇〇メートルではキリシタ稗のオクテと作り分けた（静岡市葵区田代・滝浪久衛さん・大正十三年生まれ）。

「ツクリウ」とは「作《つく》り生《ふ》」の意で、「生《ふ》」は畑の意、「キッツケ」は「伐り着け」の意である。

ツクリコミ【農耕・焼畑、定畑・播種《はしゅ》】定畑・焼畑の種蒔きのことを「ツクリコミ」（作り込み）と称した。焼畑の共同作業の場合は、男衆の長老がこれにあたった（埼玉県秩父市大滝栃本・沢登つやさん・明治三十年生まれ）。

ツチド・ザレヂ【農耕・焼畑・耕地環境】「ツチド」とは細かく湿気を持つ土質の地、「ザレヂ」とは砂礫をふくむ乾燥地である。焼畑の三年目にツチドには大豆を、ザレヂには小豆を栽培した。焼畑の四、五年目にツチドの軟らかいところを「イモノヂ」と称して里芋を栽培した（宮崎県東臼杵郡椎葉村大河内竹の枝尾・中瀬守さん・昭和四年生まれ）。

ツブラヤキ【農耕・焼畑・焼け残り焼却】火入れ後、木を焼いた焼畑にはどうしても焼けきれない木が残る。そうした木を集めて焼くことを「ツブラヤキ」（円焼き）と称した。焼け残りを焼いたところには円形に灰が残った（山梨県南巨摩郡早川町奈良田・深沢たか子さん・明治三十八年生まれ）。

「ツブラヤキ」という語彙は、同郡身延町でも使った。以下に、焼畑で焼け残りの木を集めて焼くことを意味する語彙を、行為に即した語彙の系列ごとに示す。

ⓐ集める＝「キザライ」（木攫い・熊本県球磨郡）・「ヨセヤキ」（寄せ焼き・静岡県藤枝市岡部町野田沢、岐阜県飛騨市宮川町、広島県庄原市比和町）・「ヤブヒロイ」（藪拾い・静岡市葵区中平、静岡県藤枝市瀬戸ノ谷蔵田。大井川・安倍川流域ではほかに「ヤキビロイ」「ヤンビロイ」なども用いられた）・「ヤブトリ」（藪取り・長野県飯田市、同県下伊那地方）・「コトリアワセ」（木取り合わせ・岩手県宮古市川井）・「マツベヤキ」（纏め焼き・兵庫県美方郡新温泉町浜坂）・「セリヤキ」（狭り焼き・静岡県賀茂郡西伊豆町大沢里大城）

ⓑ積む＝「ノヅミヤキ」（野積み焼き・新潟県村上市山熊田）・「ヌーヅミヤキ」（野積み焼き・福島県南会津郡檜枝岐

村）・「ツンボリヤキ」（積み盛り焼き・静岡市葵区田代）・「クヅミヤキ」（木積み焼き・鹿児島県大島郡大和村）

ⓒ焼く場所を示す＝「ヤトコ」（焼き床・奈良県五條市大塔町篠原）・「トコヤキ」（床焼き・福井県福井市味見河内町）・「ホドヤキ」（火処焼き・青森県八戸市田向）

ⓓ焼き直す素材を示す＝「キザネヤキ」（木芯焼き・宮崎県東臼杵郡椎葉村。「サネ」は「芯」の意）・「モドラヤキ」（斑焼き・福岡県八女市星野村。「モドラ」とは不揃いな焼け残りの木々のこと）・「コッヤキ」（木屑焼き・岐阜県本巣市根尾越波、高知県吾川郡仁淀川町、同郡いの町。「コッ」は『万葉集』にも見える）・「オロヤキ」（愛媛県上浮穴郡久万高原町。「オロ」とは細い木や小枝のことだが、実際には焼け残りの木を井桁に組んで焼いた）・「キヤキ」（木焼き・熊本県八代市泉町樅木）

ⓔ焼く状態を示す＝「コヤキ」（小焼き・長崎県対馬市厳原町内山、鹿児島県肝属郡南大隅町根占）・「ノドヤキ」（閑焼き・埼玉県秩父市大滝）・「シドリカタ」（湿り方・岩手県花巻市大迫町内川目白岩。焼畑を拓くために木を焼き、残り木を焼いて火を鎮めることを意味する）

ツボマキ・バラマキ【農耕・焼畑、定畑・蕎麦の播種《はしゅ》】　蕎麦の蒔き方として定畑では畝蒔きをする。これを「ツボマキ」（粒蒔き）という。焼畑に蒔くときは一面に「バラマキ」（撒播《さっぱ》）する（長野県下水内郡栄村堺上ノ原・山田直吉さん・明治二十六年生まれ）。

ツモッキ【農耕・焼畑・立木の処理】　原生林、二次林で五十〜三十年の木の梢《こずえ》や枝をおろし、幹を棒立ち状態にすることを「ツモッキ」という。焼畑準備のためにこれを行う。大井川上流部から山梨県南巨摩郡早川町奈良田にかけては木の枝を刈りこむことを「ツモル」と表現する。「ツモリ木」の意である（静岡県榛原郡川根本町旧長島地区・長島英雄さん・明治三十六年生まれ）。

宮崎県・熊本県の山地で行われていた原生林の「木おろし」に相当する。ともに幹は立ち枯れにする。

ツリザオ【農耕・焼畑・木おろしにおける樹上移動】　原生林を焼畑にする場合は、樹上で樹間を木おろし竿

（竹）で移動しながら枝おろしをする。移動の際、まず長さ三間の木おろし竿の先のキオロシヅク（木鉤《きかぎ》）を移動目的の木の枝に掛ける。次に自分の今いる木の下位の枝に竿竹を三節余した状態で掛けて安定させてから移動するのがよいといわれていた。ところが移動目的の木の枝にヅクを掛けると自分のいる木に対して竿の長さが足りなくなる場合がある。そんな場合に使うのが「ツリザオ」（吊り竿）という技術である。この技術のために木おろし竿の根方の節に枝の付け根を二寸残しておく。併せて木おろし衆は麻綱の襷《たすき》をかけており、竿の長さが足りないときには竿に残した二寸の枝根を利用しながら襷《たすき》の一端を蠅頭《はえがしら》（疣結《いぼゆ》い）にする。次いで襷《たすき》のもう一方の端を使って自分のいる木の枝に輪を掛ける。木おろし竿の端を吊る形になるのでこれを「ツリザオ」という。こうしておいて木おろし衆は竿に手足を搦《から》めて目標とする木に移動したのである（宮崎県東臼杵郡椎葉村不土野尾手納・甲斐忠作さん・明治二十四年生まれ）。

ツルクグメ【農耕・焼畑・害獣除け】撥《は》ね木《ぎ》を使う猪捕獲罠の撥《は》ね木《ぎ》の形状を模して、焼畑の周囲に弧状の撥《は》ね木《ぎ》を挿し並べる。これを「ツルクグメ」という。これによって、稔りの季節の焼畑に猪が侵入しようとするのを防ごうとしたのである（宮崎県東臼杵郡椎葉村不土野尾手納・甲斐忠作さん・明治二十四年生まれ）。

デゴヤ・ハタマツリ②【農耕・焼畑・出作り小屋の儀礼】福島県南会津郡檜枝岐村では五月十二日の春祭りが終わるとその翌日から人びとはおのおのの「デゴヤ」（出小屋＝焼畑の出作り小屋）に移住した。まず、粟・稗の種蒔きをし、各戸の種蒔きが終わったところで、出小屋集落の顔合わせを行った。この顔合わせのことを「ハタマツリ」（畑祭り）と呼んだ。会場は各出小屋が交替で受けた。各戸ではイワナ・山菜・

焼畑地の出作り小屋（福島県南会津郡檜枝岐村）

甘酒・「カラザケ」(米・粟のドブロク)を神棚に供えた。出小屋は別々の集落から五〜八軒で組を作り協力しあった。畑祭りには各戸から持ち寄った御馳走を食べ、カラ酒を飲んで談笑した。出小屋集落では旧暦の九月九日・十九日・二十九日を「クノヒ」と称し、お互いに訪問し合い、茶を飲み、体を休める習慣があった。なかでも、二十九日は「ヒキアゲノクノヒ」(引きあげの九の日)と呼ばれ、この日に出小屋を締めて本村に帰った。この日は「ネバリハットウ」と称し、黍を混ぜて粘りを強くした蕎麦団子を作ってこれをのし、菱形に切って「ジュウネン」(荏胡麻)または小豆餡をまぶし、山の神に供え、自分たちも食べ、本村の近隣にも配った。本村の暮らしのはじまりである(福島県南会津郡檜枝岐村・星やすさん・明治二十九年生まれ)。

トウベ【農耕・焼畑・稗束の収納】 稲を積み上げた稲叢《いなむら》に相当する稗積みを「トウベ」と呼ぶ。焼畑のなかでも「サエヤマ」と呼ばれる奥山、すなわち標高九〇〇メートル以上の焼畑地で、秋のうちに稗の穂を里まで運びおろすことのできない場所で根刈りした稗をトウベとして積んだ。トウベをしっかり作っておかないと、穂をアットリ(アトリ)に喰われたり、風雪にやられたりする。傾斜地に桟敷状の掛け出しの棚を作る。高さは三尺、張り出しの長さは一間半、幅が一間半ほどである。尺五寸間隔に木を組み、筵《むしろ》を敷く。その上に稗束を円形に積み上げてゆく。稗束は径二尺、二十束で一トウベになる。雨除けのために屋根状に薄《すすき》を掛ける。「一トウベで「ムケゴメ」(精白稗)五斗余り」と称したものである。尋常小学校卒業の年と、その次の年にはトウベを四つほどずつ作った。こうしてひと冬積んでおき、本格的な春の仕事が始まる前にその山のトウベの脇の「シナトコ」で脱粒した(宮崎県東臼杵郡椎葉村不土野尾前・尾前新太郎さん・大正十一年生まれ)。

新太郎さんは「トウベ」とは笠のことだと語っていた。「トウベ」は別に「塔稗《とうびえ》」の意だと考えることはできないだろうか。▼シナトコ

トネヤマ【農耕・焼畑・原生林利用】 斧鉞《ふえつ》が入ったことのない原生林のことを「トネヤマ」と呼ぶ。「オオドネ」と称することもある。十五年から二十年の休閑期間をおいて焼畑を行う山を「コハタ」と称する。周辺の山地はトネヤマ十に対してコハタ六の比率だったが、紙の原料にする三椏《みつまた》を焼畑で栽培するためにトネヤマを

拓くようになった。トネヤマを焼畑にする場合、まず「オロシギ」と称して枝だけをおろし、幹が立ち枯れるのを待つという方法をとった（愛媛県上浮穴郡旧柳谷村高野・長谷直国さん・明治四十二年生まれ）。「トネヤマ」の「トネ」は「遠嶺《とおね》」、すなわち「里から離れた遠い奥山」の意だと考えてよかろう。「コハタ」は「木畑」で、九州で焼畑のことを「コバ」（木場）と呼ぶのに通じている。木を伐って焼く畑なのである。「オロシギ」も、九州山地に「木おろし」という作業があり、「木おろし唄」が伝承されていることにつながる。

トーラ・トラ【農耕・焼畑・稗穂の収納】 穂刈りして稗の穂を収納しておく萱《かや》製の俵は径二尺、長さ二尺～二尺五寸で、山菅《やますげ》の縄で三か所を編みつけた簀《す》を丸める。底・蓋にあたる両側は稗穂を入れてから山菅《やますげ》で編み止める。これを「トーラ」と呼んだ。萱《かや》は旧暦八月に刈っておき、冬編む。「トーラ一俵「シラビエ」（精白稗）一斗」といわれた。稗の実は少し青くてもトーラに入れておけば食べられるようになるといわれた（宮崎県東臼杵郡椎葉村大河内・椎葉司さん・昭和五年生まれ）。

宮崎県児湯郡西米良村では右の「トーラ」にあたるものを「トラ」と呼んだ。稲作地帯の「タワラ」（俵）に相当する語である。

トリキ【農耕・焼畑・原生林の伐採】 焼畑にする原生林で、径一メートル以上のものをふくむ太い樹木の枝や梢《こずえ》を伐採する場合、その太い樹木に直接よじ登ることはできない。そのようなときには、巨樹に隣接する径二十～三十センチの木に登ってから樹上で巨樹に移るという方法をとった。この、足場木とも呼ぶべき木のことを「トリキ」（取り木）という。「取りついて登る木」という意味である。友千代爺さん（明治三年生まれ）は「キオロシ」（太い樹木の枝を払い落とす作業）の共同作業をする仲間に「この木をトリキにする」「この木を伐ってはいけない」ということを伝えるために斧で印をつけていた。それと知らずにトリキを伐採して叱られたことがあった（宮崎県西都市上揚・浜砂久義さん・大正八年生まれ）。

ナギ①【農耕・焼畑・「薙ぎ」系呼称】 富山県・石川県・福井県・岐阜県では焼畑のことを「ナギ」と呼んだ。

草や木を薙ぎ払って火入れをすることからの呼称である。福井県大野市上打波中洞では蕎麦を作る「ソバナギ」、蕪を作る「ナナギ」、すなわち夏焼きの焼畑は草主体の浅山、稗や粟を栽培する秋伐り春焼きのナギは木を伐って焼く焼畑という仕分けがあった。北陸・中部地方のみならず大分県国東半島の富来に、焼畑を示す「ナギノ」という呼称があった。

　焼畑を示す「ナギ」という語が山地崩落や崩落地を示す語としても用いられている。それは、両者が草木を薙ぎ払った形状を示すからではなかろうか。

ナツケ・アキケ【農耕・焼畑、定畑・作物と日照】「ナツケはヒウラ（日向《ひなた》）、アキケはオンヂ（日陰）」という口誦句がある。「ナツケ」とは夏収穫する麦や馬鈴薯などで、シツケ（蒔きつけ・植えつけ）どきに霜害にあうので日向《ひなた》がよく、「アキケ」とは秋収穫する里芋・粟・黍などで、夏の日焼けを防ぐのに陰地のほうがよいといわれている（奈良県五條市大塔町惣谷・戸毛幸作さん・昭和五年生まれ）。

「ナツケ」「アキケ」の「ケ」は食物を示す古語の「食《け》」と考えてよかろう。

ナツヤブヂ【農耕・焼畑・立地】焼畑地には「ナツヤブヂ」と「アキヤブヂ」があった。ナツヤブとは、夏伐り夏焼きで一年目に蕎麦を作る焼畑、アキヤブは、秋伐り春焼きで一年目に稗を作る焼畑である。アキヤブヂが比較的奥地の樹林であるのに対して、ナツヤブヂは里に近い灌木混じりの草地である。当地にはナツヤブヂに榛《はん》の木《き》を植える習慣があった。五反歩に十〜十五本植えた。榛《はん》の木《き》の根には根瘤菌があり、空中の窒素を固定化し、肥料効果をもたらした（静岡県島田市川根町笹間上粟原・成瀬治宣さん・明治二十二年生まれ）。▼ウエキコギ

ニュウドウジメ【農耕・焼畑・害獣除け】人の汗の染みついた衣類を柴に着せ、これを「ニュウドウジメ」（入道締め）と称して焼畑の周囲に立てて猪・鹿除けにした（高知県香美市物部町市宇野々内・宗石正信さん・明治三十三年生まれ）。

ノラゴ【農耕・焼畑・赤豆】 小豆より小さく赤みの強い豆を「ノラゴ」と呼んだ。カンノ（焼畑）で栽培し、平素糅《かて》として米とともに飯にして食べた（滋賀県長浜市木之本町金居原・中野新太郎さん・大正二年生まれ）。

ノンバ【農耕・焼畑・休閑】 焼畑で四年の輪作を終えて放棄・休閑することを「ノンバニスル」といった（静岡県浜松市天竜区水窪町奥領家大野・水元定蔵さん・明治二十二年生まれ）。

「ノンバ」とは、「野場」の意で荒らすことを意味する。休閑期間にすることである。

ハイツボ【農耕・焼畑・焼け残り焼却地】 火入れのあとに焼け残りの木々を集めて焼くのだが、その場所をハイツボと呼ぶ。五反歩の焼畑地のなかでハイツボは約二坪ほどだった。ハイツボはその呼称のとおりに灰が多くたまるので作物の出来がよい。ハイツボには蕪または稗を蒔くのが普通だったが、ともに出来はよかった。ハイツボの蕪は兎に狙われた（長野県飯田市上村下栗本村・大川長男さん・明治三十四年生まれ）。ハイツボには蕪を栽培した。ハイツボには粟虫が発生した（同市上村下栗・熊谷実さん・明治四十二年生まれ）。

徳島県美馬市木屋平ではこれを「ハイダマリ」と呼び、南瓜などを作った。宮崎県東臼杵郡椎葉村では焼畑で焼け残りの木を集めて焼くことを「キザネヤキ」と称し、そこには灰がたまるので大根や胡瓜を作った。夏、稗の除草に出かけたときに胡瓜を二つ割りにし、味噌をつけて水代わりに食べた（宮崎県東臼杵郡椎葉村不土野尾前・尾前新太郎さん・大正十一年生まれ）。

ハダヅクリ【農耕・焼畑・輪作、循環】 焼畑輪作で最も広く行われた型は四年の輪作である。当地ではその四年を「ヒトハダ」「ハダヅクリ」と呼んだ。自家の焼畑についても当然この語彙は用いられたが、山地主から山地を借りて焼畑を行う小作型の焼畑でも、借用期間は四年間、輪作一回を単位にした。小作代の支払い方法は現金、収穫物を収める、手間仕事で返す、などの形があった。田代には、「ヒトハダアレ」、「フタハダアレ」ということばがある。ヒトハダアレとは、四年の輪作後、二十～三十年休閑させた山地を指し、フタハダアレとは輪作後六十～七十年休閑させた地で、両者は当然木々の太さが異なっている。「ハダ」とは「ハタ」の意で、山を焼畑として利用することを意味する。「アレ」とは「アラス」の意で、焼畑地を畑地から山にもどす休閑期間のことを「山をアラス」ともいう（静岡市葵区小河内・望月藤三郎さん・明治四十一年生まれ）。

ハルキヤマ【農耕・焼畑・雪上伐採】 薪や焚木のことを「ハルキ」と呼んだり、春、堅雪のころ山から薪を運び出すことを「ハルキ」と呼ぶ例は各地に見られるが、ここでいう「ハルキヤマ」は焼畑のために原生林のブナ・栃・ミズナラなどの巨樹を堅雪のころ雪上伐採することである。ハルキヤマの予定地に生えている小木や大木の下草は前年の夏に伐薙《ばってい》しておく。三月の彼岸ごろには堅雪になるので、積雪六尺の山の、雪上三尺のところで鋸・マサカリなどを使って巨樹を伐採し、伐採部分は橇を使って遠くの谷に棄捨する。雪の下に残された幹の太いものは径三尺ほどもある。これらの幹や小木、下草刈りされたものは火入れをして焼かれるのだが、巨樹の幹は立ち枯れて腐木になるまで放置した（長野県下水内郡栄村堺上ノ原・山田直吉さん・明治二十六年生まれ）。

『秋山記行』には著者の鈴木牧之が、焼畑のために雪上伐採されて残存する巨樹に強い関心を寄せていたことが描かれている。なお、原生林の雪上伐採は福島県南会津郡檜枝岐村でも行われていた。

ハルドマリ・アキドマリ【農耕・焼畑・出作り小屋】 旧暦八月十三日から十六日にかけての盆と、旧暦八月十七日・十八日の駒形神社の祭りにムラの家に帰る。この期間より前を「ハルドマリ」（春泊まり）、あとを「アキドマリ」（秋泊まり）と称して焼畑の出作り小屋に泊まった。春泊まりは五月から盆前、秋泊まりは夏祭り後から十月までだった。この間片道六キロの道を小屋から学校まで通った（福島県南会津郡檜枝岐村・星寛さん・昭和三年生まれ）。

バンツケ【農耕・焼畑・防火】 焼畑のことを「カリオ」（刈り生）という。火入れに際して延焼を防ぐためにカリオの周囲に火の見張り役として老人や子供を立たせた。これを「バンツケ」（番付け）と呼んだ（兵庫県美方郡香美町香住区余部御崎・麻田光一さん・明治四十年生まれ）。

灌木混じりの草山では、長柄の刈《か》り鉈《なた》でカリオ刈りをした。

ヒエコーカシ【農耕・焼畑・稗の焙乾《ばいかん》】稗を精白するためには稗の実に対する加熱処理が必要である。そのひとつに「ヒエコーカシ」がある。ヒエコーカシには「コーカシアマ」と呼ばれる径三尺五寸、深さ一尺ほどの底目の粗い平籠に稗の穂を盛って竈《かまど》に掛ける。竈《かまど》は幅・高さ・奥行ともに三尺の切り石積みである。ヒエコーカシの燃料は栗の「コーソン」（立ち枯れの芯材）が最適だとされていた。コーソンは「スヌケ」とも呼ばれた。栗のコーソンは火持ちがよく、炎が立たないからである。毎年、ヒエコーカシを始める前になると「スヌケトリ」（コーソントリ）に山に入った（宮崎県東臼杵郡椎葉村不土野・椎葉喜蔵さん・明治四十三年生まれ）。「コーカシ」は「焦がし」とかかわるものと考えられるが、現実には焙《あぶ》ることである。穂が手に刺さる程度で焙《あぶ》ればよいといわれている。ヒエコーカシのほかに、稗は精白前に茹でる・蒸す・煎るといった加熱処理が必要である。端境期で早刈りをした稗はコーカシ稗ではなく「ムシビエ」（蒸し稗）にしてから精白した。▼夕ビエ・ハタビエ

稗穂焙乾用のコーカシアマ（宮崎県東臼杵郡椎葉村大河内大藪）

ヒガエリヤブ【農耕・焼畑・種類】お盆前に伐って八月末まで乾燥させ、二百十日に火入れをして蕎麦を蒔く焼畑を「ナツヤブ」（夏ヤブ）という。秋伐り春焼きは周囲が乾燥していて延焼しやすいので夕方火入れをするのだが、夏ヤブは朝火入れをしてもよい。そして、その日のうちに種蒔きもできるので、これを「ヒガエリヤブ」（日帰りヤブ）と呼ぶ（静岡県榛原郡川根本町東藤川小猿郷・花島弘さん・明治三十九年生まれ）。

ヒキウチ【農耕・焼畑、定畑・小豆の収穫】収穫期に小豆を扱《こ》いでその場に横にして、一週間から半月おく。

それを集めて打ち、豆を取ることを「ヒキウチ」という（宮崎県西都市銀鏡・浜砂正信さん・大正十三年生まれ）。

ヒキズリヤキ【農耕・焼畑・焼却技術】焼畑地の上部から伐薙《ばってい》した草木を木鉤《きかぎ》で引きずりながらゆっくりと焼く方法を「ヒキズリヤキ」（引き摺り焼き）と呼んだ。鉤《かぎ》は長さ八尺の柄の先に五、六寸の枝を鉤《かぎ》状に残したものだった（岐阜県本巣市根尾越波・松葉長之助さん・明治三十九年生まれ）。

ビシャリバタケ【農耕・焼畑・休閑】焼畑輪作四年を終えて放棄休閑させる焼畑地を「ビシャリバタケ」という。「捨て畑」の意である。「ビシャッタ」（捨てた）という表現がある（長野県下水内郡栄村堺上ノ原・山田さのさん・明治四十二年生まれ）。

焼畑に使う引き摺り棒を持つ松葉さん（岐阜県本巣市根尾越波）

ヒミチ【農耕・焼畑・防火帯】焼畑地の周囲につける防火帯のことを「ヒミチ」という。六尺平均の幅で、草や灌木を刈りはらった（静岡県浜松市天竜区春野町川上・高田角太郎さん・明治三十四年生まれ）。

防火帯のことを「ヒミチ」（火道）と称するのは理屈に合わない感じもするが、これは各地で用いられていた。静岡県の安倍川・大井川流域、四国山中などに見られる。長野県下水内郡栄村でもこの語を用い、夏ガノ（夏拓く焼畑）の火道に青草を刈りこんだり、水を撒《ま》いたりした。焼畑作業において延焼防止には各地で最も注意を払ってきた。以下、防火帯を意味する語彙を列挙する。①「カタチ」（火断ち）＝熊本県球磨郡・八代市の山中などで用いられた。同市泉町樅木ではカタチの中を鍬で起こすという例も見られた。②「ホギリ」（火切り）＝神奈川県足柄上郡山北町・静岡県伊豆半島。伊豆では、刈敷《かりしき》や屋根萱《やねがや》の草山を焼くときの防火帯もホギリと呼んだ。山梨県南巨摩郡早川町奈良田では「ホンギリヤキ」（火切り焼き）と称し、焼畑の火入れに先立って五

～六メートル幅のホンギリの両側を鍬で起こし、その中の枯れ草を前もって焼いておいた。③「ホソケ」（火退け）・「ホソケミチ」（火退け道）＝奈良県五條市大塔町篠原の和泉重三郎さん（明治三十二年生まれ）は十月・十一月に焼畑予定地の木を伐って乾燥させておき、翌年三月、その周囲にホソケミチを開き、四月前半に火入れをした。『古事記』のヤマトタケル東征伝のなかに、「向火をつけて焼《や》き退《そ》けて」とある。「火退《ほそ》け」という語彙の古さがわかる。青森県の岩木山に関する近世史料のなかに「細毛《ほそけ》」という文字が散見する。春の草山焼きにおける防火帯が「ホソケ」と呼ばれていたことがわかる。④「ヤマホセキ」（山火堰き）＝鳥取県八頭郡若桜町落折。⑤「ホサキ」（火避け）＝長野県下伊那郡天龍村神原坂部・静岡県榛原郡川根本町旧長島地区。⑥「ヤマグロナギ」（山畔薙ぎ）＝長崎県対馬市厳原町。⑦「コバライ」（木払い）＝鹿児島県肝属郡錦江町。⑧「キザライ」（木攫い）＝鹿児島県大島郡大和村。⑨「アジラノニハライ」（畔の根払い）＝沖縄県八重山郡竹富町。

ヒラゴヤ【農耕・焼畑・茶小屋】 蕎麦に主力をおく焼畑地のことを「ソバヂ」（蕎麦地）と呼んだ。ソバヂには出作り小屋とは別に「ヒラゴヤ」と称する葺きおろし片屋根の「チャゴヤ」（茶小屋）を建てた。休憩・物置き小屋である。又木を二本立て、又の部分に横木を渡して萱《かや》や樹皮を葺きおろせばよい（山梨県南巨摩郡早川町奈良田・深沢金治さん・明治四十四年生まれ）。

「ヒラ」とは斜面の意で、ここでは葺きおろしの片屋根を示す。抑圧式の罠を「ヒラ」と呼ぶのも、罠の圧殺部が傾斜を持ち、「ヒラヤネ」に通じる形状をなすからであろう。

宮崎県児湯郡西米良村では本格的な出作り小屋を「サクゴヤ」（作小屋）と称し、各焼畑地に作る茶小屋のことを「ヨコイゴヤ」と呼んだ。

兎ビラ（静岡県榛原郡川根本町旧長島地区）

ヒラヤキ・シマヤキ【農耕・焼畑・焼却技術】小松市旧小原町には焼畑地で伐採した木の幹を薪材として運び出してから、枝や草を上部から捲《まく》りながら焼く方法があった。これを「ヒラヤキ」という。白山市白峰では伐採した木をシマに纏《まと》めて焼く方法があった。これを「シマヤキ」という（石川県小松市旧小原町出身・伊藤常次郎さん・大正十一年生まれ）。

福井県大野市上打波小池でもシマヤキが行われていた。斜面の焼畑地で三尺幅に木を纏《まと》め、これが横縞状に並んだという。「シマヤキ」の「シマ」は「島」ではなく「縞」だったことがわかる。

フカバエ【農耕・焼畑・休閑再生地】焼畑を休閑させて三十年以上経た山を「フカバエ」（深生え）と呼ぶ。フカバエは再度焼畑にすることができる（高知県吾川郡いの町寺川・川村義武さん・明治四十一年生まれ）。

フクタツ【農耕・焼畑、定畑・蕪の芽】冬越しの蕪から出た芽のことを「フクタツ」という。フクタツは苦みがあるがお浸《ひた》しにして食べた（山形県西置賜郡小国町五味沢樋倉・佐藤静雄さん・大正七年生まれ）。『改訂綜合日本民俗語彙』には同系の語として「フクタチ」が挙げられている。▼フッセ、フッツエ

フッツエ【農耕・焼畑、定畑】種を蒔いてはいないのに前年の種が芽生えて育つ現象を「フッツエ」という（福島県南会津郡檜枝岐村・星寛さん・昭和三年生まれ）。

「フッツエ」とは「フセオエ」（伏せ生え）の意と考えられる。▼フクタツ、フッセ

フルコバ・ニコバ【農耕・焼畑・原生林と二次林】原生林を使う焼畑を「フルコバ」（古木場）といい、二次林の焼畑を「ニコバ」（新木場）と呼んだ。「ニコバはフルコバの半作」という口誦句があった。稗は「サエヤマ」（高山）にも「コーマ」（サエヤマとサトヤマの間の山）にも作ったが、総じてサエのほうが粒がよく、コーマのほうが実入りが少なかった。除草のことを「クサテ」と呼ぶ。焼畑の稗のクサテは二回行った（宮崎県西都市上揚・浜砂久義さん・大正八年生まれ）。

フンギリボウ【農耕・焼畑、草山焼き・消火具】静岡県伊東市大室山で草山焼きが行われる。その際、延焼を防ぐために、火を叩いて消す棒を「フンギリボウ」と呼ぶ。檜《ひのき》、または照葉樹の、枝先に葉を残した二メートルほどの棒を使う（伊東市池・杉山卯一さん・明治三十二年生まれ）。

「フンギリボウ」とは「ホギリボウ」（火切り棒）の意と考えられる。

ホカリ【農耕・焼畑・稗、粟の穂刈り】当地の焼畑では稗・粟は「ホカリ」（穂刈り）にした。日本剃刀の古いものの把手の部分に布を巻いて使う。左の手の平を上に向け、指の間に穂を挟んで右手の剃刀で茎を切る。手が穂でいっぱいになったら籠に入れる（岐阜県本巣市根尾越波・松葉長之助さん・明治三十九年生まれ）。

フンギリボウで草山焼きの延焼を防ぐ（静岡県伊東市大室山）

ホシ【農耕・焼畑・手間単位】焼畑の木おろしや山林労務にかかわる作業の一人一日の手間を示す単位として「ホシ」を使った。これは収入の単位にもなる。「一人ボシ」「二人ボシ」という表現をした（熊本県八代市泉町樅木・村川種男さん・明治三十五年生まれ）。

九州山地では共同狩猟における獲物の分配の一人分の単位を「タマス」というが、宮崎県東臼杵郡諸塚村七ツ山、同郡美郷町西郷ではこれを「ホシ」「一《ひと》ホシ」「二《ふた》ホシ」などと呼んだ。手間や手間賃の単位と集団狩猟における獲物分配の単位を示す語が同じであったことがわかる（野本寛一『生きもの民俗誌』）。

ホッタマキ【農耕・焼畑、定畑・播種《はしゅ》】稗でも大豆でも春蒔き種の蒔き遅れの種を蒔く最後の種蒔きのことを「ホッタマキ」という。「ホーチョートッテタカ」（ホトトギス）が鳴くうちは何とかなるといわれている。ホトトギス（時鳥）は博打うちが博打に負けて鳥になったものだと語り伝えている（岩手県下閉伊郡岩泉町安家年々・祝沢口良雄さん・大正十一年生まれ）。

ホトトギスにかかわる伝承と播種《はしゅ》期の遅れからすれば「ホッタマキ」は「放った蒔き」の意で、収穫があるかないかわからないという意味を持つことになる。

ボテイ・タッカー【農耕・焼畑・幼児】 当地では背負い籠のことを「ボテイ」という。ボテイの中に入れられ、背負われて焼畑に連れていかれたことを覚えている。大人たちが焼畑の仕事をしている間、「タッカー」と呼ばれる、高い位置で伐った木の株に紐でつながれて一人で遊ぶ。帰りには収穫物を入れた叺《かます》の上に乗せられ、背負われて帰った（静岡県榛原郡川根本町旧湯山集落出身・望月筆吉さん・明治四十三年生まれ）。

マキ【農耕・焼畑・儀礼食】 朴《ほお》の葉の葉包み食のことを「マキ」（巻き）という。センズアワと呼ばれるウルチ種の粟の「ヨネ」（精白したもの）を水に浸けてカラウス（踏み臼）に入れて搗《つ》く。これを手で固めてから朴《ほお》の葉に包んで藤蔓《ふじづる》の繊維を使って十文字に縛ったものをたくさん作って蒸す。「マキ」とは粟のシトギ（粢）を葉巻きにしたところから出た呼称である。これを作って食べる日は、「ヤマノボリ」と称して「コヤ」「サクゴヤ」などと呼ばれる焼畑の出作り小屋に入る入山、小屋入りの日で、それは旧暦八十八夜にあたった。右に示したマキは焼畑山への入山儀礼の食で、山の神に供え、家族も食べたものである。下栗の本宅などに住む者はマキを端午の節供に作った（長野県飯田市上村下栗本村・大川長男さん・明治三十四年生まれ）。

ウルチ粟を水で冷やして臼で粉化するという方法は、各地で山の神をはじめとする民俗神の祭りに供えられる、オシロモチ・オヒヤシ・オカラク・シトギなどと呼ばれる、搗き餅以前の米粉餅の古層に通じるものである。

上村下栗小野の成澤徳一さん（昭和二年生まれ）は次のようにした。マキを端午の節供に作って食べたが、別に保存用のものも作った。それは朴《ほお》の葉が枝について生育した葉数そのままを生かして、米・粟・コキビ（黍）のハタキ団子（粢《しとぎ》）を巻きこんだものである。米は藤の皮、粟はケヤキの皮、コキビは藁で縛り、マキの外見で中身がわかるようにした。これを天井のハザ（横棹）に振り分けて掛けておき、随時楽しみながら食べた。

マキコミ【農耕・焼畑・大豆、小豆の混播《こんぱ》】焼畑の二年目に大豆と小豆を混播《こんぱ》することを「マキコミ」（蒔き込み）と呼んだ。小豆の実りが早く、大豆の実りのほうが遅かった。混播《こんぱ》の理由は、収穫期をずらすことによって労力の集中を防ぎ、労力を分散させることにあった。「小豆の捲《まく》り扱《こ》ぎ」「豆（大豆）の拾い扱《こ》ぎ」という口誦句があった（静岡市葵区奥仙俣・江口健一さん・明治四十二年生まれ）。

マクリモシ【農耕・焼畑・焼畑・焼却技術】少人数で焼畑を焼くときには特に延焼に注意しなければならない。延焼を防ぐために、焼畑地（傾斜地）上部にある伐採された木や枝をより下のほうへ捲《まく》りおろしておいて点火する方法があった。これを「マクリモシ」（捲り燃し）と呼んだ。わざわざ雨の日に火入れをすることもあった（神奈川県足柄上郡山北町中川箒沢・佐藤貴雄さん・明治三十八年生まれ）。

岩手県花巻市大迫町内川目白岩にも同様の技術があり、ここでは「マクリ」（捲り）と呼んだ。上部から四間ほど木を下方へ捲《まく》っておいて点火した。木を捲《まく》りおろす際に、長さ六尺ほどの柄木《えぎ》の先に又状に枝を残した「マッカー」と呼ばれる棒を用いた（小松平巳代吉さん・明治三十九年生まれ）。

マスアテ【農耕・焼畑・種と収穫量】豆類・穀類などの種一升を単位として収穫量の標準や豊作・不作を判断する方法を「マスアテ」（枡当て）という。小豆は種一升当て三斗が標準で、五合当て三斗、一升当て六斗は豊作である。蕎麦は一升当て二斗が平均で、一升当て一俵は豊作、稗は四升当て二十五俵は豊作、また、稗俵一俵は「ヒエゴメ」（精白稗）一斗といわれていた。モチ粟は一升当て十俵といわれていた（宮崎県東臼杵郡椎葉村不土野尾手納・甲斐忠作さん・明治二十四年生まれ）。

マンネンヤマ・ウエコミヤマ【農耕・焼畑・炭焼】静岡県賀茂郡西伊豆町大沢里大城は天城山塊の一角にある高地集落である。以下は同地の市川至誠さん（大正五年生まれ）による。当地では原生林や焼畑にならない岩山のようなところを「マンネンヤマ」（万年山）、焼畑になるところを「ウエコミヤマ」（植込み山）と呼んだ。焼畑輪作の三年を終えて焼畑地をアラス（休閑させる）ときに、ブナ・クヌギ・サクラの苗を五尺間隔ほどに植えこみ、十五年ほど放置してから生長したそれらの木を伐り出して炭焼に用い、残りの樹木や枝を焼いて再度焼畑にした。

ミテウチ【農耕・焼畑・稗の収穫】稗は三摑《つか》みずつ並べ、三十摑《つか》みを大束に纏《まと》める。これを「ミテウチ」と呼んだ。稗は三十摑《つか》みで粒が一升出るものだといわれていた（長野県下伊那郡天龍村神原向方・坂本きくさん・明治二十六年生まれ）。

ムギヤブ【農耕・焼畑・麦栽培】麦を専門に栽培する焼畑のことを「ムギヤブ」という。キビ（トウモロコシ）が主食の座に深くくいこんでいたため、台風でキビに被害が出ると、それを補うために八月・九月に冬作の麦を栽培するムギヤブ（麦の焼畑）を拓いた。ムギヤブは南受けの日当たりのよいところを選んだ（高知県吾川郡仁淀川町椿山・中内茂さん・明治三十六年生まれ）。

ムギヤボ【農耕・焼畑・蕎麦と麦】麦を栽培する焼畑のことを「ムギヤボ」と呼んだ。ムギヤボといっても麦だけを作ったわけではなく、蕎麦の跡に麦を作ることが多かった。蕎麦の収穫と麦蒔きがほぼ同時期になるので、「シキムギ」と称して蕎麦種と麦種を混播《こんぱ》しておき、蕎麦収穫後、自然に麦が芽生えるのを待つという方法をとることがあった。また、「ヒキガリ」と称して稔った蕎麦を引き抜き片付けて、そこに麦種を蒔くこともあった（宮崎県東臼杵郡椎葉村不土野向山日当・甲斐馨さん・大正五年生まれ）。「シキムギ」とは「麦種を蕎麦の下に敷いておく」というほどの意味であろう。

ムツシ【農耕・焼畑・再生焼畑適地】焼畑輪作四年を終えて、休閑期間の十五～三十年を経て、再度伐採して焼畑を拓くのに適した地のことを「ムツシ」と呼んだ。対して、休閑が十五年未満の地を「アラシ」と呼んだ（岐阜県本巣市根尾越波・松葉長之助さん・明治三十九年生まれ）。「ムツシ」という語彙は石川県白山市や福井県大野市などでも右と同じ意味で用いられた。また、長野県下水内郡栄村堺上ノ原の山田直吉さん（明治二十六年生まれ）は、焼畑輪作四年を終え、休閑に入って三十年を経た焼畑適地を「ムツ」と呼んでいた。「ムツ」や「ムツシ」は「睦」を連想させ、熟成を思わせる語である。なお、『日本国語大辞典　第二版』には方言として「むつこい」という形容詞が収載されており、山形県米沢市ほかで「味が濃厚である」という意に用いられ、新潟県佐渡では「十分である」という意に用いられたとしている。ここにも注目しておきたい。

ヤイジモ【農耕・焼畑・害獣防除】 焼畑作物に食害を与える猪防除法の一様式に、二寸四方の杉皮二枚の間にセリ科の川芎《せんきゅう》または牡の猪の毛を焦がしたものを挟んで長さ尺五寸ほどのスズ竹の先に刺し、これを焼畑の周囲に三尺間隔に立て並べる方法がある。これを「ヤイジモ」という。臭気によって猪の侵入を防ごうとしたもので、人の髪の毛を焦がして使う例もある（静岡県榛原郡川根本町旧長島地区・滝口さなさん・明治二十七年生まれ）。

「ヤイジモ」とは、「焼き締め」の意と考えられる。▼ケジメ、シシカジメ

ヤイズリ【農耕・焼畑・獣害防除】 焼畑作物に食害をもたらす猪を除けるための装置で、以下のようなものを「ヤイズリ」と呼んだ。長さ尺五寸ほどのスズ竹の先端を割ってそこに女性の髪の梳《す》き屑《くず》を挟み、猪の内臓の脂を塗りつける。さらに、それが雨に濡れないように、上部を板屋根の廃材を二寸四方ほどに切ったもので覆い屋根風につける。牡の猪の脂のほうが効力があるといわれるが牝の脂でもよい。二十貫の猪の内臓の脂は一貫目である。大正時代、猪の脂は百匁十銭だった。猪猟をしない家の人びとが、ヤイズリを作るために求めに来た。ヤイズリは粟・稗などの収穫期を控えた焼畑地の周囲に四尺間隔に立てた。立ててから一週間はそのままにしておくが、一週間を過ぎてから点火し、焦がしてまわった。髪の毛と脂の焦げる臭気で嗅覚の鋭い猪を除けたのである。少なくとも二週間おきに焦がしてまわった（長野県飯田市上村下栗・胡桃澤栄一さん・明治三十六年生まれ）。

別項の「クタシ」と同様、「ヤイズリ」は毛や脂肪を焼いて、その臭気で猪を除け退けるものである。同類

のものに「ヤイカガシ」（焼き嗅がし）や「ヤンジモ」（焼き締め）がある。「ヤイズリ」の「ズリ」の意がわかりにくいが、「クタシ」に吊る形があることを考えると「ヤイヅリ」、すなわち「焼き吊り」の形が初発であったとも考えられる。▼ケジメ、シシカジメ

ヤキシロ・シバゾロエ【農耕・焼畑・地ごしらえ】焼畑を効率的に行うためには地ごしらえが必要である。石川県白山市白峰では焼畑予定地の樹木を伐採し、大きいものは薪として取り出し、枝や柴を小さく切ってよく混ぜ、天日で乾燥させておいた。これを「ヤキシロ」（焼き代）といい、ヤキシロを作ることを「シバゾロエ」（柴揃え）と呼んだ（同市白峰苛原・長坂吉之助さん・明治二十七年生まれ）。

ヤナギ【農耕・焼畑・製紙原料】高知県吾川郡仁淀川町椿山では三椏《みつまた》のことを「ヤナギ」と呼んだ。ヤナギは焼畑に栽培した。二つの栽培類型があった。①一年次＝ヤナギ（移植）・キビ（トウモロコシ）・小豆混植→二年次以降はヤナギのみ。②一年次＝稗→二年次＝大豆・小豆→三年次＝ヤナギ・キビ（トウモロコシ）・大豆・小豆混植→四年次以降ヤナギのみ。ヤナギの「ウイ切リ」（初切り）は三年目、二番切りは六年目、以後二年ごとに切り、植えた年から十二年目くらいまでは切れる。こうしてヤナギが終えてから二十五～三十年アラシ（休閑させ）て再度輪作に入るのであるが、「ヤナギは「コナ」を嫌う」（三椏《みつまた》は循環的に同じ地に栽培されることを嫌う）といわれている。

焼畑地に栽培されたヤナギ（三椏）
（高知県吾川郡仁淀川町椿山）

　静岡市葵区長熊の長倉てつさん（明治四十四年生まれ）は次のようにした。焼畑一年次＝蕎麦→二年次＝三椏《みつまた》の種一合、稗の種九合の混播《こんぱ》→三年次＝三椏《みつまた》の間に小豆→四年次＝三椏《みつまた》の間に粟→五年次＝三椏《みつまた》の間に小豆→六年次＝三椏《みつまた》初切り……。三椏《みつまた》の種は縁の下に埋めて管理した。静岡市葵区口坂本では三椏《みつまた》の種を「タフ」

（藤布）に包んで縁の下や家の近くに三年から六年埋めておいたという。雑木山を焼畑にした時代には三椏《みつまた》は二番切りまで切ったが、杉跡の焼畑は初切りだけだった。

ヤブキリ【農耕・焼畑・伐採】 焼畑予定地の木を伐って準備することを「ヤブキリ」という。春焼き春蒔きで稗を栽培する場合は前年の九月にヤブキリをした（静岡県榛原郡川根本町旧長島地区・滝口さなさん・明治二十七年生まれ）。

ヤブキリジイサン【農耕・焼畑・焼畑準備】 焼畑予定地を伐採したり、伐った木を整えたりする作業を専門に行い、ムラの家々で雇われて働く男衆を「ヤブキリジイサン」と呼んだ。「ヤツグマさん」はムラへ下ってくると三日間ほどは起きてこないといわれていた。ほかに「松さん」、「イノ爺」などと呼ばれる人もいた（静岡市葵区大間・砂有次郎さん・明治三十七年生まれ）。

焼畑準備を専門とする契約労務者がムラに複数名いたということは、生業としての焼畑の力をよく物語っている。

ヤブトウキビ・ハルトウキビ【農耕・焼畑・トウモロコシ】 実も房（果穂）も小さいトウモロコシで三月、焼畑に蒔き、盆前に収穫するものを「ヤブトウキビ」「ハルトウキビ」と呼んだ。焼畑輪作の二年目・三年目に、唐鍬で穴を掘り、五粒ほどずつ直蒔《じかま》きした。縦三尺に横四尺の間隔で蒔いた（宮崎県西臼杵郡高千穂町岩戸・工藤久利さん・大正五年生まれ）。

ヤブモク【農耕・焼畑・火入れ】 火入れに際して、木や柴・草などをシマに纏《まと》めて焼きやすくしたものを「ヤブモク」という。大体幅一間に高さ三尺ほどに纏《まと》める（静岡県島田市川根町笹間上粟原・成瀬治宣さん・明治二十二年生まれ）。

ヤマオリノアワメシ【農耕・焼畑・儀礼食】 焼畑で収穫を終え、「サクゴヤ」(出作り小屋)を閉めて下栗の本村の本宅へ帰る日、アワメシ(粟飯)を食べてから下った。この日の粟飯は、収穫したモチ種の新粟・ウルチの新粟・新小豆を混ぜて炊く。いわば粟の赤飯である。これを「ヤマオリノアワメシ」と呼んだ。粟飯は炊いた直後はよいが、時間がたつとバラバラになって堅くなる(長野県飯田市上村下栗本村・大川長男さん・明治三十四年生まれ)。

ヤマガイト【農耕・焼畑・出作り小屋の固定化】 焼畑地の出作り小屋の周辺に、定畑・茶畑などを拓く例があり、出作り小屋を中心とした定畑・茶畑などのある空間を「ヤマガイト」と呼ぶ。「山垣内」の意で、「サトガイト」(里垣内)に対応する語である(静岡市葵区田代・滝浪文人さん・大正五年生まれ)。

ヤマジマイノニギリゴナ【農耕・焼畑・出山の儀礼食】 焼畑作物の収穫を終えて、「サクハタゴヤ」(作畑小屋=出作り小屋)から里の本宅に下るとき、稗のハタキ粉を作り、握ったものと粉そのままのものを小屋で祀る山の神に供える。里に下ってから粉を重箱に入れて近隣に配った。神に供えるものを「ヤマジマイノニギリゴナ」、近所に配るものを「ヤマジマイノヘーゴナ」(山終いの稗粉)・「シロジマイノヘーゴナ」(代終いの稗粉)と呼んだ(静岡県榛原郡川根本町旧長島地区・滝口さなさん・明治二十七年生まれ)。

焼畑作物の収穫を終え、苛原の出作り小屋から白峰の本宅に帰る日、出山祝いの「デヤマダンゴ」(出山団子)を作った。稗の粉で径一寸五分〜二寸で先の尖った団子を作り、指三本の先で団子の上部に三つの穴をつけた。山からこれを持って下り、親戚に配った(石川県白山市白峰苛原・長坂吉之助さん・明治二十七年生まれ)。

秋、収穫を終え、出作り小屋からムラの家へ帰るに際して、稗粉を作り、味噌入りの稗団子と味噌の入らない稗団子とを作って下り、ムラの近隣の家に配った(宮崎県児湯郡西米良村・浜砂一栄さん・明治三十六年生まれ)。

右に、収穫後、出作り小屋から本宅に下るに際して儀礼食として稗の粉、それで作った稗団子などが重要な働きをしてきた例を示した。稗粉系食物の分配は山の力の分配でもあった。出山の儀礼食物としての「稗粉」が広域に及んでいたことがわかる。

ヤマシメ【農耕・焼畑・占有標示】焼畑のことを「カンノヤキ」と称し、六月・七月ごろその予定地を定め、一反歩に二つほど萱《かや》（薄《すすき》）の先を曲げて縛ったものを作っておく。これを「ヤマシメ」（山占め）と呼び、占有標示とした。「カンノ」は草地で、盆の一週間前に刈って盆の十六日に焼いた。一年目、「ソバガンノ」（蕎麦）・「カブガンノ」（蕪）・「ナカンノ」（大根）と称し、蕎麦・蕪・大根を栽培した。二年次から四年次は小豆、五年次は馬鈴薯を作った（滋賀県長浜市木之本町金居原・中野新太郎さん・大正二年生まれ）。

ヤマノボリ【農耕・焼畑・入山】焼畑地の出作り小屋に入ることを「ヤマノボリ」（山登り）という。四月末の作業開始の山登りにも、「モンビ」（物日＝年中行事や祭り）のあとの山登りにも、粟のボタモチを作って山の神に供え、自分たちも食べた（岐阜県本巣市根尾越波・松葉長之助さん・明治三十九年生まれ）。

ヤマノボリドヨウ【農耕・焼畑・出作り小屋への移住】三月の彼岸過ぎの土用の日に、山作り（焼畑）の火入れをするために泊まりこみをする山の出作り小屋を目ざして、里の家を出発することを「ヤマノボリドヨウ」（山登り土用）と呼んだ（静岡市葵区井川閑蔵・金沢鶴太郎さん・明治二十八年生まれ）。

ヤリヤキ【農耕・焼畑・焼却技術】延焼を防止するために焼畑地の外周に「ホソケミチ」（火退け道＝防火帯）を作っておく。焼畑地の斜面上境中央を槍の切っ先に見たて、図のように、三角形の二辺に人を配しながら、上部から三分の二まで焼きおろす。三分の二に達したところで下から火をかけ、上下の火を合わせることによって火を止める。これを「ヤリヤキ」（槍焼き）と呼んだ。延焼防止効果を持ち、焼却度を高めるという利点があった（奈良県五條市大塔町篠原・和泉重

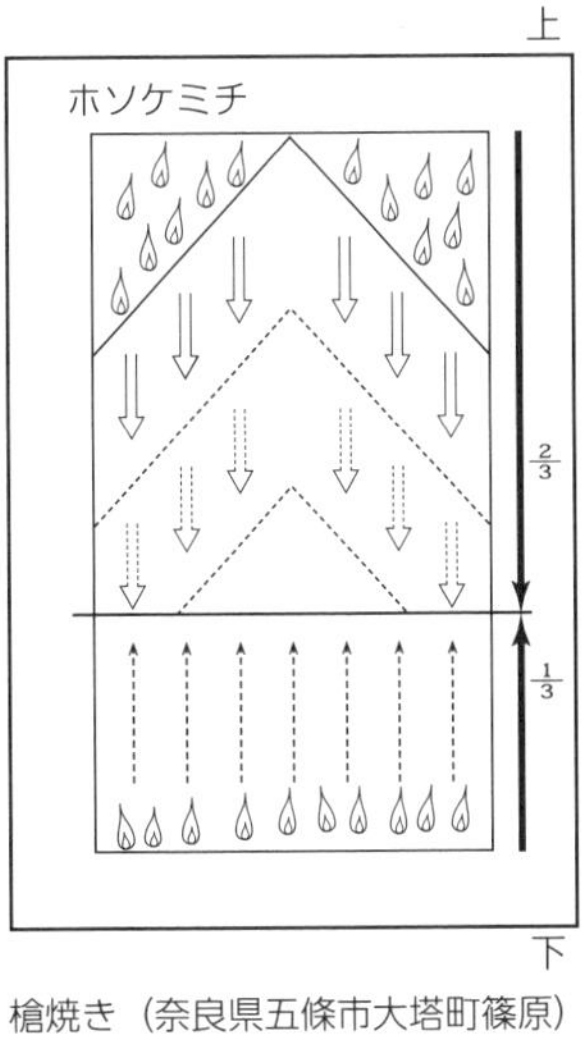

槍焼き（奈良県五條市大塔町篠原）

三郎さん・明治三十二年生まれ)。

ユバリツケ【農耕・焼畑・土寄せ】 畑作作物の根元に土をかぶせることを「ユバリツケ」という(静岡県榛原郡川根本町旧長島地区・長島英雄さん・明治三十六年生まれ)。

ヨキイレ【農耕・焼畑・伐木儀礼】 焼畑予定地の樹木伐採始めのことを「ヨキイレ」と呼んだ。ヨキイレ(斧入れ)の祝詞があった。「山の神様、山の神様、本日はこのムツシ(焼畑適地の樹林)を伐らせてもらいますので、一時お座譲りをお願い申したてまつります。併せてあやまちのないよう御守護くだされますようお願いたてまつります」。朴《ほお》の木で献架を作り、竹筒(竹銚子)で神酒を捧げ、斧・鉈《なた》・ガンドを献架の前に並べて祈る。当該のムツシの中の巨樹は山の神の座として残す(石川県小松市旧小原町出身・伊藤常次郎さん・大正十一年生まれ)。

ヨコガシラ・ヨコジリ・タテグロ【農耕・焼畑・畑地境界呼称と儀礼】 焼畑地の上端のラインを「ヨコガシラ」(横頭)、下端のラインを「ヨコジリ」(横尻)、両側のラインを「タテグロ」(縦畔)と呼んだ。焼畑およびその労働にかかわる儀礼はほとんどヨコガシラで行われた。①「シゴトハジメ」(仕事始め)＝焼畑地で仕事を始めるとき、弁当を一箸山の神に供え、〽山の神様にあげ申す　足手の爪先　怪我あやまちのないようお頼み申す――と祈った。②「ヒイレ」(火入れ)＝ヨコガシラの中央に神酒をあげ、〽ただ今から火を入れ申す　虫ケラ・蛇・ワクドウ(蟇蛙)・蜥蜴《とかげ》　たちねえ(退い)てたもうれ　火も上がらんよう山の神様にお願い申す――と唱え、祈ってから点火する。生きものの移動を促す点から「ヤキブレ」(焼き触れ)ともいわれる。③「タネマキ」(種蒔き)＝ヨコガシラで、〽虫ケラ葉ぐせもござらんよう　よか作ができっよう頼み申す――と唱え、祈ってから種を蒔く。蒔き終えたときにはヨコガシラの中央に鍬を集めて横たえ、その柄に座って、〽千俵　万俵　小豆の俵(そのとき蒔いた種を挙げる)でも据えようや　お頼み申す――と唱えて祈った。種蒔きはヨコジリから始め、順にヨコガシラに向かって蒔きあげてゆく。焼畑で種を均等に蒔くために、焼畑の「キザネヤキ」をするときに止め木として残した「キチクイ」「カックイ」と呼ばれる木の幹を目印とした。キチクイがないときは棒を立てたり草を折ったりしてそれを目標にしながら均等に蒔いた。④「ヤマモドリ」（山戻り）＝〽ひとほうせ　よく打って下ろうや　しばらく休んで下ろうや——と唱えてから山を下った。「ホウセ」とは仕事の単位「ホシ」の転訛で「ひと仕事」の意であろう（宮崎県東臼杵郡椎葉村不土野尾前・尾前新太郎さん・大正十一年生まれ）。▼ホシ

ヨセ②【農耕・焼畑・整地】 焼畑予定地に崩落しそうなところや段差がある場合、太木を使って土止めを作った。土止めのことを「ヨセ」（寄せ）と呼んだ（静岡県島田市川根町笹間上粟原・成瀬治宣さん・明治二十二年生まれ）。

ヨリクチ【農耕・焼畑・火入れ】 山地の斜面に拓く焼畑の上端のラインを「ヨコガシラ」、下端のラインを「ヨコジリ」と呼んだ。ヨコガシラの上七尺、ヨコジリの下七尺、および左右に七尺ずつの幅で「カタチ」（火絶ち）と呼ぶ防火帯を作った。焼畑の火入れは「ヒザリヤキ」（火ざり焼き）と称してヨコガシラからヨコジリに向かって丁寧に焼きおろす。ヨコジリの左端を「ヨリクチ」（寄り口）と呼び、種蒔きは古参の者がヨリクチから蒔き、右に進み、ヨコガシラを目ざした（宮崎県西都市上揚・浜砂久義さん・大正八年生まれ）。

II 漁撈

海岸環境に応じた漁撈対象は多種に及び、そのおのおのについて民俗語彙が紡がれ織りなされてきた。しかし、筆者の海洋漁撈に関する学びは広いものではなかった。結果としてここでは海女の潜水漁撈にかかわるものと内水面漁撈における河川漁撈関係語彙が中心となった。鮭・鱒関係の民俗語彙をたどるだけでも大きな問題にたどりつく。奥深い山のムラムラで、サクラマスやサツキマスを山地渓流の恵みとして享受してきた地は多かった。しかし、相次ぐダム建設によって鱒の海山循環、母川回帰は断絶された。鱒に関する民俗も、民俗語彙も忘れられつつある。鮭・鱒以外の河川漁撈対象やおのおのに関する漁法も多種に及んでおり、民俗語彙も豊かである。

アマナキジオ【漁撈・海・海女】旧暦三月・四月の大潮ドキのことを「アマナキジオ」(海女泣き潮)と呼んだ。一年のうちで最もよく潮が退《ひ》くので、平素は潜れない深いところまで潜ることができる。あまりに多くの獲物を捕採することができるので海女が嬉し泣きをするというのである。この潮は「セックジオ」(節供潮)とも呼ばれた(三重県鳥羽市石鏡町・浜田みちこさん・大正三年生まれ)。

アンバ【漁撈・海・シラス地引網】シラス地引網には桐の「アンバ」(浮子《うき》)

海女の潜水準備（三重県鳥羽市国崎町）

を使った。一個のアンバは径三寸五分、長さ尺五寸の桐材を二つ割りにしたもので、両端近くに一か所ずつ綱穴をあける。一つの地引網に右のアンバを百十個つける必要があった。これとは別に「オオアンバ」（大浮子）という径五寸、長さ尺五寸の桐で割らないままのものも使った。アンバ用の桐は旧静浜村およびその周辺で求めた。簟笥用の桐はまっすぐな材が求められるのだが、アンバ用の桐は曲がったものでもよいので入手しやすかった（静岡県焼津市藤守・田中松平さん・明治二十八年生まれ）。

イオサシ【漁撈・河川・ヤマメ】当地ではヤマメのことを「エノハ」と呼ぶ。夏季「カナツキ」（ヤス）を使って潜水漁を行う。これを「カワスミ」（川に潜ること）という。一回三十分、一日四回潜水する。潜水が終わるごとに焚火で暖をとる。このカワスミに「イオサシ」（魚刺し）を使う。イオサシとは径四ミリ、長さ六センチの銅製の棒の中央につけられた糸通しに長さ尺五寸の麻紐をつけたもので、麻紐は柿渋で染める。イオサシを二つ用意し、この麻紐の端を腰紐の左右につける。エノハを突いたら、銅製のイオサシをエノハの両眼を突き抜くように刺してイオサシを横転させてトメとして使う。こうすればエノハは絶対に抜け落ちない。このようにして漁獲物は数を増してゆく。鰻漁の際にも同様にした（宮崎県東臼杵郡椎葉村不土野尾前寺床・尾前善則さん・昭和四年生まれ）。

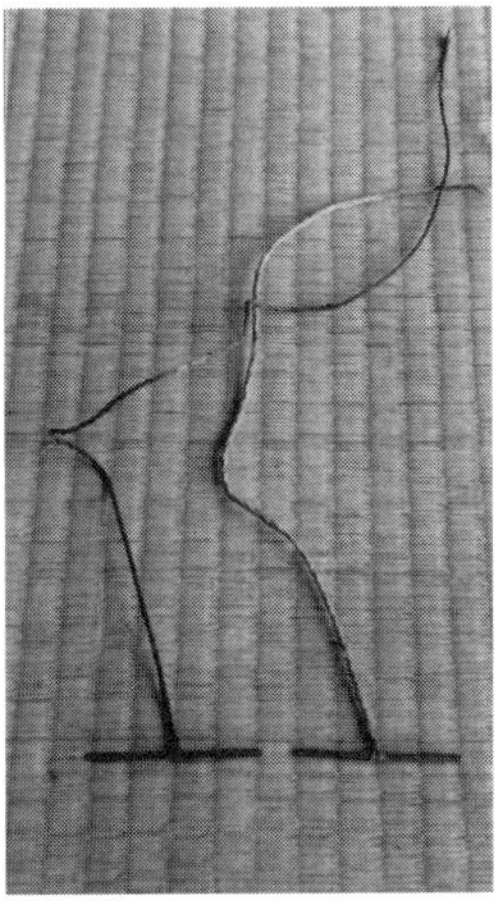
イオサシ（宮崎県東臼杵郡椎葉村不土野尾前寺床、尾前善則さん所蔵）

イガリヒゲ【漁撈・海・鰹漁とイガリヒゲ】猪の上首に生える剛毛（馬ならタテガミ）のことを「イガリヒゲ」と呼んだ。イガリヒゲを鰹の鉤針《かぎばり》の根元に放射状につけると水のきれがよいと伝えた（徳島県海部郡海陽町宍喰浦・東田万次郎さん・明治三十五年生まれ）。

静岡県にはイガリヒゲのことを「ミノゲ」（蓑毛）と呼ぶ例がある。

イソオケ・ハマオケ・ハンギリオケ【漁撈・海・海女】 海女が潜水漁に際して捕採物入れと浮子《うき》機能を兼ねて使う桶には種類があった。①「イソオケ」（磯桶）＝アワビ捕採用で三斗桶、②「ハマオケ」（浜桶）＝テングサ採取用で一俵桶、③「ハンギリオケ」（半切桶）＝アラメ捕採用で三俵二人乗り。このほか、「チャオケ」（茶桶）と呼ばれる、小型の桶で潜水の練習用の桶もあった。桶の素材は乾燥しない椹《さわら》をよしとした。海女の嫁入り道具のなかには磯桶と「イソカゴ」（磯籠）があった。磯籠は磯着や弁当を入れて運ぶ籠である（三重県志摩市志摩町和具・西川嘉栄さん・大正九年生まれ）。

浮子《うき》として使う桶は波の荒い漁場ほど大きいものを使っている。

イネノハナミズ【漁撈・河川・下り鮎】 稲の花が散ってそれを受けた水のことを「イネノハナミズ」という。その水は流れて川に入る。「鮎は稲の花水を飲んでから下る」という口誦句がある（山形県鶴岡市倉沢中向・亀井寿太郎さん・大正二年生まれ）。

イノチトリタマゴ【漁撈・河川・サクラマスの産卵】 サクラマスの産卵に際して最後に三粒ほど残っている卵のことを「イノチトリタマゴ」と呼ぶ。雌のサクラマスは最後の一粒になるまで掘る。産卵を終えた鱒のことを「ホットーレ」と呼ぶ。「掘り倒れ」の意味だという（山形県鶴岡市倉沢中向・亀井寿太郎さん・大正二年生まれ）。

産卵を終えた鱒や鮭のことを「ホッチャレ」「ホッタレ」と呼ぶ地もある。「放る」との関係も考えられる。

ウナワヘラ【漁撈・河川・鮎】 「ウナワヘラ」（鵜縄篦）は鮎の威嚇漁法の一種。廃物になった篩《ふるい》の曲物の断片を切って棕櫚《しゅろ》縄に挟みつける。ここでは曲物の断片のことを「ヘラ」（篦）と称しているのであるが、曲物の湾曲が鵜の首に通じ、篦《へら》が水を切る音は鵜が立てる水音に通じた。篦《へら》と篦《へら》との間隔は約一尺である。曲物が足りない場合は檜《ひのき》のヘギ板に反りをつけて使った。鵜縄漁は普通、舟に乗る者をふくめ四人で行った。鵜縄篦《へら》で次第に鮎の群を巻きこみ、投網を打つのである。四、五泊かけ川を移動して鵜縄漁を行ったことがあった。漁場は江の川、漁期は十月・十一月だった（島根県邑智郡美郷町上野・高梨智之さん・昭和五年生まれ）。

エビスイワイ【漁撈・海・ハタハタ・大漁祝い】 十二月、ハタハタがさばききれないほど獲れすぎたとき、薪売りなどで縁のできた農家がハタハタ漁師から五十キロを上限とするほどのハタハタを無料でもらうことがあった。そんなときには農家が「エビスイワイ」（恵比須祝い）と称して餅を搗《つ》き、酒を添えてハタハタ小屋に届ける習慣があった。ハタハタは次のようにした。①「ハタハタズシ」＝赤い水が出なくなるまで水に浸ける（毎日水を替えて一週間）。ハタハタと飯を交互にして糀と塩を加え重石をかけて一週間。また、糀を使わずにハタハタと飯を交互に重ね塩を加えて一か月置くとスシになる。②「ショッチル」＝ハタハタの頭を除き、よく洗って塩を加えて半年ほど置くとショッチルと呼ぶ魚醤ができる。ショッチルは煮ものに使ったり、蕎麦練りにつけたりする。屑米の「ネリケ」や水団《すいとん》にもショッチルを使った。③「メザシ」（実際にはエラに刺す）＝竹に六〜十尾のハタハタを刺し、風の当たるところで乾燥させる（秋田県男鹿市北浦真山・菅原福次さん・明治四十二年生まれ）。

エビスガイ【漁撈・海・海女・儀礼】「エビスガイ」とは特別大きいアワビの貝殻で、貫通孔が三つある。エビスガイの貝殻に神饌《しんせん》を盛ったり、正月、これに餅を盛って供える例が志摩の各地に見られた。三重県鳥羽市答志島の中村春子さん（大正八年生まれ）は、「オンビモチ」と称して大アワビの貝殻に餅を練り盛りにして親戚に配った。その貝はのちに麦搗《つ》きの際の麦掬いに使ったという。同県志摩市志摩町布施田の田畑たづさん（大正十年生まれ）はエビスガイを捕採した場合、以下のようにしたという。海女仲間が集まって、ノミを使わずに手で剝く。そして、捕った者が貝の口の部分を最初に食べ、次いで円座の仲間の右隣の者に渡し、順に食べて右に回す。貝殻は捕採者が持ち帰って年中行事の供えものの器にした。

右に見るエビスガイの共食儀礼は、河川溯上の「オオスケ」（大鮭）や猪・熊などの山の大型獣の共食に通じ、これらには大自然の恵みを等しく、ありがたく受けなければならないという民俗思想が窺える。

エビスビレ【漁撈・サクラマス・初魚儀礼】 サクラマスの胸鰭《むなびれ》のことを「エビスビレ」とも「イチビレ」ともいう。初漁のサクラマスのエビスビレは恵比須様に供える。恵比須様は縁遠い神様なのでエビスビレは未婚の者に食べさせてはいけないという伝承がある（新潟県新発田市滝谷滝谷新田・佐久間友一さん・昭和三年生まれ）。

オオメ【漁撈・河川・春鱒の網漁】 雪代《ゆきしろ》の中を溯上してくる鱒を「ハルマス」（春鱒、この場合サクラマス）と呼ぶ。この季節は水も冷たく寒いのでヤスや鉤《かぎ》の漁は行わないで投網漁によった。投網には「オオメ」（大目）と呼ばれる三センチ角の目の網を使った（秋田県仙北市西木町上桧木内中泊・鈴木壽さん・昭和八年生まれ）。

オガラギリ【漁撈・河川・鮎】「トメギリ」（止め切り）の一種で、鮎が白いものに驚く習性を利用して白い色の麻幹《おがら》を使う方法がある。麻幹《おがら》の根方を荒縄に列状に挟み、五メートルおきに石の錘《おもり》をつけて列状の麻幹《おがら》で流れを遮る。これによって鮎を止めて漁獲する方法を「オガラギリ」（麻幹切り）と呼ぶ。六月から八月までは「イチヤギリ」（一夜切り＝一夜の仕掛けで翌日日中は河川流通を考慮して麻幹《おがら》をあげる）、九月から十一月は「ホンドメ」と称して麻幹《おがら》切りを固定した。漁場は江の川である（広島県三次市作木町大津市ヶ原・藤岡参市さん・大正五年生まれ）。

オケブセ【漁撈・河川・桶伏漁】 長良川水系板取川流域に「オケブセ」（桶伏せ）という漁法があった。一斗桶に餌として蚕の蛹《さなぎ》を入れ、胴に一か所だけ魚の入ることのできる大きさの穴をあける。桶の外側二か所に対称的に桶を沈めるための錘《おもり》を垂らし、蓋をしっかり締めて水中に沈下させる。オケブセ漁を行う期間は六月中旬から八月下旬までで、対象魚はアマゴ・鰻・ウグイだった（岐阜県関市板取杉原・横関誠さん・昭和四年生まれ）。

オシバ・アガリバ【漁撈・干潟・跳ね板】 有明海の干潟の漁撈環境は複雑である。最も陸に近いところは泥地、その先に泥と砂の混合する地、その先に砂地と変化し、これらが三キロに及ぶところもある。干潟漁撈は「ハネイタ」（跳ね板）・「ガタスキー」と呼ばれる板を使って移動する「イタオシ」（板押し）によるのであるが、どこでも、いつでも自由に跳ね板が使えるわけではない。跳ね板の通路は「オシバ」(押し場)または「ガタミチ」(潟道)と呼ばれる少し水がたまっている筋を見つけて使わなければならない。漁獲を終え、跳ね板で陸地に帰る場合も「ツッケシ」(突返し)という満ち潮(帰り潮)を使って「アガリバ」(上り場)に跳ね板を入れなければならなかった(福岡県柳川市有明町東ノ切・倉本幸さん・明治四十五年生まれ)。

オッカサンワニ【漁撈・海・鮫漁】 島根県および山越えの広島山中では、鮫のことを「ワニ」と呼ぶ。当地ではシュモクザメ(撞木鮫)のことを「オッカサンワニ」と呼んだ。撞木《しゅもく》とは鉦《かね》を打つT字型の棒のことで、この鮫の形状が撞木《しゅもく》に似ており、頭部を撞木《しゅもく》の横木に見たてたからである。この鮫を「オッカサンワニ」と呼ぶのは頭部を女性の髷《まげ》や簪《かんざし》に見たてたからであろう。当地ではオッカサンワニは、その形態の異様さから海の神の使いだといわれ、縁起がよいものだとされており、値も高く売れた(島根県大田市五十猛町大浦・吉岡新一さん・大正十年生まれ)。

オバチ【漁撈・鯨・尾撥《おばち》縛り】 高知県土佐清水市津呂では鯨の尾のことを「オバチ」と呼ぶ。鰤敷網に鯨が入ることがあった。次第に網を縮めてゆき、とどめを刺すのであるが、鯨を弱らせるために、太綱で鯨のオバチを縛り、綱を二本に分けて鯨の口に掛け、締めあげる方法がある。その際、鯨のオバチに撥《は》ねられて大怪我をした人があったという(高知県土佐清水市津呂・林兼次さん・明治四十二年生まれ)。

『日本国語大辞典　第二版』には「おばち」の項があり、「尾。しっぽ」とし、石川県・福井県・三重県・島根県・四国四県・熊本県・大分県などで使われるとある。それは当然、さまざまな野生動物・家畜・鳥などにも適用されるはずである。「尾」に付加されている「バチ」は「撥《ばち》」の意ではなかろうか。鯨の「オバチ」に

ガタスキー（跳ね板）での出漁（佐賀県鹿島市）

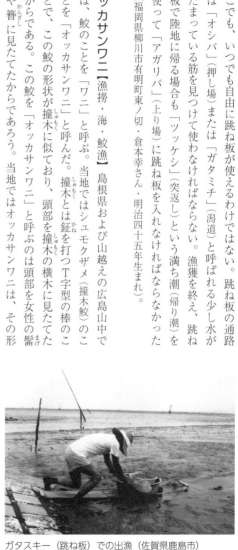

撥《は》ねられて大怪我をした人があったという実話はこの見解を導く。

オマタホシ【漁撈・河川・瀬干し漁】河床で、水が分流する分流点を「オマタ」と呼んだ。分流の一方を塞ぎ、堰き止めて、水をいま一方に流して瀬を干して魚を獲る方法を「オマタホシ」と呼んだ。子供などは夏休みに上村川でこれを行い、アマゴ・カジカ・鰻などを獲った（長野県飯田市上村中郷・熊谷貞夫さん・昭和十二年生まれ）。

ガイディル【漁撈・ヒルギ林・蟹筌漁《かにうけ》】蟹を獲る筌《うけ》状の籠のことを「ガイディル」（蟹籠）と呼んだ。対象は主として「チヌマンガイ」という十センチほどの、甲羅の両側に突起のある蟹で、蛙・魚・鶏や山羊の内臓などを餌にして、満潮時にサバニでマングローブの中に仕掛けた（沖縄県国頭郡東村慶佐次・島袋徳盛さん・大正八年生まれ）。

カヅキオリ【漁撈・海・海女の磯降り】「カヅキオリ」は「潜き降り」の意で、旧暦二月十六日に行った。海女始めの安全・豊漁祈願儀礼で「イソオリ」（磯降り）ともいった。もとよりこの日はアワビの「口あけ」（解禁）でもあった。石鏡は、南・御堂・北・中の四組に分かれており、その組を「ハエ」と呼んだ。各ハエの海女のなかから二人ずつが選ばれ、留め磯になっている石鏡浜に入っておのおの雌・雄のアワビを一つがいずつ捕採し、八大竜王の前に供える。すべての海女たちは一升枡の中に、餅・赤飯・洗米・神酒銚子・青石を入れ、ノミを腰に挿して集まる。各自八大竜王の前に青石を置き、その上に枡の中に入れてきた饌物を一箸ずつ盛り神酒を注ぐ。続いて一升枡を叩きながら「ツイ　ツイ　今年も大漁のありますよう　粗相のないよう　村方が安全でありますように」と祈る。当日は、どんなに天候が悪くても、必ず頭を濡らさなければならないとされていた。娘のころは髪は「アマムスビ」（海女結び）、ないしは「フンゴマゲ」と呼ばれる曲結い髪だった。海女がフンゴマゲにした理由は、海中で髪が絡まぬようにするため、海中で溺れたとき摑《つか》みやすくするためだといわれていた。カヅキオリの日には、必ずフンゴマゲに潮水をつけなければならないとされていた（三重県鳥羽市石鏡町・浜田みちこさん・大正三年生まれ）。

カリアゲモチ【漁撈・河川・儀礼】 旧暦九月三十日を「稲の刈り上げの日」と称した。この日、「カリアゲモチ」（刈り上げ餅）を搗《つ》いて神に供え、家族も食べた。この日には「サケノスケ今のぼるぞ」といって「サケノスケ」（大鮭）が川を溯上するといわれていた。子供のころ、「サケノスケが来るから早く寝ろ」といわれた（山形県西村山郡西川町睦合石田・柴田市郎さん・大正四年生まれ）。

山形県内には、サケノスケに相当するものを「サケノオオスケ」（鮭の大助）と称し、「鮭の大助今のぼる」という声を聞いた者は死ぬと伝え、この日、この声を聞かないよう、「ミミフタギモチ」（耳塞ぎ餅）を搗《つ》いて川に近づかず家に籠るという伝承がある。この伝説の根底には、鮭の増殖に対して人が一定の慎みを示し、物忌みをするという真意があったことが読みとれる。ここでいう「刈り上げ餅」も耳塞《みみふた》ぎ餅で、早寝も物忌みに通じる。

カワマス【漁撈・河川・サツキマス】 当地は長良川水系板取川沿いの山村である。サツキマスのことを「カワマス」（川鱒）と呼ぶ。春鱒は六月に釣り漁（餌はミミズ）、夏鱒は七月・八月でヤス漁、九月下旬から十月上旬の鱒は秋鱒または「スリマス」と呼ばれる産卵期の鱒で、ヤス漁・巻き網漁。食法は以下のとおりである。①「マスメシ」＝牛蒡を入れて醤油で味付けした飯の中に焼いた鱒の肉をほぐして入れる。②「マスズシ」＝鱒の皮を剝き、背割りにして骨を抜き、五目の酢飯をはさみ、朴《ほお》の葉で包む。さらにそれを縄で巻き締めて一〜二晩置き、縄を解き、輪切りにして食べる。ほかに、③煮付け、④テリ焼き、⑤塩漬け、⑥燻製、などである（岐阜県関市板取杉原・横関誠さん・昭和四年生まれ）。

和歌山県の熊野川流域ではサツキマスのことを多く「ノボリ」（「溯上」の意）と呼び、「アメマス」「アメマサ」「アマゴマス」などとも呼ぶ。徳島県の那賀川水系ではサツキマスのことを「ホンマス」（本鱒）と呼んでいる。

カンイダリョウ【漁撈・川・ウグイの威《おど》し漁】 当地ではウグイのことを「イダ」と呼び、十二月下旬から二月上旬にかけてのイダ漁のことを「カンイダリョウ」（寒イダ漁）と呼ぶ。寒イダは脂がのっていて美味である。

寒イダ漁はイダの天敵である鼬《いたち》の皮を使う威《おど》し漁である。剝ぎたての鼬《いたち》の皮（三十五〜四十センチ）の頭部に麻紐をつけ、それを竹竿の先に結びつけたものを使う。冬季、淵の岩穴にひそむイダの群を追い出し、タテ網（サシ網）で漁獲するために鼬《いたち》竿を淵の岩穴に突っこんでイダを威《おど》すのである。寒イダは串焼きにして醤油をつけて食べる（高知県高岡郡中土佐町大野見槇野々・吉岡茂保さん・大正九年生まれ）。

鼬《いたち》の皮による威《おど》しで寒ウグイを獲る方法は、奈良県吉野郡吉野町樫尾の竹田之夫さん（大正五年生まれ）も行っていたという。

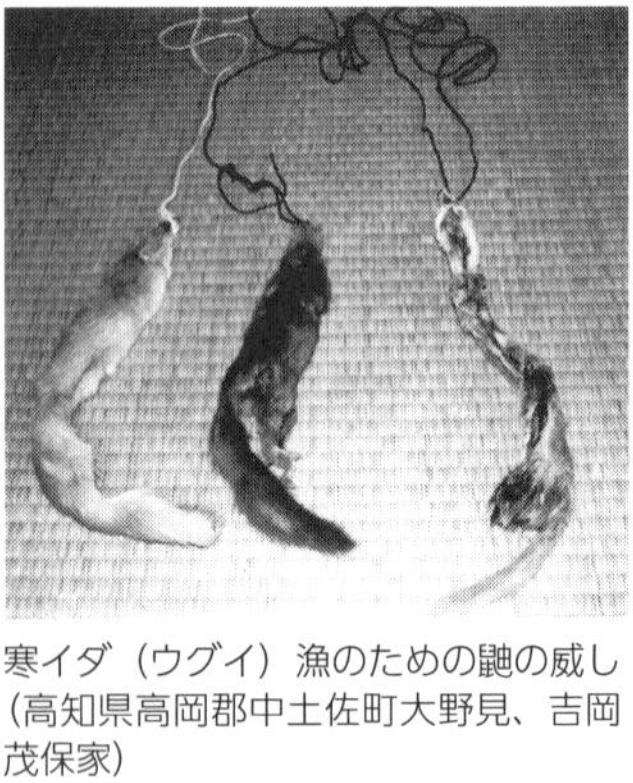

寒イダ（ウグイ）漁のための鼬の威し（高知県高岡郡中土佐町大野見、吉岡茂保家）

カンハマ【漁撈・海・冬の地引網と鰯】鰯を対象にした冬の地引網漁のことを「カンハマ」（寒浜）と呼んだ。空気も乾燥しており、寒風も吹く。しかも鰯は脂が少ないので一週間で堅く乾燥した。これを「カンカライワシ」と呼んだ。脂が少なくよく乾いたこの時期の干鰯《ほしか》が最も肥料に適しているといわれた（千葉県山武市白幡納屋・北田実さん・明治四十四年生まれ）。

キゾ・ガザン【漁撈・ヒルギ林・シレナシジミ、ノコギリガザミ】沖縄県八重山郡竹富町西表島のマングローブには多種の蟹や貝が棲息している。砂泥の中に「シレナシジミ」と呼ばれる十センチにも及ぶ大型のシジミがいる。ドブ貝・ドロ貝などともいい、同町新城島では「キズホー」、西表島祖納では「キゾ」と呼ぶ。西表島古見ではこれを煮しめ、汁の出汁、炒めものなどにして食べるが、祖納では、六十一歳・七十三歳・八十五歳の年祝いの御馳走に使った。湯がいてから染め粉で赤く染めて、バラピ・蒲鉾《かまぼこ》とともに煮た。そのほか、豊年祭にもキゾを使い、御嶽《うたき》に供える御馳走にも入れた。また仲良の田小屋へ泊まりこみをするときにはキゾを採って煮て食べた。古くは貝殻を杓子《しゃくし》に使った。マングローブの泥濘《ぬかるみ》の中にはキゾの天敵がいた。それは、古見で「ウフガザミ」、新城島で「ガサメー」、祖納で「ガザン」などと呼ぶ「ノコギリガザミ」で、甲羅は二十センチに及ぶものもある。祖納出身の高道正文さん（大正六年生まれ）は次のように語る。ガザンは生きたキゾをたくさん自分の穴の囲りに集めているからガザンのいるところはよくわかる――。月夜、大潮には蟹が痩せ、小潮のときに蟹は肥える。月のない小潮どきにヨボリ（夜振）で銛を使ってガザンを獲った。

クイタイビキ【漁撈・海・地引網】 生業として漁獲物を売るための地引き網漁とは別に、祭りなどに際して自家用の小網を引くこと、漁師仲間で分ける魚を獲るための地引網を引くことを「クイタイビキ」（食いたい引き）と呼んだ（静岡県沼津市桃里・鈴木善一郎さん・明治四十五年生まれ）。

クキ・オガエ【漁撈・河川・ウグイ】 地付きウグイのことを「クキ」と呼び、海から溯上してくるウグイを「オガエ」（ウグイの転訛）と呼んだ。クキ・オガエの身と大根おろしを混ぜて食べる方法があった（岩手県下閉伊郡岩泉町乙茂・水野義雄さん・大正十三年生まれ）。

グーザ・ピキノマリ【漁撈・海・イノーのグーザ巻網漁】 「グーザ」（カンムリブダイ）は六十キロにも及ぶ大魚である。西表島祖納では環礁を「ピーニ」、ピーニに囲まれた礁池を「イノー」、ピーニの切れ目は「クチ」と呼ぶが、その切れ目の深いところを「ピキノマリ」と呼ぶ。巨大なグーザの群はサンゴの軟らかい部分を喰うために潮が満ちはじめて一時間後にピキノマリからイノーに入ってくる。そして、干潮一時間前までに「フカウミ」（外海）に出なければイノーから出ることができなくなる。グーザが西表島に姿を現すのは旧暦の六月から十月までである。グーザ漁の組は祖納に二組しかなかった。グーザ漁にはハーリー船ほどの舟を三艘使った。一艘は「メザシブネ」（見張舟）で「メザシ」と船頭が乗る。ほかの二艘は巻き捕り舟で漁師が四人ずつ乗った。メザシには経験豊富な組頭である父の正吉さんがあたった。メザシはどんな魚がどんな状態でイノーに入ってくるのかを神経を尖らせて注視した。グーザの群をイノーの中に認めるとメザシは直ちにクバ笠を脱いだ。それを見てほかの漁師たちもグーザの来訪を知ってクバ笠を脱いだ。これはもとより合図ではあるが、それのみならず、祖納で「神魚《かみざかな》」と呼ばれているグーザに対する儀礼でもあった。巻捕網の設置はメザシの合図によった。メザシが立って両手を水平に開くのが「舟を動かして網を開け」、片手を直上、片手を水平にするのが「舟を止めよ」、両手を挙げるのが「網を巻け」の合図だった。グーザの群を網で巻いた段階で、巻き捕り舟からメザシ舟に一人の漁師を移動させ、眠ったふりをさせる。そして、その男が動くとグーザの色が変わると言い伝えた。その男が疑似睡眠をするのは二時間である。網巻きをするときはピーニの上に立ってやっと鼻が出るほどであるが、二時間たつと潮は膝ほどになり、グーザは泳げなくなる。一人がグーザの両目に指を突っこむ。こうするとおとなしくなるので舟にあげる。グーザが各舟に満載状態になる。グーザは白浜の炭坑に売ったり、ムラびとに売ったり、自家用にもした。四斗甕で塩漬けにしておき、焼いて酢をかけて食べた（沖縄県八重山郡竹富町西表島祖納出身・高道正文さん・大正六年生まれ）。

右に見る漁師の疑似睡眠はグーザを静止させておくための類感呪術と考えられる。

クジラハマ【漁撈・海・鯨あげ】鯨組で捕獲した鯨をあげる浜を、さらには、鯨を浜にあげることを「クジラハマ」という。高知県土佐湾の西の土佐清水市窪津、東の室戸市室津などで「クジラハマ」（鯨浜）が展開された。鯨が獲れると、鯨関連の仕事にかかわる者、ムラびとたちは松明を焚いて鯨を迎えた。鯨の種類はセミクジラ・ナガスクジラ・ザトウクジラ・イワシクジラ・コクジラなどさまざまだった。漁獲された鯨は「カグラ」（神楽）と呼ばれる大型の轆轤《ろくろ》で巻きあげられた。轆轤《ろくろ》巻き作業には次の鯨唄が歌われた。〽三国一や　子持ちよ（を）獲《と》り済《す》まいた　デカシタ　デカシタ　今日はデカシタ　アーハー　大きな樽大徳《たるおおとく》だ――。「大きな樽」とは大鯨を意味している。浜あげした鯨は「ナガエ」（長柄）という長刀型の刃物で解体されて運ばれる（高知県室戸市室津・久田馬吉さん・明治二十六年生まれ）。

クジラヨセ【漁撈・海・鯨寄せの儀礼】鯨の不漁が続くと「クジラヨセ」（鯨寄せ）、「リョウマネキ」（漁招き）、「カコナオシ」（水夫の験《げん》直し）、「エビスナオシ」（恵比須の神徳強化）などと称して「トオケ」（斗桶＝斗枡）に米を満たして恵比須様に供え、鯨組一同が鯨の出現を祈って宴を開いた（高知県室戸市室津・久田馬吉さん・明治二十六年生まれ）。

クロソブ【漁撈・河川・サクラマスの産卵期】鱒（サクラマス）の産卵期、一匹の雌の鱒に対して雄の鱒がつくのは当然として、それとは別に黒色を増したヤマメの雄の群がつきまとうのである。この黒くなったヤマメのことを「クロソブ」という。夜、投網を打つと雌鱒・雄鱒、それにヤマメの雄のクロソブ五、六匹が入った。この地には、一人の娘に複数の男たちがしつこくつきまとうことを「クロソブが付きまわる」と表現する慣行がある（岐阜県高山市清見町三ツ谷・中屋隆三さん・明治四十三年生まれ）。

コウガイ【漁撈・海・錨《いかり》】鉄製の錨《いかり》を海中におろしたとき、錨《いかり》を安定させるために錨《いかり》に棒を結びつけておく方法がある。当地ではその棒を「コウガイ」と称し、ウバメガシを適材として伝えた（和歌山県西牟婁郡すさみ町周参見・中村虎雄さん・大正五年生まれ）。

「コウガイ」は本来髪掻きの棒で「笄」の字をあてる。のちに女性の髷《まげ》に挿す簪《かんざし》に転用された。錨《いかり》のコウガイはその応用呼称と思われる。

サケノスケ・マスノスケ【漁撈・河川・恵み享受の儀礼】並はずれて大きい鮭のことを「サケノスケ」、同様に大きい鱒（サクラマス）のことを「マスノスケ」と呼んだ。サケノスケ・マスノスケが獲れた場合、絶対に売ることはせず、自家のみで食べることもしなかった。必ず川漁師仲間を招待して共食して祝った（岩手県下閉伊郡岩泉町乙茂・水野義雄さん・大正十三年生まれ）。

山形県西村山郡西川町睦合石田の柴田市郎さん（大正四年生まれ）は青年のころ鮭川村で次のような話を聞いたという。ある漁師が舟で鮭の投網漁をしたところ、長さ五尺で目が金色の大鮭（サケノスケ）がかかった。気持ちが悪くなり、その鮭を放してまた網を入れた。すると再度同じ鮭がかかった。いま一度放し、網を打つと三度目にも同じ鮭がかかった。舟にあげてみると鮭は舟幅の四尺を大きくはみ出していた。この大鮭を食べたその男は間もなく死んだ。鮭を組合員に分ければよかったなどと語られていた。西川町睦合石田では旧暦九月三十日に刈り上げの祝いをする。この日は必ず「カリアゲモチ」（刈り上げ餅）を搗《つ》いて祝った。またこの夜は巨大なサケノスケが「サケノスケイマノボル」「サケノスケイマトオル」と大声をあげて川を溯ると言い伝えられていた。市郎さんは子供のころ、この日は「サケノスケが来るから早く寝ろ」といって早く寝かされた。

秋田県大仙市強首には「サケノスケという大鮭を獲ったら鮭留めの留め網の一目を切るものだ」という伝承があるという（佐藤時雄さん・大正十一年生まれ）。

「サケノスケ」のことを「鮭の大助」と呼ぶ地もある。サケノスケや鮭の大助の伝承の背後には、人が漁を休み、行いを慎んで鮭の産卵を守るという資源保全の民俗思想が垣間見られる。▼カリアゲモチ

サバニゴリ【漁撈・河川・釣魚条件】大雨が降ったあとの濁り水に際してイワナ・ヤマメが釣れる。その濁り水を「サバニゴリ」（サバ濁り）という（長野県飯田市南信濃八重河内此田・藪下平吉さん・昭和四年生まれ）。「サバ」とは粘土岩のことで、「サバ濁り」とは粘土岩を溶かした状態と関連する。

シオマツリ【漁撈・海・豊漁祈願】「シオマツリ」は「潮祭り」の意で、長い間不漁が続くときには漁師たちが、夜、渡海神社の神輿《みこし》を舁《か》き出して神輿《みこし》洗いをする（千葉県銚子市長崎町・加藤久太郎さん・明治三十年生まれ）。

シシグイ【漁撈・海・イカの疑似餌漁】猪が牙をこすった木を「シシグイ」（猪喰い）という。シシグイでイカ釣りの「エギ」（餌木＝疑似餌）を作るとイカがよく釣れるといわれている。猪が牙をこする木は主として西表島でいう「牛の舌木」だという（沖縄県八重山郡竹富町西表島祖納出身・高道正文さん・大正六年生まれ）。

シロコ・クロコ【漁撈・河川・鰻稚魚】鰻の稚魚で、全身が半透明で色素がつかない期間のものを「シラスウナギ」（白子鰻）と呼んでいる。「シロコ」とはそのシラスウナギのことである。愛知県豊川市行明町は豊川の河川感潮域内に属している。シロコ漁は、旧暦一月下旬から二月末まで行い、旧暦二月の大潮を中心に十三日から十八日までの「ミチコミ」（満ち込み）の潮に乗って溯上してくるシロコを金網ダモで四時間ほどずつ漁獲した。シロコは鰻の養殖業者に売った（愛知県豊川市行明町・榊原家徳さん・大正十年生まれ）。

愛知県豊川市当古町東船渡の平松市次さん（明治三十九年生まれ）は「桜の花の咲くころシロコが黒くなって

固まって上がってきた」と語る。シロコに色素がついて黒くなったものを「クロコ」と呼んだ。クロコ漁は以下のようにした。河岸から下流に向けて河流の中に高さ・幅一尺、長さ四尺ほどの石積みの堰を作って誘導し、堰のつきあたりに篩《ふるい》を置いて止めにして、そこで掬った。クロコは売らずに、自家で煮付けにして食べた。

スイタン【漁撈・海・禁忌】 漁に出るとき、梅干や酢漬など酸いものを持っていくと獲物に恵まれず「スイタン」になると言い伝えられている（静岡県賀茂郡西伊豆町仁科沢田・鈴木善治さん・明治三十七年生まれ）。「スイタン」とは難解な語であるが、「酸い」から掛詞的に導かれたものと考えられる。例えば「空《す》い担《たん》」（空荷）などとの関連も考えられる。漁撈のみならず狩猟においても弁当の中に梅干を入れることを嫌う。「酢《す》」が「素戻《すもど》り」につながるからだとされている。

スガゼメ【漁撈・河川・冬季のウグイ漁】 冬期のクキ（ウグイ）漁の方法として、河岸の湾曲部を利用して岸から離れた川の中央寄りの部分の氷を割り、そこに雪や氷を詰めこんで湾曲部の奥の氷を割ったところにクキを追い出して獲るという方法がある。「スガ」は「氷」の意だから「スガゼメ」は「氷攻め」ということになる。冬のクキは脂がのっていてうまい。塩焼きかカラ揚げにした（山形県西村山郡大江町楢山・鈴木豊さん・明治四十五年生まれ）。

秋田県大仙市豊川東長野の高橋陵さん（昭和九年生まれ）はスガゼメと同じ漁法を「ユキカマセ」（雪噛ませ）と呼んでいた。岩手県和賀郡旧湯田町長松の高橋仁右衛門さん（大正九年生まれ）は氷の張っていないところから氷の下へ雪を流しこみ続けてクキを獲る方法を「ジャガケ」と呼んだ。岩手県胆沢郡金ケ崎町ではこれを「スガワリ」（氷割り）と呼んだ。

スダチ【漁撈・河川・サクラマスとヤマメ】 サクラマスの産卵期は秋の彼岸のころだが、その折、サクラマスの雌にサクラマスの雄が寄りつく。その際、サクラマスの雄以外に、ヤマメの雄も集まる。この雄の集まりのことを「スダチ」と呼んだ（福島県喜多方市山都町一ノ木高野原・佐藤不二男さん・大正二年生まれ）。

スナボシ・スボシ【漁撈・海・鰯の干し方】 地引網で漁獲した鰯には二種類の干し方・利用法があった。そのひとつは、春鰯（マイワシ）を「スナボシ」（砂上で干す）にして肥料として流通させるもの、いまひとつは、秋鰯（カタクチイワシ）を「スボシ」（簀干し）にして食用タツクリにするものだった（山形県飽海郡遊佐町菅里十里塚・大滝栄作さん・明治四十三年生まれ）。

スマキ・スボイ【漁撈・沼・柴浸漁】 浮島沼の残存湿地で「シバヅケリョウ」（柴浸け漁）をした。主たる対象魚は鮒・鯰で、柴は椎・樫類の枝、柴を浸ける広さは八畳ほど、柴あげの時期は十二月～二月が中心だったが、夏あげることもあった。漁獲方法は、浸けた柴の周囲に、愛鷹山で秋刈りをした女竹で編んだ幅五尺、長さ十二尺の簀《す》を組み合わせて、次第に幅を狭め絞りこんでゆくという方法である。これを「スマキ」（簀巻き）・「スボイ」（簀追い）と呼んだ（静岡県沼津市桃里・鈴木善一郎さん・明治四十五年生まれ）。

スリアマゴ【漁撈・河川・アマゴ・資源保全】 産卵期のアマゴを「スリアマゴ」と呼ぶ。スリアマゴの味はよくなく、「スリアマゴは獲るな」という伝承があった（長野県飯田市南信濃和田中新町・橘忠久さん・昭和十二年生まれ）。同市南信濃南和田大町の荒井学さん（昭和三年生まれ）は年寄りから「腹のある魚は獲るな」と教えられたという。

　右の伝承には資源保全・種の保存の民俗思想が見られる。遠山谷ではスリアマゴは「コノハアマゴ」「サレッポー」などと呼ばれることもあった。

スリツボ【漁撈・河川・鮭】 河川の中で鮭が産卵する場所のことを「スリツボ」（擦り坪）と呼ぶ。岸寄りで、鮭が尾鰭《おびれ》で石を掘るので下の白い石が現れ、遠くから見ても白っぽくそれと知れる。スリツボのことを別に「タンボ」（田圃）とも呼ぶ。スリツボを基点として以下の鮭漁を行った。①鉤漁《かぎりょう》＝鉤《かぎ》は二又鉤《かぎ》で、底部と上部（鉤《かぎ》先《さき》）の間は三寸五分～四寸で二又に分かれる。底部を安定させるために鉄板をつける。鉤《かぎ》はスリツボの対岸側に置き、鮭が鉤《かぎ》の前に来た瞬間に岸から鉤《かぎ》につけてある麻綱を引く。②袋網＝スリツボの下手に杭を二本打って網口を竹の輪で杭につなぐ。袋網の長さは三メートル、網口の高さは水位。入った鮭は取り出し、網は引き続き使う。このほか流し網も使った。漁場は江の川である（島根県邑智郡美郷町浜原・中岡武男さん・大正十年生まれ）。

セブチ・フネブチ【漁撈・河川・サクラマスの投網漁】サクラマス漁の漁法のひとつに投網漁がある。川瀬に入って投網を打つ方法を「セブチ」（瀬打ち）、川舟の上から投網を打つ方法を「フネブチ」（舟打ち）と呼んだ。投網につける鉛の錘《おもり》のことを「アシ」（足）と呼ぶ。「セブチのアシはフネブチのアシより重い」「セブチの網目は一寸、フネブチの網目は一寸二分」「セブチ網の糸は太く、フネブチ網の糸は細い」「セブチ網の丈は一間半、フネブチの網は長い」。セブチにおいては、若者の投網の糸は太く、アシは重い。年寄りの網の糸は細く、アシは軽い。若者は水勢の強いところ、年寄りは水勢の弱いところで打つ。何種類かの錘《おもり》の鋳型があった（山形県鶴岡市倉沢中向・亀井寿太郎さん・大正二年生まれ）。

タケシノムネ・ナゾエ【漁撈・海・海底地形】海女は海底地形を見る。土手状の高みが数列連なればその間は谷状になる。その高い部分を「タケシノムネ」といい、谷のように低く続く部分を「ナゾエ」と呼ぶ。春はタケシノムネにアワビが多く、夏はナゾエにアワビが多い（三重県鳥羽市石鏡町・浜田みちこさん・大正三年生まれ）。

「タケシ」には険しいという意があり、「ムネ」は峰だと考えられる。「ナゾエ」には斜面の意味があるが、さらなる探索が必要である。

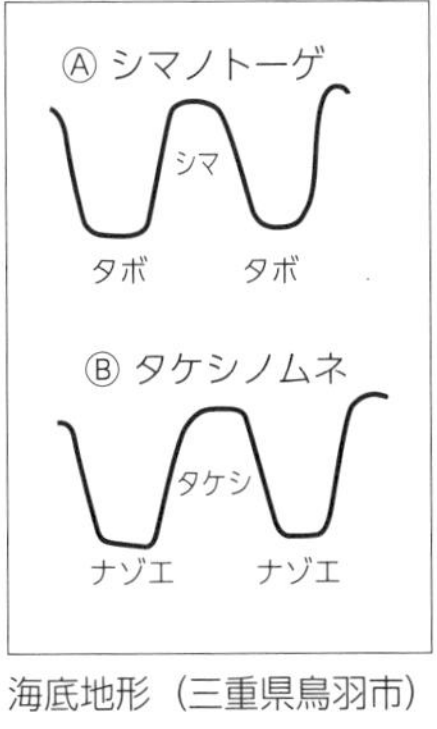

海底地形（三重県鳥羽市）

タッタヨバリ【漁撈・海・地引網】地引網の網元を「ツモト」と称し、その下に株主が七〜八戸、大株主が三戸、そのほかはムラ中の家が網子だった。漁があると浜とムラの境をなす松林で数名が大声をそろえて網子の呼び出しをした。これを「タッタヨバリ」と称した。網引きに出た者には必ず貰いがあった（静岡県沼津市桃里・鈴木善一郎さん・明治四十五年生まれ）。

タデブネ【漁撈・海・舟管理】木造船の船底や外面に付着する貝や藻《も》を除くために船焼きをした。「リン」（台）の上に舟をのせ、羊歯《しだ》または麦稈《むぎから》を使って付着物を焼き落として除く。これを「タデブネ」と呼んだ。舟の耐久性と舟のスピードを保持するためにタデブネは欠くことのできない管理作業だった（広島県呉市豊浜町豊島内浦・豊島・北山速さん・大正四年生まれ）。

「タデブネ」は『日本国語大辞典　第二版』にも収載されており、「熮船」「焇船」の文字があてられている。

タビブネ【漁撈・海・家舟】家族で舟住みをしながら三か月、一年と続けて漁撈活動をする舟のことを「タビブネ」（旅舟）と呼んだ。「エブネ」（家舟）と呼ばれることもある。西庄さんが使ったタビブネは全長十八尺五寸、幅五尺で、舳先《へさき》から順に舟内部の室の用途を示すと次のようになる。「カンパ」（五尺五寸＝夫婦寝室）↓「コマ」（一尺五寸＝漁具等の物入れ）↓「エケマ」（三尺・中央で二分＝生簀《いけす》）↓「ワキ」（四尺・深さ三尺＝食事等をする居間）↓炊事場（一尺五寸）↓「トモカンパ」（二人部屋、子供または若者の寝室）。例えば昭和六年は三丁櫓《ろ》・帆兼備、漁場は大分、対象はモンゴウイカ・鯛・アナゴ、期間九月〜十二月、一本釣り、昭和九年には着火式エンジン船になった。西庄さんが舟を降り、酒類販売店を開業する直前、昭和四十七年には、機械船六十馬力、鹿児島県内之浦、対象シビマグロ、期間は一年間、漁法はハエナワ漁になっていた。タビブネ漁撈を円滑に遂行するためには漁撈技術・気象・海象知識を身につけ、ほかに、旅先、寄港地の人びととの人間関係が重要だった。仁義を守らなければならない。旅先の知人の祝いごと、舟おろしなどには必ず祝儀を出すことになっていたし、時には世話になった人に漁撈技術を教えることもあった。寄港地が町である場合は銭湯に行くのだが、銭湯のないところでは知人の家の風呂を借りなければならない。洗濯のためには井戸も借りる。こうした家とは代々交誼《こうぎ》を重ねてきたのである（広島県呉市豊浜町豊島小野浦・豊島・西庄喜佐男さん・大正十年生まれ）。

タルムグリ・フンドウムグリ【漁撈・海・海女漁の方法】当地の海女の潜水漁法は二種類あった。そのひとつは「ウケダル」(ウキダル＝浮樽)を基点にして磯に近いところで海女が一人で潜水漁をする方法で、これを「タルムグリ」(樽潜り)と称した。対して、夫とともに舟で海に出て、舟から「イキヅナ」(息綱)と「フンドウヅナ」(分銅綱)をおろし、分銅の重みを利用して海中に降下し、サザエ・アワビ・テングサなどを捕採して捕採後、息綱で合図をして夫に引きあげてもらう方法がある。これを「フンドウムグリ」(分銅潜り)と呼んだ。舟の上で息綱を引く者を「フンドウジメ」(分銅締め)・「ウエノシュウ」(上の衆)・「ヤマテ」・「ヤマアテ」(山当て)などと呼んだ。山当て役は、その日の風向、そのときの潮位・潮流を読み、獲物の多いポイントに舟位を確定しなければならない。気象・海象条件を読んだうえで、舟の上から二方向の目標物を遠近二つ選んでその交点に舟の位置を定めて、そこから海女を海中におろすのである(静岡県賀茂郡西伊豆町仁科沢田・谷川てつさん・大正二年生まれ)。

チクイソ【漁撈・湖沼・共同柴浸漁】 静岡県浜松市の佐鳴湖で行われた共同柴浸け漁撈の一種に「チクイソ」がある。湖の一画に二十間四方ほどの漁場を設定する。周囲に杭を打ち横木を三本ほど固定する。その中へ長さ一間ほどの椎の柴を挿し並べる。春先、この装置を仕掛けておくと、鯉・鮒・鯔《ほら》などが椎の柴に住みつく。冬、佐鳴湖の水も凍るころ、杭の周囲に網を張りめぐらし、次に柴を抜く。抜き終えたところで杭柵の内側にも網を張り、一部を底引き網にして、そこへ魚を追いこんで獲る。寒中には魚の動きが鈍いので仕事がしやすい。この装置を「チクイソ」と呼び、漁法は「チクイソ漁」という。チクイソ漁の権利は組の集まりの入札によった。斎藤さんは女性ではあるが船子として働いた(静岡県浜松市西区入野町・斎藤みつさん・明治三十八年生まれ)。

チュウシン【漁撈・海・鯨捕獲の注進儀礼】 鯨組が鯨を捕獲すると関連の津呂捕鯨会社または室津捕鯨会社に捕獲の報告を行う「チュウシン」(注進)という儀礼があった。以下のようにした。報告者は赤い鉢巻をし、捕獲鯨が一頭の場合は片肌を脱ぎ、二頭の場合は両肌脱ぎで、「注進、注進、注進、注進」と誦し、捕獲場所・鯨の種類などを報告した。会社側はそれを機に受け入れの準備にかかる(高知県室戸市室津・久田馬吉さん・明治二十六年生まれ）。

和歌山県新宮市三輪崎にも鯨組があった。同地の辻虎吉さん（明治三十五年生まれ）も「御注進」を記憶している。「御注進、御注進」と叫び、組合長ほか幹部の前で、注進役はひれ伏して、鯨はどこで何時に発見、一の銛は誰が入れ、獲った鯨は○○鯨で長さは……と口上したのだという。

ツキウグイ【漁撈・河川・ウグイの威《おど》し漁】降海しない地付きウグイのことを「ツキウグイ」（付き鯎）と呼んだ。冬季、淵にひそんでいる周囲に巻網を張り、竿先に黒い布をつけて追い立てる。黒の布は川鼠の擬態物である。ウグイは焼いてから濃い茶で煮て食べる（岐阜県郡上市八幡町有穂小久須見・植村丁八さん・大正九年生まれ）。

ツキマチ【漁撈・河川・鮎・鵜飼漁】民俗で、一般的にいう「月待ち」は月の出を待って月を拝む行事を指すが、鵜飼漁の「ツキマチ」（月待ち）は月の沈むのを待つことを意味する。月が沈むのを待って漁を始めるからである。月夜は鮎が散り篝火《かがりび》に集まらないので鵜を使う漁ができない。満月の日は休漁となる。宵闇に対して暁闇は月の出が遅く、沈むのが明け方近くになり、闇の時間が少なく、実働時間も短くなる。その代わり、遠出ができるし、鵜の体力を回復させる期間にもなる。宵闇の鮎は昼間摂餌したものがそのまま体内にあるのに対して、暁闇までにはじゅうぶん消化の時間があるので、宵闇の鮎に対して暁闇の鮎のほうが餌は消化されており美味であるという（岐阜市長良・杉山旗男さん・明治三十九年生まれ・長良川鵜匠）。

ツナギメス【漁撈・河川・鮭の囮漁《おとりりょう》】雌を使った鮭の囮漁《おとりりょう》の一種に「ツナギメス」（繋ぎ雌）がある。囮《おとり》に使う最初の雌鮭は投網で獲る。

飼育される鵜（岐阜市長良、杉山旗男家）

鮭はエラをいじりすぎると死んでしまうので注意深く扱う。エラの上の頭部に紐を掛け、紐の両端をエラから入れて口に出して両端を纏《まと》める。口から一尺のところで「ヨリホグシ」（撚り解し＝鮭の動きで紐がよじれないようにする装置）に紐先を結びつける。ヨリホグシの器具は、鉄の鐶《かん》の二か所に三寸釘を通して鉤《かぎ》状に曲げ、図のように紐と釘頭を連結させるのである。もう一方の釘頭につながる紐は囮《おとり》鮭を固定する径一尺前後の石に堅く結びつけておく。ヨリホグシの鐶《かん》は、現在は、写真のように合金製の回転式連結具になっている。こうして囮《おとり》の雌鮭をつないでおけば雄鮭は次々と寄ってくる。当地では、その雄鮭をカマス網で獲ったのだが、集まる雄鮭は、鉤《かぎ》でもヤスでも獲ることができる（栃木県大田原市黒羽向町・菊池龍三さん・昭和三年生まれ）。

手作りのヨリホグシ（栃木県大田原市那珂川流域）

鮭の繋ぎ雌漁に使われるヨリホグシ（栃木県大田原市黒羽向町、菊池龍三家）

デゾメ【漁撈・海・鯨組の年頭儀礼】毎年一月二日に鯨組の「デゾメ」があった。「ハザシ」（刃刺し）は紋付・袴で、銛をかざし、「ヤー」「ヤー」「ヤー」の掛け声で刃刺しの様を演じ、「三国一や」を歌って宴会を開いた（高知県室戸市室津・久田馬吉さん・明治二十六年生まれ）。

トウ【漁撈・海・鰯漁】昭和十年前後、倉橋島室尾には「トウ」と呼ばれる鰯漁の網元が十二軒あり、おのおの二十人前後の「アミコ」（網子）がついていた。池野家はトウだった。トウは漁から「シロコ」（シラス）干しまでを担った。トウが組織する鰯漁の舟は以下のとおりだった。①網舟（「大舟」とも）＝五丁櫓《ろ》・三トン二艘、六〜八人が乗り組み袋網のあげおろしをする。②小舟＝三丁櫓《ろ》・一トン二艘、二人乗り、大舟の補助並びに魚の運搬。③鰯舟＝二丁櫓《ろ》・一トン、小舟の補助一艘。④「イリヤブネ」（入屋舟＝家が入った舟）＝三丁櫓《ろ》・三トン、木の台盤の上にレンガで二つの竈《かまど》が築かれていた。竈《かまど》はおのおの釜口が二つ、釜は一斗釜、焚口一つ、煙突一本のものが二基。釜は計四個だった。平素は一人乗り、釜で鰯（シロコ）を煮て「ニボシ」（煮干し）にするときには網舟から人が移動した。舳には棚がつけられており舳《へ》先《さき》に近い前方には燃料の割木が積まれていた。イリヤブネはシロコやカエリなどのカタクチイワシの子を茹であげる舟だった。イリヤブネで茹であげられたシロコ・カエリは小舟で岡へ運ばれ、干し場で干しあげられた。シロコ漁は七月、カエリ漁は八月が最盛期だった。冷蔵設備の未発達の時代のことである（広島県呉市倉橋町室尾・倉橋島・池野市次さん・大正二年生まれ）。「トウ」は「頭」とのかかわりが考えられるが「統」「党」との脈絡も視野に入れて考えみる必要がある。

トメイソ【漁撈・海・留め磯】 答志島の前方に小築海島と呼ばれる三角の握り飯の形をした島がある。この島は神が祀られていた島だという伝承がある。小築海島は平素は「トメイソ」（留め磯＝禁漁区）になっているが七月十一日と、もう一日潮まわりのよい日の二日だけ「クチアケ」（口あけ＝解禁）とした（三重県鳥羽市答志町・答志島・中村春子さん・大正八年生まれ）。

留め磯は資源保全にとって有益だった。

トモカヅキ【漁撈・海・海女】 海女が、曇天の日に海中に深く潜ったとき、自分と同じような海女が出てきて深海へ連れてゆこうとする。しかし、これは現実の海女ではない。これを「トモカヅキ」（共潜き）と呼んでいるが、呼吸圧迫や疲労による幻視か妖怪かは定かでない。海に入るとき手拭の端を長く伸ばしておくとトモカヅキが来るといって手拭の先を固めて縛った。また、海中で手を後ろへ差し出すとトモカヅキが獲物をくれるとも言い伝えている（三重県志摩市志摩町布施田・田畑たづさん・大正十年生まれ）。

ドヨウマス【漁撈・河川・鱒】 夏の土用に漁獲した鱒（サクラマス）のことを「ドヨウマス」（土用鱒）と呼ぶ。土用鱒は身が赤く、身が皮からはみ出るほどに太っている。「土用鱒を食べると三年前の病気（腫《は》れものなど）がもどる」という口誦句があり、その栄養価と力が強調されていた（栃木県大田原市黒羽向町・菊池龍三さん・昭和三年生まれ）。

ナガシアミノナルコ【漁撈・海・流し網の鳴子】 鯔《ぼら》・イナを主要対象とする流し網の位置を素早く正確に確認するために、流し網の風上の位置の網に鳴子をつけた。この鳴子を「ナガシアミノナルコ」と呼んだ。厚さ五寸、径一尺二寸ほどの角樽《つのだる》型の浮樽で、両角の長さは一尺、その両角に把手状の横棒が組まれている。横棒の中央に小型の銅鑼型の鳴輪を吊り下げる。その鳴輪の両面に触れて動くと音を出すように横棒から樫の木で作った叩き棒が吊られていた（静岡県浜松市西区村櫛町・高山安一郎さん・明治三十二年生まれ）。

ナメナガシ【漁撈・河川・毒流し漁】 河川の毒流し漁のことを「ナメナガシ」という。「ナメ」（毒）は山椒の皮・野老《ところ》の根を石で叩き灰と混ぜたもの。これを各戸叺《かます》に一杯ずつ出し合っての共同漁撈だった。流れが二又になっているその一方の水を止め、そこに「ナメカマス」（毒叺《どくかます》）を並べてムラびとがこぞって踏むのである。時期は盆の前、対象魚はヤマメ・イワナ・鮎で、漁獲物は各戸均等に分配した。これが盆魚になったのである（青森県西津軽郡深浦町大山・前田正男さん・大正四年生まれ）。

河川の毒流し漁は東北地方から九州に至るまで広域で行われた。総じて以下の特色を持つ。毒流しは盆前の渇水期、ムラの共同漁撈、漁獲物は各戸均等分配で盆魚にあてる。毒流しは一年間でこの一回に限り、個人的な毒流しは禁止され、資源保全への配慮もなされてきた。岐れ川の一方で行う、毒性の強いものは制限する、年ごとに谷を変えて行う、などの例がある（野本寛一『野本寛一著作集Ⅱ　山地母源論2　マスの溯上を追って』）。

ナヤギリジル【漁撈・河川・鮭の漁獲儀礼】 十月二十八日と十一月二十八日に不動沢の水神不動の祭りを行った。この日は赤飯と大鮭を供え、川漁師は「ナヤギリジル」を食べた。ナヤギリジルに入れる鮭の切り身は土方弁当や重箱に入りきれないほど大きかった。味付けは味噌である。清川は「鮭の味のとまりどころ」「これ以上溯上すると鮭の味が落ちる」といわれていた（山形県東田川郡庄内町清川・鈴木春男さん・昭和十五年生まれ）。「ナヤギリ」の「ナヤ」は「魚屋《なや》」の意と考えられる。

ニュウバイイワシ【漁撈・加工・干鰯《ほしか》作り】 千葉県山武市白幡納屋は鰯漁と連動して干鰯《ほしか》作りが盛んだった。

「ムギカリイワシ」（麦刈り鰯）・「ニュウバイイワシ」（入梅鰯）といって、この間のマイワシは最もよく脂がのっており、食べればうまいのだが、干鰯《ほしか》にするのには天気がよければ十日間、入梅期には十五日間干さなければならない。しかも一日二回「サレー」（攫い）と呼ばれる熊手型の道具で返しをしなければならなかった。当地には鰯の脂を除去する「アブラヌキ」（脂抜き）の独自な技術があった。渚近くの砂地に図のような装置を作る。深さは五十五～六十センチ、縦横の囲み土手の長さは鰯の量に合わせる。土手は砂で堅固に作る。標準的なものは、二斗五升入りの野菜籠五十杯分のマイワシを土手の高さ三十センチほどになるように入れることのできるものだった。マイワシを入れたらその上に約十五センチの厚さになるように砂を入れる。次に潮水をかけながら砂を足で踏み固める。二時間から三時間踏む。次第に潮水がたまってくる。そこへ、潮水が十センチになるよう海水を汲み入れる。こうして二日間埋めておくと脂が抜けるという。埋めた鰯を三日目に掘り出して干鰯場《ほしかば》で干す。できあがった干鰯《ほしか》は二斗枡三杯分を一俵として出荷した（白幡納屋・斎藤敬吉さん・明治四十三年生まれ）。

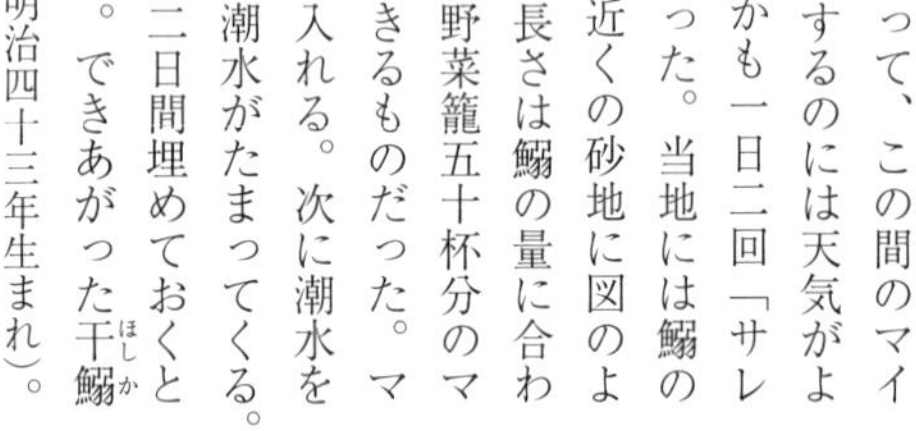

ムギカリイワシ・ニュウバイイワシの脂抜き（千葉県山武市白幡納屋）

ネマツリ【漁撈・河川・鮭漁の休止と種の保全】十二月十二日の水神祭りのことを「ネマツリ」（寝祭り）と呼んだ。この日は毎夜鮭漁をする者たちが「サケゴヤ」（鮭漁をするための泊まりこみの小屋。間口三間、奥行き五間で川に面した入口に筵《むしろ》を垂らし、中にはイロリもあった。燈火はガス燈で屋根は葺きおろしだった。四、五人は泊まった）に泊まりこんで漁を休んで川で泳いだ。身を浄めるとともに、この日、鮭漁をしないことを示したのである。この日は、小屋籠りの鮭漁師が、鮭のブツ切りと大根のイチョウ切りで味噌味の「サケジル」（鮭汁）を作って子供たちにふるまった（新潟県岩船郡関川村大島・伊藤彦市さん・明治四十四年生まれ）。

当地、荒川の鮭漁は十月中旬から十二月末まであり、寝祭りに象徴されるこの日の休漁の意味は、鮭の種の保全、資源保全にかかわるものだった。

ハエ・タチバ【漁撈・海・ヒジキ】 褐藻類のヒジキ採取には「イソノクチアケ」（磯の口あけ＝解禁日、四月）があった。それも、南・御堂・北・中と四区の「ハマワケ」（浜分け）をし、各ハマに「ハエ」（所属組）が割りつけられた。割り当てられた浜のことを「タチバ」と呼んだ。公平を期するためにハマを循環利用した（三重県鳥羽市石鏡町・浜田みちこさん・大正三年生まれ）。

ハコドウッコ【漁撈・河川・ウグイの箱筬】「ハコドウッコ」とはクキ（ウグイ）を漁獲するための誘引仕掛け漁具で、「箱筬《はこど》ッコ」の意である。幅二尺、深さ一尺の板を四角に組んで底をつけた箱の上部に木綿網を張り、その中央に径二寸の穴をあけておく。この箱の中に餌として酒粕を入れ、箱を河底の砂利の中に埋めておくと、クキは餌に誘引されて箱の中に入るが出ることはできない。クキは焙《あぶ》ってから味噌で煮た（秋田県大仙市豊川東長野・高橋陵さん・昭和九年生まれ）。

ハタハタゴヤ【漁撈・海・ハタハタ】 十二月からのハタハタ漁には、七、八人の漁師と炊事係が「ハタハタゴヤ」（鰰小屋）に住みこんだ。小屋は二間×三間が多く、イロリがある。寒冷期であるため大量の薪が必要となる。薪の供給地は真山だった。春先伐って十二月に売るのであるが、ナラ類が好まれた。長さが五～六尺で八寸束、一人三～四束を背負って下った。これは女性の仕事だとされていたが、道が悪いので苦労した（秋田県男鹿市北浦真山・菅原福次さん・明治四十二年生まれ）。

ハネ【漁撈・櫓舟《ろぶね》・強風と櫓《ろ》】 強風に煽られての舟の転覆を防ぐために二本の櫓《ろ》を羽状にして舟を安定させることがある。このことから櫓《ろ》のことを「ハネ」（羽）と呼ぶ。「今日はナライが強いから二丁バネ（羽）を結え」といった会話がなされた（静岡県賀茂郡河津町見高・島崎勝さん・明治三十九年生まれ）。

ヒウチアマゴ【漁撈・河川・ビワマス】 ビワマス（琵琶鱒）のことを「カワマス」と呼び、その子を「ヒウチアマゴ」と呼んだ。小型の鱒掛け針を使って獲り、塩焼きにして食べた（滋賀県長浜市余呉町中河内旧半明集落・宮山正二さん・大正二年生まれ）。

ヒコマル【漁撈・河川・鮎・鵜飼漁】 長良川鵜飼漁にかかわる鵜の呼称がある。川鵜の雄と海鵜の雌とを交配させて生まれる鵜は体も大きくなり、よく働くといわれている。これを「ヒコマル」と呼ぶ。鵜飼漁に使う鵜のすべてについて、七、八か月のものを「トウザイ」（当歳）、二歳のものを「カタケ」、三歳以上四、五歳までのものを「クロ」と呼ぶ。それ以上のものは「トオシ」と呼ぶ。知る限りの最長寿は三十三歳だったという（岐阜市長良・杉山旗男さん・明治三十九年生まれ・長良川鵜匠）。

ヒサバー【漁撈・海・眠り鮫】 体長二メートルにも及ぶネムリブカ（ネムリザメ）のことを「ヒサバー」と呼ぶ。ヒサバーは旧暦二月・三月の雷が鳴るころ、「ユクノー」と呼ばれる「イノー」（礁池）の「ガマ」（洞窟）に入って眠る。雷が鳴ると絶対に動かない。一人の漁師が潜水して、眠っているヒサバーの背中を手で搔きながら尾《お》鰭《びれ》の付け根をロープで縛りあげる。終了の合図とともに上にいる者がロープを引きあげる（沖縄県島尻郡粟国村・粟国島・山城栄孝さん・昭和五年生まれ）。

粟国村西の新里貞次郎さん（大正十一年生まれ）はマハナ岬の灯台の下のガマの中でヒサバーを捕獲したことがある。潜水し、眠っている二匹のヒサバーの尾をロープの両端で縛って上の者が引きあげた。やはり、雷の鳴るときには獲りやすいという。ヒサバー（「サバ」とも）の肉は、刺身・煮付け・酢味噌和えにして食べた。ハネ尾・肉・骨などを煎じて飲めば血圧の薬・下剤になるともいう。

ヒデリマス【漁撈・河川・真夏の鱒漁】 夏、日照りが続くと本流の水量が減って水温も上がる。すると鱒は冷たい水を求めて支流の小沢につく。このような鱒を「ヒデリマス」（日照り鱒）と呼んだ。支流の小沢に入ったところをヤスで突くのである（青森県三戸郡三戸町梅内小中島・工藤武治さん・大正十一年生まれ）。

ヒトカシラ・ヒトカヅキ【漁撈・海・海女】 海女の潜水単位を示す語で、一息《ひといき》一回の潜水を「ヒトカシラ」（一頭）と呼び、十二頭《かしら》を「ヒトカヅキ」（一潜き）と称した。一潜《ひとかづ》きの時間は三十分ほどだった。夏磯は一潜《ひとかづ》きが二十頭《かしら》になることもあったが、逆に冬磯は頭《かしら》数が減り、一潜《ひとかづ》き十五分ほどのこともあった。潜水漁撈は冬季には厳しいものなのである。冬季を除けば、一日三潜《かづ》きのことが多く、「アサカヅキ」「ナカカヅキ」「ユウカヅキ」で、ユウカヅキの終わりは午後四時だった。一頭《ひとかしら》の獲物の記録はアワビ五個、サザエ十個だった（三重県鳥羽市石鏡町・浜田みちこさん・大正三年生まれ）。

ヒトカシラの「カシラ」は、一旦水中に潜り、再度「頭《かしら》」が浮上するところからの呼称であろう。「カズク」は本来「カヅク」であり、潜水の意である。長崎県佐世保市宇久町平向江（宇久島）の海士、岩本義弘さん（昭和二年生まれ）は一息《ひといき》による潜水が「一《ひと》カシラ」、線香が一本燃焼し尽くす時間が「一《ひと》シオ」、普通は一日四〜五シオだという。

ヒーヌキ【漁撈・海・鯛の鮮度保持技術】 地引網で鯛を漁獲するとすぐに生簀《いけす》に入れ、鮮度を保つために、「ヒーハル」と称する、腹が張った鯛の腹の空気抜きをした。竹針を鯛の肛門から刺し入れて空気を抜く。これを「ヒーヌキ」と呼んだ（和歌山県西牟婁郡白浜町富田中・坂上喜太治さん・大正八年生まれ）。

ヒブリリョウ【漁撈・河川・鮎漁】「ヒブリリョウ」（火振り漁）は鮎を対象とするもので、火光および、竿で水面を叩く音によって鮎を驚かせ、水中に張った網に鮎を追いこんで獲る漁法である。日没以降、十〜十五張の網をおろして水中に張り、暗くなってから「トモブネ」と呼ばれる舟に二名が乗って、一人が艫《とも》で松明を振る。一間ほどの棹先の鉄籠の中で松明が燃えている。これを左右に振る。もう一人が舳先《へさき》に乗って竿で水面を叩く。月夜には鮎が散るので火振り漁は旧暦十四・十五・十六日は漁を休む（高知県四万十市旧西土佐村出身・地部田金重さん・大正四年生まれ）。

フナダマ【漁撈・海・信仰】 舟を建造するとき、まだ生理のない娘の髪をもらって人形を二体作り、柳の木で作ったサイコロとともに舟おろしの前に、中心の舟梁に「フナダマ」（船霊）としてはめこむ（長崎県佐世保市宇久町平向江・宇久島・岩本義弘さん・昭和二年生まれ）。

フナド・オケド・カチド【漁撈・海・海女】三重県志摩地方でアワビ・サザエを主たる対象とする海女の種類には三種あった。①「フナド」（舟人）＝夫婦ものが多く、分銅・息綱を使う。②「オケド」（桶人）＝「トマエ」（舟人の男一人）と「カコ」（この場合海女五〜八人）が一艘の舟に乗って漁場に赴き、各カコが桶を基点として潜水する。③「カチド」（徒人、「オヨギド」（泳ぎ人）とも）＝前磯を基点として潜水する。老婆と練習中の娘がこれにあたる（三重県志摩市志摩町布施田・田畑たづさん・大正十年生まれ）。

フリコミ【海苔養殖・粗朶《そだ》穴掘り具】浜に海苔《のり》粗《そ》朶《だ》を挿し立てる作業は十月四日から十月末日までかかった。粗朶《そだ》は椎の木の枝で五尺から八尺ほどだった。長さ一間半余の二本の樫の丸太材をV字型の柄にしてその先に砲弾型の長さ二尺二寸ほどの鉄塊をつけた道具で海底に穴をあける。この大きな道具を「フリコミ」という。二本の柄を持ち、鉄の部分に乗って体重をかけて穴をあける。その穴に粗朶《そだ》を挿し立てるのである。「ヨシオ」（夜潮）のほうが「ショビ」（潮干）がよいので、夜この作業をした。「アゲ潮に挿したほうが海苔のつきがよい」といわれるが、アゲ潮に挿すと水が深くなりすぎる（静岡市清水区三保・藤波義松さん・明治三十年生まれ）。

フリコミを持つ藤波義松さん（静岡市清水区三保）

ホッチャレマス【漁撈・河川・産卵後のサクラマス】産卵を終えた鱒（サクラマス）を「ホッチャレマス」（放遣れ鱒）と呼んだ。これを「ゴンボウマス」（牛蒡鱒）と呼ぶこともあった。牛蒡のように色が黒くなっているからである。ホッチャレマスは獲らなかった（岩手県和賀郡旧湯田町長松・高橋仁右衛門さん・大正九年生まれ）。ホッチャレマスは味は落ちるが、食べたという例も多い。同系の呼称に「ホッツァレ」（岩手県下閉伊郡岩泉町安家年々）・「ホッタレ」（福島県喜多方市山都町）・「ホッタレボー」（新潟県東蒲原郡阿賀町両郷）などがある。似てはいるが別系の呼称に「ホリダオレ」（掘り倒れ＝鳥取県八頭郡若桜町落折）などがある。ほかに「オオザレマス」（岐阜県高山市清見町）があり、飛騨地方ではこの呼称が一般的である。「サレ」はさらされて変色・変質することである。「オザレンボ」と呼ぶ例もある。「ホケマス」（岐阜県山県市片原片狩）・「スリボケ」（摩り呆け）などもある。山形県鶴岡市旧朝日村八久和には、老人が老化を嘆いて「俺もホッチャレになったものね」などと語る者もいたという（佐藤蔵治さん・明治四十三年生まれ）。

ホツボ【漁撈・河川・鮭漁】鮭が交尾・産卵をする川の中の掘り場を「ホツボ」という。ホツボの下手に雌鮭が位置し、その雌鮭を目ざして「カノ」（雄鮭）がつく。これを「ツキカノ」（付き雄鮭）と呼ぶ。鮭漁の方法に、ツキカノを狙って川舟から鉤《かぎ》でかける方法と、置き鉤《かぎ》を設置して岸から引く方法とがあった。「霜が降りはじめると鮭の「ホリ」（交尾・産卵）が始まる」という自然暦がある（岩手県下閉伊郡岩泉町乙茂・水野義雄さん・大正十三年生まれ）。

マスカギノツボ【漁撈・河川・鱒鉤漁《ますかぎりょう》】鱒（サクラマス）獲り鉤《かぎ》は鉤先《かぎさき》と底部の幅が二寸〜二寸五分で、鉤先《かぎさき》には「アゲ」（返し）があり、柄の部分も鉄で二尺〜二尺五寸、柄の末端には麻綱をつける鐶《かん》がある。把手には麻布を巻く。鐶《かん》に三尺五寸ほどの麻綱をつけ、その末端に中指をはめるための麻緒《あさお》の輪を作る。これを「ツボ」と呼ぶ。この「マスカギノツボ」に中指を入れて把手を握って鉤《かぎ》で鱒を掛ける。鱒は上半身に鉤《かぎ》が掛かった場合は比較的おとなしいが、下半身に掛かると暴れる。暴れるとツボから中指が抜けなくなるので、事前に指を抜きやすくしておく。鱒が弱ってからあげる（福島県大沼郡金山町小栗山坂井・五ノ井謙一さん・大正四年生まれ）。

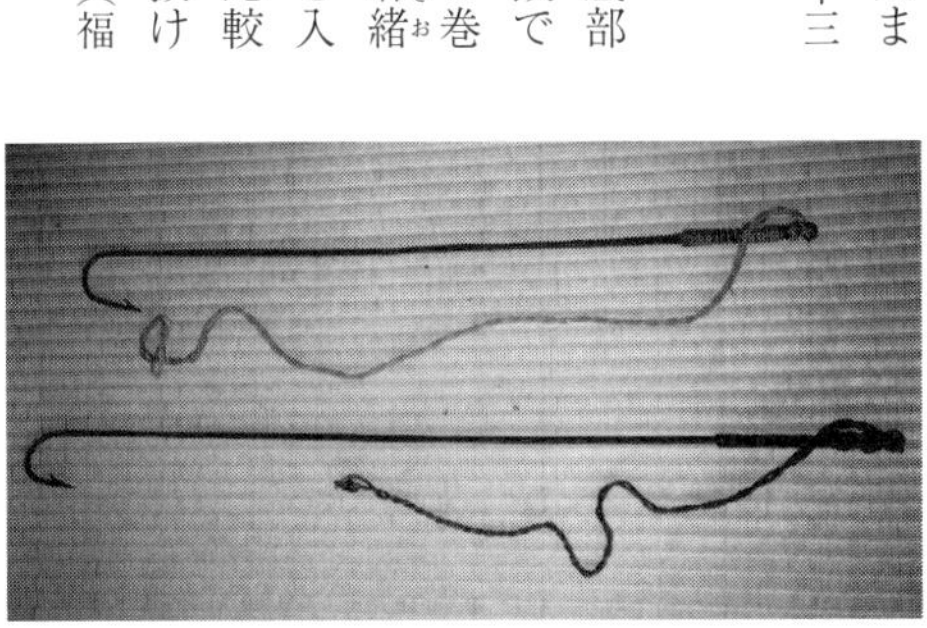

鱒鉤（サクラマス）。麻綱の先端の輪を「ツボ」という（福島県大沼郡金山町小栗山坂井、五ノ井謙一家）

マスセギカゴ【漁撈・河川・鱒受け籠】 川内川の大滝で行われたサクラマスの鱒受け漁に使われた籠を「マスセギカゴ」(鱒堰ぎ籠)と呼んだ。籠は粗目で九十センチ×六十センチ、深さ四十五センチほどである。両岸から滝を横切る形で張ったヤマブドウの皮またはシナの内皮を綯《な》った綱に、一つの籠につけた二、三個の「カガリ」(鐶《かん》)を通して吊った。鱒は淵の水深と同程度の跳躍力があるといわれるので、溯上しようとして跳ねあがった鱒を受けるのに都合のよい高さに五~七個の籠を吊った。マスセギカゴの漁は大正十年まで続いた。漁期は五月から八月までで、六月が盛りだった。三十戸が六組に分かれており、当番五人は朝、籠をあげた(青森県むつ市川内町家ノ辺畑・大沢誠一さん・明治四十四年生まれ)。

類似の鱒受け漁は新潟県中魚沼郡津南町結東の中津川でも行われ、籠を「ハネカゴ」(跳ね籠)と呼んだ。『斐太後風土記』(富田礼彦編)には同系の漁を網籠で行い、「ギョウテンアミ」(仰天網)と称したことが記されている。

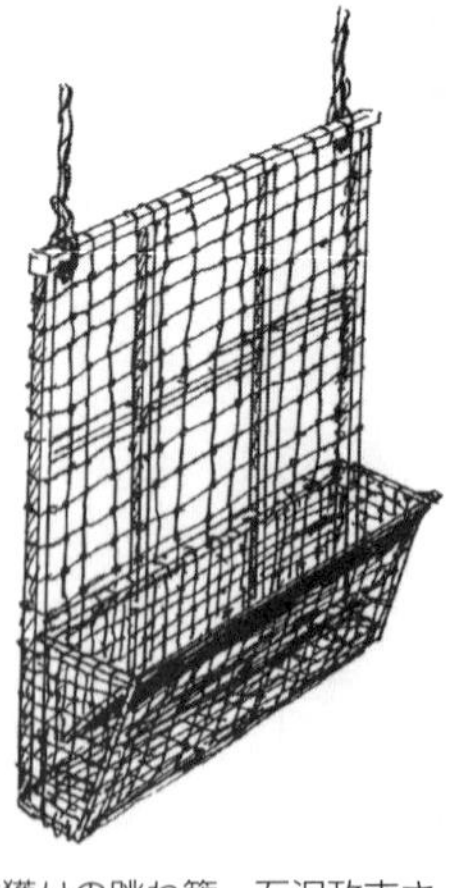
鱒獲りの跳ね籠。石沢政市さん(新潟県中魚沼郡津南町大赤沢)の伝承による復元図

ミネ【漁撈・海・魚見場】 ムラの中での高所を「魚見場」として使い、そこを「ミネ」(峰)と呼んでいた。「テリ」(日照)のよいときには鰯も寄る。ミネで見ると「イロ」(鰯の群の青色)はよくわかり、その上に鳥がついているのでわかる。見張番は「オララー」「オララー」と叫んで畑で働いている人びとを地引網のために浜に呼び集めた(茨城県鉾田市白塚・塙平さん・明治三十二年生まれ)。

ムギハンザコ【漁撈・海・イサキ】「イサキ」(スズキ型で体長約四十センチのもの)を「ハンザコ」という。ハンザコの旬は腹に卵を詰めているときで、それは麦の熟れかかりである。これを「ムギハンザコ」という(大分市佐賀関・出田春一さん・昭和二年生まれ)。

モジリバ【漁撈・河川・鱒】「モジリ」（捩り）とは返しのない漁獲籠で、ここでは柳または矢竹を使って長さ四尺ほどの砲弾型にもじり編みをした籠をいう。「モジリバ」とはそれを設置する場所を指す。対象魚はサクラマスで設置期は夏の土用前後、モジリバは河川の滝状地か岸寄りで、口を上流に向ける。滝状地では鱒が警戒しないようにモジリの半分を水中に隠す。跳ねる鱒がモジリの中に入る。「ドヨウマス」（土用鱒）は脂がのっていてうまい（福島県大沼郡金山町小栗山坂井・五ノ井謙一さん・大正四年生まれ）。

モモヒキアミ【漁撈・河川・鮭の袋網漁】 鮭の網漁のひとつに「モモヒキアミ」（股引き網）がある。それは最上川水系小国川で行われた。流れを横切る形で親網のロープを張り渡す。その親網に、網口二メートルの袋網を並べてつける。袋網といっても袋の底の末端を鮭の取り出し口として開けることができるようにし、漁撈中は紐でしっかりと結び閉じておく。袋の長さは長いもので十尺。最も鮭の入りやすい中央に長さ十尺のものを二、三つけ、両脇はそれより短くする。「モモヒキアミ」という呼称は、それが二本流れている様が股引を思わせるからである。モモヒキアミの仕掛け場所はどこでもよいわけではない。鮭は河底にある湧水ポイントで産卵し、雄もそこに集まる。湧水ポイントのことを「デミズ」（出水）または「デスイ」という。当地ではモモヒキアミを中心に、刺し網漁・投網漁などが盛んで鉤漁《かぎりょう》やヤス漁を避けたのだが、それは、当地が増殖のための採卵を鮭漁の第一の目的としたからである。モモヒキアミをあげるとまず「エビスボウ」（恵比須棒）と呼ばれる叩き棒で叩いてから袋の底を開いて鮭を舟に入れた。門策さんは小国川に溯る鮭を次のように類別していた。①「ワセ」＝九月下旬から・魚体尺五寸、②中ドコ「ナカテ」＝十月中旬から・魚体二尺、③「オク」（大助）＝十一月下旬から・魚体二尺五寸以上。鮭は雪が降ると溯上してこなくなる（山形県最上郡舟形町長者原・相馬門策さん・明治四十四年生まれ）。

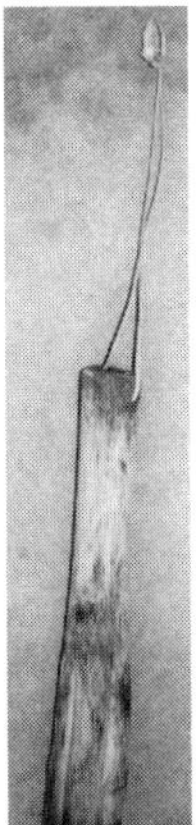
鮭叩きの恵比須棒
(秋田県大仙市花館)

ヤマダメ【漁撈・海・舟位確定法】 漁撈活動において漁獲対象などが多く集まる暗礁や、海流のポイントに舟位を確定するのに陸上の指標物の二点を直線上で結んだり、指標物を交差視点で定めたりする方法がある。山が多く使われるために「ヤマアテ」（山当て）・「ヤマミ」（山見）・「ヤマツナギ」（山つなぎ）などと呼ぶ地があるが、指標物は山とは限らず、樹木や岩、人工的な建造物なども使われる。石川県の能登半島ではこれを「ヤマダメ」という。以下は珠洲市狼煙町の三輪武雄さん（明治四十五年生まれ）による。ヤマダメのひとつに「ダケトウミョウ」（岳灯明）というのがある。「ダケ」とは山伏岳（一七二メートル）のことで、「トウミョウ」とは禄剛崎の灯台である。禄剛崎の沖に十里出ると、灯台と山伏岳が一直線に重なるところがある。その下に大きな暗礁があり、そこは鯛や眼張《めばる》の宝庫で、刺し網漁で豊漁を得ることができた。「ヤマダメ」とは「山試し」の意であろう。

　徳島県鳴門市鳴門町土佐泊浦福池（大毛島）の福池弘重さん（昭和六年生まれ）は、秋、鯛の撒《ま》き餌《え》釣りをする際、各二点を結ぶ線を三本交差させる「ヤマツメ」（山詰め）をした。潮流が速く強い場合はこうした技術が必要なのである。指標は海岸の出張り・岩島の特定箇所・送電の鉄塔・山など多様だという。

Ⅲ 狩猟

狩猟は始原以来の営みで、熊・猪などの大型獣は共同狩猟という形で捕獲されることが多かった。公平な分配はもとより、熊・猪ともに、ムラびとたちがこぞってその恵みを享受するという慣行がある点は注目される。また、「三ツ熊は撃つな」（母熊が二頭の仔熊を連れているものは撃つな）、という禁忌伝承や「猪のニタ待ち猟はするな」といった禁忌伝承もある。種を根絶やしにすることを共同体として戒めてきたのである。猪や鹿は獣肉の恵みをもたらす存在ではあるが、一方では人が精根こめて栽培した穀類やイモ類などを容赦なく喰い荒らす存在でもあった。民俗語彙のなかにも恵みと阻害の両方の文脈がある。

イイゲボネ【狩猟・猪・分配】 猪の肩胛骨のことを「イイゲボネ」（飯匙骨）という。飯杓子《めしじゃくし》にたとえているのである。九州山地では猪の共同狩猟における猪肉の分配単位を「タマス」と呼ぶ。宮崎県東臼杵郡椎葉村大河内大藪の浜砂善次郎さん（明治四十年生まれ）は、猪を射留めた者の妻のタマスとして肉のついたイイゲボネを分配したと伝えている。射留めた者の家で「シシヤド」（解体・分配・宴の宿）をすることが多いからである。

同県西都市上揚の浜砂久義さん（大正八年生まれ）は猪の肩胛骨のことを「メシゲボネ」（飯匙骨）と呼び、シシヤドの妻にはタマスとして肉つきのメシゲボネが与えられたという。シシヤドの妻に対する配慮と見ることができる。

静岡県榛原郡川根本町では猪の肩胛骨のことを「シャミセンベラ」（三味線篦《べら》＝三味線撥《ばち》）と呼ぶ。

イクサ【狩猟・熊・祭り木】 熊を対象とした共同狩猟に際して、熊狩に関する段取り・行動・方位・役割分担などの作戦を話し合うことを「イクサ」と呼んだ。イクサは「マツリギ」（祭り木）・「マツリタテノキ」（祭り立ての木）と呼ばれるブナの巨樹のもとで行われるならわしだった。福島県南会津郡只見町の田子倉ダムの湖底に沈んだ田子倉の山神様には径三尺のブナの木があり、鉄剣や小型鳥居が奉納されており、ここが第一のイクサの場で、その日の山などを決めた。この祭り木は熊猟師の集団が里ことばから山ことばにことばを変える境界の指標にもなっていた。山中で熊を発見した場合は、近くに代々守っている祭り木があればそこで、そのような木がなければ近くのブナの巨樹を選んで鳥居の図柄を刻み、これを祭り木としてイクサを行った（福島県南会津郡只見町田子倉出身・大塚正也さん・昭和二年生まれ）。

マツリタテのブナの木（福島県南会津郡只見町、提供：大塚正也さん）

イヌガレ【狩猟・猟犬】 猟犬が羚羊《かもしか》の角や猪の牙の犠牲になって死んだとき、丁寧に埋葬すると、次の猟犬が育たないと言い伝えられている。死んだ猟犬は「ガレ」（傾斜地で崩れ岩や石ばかりのところ）の上に置き、柴をかぶせる程度にした。静岡市葵区井川には「イヌガレ」（犬ガレ）と呼ばれる地がある。前の犬に執着して情をかけると次の犬が育たないというのである（静岡県榛原郡川根本町梅地・筑地松己さん・大正十三年生まれ）。

イヌキリ【狩猟・猪・牙】 当地では猪の牙の上顎のものを「イヌキリ」（犬切り）と呼び、下顎の牙を「トギバ」（研ぎ歯）と呼ぶ。また別に、大きく鋭い牙を持つ猪のことを「イヌキリ」と呼んだ。猪の牙の犠牲になった猟犬の霊は狩猟神「コウザケサマ」になると伝えられている（宮崎県西都市銀鏡・西森齢治さん・大正三年生まれ）。

大分県臼杵市野津町西神野の佐々木長市さん（明治三十二年生まれ）は猪の牙のことを「カケバ」（掛け歯）と呼

んでいた。

イヌダナ・コウザケサマ【狩猟・猟犬・狩猟神】猪の牙にやられて死んだ犬を地下に埋めると「イヌガミ」（犬神＝祟り神）になるとされている。したがって、そのような犬は、やられた場所の近くで人に見られない場所に棚を作って棚にあげて祭る（宮崎県東臼杵郡椎葉村不土野向山日添・椎葉武義さん・明治三十七年生まれ）。

同村不土野尾前の尾前善和さん（昭和九年生まれ）は次のように語る。山で猪に殺された猟犬は、昭和四十年までは棚でさらした。杭の高さは三尺、棚は二尺四方で樫の柴を敷き、その上に犬の死骸を北枕にして置き、熊笹を掛けた。棚は山《やま》陰《かげ》の人目につかないところに作った。これを「イヌダナ」（犬棚）という。こうして祭ると猪にやられて死んだ猟犬が「コウザケサマ」（狩猟神）になると語り伝えている。「野ざらしにせにゃいかん」と言い伝えた。以下は同村大河内大藪の浜砂善次郎さん（明治四十年生まれ）による。コウザケサマは猟犬を祭ったものだといわれる。猟犬が猪の牙の犠牲になった場合に限って山中に木の棚を作ってその上で、柴に包んでさらしておく。のちにその頭蓋骨をコウザケサマに持っていって祭った。どんなに優れた猟犬でも、老化して家で死んだ犬は棚にもあげないし、コウザケサマにはならない。猪を捕獲した場合は、七切れの心臓と首毛をウツギの枝に挟んだものをコウザケサマに供えた。

「コウザケサマ」は猪の牙の犠牲になった猟犬の霊が狩猟神として祭られたものである。

猪の牙の犠牲になった猟犬を祭る棚（宮崎県東臼杵郡椎葉村）

猪を捕獲すると猪の首毛をウツギに挟んでコウザケサマに供える（宮崎県東臼杵郡椎葉村大河内大藪）

イヌブラ【狩猟・猪・猟犬への合図】奄美大島では猪の共同狩猟に際して、犬への指示を小型の法螺貝で行った。犬に対する指示を「イヌブラ」（犬法螺）と呼んだ。追い出しの法螺を「オイブラ」（追い法螺）と呼び、「……　……　……　……」と短く切って吹く。追いつめるときには短い音と長い音を交互に吹く「イリブラ」（入り法螺）を次のように吹く。「…………――――…………――――…………――――」（鹿児島県大島郡瀬戸内町古仁屋・奄美大島・加納広文さん・大正十四年生まれ）。

イヌモドシ【狩猟・猟犬】狩猟を終えて帰るとき笛で犬を呼ぶことを「イヌモドシ」（犬戻し）という。薬莢《やっきょう》または、イタドリの茎（空洞があり管状になっている）を笛として使う（静岡県島田市川根町笹間上粟原・成瀬治宣さん・明治二十二年生まれ）。

イブシ①【狩猟・猪・処理】猪を捕獲し、皮を剝ぎ、解体し、内臓を処理したものの四つ足を細引きで縛って「オカギサマ」（イロリ）の上に一週間吊って燻《いぶ》してから肉を分割し、食べた。これを「イブシ」（燻し）と呼んだ（山梨県南巨摩郡身延町大垈・佐野秀章さん・明治三十三年生まれ）。

ウサギオイ【狩猟・兎・共同狩猟・共食】凍み渡りになると馬曲（戦前五十戸、現在二十三戸）では小学校五、六年生以上の者が共同で兎狩をした。これを「ウサギオイ」と呼んだ。テッポーブチ（鉄砲撃ち）が毛無山（一六四九・八メートル）の山頂近くに並び、セコ（勢子）が下から「オーラホイ　オーラホイ」と兎を追い上げる。兎は少ない年で三十羽、多い年には五十羽以上獲れた。公会堂を会場として大宴会を開く。野菜を持ち寄り、兎肉を入れて兎汁を作るのだが、そのとき骨を叩いて団子にし、これも汁に入れた。酒はムラ予算の「兎追い」の費目や寄付によった（長野県下高井郡木島平村往郷馬曲・芳澤定治さん・大正十年生まれ）。▼ウサギノタタキ

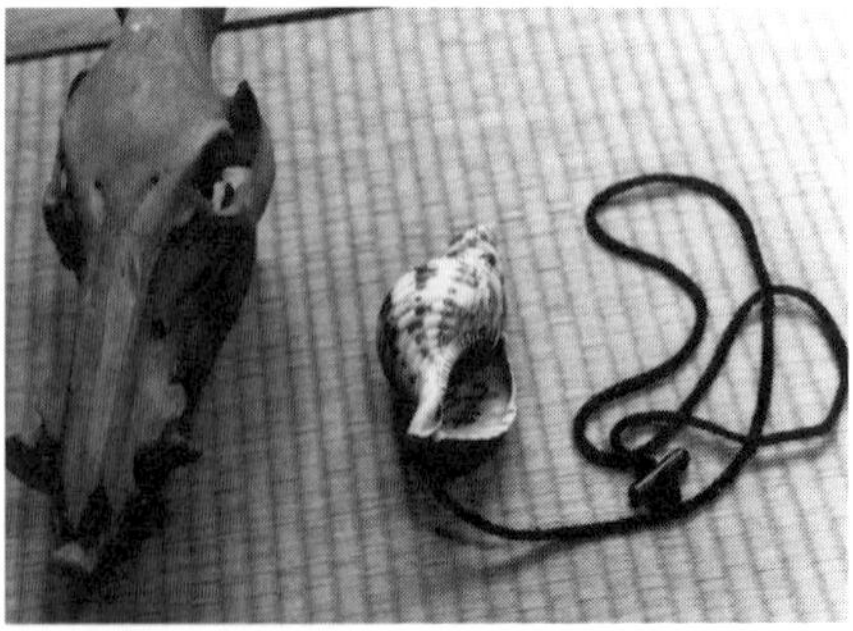

猪の頭蓋骨と共同狩猟用の小型法螺貝（鹿児島県大島郡瀬戸内町奄美大島古仁屋、加納広文家）

ウサギビヨリ【狩猟・鷹狩・疑似鷹狩】野兎を対象とした鷹狩、並びに「マルウチボウ」などを使う疑似鷹を投げる狩猟を行うのに適した気象条件を「ウサギビヨリ」（兎日和）という。それは、堅雪のころ、午前二時か三時ごろまで雪が降り続き、そこで止み、以後快晴になる日のことである。このような日は、兎の足跡によってその行動範囲がはっきりとわかるからである。これらの狩猟法に最適の狩場は、屋根萱《やねがや》や馬料を刈る草山で毎年「ノビヤキ」という山焼きをする山で、障害物のない緩傾斜の山地を目前にする林である（秋田県雄勝郡羽後町上仙道・武田宇市郎さん・大正四年生まれ）。▼マルウチリョウ

ウヂ【狩猟・猪・罠猟】猪や鹿が通る獣道《けものみち》のことを「ウヂ」と呼ぶ。括り罠をかけるときには必ず「ウヂマツリ」を行った。米・稗・小豆の飯を「サンゴクメシ」（三穀飯）と呼び、まずこれを用意する。御幣を立てる。篠竹のカケグリに焼酎を注いで供える（宮崎県東臼杵郡椎葉村大河内大藪・浜砂善次郎さん・明治四十年生まれ）。

　ウヂマツリの祈願対象となる神は、獣をウヂに導き、括り罠の輪を通してくれると信じられていた。ウヂビキの命《みこと》・シシビキの神・前引きの神・後押しの神などが伝えらえている（野本寛一「イノシシ猟と神々」『生きもの民俗誌』）。

ウツデッポウ【狩猟・猪・射具設置】「ウツ」（猪の通り道）を猪が通ろうとすると自動的に銃が発射するように仕掛けた装置のことを「ウツデッポウ」という。下はその模式図である。以下は図による。ウツに隣接する樹木の地上九センチほどのところからⒶのように「ヘットンヅル」という蔓草《つるくさ》を張る。これを「ヘヅナ」と呼ぶ。ヘヅナの先は棒Ⓑに結ばれる。Ⓑはテコの原理によってⒸに抑えられている。猪がウツを通ろうとしてヘットンヅルに触れると、Ⓑが引張られるのでⒸがはずれる。するとバネ木のⒹの力で、それまでたるみを持っていたⒺが引張られる。Ⓕによって自動的に銃のヒキガネが引かれ、ヘットンヅルをはじいて前進する猪に弾が当たることになる。この装置のⒷ・Ⓒをこの地方

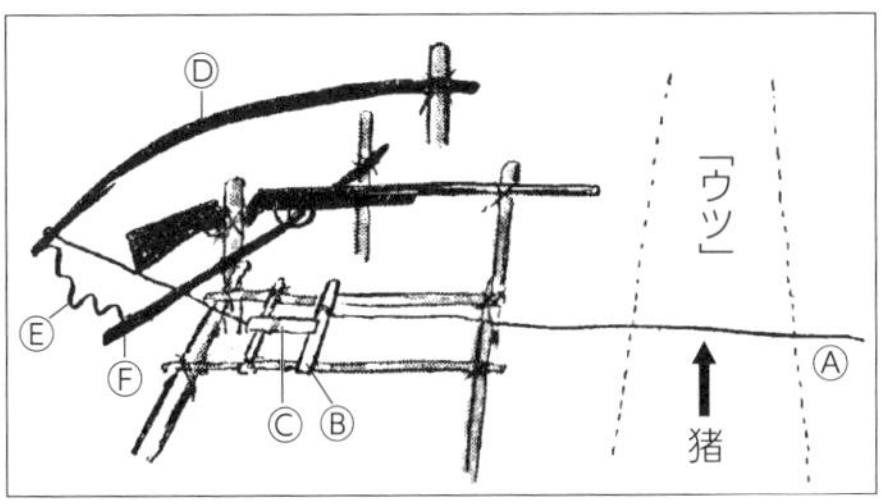

ウツ鉄砲（図）

では「チンカラ」と呼んだ。銃口の高さは地上八寸のところに合わせる。村田銃の古いものの筒を切って使った(静岡県榛原郡川根本町旧長島地区・松原勝二さん・昭和二年生まれ)。▼スエユミ

ウツマチ【狩猟・猪、熊、鹿・待機猟】「ウツ」とは獣道《けものみち》のことで、「ウツマチ」とは「ウツ待ち猟」のことである。ウツマチ猟は仲間もなく、犬も使わないたった一人の猟である。猟師は移動することなく、獣が特定の場所に姿を現すまでじっと待ち続けて、獣が姿を現すやいなやそれを狙撃するという狩猟法である。メルクマール(主要対象獣)は猪、次いで熊である。

長野県飯田市南信濃和田池口の松下唯繁さん(明治二十九年生まれ)は、二十六歳から八十五歳までウツマチを続け、その間の獲物は、猪が年平均八～九頭、熊が六十年間で十三頭だった。このほか、猟期中の旧暦十四日・十五日・十六日には月光を利用してバンドリ(鼯鼠《むささび》)猟を行った。鹿は異常繁殖の以前だったので二頭しか捕獲していない。ウツマチを行うポイントは、自分の家から約一・五キロ圏内にあるヌタ場(一般には猪や鹿がヌタを打ち、ヌタズリをする水の出る湿地を指すのだが、ここでは、猪・熊が水を飲みにくる地点を指す)六か所、山葡萄《やまぶどう》群生地二か所、山梨の木のもと二か所の計十か所だった。この十か所を適宜回ってウツマチをしたのである。食物と毛布を持っていき、一か所に三日間泊まりこむ。狙撃者の位置はポイントから三～五間離れた物陰である。右に挙げたポイントは唯繁さんが父の仲次郎さんから教えられたもので、代々伝承されたウツマチのポイントにはたしかに獣どもがよく顔を出す。忍耐のいる狩猟法である。握り飯を食い、時にはブナの実をナマで食べながら待つ。冬眠前の熊は食欲が旺盛で、好物の山葡萄《やまぶどう》や山梨の実を求めて里近くまで下ってくる。

ウツ鉄砲(模擬設置)(静岡県榛原郡川根本町旧長島地区、松原勝二家)

ウムザ・カマイ【狩猟・猪の呼び分け】 同じ猪でも特色による呼び分けがあった。肉がざくざくしている猪は「ズーグーウムザ」「デイゴウムザ」、臭いの強い猪は「サニンウムザ」「サニンバウムザ」と呼んだ。これらはよくない猪とされた。総じて顎が少し長い（沖縄県石垣市伊原間・石垣島・玉木勇さん・明治三十七年生まれ）。「フーギウムザ」といって骨組が大きく、六十〜八十キロで牙も太く山の麓近くに棲むウムザがいたが絶滅した。これに対して「ギーナマウムザ」「ティスヤマウムザ」と呼ばれるものは山の高位置に棲み、大きくても五十キロほどだが肉づきがよい。ギーナマウムザの皮を茹で、その茹で汁の中に一晩浸けておくと軟らかくなるので翌日調理して食べる（沖縄県石垣市川平・石垣島・大屋實さん・明治四十五年生まれ）。

同県八重山郡竹富町西表島祖納出身の高道正文さん（大正六年生まれ）は次のように語る。同地では猪のことを「カマイ」と呼ぶ。カマイには「キフカカマイ」といって赤毛で大型のカマイもいる。小型ではあるが黒っぽい毛で毛が堅く多いものがいる。また、「アハカマイ」といわれる、「キフカカマイ」と呼ばれる、牙を鎌に見たてたもので、「鎌猪」の意であろう。

オオリョウ・モンテイリョウ【狩猟・共同狩猟】 個人、一人で行う「シノビ」「シノビリョウ」（シノビ猟）に対して、鹿・猪・羚羊《かもしか》・熊などの大型獣を対象として四〜五人の集団で行う狩猟のことを「オオリョウ」（大猟）と呼んだ。大猟の場合は、「タツマ」（狙撃点担当）、「シメタツマ」（決定的な重要狙撃点担当）、「セコ」（追い出し役）、獲物を山肉商まで運ぶ役などの分担によった。特徴的なのは、この地で大猟のことを「モンテイリョウ」（門弟猟）と呼ぶことである（長野県飯田市上村下栗・胡桃澤栄一さん・明治三十六年生まれ）。

東北地方のマタギ集団にも頭領たる「シカリ」「ヤマサキ」などがおり、役割分担も年齢的な秩序もあるが、当地では、猟の師匠から技術や作法、獣の生態、山の特徴などを学ぶという関係で、師匠と門弟の関係が成立していたと考えられる。上村下栗の胡桃澤栄一さんの師匠は大沢十一さん、上村程野の前島正一さん（大正八年生まれ）の師匠は上村中郷の鎌倉国勝さんだった。師匠と弟子たちによって狩猟組を編成するのがこの地の大猟の基本だったのである。こうしたことから、当地で大猟のことを「門弟猟」と称していたと考えるべきであろう。

オシ【狩猟・小型獣、鳥・押し罠】「オシ」とは兎・貂《てん》・山鳥・雉子《きじ》などを捕獲する踏み落とし形式の罠で、石や太材で圧して殺したり動きを止めたりする。崖の上で日当たりがよく、鳥獣が必ず通る道でオシ罠を仕掛けるのに適したポイントのことを「オシコバ」と呼んだ（奈良県五條市大塔町惣谷・戸毛幸作さん・昭和五年生まれ）。「オシ」は「押し」「抑え」「圧える」の意であろう。オシと同じ罠を「ヒラ」と呼ぶ地もある。▼カマイヤマ

オジ【狩猟・猪・皮剝ぎ解体か、毛焼き、毛剃り解体か】当地では猪の皮下脂肪のことを「オジ」という。猪はオジがあるほどうまいといわれている。オジはボタン鍋に入れるがオジの層を焼いて食べる例もある。当地では捕獲した猪にドンゴロスを掛け、そこに熱湯をかけて蒸してから毛を剃り、オジを利用しやすくする（高知県高岡郡檮原町茶や谷・中岡俊輔さん・昭和二十一年生まれ）。

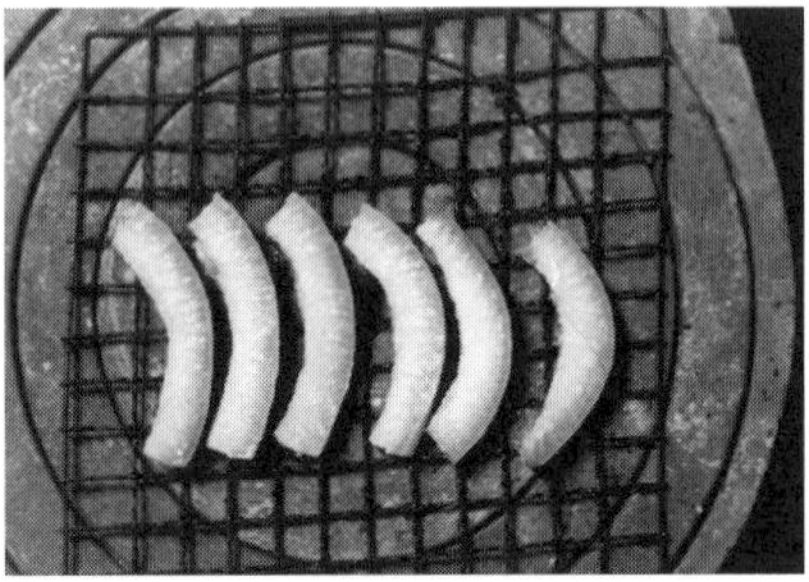

猪の皮下脂肪「オジ」を焼いて食べる。四国の猟師から伝えられた方法（静岡市葵区田代、滝浪一乗家）

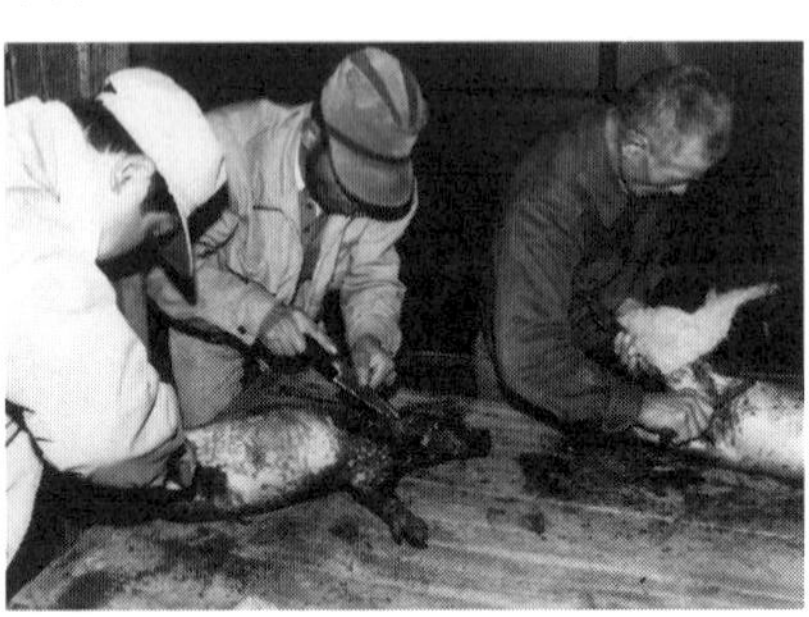

猪解体の前に毛を焼き、毛を剃る（宮崎県西都市銀鏡）

オジの有効利用は猪の解体法と深くかかわる。本州では捕獲後毛皮を剝いでから解体するが、九州の南半分、鹿児島県・宮崎県・熊本県では解体前に毛を焼いて剃る。高知県高岡郡津野町芳生野丙日曽の川では解体前に猪を釜で茹でてから毛を剃る。高知県宿毛市や愛媛県北宇和郡の旧広見町一帯では毛焼き後に解体する。毛焼きをする地でも焼け残りの毛を剃る。毛を焼いたり剃ったりする地は皮下脂肪の利用が盛んである。右の慣行に注目すると、本州では毛皮利用の北方系文化の系列で毛皮を剝ぎ、九州・四国には南方系の毛皮を不要として焼く文化の流れがあると見られる。▼オデ、ツナヌキ

オソ【狩猟・集団・伝達】 集団狩猟で山に入ったときにはみだりに「オソ」(口笛)を吹いても、手を叩いてもいけないとされていた。それは山の神様が嫌うからだといわれていた。ただし、マタギは狩猟中、声を立てることを禁じられているから、必要な意思伝達は「オソを立てる」と称し、独特な口笛で伝達した(岩手県和賀郡旧湯田町長松・高橋仁右衛門さん・大正九年生まれ)。

「オソ」は「嘯《うそ》」と同義である。▼タカビソ

オチジカ【狩猟・鹿・里に寄る鹿】 部落に跳びこんでくる鹿を「オチジカ」(落ち鹿)と呼ぶ。オチジカは縁起がよいとして角・蹄《ひづめ》を保存しておく(宮崎県北諸県郡三股町・木田三郎さん・大正八年生まれ)。

カガ【狩猟・獣の内臓脂肪】 獣の内臓を包んでいる網状の脂肪を「カガ」と呼ぶ(青森県西津軽郡鰺ヶ沢町一ッ森町・大谷石太郎さん・明治三十二年生まれ)。

「カガ」は「カガリ」(縢り)にかかわる語だと考えられる。糸などでからげて縫い合わせたり編み合わせたりすることを「カガル」という。内臓を包む脂肪を長野県・静岡県の天竜川流域では「網」と呼ぶ例もあり、「縢《かが》り」は不自然ではない。▼ヤブカケ

カクラ・マブシ【狩猟・猪・狩場】「カクラ」とは猪・鹿の共同狩猟ができる広さの狩場、すなわち「狩座《かりくら》」のことである。土地の地名を以って呼ばれ、範囲が定まっている。狩仲間(狩猟組)で一つのカクラに入るときには「マブシワリ」をした。「マブシ」とは「待ち伏し」(待ち伏せ)の意で、これも一定の範囲がある。五人組だったので、カクラを五つに割って分担した。これを「マブシワリ」という。対象獣の猪が入った方位のマブシのことを「モトアシ」(元足)と称し、最も腕のよい猟師がモトアシについた。マブシのことを「タテ」とも呼び、例えば、先輩の猟師が大物を仕留めたタテを「金五郎タテ」「源次タテ」などと名づけ、地名化して伝承した。「タテ」とは猪を追いつめて立てることである。逆に、射損じて猪を逃がしたところを「イ」(射)と称し、「総太郎イ」「西森イ」などと名づけて伝承した。この地には「七人狩人徒《かりうどあだ》なり」という口誦句があり、

「ロクマイ」(無鑑札者のことで、無《む》＝六《む》から出た)を加えてでも七人組を避けることがあった(宮崎県西都市銀鏡・西森齢治さん・大正三年生まれ)。

西都市上揚の浜砂久義さん(大正八年生まれ)によると、銀鏡の谷には十二カクラ、七カクラがあったとされ、マブシも、川マブシ・中マブシ・峠マブシ、蛇石・笹の本・櫃石・アラメツブなど多くのマブシが知られているという。

カマイヤマ【狩猟・猪・抑え罠】 猪を圧殺する抑え罠のことを「カマイヤマ」「ウムザヤマ」また「オサエヤマ」「ヤマ」などともいう。カマイヤマを仕掛けるために山に入り、仕事始めに木を伐るとき「ギラ」(シャコ貝)の貝殻を一枚持っていき、真裸になって、ギラの貝殻で木を叩きながら、およそ次のような願い口を唱えて豊猟を祈った。「私は刀も刃物も持っていない。食うものも着るものもない。私がこれからこの山にカマイヤマを作るから、ぜひ猪を九十九頭獲らせてください。百頭目には私が抑えられて死んでもかまいませんから、ぜひ獲らせてください――」(沖縄県石垣市川平・石垣島・大屋實さん・明治四十五年生まれ)。

このときのギラの貝殻は刃物の代わりだという。この儀礼はさまざまな要素をふくんでいるが、ここではギラに注目したい。この儀礼においてはギラが儀礼的・象徴的に用いられているのであるが、鉄の渡来が十三世紀だったといわれる八重山地方の実情を考えてみるとき、ここで儀礼的に用いられるギラはかつては実用的な切断具、貝斧だったことが考えられる。宮古島の浦底遺跡は二千六百年前のものだといわれるが、そこからシャコ貝を素材とした貝斧が出土したという。

「ヤマ」の規模は大きい。長さ一・三メートルの丸太を縦に七〜十本蔓《つる》で組み横木に固定したものを天井とし、罠として構造化する。天井にのせる石の重量は百八十〜三百キロに及ぶという。ヤマの天井は「カマイミチ」(猪道)の上を覆うように設置し、その下にカマイミチを塞ぐように「アミ」と呼ばれる蔓《つる》を張る。猪がそこを通りアミを引張ると、固定されていた天井が落ちて猪が圧殺されるという形式である。蛯原一平「沖縄西表島におけるイノシシ用重力罠の構造と狩猟パターン」(東北芸術工科大学『東アジアのなかの日本文化に関する総合的な研究』)にカマイヤマの詳述がある。八重山郡竹富町鳩間島の小浜安喜さん(明治三十八年生まれ)はこの罠を

「シチヤマ」と呼んでいた。▼オシ

カモウケ【狩猟・鴨・囮猟《おとりりょう》】鴨猟のなかに擬装の囮猟《おとりりょう》がある。鴨の囮《おとり》は桐の木で鴨の形を作って黒く塗ったもので、これを「カモウケ」「ウキンコ」などと呼んだ。これを十羽ほど作って浮かべる。猟師は舟に乗って葭原《よしはら》にひそみ、鴨の群が飛来するのを待って狙撃する。カモウケ猟は雪の降りそうな寒期の朝か夕方だった（滋賀県近江八幡市円山町・井上正六さん・大正六年生まれ）。

カリイヌ【狩猟・猟犬】四本足と鼻ズネの白い犬を「ゴロー」と呼んだ。ゴローは「カリイヌ」（狩犬）として優れていると言い伝えられていた。「尾白は主人とり」と称して、尾の白い犬を飼うと飼い主が早く亡くなるとして、仔犬のうちに「シトネル」（育てる）のをやめた。猟犬は猪の牙に害されることがあり、猟師は傷口を縫合するため、猟に出るときには常に黒い木綿糸と針を持った（長野県飯田市上村下栗・胡桃澤栄一さん・明治三十六年生まれ）。▼ゴヘイヅラ・イハイヅラ、シュードリ

カワタビ【狩猟・履物】冬期の出猟時に使う羚羊《かもしか》の毛皮で作った手袋のことを「テッケーシ」（手かえし＝手首から手の甲を覆うもの）と呼び、同じく羚羊《かもしか》の毛皮で作った足に履くものを「タビ」（足袋）・「カワタビ」（皮足袋）と呼んだ。テッケーシは鞣《なめ》したがカワタビは鞣《なめ》さなかった。タビを履くときにはタビの中に藁の足袋敷を入れて履くので、それが自然にタビを鞣《なめ》すことになったからである。足袋敷は、一握りの藁を二つ折りにして、甲の部分と踵《かかと》の部分を編みつけたものだった。雪のなかを歩いて帰ったカワタビをそのまま放置するとカワタビは縮んで小さくなり、履けなくなってしまう。そこで、底辺四寸、各辺八寸の二等辺三角形型に竹を曲げ、頂点部分を縛って固定する。四寸の部分が指頭部に、頂点が踵《かかと》部に来るようにカワタビの中にこの竹型を入れておく。こうしてカワタビの凝縮・固縮するのを防いだのである。羚羊《かもしか》のカワタビを履けば、寒中でも、どんな雪中でも冷たくない（秋田県北秋田市阿仁打当・鈴木辰五郎さん・明治三十七年生まれ）。

ガングラ【狩猟・羚羊《かもしか》・環境】「ニクヤマ」（羚羊《かもしか》猟）の際、羚羊《かもしか》が逃げのぼる岩棚のことを「ガングラ」という（静岡市葵区田代・滝浪作代さん・明治三十九年生まれ）。

ニクヤマの「ニク」は「肉」の意ではなく、「褥《にく》」すなわち「毛の敷物」の意であり、毛の敷物をもたらす羚羊《かもしか》のことを「ニク」とも呼ぶ。

キジマトギ【狩猟・雉子《きじ》・雉子笛《きじぶえ》】雉子《きじ》猟のことを「キジマトギ」という。キジマトギには犬かけ猟と雉子笛《きじぶえ》猟があった。雉子笛《きじぶえ》は穴あき硬貨二枚を使って作る。銀で雉子笛《きじぶえ》を作ると「ジャラを引く」といって雌の「チヨチヨ」という声がよく出るといわれている。雄は「チョケンチョケン」と鳴く。夜明け、空が白んでくるころ畑に来る雄雉子《きじ》を狙う。当地では狩人のことを「マトギウド」と呼ぶ（高知県高岡郡檮原町茶や谷・中岡俊輔さん・昭和二十一年生まれ）。

猟師を「マトギ」とする呼称は東北地方の「マタギ」と無縁ではなかろう。また、「マト」（的）とのかかわりも考えられるが、的が「目処《まと》」だとすれば「目《ま》」が浮上する。「マトギウド」を溯源すれば「目鋭き人」「目疾き人」とは考えられないだろうか。

クビチ【狩猟・鳥・罠】宮崎県東臼杵郡椎葉村では、糸と撥《は》ね木《ぎ》を使って主として鵯《ひよどり》などを獲る罠を「クビチ」と呼ぶ。椎葉村のクビチには地面に仕掛ける「ヂクビチ」（地クビチ）と、樹上などに仕掛ける「タカクビチ」（高クビチ）とがある。写真は同村下福良松木の椎葉英生さん（昭和十六年生まれ）が山の樹間に仕掛けた高クビチで、「クウチュウクビチ」（空中クビチ）とも呼ぶ。写真中央の縦の細木とその細木を止める細い横木を椎葉村では「チンチロ」「チンコ」などと呼ぶ。静岡県榛原郡川根本

空中クビチ（宮崎県東臼杵郡下福良松木、椎葉英生さん仕掛け）

町ではこれを「チンカラ」と呼ぶ。鳥が細い横棒に乗るとその体重で横棒が下がり、細い縦棒がはずれて撥《は》ね木《ぎ》が撥《は》ねて鳥が絞殺される形になる。本来は、細い縦棒を男根に見たてて「チンコ」「チンカラ」などと呼んでいたものが、これを中心としたセットの呼称に拡大したものと思われる。筆者が少年時代に静岡県牧之原市松本で仕掛けた、ここでいう地クビチに相当する罠は「クビッチョ」と呼ばれていた。奇妙な呼称だと思っていた。『角川古語大辞典』には「くひち」「くびち」の項があり、「首」に関する言及もある。「クビッチョ」は「クビチ」に溯及でき、「クビチ」は「首打《くびう》ち」の意であることがわかる。仕掛けた撥《は》ね木《ぎ》が高く上がっていればい獲物がかかっていることを意味する。期待して前面に回ると、かかっているのは鵯《ひよどり》ではなく野鼠だったという経験をたびたびした。地クビチは、米・南天の実・センダンの実を餌にして、これを糸の撥《は》ね木《ぎ》側に置き、枯木で囲い、鳥が前面からしかチンカラを止める横木に近づけないようにしておく。

グマ【狩猟・兎・疑似鷹】物を投げたときに鳴る音のことを「グマ」という。兎の天敵は鷹である。兎は頭上を高速で飛行する物体と、その飛行時に出る音を鷹の飛翔と錯覚して雪中の木の根方の穴に逃げこむ習性がある。薪状の棒を「ケンジキ」と称し、これを雪上に出ている兎の頭上に投げる。ケンジキはグマを発する。恐れて木の根穴に逃げこんだ兎を雪で埋めて捕獲する方法がある。兎の肉は大根の干し葉とともに煮るとうまい。兎の内臓と頭皮は貂《てん》を捕獲する虎挟《とらばさみ》の餌にする（青森県西津軽郡鰺ヶ沢町一ツ森町・大谷石太郎さん・明治三十二年生まれ）。▼マルウチリョウ

クマカゼ【狩猟・熊・射手と風】熊狩での「セコ」（勢子＝追い手）を「オコシ」（起こし）、射手を「ウケ」（受け）と呼ぶ。熊狩ではウケが風上に位置する陣立てはいけないといわれていた。熊が人の臭いに反応するからである。ウケに向かって吹く風を「クマカゼ」（熊風）という（青森県中津軽郡西目屋村砂子瀬・鈴木忠勝さん・明治四十年生まれ）。

クマカブリ【狩猟・熊・狩猟集団加入儀礼】熊の共同狩猟を巻狩という。若者が初めて巻狩に参加し、その狩

で熊が捕獲できた場合、皮剝ぎをしたその血だらけの熊の皮を初参加の若者にかぶせ、故意に血を塗りつける。これを「クマカブリ」（熊被り）とも「カワカブリ」（皮被り）ともいう。これは一生に一度しか行われないものである（山形県西村山郡西川町大井沢出身・富樫音弥さん・明治三十六年生まれ）。

　この慣行は「狩猟集団加入儀礼」となっており、「血の洗礼」ともいえよう。同じ儀礼については山形県鶴岡市田麦俣の渋谷賢造さん（明治三十年生まれ）からも聞いた。

▼ハツリョウ

クママキ・クマジル【狩猟・熊・熊汁の呪力】　関川は戦前五十七戸、現在は四十八戸で「クマブチ」（熊狩）には各戸の男たちが出た。集団狩猟のことを「クママキ」（熊巻き＝巻き狩）と呼んだ。銃を持つ者十人、ほかは勢子《せこ》となる。熊巻きは堅雪のうちで、ブナの芽のふくらむ春の土用を基準にして、芽のふくらみ具合を見ながら土用三番（土用から三日目）、土用五番（土用から五日目）といった具合に親方が熊巻きの日を定めた。「イチバンデッポウ」（一番鉄砲＝狙撃者）が宿をする、という決まりがあったが、「クマヤド」（熊宿）は負担が大きいので避ける傾向があった。実際には下組では野尻家、向組では五十嵐家が宿をすることが多かった。熊が捕獲できた場合は、山を下って空砲を二発放つことになっていた。それを聞くと老人や子供たちは提灯をつけて山境まで迎えに出た。山中、

熊狩の指標となったブナの芽（葉芽）（山形県鶴岡市温海川）

熊汁の共食（山形県西置賜郡小国町小玉川、昭和三十年代、提供：藤田栄一さん）

雪上で熊を授けてくれた山の神を祭ったトリキ（鳥木＝クロモジ）の肉串は、宿の神棚に立て、ムラびとたちはこれを拝んだ。串の肉は宿への礼として熊宿に贈られた。「クマジル」（熊汁）は宿のイロリに八升鍋を掛けて煮た。熊肉も熊の汁も貴重で「舐める」という食べ方だった。それでも、ムラびと全員の口に入るように配慮された。「熊汁が終わるとゼンマイ採り、ゼンマイ採りが終わると本格的な農作業」ということばを新潟県・山形県の各地で耳にした。熊汁は冬籠りから再生・始動する熊の呪力をふくんでいる。共同体全員がその呪力を体内に導入し、春から秋まで働きぬく活力を賜るものだった。よって、この季節には舐めるほどでも熊汁を食べなければならなかったのである。熊が獲れなくて十回も出猟を重ねた年があったという。それは単なる狩猟ではなかったのである。この深い意味と伝統を持つ熊巻きも昭和四十五年を以って終了した。男たちの冬季の都市部への出稼ぎが常態化したからである（山形県鶴岡市関川・野尻伝一さん・昭和九年生まれ）。

クマヤマノカカシ【狩猟・熊・縁起】 熊の集団狩猟をする際、特に猟の腕がよくなくてもその男が参加すると縁起がよく、必ず熊が獲れるという人物のことを「クマヤマノカカシ」（熊山の案山子）と呼んだ（福島県南会津郡只見町叶津入叶津・中野和夫さん・明治二十六年生まれ）。

クマヲタテル【狩猟・熊・槍突き】 熊の背後に障害物がある場合、そこに熊を追いつめ、熊が動かないようにすることを「クマヲタテル」（熊を立てる）という。この状態にすれば熊は槍で突けた。ただし、突き手は熊から人の眼が見えないようにしなければならず、そのために深い編み笠をかぶれという伝承があった。熊をうまく立てれば、「豆腐さ箸刺すように槍で突ける」と祖父から聞いた（青森県中津軽郡西目屋村砂子瀬・鈴木忠勝さん・明治四十年生まれ）。

クロビ【狩猟・黒不浄】 暦の黒日ではなく、葬式など黒不浄のことを当地では「クロビ」（黒日）と呼んだ。クロビにかかわるものはすべて当たり猟につながるとして、猟師は葬式の供物・食物の分与を求め、葬式の手伝いに参加した（徳島県海部郡海陽町宍喰浦・東田万次郎さん・明治三十五年生まれ）。

クロモノ・アカモノ【狩猟・皮もの】 食肉目的ではなく、毛皮を目的とする狩猟対象の獣を次のように呼び分けた。①「クロモノ」（黒物）＝狸・鼯鼠《むささび》、②「アカモノ」（赤物）＝貂《てん》・鼬《いたち》。昭和十五、六年、日当一円のとき鼯《むさ》鼠《さび》の皮が一枚二円五十銭で売れた。狸の皮一枚で正月ができるといわれた。クロモノはソ連・中国・モンゴル、アカモノはヨーロッパへ行くと聞いた（宮崎県児湯郡西米良村上米良鳶の元・松尾直さん・大正十二年生まれ）。

クロンボー【狩猟・羚羊《かもしか》】 羚羊《かもしか》のことを「クロンボー」と呼ぶ。「ニク」「山の山羊」「アオ」とも通称する。樅《もみ》・栂《つが》を中心に食べるので肉は樅《もみ》・栂《つが》の匂いがする。有害駆除で捕獲したものには、匂いが強すぎて食べられないものもある。クロンボーは追われると必ず岩棚に登るので狙撃すれば必ず獲れる。かわいそうな感じがする（長野県飯田市南信濃八重河内此田・藪下平吉さん・昭和四年生まれ）。

羚羊《かもしか》は、平素は灰色をしているが冬季に毛が黒くなるのでクロンボーと呼ぶ。クロンボーは人よりも高い位置にいるときには人の動きを観察しているが、人よりも低いところにいるときは素早く逃げる。追われると高い位置の岩盤にのぼる（同市上村中郷・熊谷繁正さん・昭和三年生まれ）。

羚羊《かもしか》を「ニク」と呼ぶのは肉がうまいからではない。ニクは「褥《にく》」、すなわち毛の敷物の意である。羚羊《かもしか》のカモは「氈」、すなわち毛織の敷物のことである。古語では羚羊《かもしか》を「カマシシ」と呼んだ。追われると岩棚に登るところから「クラシシ」とも呼ばれる。

コウガリ・セイネンガリ・ニュウエイガリ【狩猟・猪・村落共同狩猟】 当地は猪の共同狩猟が盛んだった。一月十六日、山ン神講の「コウガリ」（講狩）と称して、女・子供をふくむ部落総出で猪の共同狩猟を行った。鉄砲を持った者がマブシにつき、鉄砲のない者はすべて「ウメ」と称して「ヤマカラシ」（山鉈《やまなた》）を持って「セコ」（勢子）となった。親方は、風向を見定めてセコの行動を指示した。セコは、「コーコーコー」「ホーホーホー」と叫んで猪を追いたてた。猪が獲れると山で毛を焼いて解体した。宴会では、肉のよいところは刺身、ほかは煮たり汁にしたりだった。宴会には子供も招いた。青年団の総会には、「セイネンガリ」（青年狩）、戦時中の召集入営の祝いには「ニュウエイガリ」（入営狩）を行って猪肉を御馳走にしたのだが、この二つは猟師に頼んで行った。講狩のごとき集団狩猟は、単に猪肉の獲得にとどまるものではなく、焼畑・山田を荒らす害獣対策にもなっていた（鹿児島県肝属郡錦江町馬場・小平熊助さん・明治四十二年生まれ）。▼ムラガリ・ソウガリ

コシガワ【狩猟・毛皮利用】 一日の日当が一円だったころ、羚羊《かもしか》を一頭捕獲するとその皮が五円で売れた。一頭の羚羊《かもしか》の皮からは山林労務者が使う「コシガワ」（腰皮）を三枚取ることができた。肩寄りの部分が二円五十銭、尻が一円五十銭、真中は腹の部分の毛が薄いので一円だった。羚羊《かもしか》の角の芯の柔らかいところを削って湯で飲ませると熱さましの薬になる（長野県飯田市上村下栗屋敷・胡桃澤菊男さん・昭和五年生まれ）。「ニク」（羚羊《かもしか》）の毛皮を背皮にすると温かい。これを「ネコ」と呼んだ（同市上村下栗小野・成澤徳一さん・昭和二年生まれ）。羚羊《かもしか》の腰皮は水がよく切れた。三年使えるといわれていた。山林労務組織の代人（現場監督）は権威づけのために熊の腰皮を使っていたが、熊の腰皮より羚羊《かもしか》の腰皮のほうが機能的に優れていることは広く知られていた（同市上村程野・前島正一さん・大正八年生まれ）。

腰皮は、組織的な山林労務、河川流送にかかわった者以外でも、屋外、山地などどこでも腰皮を敷いて座ることができるので、山仕事に携わる者には愛用されている。また、修験者も「引敷《ひっしき》」と称して腰皮を使う。▼クロンボー

コジキショイ・ドロボウショイ【狩猟・猪・猪の運搬法】 狩猟で捕獲した猪を一人で背負って運ぶ場合の背負い方で、嬰児を背に負うように猪の頭を上にし、顔を人の首につけるようにして縦に背負うことを「コジキショイ」（乞食背負い）と呼び、これは危険だとされている。対して、猪を横にし、一本のロープをU字型にしてU字の部分が背負う者の顎の下に来るようにし、綱が横に背負った猪の背の二か所を通って、その両端を人の脇の下を通してU字の部分にゆとりを持ってからげ結べるようにする。猪の四足は別に纏《まと》めて縛る。この背負い方を「ドロボウショイ」（泥棒背負い）と呼ぶ。これは安全だとされる。泥棒背負いが安全だとしても、それは登り道の場合で、下りの場合はロープで引きずるのである。しかし、乞食背負いの場合も泥棒背負いの場

合も、背負う者は背中に杉の皮か檜《ひのき》の皮を当てる。実際には「サシカツギ」(サシ担ぎ)と称して猪の四足を結束して棒に通して、二人で担ぐことが多い。よほどの大物の場合は「ヨテン」と称して四人で担ぐ(山梨県南巨摩郡身延町大崩・佐野一さん・大正九年生まれ)。

ゴヘイヅラ・イハイヅラ【狩猟・猪・猟犬】猟犬を選ぶ場合、眉間・額の中央・鼻にかけて白毛が帯状に通っている犬を「ゴヘイヅラ」(御幣面)・「イハイヅラ」(位牌面)と称してこれを猟犬にすることを嫌った(宮崎県西都市銀鏡・西森齢治さん・大正三年生まれ)。

静岡県浜松市の山間部から長野県下伊那地方では、右と同じ毛模様の犬を「ハチワレ」(鉢割れ)と称して、やはり猟犬にすることを嫌った。▼カリイヌ、シュードリ

四肢を括った猪。サシ担ぎの縛り方(宮崎県東臼杵郡椎葉村下福良松木、那須久喜家)

コミミジリ・ササラボネ【狩猟・猪・部位呼称】猪の耳の後ろを「コミミジリ」、蓑毛(タテガミにあたる部分)の下を「ササラボネ」と呼ぶ。また、猪の胴を四分し、前足寄りを「サンマイ」、その後ろを「フトバラ」、それに続く部分を「ホソバラ」、後足と尻の部分を「マルゴシ」と呼んだ。コミミジリは急所で、必ず死ぬ。ササラボネを撃つと倒れるが、死なずにまた逃げる(静岡県島田市川根町笹間上粟原・成瀬治宣さん・明治二十二年生まれ)。

静岡市葵区梅ケ島には、フトバラを撃つと猪が怒りやすくなるので、一晩おかないと犬がやられるという伝承がある。

ゴーライ・クボテ【狩猟・熊・穴熊】当地は穴熊狩(冬籠り中の熊を捕獲する狩猟法)が盛んだった。「ゴーライ」とは立木の空洞に開口部があるもので、樹種はミズナラの幹が七〇%、ケヤキが三〇%ほどだった。ゴーライ

に入るのは仔を産まない牡熊である。ゴーライのある木は径一・五メートルほどで、入口の穴は平均地上二メートルほど、入口の径は三十五センチほどで、小さく見えても、熊は頭が入れば体を入れることができる。クボテの口は南側が多い。「クボテ」とは、倒木の根の部分にできる空洞のことで、クボテはブナの木に多い。クボテに入るのは仔産みをする牝熊か仔持ちの牝熊である。穴にはいまひとつ岩穴があるのだが、ここに籠るのも牝熊・仔づれ熊だった。穴熊狩で熊を捕り逃しても、三年目にはその穴に熊が入るものだと伝えられている。したがって、ゴーライを傷めるものではないともいわれている。当地の穴熊猟師の間では「チョウツケアナ」（帖付け穴）ということばがよく使われた。チョウツケアナとは各猟師の頭の中の台帳に登録されている、その猟師のテリトリー内の熊穴の所在地の分布図のことだが、現実には、各猟師に記憶されている熊穴の分布のなかの位置を意味する。ゴーライに熊が籠っているか否かを正確に嗅ぎ分けるのは猟犬の力だった。穴熊猟は二人でもできるが三、四人で行うことが多かった（福井県小浜市上根来・岩本重夫さん・大正十三年生まれ）。

ゴロー【狩猟・猟犬】四つ足と鼻ズネが白い犬を「ゴロー」と呼んだ。この五か所が白い犬は猟犬として優れているといわれている（長野県飯田市上村下栗・胡桃澤栄一さん・明治三十六年生まれ）。▼ヨツジロ

サキ【狩猟・熊、羚羊《かもしか》・頭領】主として熊を対象とした狩猟集団で中心となる頭領のことを「サキ」または「シカリ」と呼んだ（青森県中津軽郡西目屋村砂子瀬・鈴木忠勝さん・明治四十年生まれ）。

秋田県ではマタギの狩猟集団の頭領のことを「シカリ」と呼ぶ。語源は判然としないが、「シキリ」（仕切）との関係が考えられる。山形県・福島県・新潟県では熊・羚羊《かもしか》を対象とした集団狩猟におけるリーダーのことを「ヤマサキ」と呼ぶ例が多く見られる。ヤマサキとは「山先」すなわち「山狩における先導者」の意でわかりやすい。「サキ」も「先」で「集団狩猟の先導者」の意である。サキもシカリもヤマサキも、その資格的条件として、山の地形・山の気象条件、とりわけ雪崩発生に関する知識、熊や羚羊《かもしか》の生態に関する知識などを豊富に熟知しており、判断力を持つことが求められた。

サクリ【狩猟・兎・括り罠】兎の通り道のことを「サクリ」と呼ぶ。雪の季節だと雪上に足跡が明確になるので兎の移動の方向がわかる。針金の括り罠は、針金の輪の下が地面から上三寸になるようにする。これをサクリに沿って仕掛ける。富士山の一合目より上に五十個ほど仕掛け、三日に一回見回った。最低三羽は獲れた（山梨県南都留郡鳴沢村鳴沢・渡辺佐久馬さん・大正二年生まれ）。▼ツボ、ヒコゴシ

サゲヤリ【狩猟・猪・銛落とし】沖縄県国頭郡国頭村で大正時代まで行われていた猪捕獲法に、「サゲヤリ」（下げ槍）という方法があった。猪の通路「ウヂ」に仕掛ける。甘藷などの餌を置き、その上に巨大な三つ刃銛を綱で吊る。脇の木陰に櫓《やぐら》を組んでその上にひそむ。猪が餌を食べているときに綱を離して銛を落下させて猪を捕獲する方法である。銛の刃の部分は長さ十二・五センチ、幅七センチ、最厚部一センチで、これが三本あり鋭利に研がれている。刃先から柄との接合する鉄の部分は二十五・五センチ、柄を受ける部分は筒状になっている。そこに三又状の樫の柄の先がはめこまれ、棕櫚《しゅろ》縄でしっかりと括られている柄をふくめ、全長は一・一メートル、総重量は十二キロほどである。国頭村安波の宮城重美さんは安波から辺土名へ赴く峠道で、櫓《やぐら》の上に銛が置かれているのをたびたび見かけたという。これを「サゲヤリ」（下げ槍）と呼ぶ。国頭村中央公民館にはサゲヤリが保存されている。

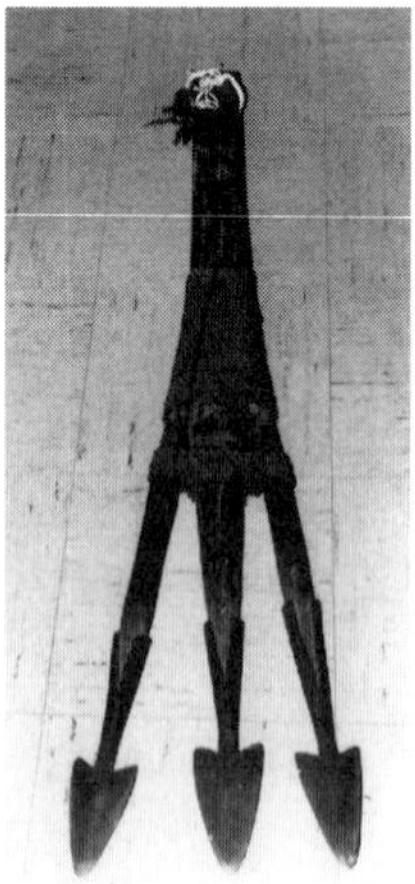
猪捕獲用のサゲヤリ（国頭村中央公民館所蔵）

ササグマ【狩猟・アナグマ】貉《むじな》とも呼ばれる食肉目イタチ科の獣、アナグマのことを「ササグマ」と呼ぶ。岩穴にひそむところを榧《かや》の葉を燻《いぶ》し、出てきたところを銃で撃つ。皮を剥いでから肉を煮るのであるが、臭気があるので次のようにする。①カラユデする→②牛蒡を入れて茹でる→③随意ものと煮付ける（静岡県榛原郡川根本町梅地・筑地松己さん・大正十三年生まれ）。

サチオイ【狩猟・熊・狙撃者の叫び】熊の共同狩猟で熊を狙撃した者はその場で「サチオイ、サチオイ」と叫ぶことになっていた。「サチオイ」とは「幸負い」の意で、「獲物を授かったぞ」「幸いを賜ったぞ」という意味である（岩手県和賀郡旧湯田町長松・高橋仁右衛門さん・大正九年生まれ）。

サッパカマ【狩猟・熊、羚羊《かもしか》・服装】山形県西村山郡西川町大井沢出身で、熊狩・羚羊《かもしか》狩をした富樫音弥さん（明治三十六年生まれ）は出猟の際、股引の上に「サッパカマ」と呼ばれる単衣の麻布で作った膝下で括ることのできるゆるめの袴を着けたという。秋田県北秋田市阿仁打当では同形の麻袴を「ヤマバカマ」（山袴）と呼んだ（鈴木辰五郎さん・明治三十七年生まれ）。山形県西置賜郡小国町ではこれを「タッツケ」と呼び、素材の麻布のことを「ヌノ」と呼んだ。股のところは太く作られていたという（佐久間惇一『狩猟の民俗』）。また、新潟県村上市旧奥三面集落ではこれを「コバカマ」（小袴）と呼んだ。文化庁文化財保護部編の『無形の民俗文化財記録　第二十三集　狩猟習俗Ⅱ　新潟県・宮崎県』には以下のようにある。「布地の手ざわりはあらいようであるが、ノウヤジ（熊の腸づめ）を煮た汁にひたして乾かすと、水をはじいて通さないという……」。

サラゲ【狩猟・猪・猪と壁蝨《だに》】壁蝨《だに》の小さいものは〇・一ミリほどであるが、壁蝨《だに》の一種である猪にも人にもつく大きい壁蝨《だに》を当地では「サラゲ」と呼ぶ。サラゲのついた猪は痩せている（宮崎県西都市上揚・浜砂久義さん・大正八年生まれ）。

静岡県浜松市北区引佐町で、捕獲した猪の壁蝨《だに》を除くために猪を一晩谷川に浸けたと聞いた。『改訂綜合日本民俗語彙』の「サラゲ」の項には以下のようにある。「宮崎県西臼杵郡鞍岡村附近で、壁蝨《だに》の小さいのをいう。ここでは壁蝨といえば犬につく壁蝨のこと」。

サルマタギ【狩猟・猿・老猟師と猿】猟師が高齢になり、雪の山中を走ることができず、熊狩も羚羊《かもしか》狩もできなくなると、その毛皮を背皮として使う猿を対象として、里近くで猿を捕獲するようになる。このような老猟師の活動を「サルマタギ」と呼ぶ。サルマタギは犬だけ連れてゆけば容易に猿を捕獲できる。猿の皮を背皮にする。猿の皮は薄くて温かい。当地には「猿の皮を三年着ればマナコが見えなくなる」という口誦句があるほどだ。あまりに温《ぬく》くてのぼせてしまうというのである。また、サルコウベ（猿の頭）は蒸し焼きにして脳の薬にした。これを女性の血の道の薬にする地は多い。腹子は蒸し焼きにして子宮癌の薬にした（青森県中津軽郡西目屋村砂子瀬・鈴木忠勝さん・明治四十年生まれ）。

シカジル【狩猟・山兎・食】雪が降り続いたあとに捕獲した山兎の腸を、糞も出さないままで煮る。煮えはじめてくると腸が膨張するので、爪楊枝や竹針で点々と穴をあけて空気と水分を抜く。こうして水分がなくなるまで煮つめ、味噌で味付けをし、唐辛子をふりかけて食べる。これを「シカジル」と呼ぶ。山兎だけはこうした食法が可能であるが、家兎はたとえひと冬の間山に放置したものでも、こうした食べ方はできない（秋田県雄勝郡羽後町上仙道・武田宇市郎さん・大正四年生まれ）。

シシツボ【狩猟・猪・陥穽《かんせい》】山の稜線が最もタワんだ箇所（低くなっているところ）に径三メートル、深さ二メートルほどの落とし穴を作った。これを「シシツボ」と呼んだ（愛媛県上浮穴郡旧柳谷村高野・長谷直国さん・明治四十二年生まれ）。

シシマツリ【狩猟・猪・鎮祭】捕獲した猪の数が四十四頭になるまで、捕獲した猪の下顎骨を竈《かまど》の後ろに掛け並べておき、四十四頭になったら、祈りを捧げてからその下顎骨をすべて海に流す。これを「シシマツリ」（猪祭り）という（沖縄県石垣市川平・石垣島・大屋實さん・明治四十五年生まれ）。

シソク【狩猟・猪・捕獲儀礼】猪の捕獲儀礼として、四足の踵《かかと》の毛を抜いて木の枝先に挟んで山の神様に供える。この儀礼を「シソク」（四足）と呼ぶ（静岡県島田市川根町家山雲見・宮脇清重さん・明治三十一年生まれ）。

シティプク・チキプク【狩猟・猪・鉾《ほこ》猟】沖縄県八重山地方では鉾《ほこ》のことを「プク」という。「カマイ」（猪）はその肉が食料として尊かったと同時に、カマイ猟は稲作や甘藷に害を与える害獣防除にもなった。八重山郡竹富町鳩間島に住む小浜安喜さん(明治三十八年生まれ)は西表島で稲の出作りを行っていたので、右の二つの目的を達成するために西表島へカマイ猟に出かけた。狩猟法は「プク」(鉾)と犬とを使うものだった。プクは石垣島の鍛冶屋に打たせたもので鉄刃の部分が一尺、柄は樫で五尺だった。カマイのプク猟には七頭の犬が最適だという。七頭のなかに大将犬を作っておき、猟場では大将犬の統率が大切だった。犬に追いつめさせる場は背後が崖状地のところがよい。「シティプク」は、犬がカマイを巻いて立て、噛みつかない状態でプクを投げて獲る方法である。これに対して、犬がカマイに噛みつきはじめるとプクを投げることは犬に対して危険なので、こうしたときは「チキプク」(突き鉾)にした。

銃砲時代に入っても昭和二十年代まで八重山ではプク猟が行われていたのである。プクを投げる・突く、という操作の条件、プク猟に適切な犬の頭数、大将犬など、銃砲以前の猪猟の実態を知ることができる。猪のことを「カマイ」と呼ぶのは、猪の牙を「鎌」と認識したからではなかろうか。「イ」は「ヰ」でもあり、「ウイ」という猪の鳴き声にもとづくものと思われる。

シバサシ①【狩猟・採集・魔除け柴】 熊狩・山菜採りで山に入る場合、「柴の撥《は》ね」を恐れる。雪庇《せっぴ》の崩壊や雪崩の要因、怪我にもつながる。山で熊を捕獲解体して里に下る場合、熊の頭を担ぐ者は必ず先頭になり、リュックに柴を挿す。山菜採りにも荷物に魔除けとして柴を挿す。小屋場や泊り場にも柴を挿す。これらを「シバサシ」という(新潟県新発田市滝谷滝谷新田・佐久間友一さん・昭和三年生まれ)。

シブタ【狩猟・兎・捕獲具】 萱を素材にして径尺二寸で真中を径四寸ほどあけた円形の鍋敷状のものを編む。これを「シブタ」と呼んだ。積雪があり、晴天になった折、兎が雪上に出ているときシブタを兎の頭上を越すように投げる。兎はこれを天敵の鷹だと錯覚して斜面にある木の根の穴に逃げこむ。間髪を入れず雪を踏み込んで兎を捕える。シブタは疑似鷹である(石川県白山市白峰苛原・長坂吉之助さん・明治二十七年生まれ)。▼グマ、マルウチリョウ

シャチイワイ【狩猟・熊・捕獲儀礼】熊を捕獲した場合、その幸い・恵みに謝し、祝うために、熊の心臓に十字を刻んで山の神に供える。これを「シャチイワイ」（幸祝い）という。この儀礼は東北地方のマタギのなかにも見られる。また、熊を仕留めることを「シャチドメ」と称し、シャチドメのあと、直ちに熊・鹿・猪・羚羊《かもしか》などの大型獣を狙うものではないと伝えている。山鳥↓兎↓鹿↓熊などのように小さいものから順次大きいものへ、といわれている（静岡市葵区田代・滝浪作代さん・明治三十九年生まれ）。

シュードリ【狩猟・猪・猟犬】猪猟に使う猟犬で、眉間から鼻筋にかけて白い毛の筋が通っている犬を「ハチワレ」（鉢割れ）と呼び、ハチワレは猟場であるじに怪我をさせる「シュードリ」（主取り）だとして、猟犬にすることを忌まれた（静岡県浜松市北区引佐町渋川寺野・松本武さん・明治三十八年生まれ）。▼カリイヌ、ゴヘイヅラ・イハイヅラ

スエユミ【狩猟・猪・射具設置】「ウツ」（獣道《けものみち》）を通る猪を射ることのできる位置に自動発射式に設置する弓のことを「スエユミ」（据え弓）という。スエユミの矢は、鏃《やじり》は鋼で三角錐、長さ四センチ、それに接続する鉄は太さは小指ほど、長さは一メートル、把手は長さ四十センチの木である。弓の弦は棕櫚《しゅろ》縄だった。発射の仕掛けは、ウツを横切るように張った蔓《つる》に猪の体が触れると自動的に発射する形である（「ウツデッポウ」と同じ）（山梨県南巨摩郡身延町大垈・佐野秀章さん・明治三十三年生まれ）。▼ウツデッポウ

ズワイ【狩猟・鹿・皮張り】径二センチ前後、長さ一、二メートルの枝または灌木の幹を「ズワイ」という。鹿を捕獲すると山で皮を剝ぎ、直ちにズワイ数本を弓状に曲げて鹿の皮を突っ張ってのし、家に持ち帰って乾燥させた。山梨県から印伝《いんでん》の素材にする鹿皮の仲買人が巡回してきたので、鹿の皮は寸法で売れた（静岡県榛原郡川根本町梅地・筑地松己さん・大正十三年生まれ）。

「ズワイ」は「すわえ」「ずわえ」（楉）の転訛である。

セゲブシ【狩猟・猪・下顎骨】 鴨居のことを「セゲブシ」と呼んだ。猟師は自分が捕獲した猪の「カマゲタ」(下顎骨)をセゲブシに並べた。また、出入りする部屋の入口頭上にカマゲタを掛けておくと魔除けになると伝えた。下顎骨の鋭い牙が悪しきものを防除すると考えたのである(宮崎県児湯郡西米良村村所狭上・中武亮介さん・明治四十年生まれ)。

猪の下顎骨を玄関に掛けて魔除けにする例は同県東臼杵郡椎葉村にも見られる。カマゲタの「カマ」は猪の牙のことで、牙を鎌に見立てたものである。ゲタはその鎌を履かせる台、すなわち下顎骨を意味する。沖縄県石垣市では猪のことを「カマイ」と呼ぶが、これも牙を鎌に見たて、「鎌を持った猪」と認識したことによる。

センブレ【狩猟・猪・幻視】 猪が化けて千頭に見えることがある。これを「センブレ」(千群)と呼び、「センブレは撃つな」といわれている。また、最後に来るのが本物の猪だといわれている(鹿児島県大島郡大和村大棚・奄美大島・元好美さん・昭和四年生まれ)。

セゲブシの上に掛け並べられた猪の下顎骨(宮崎県東臼杵郡椎葉村大河内大藪、国弘千秋家)

タカビソ【狩猟・猪・犬笛】 主として犬を使って行う猪の集団狩猟の際、猟師が猟犬に行動を指示するために吹いた竹笛のことを「タカビソ」という。女竹を長さ二寸五分ほどに切って作ったものである。タカビソはのちに銃弾の薬莢《やっきょう》に代替された。タカビソの代わりに「サドガラ」(イタドリの茎)を使うこともあった。集団狩猟では山中で分かれる猟師同士の意思伝達も必要となる。人同士は「オロ」(声)を使った。オロは明確な言語ではなく「オラビ」(叫び声)である(宮崎県東臼杵郡美郷町南郷上渡川上古園・黒木勇次郎さん・大正三年生まれ)。

狩猟中の猟犬への指示伝達具として、鹿児島県奄美大島では小型の法螺貝を使っていた。「タカビソ」は「タカウソ」(竹嘯)の転訛と考えられる。別に、宮崎県西都市上揚の浜砂久義さん(大正八年生まれ)は狩猟に使う竹笛のことを「タカウソ」と呼んでいた。ここで注目されるのは人が発する特殊な声のことを「オロ」と称していることである。オロは、乳幼児や馬の霊を鎮める「オロロンバイ」や「オーラ」との脈絡を考えさせてくれる。▼イヌブラ、オソ

タケノコジシ【狩猟・猪・季節と肉の味】五月に孟宗竹、六月に淡竹《はちく》、七月初めに真竹の筍が出る。猪はこれらの筍を喰い食害をもたらすが、この時期の猪は脂肪がなくまずい。これを「タケノコジシ」（筍猪）と呼ぶ（三重県伊賀市諏訪・谷三郎さん・大正十四年生まれ）。

タチ【狩猟・猪・膵臓】猪の膵臓のことを「タチ」と呼ぶ。紫色をしており、太刀の形をしているからである。「タチは山に返せ」という口誦句があり、解体時に木の根に供える。山の神への献供である（静岡県島田市川根町笹間上粟原・成瀬治宣さん・明治二十二年生まれ）。

タチメ【狩猟・熊・解体、皮かけ儀礼】ニホンツキノワグマを捕獲し解体するときは、まず親方が月の輪を切るように刃物を入れる。これを「タチメ」（断ち目）、「タチメヲイレル」という。親方のタチメが済めばあとは誰が刃物を扱ってもよい。全体の皮を剝ぎ終えたら、剝いだ皮を持って本体に三回かぶせる儀礼を行う。このとき「千匹万匹」と唱えながら行う（新潟県新発田市滝谷滝谷新田・佐久間友一さん・昭和三年生まれ）。

タマス【狩猟・猪・集団狩猟の獲物分配】集団狩猟において、狩猟の獲物、主として猪の肉や部位を分配する際の一人前の単位を「タマス」という。タマスは狩猟参加者が受ける均等分配分のほかに、狩猟活動の役割分担や実績と連動して決定されるものもある。①「イダマス」（射ダマス＝狙撃者に分与される分）＝頭、耳を倒して耳の下から切る。②「トギリダマス」（偵察者に分与される分）＝猪が出た場合は半ダマス。③「セコダマス」（勢《せ》子《こ》の分）＝一人分（一ダマス）。④「イヌダマス」（猟に参加した犬の飼い主の分）＝一人分（一ダマス）。⑤「カリダマス」（カルイ（背負い）ダマス＝運搬者の分）＝残肉のついた骨。⑥「ヒノカミジシ」（猪宿《ししやど》の妻に分与される分）＝カ

マゲタ（下顎骨）の肉と尻の肉。狩猟参加者に分配する分を「タマス」と呼び、近所などへの分与の分を「ハザシ」（刃差し）という。刃物を持って宿に来たものを儀礼的に参加者と見なす（宮崎県東臼杵郡椎葉村不土野尾前寺床・尾前善則さん・昭和四年生まれ）。

　分配方法、呼称は狩猟組・地域・時代などによって異なる。柳田國男は「食物と心臓」（『柳田國男全集　第十巻』）の中で、「何にもせよ霊魂のタマシヒといふことと、個人私有の概念を為すタマス・タマシとは、是から追々にその根本を一つにすることが、判明して来るやうな気がする」と述べている。柳田はまた、「タマス・タマシの元の意味は簡単で、今日関東で使ふ一ボツチ二ボッチなどのボッチといふ言葉と同じものかも知れぬ」とも述べている。これは日向山地の諸塚村や美郷町西郷などで使われている「セコボシ」「イヌボシ」などの「ホシ」と同じものと考えられる。▼ワップ

猪共同狩猟のタマス分け（宮崎県西都市銀鏡）

ダンナサマ【狩猟・熊・位置確認の指標】 堅雪のころ山中で行う熊の共同狩猟の際、山中で、現在地・目的地・方位などを確認するための「メアテ」（目当て）の木のことを「ダンナサマ」（旦那様）と呼ぶ。それはブナの巨樹である場合が多い。「〇〇の峰のダンナサマ」といった会話がなされた（新潟県新発田市滝谷滝谷新田・佐久間友一さん・昭和三年生まれ）。

ツボ【狩猟・兎・括り罠】 兎を捕獲するために「ウサギミチ」に仕掛ける針金を使った括り罠のことを「ツボ」と呼ぶ。括り輪の下限は、地上に握り拳を置いた高さがよいと伝えられている（福島県南会津郡檜枝岐村・星寛さん・昭和三年生まれ）。▼サクリ

ツマユイ【狩猟・猪・運搬時の結束法】 捕獲した猪の手足を一か所に集め、猪の体が丸くなるように四足の蹄《ひづめ》の付け根を固めて結束する。その折、猪の鼻が結束点に最も近づくように括る。綱の余った部分を牙に掛ける。このように猪の足を縛る方法のことを「ツマユイ」と呼ぶ。ツマユイに八十歳を越えた長寿者の棺桶に使った紐を使うと次の猟がよくなると伝えた。結束した猪は、胴と四足の間に丸太を通して担いで運んだ（大分県佐伯市宇目南田原・岡本久光さん・明治三十九年生まれ）。

テアイリョウ【狩猟・猪・集団狩猟】 猪を対象とした集団狩猟を「テアイリョウ」（手合猟）という。「テアイ」とは、片手に指が五本あるところから五人組を意味するのだという。五人の分担は、まず一番タツマに最も腕のよい猟師がつく。「タツマ」とは待ち場のことである。四番タツマにも腕のよい猟師をつける。二番タツマ、三番タツマは腕を問わない。五人のなかで最も腕の劣る者が「イヌカケ」（犬掛け）と称して犬とともに勢子《せこ》を勤める。「猪は北向きにはいない」と称し、船型沢の日向沢《ひなたざわ》を狩場にした（長野県伊那市旧長谷村平瀬・小松清隆さん・明治四十四年生まれ）。

デナガレ【狩猟・熊・生態】 四月十五日から二十日の間に「デナガレ」（出流れ）と呼ばれる冬籠りの穴から出た熊を狙った。当地の集団は「シカリ」（首領）・「セコ」（四、五人）・「マチ」（射手）で編成されていた（秋田県仙北市西木町上桧木内中泊・鈴木壽さん・昭和八年生まれ）。

ドヂモリ【狩猟・熊・餌場】 コナラ・ミズナラの巨木を「ドヂモリ」と呼ぶ。ナラ類の巨木は河川流送する際に流れずに沈んでしまう沈下材なので伐採しない。よって巨木はさらに命永らえる。ナラ類の実が落ちると熊はそこをめぐる。猟師の頭の中にはドヂモリの分布図があり、そこをめぐって熊を狙う（静岡市葵区田代・滝浪作代さん。明治三十九年生まれ）。

「ドヂモリ」とは「土地守り」の意であろう。「土地守りの巨樹」の意である。

トメル・トメキル【狩猟・猪・偵察】 猪の共同狩猟に際して猪の足跡を観察し猪の移動方位や通過時間、猪の大きさなどを把握することを「トメル」という。また、猪が狩猟予定範囲から出ていないことを確認することを「トメキル」という。「トメ」の要訣は、朽ち枝の折れ具合・落葉の様子・草の踏み汁の具合・「ヂゴオリ」（地氷＝霜）が上がっているか否か、などに注目することである。この役割を「トメ」ともいう（静岡県島田市川根町笹間上粟原・成瀬治宣さん・明治二十二年生まれ）。

静岡市葵区油野ではトメに際して猪の蹴爪《けづめ》と爪先の間を手で計測して、狩場の山に入っている猪の目方を予測する方法が伝えられていた。蹴爪《けづめ》と爪先の間が拇指と人差指を開いた寸法なら約二十貫、拇指に対しほかの四指の関節を折りこんで開いた寸法なら十五貫と伝えていた。

静岡県浜松市天竜区水窪町奥領家草木の高氏安精さん（大正五年生まれ）は、トメのことを「ミキリ」（見切り）という。そして、ミキリの重要性を「ミキリ七分犬掛け三分」という口誦句で伝えていた。『万葉集』九二六番歌に「野の上には跡見《とみ》据ゑおきて御山には射目立てわたし」とある。この「跡見《とみ》」とは「狩に際して獣の足跡を調べる者」の意であり、先に示した「トメ」はこれと同義であり、「ミキリ」も同じである。

トヤマチ①【狩猟・山鳥のトヤマチ猟】 四月、山鳥が麦畑の麦の芽を喰いにくるのを狙って「トヤマチ」猟を行う。麦畑の脇に、身を隠すための簡易な小屋を作る。松その他の枝葉を使ったもので、これを「トヤ」という。トヤに身を隠して待っていると午前五時半ごろ山鳥が姿を現すので狙撃する。捕獲直後、木の枝で小さい鉤《かぎ》を作り、鉤《かぎ》を山鳥の肛門に入れて内臓を抜いて捨てる。こうしておくと山鳥の肉の日もちがよくなる。毛を抜き、細毛は焙《あぶ》って焼く（長野県飯田市南信濃八重河内本村・山﨑今朝光さん・大正十一年生まれ）。

同市上村程野の宮澤俊雄さん（昭和十五年生まれ）はトヤの前に餌を撒《ま》いておき、それを啄《ついば》みにくる山鳥を狙撃する方法をとった。

山鳥のトヤマチ猟は各地で行われた。福島県大沼郡三島町大石田の秦正信さん（昭和十九年生まれ）は以下のようにした。一月、漆の実を喰いにくる山鳥を対象にして、雪でカマクラ型のトヤを作り、そこに入って待った。一本の漆の木に数羽の山鳥が来た場合、上に止まった鳥を最初に撃つとすべての鳥が一斉に逃げる。しかし、下の枝に止まった鳥から順に上の鳥を狙っていくとすべて獲れる。

トヤマチ②【狩猟・鹿・鹿の習性】 鹿狩でも「トヤマチ」猟を行う。トヤマチ猟は基本的には、犬かけ（セコ）一人、撃ち手二人の三人で行うが、撃ち手が三人になることもある。山に雪が降り、鹿が雪に押されて下り、雪どけに日向《ひなた》に出ているところへ犬をかけ、鹿を河原に追い出して狙撃するという方法である。「トヤ」とは、猟師が河原で待つ際、姿を隠すために籠る場のことで、石または枯木、ボサ（木の枝）などで河原べりに設ける。「鳥屋」の意である。最も腕のよい猟師が確実に狙撃するために籠るトヤを「ホンドヤ」（本鳥屋）または「シメドヤ」（締め鳥屋）と呼んだ。トヤは猟師が身を隠すためと、冬季、河原の寒風から身を守るための機能を持つ。トヤマチ猟は、追われると川に入るという鹿の習性を熟知した狩猟法である（静岡市葵区田代大島・滝浪鉄太郎さん・明治四十四年生まれ）。

ナスイ・マルイ【狩猟・熊・熊《くま》の胆《い》】 熊《くま》の胆《い》は、茄子の形をしたものを「ナスイ」（茄子胆）、円形に近いものを「マルイ」（丸胆）と呼んだ。ナスイよりもマルイのほうが質がよいといわれていた。

二月十二日の山の神祭りの日に、ハチジョー（幣に相当する和紙）に熊《くま》の胆《い》の絵と十二大明神という文字を書き、ナラの木の枝に結びつけ、祠の横の雪中に立てて、よい熊《くま》の胆《い》に恵まれることを祈った（長野県下水内郡栄村堺上ノ原・山田藤作さん・明治四十二年生まれ）。

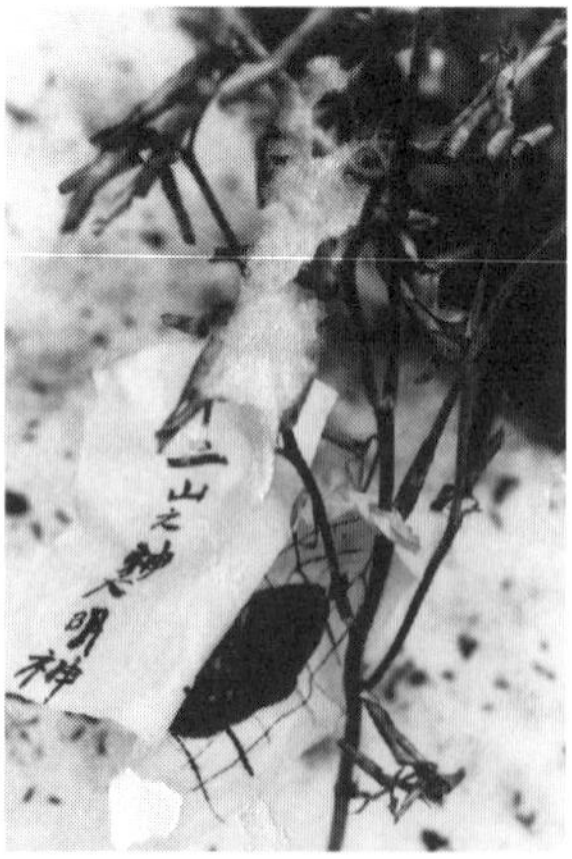

雪上に立てられた熊の胆の絵馬
（長野県下水内郡栄村堺屋敷）

ニウリヤ【狩猟・山肉商】 熊・猪・鹿などの大型獣を中心に鳥獣を商う山肉商を「ニウリヤ」と呼ぶ。狩猟の獲物を「荷」と称し、それを売りこむ（買ってもらう）山肉商のことである。「ニウリヤ」（荷売り屋）とは猟師を主体とした呼称である。南信濃和田の星野屋や鈴木屋のような店をいう。大型獣の内臓だけ出して丸で持ちこむ猟師が多かった。獲物を持ちこむと獲物の代金とは別にニウリヤが酒を一升くれた時代がある（長野県飯田市南信濃八重河内此田・藪下平吉さん・昭和四年生まれ）。

ニッザアタリ【狩猟・俗信】妊婦のことを「ニッザ」という。猟師の家に妊婦がいるときには猟の首尾がよくなるという伝承があり、これを「ニッザアタリ」（妊婦当たり）という。反対に、家に妊婦がいるのに、どんなにくふうしても努力しても当たらない場合がある。これを「ニッザハズレ」という（静岡県榛原郡川根本町青部・田代光さん・明治四十五年生まれ）。

ニノヤマ【狩猟・猪・狩場の移動】予定の狩場で失敗して捕獲することができずにほかの山に移動して矢を掛ける（狙撃する）ことを「ニノヤマ」（二の山）と呼んだ（静岡県浜松市天竜区佐久間町相月・栗下伴治さん・明治二十七年生まれ）。

ヌーナーヤヒ【狩猟・野焼きと猪】西表島祖納からサバニで崎山・鹿川・白浜などの入江に出かけ、そこから原野に入って、昼から夕方まで原野を焼く。これを「ヌーナーヤヒ」（野焼き）という。夕方、火が消えると、原野の中に焼けたハブ・鼠などの死骸を狙って猪が集まってくる。その猪を銃で狙撃する。狙撃は夕方と朝である（沖縄県八重山郡竹富町西表島祖納出身・高道正文さん・大正六年生まれ）。

右の事例には始原の狩猟法のひとつの姿が窺え、また、ヌーナーヤヒ跡の利用という点で焼畑の原点を窺うこともできる。

ネマワリアナ【狩猟・春熊と雪解け】当地ではブナの実のことを「コノミ」と呼ぶ。ブナ林の雪解けは雨がブナの幹を伝って流れ落ちる根元から始まる。根元の穴は「ネマワリアナ」（根回り穴）と呼ばれ、次第に大きくなる。積雪が二メートルで根回り穴の径が五メートルほどになると、冬籠りの穴から出た熊が根回り穴に入って前年落ちたコノミ（豊饒年の場合）を夢中になって食べる。このような熊は一人でも狙撃できる（山形県西置賜郡小国町五味沢樋倉・佐藤静雄さん・大正七年生まれ）。
根回り穴のことを「ネビラキアナ」（根開き穴）と呼ぶ地もある。

ネヤマ・ヒキヤマ【狩猟・猪・狩場】猪猟において、対象の猪が入った山のことを「ネヤマ」と呼び、猪が逃げてほかの山に移ってしまった山のことを「ヒキヤマ」と呼ぶ（静岡県浜松市天竜区佐久間町相月・栗下伴治さん・明治二十七年生まれ）。

ネライ・ネライイリョウ【狩猟・単独猟】集団狩猟ではなく猪・鹿・熊などの大型獣を対象に単独、一人で行う狩猟のことを「ネライ」または「ネライイリョウ」という。主として鹿を対象とした。期間は十月半ばから十一月半ばにかけて、この季節は人の動く音と落葉が落ちる音がまぎれやすく、鹿の発情期でもあるので平素に比べると鹿がボーッとしているからだ。狩猟範囲は遠山川本谷筋から静岡県の千頭奥に至ることもあった。発情期の鹿の牡は尾根筋を通る習慣があり、朝、シラシラ明けのころ牡牝ともにヌタ場に寄った。発情期の牡はヌタ場近くの木で角研ぎをするので枯れてしまう木もあった。「シカブエ」（鹿笛）を作って「フエジカリョウ」（笛鹿猟）をすることもあった。鹿笛は檜《ひのき》を台にし、スズ竹を吹き口にし、ヒキタ（蟇）の腹の内皮を振動膜として使う。使うときには皮を沢水で濡らしてもどしてから張る。笛で出すのは牝鹿の鳴き声で、「ボワーアー」と吹く。三の又の角を持つ牡

鹿笛。台の長さはすべて6.5センチ前後。上：台＝鹿角、吹き口＝スズ竹、振動膜＝ヒキガエルの内皮（静岡県榛原郡川根本町）。中：台＝樫の木、吹き口＝銅製パイプ、振動膜＝ヒキガエルの内皮（静岡県浜松市天竜区水窪町）。下：台・吹き口ともに鹿角、振動膜＝ヒキガエルの内皮（長野県飯田市上村）

鹿は三声続けて鳴く（長野県飯田市上村下栗屋敷・胡桃澤菊男さん・昭和五年生まれ）。

十一月は羚羊《かもしか》の発情交尾期で、単独猟でも狙撃しやすいし、この時期は肉もうまい。羚羊《かもしか》の肉がまずくなるのは春からである。羚羊《かもしか》猟の目的は肉ではなく、毛皮である。羚羊《かもしか》の毛皮が最も良質になるのは寒中である（同市上村程野・前島正一さん・大正八年生まれ）。

ノボリヅメ・クダリヅメ【狩猟・熊・穴熊猟】 仔を持たない牝熊や牡熊は冬季ミズナラやケヤキの立木の空洞に入る。立木の穴に入った熊を狩猟対象とする場合は熊の爪跡に注意する。熊が穴に入るときの爪跡を「ノボリヅメ」（登り爪）という。登り爪は木の皮に爪がしっかりかかっており、流れていない。「クダリヅメ」とは熊が穴から出るときの爪跡のことで、こちらはかかりが浅く滑っている。ノボリヅメの跡のある木には熊が入っている確率が高い。春の出熊は、立木の穴の中に雪解け水が入ってきて中にいられなくなって出てくるのだという伝承がある（長野県松本市奈川駒ケ原・奥原誠さん・大正四年生まれ）。

ハサキマメ【狩猟・解体刃物のくふう】 大型獣解体用の山刀を「サスガ」と呼ぶ。大型獣、猪・鹿などをまず皮剝ぎし、次に本体を腑分け分割するときに、胃腸や膀胱《ぼうこう》、精嚢《せいのう》などに傷をつけると肉全体に悪臭が付着して食肉に適さなくなるので細心の注意をはらわなければならない。サスガの先端に大豆を刺して、刃先のミスを防ぐ。この豆を「ハサキマメ」（刃先豆）と呼ぶ（長野県飯田市南信濃南和田名古山・柴原数夫さん・昭和六年生まれ）。

ハサキマメと同様の大型獣解体技術は、熊・大豆（岩手県和賀郡西和賀町）、猪・大豆または椎の実（宮崎県東臼杵郡椎葉村）など各地に見られる。今では刃先に小豆ほどの鉄の玉をつけた解体専用ナイフが考案されている。

ハツリョウ【狩猟・熊・初猟儀礼】 熊の集団狩猟で初めて熊を狙撃して倒すことを「ハツリョウ」（初猟）と呼んだ。初猟の者が座して待つところに狩猟組の者たちが剝ぎたてで血のしたたる熊の皮を後方からかぶせた。そのとき、初猟の者は合掌する。これは一生に一度だけの儀礼である。熊を捕獲した場合は、熊《くま》の胆《い》を皿に盛り、

当屋で祀る山の神に供え、餅搗《つ》きをして祝った（山形県鶴岡市田麦俣・渋谷賢造さん・明治三十年生まれ）。▼クマカブリ

ハマ【狩猟・予兆】 曲げもので円形の弁当箱、輪ッパのことを「ハマ」という。ここから、円形のモノや円形の状態をも「ハマ」と称する。マタギの間には「烏がハマを作って鳴くと猟がある」という口誦句が伝えられている。「カラスノハマナキ」（烏のハマ鳴き）に出会って猟があったときには獲物の舌と肺を烏に与えることになっている（青森県西津軽郡鯵ヶ沢町一ツ森町・大谷石太郎さん・明治三十二年生まれ）。

ハミバ【狩猟・餌場】 主として大型獣、熊・猪・鹿などが餌を喰う場所のことを「ハミバ」（食み場）という（静岡市葵区田代・滝浪作代さん・明治三十九年生まれ）。

ハラガキ【狩猟・猪・解体、臓器】 猪を解体することを「ハラガキ」と呼んだ。河原でハラガキをすることが多かったので、河原の石の上に、「タチ」（膵臓）に耳の毛三本を添えて山の神様に供えた。「ヒャクヒロ」（小腸）など猪の臓物を食べると足が冷えなくなると伝えた（静岡県浜松市北区引佐町渋川・滝本勝義さん・明治三十九年生まれ）。

静岡県島田市川根町笹間上粟原の成瀬治宣さん（明治二十二年生まれ）は「タチは山へ返せ」と教えられたという。巨木の根に供え、山の神に納めた。膵臓を「タチ」と呼ぶのは、太刀・刀のような形だからであり、紫色をしており、小腸などに比べて食べるに値しない味である。

ハンヤ【狩猟・狙撃状態】 対象獣で、狙撃して弾は当たったものの、死には至らず逃げのびている獣（特に大型獣）を「ハンヤ」（半矢）という（長野県飯田市上村程野・前島正一さん・大正八年生まれ）。

ヒケジシ・ネウツマチ【狩猟・猪・種の保全】 「ヒケジシ」（退け猪）とは夜間餌をあさり、明け方寝屋に帰る猪

のことである。「ネウツ」とは、両側が切り立って崖状をなし、そこ以外に通路がないという「ウツ」(獣道《けものみち》)である。「ネウツマチ」(嶺獣道待ち《ねうつま》)はネウツの手前(里方)で待ち受けて猪を狙撃する方法である。それは、必ず獲物が獲れるという方法である。耳金さんという猟師は常願寺山のネウツで九十九頭の猪を獲った。猟師仲間では百頭目の猪は人の姿に見えるといわれているが、耳金さんは百頭目に猪が小間物屋に見えた。耳金さんはその日家に帰ると寝込んでしまい、とうとう死んでしまったという(静岡県浜松市天竜区水窪町地頭方向市場・川下勘三郎さん・明治三十七年生まれ)。

この伝説には獲物の絶滅につながるような狩猟法に対して自省を促す眼差しが見られ、種の保全の民俗思想が窺える。

ヒコゴシ【狩猟・兎・罠・食】 以下のような兎の括り罠を「ヒコゴシ」と呼んだ。兎道に高さ二尺ほどの杭を門状に立て、上に横木を結びつける。その横木に円形部径四寸、吊り部長さ一尺の針金で作った括り罠を五つほど並べて吊る。円形部の下位と土との間は握り拳一つほどとする。杭の両側に柴を立てて兎を括り罠の位置に誘導する。ヒコゴシはリンゴ栽培に害を与える兎の防除にもなった。残肉のついた兎の骨と水でもどした大豆・サワガニを木口にのせ金鎚で叩き、団子にし、汁にして食べた(秋田県横手市大森町・渡部重一郎さん・明治四十二年生まれ)。▼サクリ、ツボ

ヒトタテ【狩猟・羚羊《かもしか》・泊まりこみの単位】 狩猟を泊まりこみで行う場合、その一回の泊まりこみの期間を「ヒトタテ」と呼んだ。羚羊《かもしか》猟のことを「ニクヤマ」と呼び、ヒトタテは一週間だった。個人狩猟を「シノビ」(忍び)と呼び、集団狩猟を「オオリョウ」(大猟)と称した。羚羊《かもしか》の大猟は猟師三人と犬一頭で、大猟で泊まりこむ小屋は、信濃俣河内のミツマタ小屋・上河内沢のウソッコ沢小屋・横窪沢小屋などだった。事前に小屋へ運んだものは、稗・味噌・大根の干し葉・夜具としての毛布・野宿のための油紙などだった(静岡市葵区田代・滝浪作代さん・明治三十九年生まれ)。

ブシ・コバカス【狩猟・羚羊《かもしか》・服装】冬季「アオ」（羚羊《かもしか》）狩などのとき山に入る猟師の服装には特色があった。紺染めの長さ五尺の頭巾用の木綿布、その頭巾のことを「ブシ」と呼んだ。着装に際しては目と耳を出すようにした。集団狩猟における合図の音や雪崩の兆を感知するために、いくら寒くても耳を塞ぐことはできなかった。麻の手織布で作ったニッカズボン型で下半身に穿《は》くものを「コバカス」という。雪や水をはじき除けるために織目に羚羊《かもしか》の脂を塗り込んだ。「ハンバキ」（脛巾）も麻で、これにも羚羊《かもしか》の脂を塗り込んだ。猟師の家はどこも、コバカスを作るために麻を栽培していた。足には「ケタビ」（毛足袋）を履く。毛足袋は羚羊《かもしか》の四股の皮を鞣《なめ》さずに麻糸で毛を外にして縫ったものである。藁で足袋敷を作るので鞣《なめ》してなくても痛くない。上半身は、下着、中着の上に、背にはアオの「セナカワ」（背皮）、腕には猪か穴熊の皮、胸には穴熊の皮を当てる。手袋は「テカワ」（手皮）と称し、羚羊《かもしか》の皮を鞣《なめ》さずに作ったものだった。蓑は「ヒヨリ」（ミヤマカンスゲ）を編んだもので寝具にもなった。笠は合図に使うこともあった（新潟県村上市旧奥三面集落・小池甲子雄さん・大正十三年生まれ）。奥三面は昭和六十年九月に解村になった。

ベトアナ【狩猟・熊・冬籠り】熊が冬眠に使う傾斜地の土の穴を「ベトアナ」という。このほか、木の洞・岩穴などにも冬眠する。ベトアナ・岩穴の場合は穴の入口にボサ（木の枝）が集めてある（静岡市葵区田代・滝浪作代さん・明治三十九年生まれ）。

ヘラマタギ【狩猟・羚羊《かもしか》】羚羊《かもしか》猟は村田銃が普及してから巻狩方式になったが、火縄銃の時代は銃に頼らずに、雪掻き篦《へら》で撲殺捕獲する「ヘラマタギ」という方法で行われていた。雪掻き篦《へら》にはコナガエ（小長柄）二尺八寸とオオナガエ（大長柄）三尺八寸とがあった。材はイタヤカエデだった。ウリハダカエデの材もよいのだが打当には少なかった。ヘラマタギにつかうのはオオナガエだった。ヘラマタギは雪が深いときに適していた。羚羊《かもしか》が走りにくく、逃げにくくなるからである。ヘラマタギは羚羊《かもしか》と猟師との競走である。人が羚羊《かもしか》を追いつめてオオナガエで羚羊《かもしか》の頭を強打するのである。足の速い者は一人でも追いつめることができたが、普通、複数名で追った。一番手が疲れると二番手が全力疾走、二番手が疲れると三番手と、脇に除け、交替しながら追いつめるのである。ヘラマタギの期間は十二月から三月までだった（秋田県北秋田市阿仁打当・鈴木辰五郎さん・明治三十七年生まれ）。

ホエニワ【狩猟・猪】 背後に岩などの遮蔽物がある場所で、猟犬が猪をその前に立てて吠えたてて止めることのできる場所を「ホエニワ」（吠え庭）と呼ぶ。ここで狙撃する（宮崎県北諸県郡三股町・木田三郎さん・大正八年生まれ）。

ホヤドリ【狩猟・山鳥】 「ホヤ」とは広葉樹に寄生するヤドリギ科の常緑低木だが、広葉樹の古木の高所に寄生することが多い。球形で緑黄色の実をつける。山鳥はホヤの実を好み、樹上のホヤに集まる。ホヤにつく山鳥のことを「ホヤドリ」と呼び、待ち受けてこれを狙撃する（長野県飯田市上村程野・宮澤俊雄さん・昭和十五年生まれ）。

秋田県北秋田市阿仁打当ではホヤのことを「ヒョウ」と呼ぶ。堅雪のころになると少年たちはヒョウを餌にして兎の括り罠を仕掛けた。『万葉集』（四一三六番歌）には「保与」（ホヨ）とあり、折って髪に刺し長寿の呪物にしたという。常緑性と球体寄生状態から「吉兆」を感じたものと思われる。

ホヤ（奈良市水門町）

ホリバミ【狩猟・熊・生態】 冬眠前の熊の摂餌活動はおよそ次のとおりだった。最初に食べるのは「シダミ」（コナラ・ミズナラ）、次が栗の実で、最後が「ブナグリ」（ブナの実）である。ブナの実には、ナリ年とハズレ年がある。ハズレ年には「ホリバミ」（掘り食み）と称して、熊は雪が積もってからも穴に入らず雪を掘って落下しているブナの実をあさる（秋田県大仙市西木町上桧木内中泊・鈴木壽さん・昭和八年生まれ）。

ホンツボ・ホテ【狩猟・猪・部位呼称】 猪の前足と後足の間を二分した場合の前方を「ホンツボ」(本壺)、後方を「ホテ」(腹)と呼ぶ。銃弾がホテに当たった場合には死ぬことは死ぬが動ける限りは逃げ続ける。ホンツボに当たった場合には十間以内で倒れる。猪の後ろから銃を撃つことを「オイヤ」(追い矢)というが、尻の穴へ掛ければ一発で死ぬ(静岡県浜松市北区引佐町渋川・滝本勝義さん・明治三十九年生まれ)。

ホントウガエシ【狩猟・鹿・習性】 鹿は人や犬に追われると逃げるが、「ホントウガエシ」といって、やがて通ったところを帰るから、「マチ」(狙撃者)は動くなという言い伝えがあった(栃木県日光市湯西川・伴聡さん・昭和十一年生まれ)。

ホンマチト・ハギ・メアテ【狩猟・熊・春熊猟の布陣】 岩手県和賀郡旧湯田町長松の春の出熊を対象とする集団狩猟の布陣について高橋仁右衛門さん(大正九年生まれ)は次のように語る。熊が寄る確率が最も高く、しかも最も狙撃しやすい位置で、最も腕のよい猟師が待つ。その猟師のことを「ホンマチト」(本待ち人)と呼ぶ。ホンマチトの補助としてつく狙撃者を「ハギ」といい、ホンマチトの上手低位につくハギを「カミハギ」、下手低位につく補助者を「シモハギ」という。ホンマチトの位置する対岸の斜面対位に「メアテ」がつく。メアテは山全体のこと、熊の習性を熟知した集団の統率者で「シカリ」と呼ばれる者がこれにあたり、声や動作、持ち物などを使って狙撃者に熊の動きを伝達する。そのほか、熊の逃走を防ぎ、熊をホンマチトのほうに仕向ける勢子《せこ》役を「ワキジリ」(脇尻)または「オイコ」(追い子)と呼んだ。

「ハギ」は「接《は》ぎ」で、ホンマチトと連繫してホンマチトを補助する意である。「メアテ」という呼称は狙撃者が熊の移動を知る目当てになることから生じたものであろう。

以下、右の布陣にもとづきながら他地における同系の語彙を示す。

ⓐ主たる狙撃者の位置または主たる狙撃者㋐「ホンタツマエ」(本立間)＝秋田県仙北市西木町上桧木内戸沢 ㋑「ムクラ」(熊と向きあう場)＝山形県西置賜郡小国町五味沢樋倉 ㋒「ヤバ」(矢場)＝福島県南会津郡檜枝岐村 ㋓「ナカブッパ」(「ナカノブッパ」とも＝中撃場)＝福島県耶麻郡西会津町奥川飯根弥生、福島県喜多

方市熱塩加納町宮川五枚沢　㋔「ホンヤバ」（本矢場）＝長野県下水内郡栄村堺和山

ⓑ主たる狙撃者を補助する狙撃者。左右につく場合が多い㋐「ワキタツマエ」（脇立間）＝秋田県仙北市西木町上桧木内戸沢　㋑「ワキヤバ」（脇矢場）＝福島県南会津郡檜枝岐村　㋒「イリノブッパ」（入りの撃場）・「シモノブッパ」（下の撃場）＝福島県喜多方市熱塩加納町　㋓「カンデ」（上手）・「サイジリ」（尻、下流側）＝山形県西置賜郡小国町五味沢樋倉　㋔「ワキヤバ」（脇矢場）・「カタヤバ」（傍矢場）＝長野県下水内郡栄村堺和山

ⓒ対岸斜面における指示者㋐「マエカタ」（前方）＝秋田県仙北市西木町上桧木内戸沢　㋑「ムカダテ」（向立て）＝山形県西置賜郡小国町五味沢樋倉　㋒「メダチ」（前立ち）＝福島県南会津郡檜枝岐村　㋓「メアテ」（目当）＝福島県喜多方市熱塩加納町宮川五枚沢

ⓓ熊を撃手の方向に追う役目㋐「ナリコミ」（鳴り込み）・上流側「カンデナリ」・下流側「サイジリナリ」＝山形県西置賜郡小国町五味沢樋倉。ナリコミは飯豊山系南側の福島県喜多方市山都町一ノ木川入、同市熱塩加納町宮川五枚沢でも使う。五枚沢の小椋光則さん（昭和三年生まれ）は、沢から追いあげる「セコ」のことを「サワナリ」（沢鳴り）、高所から追いおろすセコを「ナリオトシ」（鳴り落とし）と呼び分けていた。さて、右とは別に、主たる撃手や狙撃者から熊が遠ざかり、逃げようとする場合、逃走を防いで追い返すという役目がある。この役は、熊が逃げそうな場所におかれた。福島県喜多方市熱塩加納町宮川五枚沢、同市山都町一ノ木川入ではこの役を「オッカエシ」（追い返し）と呼んだ。

マイタチリョウシ【狩猟・鳥撃ち猟師】 熊・猪・鹿などの大型獣は対象としないで雉子《きじ》・山鳥を対象とする猟師のことを「マイタチリョウシ」（舞立ち猟師）という。山作（焼畑）の跡の落穂を啄《ついば》んでいるとき狙い撃ちをする。肉はともに蕎麦の出汁などにするが、山鳥は脂が強い（長野県飯田市南信濃木沢・斎藤七郎さん・大正十三年生まれ）。

マグサ【狩猟・猪・待ち場】 猪猟における待ち場、狙撃のポイントのことを「タツマ」と呼ぶ地は多いが、当地ではそれを「マグサ」という。複数名の猟仲間がおのおのの「マグサ」（待ち場）に着き終わることを「マグサ

ヲハル」（マグサを張る）という（山梨県南巨摩郡身延町大崩・佐野一さん・大正九年生まれ）。
「マグサ」という語のひとつに、窓や出入口の上に水平に渡した横木「楣《まぐさ》」がある。当該語彙はこの語とのかかわりについても考えてみなければならない。

マチウチ【狩猟・猪・嗅覚刺激】　嗅覚が鋭敏な猪を対象とする狩猟法に、匂いが山の下方から上方へ向かう風の動態をふまえて、山の下方で鼠や蛇などを焼き、その匂いを山の上方に漂いのぼらせ、上方にいる猪を誘引狙撃する方法がある。匂いで呼んで下で待って撃つので、これを「マチウチ」（待ち撃ち）と呼んだ。予想される猪の位置と待ち場の距離は五百メートル、反応がなければ次の地点に移動する（沖縄県八重山郡竹富町新城島出身・西大舛高一さん・大正六年生まれ）。

マチバヲキル【狩猟・猪・狙撃場】　狩猟で移動してくる猪を待ち受けて狙撃する役割を「マチ」と呼ぶ。マチは、猪に見つからないという条件を守りながら銃を動かせる程度に周囲の草や灌木を切る。この行為を「マチバヲキル」（待ち場を切る）という（静岡県島田市川根町笹間上粟原・成瀬治宣さん・明治二十二年生まれ）。

マブシワリ【狩猟・猪・共同狩猟の待ち場分担決定】　「マブシ」とは狩猟で獲物を狙う待ち場、狙撃点のことで「待ち伏せ」と無縁ではない。「カクラ」（狩場）のなかで、最も的中の可能性が高いところのマブシを「モトアシ」（元足）という。ほかのマブシをふくみ、誰がどのマブシにつくのか、その分担を決めることを「マブシワリ」（待伏割り）という。マブシワリを主導する者を「カリギョウジ」（狩行事）と呼ぶ（宮崎県西都市上揚・浜砂久義さん・大正八年生まれ）。

マルウチリョウ【狩猟・兎・疑似鷹狩】　野兎猟で、兎に天敵たる鷹の飛来と錯覚させるために投げる疑似鷹を当地では「マルウチ」（マルウチ棒）と呼び、それを使った兎猟を「マルウチリョウ」という。マルウチは長さ二尺、径一寸四分ほどの「マダ」（シナノキ）または栗の木で、棒の二か所を図のように削り掛け状に削りかけたものである。これを投げると削った部分が鷹の羽音を感じさせ、棒を鷹の姿と錯覚させることができる。シナノキや栗の木は皮が丈夫で何回投げても傷まない。マルウチ棒で兎を狙うのではなく、林の中から兎の頭上を越えるように投げるのである。兎はこれを鷹と錯覚し、驚いて林の木の根方の雪のない穴状の地に逃げこむ。間髪を入れずに蓑などを投げ掛け、その穴に雪をかけて兎を踏み込んでしまう。兎の後足を摑《つか》んで引き出し、猟師は自分の膝を兎の心臓に強く打ちあてて息の根を止める（秋田県雄勝郡羽後町上仙道・武田宇市郎さん・大正四年生まれ）。

　疑似鷹を投げて威嚇する兎猟は積雪地帯の広域に及んだ。威嚇具は、「棒」型と「鍋敷・サンダワラ・輪」型に大別できる。青森県から日本海側は島根県にまで及ぶ。棒型はマルウチのごとく削り込みを入れたものから薪状のものまであり、呼称はさまざまだが、棒や薪状のものは「バイ」という呼称が多い。福井・石川ではサンダワラを使う例があり「シブタ」と呼ばれた。▼ウサギビヨリ、グマ

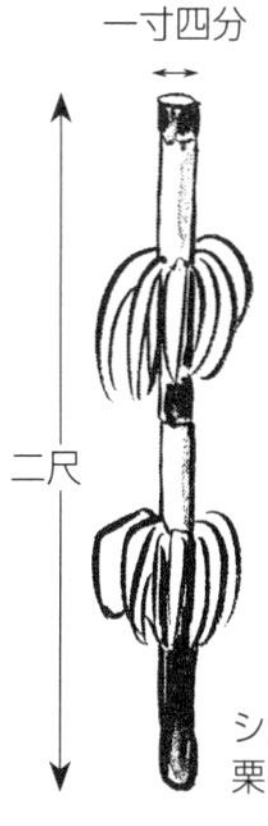

マルウチ（秋田県雄勝郡羽後町）

兎のこもる雪穴

マンジュウ【狩猟・猟犬の足裏】　犬の足の裏の豆状のふくらみのことを当地では「マンジュウ」（饅頭）という。マンジュウが白や桃色の猟犬は雪中の猟に弱い。洋犬はマンジュウが白く、雪や悪場に弱い。甲斐犬はマンジュウが黒く、雪中の猟に強い（山梨県南巨摩郡身延町大崩・佐野一さん・大正九年生まれ）。

ムコサマ【猪猟・猪・共同狩猟の狙撃者】　共同狩猟でその日猪を狙撃した者を「ムコサマ」（婿様）と呼んだ。渋川では、ムコサマには猟仲間の均等分配肉とは別に猪《しし》の胆《い》（胆嚢）が与えられた。隣接する愛知県新城市巣山では、ムコサマは均等分配肉とは別に、猪《しし》の胆《い》をセコと半々にして受けた（静岡県浜松市北区引佐町渋川・滝本勝義さん・明治三十九年生まれ）。

ムラガリ・ソウガリ【狩猟・猪・村落共同狩猟】①村落共同狩猟のことを「ムラガリ」（村狩り）と呼んだ。秋の土用過ぎに「カリミチハライ」（狩道払い）と称して、ムラガリの際、猟師や勢子《せこ》の通る道を整備した。ムラガリは焼畑作物が稔りはじめるころ一戸あたり一人ずつ出て、鉄砲を所有する者以外はすべて勢子《せこ》になって猪を追い立てた。捕獲した猪はムラ中の者で食べた（静岡県浜松市天竜区水窪町奥領家大野・水元定蔵さん・明治二十二年生まれ）。

②共同狩猟のことを「ソウガリ」（総狩り）と呼んだ。ソウガリに先立ち、秋の彼岸の中日に「カリミチカリ」（狩道刈り）を行った。この日、相月二十二戸から一人ずつ出て四つの班に分かれて狩道を開けた。こうしておいて秋、焼畑作物が稔るころソウガリを実施した。銃を持つ者は「ウツ」（獣、この場合猪の通り道）に沿った「マチバ」（待ち場）につき、ほかの者は棒と弁当を持って、棒で草木を叩きながら勢子《せこ》になった。猪が獲れると、集落にある「シャチヤマノカミ」（幸山の神）と呼ばれる狩猟神に、赤い「ゴザオリ」（幣《ぬさ》）と猪の「ミノゲ」（蓑毛＝タテガミの部位の毛）をスズ竹に挟んであげた。それから、猪を撃った人の家に集まって解体・料理して食べた（静岡県浜松市天竜区佐久間町相月・栗下伴治さん・明治二十七年生まれ）。

右に示した二例とも、焼畑の害獣たる猪の捕獲目的と、肉を得るための狩猟対象獣の捕獲目的が合致しており、共同狩猟・共食が一貫していたことがわかる。▼コウガリ・セイネンガリ・ニュウエイガリ

モヤイガリ【狩猟・猪・献供猪の共同狩猟】宮崎県西都市銀鏡の銀鏡神社祭礼は新暦十二月十二日から十六日まで行われるが、その際、猪の首が多数献供されることで知られる。「モヤイ」は広く「共同」の意で用いられるが、ここでいう「モヤイガリ」は単なる共同狩猟の意ではなく、銀鏡神社祭礼に献供する猪を捕獲するための「モヤイガリ」である。氏子である銀鏡・上揚・中尾の一部・八重の一部の男たちが集まって行った共同狩猟のことである（宮崎県西都市上揚・浜砂久義さん・大正八年生まれ）。▼コウガリ・セイネンガリ・ニュウエイガリ、ムラガリ・ソウガリ

モンドリ【狩猟・猿害・猿の捕獲罠】猿害が出はじめたのは昭和五十年代のことで、減反政策に応じて始めた

トマトをはじめ、あらゆる農作物を荒らす。はじめはガスボンベによる爆音機で対応したが猿はすぐに慣れてしまう。最も有効に機能しているのは「モンドリ」と呼ばれる囲い罠である。写真のように大型のもので、両側に入口を作り、真中に甘藷・トマトなどの餌を吊っておき、猿がそれを引くと両側の吊り戸が落ちて猿が檻の中に閉じこめられる形になっている。奥三河で猪を対象として設置する罠「ワチ」と共通する。捕獲した猿は実験用として病院に送っていたが、数が多すぎて処理に困惑するようになった。「モンドリ」という語は、この地方では、川魚を捕獲する筌《うけ》のことである。籠に返しがついていて魚が一旦それに入ったら出ることができない構造になっている。巨大な檻型猿罠に漁具の名称が転用されたのである（京都府相楽郡和束町湯船・久保与一さん・大正七年生まれ）。▼ワチ

モンドリとその前に立つ久保与一さん（京都府相楽郡和束町湯船）

ヤシロ【狩猟・猪・共同狩猟の分配】 共同狩猟の場合、役割分担の呼称があり、分担によって獲物の分配量が異なる。共同狩猟参加者がまず均等分配の肉を受けるのは当然だが、同じ役割でも地域や狩猟組によって分配内容が異なる場合がある。身延町では狙撃者への分配呼称に「ヤシロ」（矢代）という古いことばを使う。ところが、町内の椿草里ではヤシロは均等分配量に加えて一人前もらえるのだが、大垈ではヤシロがなかった（山梨県南巨摩郡身延町大垈・佐野秀章さん・明治三十三年生まれ）。

ヤビラキ【狩猟・猪・初猟】 集団狩猟で初めて猪を仕留めると、赤飯を蒸して猟仲間の家々に配った。これを「ヤビラキ」（矢開き）と呼んだ（静岡県賀茂郡西伊豆町大沢里大城・市川辰衛さん・明治三十六年生まれ）。

ヤブカケ【狩猟・鹿・捕獲儀礼】 ①鹿を捕獲した場合にはその場で腹を裂き、内臓を包んでいる脂肪の網（ガー

ぜのような感じ）を取り出して木の枝に掛け、神酒を供えて拝し、山の神に感謝する。これを「ヤブカケ」（藪掛け）と呼ぶ（静岡県浜松市天竜区水窪町奥領家小畑・守屋鎌一さん・昭和十年生まれ）。

②鹿を捕獲すると直ちに腹を裂き、内臓を包んでいる蜘蛛の巣のような脂肪を取り出し、木に掛けて山の神を祭った。これを「ヤブカケ」という（長野県飯田市上村程野・宮澤俊雄さん・昭和十五年生まれ）。

大型獣のなかでは熊や猪に比べて鹿の捕獲儀礼は鄭重とはいえない。そんななかで、右に挙げた「ヤブカケ」は注目される。これが中央構造線沿いの長野県から静岡県にかけて点在する。白色の脂肪の網を木に掛けるという形には御幣以前の古層の匂いがある。鹿を重視する諏訪信仰や、参・信・遠くにざかい山地（愛知県・長野県・静岡県が県境を接する地の山村）に点在する「シカウチ神事」などとの関係も探索してみなければならない。▼カガ

シカウチ神事の模造の鹿と子供たち（長野県下伊那郡天龍村神原大河内）

ヤマオイ【狩猟・猪・共同狩猟】 焼畑および定畑でトウキビ（トウモロコシ）が稔るころ、銃を所有する者が「ウチ」（狙撃者）となり、銃を持たないムラびとのすべてが「セコ」（勢子）となって共同狩猟をした。これを「ヤマオイ」と呼んだ。獲物は各戸均等に分配した（高知県吾川郡仁淀川町上名野川・片岡利一さん・明治三十八年生まれ）。

嗅覚の強い猪はトウモロコシの稔りの匂いを遠くから嗅ぎつける。山梨県南巨摩郡身延町大垈の佐野秀章さん（明治三十三年生まれ）は、「猪はトウモロコシの匂いを半道先から嗅ぎつける」と語っていた。大垈でもトウモロコシが稔るころムラ中総出で猪狩をし、獲物は肉と骨つきの肉をおのおの五升鍋に分けて煮てから全員で共食した。

右の二例には農耕と狩猟の複合要素が見られる。▼ムラガリ・ソウガリ

ヤマジメ【狩猟・猪・占有権】猪を捕獲したら素早く四つ足を結束する。これを「ヤマジメ」という。こうしておくとほかの猟師や狩猟組の者が、追い出しなどの権利を主張することができなくなる（山梨県南巨摩郡身延町大垈・佐野秀章さん・明治三十三年生まれ）。

ヤヤケ【狩猟・猪、鹿・銃弾受傷部】「ヤヤケ」とは「矢焼け」の意で、猪・鹿などに弾が当たって肉が傷むこと、また傷んだところを「ヤヤケ」という。「サンマイ」（前足の付け根）を狙うと矢焼けが出ない（静岡県榛原郡川根本町犬間平田・大石博人さん・昭和十六年生まれ）。猟銃時代になっても弓矢時代の語彙が生きている例である。

ヨギトジ【狩猟・猪・猟犬負傷】就寝時、布団をかけるように着る着物型の大型の夜着がある。そのような綿をたくさん入れた夜着《よぎ》などを縫う際に用いる針を「ヨギトジ」（夜衣閉じ）という。「ヨギトジバリ」「ヤグトジバリ」（夜具閉じ針）のことで、この針は普通の縫い針よりも太くて長い。猪猟師はいつも紺糸とヨギトジを持って出猟した。猟犬が猪の牙で腹を裂かれた場合、現場でそれを縫合するためである。紺糸は、藍が化膿止めの効力を持つので犬の傷がイボわぬ、といわれた。縫合に際しては一針ごとに結んだ（静岡県浜松市北区引佐町渋川寺野・松本武さん・明治三十八年生まれ）。「傷がイボウ」の「イボウ」は「爝う」の字があてられ、灸《きゅう》の跡のタダレなどを意味する用例があるが、ここでは化膿などもふくむ。各地で猪の牙による猟犬の負傷とその縫合の話は耳にするが、お茶をかけると消毒になるという話も多く聞かれた。

ヨツジロ【狩猟・猟犬】「ヨツジロ」とは前肢・後肢・頭・尾の毛が白い犬のことで、このような犬を猟犬として使うことは避けよ、という伝承がある（長野県下伊那郡泰阜村栃城・小山芳一さん・大正二年生まれ）。▼カリイ

四足を結束された猪。愛知県豊田市足助町の肉屋に届けられたもの

ヨブチ【狩猟・猪・夜間猟】焼畑のトウモロコシが稔るころ、その焼畑脇の樹上二間ほどの高さに丸太で床を組み、そこで夜間侵入してくる猪を待って狙撃した。これを「ヨブチ」（夜撃ち）という（山梨県南巨摩郡身延町大垈・佐野秀章さん・明治三十三年生まれ）。

ヨマチ【狩猟・猿】「ヨマチ」は「夜待ち」の意で、猿を対象とする。猿の頭を黒焼きにして女性の血の道の薬にした。頭を罐《かん》の中に入れ、粘土で固めて蒸焼きにする。「夜猿丸儲《まるもう》け」という口誦句があるほどに猿の夜間猟は効率がよかった（長野県飯田市南信濃八重河内此田・藪下平吉さん・昭和四年生まれ）。

ワタマキ【狩猟・猪、鹿・内臓を包む脂肪】猪や鹿の、内臓を包んでいる網状の脂肪を「ワタマキ」（腸巻き）と呼んだ（宮崎県東臼杵郡椎葉村大河内・椎葉司さん・昭和五年生まれ）。

ワップ【狩猟・獲物の分配】大型獣を対象とした集団狩猟における獲物の分配を「ワップ」という。「割賦」の意である。「犬のワップ」、「人のワップ」という。犬のワップは人の半分とした（長野県飯田市上村下栗・胡桃澤栄一さん・明治三十六年生まれ）。▼タマス

Ⅳ 採集

採集もまた人類始原以来の営みとして尊い。採集対象は木の実、根塊・鱗茎、山菜・野草、茸《きのこ》、海岸海藻と磯もの小貝、内陸小動物のタニシ・サワガニなどと、じつに多彩である。採集食物は木の実にせよ山菜にせよ、季節の循環によって恵まれるものだった。採集の恵みを子々孫々の代まで享受可能にするためには種の保全への気配りが必要だった。

岩手県下閉伊郡岩泉町乙茂の水野義雄さん（大正十三年生まれ）は、少年のころ茸《きのこ》採りから帰ってくると、ムラの入口で休んでいた老人に、「残してきたかタネッコを」「あと採りたかったら残してくるもんだ」と教えられたという。

山村の過疎化・高齢化が進み、山を攀《よ》じて山菜を採る者が減り、一方では需要も多いので、山菜は山から下り、栽培化の一途をたどっている。山菜が山のムラで時を得て採取され、食されていたころの民俗語彙を伝える者は少なくなった。

イソタタキ【採集・ヒジキ生育岩盤の掃除】 和歌山県東牟婁郡串本町姫の海岸には上磯《かみいそ》・下磯《しもいそ》と呼ばれる二つの平坦な岩盤状の小島がある。ここに「姫ヒジキ」と呼ばれる上質のヒジキが生育し、需要に応じきれないほどである。四月末日でヒジキの採取を終え、五月

共同のイソタタキ（和歌山県東牟婁郡串本町、撮影：仲江孝丸さん）

中にフノリも採取する。フノリ採取が終わったところで、ヒジキの付着する磯の岩盤の掃除・整備を行う。ヒジキの付着生育を阻むもの、採取活動の障害になるものなどを除去する作業を「イソタタキ」（磯叩き）と呼ぶ。金鎚・小型の手鍬・ねじり鎌などを使ってカキの殻やトラノオ（ウミトラノオ）などを除き、翌年採取するヒジキの豊饒を促すのである（和歌山県東牟婁郡串本町姫・仲江孝丸さん・昭和三十二年生まれ）。▼ノリバタケ

イソノモ

イソモノ【採集・鹹水《かんすい》性小型貝・甲殻類・節足動物】アワビ・サザエ・トコブシなど換金性の強い貝は漁協の管理が強く、「イソノクチアケ」（磯の口あけ＝解禁）を待たねば組合員といえども捕採できない。対して、商品価値が低い小もので、組合員がいつでも自由に捕採できる海岸生物のことを「イソモノ」（磯物）と呼んだ。イソモノには次のものがある。①ツボメ（マツバガイ）、②ウノアシ、③オゴ（ヒザラガイ）、④カメノテ＝甲殻類蔓脚目ミョウガガイ科の節足動物、⑤フジツボ＝甲殻類蔓脚目フジツボ科。このほかクマノコガイ・イシダタ

イソモノのひとつ、オゴ（ヒザラガイ）（静岡県下田市須崎）

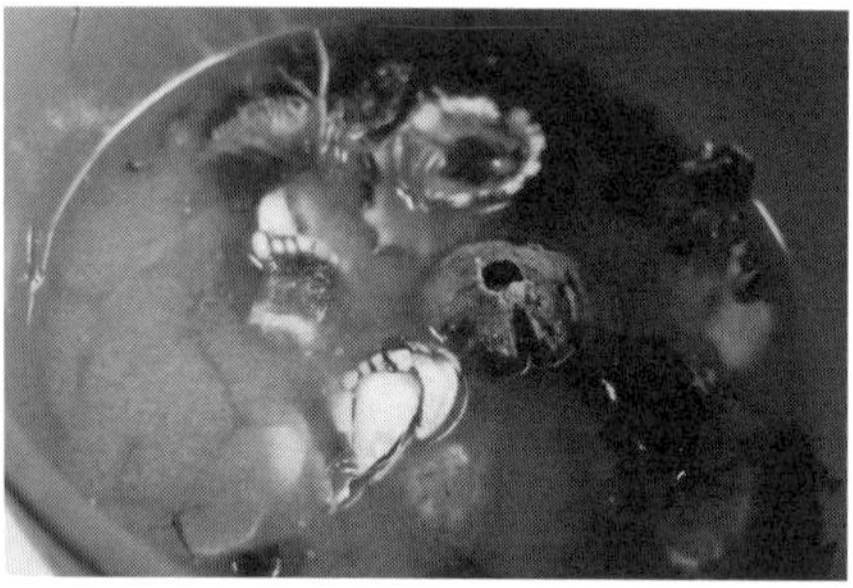

イソモノ汁（静岡県下田市須崎、民宿ぜいもや）

恵比須島の千畳敷（静岡県下田市須崎）

ミなどの小型巻貝もイソモノに入る。イソモノ捕採には「ノミ」（イソガネ）を使い、深めの笊《ざる》に入れる。イソモノは殻のまま味噌汁にする。磯の香に満ち栄養豊かである。イソモノの捕採場は恵比須島の千畳敷と呼ばれる平坦な海岸岩盤である（静岡県下田市須崎小白浜・田中治俊さん・昭和二十三年生まれ）。

ウトウミツ【採集・ニホンミツバチの巣】巣桶や巣箱、刳《く》り胴《どう》（ナラなどの幹を輪切りにして中を刳《く》りぬいたもの）などを設置してニホンミツバチの蜜を採取するという方法に対して、山中の木のウロ（ウト）に自然に営巣したニホンミツバチの巣を探索して採取した蜜のことを「ウトウミツ」という（長野県飯田市上村下栗本村・大川長男さん・明治三十四年生まれ）。

オイモチ【採集・鱗茎・ヒガンバナ】彼岸花の根（鱗茎）を水で一週間さらし続けると毒が抜ける。真白くなった鱗茎をよく煮沸してからつぶして固めて食べる。これを「オイモチ」と呼んだ。「半煮え、半焼きは血を吐く」と伝えられた（奈良県五條市大塔町惣谷・戸毛幸作さん・昭和五年生まれ）。

彼岸花の鱗茎はアルカロイドという毒素を含有しているので、これを除去しなければ食べられない。

オコウゼンマイ【採集・山菜・ゼンマイ】当地区にはさまざまな講があり、各講の日ごとにすべて膳の中にゼンマイを加えた。講の膳に使うゼンマイはその年の当該講の当屋が用意した。当屋は循環するので不公平はなかった。このように講に使うゼンマイのことを「オコウゼンマイ」（お講薇）と呼んだ。当地区の講は次のとおりである。一月十五日＝阿弥陀講、一月十六日＝伊勢講、二月十五日＝涅槃講、三月十一日＝明神講、五月十六日＝伊勢講、九月十六日＝伊勢講、十月十五日＝観音講。ゼンマイはこのほか、田植の「ヒルマ」（昼飯）の菜としてゼンマイと馬鈴薯の煮付けに使われ、盆にもゼンマイの煮付けが出た（奈良県吉野郡野迫川村北今西・増谷將行さん・昭和十五年生まれ）。

オーシ【採集・鱗茎・キツネノカミソリ】ヒガンバナ科のキツネノカミソリのことを「オーシ」（宮崎県東臼杵郡

椎葉村）・「オシ」（熊本県八代市泉町）と呼ぶ。鱗茎はアルカロイドを含有するのでそのままでは食べることができない。朱色の花を咲かせる。旧暦の盆前「トチバ」（葉が色づく）のころが掘り旬である。①ヒゲ根と粗皮を除きラッキョウのように整える→②よく洗う→③大釜にオーシと水を入れ、樫・ナラの灰を布袋に入れたものを加えて二時間ほど煮る→④オーシの鱗茎が容易につぶれるようになったら金網笊《ざる》で濾過し、ペースト状にする→⑤ペースト状になったオーシを木綿袋に入れ、一日半ほど流水に浸けてさらす→⑥蓬《よもぎ》の汁を垂らしてみてその汁が散らなければアルカロイドが抜けている。毒素が除去されたオーシは平団子にして油炒めにするか、焼いて韮味噌をつけるかして食べた（宮崎県東臼杵郡椎葉村下福良松木・椎葉英生さん・昭和十六年生まれ）。

オーシ（キツネノカミソリ）鱗茎の団子。韮味噌をつけて食べる（宮崎県東臼杵郡椎葉村下福良松木、龍神館）

オーシ（キツネノカミソリ）の鱗茎（宮崎県東臼杵郡椎葉村下福良松木）

オニアク・クイアク【採集・堅果・栃の実・アク抜き法】栃の実の食法として現在でも広く伝承されているのは栃餅である。栃餅にする場合のサポニン・アロイン除去の媒介材料は灰である。三重熊野一帯ではアク抜きに使う灰を得るための樹種の第一にウバメガシを挙げ、次いでカシ類にこだわった。以下のようにした。①一週間水に浸ける→②木製鋏式栃割を使って堅皮を剝く→③剝き身をスライスする（粉にする家もある）→④「オニアク」（鬼灰＝ババベ（ウバメガシ）・アラカシな

堅皮を除き、切り分けられた栃の実（三重県熊野市五郷町桃崎、皿谷家）

どの灰汁）一升五合に、乾燥させ、切り分けられた栃一升の比率で混ぜ、五日から一週間浸ける↓⑤布袋に入れ、川で一週間から十日間さらす↓⑥「クイアク」（食い灰＝栃一升に灰一升から取った灰汁）を合わせ、一日から二日浸ける↓⑦糯米《もちごめ》二升に栃六百〜七百グラムを混ぜて栃餅にする。正月と春秋の彼岸、寒のうちに栃餅を搗《つ》く（三重県熊野市五郷町桃崎・皿谷すづ子さん・昭和十九年生まれ）。

灰を使った栃の実のアク抜き法として右の例は極めて丁寧に行われていたものといえる。

カガミ【採集・堅果・栃の実のアク抜き法】 栃の実のアク（サポニン・アロイン）を除去するために木灰を加えて煮沸する。アクが除去されているか否かを判断するために以下のようにした。藁ミゴ（芯）を折り曲げて図のような形にし、三角の部分を煮汁に浸けてみて、そこに膜が張ればアクが除去されており、膜が張らなければまだアクが抜けていない。三角の部分に膜が張った状態を「カガミ」（鏡）と称し、カガミができればアクが抜けていると判断した（山形県西置賜郡小国町五味沢樋倉・佐藤静雄さん・大正七年生まれ）。

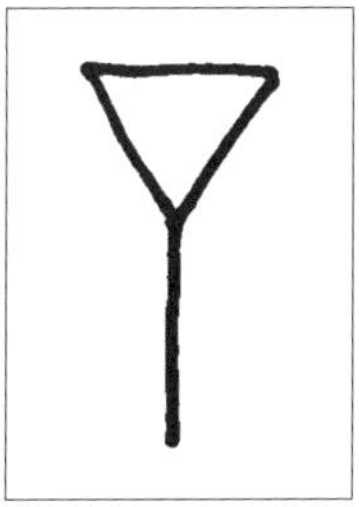

三角の部分を煮汁に浸け膜の有無で判断した

カシノコンニャク【採集・堅果・樫の実の澱粉食】 アラカシの澱粉を固めたものを「カシノコンニャク」（樫の蒟蒻）と呼ぶ。澱粉は次のようにして取る。①実を採集↓②三日間干す（干しすぎると黒くなる）↓③臼で搗《つ》いて皮と身を分ける↓④篩《ふるい》にかける↓⑤身を粉化する↓⑥粉を木綿または麻の袋に入れて一晩流水にさらす↓⑦水を張った桶の中で粉入りの袋を搾って細粉を揉み出す↓⑧一昼夜かけて桶の中で澱粉を沈澱させる↓⑨クリーム色の澱粉を二、三日天日で干す。また、次のようにして食べる。①湯飲み一杯の澱粉を湯飲み五杯の水に混ぜて丁寧に練る↓②モロブタなどの箱型の容器に流しこむ↓③固まったものを切り分け、酢味噌・辛子味噌・醤油などをつけて食べる。今では砂糖を入れて固めることも多い。樫の澱粉は貯蔵が利き、何年おいても食べられる（宮崎県西都市上揚・浜砂久義さん・大正八年生まれ）。

吉野・熊野地方ではアラカシ・ウバメガシの実を水さらしでタンニンを除き、粉を茶粥に入れたり、茶の代わりに飲んだり、「カシノダンゴ」（樫の団子）を茶粥に入れて食べたりする習慣が根強く生きていた。

カニホリ【採集・甲殻類・鍬による採掘】 冬季、食用にするために「サワガニ」を捕採することを「カニホリ」（蟹掘り）という。

①冬、凍っていない沢で、水がしぶしぶと落ちているところを掘ってサワガニを捕った。一度に一升ほど掘り、茹でてから塩をかけて炒る。狐色になってうまかった（長野県飯田市上村下栗本村・熊谷好文さん・大正十二年生まれ）。

②寒中に、山中の出水の砂利地を鍬で掘ってサワガニを捕り、焼いて砂糖醤油をつけて食べた。サワガニは目の薬になると伝えられている（同市上村程野・山﨑松春さん・大正十五年生まれ）。

長野県内には一月六日の「六日年取り」を「蟹の年取り」としてサワガニを捕って串に刺して焙《あぶ》り、戸口に挿したり、蟹の絵や「かに」という文字を戸口に貼る例がある。伊那谷には、節分に「かに」「かに・かや」「かに・ひいらぎ」などの文字を書いた紙を戸口に貼る例が多く見られた。カニホリは右の行事の基層をなす貴重な民俗である。蟹の鋏の呪力や、冬眠越冬、脱皮をくり返して生命力を充実させる蟹の生態を重く見た民俗だと考えられる。冬季のサワガニの食習は静岡県浜松市天竜区水窪町にも見られた。

カーボーズ【採集・川藻《かわも》】 川にある藻《も》を「カーボーズ」（川坊主）と呼び、その藻《も》を乾燥させて、ノート代わりに使った石版の文字を消すのに使った（静岡県焼津市藤守・加藤正さん・明治三十二年生まれ）。

カシノコンニャク（宮崎県西都市上揚、浜砂久義家）

サワガニのカラアゲ（静岡県浜松市天竜区水窪町奥領家西浦、望月満彦家）

カラマツダケ【採集・木質茸・薬餌】 木質の「カラマツダケ」は落葉松《からまつ》の木の高いところに生えるので、銃を使って撃ち落とし、削って煎じ、腹薬にした（静岡県榛原郡川根本町千頭・吉田重義さん・大正十三年生まれ）。

カワラゴボウ【採集・野草】 キク科の多年草フジアザミのことを「カワラゴボウ」（河原牛蒡）という。遠山では、ナギ跡に生えるところから「ナギアザミ」とも呼ぶ。六月末から七月初めに採取して塩漬けにしておき、霜月祭りや大晦日に塩抜き・水洗いして、砂糖・醤油・出汁の素を加え、煮しめ、煮ものにする。大皿に盛って家族で食べる。皮を剝いた蕗《ふき》と混ぜて漬けることもある（長野県飯田市上村程野・宮澤俊雄さん・昭和十五年生まれ）。

カワラゴボウ・ナギアザミと呼ばれるフジアザミ（長野県飯田市上村程野）

ガンピキリ【採集・和紙素材・雁皮】 ジンチョウゲ科の落葉低木「ガンピ」（雁皮）の樹皮はその繊維が和紙の原料になる。雑木山の木を皆伐して二〜三年目に雁皮が採取できる。バラ類も多いので雁皮採取のために山に入ると衣類が損傷する。したがって、ボロ（襤褸）を着ている者のことを「ガンピキリ」（雁皮切り）と呼んだ。また雁皮切りの放浪者は雁皮の皮の中で寝るという伝承もあった。雁皮を伐って皮を剝き、乾燥させておき、巡回してくる仲買人に売った（静岡県浜松市北区引佐町川名・山下治男さん・大正十三年生まれ）。

キドイ・キドサ【採集・山菜、根茎の食感】 山形県西村山郡朝日町宮宿の岡崎勇夫さん（昭和十八年生まれ）から「山菜のキドさで冬の穢れを除く」ということばを聞いた。その後、各地で「キドイ」山菜を挙げてもらった。シドケ・シドキ・スドキなどと呼ばれる「モミジガサ」、サイシナと呼ばれる「ヒメザゼンソウ」、ウド・コゴミ・アケビノモエ・フキノトウなどが挙げられた。『日本国語大辞典　第二版』の「きどい」の項には方言であるとして「においや刺激が強い。山形県、新潟県、島根県美濃郡・益田市」とある。山形県・新潟県で「キドイ」の内容を確かめてみると、蘞《えぐ》み・苦み・渋みなどが混沌として嗅覚的刺激をもふくむ強く総合的な刺激をもたらす味であることがわかった。「蘞《えぐ》い」だけでも「渋い」だけでも示すことができないのである。「キドイ」に近い語としては山梨県南都留郡鳴沢村で使われている「ヒズイ」を挙げることができる。山形県・新潟県でキドイと称する味は山菜のみならず、ヤマノイモ科のトコロ、アケビの実の皮などもふくまれる。山形県・新潟県以外の東北地方の降雪・積雪地帯でも、キドイ山菜やトコロを食べて冬の間に体内にたまった穢れ・汚れをおろすと伝える地は多い。

クサワケ【採集・堅果・栃の実の山の口あけ】 栃の実拾いの山の口あけ（解禁）のことを「クサワケ」（草分け）と呼んだ。それはおよそ九月二十日で、部落民すべて一家総出で、一同そろって栃山に向かった。禁を破ってヌケガケをしたことが発覚し、部落に対し、酒一斗を出して詫びを入れたという話がある。また、「木に登り、枝を振るって実を落とすと翌年実に虫がつく」と伝えている。これは木に登れる若者のいる家と年寄りの家庭のバランスを考えた伝承である（石川県白山市白峰苛原・長坂吉之助さん・明治二十七年生まれ）。

「山の口あけ」のことを「クサワケ」と呼ぶのは、草を分けながら栃の実を拾うことによるものであろう。

クチアソビ【採集・堅果・ブナの実】 日々の暮らしのなかでひと息入れる間食のことを「クチアソビ」（口遊び）という。冬期のクチアソビの中心はブナの実だった。秋、ブナの木のもとで大量に集めたのである（岩手県宮古市区界松草・松草守造さん・明治四十四年生まれ）。

岩手県久慈市山形町霜畑関の竹田源一さん（昭和五年生まれ）は「ブナの実を一日三升拾えば一人前の嫁だ」

家庭に移植されて生長したシドケ（モミジガサ）（福島県南会津郡只見町只見、新国勇家）

と年寄りから聞いたことがあったという。

クルミカヂウス【採集・核果・食料調整具】 天然の胡桃山が沢沿いにあった。オニグルミとヒメグルミの実が食べられるがオニグルミのほうが味がよいので、ほとんどの家で、川沿いの畑の際にオニグルミを植えて栽培化した。植えて二十年で実が採れると伝えられていた。二百十日には実が採れ、以下のように処理した。①採取した実は二十日から一か月ほど屋敷の隅に積み、薄《すすき》などを掛けておくと外皮が黒くなり軟らかくなる→②「クルミカヂウス」（胡桃搗臼）と呼ばれる、餅搗《つ》き臼の倍ほどの径を持つ栃の木製の臼に入れて、木の杵で搗《つ》き、外皮を除く→③川で洗う→④三日間ほど干す→⑤核（実）は堅いので、まず鍋に水とともに入れてイロリにかけて温める。煮てしまってはだめである→⑥温めた核を石で叩いて割り、核の皮は燃料として、種子を食用にする。自家用としては、和えもの・煮ものなどに使った。売る場合は核のまま、一斗または一升単位で仲買人に売った。枡の盛り方は山盛りだった（長野県飯田市南信濃八重河内本村・遠山常雄さん・大正六年生まれ）。

同市南信濃和田大島の小澤勝郎さん（大正十五年生まれ）は踏み臼で搗《つ》いたのだが、その折、腐化した外皮が飛び散るので専用の衣類を用意していたという。

クルミヌキ【採集・核果から種子を抜く】 長野県飯田市南信濃和田には胡桃の核から種子を抜く「クルミヌキ」を副業とする家が十戸ほどあった。「核一俵から種を抜いていくら」という単位だった。仲買人は、実を採取した

オニグルミの核（左）と種子（右）（長野県飯田市南信濃八重河内、遠山太郎家）

日乾されるクルミ（長野県飯田市南信濃八重河内）

農家から集めて和田のクルミヌキ屋に納めた。クルミヌキ屋が巡回することもあった（同市南信濃八重河内本村・遠山常雄さん・大正六年生まれ）。

同市南信濃和田大島の小澤勝郎さん（大正十五年生まれ）は二十俵を売り、一俵自家用にした。同市南信濃八重河内梅平の米山甚平さん（大正十四年生まれ）は売り分が十俵、自家用が二俵だった。

ケツブクロ【採集・山菜・ゼンマイ・採取収納】　ゼンマイの採取期間は五月初めから六月中旬までだった。採取したゼンマイは「ケツブクロ」（尻袋）に入れた。ケツブクロは袖無しの着物、木綿の縞で、冬季に刺し縫いをしておく。ケツブクロは着物の腰の部分をたくりあげて腰の上で縛る。こうするとたくりあげたところが袋状になるので、そこに採ったゼンマイを入れる。いくら丁寧に刺しておいてもケツブクロは二年で切れてしまう。ゼンマイをケツブクロに入れるときにはゼンマイの根のほうを自分の体側につけ、ゼンマイの先を外に向ける。このようにしないとゼンマイがこぼれ落ちてしまう。蕨《わらび》をケツブクロに入れるときには根を外側に、先を体側にせよといわれていた。一《ひと》ケツ分のゼンマイは約五、六貫目で、布の紐で束ねておく。「一日二《ふた》ケツ半で仕上がり一貫二百目」といわれている（新潟県魚沼市穴沢・志田マサさん・昭和十四年生まれ）。

ケツブクロの習俗は新潟県魚沼地方を中心に、福島県・山形県にも見られる。ケツブクロは、干しゼンマイが舶用食品・貯蔵山菜としての需要が多大だったころ、それに対応するための大量採取の方法のなかで発生・継承されたものである。

コムキ【採集・堅果・栗の渋皮剝き】　栗の実の渋皮を笊《ざる》を使って剝く。笊《ざる》の目に渋皮をこすりつけて剝くのである。渋皮を剝くことを「コムキ」（小剝き）という。この語は、栗の実の堅皮を剝くことが「オオムキ」（大剝き）であることを前提として生まれた語である。コムキをした栗はボタモチの餡にした（鳥取県東伯郡三朝町大谷・田中かよさん・大正三年生まれ）。

サイカブ【採集・鱗茎・オオウバユリ】　ユリ科の多年草で、西日本に多く分布するウバユリ、東日本に分布するオオウバユリとがある。雄株には横向きラッパ状に花が連なるが、根に鱗茎はない。雌株には花が咲かないが、鱗茎がつき、食用になる。

①オオウバユリのことを「サイカブ」と称し、五月上旬に雌株の鱗茎を掘り、茹でて塩をつけて食べた（長野県下水内郡栄村堺和山・山田重数さん・大正二年生まれ）。

②オオウバユリのことを「サイカブ」という。雌株にユリのような根がつくので、五月に掘って茹で、塩をかけて食べた（山形県鶴岡市大網七五三掛・渡辺亀吉さん・大正二年生まれ）。

③ウバユリのオナゴユリの根（鱗茎）から澱粉を採り、「セン」と称して湯で掻いて食べる。腹痛の薬になるともいう（宮崎県東臼杵郡椎葉村不土野尾前・尾前新太郎さん・大正十一年生まれ）。

山百合を「佐韋《さゐ》」と称したことが『古事記』に見える。方名として残っている「サイカブ」は古いことばである。

オオウバユリの鱗茎（右、雌株）、左は雄株（長野県飯田市立石）

シイタケガリ【採集・茸・自生椎茸】寒中に椎の木を伐ると椎茸がよく出る。伐ったあと三年ほど経た株をめぐる女性三人組の「シイタケガリ」（椎茸狩）が盛んだった。三月・四月の「ハルコ」を対象とした。腰籠と風呂敷を持って山に入った（静岡県浜松市北区引佐町三岳・安間文男さん・大正五年生まれ）。

シイメー【採集・堅果・椎の実の食法】椎の実を拾って干してから臼で搗《つ》いてカラを除く。椎の実だけで飯にする場合と、椎の実と米を混ぜる場合とがあった。いずれも塩を加えた。これを「シイメー」（椎飯）と呼んだ（沖縄県国頭郡東村慶佐次・島袋徳盛さん・大正八年生まれ）。

シケミミ【採集・茸・自生椎茸】椎の古木の幹の一部や枝は、台風などで倒れたり落ちたりする。台風が来るとそうした倒木や腐木に大量の椎茸が出る。島ではこれを「シケミミ」と呼んだ。シケミミは、薄くて足が長い。シケミミがたくさん出る共有林は、事前に範囲を決め、シケミミの採取権を入札で決めておいた。落札者は、シケミミを採取する人足を募って人足に採取してもらった。落札者と採取人足のシケミミの分配率は、落札者六に対して採取人足四の比率だった。焙乾《ばいかん》には、ムロアジの節や鰹節を焙乾《ばいかん》するための焙炉《ほいろ》を使う方法と、イロリを使う方法とがあった（東京都御蔵島村・御蔵島・宮下芳子さん・大正三年生まれ）。

シダミ①【採集・堅果・コナラ、ミズナラの実】　コナラ・ミズナラの実を「シダミ」と呼んだ。皮を剝いていないシダミのことを「カッサシダミ」という。以下のようにして粉にした。①山から拾い集めてきたシダミを天日で干す→②イロリの上の天井に簀《す》を張ってシダミを広げて乾燥保存する。この簀《す》を「シダミズ」という→③使う分だけおろして臼で搗《つ》き皮を剝く→④水を替えながら煮続ける→⑤笊《ざる》で目通しして練粉化する。食法は以下のとおりだった。シダミの粉を蕎麦粉と混ぜ、湯で練って食べた。これを「シトネリ」という。日露戦争のころは食糧が乏しかったので、シダミのおかげで助かった（岩手県和賀郡西和賀町沢内貝沢・岩井貞吉さん・明治二十六年生まれ）。

岩手県宮古市江繋出身の琴畑きよさん（大正十年生まれ）は次のように語る。コナラ・ミズナラの実を「シダミ」と呼ぶが、煮るときに「アクミズ」（灰汁）を混ぜ、大釜の中央に「ドウスダレ」（胴簾）と呼ばれる、長さ二尺の竹簀《たけす》を径一尺の円筒状にして立てる。ドウスダレの中には煮汁は入るが実は一個も入らないようにする。煮え立ったらドウスダレの中の煮汁を柄杓《ひしゃく》で汲み出し、水を加えてさらに煮る。これをくり返す。シダミが溶けるようになるまで煮る。次のようにして食べた。①シダミに塩味の黄な粉をまぶして食べる。②煮あげたシダミに粟粥をかけ、塩味の黄な粉をかけて食べる。③「シダミザケ」＝シダミと糀水を混ぜて甕に入れて一週間おき、笊《ざる》で漉《こ》す。シダミ酒は黒みを帯びていた。

奈良県五條市大塔町惣谷ではコナラの実のことを「マボソ」、ミズナラの実のことを「ミズボソ」と呼んで、ともに水さらしでアク抜きをした。ここにも黄な粉と混ぜて食べる方法があった。マボソ・ミズボソの「ホソ」は「ハハソ」（柞）の転訛である。「シダミ」は、実の落下状態が集《すだ》いている状態を示す「スダミ」（集実《すだみ》）の転訛と思われる。

シダミザケ【採集・堅果・コナラ、ミズナラのドブロク】シダミ（コナラ・ミズナラの実）を何度も水を替えて煮かえし、干して粉にする。甕の中にシダミの粉と糀と水を入れておくとシダミのドブロクができた。これを「シダミザケ」と呼んだ（岩手県和賀郡西和賀町沢内貝沢・岩井貞吉さん・明治二十六年生まれ）。

シヅラ【採集・根塊・蕨《わらび》根塊の芯】蕨《わらび》の根を叩き、澱粉を沈澱させて蕨《わらび》粉を採るのであるが、その際、根の繊維が残る。残った繊維のことを「シヅラ」と呼ぶ。シヅラは腐らないので垣根や植木用の縄に適していた。よって、仲買人がシヅラを買い求めにきた。ムラでは蕨《わらび》のシヅラで束子《たわし》を作って使っていた（高知県高岡郡檮原町島中・三好らくえさん・明治四十一年生まれ）。

「シヅラ」とは「芯蔓」「芯連」の意であろう。

シトネリ【採集・堅果・コナラ、ミズナラの実の食法】シダミ（コナラ・ミズナラの実）の堅皮を剝き、大鍋で煮て何度も煮汁を除き、水を入れて煮かえしたものを笊《ざる》で濾《こ》す。ペースト状になったものに蕎麦粉と湯を加えて練って食べた。これを「シトネリ」と呼んだ（岩手県和賀郡西和賀町沢内貝沢・岩井貞吉さん・明治二十六年生まれ）。

「シトネリ」とは「湿練り」の意で、この語は「シトギ」にも通じる。

シモグリ【採集・堅果・栗の実】自生の山栗でオクテのものを「シモグリ」（霜栗）と呼んだ。ワセ・ナカテと合わせてナリ年には三斗俵で八俵は拾った。ユルリ（イロリ）の上の天井に「クリダナ」（栗棚）があった。食法には栗煮干し・栗飯・栗餅などがあった（宮崎県東臼杵郡椎葉村不土野尾前・尾前新太郎さん・大正十一年生まれ）。

長野県飯田市上村に「下栗《しもぐり》」という標高八〇〇〜一〇〇〇メートルの集落がある。下栗という地名は「霜《しも》栗《ぐり》」から発したものと思われる。

スイツボ・ツボメシ【採集・淡水産巻貝・タニシの食法】淡水産巻貝タニシのことを「ツボ」と呼んだ。稲刈り後、田の足跡からツボを拾って「ツトッコ」（藁苞《わらづと》）に入れ、納屋の軒下に吊ったり地べたに置いたりして四月三日（月遅れの雛祭り）に出し、酢味噌和えにしてお雛様に供え、家族も食べた。当地には、「ツボは壁に塗り込んでも三年生きる」という口誦句がある。七月にはツボの尻を叩いて殻のまま味噌汁に入れ、身を吸い出して食べた。これを「スイツボ」（吸いツボ）と呼んだ。秋には煮付けたツボを飯に入れて炊いた「ツボメシ」を食べた（静岡県藤枝市前島・磯部鉄一郎さん・大正六年生まれ）。

スズノミ【採集・スズ竹の実】スズ竹に何十年に一度、花が咲き、実が生《な》る。これを「スズノミ」と呼ぶ。実を干して粉化し、餅にする。餅は純白である。スズ竹に実が生《な》ると、一時スズ竹が絶える（静岡市葵区田代・滝浪文人さん・大正五年生まれ）。

スナグリ・カチグリ【採集・堅果・クリの実の保存と食法】船渡は戦前二十戸で共有の栗山があったが、一斉に拾う「山の口あけ」という方法はとらなかった。農家と非農家が公平に栗の実を拾うために、昭和十年代には栗の実の落ちる季節、二日おきに「トメヤマ」（留め山）を設けた。栗の実の保存法のひとつに栗の実を砂に埋める「スナグリ」（砂栗）がある。スナグリは正月から春の彼岸まで食べた。「カチグリ」（搗ち栗）は干しあげたものを保存しておき、必要な分だけ臼で搗《つ》いて皮を剝くという方法だから一年中食べることができた（新潟県東蒲原郡阿賀町豊実船渡・伊藤政男さん・明治四十年生まれ）。

岐阜県飛騨市河合町月ケ瀬の上手一良さん（大正九年生まれ）は、スナグリについて次のように語っていた。砂と栗を混ぜて俵に入れ、細い谷水を引いて、全体に水分がゆきわたり、湿気がゆきわたるようにした。正月にはこれを煮たり、鍋に入れ、蓋をして弾かせたりして食べた。

スミラ【採集・鱗茎・ツルボ】ツルボはユリ科の多年草で、韮に似た長線形の葉を出す。根にはラッキョウに似た鱗茎をつける。宮崎県東臼杵郡椎葉村ではツルボのことを「スミラ」と呼び、その鱗茎を食用にした。スミラは「ソノ」（屋敷周辺の定畑）の畑の中に自生した。採っても採っても絶えることがない。あるとき、スミラが人に向かって命乞いをした。「私は自分で肥やしを作って自分を養う。人間の世話にならないから許してくれ――」スミラは一年に二度葉が出て、二度枯れる。それが肥やしになるのだという。スミラは麦刈りのあと、カライモ（甘藷）の蔓《つる》挿しのころ掘る。一昼夜以上煮つめるのだが、煮方が足りないほど辛く、よく煮るほど甘い。麦の「コヅキ」（ハッタイ粉）と混ぜて食べる（椎葉村松尾鳥の巣・那須義雄さん・昭和四年生まれ）。「ヤマエビ」（ナルコユリ）の根とともに煮ると甘くなるという伝承もある。煮つめた鱗茎とハッタイ粉を混ぜたもの――それは貴重な山のムラの菓子だった。

セッカイ【採集・堅果・栗・不熟の実】 栗の梂《いが》の中には実が三つ入っているのが普通で、その真中の実に注目し、「三つ栗の」は「中」に掛かる枕詞となった。ところが、時にその中の実や、両側の実の堅皮の中に中身が入らず、皮ばかりのものもできる。この皮ばかりで実が入っていない栗のことを「セッカイ」と呼んだ（静岡県藤枝市岡部町玉取玉取沢・沢崎すゑさん・明治三十五年生まれ）。

両側の不熟の実の堅皮が匙のような窪みを持つところから、「切匙《せっかい》」を連想しての呼称ではあるまいか。

ソウサン【採集・堅果・栃の実の平等分配】 森ヶ洞上森区十一戸の共有財産としての共有山を「ソウサン」（総産＝共有財産）と称した。現実には「ソウヤマ」（共有山）のことである。それは三十町歩あり、なかに栃の実をたくさん実らせる古木も多かった。九月十五日ごろ十一戸の者がそろって弁当持ちで「ヤマミ」（山見＝栃の実の実りの具合を判断する）に入った。協議の結果、九月二十日ごろを栃の実拾いの「ヤマビラキ」（山開き）の日とすることが多かった。山開きの日、十一戸の者たちは、「ヒゴ」（竹籠）・麻袋・荷縄を持って山に入った。当地の昼の食制は、昼飯（午前十時）、「コビリ」（コビル＝小昼・午後二時）、「オトコビリ」（オトコビル＝男昼・午後四時）とされていた。山開きの日の栃の実の採集は昼飯の午前十時からコビリの午後二時までで、拾い集めた栃の実を籤引《くじび》きで公平に分配してから午後四時にオトコビリを食べるという、極めて儀礼的なものだった。上森地区の共有山には「トチワケバ」（栃分け場）と呼ばれる四間四方ほどの平地があった。平等分配のことを当地では「ヒラワケ」（平分け）と呼び、十一戸の者たちが拾い集めた栃の実が公平になるように、トチワケバに栃の実を十一の山盛りにした。さらに公平を期するために籤引《くじび》きをした。山盛りの栃の実に番号をつけておき、籤《くじ》にする長さ二尺のコナラの枝にも番号をつけた。籤《くじ》棒の番号を引き手から見えなくするために布を掛け、蔓で作った径二寸の引き口から棒を引いた。この籤引《くじび》きを「ワツキ」（輪突き）と呼んだ。この儀礼的な栃分けが終わってからは、上森地区の者なら、誰がいつどれだけ栃の実を拾ってもよいことになっていた（岐阜県郡上市八幡町那比森・可児六兵衛さん・大正元年生まれ）。

ここからは食糧としての栃の実に対する古来の日本人の深い思いを読みとることができる。

タイコジイ・ヒゲジイ【採集・堅果・椎の実】当地ではツブラジイの実を「タイコジイ」、スダジイの実を「ヒゲジイ」（「ナガジイ」とも）と呼び分けた。椎の実拾いをする子供たちのなかにも、ヒゲジイよりもタイコジイのほうが味がよいということが伝承されていた（大阪府河内長野市天見・田中キミエさん・明治三十四年生まれ）。

ヒゲジイ（スダジイ）

タイコジイ（ツブラジイ）

静岡県浜松市北区引佐町三岳の安間文男さん（大正五年生まれ）は以下のように語る。スダジイの実のことを「ツノジイ」（角椎）、ツブラジイの実のことを「マルジイ」（丸椎）または「カブジイ」（蕪椎）と呼んだ。三岳地区には椎の木の屋敷林が多く、椎の森も多かった。安間家にはスダジイの木があり、ナリ年には二俵の実が拾えた。十一月末には仲買人がやってきて予約して行った。十二月に浜松の西の市に椎の実の出店を出したこともあるが、味はマルジイのほうがよいのにツノジイのほうがよく売れた。食法は、①蒸して食べる、②「シイメシ」と称して飯に混ぜて食べる、③粉化して砂糖を入れて掻いて食べる、といったものだった。

タウエヤサイ【採集・山菜と稲作】 田植の前日、樋倉七戸の女たちはそろって山に入り、「タウエヤサイ」(田植野菜)と称して田植中に食べる山菜を採取した。それは以下のものだった。「ミズ」(ウワバミソウ)・蕗《ふき》・「ウルイ」(オオバギボウシ)・「シドキ」(モミジガサ)・蕨《わらび》。これらの山菜を田植作業中の副食にしたところから田植野菜と称したのだった。ゼンマイは田植野菜のなかには数えられなかった(山形県西置賜郡小国町五味沢樋倉・佐藤静雄さん・大正七年生まれ)。

田植野菜採取の慣行は、単に繁忙期の副食を事前に確保するというにとどまらず、山菜に象徴される山の力、生命力を稲作に導入するという意味もあった。稲作に不可欠な「水」「肥草」など、山の力は大きかった。とりわけ「ミズ」は重視された。

タル【採集・蜂蜜】 ニホンミツバチの蜜を採集するために蜂を呼ぶ巣箱のことを「タル」と呼ぶ。タルの素材樹種はミズメ・サクラ・樫・ケヤキなどで、径一尺、高さ尺三寸ほどの輪切り材の外周を残して中を刳《く》る。その形状が樽に似ているところからついた呼称である。蜂が春から蜜を集め、タルの中の六段から八段の巣に蜜をためる。八月ごろ蜜を採る。天然木のタルに対して、板で作った箱型の巣を「ヤナ」と呼ぶ。箱の前は樽だった。ヤナとは「柳樽」の意である(静岡県榛原郡川根本町犬間・望月恒一さん・大正六年生まれ)。

ニホンミツバチのウト(巣箱、樫の幹を刳り抜いたもの)を開ける日(宮崎県東臼杵郡椎葉村、那須久喜家)

巣箱の呼称や素材は各地で多様である。①和歌山県東牟婁郡古座川町松根の中地貞吉さん(明治四十四年生まれ)は「ゴーラ」と呼び、前年まで蜂が入っていたゴーラを「クイツキゴーラ」、分封《ぶんぽう》の蜂を迎える新しいゴーラを「マチゴーラ」と呼び分けた。②宮崎県東臼杵郡椎葉村下福良松木の那須久喜さん(昭和九年生まれ)は、タブノキや樫の木を輪切りにし、中を刳《く》りぬいてこれを「ウト」と呼んだ。③長崎県対馬市厳原町内山では、ハゼノキ・カシ類を輪切りにし、中を刳《く》ってこれを「ハチドウ」（蜂胴）と呼んだ。④山梨県南巨摩郡身延町大垈では巣胴のことを「ヤナ」と呼ぶ。長野県飯田市上村では、巣箱として使い古しの樽を使っているのをよく見かけた。

チャノミ【採集・蒴果《さくか》・茶の実の食用油】「チャノミ」（茶の実）は次のように利用した。搗《つ》いて皮を除いてから黄色くなるまで「ヒドル」（炒る）。大釜の中に水を入れ、ヒドッタ茶の実を加える。油が浮いてくるので杓子《しゃくし》で掬って小鍋に入れる。これを再度煮て料理に使う。カスを保存しておいて髪を洗うときに使った（静岡市葵区田代・滝浪文人さん・大正五年生まれ）。

ツラウチ【採集・樹皮・灯、燃料】当地にはウダイカンバ・ダケカンバなどのカンバ類の皮を剝いで灯火や焚き付けに使う習慣があった。両者ともに皮剝ぎは八月である。水をあげている八月には皮が剝きやすく、「八月のツラウチカンバ」という口誦句がある。「ツラウチ」といって、皮の表面に疵《きず》つけただけですぐに、容易に剝けるというのである。焚き付けにする場合は皮を横に剝き、灯火に使う場合は縦に剝く。ウダイカンバのほうが火持ちが長く、ダケカンバのほうが火持ちが短い。高尾山の西斜面と御池付近にはウダイカンバが多い（長野県飯田市上村程野・山﨑松春さん・大正十五年生まれ）。

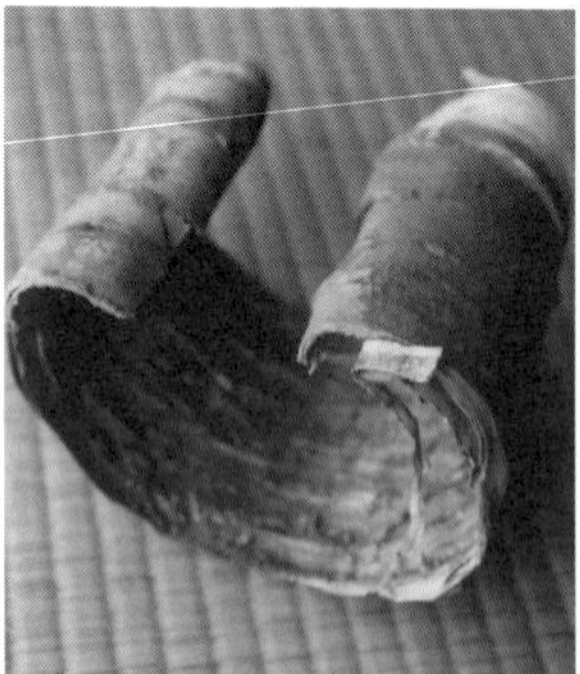

焚き付けに使われたウダイカンバの皮（長野県飯田市上村下栗小野、成澤徳一家）

トイッパ【採集・木の葉・クサギの葉】クサギの葉のことを「トイッパ」と呼ぶ。五月、若葉を採取し、茹でてから乾燥させて保存する。食べるときには水でもどし、細かく刻んで塩を加えて油で炒める。これを温かい稗飯や粥にかけて食べた（静岡市葵区井川閑蔵・河内ますさん・明治三十三年生まれ）。

同市葵区田代の滝浪ふくさん（明治三十九年生まれ）は、トイッパは青いもののない冬の御馳走だという。正月にはもちろん、祭りや結婚式にも使った。板屋根の葺き替えなどの人寄せにも使った。干すときには揉んで干すもので、水でもどして使うときにもよく揉むものだという。天竜川流境山間部ではこれを「トヨノハ」と呼ぶ。

トコロノニシメ【採集・根塊・トコロ】 ヤマノイモ科のトコロはサポニンを含有しているので苦い。採取してきてよく洗い、鍋に水を入れてそこに入れる。さらに、アク（灰）を布に包んだものを加え、よく煮出す。箸が通るようになるまで煮る。こうして煮出したものを大根・昆布などとともに煮しめにして食べた。これを「トコロノニシメ」という（長野県飯田市上村下栗・前澤義元さん・明治三十三年生まれ）。

トコロホリ【採集・根塊・トコロ】 トコロ（オニドコロ）はヤマノイモ科の多年草蔓草《つるくさ》で、蔔根《ふくこん》がふくらみ、多数のヒゲ根（細根）を持つところから「野老」の文字をあてる。長寿祈願呪物とし、また所《ところ》（所領）安堵や故地定住願望をこめて正月飾りの蓬莱盤に使ったり、正月飾りに使われたりしてきた。根はサポニンをふくみ苦みを持つが、食べることもできる。

岩手県盛岡市下田陣場の畠山サノさん（昭和八年生まれ）は次のように語る。春になって雪が解けると、毎年、母が「トコロホリ」（野老掘り）に出かけた。サノさんは少女のころから母について行った。母が掘ったトコロを背負い籠に入れて運ぶのがサノさんの仕事だった。トコロは水を張った鍋に入れ、木灰（袋入り）を加えて長時間煮た。煮えたトコロは笊《ざる》に入れてイロリの脇に置き、家族が自由に食べた。ヒゲ根を抜き、刃物で皮を剝いて食べた。「トコロは冬の間に体にたまった汚れをおろす」「トコロは便秘に効く」と言い伝えられている。

ヒゲ根がついたまま茹でられたトコロ（新潟県村上市山熊田）

類似の伝承は降雪・積雪地帯の山形県・新潟県でもたびたび耳にした。煮あげて皮を剝いたトコロは鬱金色で芳香を放ち、口に入れると口中が涼しい。こうした要素と薬効が相俟ってか、トコロは各地の神社で神饌《しんせん》にもされてきた。

トチカブ【採集・堅果・栃の実の採取権】 栃の実を採取するための共有林があった。栃の実の採取権を「カブ」(株)と称した。そのカブを持つ者でなければ共有林に入って栃の実を拾うことはできない。この「トチカブ」を借金のカタに使ったものがあったという(岐阜県下呂市小坂町湯屋・上野銀松さん・大正六年生まれ)。

トチツボ【採集・堅果・栃の実・人と栃との共生】 一本の栃の巨木の枝張り面積、その枝張りの下の土地の面積を「トチツボ」(栃坪)という。生きて立ち、実を落とす栃の木の下の面積を売買の単位としたのである。この習俗の根底には、食糧としての栃の実の価値の高さ、世代を越えて守られ、その恵みを享受することのできる栃の木の長寿性がある(長野県下伊那郡天龍村神原坂部・鈴木愛生さん・明治二十九年生まれ)。

静岡県浜松市天竜区水窪町奥領家西浦の望月満彦さん(昭和十年生まれ)は、先輩からの次のように教えられたという。「栃の木は一反歩に一本がよい」「それ以上密な場合は間引きをしてもよい」――栃の木が世代を越えて守られながら、ぞんぶんに枝を張り根を張って豊かな実を恵んでくれるためには一反歩の面積が必要だということになる。栃坪が一反歩前後であったことがわかる。水窪町には「栃を伐る馬鹿、植える馬鹿」という口誦句がある。食糧になる尊い栃の実を世代を越えて大量に恵んでくれる栃の木を伐るのは愚か者だ。また、栃の苗を植えればすぐに大量の実が拾えると思うのも愚か者だ。栃の木が大量に実を恵んでくれるようになるまでには人の世代にして三世代かかる――。人は栃の実を恵まれるために、栃の木を大切に守る。守られる栃の木は長寿に恵まれて大量の実を落とす。ここには人と栃との共生の民俗思想が見られる。▼ヨリアイトチヤマ

トチノコザワシ【採集・堅果・栃の実・アク抜き法】 栃の実が含有するサポニン・アロインを除去するために栃の実を砕化・煮沸し、その粉を水さらしして「コザワシ」(粉醂し=粉の状態で水にさらしたもの)を作るとき、

柿の実の渋を用いる。これを「カキドチ」(柿栃)と呼ぶ。柿渋によるアク抜き(毒素の除去)は、その年に拾ったナマの栃の実についてだけ行う。①踏み臼で搗《つ》いた栃の実を大鍋で煮る→②「トチサワシバ」(栃醂し場)と呼ばれる清水の出る平らな地にサワシ棚を設け、簀枠《すわく》を置き麻布を敷く。枠の上に二本の棒を渡し、その上に搗《つ》いてから煮た栃の実を入れた笊《ざる》を置いて樋で清水を導く→③栃の粉は麻布の上にたまり、笊《ざる》には栃の実の殻が残る→④午前八時から午後五時までさらす→⑤水さらしした栃の粉を集めて桶に入れる→⑥栃の実三升に対して渋柿三、四個の渋を桶の中で五分ほど合わせる。この過程を「ゴースル」という→⑦渋合わせを終えた栃の粉を再度簀枠《すわく》の麻布の上に広げ、翌朝まで水さらしをする。こうしてできあがった粉を「シンドチノコザワシ」(新栃の粉醂し)と呼ぶ(岐阜県本巣市根尾越波・松葉とめをさん・明治四十五年生まれ)。

栃の実のコザワシに使う簀枠(岐阜県本巣市根尾越波、松葉家)

前年あるいは前々年に拾った「ヒネドチノコザワシ」に比べて、シンドチノコザワシは美味だった。食法は、味噌や砂糖をつけて舐める、稗飯にかけて食べる、握って焼き、飯の上にのせて食べる、などだった。同地の松葉長之助さん(明治三十九年生まれ)は、小豆餡の団子・葱味噌を混ぜた団子にした。ほかにシンドチノコザワシとニホンミツバチの蜜とを混ぜて食べる者もいた。とめをさんは、一回に八升の実をさらし、採れたコザワシを八人家族で二日間に食べてしまったという。シンドチノコザワシには、栃の実の採集祝いのような要素もあった。

シンドチの実を一旦乾燥させたものや一~二年のヒネドチの実をコザワシにする場合は、アク抜き媒介材料として、栃の実の堅皮を使った。処理方法はカキドチと同じ工程をとり、水に浸けておいた栃の堅皮と栃の粉を合わせる。これを「オースル」と呼ぶ。栃の実の堅皮によるアク抜き法のことを「カワドチ」(皮栃)と呼ぶ。栃の実の乾燥保存が四年以上、六年に及ぶものはアク抜きがしにくく、媒介材料には灰を使い、これを「アクドチ」（灰栃）と呼んだ。ヒネドチノコザワシは、すべて糅《かて》として利用された。

トチボロ【採集・堅果・栃ボロの粥】アク抜きをした栃の実の大粒・小粒・粉が混ざった状態のものを「トチボロ」と呼ぶ。トチボロ五に対して米五の比率で粥にして食べた。これを「トチガユ」（栃粥）という。色は茶色だった（岐阜県山県市片原片狩・山口仙松さん・昭和二年生まれ）。

トチモチヒヨウ【採集・堅果・栃餅と比喩】「ヒヨウ」とは「日傭《ひよう》」、山林労務と木材河川流送労務を兼ねた日《ひ》傭《よう》取りの意で、河川流送では管《くだ》流しで一本丸太に乗る作業もあった。不器用でバランス感覚が悪く、しょっちゅう川に落ちる日傭《ひよう》さんもいた。そのような者を栃餅を以ってたとえ、「トチモチヒヨウ」と呼んだのである。その栃餅は糯米《もちごめ》の比率が高い晴《はれ》の栃餅ではなく、例えば栃三分の二、糯米《もちごめ》三分の一といった栃の比率が高い褻《け》の栃餅、栃の実を糅《かて》として使った栃餅だった。このような栃餅は、餅の片隅を持って振ると餅が欠け落ちるといったものだった。ここを以って、木から水への落下をくり返す不器用な日傭《ひよう》さんにたとえたのである（岐阜県下呂市小坂町湯屋・上野銀松さん・大正六年生まれ）。

同県郡上市白鳥町石徹白の久保田友芳さん（大正四年生まれ）は、根気のない人、粘りのない人のことを「栃餅のような奴だ」とたとえたという。橋口尚武氏は東京都西多摩郡奥多摩町で、仕事の鈍い人のことを「あいつは栃餅のような野郎だ」というたとえを聞いたという（『季刊　どるめん』第12号）。手に持って振れば欠け落ちるような、栃の実の比率の多い褻《け》の栃餅が広域で食べられていたことがよくわかる。

ナラコーヅキ【採集・堅果・ナラの実と小豆との混食】コナラ・ミズナラの実を採集し、干して「バッタリ」（添水《そうず》式搗《つ》き臼《うす》）で搗《つ》いてから皮を除く。皮を剥いた実を二斗釜に入れ、中央に水替え用簀筒《すづつ》を立て、ナラの実を入れ、水を入れる。そこにアク（灰）を加えて煮る。簀筒《すづつ》の中にたまる煮汁を十二回汲み出し、真水と替える。ナラの実のアク（タンニン）が除去されたものと、別に煮ておいた小豆を突き（搗《つ》き）混ぜる。このとき塩を加える。これを「ナラコーヅキ」と称して間食にした（岐阜県高山市奥飛騨温泉郷田頃家・清水牧之助さん・明治四十年生まれ）。

「ナラコーヅキ」は「楢小搗き」の意であろう。清水家の木の実類の採集量は牧之助さんが二十代のころ、栃＝一俵、柴栗＝六俵、ナラ類＝一俵、榧《かや》＝五升ほどだった。

ノリバタケ【採集・岩盤状イワノリ採取場】 磯に広がる平坦な岩盤に冬季に付着生育するイワノリは採集しやすい。このような、磯にある平坦な岩盤を「ノリバタケ」（海苔畑）と呼ぶ。深見の御滝神社の秋祭りは九月十八日で、その祭りの翌日にノリバタケの各区画に対する入札を行う。区画されたノリバタケは無償地で、籤引《くじび》きによって当選者を定める。入札収入は、神社管理・道路補修・定置網費などに使われる。九月十八日には全員でノリバタケの掃除を行う。一年間のゴミや付着物を除去し、イワノリが付着しやすくする掃除はこの時期が最適なのである。掃除は、まずノリバタケに石灰を撒《ま》いてから、切断したワイヤーの断面で岩盤をこする。イワノリの胞子がつきやすくなるよう丁寧に行う。イワノリは十一月中旬からつきはじめる。最初のノリは薄くて長いが、寒ノリは厚くなり香りもよい。素手で採取した時代もあったが、今では手袋をはめて採る。漉《す》き枡で寸法を整えて漉《す》き、一枚の簀《す》に四枚をつけて干す（石川県輪島市門前町深見・吉田勲さん・昭和二十四年生まれ）。

イワノリ採取のノリバタケ（石川県輪島市門前町深見）

イワノリの乾燥状態を確かめる（石川県輪島市上大沢町、川上家）

イワノリ採取が共同体のなかで、栽培農業的発想で行われてきたことがわかる。採取場を示す「ハタケ」

「ノリバタケ」という語がそれを象徴している。

ハコドチ【採集・堅果・不熟の栃の実】実りの悪い、あるいは虫喰いの、中身のない栃の実のことを「ハコドチ」(箱栃)と呼んだ(石川県白山市白峰苛原・長坂吉之助さん・明治二十七年生まれ)。

ハチイブシ【採集・クロスズメバチ幼虫・燻《いぶ》し具】クロスズメバチのことを「ヂバチ」(地蜂)・「ハイバチ」(蠅蜂)などと呼び、巣を採取して幼虫をハチノコメシ・煮付けなどにして食べる。巣の採取は十月で、「ハチイブシ」(蜂燻し)と呼ばれる火吹竹状の竹で、クロスズメバチの巣のある穴に煙を送りこんで成虫を酔わせてから巣を採る方法があった。ハチイブシは径二寸、長さ尺五寸ほどの竹の筒先の節に煙出しの穴をつけ、筒に籾殻を入れ、吹き口近くに熾《おき》を入れて、熾《おき》によって籾殻に点火させて燻《いぶ》し、竹口を吹いて煙を穴に入れる形になっていた(長野県飯田市南信濃八重河内本村・山﨑今朝光さん・大正十一年生まれ)。このハチイブシがのちに、セルロイド燃焼や煙火にかわっていった。

ピバツン【採集・コショウ科蔓《つる》性・ヒハツモドキ・香味料】「ピバツン」とはコショウ科の蔓《つる》性木質植物「ヒハツモドキ」のことで、ツクシの頭のような実をつける。芳香を放つので香味料に使う。茹でてから乾燥させ、焙《あぶ》って粉にする。筆者は蘇鉄の澱粉で作ったカステラ(紫色)にピバツンの粉をまぶしたものを御馳走になった。芳香に

ピバツンの粉をまぶした蘇鉄澱粉のカステラ(沖縄県八重山郡竹富町鳩間島、鳩間ひやま家)

日乾されるピバツン(沖縄県八重山郡竹富町鳩間島、鳩間ひやま家)

満ち、それは甘美だった（沖縄県八重山郡竹富町鳩間・鳩間島・鳩間ひやまさん・明治三十八年生まれ）。

フエンドウ【採集・昆虫・蜂】 オオスズメバチのことを「フエンドウ」または「フエマキ」と呼ぶ。赤籐を巻いた横笛の胴に似た縞模様を纏《まと》って、胴も太いところからの呼称である。旧暦十一月初めの闇夜めぐりのとき、巣のある穴の入口で火を焚き、煙と熱風を煽ぎ込む。十五分から二十分で親蜂を払ってから巣を取り出す。幼虫を出し、ハラワタを抜いて醤油・砂糖で煮て食べる（静岡県島田市川根町笹間上粟原・成瀬宣良さん・大正二年生まれ）。

宮崎県東臼杵郡椎葉村不土野古枝尾の那須登さん（昭和四年生まれ）は以下のように語る。「クマバチ」（オオスズメバチ）のハチノコが最も多く採れる時期は旧暦十月二十日過ぎの闇夜めぐりの夜で、必ず二人で行く。まず地中にある巣の入口の穴を塞ぐ。竹を割って束ねた松明を用意し、塞いだ穴口をあけて、穴口から出てくる成虫を松明の火で焼き殺す。成虫を殺したところで巣を掘り出す。幼虫は油炒めにして酒の肴にする。当地には、「クマバチの巣は猪の片足にあたる（猪肉全体の四分の一に及ぶ）」という口誦句がある。また、「猪三つ、鷹三つ、クマバチ三つ」という口誦句もある。これだけのものが獲れれば一人前だとも、一生にこれだけのものが獲れればよい、という意味だとも語られている。オオスズメバチの巣（幼虫）の価値が高く評価されていたことがわかる。

オオスズメバチの幼虫の油炒め（宮崎県東臼杵郡椎葉村下福良松木、那須久喜家）

ブンポウドメ【採集・ニホンミツバチの蜜】 当地はニホンミツバチの採蜜が盛んである。巣分かれのことを「ブンポウ」（分封あるいは分蜂）という。「ブンポウドメ」とは分封《ぶんぽう》・飛散する蜂を集めとどめる方法を指す。

ブンポウは藤の花が咲くころで、雨の前などに分かれる。分かれる蜂が飛散するのを防いで新しい巣に入れなければならない。巣はサクラや杉の桶やドウ（胴）である。飛散しようとするミツバチを止めて集めるために水や砂をかけるという方法があるが、ヤマザクラの木の皮を剝ぎ一尺四方ほどにして地上一メートルほどのところへ吊っておくとよい。蜜は笊《ざる》の上に木綿の布を敷いて濾《こ》す。一番蜜は売って、二番蜜を自家用にした。搾りカスは熊の檻罠《おりわな》の餌に使う。蜜蠟は次に使う巣箱に塗る（長野県飯田市上村下栗小野・成澤徳一さん・昭和二年生まれ）。

ヘボノスヲウエル【採集・クロスズメバチの巣の移転】クロスズメバチのことを「ヘボ」と呼ぶ。また、イヌガヤ科の針葉樹イヌガヤのことも「ヘボ」という。ヘボの花の終わりごろ、山中のヘボの巣は径十二センチ三段ほどである。蛙の肉に真綿をつけ、蜂がそれをくわえて飛翔するのを追跡して巣のありかを突きとめる。そこで巣を掘り出して、自家の納屋の軒下などに杉のドウ（胴）または杉板で作った巣の中に移して据える。これを「ヘボノスヲウエル」（ヘボの巣を植える）という。いわばクロスズメバチの巣の移転であり、移植である。移した巣の前に蛙の肉・雉子《きじ》の心臓・肝臓・ササ身などを吊り下げて餌にする。ここでは、クロスズメバチは人によって飼養されるといってもよい。巣は大きくなり、幼虫の数も多くなって太る。ヘボの巣から幼虫を取り出し「ハチノコメシ」にしたり、御幣餅のタレとして胡桃の実・胡麻・ヘボの幼虫を擂《す》り合わせ、味噌味をつけて使った（岐阜県恵那市串原柿畑・中垣哲男さん・昭和二十四年生まれ）。

採掘後、自家の巣箱に移されたクロスズメバチの巣（岐阜県恵那市串原柿畑、中垣哲男家）

ヘンダマ【採集・核果状・イヌガヤの実】 針葉樹イヌガヤの実を「ヘンダマ」と呼ぶ。種子の核から油を搾って灯油として使った（静岡市葵区田代・滝浪作代さん・明治三十九年生まれ）。

ホヅケ【採集・根塊・自然薯】 自然薯の蔓《つる》と薯《いも》の境にあたる部分に放射状に張る細根がある。一メートルに及ぶものもある。これを「ホヅケ」と呼ぶ。農閑期の冬、自然薯掘りに行くのだが、葉は落ち、蔓《つる》は飛んでいるのでホヅケを探して掘った。ホヅケを探すのが自然薯掘りの技術である（愛知県豊川市千両町・伊藤繁一さん・大正七年生まれ）。

ホーレドチ【採集・堅果・栃の実・山地主と山小作】 下大須は昭和十年前後は五十戸だったが、栃の実拾いの山の口あけはなかった。ムラの有力者（山地主）で栃の実採集区域を分け合っており、各山地主の一番拾いが終わるまでは権利のない者が勝手に山に入ることは許されなかった。山地主がひととおり拾い終えたあと、はじめて山に入ることが許された。一番拾いのあと許されて山へ入ることを「ホーレ」と呼び、許されたあと自由に山に入って拾える栃の実のことを「ホーレドチ」と称した（岐阜県本巣市根尾下大須・上杉清助さん・大正三年生まれ）。「ホーレ」とは「ホウリ」（放り）の意で、山地主が栃の実の採取権を放棄し、山小作などに栃の実採取権を開放する意味だと考えられる。ムラでは「ホーレドチ拾おうかいや」などという会話がなされたという。

マギヒロイ【採集・鹹水《かんすい》性小型巻貝】 アワビ・サザエ・トコブシなどの貝は漁業権とかかわり、商品価値も高かった。対して、売ることのできない小型の巻貝、ミズマギ（イシダタミ）・クロマギ（クマノコガイ）・アブラマギ（イソニナ）などを「マギ」と呼んだ。「マギ」とは

マギの一種、ミズマギ（イシダタミ）（和歌山県東牟婁郡串本町、錆浦海岸）

「小型巻貝」の意である。「マギヒロイ」（巻拾い）とはこれらの貝を自由に捕採することである。マギヒロイは主として老婆たちが行い、少年たちが行うこともあった。イソガネやオコシといった道具は不要で、「ボツリ」と呼ばれる葛《かずら》編みの籠か竹籠を持っていけばよかった。マギヒロイは地先の磯へ干潮時に行けばよかった。マギは「塩茹で」と決まっていた。小さい巻貝でも蓋を取らなければ食べられない。爪楊枝などで蓋を除く場合、海水で茹でると蓋が取れやすいといわれていた。マギは食後やオヤツに食べた（和歌山県東牟婁郡串本町高富・宇井晋介さん・昭和三十一年生まれ）。

「マギ」は「巻き」の転訛である。

マコベ・チョーチコベ【採集・根塊・キカラスウリ、カラスウリ】キカラスウリのことを「マコベ」または「ホンコベ」と称し、赤くなる小さいコベ、カラスウリのことを「チョーチコベ」という。キカラスウリの根塊を掘って食用にする。根塊は蓮根のようにつながっている。食法は輪切りにして煮て食べるか、葛の根の澱粉化と同様に、臼で搗《つ》き布袋に入れ、水中で搾って澱粉を沈澱させ、それを利用するかである。純粋なものを「カネ」、不純物をふくむ沈澱物を「ドロ」と呼ぶ。ドロは、小麦粉・蕎麦粉・トウキビ粉などと混ぜて団子にして食べた。カネは熱湯で掻いて食べた（宮崎県東臼杵郡椎葉村松尾鳥の巣・那須義雄さん・昭和四年生まれ）。

キカラスウリの実を「コベ」と呼ぶのは、その形状が人の頭《こうべ》に似ているからではあるまいか。また、赤いカラスウリの実を「チョウチコベ」と呼ぶのは「提灯《ちょうちん》コベ」の意であろう。

キカラスウリ（奈良市鹿野園町）

キカラスウリの蔓と塊根（『教草』丹波修治ほか著　国立国会図書館デジタルコレクションより抜粋）

マテミ【採集・堅果・マテバシイ】 暖地海岸部に育つブナ科の「マテバシイ」(馬刀葉椎)の実のことを「マテミ」という。採集し、日乾《にっかん》し、皮を剥いて石臼で粉化する。団子にして蒸して食べた(鹿児島県肝属郡南大隅町根占横別府、黒江ふみさん・大正十四年生まれ)。

ムギジョウロ・コメジョウロ【採集・茸・松露】 ショウロは担子菌類ショウロ科の茸《きのこ》で海岸のクロマツ林に出る。以下は佐賀県唐津市浜玉町浜崎砂子の堀いそ代さん(大正七年生まれ)による。「松露掻き」という手持ちの熊手とハナテゴ(籠)を持って松露採りに行く。三月・四月、午前中に出かけるのだが、雨のあとはよく出ていた。松露には「コメジョウロ」(米松露)と「ムギジョウロ」(麦松露)があり、米松露は色が白い。ハナテゴの中でゴロゴロさせると赤くなる。赤くなると売れなかった。米松露は仲買人に売り、茶色の麦松露は「ショウロメシ」(松露飯)にしたり、吸いものにしたりで自家用にした。

モチホリ【採集・根塊・葛】 澱粉採取のための葛の根を掘ることを「モチホリ」と呼んだ。葛の根は平石の上にのせ、槌で叩いてから、その粉砕物を水を張った桶の中でゆすって澱粉を沈澱させる。汚れ水やカスを捨てて、布袋で搾った。澱粉をふくむ液を水を張った桶に入れて一晩おく。沈澱物は、最下層に砂、次に「シロ」(白)と呼ばれる澱粉、その上に若干の不純物の混ざった層、という順である。不純物の混ざった澱粉を「ノロミ」と呼ぶ。ノロミとシロを半々に混ぜて団子にして焼いて食べると大変美味である。澱粉を売り物にする場合は、攪拌・沈澱を三回くり返して純度を高めた(長野県飯田市上村下栗大野・胡桃澤ちさ子さん・大正七年生まれ)。

ヨボシ【採集・根塊・自然薯】 正月(元旦)にヤマイモ(自然薯)を二・五センチほどに切って、味噌・胡麻・砂糖で煮て食べた。これを「ヨボシ」と呼んだ(福井県小浜市上根来・岩本かねさん・大正十五年生まれ)。

ヨリアイトチヤマ【採集・堅果・栃の実の均等分配】 有本は水窪川支流白倉川左岸の十八戸のムラだったが廃

絶した。有本には六反歩ほどの共有地に栃の巨樹が六本あった。この山を「ヨリアイトチヤマ」（寄合栃山）と呼び、毎年二百十日から二百二十日ごろ、部落の人びとが相談して「ヤマノクチアケ」（山の口あけ＝栃の実採集解禁日）を定めた。山の口あけの日一斉に山に入り、拾った栃の実を一か所に集め、計量して均等に分配した。山の口あけの日の分配が終わったあとは、有本の者ならいつでも自由に栃の実を拾うことができた（静岡県浜松市天竜区水窪町奥領家有本・守屋金次郎さん・明治三十七年生まれ）。

六反歩に栃の巨樹六本という事実は、「トチツボ」の項で紹介した「一反歩に一本」の伝承と一致する。▼

トチツボ

V 畜産

耕耘機《こううんき》の普及、水田から冬作の麦が消えたことなどから牛馬の耕起力が不要となった。化学肥料の普及によって田畑に対する厩肥《きゅうひ》・堆肥の必要性が低下した。さらに、軽トラックの利用は牛馬の挽担力《ばんたんりょく》を不要にした。こうしてムラムラから牛馬は姿を消したのである。高度経済成長期以前、牛馬と人びととのかかわりは深く、その民俗も民俗語彙もじつに多彩に織りなされていたのであった。

アケサンゼ【畜産・牛の売買】 牛馬喰《うしばくろう》（牛を扱う家畜商）の岩本さんは、京都府福知山市の牛市（八日市）で牝の二歳牛を競り落とす。主たる売り先は滋賀県高島市朽木の小入谷・生杉・中牧・古屋の農家だった。二歳牛は「アケサンゼ」（明け三歳）と呼ばれ、買われた農家で田植の準備に耕牛として働く。そのあとに種付けをして、やがて仔牛を産む。仔牛は大きな収入源となる。さらに母牛の糞尿は農業にとって不可欠な踏み肥・堆肥をもたらしてくれる。こうして七、八歳まで飼い、仔を産まなくなると専ら草を喰わせて太らせる。馬喰《ばくろう》はこれを肉牛として一定の値段で引き受ける。馬喰《ばくろう》は農家と長いつきあいをしなければならない。角の形のよい牛は「ヨウジ」（良い牛）と称して好まれた。また、「マエガチシリボソ」といって、肩から前足ががっちりとして尻の細い牛がよいとされた。牛は二十四か月で下の歯が生えかわり、これを「ヨツバ」という。口の大きい牛は草をたくさん喰うから丈夫だという。馬喰《ばくろう》は牛の口の中をよく見る。馬喰《ばくろう》はよい牛を農家に届け、納得のゆく値で牛を引きとらなければならないのである（福井県小浜市上根来・岩本重夫さん・大正十三年生まれ）。

アシワケ【畜産・牛・牛持ちとマヤサキの利益配分】 牝牛を貸し出す牛持ちに対して、牛持ちから牝牛を借りて仔を産ませ、利益分配にあずかる借り手を「マヤサキ」（厩先）という。牛持ちと厩先《まやさき》の利益配分率は時代、両者の関係、一番仔か二番仔か三番仔か、それらが牡か牝かによって細かい比率があった。牛が四つ足であることから、脚の数によって分ける方法を「アシワケ」（足分け）と称した。「アシザン」（足算）ともいう。二番仔の牡牝、三番仔の牡牝となるうちにそれは複雑になり、四本足（四分法）では足りなくなる。次は牛が偶蹄目であることに着眼し、八分法が発生する。「蹄《ひづめ》いくつ」という単位ができる。それでも足りなくなると、蹄《ひづめ》に角を加えて母数を十として分けたのである（岡山県新見市哲多町本郷・宮崎良正さん・昭和五年生まれ）。

アズケマヤ【畜産・牛・牛小作】 牛を持たない牛小作に牛を貸与して飼わせることを「アズケマヤ」（預け厩）という。借り手、すなわち牛小作のことを「マヤサキ」（厩先）と呼んだ。この形は「仔とり小作」であり、仔を産ませ、育て、市に出して売れた値を両方で折半するならわしだった（岡山県新見市千屋花見・池田隆壽さん・昭和五年生まれ）。

ウシノツクライ【畜産・牛の管理】 雪が消え本格的に農作業が始まる前に、ムラ組で牛を飼っている者が牛を引いて集まり、「ウシノツクライ」（牛の繕い＝手入れ）をした。熟達した老人が牛の前足と後足二本ずつを縛って牛を横転させる。蹄《ひづめ》を切り整え、牛の舌を出させて血を抜いた。小栗山には「ツクライバ」（繕い場）があった（福島県大沼郡金山町小栗山坂井・五ノ井謙一さん・大正四年生まれ）。

ウシノヤマアゲ【畜産・牛・放牧と舎飼い】 牛二頭を飼っており、六月二十日、田が終わると、六月二十五日に「ヤマアゲ」（牧地に上げること）をした。ヤマアゲの日には牛に南瓜の塩漬けと味噌を与えた。夏土用に「ヤマオロシ」（山からおろすこと）をし、秋の彼岸に再度ヤマアゲをした。この期間に厩肥《まやごえ》・踏み肥を取って堆肥にした。この期間は日照も強く虻や蚊も多いので、舎飼いが適切だった。雪の前、十一月末にヤマオロシをした（鳥取県東伯郡三朝町大谷・田中かよさん・大正三年生まれ）。

ウシミソ【畜産・牛・味噌】大豆・麦・麹《こうじ》を使って四斗樽で作る人間用の味噌のほかに、「カンコロ」(甘藷を平切りにして乾燥させたもの)で黴《かび》の生えたものを利用し、麹《こうじ》を混ぜてハンドウ甕を使って牛用の「ウシミソ」(牛味噌)を作った。牛味噌は「ハミ」(餌)に混ぜて与えた(長崎県佐世保市宇久町平十川・宇久島・坪井要さん・昭和三年生まれ)。

ウマグツ【畜産・冬の馬・藁沓】秋、収穫した稲の運搬が終わると馬の蹄鉄をはずした。冬は馬を休め、馬の足を休める期間だという認識があった。冬季、馬には藁製の「ウマグツ」(馬沓)を履かせた。旧正月過ぎに、馬橇を使って「コエヒキ」(肥引き＝堆肥運搬)の引き初《ぞ》めをした。「コエヒキアナ」(肥引き穴)といって少なくとも雪を六尺掘って、そこに堆肥を運び入れた。このときも馬は藁沓だった(山形県最上郡戸沢村角川十二沢・秋保三郎さん・明治四十一年生まれ)。

　秋田県男鹿市北浦真山の菅原福次さん(明治四十二年生まれ)は以下のように語る。十二月に入るとハタハタ漁が始まる。ハタハタは北浦を中心として湯ノ尻・相川間の前海で最もよく獲れた。北浦には「ハタハタバ」(鰰場)と呼ばれるハタハタの出荷場があった。運搬は馬によった。百頭以上の馬が集まった。近郷の農家では、秋が終わると十二月のハタハタどきに備えて、馬の餌をくふうして馬の体力を養った。ハタハタは大籠に入れ、馬にはそれを振り分けた。さらに荷鞍につけることもあり、馬はハタハタを三十貫以上担った。足には蹄鉄をつけたまま、滑り止めとして馬沓を履かせた。藁沓の底にはボロ布や網キレなどを入れた。北浦・羽立間が主で、多いときには一日十足を履きつぶした。馬沓は、ハタハタどきにはどこのよろず屋でも売っていた。北浦・羽立間を往復すると米一俵分稼げるといわれ、ハタハタの駄賃つけは農家の副収入になっていた。昭和初年まで

荒川駒形神社に奉納された馬沓（岩手県遠野市附馬牛町）

のことである。

青森県十和田市旧十和田湖町の長畑徳一さん（昭和二年生まれ）は冬季馬を使って木材搬出を行った。蹄鉄は二か月に一度打ち、蹄《ひづめ》に馬油を塗り、蹄鉄に重ねてサンダワラ型の藁沓を履かせた。新雪のときにはそれも二重にした。

馬の冬も、馬沓も地方によって異なり、決して一様ではなかった。

ウマステバ【畜産・馬の墓地と馬の死体】 馬が死ぬと、警察官立ち会いで「ウマステバ」（馬捨て場＝馬の墓地）の土中に埋めることになっていた。ムラ中の者が集まった。当時は一旦埋めても死馬を掘り出して食べる習慣があったので、警官は馬の屍を埋葬した上に石油を一升かけることを求めた。のちに掘って食べることを禁じる処置である。しかしムラびとは、のちに掘り返して食べるために、石油を馬の体の上には撒《ま》かずに、埋めたところの周囲に撒《ま》いた。警官はこれを黙認し、屍の上に石油を撒《ま》いたこととして認めていた。日没後、有志が集まって死馬を掘り出し、ベテランの猟師が解体した。肉は分配し、大根とともに煮て食べた。馬主もこれを認めていた。死馬の運搬は、道が細いので一本棒に括って大勢で運んだ（長野県飯田市南信濃八重河内本村・遠山常雄さん・大正六年生まれ）。

不慮の死を遂げた馬の肉を食べる習慣は全国的に見られた。宮崎県東臼杵郡諸塚村七ツ山では、事故死した馬車馬を解体し、猪肉分与と同様に儀礼的に刃物を持って参加した者には「ヒトホシ」（「ホシ」は分配単位、ヒトホシは一人分）の肉を分与した。

ウマツクリ【畜産・獣医以前】「ウマツクリ」職人がいた。馬の蹄《ひづめ》切りと、針による血抜きをした。馬頭観音の祭日にウマツクリ職人がムラにやってきた。血を抜いてもらった馬の馬主は、その馬の血で一尺四方の板に馬と鳥居の絵を描いて馬頭観音堂に納めた（秋田県横手市山内黒沢田代沢・高橋長左ヱ門さん・明治四十五年生まれ）。

長野県飯田市南信濃八重河内本村の山﨑今朝光さん（大正十一年生まれ）は次のように語る。八重河内には馬頭観音があり、春、その縁日があった。その日は大豆と大根を煮て馬に与えた。また、馬の絵姿を刷った観音札が配られた。その縁日では松下菊美という大正元年生まれの伯楽《はくらく》さん（この地では近代獣医以前の馬医を伯楽《はくらく》と呼び、馬喰《ばくろう》も兼ねていた）が、集まった馬の尾の毛を分けて、焼鏝《やきごて》の先端を尾の芯に当てていた。また、馬の舌の下部に針を刺して血を抜いた。これらは馬の病除けだと伝えられていた。

ウマッコツナギ【畜産・馬・儀礼】 六月十五日に「ウマッコツナギ」（馬ッ子繋ぎ）という行事を行った。戸棚の戸の裏側に馬の姿を版型として彫っておき、この日、和紙に馬の図を刷り、その馬の口の部分に小麦粉を捏《こ》ねて塗り、畑に立てた（岩手県遠野市上郷町佐比内・佐々木清さん・大正十四年生まれ）。

ウマヒヤシバ【畜産・飼い馬管理】 集落内の小川の砂利地の箇所で「ウマヒヤシバ」（馬冷やし場）と呼ばれるところがあった。馬の腹や脚を洗ったり、脚を冷やしたりする場所だとされていた（秋田県大仙市横堀星宮・長沢精一さん・昭和三年生まれ）。

オナメ・コットイ【畜産・牛・牡牝の呼称】 牝牛のことを「オナメ」、牡牛のことを「コットイ」と呼んだ。繁殖牛で仔とり飼育の場合、牝牛の誕生に強く執着した。「コットイは片足」という口誦句があった。牛が四つ足であることにちなみ、子牛の売り値が、コットイはオナメの四分の一だということを示すものである。牛の安全と増殖を守る舟城神社を信仰対象とするムラのお講があった。お講の日、オナメが生まれた家では酒一升を出し、コットイが生まれた家では酒五合を出すことになっていた（兵庫県丹波市青垣町西芦田・芦田貞雄さん・大正十三年生まれ）。

同町惣持の足立一夫さん（昭和七年生まれ）は以下のように語る。牛は三歳で初産をする。初産のことを「ハナミ」（花見）という。正月の初客が女性なら家の牛がオナメを産み、男客ならコットイを産むと言い伝えられていた。

岡山県真庭市見尾西畑の西田卓治さん（昭和十四年生まれ）は次のように語る。元日に、男の子は他家を訪れてはいけない。女の子は他家を訪れてもよい。新年の最初に男の子が来るとコットイ（牡牛）が生まれる。女の子が来るとオナメ（牝牛）が生まれる。牛が盛んだったころには、元日に男の子は一日中家の中で餅を焼いて食べていた。

オナメの「ナメ」は牝牛が発情期に陰部から垂らす粘液のことで「滑め」の意である。これが牝牛の呼称になった。コットイは『万葉集』三八三八番歌に見える「ことひのうし」とかかわる。「コトヒ」は「コトオヒ」（殊負《ことお》ひ）、とりわけ大きく重い荷を背負う力のある牡牛という意味である。方言や民俗語彙で古い日本語に根ざすものは少なくない。▼オナメイワイ

オナメイワイ【畜産・牛・牝牛誕生祝い】 牝の仔牛が生まれると「オナメイワイ」「ベベンコヨロコビ」と称してムラ中の者を招き、酒盛りをし、太鼓を叩いて「ヨイヤサ」と通称される捕鯨の「カチドキ唄」を歌って祝った（長崎県佐世保市宇久町小浜・宇久島・西口繁信さん・大正十二年生まれ）。同町木場（宇久島）の入山稲広さん（大正十三年生まれ）は次のようにした。オナメイワイには母牛に米の粥・ズイキを食べさせた。牛の安産祈願・病除けにはオコゼを持って山の神に参った。

オバナゴ【畜産・馬】 馬の発情は桜の花の咲くころで、種付けから十一か月で仔馬が生まれる。春の彼岸前後から四月初めが出産の盛りである。ところが、それより遅れて、麻の花が咲くころ生まれる仔馬もある。それを「オバナゴ」（麻花仔）と呼んだ。オバナゴは体も小さく発育が遅れがちなので、飼育や「イチダシ」（市出し）の時期にかかわる配慮が必要だった。誕生後すぐ母馬に死なれた仔馬のことを「ハーネワカレ」と呼んだ。こちらも母乳に恵まれないので発育が悪く、種々心配りが必要で、市出しの時期判断に苦慮した（長野県木曽郡木曽町開田高原末川小野原・吉村光三さん・大正十五年生まれ）。

オマツリヤマ・ジュウサンニチヤマ【畜産・夏期休日と牛馬飼料】 牛馬飼料の採草地は共有地で十町歩ほどあり、そのうち二町歩を留め山にしておき、ほかは自由だった。留め山は、「オマツリヤマ」（お祭り山）と「ジュウサンニチヤマ」（十三日山）のためだった。真山神社の祭日である旧暦六月十五日・十六日（のちに七月十五

日・十六日）に休むため、その前日、お祭り山と称して留め山で牛馬飼料を刈り置いた。また、旧暦八月の盆休みのため、十三日山と称して十三日の朝、留め山で草刈りをした。戦前、真山は五十戸で、一戸一人出の草刈りと定められていた（秋田県男鹿市北浦真山・菅原福次さん・明治四十二年生まれ）。

オモト【畜産・牛・母牛の体型】 牛の尾の付け根の位置を「オモト」（尾元）という。その位置は尻角《しりかど》でもある。次のようにいわれていた。「オモトが高い牛は牝牛を産む率が高い」「尻角《しりかど》の下がった牛は「ボウ」（牡牛の仔）を産む率が高い」「仔のとき毛並みのよい牛は出世しない。仔のときは蓑をかぶったような牛でなければいけない」「口の大きな牛は草をたくさん喰うからよい」（福井県小浜市上根来・岩本重夫さん・大正十三年生まれ）。

オロ【畜産・馬・馬柵棒《ませんぼう》】 当地では厩《うまや》の入口の馬を止める横木、すなわち馬柵棒《ませんぼう》のことを「オロ」と呼んだ（奈良県吉野郡野迫川村北今西・増谷將行さん・昭和十五年生まれ）。
「オロ」は馬の騒魂を鎮める呪言であり、「オーラ」「オラ」とも通じる。「オロ」はまた、遊離したり不安定になったりした乳幼児の魂を鎮める呪言でもある。子守唄に使われている「オロロンバイ」も魂を鎮める呪言である（野本寛一『言霊の民俗誌』）。これらをふまえてみると、馬柵棒《ませんぼう》を「オロ」と呼ぶことの意味の重さが浮上してくる。馬柵棒《ませんぼう》が、馬が暴れること、馬が外へ出ようとすることを抑止し、鎮める呪力と実効力を持つものと考えられていたことがわかる。

カヌカタイ【畜産・馬・放牧地】 馬の放牧に適した芝草地のことを「カヌカタイ」と呼ぶ。例えば、平庭峠（八四二メートル）付近には二千町歩に及ぶカヌカタイがあった。このカヌカタイまでは家から十キロほどあったが、ここに馬を放牧した。芝草地の牧山に馬を入れることを「ダケハナチ」（岳放ち）と呼んだ。期間は六月初めから十月末までだった。これに対して、幼馬を庭先に放ち、注意深く見守りながら河原を歩かせたり丘を歩かせたりして足腰を鍛える期間を「カワラマブリ」（河原守り）と呼んだ（岩手県久慈市山形町霜畑関・竹田源一さん・昭和五年生まれ）。

Ⅴ 畜産

カリウマ【畜産・馬】 木曽郡旧開田村には、木曽福島の商家やムラの地主の馬持ちが「ウマヂヌシ」（馬地主）となり、ムラの農家が「ウマコサク」（馬小作）となって馬を借り、仔を産ませる「カリウマ」（借り馬）の慣行があった。馬小作は三歳の木曽種の牝馬を二頭借り受け、一頭ずつ隔年に仔を産ませ、七月の馬市に二歳馬を出す形が多かった。利益配分は馬地主・馬小作半々とされていた。旧開田村西野の山下家は、明治初年に二百頭の馬を貸し出していたという（長野県木曽郡木曽町開田高原末川小野原・吉村光三さん・大正十五年生まれ）。
馬小作としてではなく、自営で二歳馬が一頭売れれば、一年の経済がまかなえるといわれていた。▼タテウマ

キソッコ・イナッコ【畜産・馬・木曽種、木曽系馬】 大正末年ごろ、長野県飯田市周辺の馬は、「キソッコ」（木曽ッ子＝木曽馬＝木曽種）と「イナッコ」（伊那ッ子＝牝の木曽馬に南部馬の種をつけた混血馬）がほぼ半々だった。木曽ッ子の牡の背丈は四尺五寸、牝は四尺三寸から四寸、伊那ッ子の牝は四尺六寸で、木曽ッ子よりも伊那ッ子のほうが背が高い。木曽ッ子に比べると伊那ッ子のほうがおとなしい。「伊那ッ子はブイ（おとなしい）」といわれていた。伊那ッ子の蹄《ひづめ》は普通の馬の蹄《ひづめ》の形をしているが、木曽ッ子の蹄《ひづめ》は丸く高い。したがって木曽ッ子のほうが足が強い。木曽ッ子は荷駄専門でよく働く。伊那ッ子は輓馬《ばんば》に使えるが、平蹄《ひらづめ》なので長時間・長距離の使役には耐えられない。木曽ッ子のほうが粗食にも耐える。しかし、毛並みも姿も木曽ッ子に比べて伊那ッ子のほうがよかった。伊那ッ子ははじめから蹄鉄を打ったが、土道の時代、木曽ッ子に蹄鉄は不要だった。こうした実態をふまえて、当地では人の縁談に際して、「木曽ッ子か、伊那ッ子か」という比喩的な会話がなされていたという（長野県飯田市立石・佐々木要蔵さん・大正七年生まれ）。

木曽馬（純粋木曽種「春香」号）と筆者（長野県飯田市上久堅柏原、久保田義文家にて）

ギュウバナベ【畜産・牛、馬・餌】牛馬に与える餌で、煮て与えるものを「ニモノ」（煮物）と呼んだ。煮物を煮るための専用の鍋があり、これを「ギュウバナベ」（牛馬鍋）という。牛馬鍋はイロリまたは竈《かまど》で使った。主たる煮物は稗で、畑の土質のよいところに陸稲を作り、土質の悪いところに稗を作った。牛馬に与える稗は粒化したままで精白しないものを煮た（静岡県伊豆の国市田原野・星合鳥雄さん・明治三十年生まれ）。

クラシタ・クラシタウジ【畜産・牛・田植前と牛の労働慣行】「クラシタ」「クラシタウジ」とは基本的には働き牛・耕牛を指し、牡牛であることが多い。「サクウジ」（作牛）と呼ばれることもあり、耕作とのかかわりが中心となる。自家の耕地の耕作だけではなく、牛を貸し出し貸与料を取る牛を指すことが多い。その貸与にも「イチバンクラシタ」（一番鞍下）・「ニバンクラシタ」（二番鞍下）と称して、田代作りに二度にわたって貸し出される慣行が多く見られた。一番クラシタは三月の彼岸に借りて六月の夏至の十日前に返すことになっていた。「ハナイレ」（花入れ）と称する、初めて貸し出す牛の場合、万一の損傷を考えて話だけの保険料を決めておく。それを「オヤネ」（親値）と呼ぶ。一番クラシタは田植の早い山間部に貸し出され、二番クラシタは田植の遅い平地水田地帯に貸し出された。クラシタの盛りは六歳から八歳ほどの牛である。牝牛を耕牛として使っている家でも、その牛が妊娠しているときにはクラシタを借りた。新見の町近くに「クラシタバクロウ」と呼ばれる金持ちがいて、「コッテイ」（去勢しない牡牛）の作牛を三十〜五十頭所有し、その牛を貸し出していた。三月には新見に「クラシタイチ」（鞍下牛の市）が立った（岡山県新見市千屋花見・池田隆壽さん・昭和五年生まれ）。

　牛の守り神として知られる、島根県安来市広瀬町東比田にある縄久利神社宮司の高松伸在さん（昭和七年生まれ）から、次のように聞いた。山地の東比田でクラシタウジとして働き、重ねて、安来の平地で二番クラシタの働きを終えて、フラフラになって家にもどってくるコッテイの姿をたびたび見かけた。

コキハギ・カリハギ【畜産・馬・飼料】馬には五月から十月までは青草を、十一月から四月までは藁・干し草・萩・米糠などを与えた。陸羽東線沿いの川渡の上に、志田・加美・玉造三郡入会《いりあい》の山があり、その山へ萩刈りに行った。萩には「ヒギリノヤマノクチ」（二百十日に限定した山の口あけ）があった。その日には一日一回半しか運べなかった。遠いところは「コキハギ」（扱き萩）と称して葉を扱《こ》きとって俵に詰めて運び、近いところの萩は「カリハギ」（刈り萩）と称して根刈りにし、束にして運んだ。根刈りしたもので馬が喰い残した茎は燃料になった（宮城県大崎市古川柏崎・村上良吉さん・大正二年生まれ）。

コマヤ【畜産・種付け】 木曽種の牡馬を飼育・保有し、木曽種の牝馬を飼い、仔とりを目的とする家々を、牝馬の発情期に巡回して種付けすることを業とする者を「コマヤ」（駒屋）と呼んだ。「タネツケバクロウ」（種付け馬喰）と呼ぶ者もいた（長野県木曽郡大桑村長野下条・菱沼安彦さん・昭和二年生まれ）。

コマヨセ【畜産・馬・巡回種付け】 種付けのために牝馬を種馬所に連れてゆくのではなく、種付屋が牡馬を飼っている家を巡回して種付けをする方法を「コマヨセ」（駒寄せ）と称した。長野県飯田市下瀬の種付屋、山沢さんが種馬を連れてきて牝馬の尻を嗅がせた。種付屋はその様子をよく観察して次に種付けに来る日を決めた。種付けの日までに、庭に稲架《はさ》杭の太いもの三本を三角形に打ちこみ、長さ一間半の丸太二本を、打ちこんだ杭の高さ二尺五寸の位置の両側と頂の杭に結束する。馬の頭、前脚が頂の杭の近くにくるようにする。これを「タネツケワク」（種付枠）という（同市伊豆木梨洞・土屋諭さん・昭和三年生まれ）。

シタウマ【畜産・馬・肉馬転換】 木曽馬の寿命は二十年だといわれる。よく働き、よく仔を産んだ馬も晩年には馬肉にされた。「シタウマ」という慣行があった。主として上伊那の馬喰《ばくろう》（仲買家畜商）がやってきて木曽馬の飼い主と交渉し、「サシキン」（差し金＝手付金）を払って、肉馬転換のために一定期間の肥育を依頼した。飼い主はその期間、草のほかに麦などを与えて馬を太らせたのだった。肥育された馬は馬肉食の盛んな上伊那へ運ばれた。これを「シタウマ」（下馬）と呼んだ。下馬の対象となるのは十五歳以上の馬だった（長野県下伊那郡下條村睦沢親田・古田良広さん・大正二年生まれ）。▼バタ

シュクサ【畜産・馬・秣《まぐさ》】 馬に餌として与える草を刈る共有草刈山が六町歩あり、そこで「シュクサ」刈りを

した。一日百把、多い人で二百把刈る人がいた。一把は径一尺で、乾燥させるために十把を纏《まと》めて立てた。これを「シュクサツボ」と呼んだ。乾燥させたシュクサは冬期の餌にした（岩手県遠野市附馬牛町上附馬牛大出・大橋ゆはさん・昭和八年生まれ）。

ゾウズ【畜産・牛・冬期の餌】大釜で煮た冬期用の牛の餌を「ゾウズ」（雑水）という。大根の端・イモ類の端・その他の残物に米の研ぎ汁、それに塩を少々加えて大釜で煮たものを毎朝牛に与えた（滋賀県甲賀市信楽町多羅尾・宮本豊子さん・大正九年生まれ）。

タテウマ【畜産・馬・馬小作】二十頭、三十頭と多数の馬を所有する馬持ちが馬小作に三歳の牝馬を貸与し、仔馬を産ませ、仔馬を飼育させる。当歳から二歳まで飼育させ、二歳の十一月初めに遠野の馬市の「オセリ」（競売）にかける。売れた馬の代金は馬持ちが六割、馬小作が四割と、馬持ちに有利だった。この慣行を当地では「タテウマ」と呼んだ（岩手県遠野市附馬牛町上附馬牛大出・大橋ゆはさん・昭和八年生まれ）。

遠野のタテウマに相当する貸し馬の慣行は、木曽馬を飼育した長野県木曽郡木曽町でも盛んに行われていた。

▼カリウマ

ツクリウマ・ナツウマヤシナイ【畜産・馬・環境差と馬の貸借】岐阜県飛騨市宮川町落合の野村清さん（大正元年生まれ）は馬を二頭飼っており、毎年四月下旬から六月上旬までの間、富山県下新川方面の稲作農家に対し、田植のために馬を貸し出した。謝礼は良馬一頭につき米五俵が相場で、米は秋の収穫後、馬車で届けられた。飛騨市河合町月ケ瀬の上手一良さん（大正九年生まれ）も同様に馬を富山県へ貸し出し、これを「ツクリウマ」と呼んでいた。「ツクリウマ」とは、駄馬とは異なり「ツクリ」すなわち「農耕」を担う馬という意味だと考えられる。ツクリウマは山中から平地稲作地帯に貸し出されるのであるが、富山県内の山と平地の間にはこれとは反対の動きがあった。以下は富山県の南砺市利賀村岩渕の野原元治さん（明治四十四年生まれ）による。南砺市井波や富山市八尾の田植は五月下旬に終わった。この地方の馬は田植準備に酷使された。田植が終わるのを待って、利賀の人びとは馬を借り受けに平地水田地帯に出かけた。山間の狭い田の田植準備に馬を使ったあとは、馬に山の青草をぞんぶんに与えて馬を肥やす。涼しく、蚊も少ないので馬にはよい環境である。馬を平地に返すのは二百十日までと決まっていた。平地からは馬を養った謝礼としてウルチ米を二升もらった。これを「ナツウマヤシナイ」（夏馬養い）と呼んだ。厩《うまや》は冬期の薪小屋・藁仕事の場となった。

トコ②【農耕牧畜複合】 島根県隠岐郡隠岐諸島には農耕牧畜複合による四区輪転式の牧畑が営まれていた。丘状地の頂にあたる芝草地のことを「トコ」（床）と呼ぶ。トコは牛馬の餌場であり、休憩所、睡眠所でもあった。牛馬が長時間過ごすところは糞尿がたまることにより肥沃になった。西ノ島町浦郷三度の藤谷一夫さん（昭和二年生まれ）はトコの適性作物を図のように説く。ところが、海中の島であるだけに、風向や風の強度によって作柄が変化する。同町宇賀の柳谷長太郎さん（大正元年生まれ）は「トコは賭《かけ》」「トコは見当作」という口誦句を語る。風害が多ければ収穫が得られず、風害がなければ大量の収穫が得られるというのである。

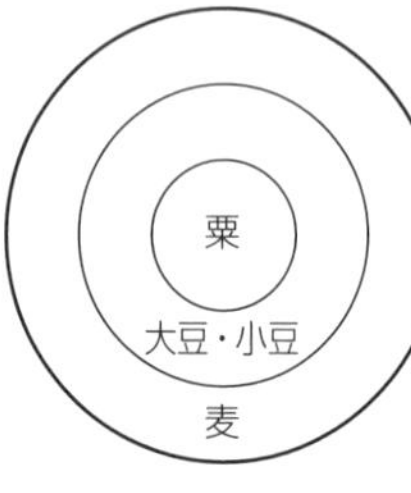

トコの位置と適性作物

トコで遊ぶ牛。このトコで作物が栽培されるときには牛はほかの牧区へ移動している（島根県隠岐郡西ノ島町浦郷三度）

ドサンコ・ドッダ【畜産・馬・耕耘《こううん》と輓曳《ばんえい》】 馬耕は二頭立て二頭引きで、「ドサンコ」（道産子）を使った。道産子の馬高は五尺一寸、「ドッダ」と呼ばれる輓馬《ばんば》専門の馬は五尺九寸で、道産子はドッダに比べれば輓曳《ばんえい》力は弱いが、粗食に耐え、元気で使いやすかった。道産子のかかわる農作業は、麦・黍・大豆・小豆・菜豆・馬鈴薯・ビートなどすべての作物栽培に先立つ畑地耕起、「アイガキ」（間掻き）

と呼ばれる全作物の除草などで、馬鈴薯掘りにも道産子が活躍した。ドッダは収穫物の運搬・市場への運搬・堆肥運びなどを行い、冬期には橇引きもした。ほかに、「ゾウザイヤマ」(造材山)と称して山からの木材搬出に使うこともあった。造材山《ぞうざいやま》にはペルシュロンが使われた(北海道中川郡本別町東本別・大石政男さん・大正元年生まれ)。

ナイラ【畜産・馬・疾病】 当地では馬の風邪を「ナイラ」という。声がかすれ、咳をする。馬がナイラに罹ったときにはナマの泥鰌《どじょう》を飲ませると癒えると伝えられている(栃木県大田原市片田下山田・斎藤エキさん・大正八年生まれ)。

『改訂綜合日本民俗語彙』には「ナイラヤキ」の項がある。

ナツテツ・フユテツ【畜産・馬・季節別蹄鉄】 馬の蹄《ひづめ》に装着する蹄鉄には夏用と冬用とがある。夏用蹄鉄のことを「ナツテツ」(夏鉄)と略称し、冬用蹄鉄のことを「フユテツ」(冬鉄)という。夏鉄は四月中旬、春の馬耕の前に打ち、冬鉄は十一月末から十二月初めに打った。冬鉄には凍結路での滑り止めのためにスパイクがついていた。本別には四軒の蹄鉄屋があったが、特に腕のよい蹄鉄屋を選んで蹄鉄を打ってもらった。蹄鉄を打つ前提として削蹄《さくてい》を行うのだが、削蹄《さくてい》に新聞紙の厚さ一枚のちがいが出ると、馬に鞍ずれができてしまうからである(北海道中川郡本別町チエトイ・高倉明雄さん・大正十三年生まれ)。

ヌマゴヤ【畜産・馬・泊まりこみの秣刈り】 「ヌマ」とは藁で編んだゴザ状のもので、穂つきの稲ニオ(稲叢《いなむら》)の雨除けなどにも用いられた。「篷」の字をあて、「苫」と同義とされる。苫は菅・萱《かや》などを編んだ薦《こも》状のものを指すが、青森県の岩木山周辺では藁素材の薦《こも》もヌマと呼ぶ。「ヌマゴヤ」(篷小屋)は屋根および周囲をヌマで覆った簡易な小屋で、岩木山の草山に秣《まぐさ》(飼い葉)刈りに入ったとき、七、八人で寝泊まりをする三間四方ほどの小屋である。青森県五所川原市梅田の福士長作さん(明治三十九年生まれ)は、ムラで入山金を払って、大森採草地において一週間ヌマ小屋に泊まりこんで草刈りをした。草の刈り始めは二百十日だった。一週間が明けると、乾いた秣《まぐさ》を荷馬車に積んでムラに帰った。馬一頭が食べる秣《まぐさ》は二十駄に及ぶといわれた。一駄は八《はち》マル、一《ひと》マルは稲藁二本をつなげた長さを円周とする草束である。馬料を刈りに行くことを「シクサヤマ」と称した。

ノグサ・シバクサ【畜産・牛・飼料】牛の飼育にかかわる草には二種類あった。そのひとつは「ノグサ」（野草=田の畦畔《けいはん》に生える雑草類）で、いまひとつは「シバクサ」（柴草=山草）だった。前者は主として夏期の牛の餌で、女性が刈った。後者は厩《うまや》の敷草にするもので、田に接する山の斜面二間ほどの「ツユオチ」（露落ち）と呼ばれる、日照障害除去のため樹木を伐採してある草地および草山の草だった。十二月から三月までの敷草は藁で、山草にしろ藁にしろ敷草は厩肥《きゅうひ》から堆肥になった。ツユオチの持ち主が他人であっても、草刈りの権利は接する田を作る者に与えられていた（島根県雲南市木次町湯村・西村司さん・昭和六年生まれ）。

　ノグサ・シバクサに相当するものは、岡山県新見市では「コグサ」と「ヒロゲモノ」、鳥取県日野郡日南町では「ケタクサ」と「ヤマクサ」と称されていた。

ノダシ・ウッキ【畜産・牛・草地繋牧《けいぼく》】長崎県佐世保市宇久島では海岸に近い芝草地のことを「ノ」（野）と呼んだ。飼育牛を芝草地に出すことを「ノダシ」（野出し）と呼ぶ。期間は三月から十月で、十尋の綱につないで杭で止めた。綱は藁・棕櫚《しゅろ》・藺草《いぐさ》などで綯《な》われた。その杭のことを「ウッキ」（牛木）と呼ぶ。ウッキは長さ二十五センチ・径四センチと小型ではあるが、樫・椿・マテジイ（マテバシイ）の木で作られ、先端は土に打ちこむように削られている。これを「ノ」に打ちこんでおくと、牛は十尋の綱を半径として円を描く範囲の草を食べることになる（長崎県佐世保市宇久町野方・宇久島・菅勝次郎さん・大正六年生まれ、同町大久保・宇久島・山口梅夫さん・昭和二年生まれ）。

牛繋ぎの綱とウッキ（長崎県佐世保市宇久島大久保、山口梅夫家）

ノビヤキ【畜産、農耕、住・草山焼き】 馬料としての萩、屋根萱《やねがや》、肥料用の草などに関して、よりよい草や灌木を生やすために四月末から五月初めに草山を焼いた。これを「ノビヤキ」と呼んだ。ノビヤキはムラの共同作業である。鷹狩で兎を狙うときには、このノビヤキをした山で、より多くの獲物を獲ることができた。障害物がないからである（秋田県雄勝郡羽後町上仙道・武田宇市郎さん・大正四年生まれ）。

ノマヤ【農耕・畜産の複合】 自家屋敷内の「マヤ」「ウマヤ」（厩）とは別に所有する遠隔の田・草山の付近に設けた「マヤ」のことを「ノマヤ」（野厩）と呼ぶ。当地にはノマヤの慣行があった。飼う家畜は馬ではなく牛であるが、「マヤ」と称するのである。岡山県新見市菅生別所の西村広美さん（大正十年生まれ）は家から離れたところに三町歩の草刈山を持っていた。その山裾には六畳分の厩《うまや》が二つあり、そこに牛を入れていた。牛に与える草には畦畔《けいはん》などに生えるアザミ・蕗《ふき》などの「コグサ」（小草）と、草刈山の萱《かや》（薄《すすき》）・萩・葛、それにマキ（コナラ）柴などがある。餌とは別に、「ヒロゲモノ」と呼ばれる厩《うまや》の敷草があり、これも草刈山で刈った。草刈山からヒロゲモノを厩《うまや》に入れ、牛に草刈山の草やコグサを与えて堆肥を作る。それを草刈山近くの田はもとより、ほかの田にも入れたのである。ノマヤは餌の確保、踏み肥作り、踏み肥の運搬といった点から合理的なものだった。▼ノグサ・シバクサ

ハギダワラ【畜産・馬料】 山から離れた平地水田地帯の農家は馬料の確保に心を砕いた。秋田県横手市には萩・葛など、馬の餌を取り次ぐ問屋があった。山を持つ農家は萩や葛をその問屋に納め、平地農家の人びとはその問屋から馬料を買った。萩刈りは八月末から九月初めの萩の花のころだった。五寸束にして、冬期に萱《かや》囲いを結いつける木枠で、萩の束を二十日間ほど干す。母屋が鎧《よろい》を着けたようになる。萩の茎で俵を編み、その中に萩の葉を詰める。俵の寸法は径四尺五寸、長さ三尺で、馬に三俵をつけて運んだ。問屋からこの俵を買った家では萩の葉は馬の餌に、俵は崩して焚き付けにした。この俵を「ハギダワラ」と呼ぶ（秋田県横手市大森町・渡辺重二郎さん・明治四十二年生まれ）。

バクロウザ【畜産・牛市】大山寺の下の現在駐車場になっているところに「牛市」が立った。旧暦四月二十四日、六月二十四日、八月二十四日、十月二十四日の年四回で、牛市のことを「バクロウザ」（馬喰座）と呼んだ。大山寺までは十キロ三時間かかった。「オキウジ」（隠岐の島の牛）は、体は小さいが頑丈でよく働くとしてこれを求めた（鳥取県西伯郡伯耆町栃原・林原忠義さん・大正七年生まれ）。

ハゴダライ【畜産・牛・餌用具】牛に藁や大豆の茎などの餌を与える盥《たらい》のことを「ハゴダライ」（餌盥）と呼ぶ。馬喰《ばくろう》（家畜商）が牛の売買の折、よく「タライマケ」（盥負け）ということばを使った。痩せている、餌が不足しているということである（奈良県五條市西吉野町湯川・中西孝仁さん・昭和四年生まれ）。

バシ【畜産・牛・呼び分け呼称】当地では母牛のことを「バシ」という。「ボウシ」（母牛）の転訛であろう。仔とり・繁殖を重視すれば牝牛、母牛が重要となる。当地には「七《なな》・八《や》の牛最中《うしざいちゅう》」という口誦句がある。牝牛の七、八歳が繁殖の盛りだというのである。牛は十四、五歳までは仔を育む。「七《なな》・八《や》の腹最中《はらざいちゅう》」という口誦句もある。初産の仔はこまいが、「ハラザイチュウ」の仔は早く大きくなるといわれている。バシが仔を産むと糯米《もちごめ》・ウルチ米を喰わせ、「カンズイ」（乾芋茎）を味噌で煮て喰わせた。ズイキを喰わせると後産が早く下りると伝えた。「コッテイ」（去勢していない牡牛）、「ヒンボ」（牝牛）、「ベンタ」（仔牛）、「クラシタウジ」（鞍下牛＝農作業をさせる牛）、「サクウジ」（作牛）と呼ぶ地もある。「タネウジ」（種付け牛）など、「バシ」をふくめて牛を呼び分ける語彙が多い（鳥取県日野郡日南町笠木・坪倉清隆さん・昭和六年生まれ）。

バセン【畜産・馬・虻除け腹巻】「バセン」とは一般に「馬氈」と書き、馬の鞍敷《くらしき》を指すが、当地では夏、馬について血を吸う虻を除けるための馬の腹巻きを指す。虻除けのバセンのことを「スット」と呼ぶこともある（岩手県遠野市附馬牛町上附馬牛大出・大橋ゆはさん・昭和八年生まれ）。

長野県飯田市立石の佐々木要蔵さん（大正七年生まれ）は、馬の虻除けの腹巻きのことを「ハラカケ」と呼ぶ。三尺×五尺の木綿の腹掛けを五月から八月までつけた。虻は馬の尻にもついた。尻の虻除けは、布製または藁《わら》薦《こも》、藤蔓《ふじづる》の繊維で綯《な》った縄を暖簾状《のれんじょう》に垂らすものなどを「シリカケ」（尻掛け）と呼び、六月から八月まで掛けた。尻のことを「サンド」というので、尻掛けのことを立石では「サンドカケ」と呼ぶこともあった。

バタ【畜産・馬・牝の老馬】 牝の老馬のことを「バタ」と呼ぶ。木曽種の馬の寿命は二十年だといわれるが、その前に仔馬を産まなくなるとバタと呼ばれる。バタは肥育ののち、馬肉食の盛んな上伊那へ送られた（長野県木曽郡大桑村長野下条・暮沼安彦さん・昭和二年生まれ）。▼シタウマ

ハナギイワイ【畜産・牛・鼻木装着】 牛を使役するためには牛と人とを結ぶ手綱が必要である。その手綱を牛に固定するためには、牛の鼻《び》中隔《ちゅうかく》を貫通する鼻木（鼻輪）の装着が不可欠である。自家の牛に鼻木をつけることは、牛の使役や売買にとって祝うべき重要な営みである。当地で鼻中隔《びちゅうかく》に穴をあける針はグミの木か樫の木で作られた。鼻輪は杉の枝を円型にしたものである。鼻木をつける日には「ハナギイワイ」（鼻木祝い）と称し、神棚に米・味噌・塩・魚を供え、近隣の人びとを招いて宴会を開いた（長崎県佐世保市宇久町平十川・宇久島・坪井要さん・昭和三年生まれ）。

ハナギトオシ【畜産・牛・鼻輪】 牛を使役するためには手綱が必要である。牛と人とをつなぐ手綱の牛側の基点は牛の鼻輪であり、それに結びつけるのが手綱である。鼻輪は、牛の鼻中隔《びちゅうかく》に穴をあけてそこに通す。仔牛が満一歳を迎えるころ、人（主として馬喰《ばくろう》）が「ハナギトオシ」を使って穴をあける。ハナギトオシとは、牛の鼻木を通すために先端を尖らせて鼻中隔《びちゅうかく》に穴をあける突刺具である。最適の素材は

庭出しされた牛。鼻木に注目（広島県神石郡神石高原町）

羚羊《かもしか》の角、その代替が鹿の角、それに次ぐものが樫の木を削ったものである。鼻木を通す前に拇指と人差指を牛の鼻の中に入れて鼻《び》中隔《ちゅうかく》を二十秒ほど揉む。右手に持つハナギトオシで鼻《び》中隔《ちゅうかく》に穴をあけると、間髪を入れずに準備しておいた鼻輪を左手で通して閉じる。そのとき、仔牛の鼻の穴に味噌を塗りつける。仔牛が味噌を舐めている間に血が止まるのである。鼻輪の素材は杉の細枝を焙《あぶ》って型をつけたもので、両端を止める止め木には朴《ほお》を使った。十日間ほど鼻木にさわらずにおくと自然に安定する（福井県小浜市上根来・岩本重夫さん・大正十三年生まれ）。

牛の鼻木。岩本重夫家で平成に入ってから使ったもの。杉の輪はプラスチックに替わった（福井県小浜市上根来）

ヒンノハヤリ【畜産・牛・牝牛の発情】牝牛のことを「ヒン」または「ヒンボ」という。「ハヤリ」とは発情のことである。ハヤリになるとヒンは以下の特徴を示す。①「カイ」（性器）が赤くなる。②よく鳴き、高い声を出す。③眼がキョロつく。④カイから「オモツレ」＝「ヨヅ」を垂らす。ハヤリのオモツレは透明である。これらをよく観察して種牛屋へ連れてゆく。種がつくことを「タナル」という。タナッたあとのオモツレは茶色がかって長く垂れる（鳥取県日野郡日南町笠木・坪倉清隆さん・昭和六年生まれ）。

『日本国語大辞典　第二版』には、「ヒンボ」として「牝牡」「メウジ・ヲウジ」とある。「ヒン」が「姫」、「ボ」が「坊」から来ているとすれば右の解説が当を得たものと思われる。「ヨヅ」は「ヨド」（涎）・「ヨダレ」（涎）とかかわる。

フルヂクダシ【畜産・牛・成長過程】仔牛について次のような伝承がある。五月＝目・鼻・口・耳がそろう（働く）。六月＝知恵がつく。十月十日、母牛に「フルヂクダシ」（古血下し）と称して麦と米糠を煮て食べさせた（奈良県五條市西吉野町湯川・中西孝仁さん・昭和四年生まれ）。

マヤウメ【畜産・馬・厩《うまや》の踏み草】 厩《うまや》の踏み草のことを「マヤウメ」（厩埋め）と呼んだ。マヤウメ刈りの山の口あけは七月十五日で、七月十三日の熊野神社の祭りの前、七月十日ごろを「マヤウメミチ」（厩埋《まやうめ》刈り、運搬のための道）の道普請の日とした（長野県木曽郡木曽町開田高原末川小野原・吉村光三さん・大正十五年生まれ）。

ヨガイ【畜産・牛・夜飼い】 畜産・牛飼いにおいて夜食を与えることを「ヨガイ」（夜飼い）という。牛のヨガイには八升鍋で麦を煮て与えた。「牛はヨガイをしなんだら次の日は働けん」「男もヨガイをしなんだら働けん」などと囁かれていた（奈良県吉野郡吉野町山口・森口たまゑさん・明治四十年生まれ）。

ヨガイブシ【畜産・馬・蚊の防除】「ヨガ」は蚊の別名である。夏、馬につく蚊を防除するために厩《うまや》の入口で蓬《よもぎ》を燻《いぶ》し、筵《むしろ》で煽ぎ込んだ。これを「ヨガイブシ」と呼んだ（秋田県横手市山内土渕・照井儀兵衛さん・昭和三年生まれ）。

『遠野物語拾遺』（柳田國男）二九〇には、「（一月）二十日はヤイトヤキ、またはヨガカイブシといって、松の葉を束ねて村中を持ち歩き、それに火をつけて互に燻《いぶ》し合うことをする。これは夏になってから蚊や虫・蛇に負けぬようにという意味である。ヨガ蚊に負けな、蛇百足《むかで》に負けな、と歌いながら、何処の家へでも自由に入って行っては燻《いぶ》し合い、鉤の鼻（イロリの鉤《かぎ》の先）まで燻すのだという」とある。こちらは人の血を吸う蚊を防除する予祝行事である。

ヨコカンヌキ・タテカンヌキ【畜産・畜舎の貫木】 厩《うまや》の「マセボウ」「マセンボウ」（馬柵棒、厩栓棒）は横木である。当地では牛小屋に使う場合、これを「ヨコカンヌキ」（横貫木）と呼び、「ヨコカンヌキは牛小屋には使うな」「牛小屋にはタテカンヌキを使え」という口誦句があった。牛小屋にヨコカンヌキを使うと、牛が出していた首をモノに驚いて急に引っこめるときに、角をヨコカンヌキに強くひっかけて角を落としてしまうことがあるからだという。カンヌキの樹種は杉である。牛小屋に並ぶ「タテカンヌキ」は中国山地で多く見かけた。牛小屋は九尺×九尺というが、九尺四方の小屋は牛が苦しむという伝承がある。「九」（苦）が重なると見るからである。これを避け、実際の牛小屋は九尺五寸×九尺、八尺五寸×九尺などにした（福井県小浜市上根来・岩本重夫さん・大正十三年生まれ）。

ロックウサン【畜産・牛・誕生、歩行儀礼】当地では竈神《かまどがみ》を「ロックウサン」（六三、一般にロックウサンは土公神《どくじん》だとされている）と呼ぶ。仔牛が生まれて三日目に、家のあるじが仔牛を抱いてロックウサン（竈神《かまどがみ》）を参拝する。そのとき、飯と神酒を供え、仔牛の頭にも飯と神酒をつける。仔牛が歩けるようになると座敷を歩かせる。座敷を歩かせると、その牛は出世するといわれている（広島県神石郡神石高原町油木・堀江克美さん・大正十二年生まれ）。

牛の健康や安産を守る身近な神としては「ヤシキコウジン」（屋敷荒神）が信仰される例が岡山県には多く見られる。例えば岡山県真庭郡新庄村野土路の稲田栄作さん（昭和八年生まれ）は次のようにした。牝牛が産気づくと、屋敷の裏の森にある荒神様に安産を祈願する。仔牛が生まれて歩けるようになると荒神様に参らせる。竹の「カケダル」（竹筒の酒入れ）入りの酒と洗米を供えて仔牛の健勝を祈る。

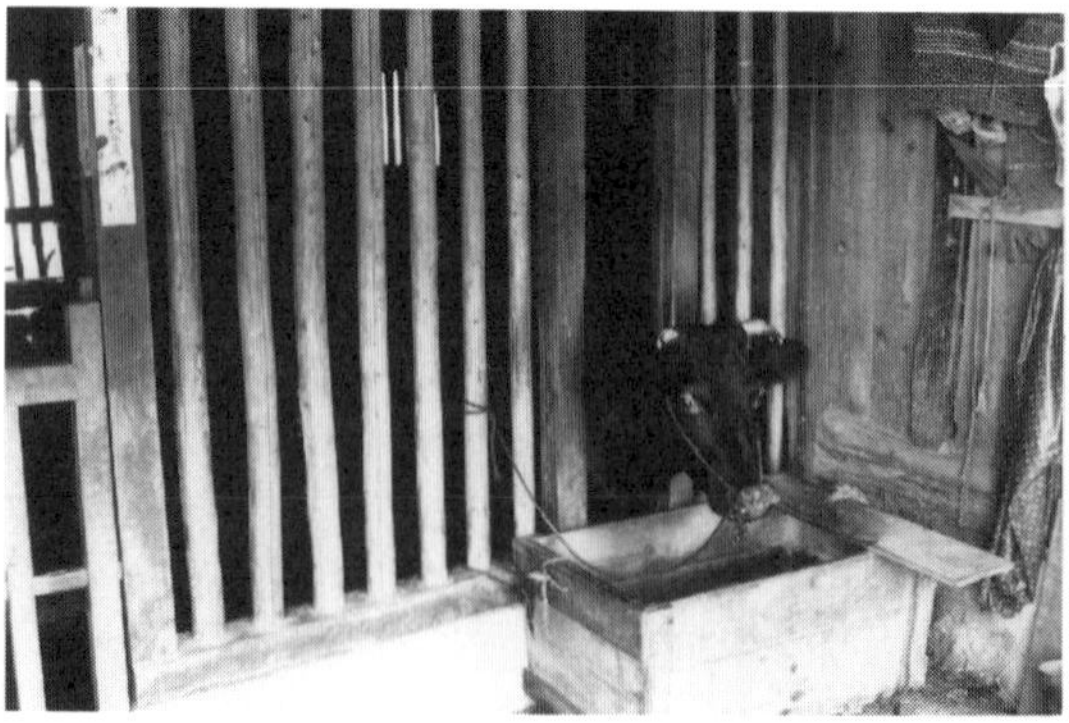
牛の角を保護するためのタテカンヌキ（広島県庄原市比和町）

ワラニオ【畜産・馬・敷藁と飼料】脱穀を終えた藁を稲叢《いなむら》状に積んだものを「ワラニオ」という。一頭の馬が一年間に敷草と飼い葉の一部として使う稲藁の量は一《ひと》ニオ分だと伝えられている。稲の八株が一把、十把が一束、千束が一《ひと》ニオである。馬は藁のほか、青草・萩・葛なども餌にした。馬を売って耕耘機《こううんき》を入れたのは昭和三十三年のことだった（秋田県横手市大雄潤井谷地・佐々木倉太さん・昭和二年生まれ）。

Ⅵ 交通・流通・河川流送

この章では、これまであまり纏《まと》まりとして取りあげられることのなかった「河川流送」を取りあげた。それは、本書を構想する契機になった静岡県大井川における管流《くだなが》しや筏流《いかだなが》しにかかわる民俗語彙が心に残っていたからである。木材の河川流通にかかわった人にもう会うことはできない。「交通」「流通」は、章題に掲げたものの事例は少ない。その語彙収集は今後に俟《ま》たなければならない。

アカゲットウ【河川流送・防寒、背掛け】大井川の筏《いかだ》乗りが使った防寒兼防雨の背掛けは、薄い小豆色の毛糸で編まれており、裾にあたる部分に二本の黒線が入っていた。幅一メートル、長さ二・五メートルで、紐に折りかけて、その紐を首に回し、胸部で結ぶ形で丈を調節した。これを「アカゲットウ」（赤毛糸）と呼んだ。大正末期まで見かけた（静岡県島田市伊久美・森塚金一さん・明治三十八年生まれ）。

アバドコ【河川流送・浮子床《うきどこ》】太田川では小色川から高芝まで燃料用の松材（長さ三尺、太いものはミカン割り）をバラ流しで流送した。これには二艘のヒラタブネと一艘のサキブネがついた。流送人足が夜間休むため、流送松材を夜間止めておかなければならない。そのための装置を「アバドコ」と呼ぶ。アバドコとは、「シュロヅナ」（棕櫚綱）または「スクリヅナ」（檜《ひのき》をへいで綯《な》った綱）にアバとして松材を横繋ぎにして川を遮断する装置である。これを夕方張り、朝解くことになる。アバドコは上長井・市屋・二本松の三か所にあった（和歌山県東牟婁郡那智勝浦町西中野川小色川出身・尾崎熊一郎さん・明治三十四年生まれ）。

「アバドコ」の「アバ」は「浮子《うき》」の意であるから、「アバドコ」は「浮子床《うきどこ》」の意である。太田川という中河川で大量の松材が流送されたことは、太地捕鯨の鯨油製造と深くかかわるところがあった。

アユミ【交通・舟・歩み板】 瀬戸内海で、自分の住む島から無住の小島などへ舟で通って畑作をすることを「ワタリザク」(渡り作)という。渡り作に使う舟は板屋根葺きの「ノウセン」(農船)である。人の乗り降り、農作物の積み下ろしのために農船と桟橋の間に頑丈な幅一尺〜一尺三寸、長さ二間〜二間半の一枚板を渡す。この道板のことを「アユミ」(歩み＝歩み板)と呼んだ(広島県呉市豊町大長・大崎下島・新開重さん・昭和三年生まれ)。

アライバシ【交通・橋】 橋脚が低く、橋幅が狭く、しかも欄干のない橋、増水時には橋の上を水が流れることによって流失を免れる橋のことを「アライバシ」(洗い橋)と呼んだ(三重県伊賀市田中・松尾薫さん・大正十三年生まれ)。

伊賀市内では洗い橋のことをほかに「シズミバシ」(沈み橋)・「クグリバシ」(潜り橋)などとも呼んだ。京都府相楽郡笠置町・同郡南山城村などではこれを「潜没橋《せんぼっきょう》」と呼び、高知県の四万十川流域では「沈下橋《ちんかばし》」と呼ぶ。▼シズミバシ

アリオイギ・メヌイ【河川流送・筏《いかだ》】 高知県の四万十川で流送された筏《いかだ》は同県高岡郡四万十町久保川口より上流のものを「オクノリ」(奥乗り)、久保川口から四万十市西土佐江川崎までの約十六キロを「ヤマカワノリ」(山川乗り)、江川崎から河口部までの約三十八キロを「シモカワノリ」(下川乗り)と呼んだ。以下は、山川乗りを体験した芝栄馬さん(明治四十三年生まれ)による。久保川口で編筏《へんばつ》された筏《いかだ》の材は天然の松・杉・檜《ひのき》が主であり、材の長さは四メートル、その木を普

四万十川の沈下橋（高知県高岡郡四万十町茅吹手）

通二・五メートル幅に並べて編《へん》筏《ばつ》する。個々の木を纏《まと》めて一枚の筏《いかだ》にするために「アリオイギ」と呼ばれる挟み木で筏《いかだ》の上下・前後を固める。アリオイギにはシラカシ（白樫）の木を使い、筏《いかだ》の上と下に当てて番線（針金）をからげながら木々を固定する。番線でからげ固定することを「メヌイ」（目縫い）という。番線以前には藤蔓《ふじづる》が使われていた。こうしてできた筏《いかだ》一枚を「一《ひと》タキ」と称し、四《よ》タキを「一《いっ》パイ」として久保川口から江川崎まで流送した。一枚ずつの筏《いかだ》を連結するのには、筏《いかだ》の両脇を「カシメ」と呼ばれる材でつないだ。アリオイギはカシメまでをふくんで丁寧にメヌイし、固定した。江川崎から下田までは、四タキのあとに、それより細い材を三バイ連結し「四タキ三バイ」とするか、「四タキ四ハイ」にするかして流送した。連結された筏《いかだ》の先頭と後尾には櫂《かい》を扱う者が乗った。

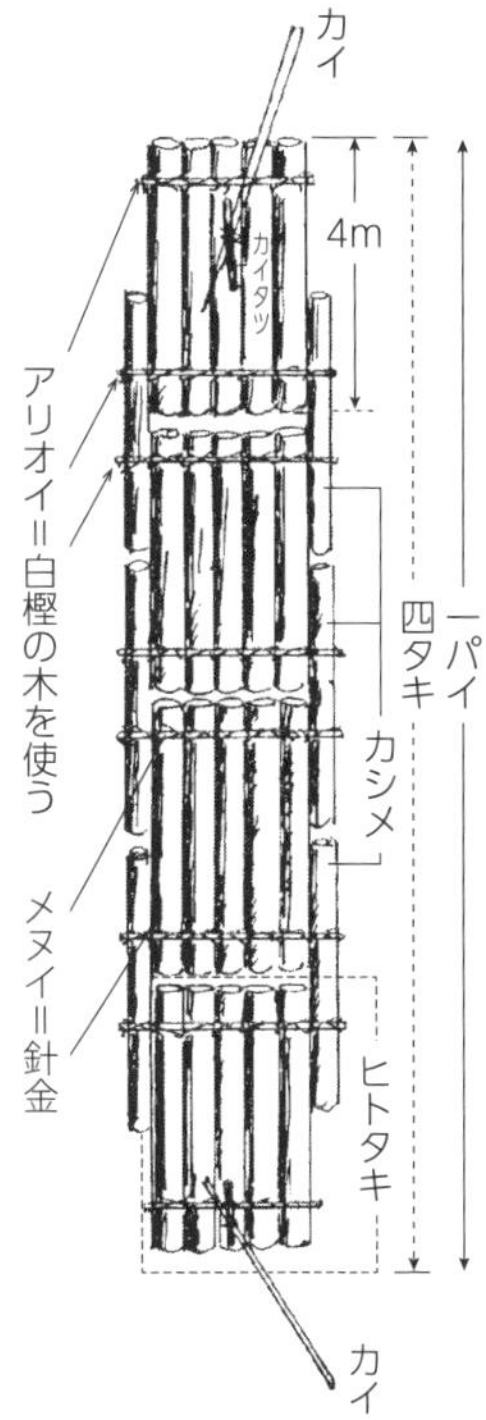

Ⓐ四万十川筏編筏法

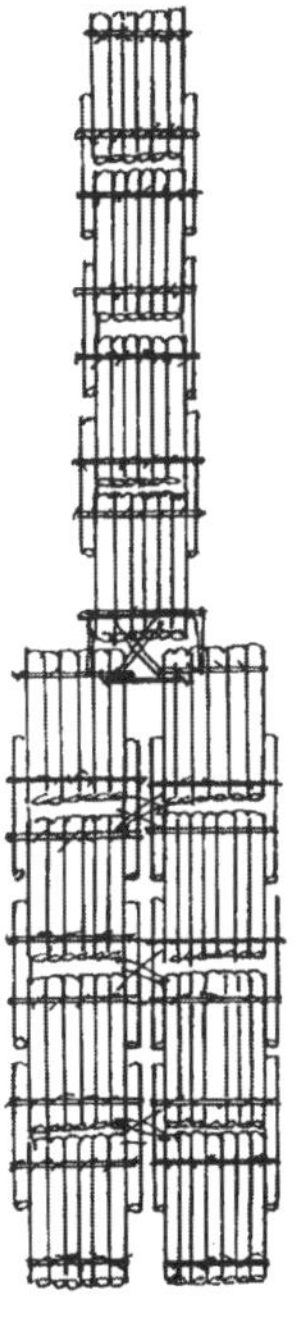

Ⓑ四タキ三バイ型
編筏（江川崎→下田）

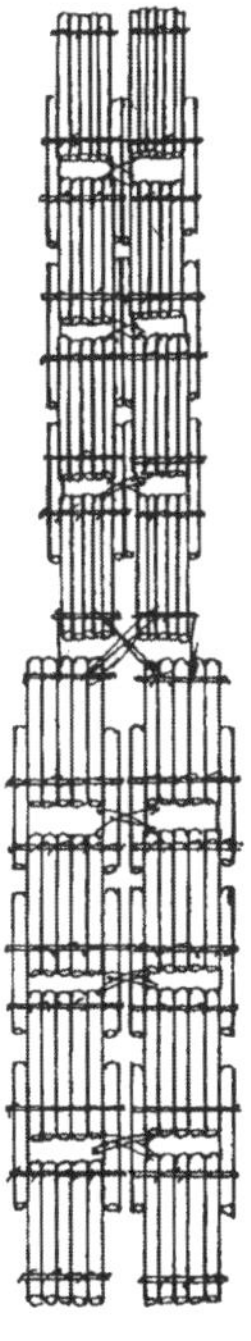

Ⓒ四タキ四ハイ型
編筏（江川崎→下田）

イッポンブ【河川流送】「ボク」（河川流送される材木）で径一尺、長さ二間のものを「イッポンブ」（一本分）と呼んだ。大井川左岸河口部の焼津市利右衛門から島田の木材会社まで、流着した木材一本分を運ぶと五十銭、四本分で二円もらえる時代があった（静岡県焼津市利右衛門・吉田近治さん・明治二十年生まれ）。

ウマヤド【交通・馬宿《うまやど》】馬方（「追い子」とも）とともに馬も泊める宿屋のことを「ウマヤド」（馬宿）と呼んだ。ここでは長野県の伊那谷と遠山谷を結んだ小川路峠の遠山側の登り口、上町（長野県飯田市上村）の馬宿《うまやど》「枡屋《ますや》」とその女主人、木下あさえさん（明治三十四年生まれ）の例を示す。昭和五十年代までは枡屋《ますや》には馬宿《うまやど》の名残があった。入口も土間も広く、馬が厩《うまや》のある裏庭へ通りぬけできるようになっていた。馬一頭に貸与される厩《うまや》の広さは、間口一間に奥行き二間である。通常、奥行き部分の仕切りはせず、二間の中間に厩栓棒《ませんぼう》を受けるための柱が立っていた。馬が暴れたときだけ厩栓棒《ませんぼう》を入れた。屋根は片屋根式で、十六頭収容することができた。厩《うまや》は二階式になっており、二階部分には飼料などが入れてあった。追い子の泊まる部屋は八畳が三間、六畳が二間だった。昭和三年、上繭が一貫目三円、米一俵十円だった。そのころ枡屋《ますや》の宿賃は、一泊で人が五十銭、馬が二十銭で、それに馬の弁当（大豆を煮たもの）代一升十一銭から十二銭、藁、さらに追い子の弁当代を合計しても、一円にもならなかった。馬を泊めると朝晩の餌も与えなければならなかった。藁のほかに「ヤタ」と呼ばれる大豆の莢《さや》を与えた。これらも仕入れておかなければならなかった。上町には、旅人のみが泊まる普通の宿屋が六軒、馬宿《うまやど》が五軒、それに馬を使わずに背板で荷を運ぶショイ子専門の宿が一軒あった。

エッチュウブネ【河川流送・川狩集団の備品】富山県には木材の河川流送にかかわる川狩衆の技術集団があり、静岡県の大井川流域にもその集団が入り、「エッチュウサン」（越中さん）と呼ばれ、親しまれ、尊敬されていた。彼らは二種類の「エッチュウブネ」（越中舟）を操った。そのひとつは川仕事用で、幅三尺、長さ五間半から六間、四人乗り、もうひとつは人越し用で、幅四尺、長さ七間、十五人乗ることができた。筏ではなく、材木を一本ずつバラで流す「クダナガシ」（管流し）は、放流ではなく規律を以って流送する方法である。管流しの先端を「キバナ」（木鼻）と称し、末尾を「キジリ」（木尻）と呼んだ。管流《くだなが》しにはキバナに一パイ四人乗りの越中舟が三バイついた。これを一組と称し、東海パルプでは大正時代まで、毎年十月から一月まで一組ないし二組の越中舟を雇った。樺太での「カワガリ」（川狩＝管流《くだなが》し）を終えて大井川に移動してくる形が多かった。「カワガリ」は「バラガリ」とも呼ばれた（静岡県島田市横井町・田中初次郎さん・明治二十九年生まれ）。

オシボウ・ヒキヅナ【交通・川舟】 大井川の川舟で最後まで残ったのは市代と梅地・長島間だった。舟は長さ七間で幅六尺、両方に舳先《へさき》がついた形で四人扱いだった。川舟の溯上曳きに困難が伴うのは自明である。舳先《へさき》の部分の両側に「オシボウ」（押し棒）を貫通させる穴があり、そこに長さ四間の孟宗竹を挿し込んで、一人がその押し棒を押しながら舟の針路をとる。ほかの三人が「ヒキヅナ」（曳き綱＝麻のロープ）を引く。綱は肩で引くので首輪型の「カタナワ」（肩縄）をつけ、両前肩に当たる部分に木綿を編んでベルト状にした「セッタ」をつける。木綿は濡れると乾きにくいので、のちに機械用のベルトを切って使った。夏は紺股引にシャツ、素足に草鞋《わらじ》だが、冬は半纏《はんてん》、刺し子の甲掛けに草鞋《わらじ》だった。綱の曳き手は前かがみになって曳くので、手に小型の杭を持つ者もいた。冬、ロープを濡らすと凍結し、折れてしまうことがあった。下り荷は茶・椎茸・山葵《わさび》・炭などで、病人を乗せることもあった。上り荷は酒・焼酎・米・雑貨・製茶機械などさまざまだった（静岡県榛原郡川根本町旧長島地区・松原勝二さん・昭和二年生まれ）。松原さんが川舟船頭をしたのは昭和二十三年、二十四年、二十七年、二十八年の四年間だった。

カエリミズ【河川流送・堰と上昇逆流】 木材を河川流送する際、セギ・ワキセギなどを作って一旦水を止めることがある。そのために上昇逆流する水や水位上昇の上流限界点を「カエリミズ」（返り水）という（静岡県榛原郡川根本町犬間・菊田藤利さん・明治四十一年生まれ）。

カズラダチ【河川流送・編筏《へんばつ》素材】 十月から二月の間に筏《いかだ》を編みつけるための藤蔓《ふじづる》を採取することを「カズラダチ」（葛断ち）と呼んだ。藤蔓《ふじづる》は一束三貫目から四貫目を8の字に纏《まと》め、三か所を結んで十貫目ほどの荷に纏《まと》めて萩の問屋まで運び出した。よい副収入になった（和歌山県田辺市本宮町三越発心門・野下喜助さん・明治四十三年生まれ）。

カタ②【交通・山駕籠】山駕籠を二人一組で担ぐのであるが、これを「ヒトカタ」（一肩）と呼んだ。山駕籠は、病人を静岡市内の病院に運ぶときなどに使った。天狗石峠が難所だった（静岡県榛原郡川根本町旧長島地区・滝口さなさん・明治二十七年生まれ）。

カミウシ【流通・牛】愛知県の三河方面から入る牛を「カミウシ」（上牛）と呼んだ。カミウシは力があり、二俵の米俵を振り分けに負い、それと交差する形でもう一俵をつけて運んだ（静岡県藤枝市大東町・内藤正治さん・明治三十三年生まれ）。

ガワ①【運搬、桶材】桶の素材、「オケガワ」（桶側）のことを「ガワ」と呼ぶ。天竜川支流遠山川本谷から出るガワの素材は椹《さわら》だった。主として風呂桶用のガワを搬出した。ガワの寸法と運搬単位はおよそ次のとおりだった。長さ二尺八寸、幅七～八寸のもの十六枚を一本と呼ぶ。男の一荷は三本、女の一荷は二本とされており、馬の一駄は八本だった。「ヤマダシ」（山出し）と称して、大野の下を流れる遠山川を溯上して笠松・平まで入り、まず山から河原まで担ぎ出す仕事があった。これは男の仕事で、河原から大野の家まで、大野から下栗本村の新屋商店までは女が運ぶことが多かった。下栗から飯田までは馬で、馬の帰り荷は米や塩だった（長野県飯田市上村下栗大野・胡桃澤ちさ子さん・大正七年生まれ、胡桃澤富男さん・昭和十三年生まれ）。

風呂桶材は「クサマキ」（高野槙）・椹《さわら》・檜《ひのき》・「ネズコ」（クロベ）の順だといわれた。風呂桶の周囲は八尺四寸で、これは大人と子供一人が同時に入れる寸法だった。タイル風呂・ユニットバスが普及する以前には、日本の庶民の多くが、山の恵み、山の人びとの力によって入浴ができたのだった。

カワガリ【河川流送・管流《くだなが》し】木材伐出の河川流送で筏《いかだ》を組まない管流《くだなが》しのことを「カワガリ」（川狩り）と呼んだ。遠山川本谷奥山からの出材は、樅《もみ》・栂《つが》・シオヂ・シラビソ・栗・ケヤキ・ブナ・椹《さわら》・檜《ひのき》・サワグルミ・落葉松《からまつ》などの天然木だった。伐採から流送までを担う労務者の組織は、①庄屋、②小庄屋、③帳つけ（会計）、④不参回り（出欠確認）、⑤人夫（頭）、⑥人夫（小頭）、⑦小僧（火焚きやメンパ運びにあたる者で、年寄りがあたることもあった）。そのほかカシキ（炊事係）も必要だった。流送は、本谷筋では十一月から三月まで、流送木材の石《こく》数が多い場合は「キバナ」（木鼻＝流送の先端）から「キジリ」（木尻＝流送の末尾）まで一～二キロメートルに及ぶこともあった（長野県飯田市南信濃木沢・斎藤七郎さん・大正十三年生まれ）。

カワガリヤド【河川流送・川狩宿】 木材河川流送に携わる川狩衆を宿泊させる宿のことを「カワガリヤド」（川狩宿）と呼ぶ。流送の木鼻（先端）が飯島に至るのは九月になり、宿の仕事は九月から始まる。遠山仁志家では、十畳三部屋に人足十五人が泊まり、ほかに「カシキ」（炊事係＝女性一、二人）が小部屋を使った。十畳三部屋は養蚕に使う部屋で、ちょうど川狩衆の来る前に秋蚕《あきこ》の繭の出荷を済ませるので、生業構造は合理的だった。カシキは米および副食の中心となる塩鱒を用意しなければならない。さらにカシキは川狩衆の濡れた衣類を乾かすために、各部屋のイロリの周囲に棹を円錐形に立てて組み、ここで濡れたものを干した。川狩衆の冷えた体を温めるために宿では風呂に心を遣った。大根の葉を干したものを「ヒバ」（干葉）と呼び、これを布袋に入れてから湯に入れ、また、芭蕉の葉を干したものも体が温まるとして同様にした（長野県飯田市南信濃南和田飯島・遠山仁志さん・大正八年生まれ）。

カワヅクリ①【河川流送】 吉野川の筏流《いかだなが》しの期間は十一月から翌年の五月十日までだった。筏《いかだ》流送にはそれに先立っての流路整備が不可欠だった。この流路整備のことを「カワヅクリ」（川作り）と呼んだ。期間は十月いっぱいだった。カワヅクリは筏《いかだ》流送関係者が区割りをして責任を持って行った。障害になる石や土砂を除き、水流を定めるために蛇籠《じゃかご》を積み、「ナガシワク」（流し枠）を設置した。ナガシワクとは、立方状に木の枠を組み、その中に石を積み入れたものである。蛇籠《じゃかご》には、山地崩落防止のために植えた孟宗竹の一部を使った。竹の伐期は「二月八月」といってこの時期に伐った竹には虫がつかないといわれていた。奈良県吉野郡吉野町飯貝佐室の上に一ノ瀬堰というところがあり、そこで、「オクノリ」（奥乗り）と「シモノリ」（下乗り）の筏《いかだ》を編筏《へんばつ》し直した。同町上市から和歌山までは平均三泊四日を要したため、その間には筏《いかだ》宿が何軒もあった。筏《いかだ》流送には「ウワニ」（上荷＝筏《いかだ》の上にのせて運ぶ物資）も許されていた。上荷として樽丸や京木（磨き丸太）を運んだこ

ともあった（同町樫尾・竹田之夫さん・大正五年生まれ）。▼セリ

カワヅクリ②【河川流送・筏道《いかだみち》】水が細る冬季に筏《いかだ》流送可能な水路を作ることを「カワヅクリ」と呼んだ。水路の両脇に杭を打ち並べ、杭と杭の間に竹を編みつけ、河原のオカ側に砂利を入れ固めるという形だった。これを「ジャリヨセ」（砂利寄せ）・「フユカワ」（冬川）とも呼んだ。カワヅクリが完了すると三枚（三連）筏《いかだ》を流すことができる（和歌山県田辺市本宮町土河屋・中上喜代種さん・大正十四年生まれ）。中上さんは、右のカワヅクリの際に歌われたという「川掘り唄」を伝えている。〽今の川掘りにどこが良うて惚れた　茜襷《あかねだすき》が良うて惚れた　茜襷《あかねだすき》が良うて惚れたなら　襷《たすき》切れたら縁切れる――。

キリボシ【河川流送・唐檜《とうひ》】トウヒ（唐檜）はマツ科の常緑針葉樹で、主として曲げものの素材にされた。伐採季は秋から冬で、夏伐ったものは河川流送しようとしても沈んでしまう。どうしても夏伐らなければならない場合は、「キリボシ」（切り干し）と称して乾燥させたものを三尺の両端傷み分をつけてタマギリして流送した（長野県松本市安曇鈴蘭・福島吉勝さん・大正六年生まれ）。

コヅケ【流通・駄送】馬体が小柄な木曽馬（大正時代の平均馬高＝百二十一センチ）の駄送については荷の重量に規定があった。それは二十四貫である。米なら三斗俵を振り分けで二俵、ランプ用の石油なら一斗罐《かん》三本ずつを振り分けで計六本などとされていた。こうした契約運搬の規定重量の荷に対して、馬方の余禄となる若干の付け荷が許されていた。これを「コヅケ」（小付け＝付け荷）と呼んだ。長野県の飯田・遠山（上村）間には小川路峠があり、そこを往復する馬方が歌った馬追い節に次のものがあった。〽馬は痩せ馬　重荷にゃ小付け　歩け上村の枡屋《ますや》まで――。枡屋《ますや》は上村上町の馬宿《うまやど》である（長野県飯田市上久堅越久保・後藤千春さん・明治二十九年生まれ）。

サオゴシ【交通・渡河】川で、橋のないところを渡るときに「サオゴシ」（棹越し）をした。力の強い者が棹の根

方を持って上流位置に入って先導し、棹を斜めにして力の弱い者が下流位置につく。こうしてゆっくりと川を渡る。向い山（東山）の焼畑地に通うときにこの方法をとった（長野県飯田市上村下栗本村・大川長男さん・明治三十四年生まれ）。

サブロクイッピョウ【流通・米俵】 藤枝から蔵田峠越えで米を担いでくる仲蔵という人がいた。普通、米は四斗一俵だが、山道が厳しいので仲蔵は三斗六升を天秤棒で前後分けて担いできた。三斗六升で一俵分の代金を払った。これを「サブロクイッピョウ」（三六一俵）と呼んだ。このような人を「カツギ」（担ぎ）と呼び、金を取らずに泊めてやった（静岡県島田市川根町笹間上粟原・成瀬治宣さん・明治二十二年生まれ）。

シオキナガシ【河川流送】 製塩の燃料である薪を「シオキ」（塩木）という。「シオキナガシ」（塩木流し）とはその塩木を河川流送することである。塩木は三面川支流の高根川沿いの高根から三面川河口左岸の瀬渡まで流送された。塩木の樹種はブナ・イタヤカエデなどで、塩木の寸法は三尺二寸。高根の橋の下流に「トメ」（堰）があり、その近くの河原に山から流されてきた塩木を棚に組んでおいた。棚には六尺×六尺、六尺×五尺、五尺×五尺の三種類があった。塩木流しの期間は、河内二柱神社の祭日の十月十日から十二月末までだった。山の奥から高根のトメまでも河川流送だったが、奥へ入るほど水が少なく流送に苦労した。十一月十六日の山の神祭りの前後には必ず雪が降るので、その雪代《ゆきしろ》を使って「テッポウゼキ」（鉄砲堰）で高根のトメまで流した。塩木流しが終わると「トメアゲ」と称して鯉の叩きで酒宴を開いた（新潟県村上市高根・板垣堅造さん・大正九年生まれ）。

シズミバシ【交通・架橋】 四万十川に架かる沈下橋は欄干をつけず、水面に近く架けて増水時の流失を免れようとしたものである。同様の橋が三重県の木津川水系や櫛田川にも見られる。同県伊賀市ではこのような橋を「シズミバシ」（沈み橋）と呼ぶことが多いが、同市田中の松尾薫さん（大正十三年生まれ）はこの橋を「アライバシ」（洗い橋）と呼んでいた。▼アライバシ

シバサシ②【交通・安全祈願】静岡県藤枝市滝沢から島田市伊久美小川に抜ける道に桧峠がある。その旧道の尾根筋に径一・五メートルで洞《うろ》を持つ杉と、径一メートルほどの蛇のようにうねった松があり、ここを石神さんと呼んでいた。昭和五十年ごろにはこの杉の洞《うろ》の前に五十本ほどの柴が挿し立てられていた。柴は長さ一尺ほどの榊・椎などの照葉樹の枝だった。藤枝市滝沢の沢口富太郎さん（明治十九年生まれ）によると、「足をお軽くしておくんなさい石神さん」と唱えて榊の枝を挿したものだという。

右のように峠道の石神や大日と呼ばれる地で「シバサシ」（柴挿し）をした例は、静岡県の大井川流域山間部の一本杉峠・上大日峠・江松峠・川口峠・下大日峠・祭文峠・阿主南寺峠・京柱峠、安倍川水系の笹間峠・樒尾峠などに見られた。柴挿しの慣行が命脈を保った要因は、近世、大井川の架橋通船が禁じられ、山間部の人びとの交通や物資流通が峠道に頼らざるを得なかったからであろう。

樒尾峠の柴挿し（静岡市葵区樒尾）

シリナシガワ【河川流送・河川環境】水流が途中で河底に沈み、筏《いかだ》や舟が止まってしまう流れのことを「シリナシガワ」（尻無し川）という（静岡県島田市伊久美・森塚金一さん・明治三十八年生まれ）。

セリ【河川流送・水路整備】天竜川支流遠山川で行われた木材河川流送（川狩）のために流送期間に限って整備した水路のことを「セリ」という。設定期間は八月から四月の間、河床の中で水の流れる道筋の五メートル幅の両側に杭を打ち並べ、砂利を集め、集水して漏水を防ぐとともに木材の流れをよくするように掘削する部分もある。杭材は杉・檜《ひのき》・松で、流送期間が終わると抜いて保管した。昭和十年まで行われた（長野県飯田市南信濃南和田飯島・遠山仁志さん・大正八年生まれ）。

同じ遠山川でも河川環境によってセリを作らないところもあった。▼カワヅクリ①

センバブネ【交通・川舟】 高知県の四万十川で舟運に使われた舟に「センバブネ」がある。以下は地部田金重さんによる。四万十市西土佐江川崎は舟運や筏《いかだ》の転換地で、江川崎より上は高瀬舟、下はセンバ舟だった。センバ舟は長さ二丈八尺、幅一間、畳十畳分の広さがある。舟材は松が中心で檜《ひのき》も使われた。萱《かや》の薦《こも》を長さ一間の棟木から葺きおろしてあり、寝泊まりができた。水の条件がよければ炭を百六十俵から二百俵積むことができたが、渇水期には積載量が減った。センバ舟は高瀬舟の三杯分だといわれていた。「便を借りる」ということばがある。流域の人びとで中村の町に出るのにセンバ舟の便を借りた人も多い。江川崎から河口部の下田までは一日で下ったが、溯上の下田から江川崎までは竹島と久保川で船中泊をした。コチ風がよい日には帆を張ったが、基本的には人力溯上である。兄が二十尋の棕櫚《しゅろ》綱を引き、父は舟の舳先《へさき》を肩で担いで進んだ（高知県四万十市旧西土佐村出身・地部田金重さん・大正四年生まれ）。『改訂綜合日本民俗語彙』に「センバ」の項があり、「センバブネ」の二、三の例が示されているが、用途その他において相違が見られる。

ソコモグリ【河川流送・沈下材】 落葉高木オノオレカンバのことを「ソコモグリ」という。材質が硬いところから「斧折れ」と呼ばれる。また、ミネバリ（峰榛）ともいう。臼材としても使われる。ヨグソミネバリはアズサとも呼ばれる。しかし、「ソコモグリ」という呼称は一般化していない。オノオレがソコモグリ（底潜り）と呼ばれたのは、河川流送に際して、これを流そうとしても河底に沈んでしまうからである。沈材の一種であるオノオレカンバが河川流送と遭遇したとき、この呼称が生まれたのである（静岡市葵区田代・滝浪久衛さん・大正十三年生まれ）。

タライブネ【交通・河川・渡河】 近世、静岡県の大井川は架橋通船が禁じられていた。そんななか、農民は秘かに「タライブネ」（盥舟）を使ったという伝承がある。榛原郡川根本町久野脇の「ヒヨンドリ」（火踊り）の歌詞に、〽地名《じな》の甚太がやってくる　川の瀬が鳴る桶が鳴る——というものがある。この桶が盥舟《たらいぶね》である。

島田市福用の山下儀之平さん（明治二十二年生まれ）は何度も盥舟《たらいぶね》に乗った経験者である。盥舟《たらいぶね》は楕円形で、八～九尺×一間、深さは風呂桶ほど、杉板で箍《たが》は藤蔓《ふじづる》、桶の上に、縦に二本の丸太が固定されていた。盥舟《たらいぶね》の補強と利用者の把手を兼ねたものである。乗船者はしゃがんで乗るのが決まりだった。棹は二間ほどの竹で、先に樫の棒がはめこまれ、その先端は鉄だった。定員は船頭を除いて五人。航行区間は福用・鍋島間で、渡し舟だった。利用者は結婚式や不祝儀、法事関係者が多く、お茶どきには茶摘み娘も乗っていた。儀之平さんの祖父、金蔵さんは、福用の対岸、伊久美の長島から山下家に入り婿した人で、婚礼の際も盥舟《たらいぶね》で大井川を渡った。その縁で儀之平さんは何回も盥舟《たらいぶね》に乗る機会があったのだった。盥舟《たらいぶね》の航行は明治三十五年ごろまでだった。

ツケニ【交通・馬・付け荷】長野県飯田市市街部と、同市上村および南信濃間の物流を木曽馬を使って行った時代があった。以下はその馬追い（馬子）をした同市上久堅越久保の後藤明さん（明治三十四年生まれ）、千春さん（明治二十九年生まれ）による。越久保と上村の間には五里の峠と呼ばれる小川路峠があった。「ウマオイブシ」（馬追い節）は馬と馬追いの疲れを癒すのが唯一の目的ではなかった。馬追い節は、帰りは一番観音から歌いはじめた。家や宿に対して到着を知らせる合図にもなっていたのである。馬追い節は夕刻歌うものだともいわれていた。次のような歌詞がある。〽馬は痩せ馬　重荷にゃ小付け　歩け上村の枡屋《ますや》まで——。木曽馬の荷駄の重量規定は二十四貫目とされていた。「重荷」とは規定ギリギリの重量である。「小付け」の「付け」は「ツケニ」（付け荷）のことで、正規の荷に対して許容範囲の若干の追加荷のことで、これも馬追いの収入になった。規定の重量の荷に加えての重い付け荷は馬にも気の毒なので、付け荷は少量（小付け）にするというのである。

荷馬車、馬力引きにおいても荷の重量を減らして引く慣行があり、これを「コバ」と呼んだ（静岡県浜松市天竜区春野町川上・高田角太郎さん・明治三十四年生まれ）。

テッポウゼキ【河川流送・堰】木材の河川流送に際して堰を作って水をため、その水を一気に吐出させる水力によって木材を流す「テッポウゼキ」(鉄砲堰)がある。杉材などを重ね積みにして堰として水を止めるとき、漏水防止の詰めものとしてヤマドリゴケを使った。そのヤマドリゴケの採取には女衆があたり、その仕事が現金収入になった。漏水防止には木の葉も用いられた。ほかに結束材として藤蔓《ふじづる》なども必要となり、これらも現金収入源になった(長野県飯田市南信濃木沢・斎藤七郎さん・大正十三年生まれ)。

ドイレ【河川流送】 川土手や高瀬にたまった大量の管流《くだなが》し材を組織的に流れにもどす作業を「ドイレ」という(静岡県榛原郡川根本町犬間・菊田藤利さん・明治四十一年生まれ)。

トッコ【交通・川舟】 川舟用の長さ九尺の棹の先に、樫材で円錐形をなす先端具を鉄輪で固定した。この先端具を「トッコ」と呼んだ(愛知県豊川市当古町東船渡・平松市次さん・明治三十九年生まれ)。「トッコ」という呼称は、その形状から真言密教の法具金剛杵《こんごうしょ》の「独鈷《とっこ》」から生じたものと思われる。

ドロクイ【河川流送・筏乗《いかだ》り】 筏《いかだ》乗りを志すもののなかには、動きが鈍く、バランス感覚が悪くて乗ることができない人がいた。このような人は編筏《へんばつ》の作業にあたった。十年たっても筏《いかだ》に乗れない人のことを「ドロクイ」(泥喰い)と呼んだ(和歌山県田辺市本宮町土河屋・中上喜代種さん・大正十四年生まれ)。

ナガバコ【流通・行商】 晩秋から冬にかけて巡回してくる小間物屋のことを「ナガバコ」(長箱)と呼んだ。それは、この巡回小間物屋が商品を収納し背負ってくる箱が、和本の本棚のように縦長だったからである。これを背負うと箱の上端は頭より上になった。箱は抽斗《ひきだし》式で、櫛《くし》・簪《かんざし》・財布などが納められていた。当地に来訪したのは越後・甲州の人で、秋の取り入れを済ませてから来たのだという。農家の副業であったことがわかる(静岡県藤枝市瀬戸新屋・青島作太郎さん・明治二十年生まれ)。

ナカユイ【流通・和紙原料】 和紙の素材である三椏《みつまた》の皮を精整し、先端を中に曲げこんで二か所を束ねる方法を「ナカユイ」と呼んだ。六貫目束を出荷単位として出荷した（静岡県藤枝市瀬戸ノ谷蔵田・藤田賢一さん・明治三十五年生まれ）。

ニハチ【河川流送】川狩衆（河川流送労務者）のヨージャのことを「ニハチ」という。「ヨージャ」は「夕茶」の意で、昼飯と夕飯の間の食事を指す（静岡県島田市伊久美・森塚金一さん・明治三十八年生まれ）。

ネジグミ【河川流送・編筏《へんばつ》】筏《いかだ》の編筏《へんばつ》にケヤキ・チシャ・サルスベリなどの枝を捩《ねじ》って結束する方法があった。これを「ネジグミ」（捩組み）と呼んだ。これに対して藤蔓《ふじづる》を使って編筏《へんばつ》する方法を「フジグミ」（藤組み）と呼んだ（奈良県吉野郡川上村伯母谷伯母峰・新谷利雄さん・明治三十二年生まれ）。

ハイブネ【流通・灰舟】都市部から叺《かます》入りの灰を積んだ「ハイブネ」が那智勝浦町の高芝に着いた。その灰をヒラタ舟に移して太田川を溯上し、小色川まで運んだ。小色川では灰を篩《ふるい》でふるってから肥料として田畑に入れた（和歌山県東牟婁郡那智勝浦町西中野川小色川出身・尾崎熊一郎さん・明治三十四年生まれ）。

バクル【流通・交換】交換しあう、取り替えあうことを「バクル」という。岩木山山麓の者が家畜の飼料としての干し草や薪を持参し、水田地帯の者は対して米または味噌用の大豆を出して交換する。山の者が萱《かや》・萩・葛など馬料を馬に背負わせる。一駄は八マル（束）で、これが交換の単位となった（青森県つがる市木造土滝・木村きのさん・大正四年生まれ）。

バズビキ・ツブビキ【運搬・馬搬・木材】馬による木材運搬の方法のひとつである「バズビキ」は橇引きのことで、橇は四寸×七寸×四尺の滑台木を二本三尺幅で並べ、前後二か所をボルトで締めたもの、素材はオノオレ・ナラ類だった。業者からは上材はバズビキにするようにいわれていた。「ツブビキ」とは、馬橇に積まずに丸太のままさまざまな連結法で継いで引く方法だった。連結具には「ギロ」と呼ばれる鉤《かぎ》や、「チンキョ」

と呼ばれる二本・二連、三本・二連を連結する鉄鎖などがあった。運搬材はブナ・ナラ類だった（岩手県久慈市山形町霜畑関・竹田源一さん・昭和五年生まれ）。

「バズビキ」は「バソリビキ」（馬橇牽き）、「ツブビキ」は「坪牽き」の意と思われる。「坪」は材木の量を計る単位にも使われる。

ハネバシ【交通・架橋】 現在、天竜川支流遠山川本谷右岸の飯田市南信濃木沢須沢と左岸の平畑・湯沢方面とを結んでいるのは鉄製の赤吊り橋であるが、鉄吊り橋以前は木製の「ハネバシ」だった。ハネ橋は、一般的には跳開橋《ちょうかいきょう》を指すのだが、須沢のものは橋脚を用いない刎木《はねぎ》式で、山梨県大月市の猿橋に通じるものだった。浜松市天竜区春野町や静岡市葵区井川にも刎木《はねぎ》式の橋が架けられていた時代があった。

長野県飯田市南信濃木沢須沢の大澤彦人さん（大正十五年生まれ）、同市南信濃木沢平畑の熊谷和助さん（昭和二年生まれ）の話を総合すると、須沢のハネ橋はおよそ次のとおりだった。両岸から中央に向けて差し出す橋材は栗で、幅は一尺、厚さは四寸、これを一間幅に並べ、左右から差し出したその先端を中央で結接する。両岸から差し出す材の長さが不足する場合は材を加えて補足しなければならない。こうした工事を完遂するためには両岸に栗材の台木をくいこませ、五段組みにしなければならない。それも最下段の台木を最も短くし、上に重ねていく順に長い材を使うことになる。両方の岸に接する部分には、梃子《てこ》の原理に叶うように相応の重量のある石を重石として据えて抑えなければならない。

橋板・橋材の結束材としては、この地でシラフジ・マツフジ・シラクチフジなどと呼ばれる蔓《つる》性植物が用いられた。この地でイトフジと呼ばれるマメ科の蔓性木本《つるせいもくほん》には、その繊維でコイノ（小衣）はできても橋の結束材としての強度と耐久力がなかった。シラフジ・シラクチフジは大型の落葉性藤本《とうほん》のサルナシ＝シラクチヅル＝コクワだと考えられる。この蔓《つる》以外は腐ってだめだったという。手すりや両岸間を結ぶ綱としてもこの蔓《つる》が利用された。

ハマギ【河川流送・流木】 台風などで浜に吹き寄せられてくる持ち主のない木を「ハマギ」（浜木）と呼び、これは拾って燃料にした。浜木に対して、材木会社が山中で伐採し、河川流送した木は「リュウボク」（流木）と呼び、リュウボクには各会社の「キリハン」または「ブチヌキ」で会社の所有権が刻まれているので収拾・私有することはできなかった。リュウボクは天竜川・大井川のものも流着することがあり、それは回収に来た者に渡された（静岡県沼津市桃里・鈴木善一郎さん・明治四十五年生まれ）。▼リュウボク・カワラギ

バンドリ【運搬・背負い補助具】稲束・薪・堆肥用の草などを背負って運ぶときに使う藁製の背中当てで、これを当てると荷の受けがよく、荷が体によくつき、体が痛くならない。雨のときにもよい。これを「バンドリ」「バッドリ」と呼んだ。バンドリはウルチ種のオクテの稲の藁で編むのがよいとされていた。藁丈が長いからである（新潟県魚沼市大栃山・大島寛一さん・明治三十八年生まれ）。

ハンワケ【河川流送・流木仕分け】大井川を流送されて島田市向谷の貯木場に入った木材を木の所有権を持つ会社別に仕分けることを「ハンワケ」といった。木材には切り判で各会社の印が刻みつけられているので、それによって分類したのである。「ハンワケ」とは、「判分け」の意である（静岡県島田市伊久美・森塚金一さん・明治三十八年生まれ）。

ヒータキ【河川流送・採暖・食事のための火焚き係】木材の河川流送の際、川狩衆（労務者）が暖をとったりお茶を飲んだりするために、休憩地点ごとで火を焚く係がいた。その係のことを「ヒータキ」（火焚き）と呼んだ。庄屋（流送組の親方）のグループごとに火を焚いた（静岡県島田市伊久美・森塚金一さん・明治三十八年生まれ）。

ヒタキショウヤ【河川流送・採暖】木材の河川流送をする労務者は、体が冷えるので折々焚火で暖をとらなければならない。焚火を用意する者は、一人前の働きのできない年少者があたることが多く、これを「ヒタキコゾウ」（火焚き小僧）と呼んだ。当地では年寄りを火焚きに使い、現場監督の呼称「庄屋」を使って「ヒタキショウヤ」（火焚き庄屋）と呼んで敬意を表した。火焚きは、木材流送範囲の地形を頭に入れて火を焚くポイント

を定め、そこに焚木を集めておかなければならないし、日傭《ひよう》さんたちの弁当も運ばなければならない（長野県飯田市南信濃八重河内本村・山﨑今朝光さん・大正十一年生まれ）。

ヒドオシ・アバ【流通・行商】 行商は女の仕事とされた。加茂では生魚をその日のうちに大山・鶴岡・三川方面へ振り売りに出かけた。その日に獲った魚をその日のうちに売る方法を「ヒドオシ」（日通し）と呼ぶ。東田川郡三川町域ではこうした女の行商人のことを「アバ」と呼んだ。アバにはおのおの「ダンカ」（檀家＝得意先）があった（山形県鶴岡市加茂・秋野賢吉さん・大正七年生まれ）。

ヒマタ【河川流送・流水の分岐点】 川の流水の分かれ目のことを「ヒマタ」と呼ぶ（静岡県焼津市藤守・加藤正さん・明治三十二年生まれ）。

　ヒマタとは「樋又」とかかわるものと考えられる。

ヒャクショウビヨウ【河川流送・臨時流送者】 河川流送専従者を「日傭《ひよう》さん」と呼ぶ。「ヒャクショウビヨウ」（百姓日傭）とは、農業のあいまに河川流送を臨時に行い、日当を得る者で、概して技術も低かったので専従者からは軽視された（静岡市葵区田代・望月初正さん・大正元年生まれ）。

フジタチ【河川流送・編筏《へんばつ》】 藤蔓《ふじづる》を切ることを意味するが、特に編筏《へんばつ》の結束材としての藤蔓《ふじづる》の採取を「フジタチ」（藤断ち）という。編筏《へんばつ》用藤蔓《ふじづる》は四、五年ものの這い蔓《づる》をよしとした。採取期は水あげのある春から夏を避けた。標高三五〇〜四〇〇メートルの地に生えるものがよく、筏《いかだ》用の藤蔓《ふじづる》は二メートルに切りそろえ、十貫目を一束、四束を一駄とした。五月十日を以って筏流《いかだなが》しを終えたのだが、それ以後になると筏《いかだ》を結束した藤《ふじ》蔓《づる》が水中で腐るのだという。また筏《いかだ》流送は灌漑用水堰の存在、その時期の農業用水による水量の減少などとの関係も考えなければならなかったという（奈良県吉野郡吉野町樫尾・竹田之夫さん・大正五年生まれ）。

　フジタチの季節は九月から二月なので、秋口は「ハビ」（マムシ＝蝮）に用心した。「ハビヨケ」（蝮除け）には紺の脚絆・股引・紺足袋（刺し子）・紺バッチを身につけた。ハビは紺の匂いを嫌うと言い伝えられている。

ベッタリバシ・オガミバシ【交通・架橋】沢や小河川に架ける土橋には二種類があった。いずれも幅は三尺三寸と決まっていた。「ベッタリバシ」は川の両岸をつなぐ桁材を並べたものを骨格とするが、「オガミバシ」は桁材を両岸から支える形に斜めに入れ、合掌型にするところからこの名称がついた（長野県飯田市南信濃木沢八日市場・原福人さん・昭和三年生まれ）。

ヘービイカダ【河川流送・木材流送と河川環境】材木の河川流送で、本筏《ほんいかだ》を編筏《へんばつ》して流すまでには、次のようにさまざまな運搬方法の組み合わせが必要だった。①山中伐採地から傾斜地＝「シュラ」（船底型、樋状の木組を設け、材木を滑送させる）→②水の細い源流部＝「バラナガシ」（管流《くだなが》し）→③本川の水の細い部分＝「ヘービイカダ」（蛇筏）（五、六本の材の筏《いかだ》を四枚つなぐ。一人が竹竿で操作する。形状が蛇に似ているので「ヘービイカダ」と呼んだ）。笹間川では、日向から笹間渡までをヘービイカダで流し、笹間渡で本筏《ほんいかだ》に組み変えた（静岡県島田市川根町笹間上粟原・成瀬宣良さん・大正二年生まれ）。

ボク【河川流送・所有者の印のある材】管流《くだなが》しの木材が増水で流され、一旦海に流出し、南風に煽られて大井川左岸河口の吉永の浜に打ちあげられることがあった。「ボク」とは、「所有者の印が刻まれた流木」の意である。管流《くだなが》しされる材には所有者があるので私物化はできなかった。ボクを保管したり、会社に届けたりすれば礼金が得られた。ボクの樹種は樅《もみ》・栂《つが》が多かった。ボクを島田の木材会社へ運ぶために、大井川河口部左岸の焼津市吉永には馬（荷馬車）が増えたといわれた（静岡県焼津市藤守・田中松平さん・明治二十八年生まれ）。

マキナガシ【河川流送・薪】燃料にする薪材を奥山からムラまで河川流送した。これを「マキナガシ」（薪流し）と呼んだ。八月前に「ネツブシ」（根で伐る）して乾燥させておく。乾燥したら五尺に「タマギル」（玉切る）。一月から三月までに流送する。ムラで「シガラミ」を作って薪材をあげる（静岡市葵区田代・望月初正さん・大正元年生まれ）。

マクラギリュウソウ【河川流送・鉄道枕木材】鉄道用の枕木の素材は、栗が中心だが榧《かや》も使った。その枕木を「マクラギリュウソウ」といって河川流送したのである。長さは八尺で、一等品は四角く削ってあったが、二等品・三等品はほとんど丸太だった。河川流送したものを土場《どば》にあげるときには「セリ」（水路）に網を張って止めた。栗の木は重要な木で、よい木はまず板屋根材とし、枕木にも使った。食料として栗の実も大切だったので、これには枝ぶりの悪い木をあてた（長野県飯田市南信濃南和田和見・近藤努さん・大正九年生まれ）。

ミトヅクリ【河川流送・水路整備】木材の管流《くだなが》しの先頭部の集団を「キバナ」（木鼻）と呼び、そこには技術の優れた川狩人足がついた。水が細い箇所では、キバナ衆が「ミトヅクリ」（水門作り）を担当した。流送の組織は、キバナを先頭に「キナカ」（木中）、「キジリ」（木尻）と続いた（静岡市葵区田代・滝浪久衛さん・大正十三年生まれ）。

モヨイ【河川流送・筏《いかだ》連結材】木材河川流送を筏《いかだ》で行う場合、筏《いかだ》を連結することがある。大井川筏《いかだ》の場合、木材を並べた筏《いかだ》の幅は百六十センチで、木材の長さは四メートル・八メートル・十二メートルのものがあった。四メートル材は三枚連結、八メートル材は二〜三枚連結で、連結する場合には先頭の筏《いかだ》の尻と続く筏《いかだ》の先とを、筏《いかだ》の幅の外側でつながなければならない。その連結材のことを「モヨイ」と呼ぶ。また、連結した筏《いかだ》のことを「フタツモヨイ」「ミツモヨイ」と呼ぶこともある。四メートル材と八メートル材を連結したものは一枚と見做された。十二メートル材は一枚で流した（静岡県島田市伊久美・森塚金一さん・明治三十八年生まれ）。
「モヨイ」は「モヤイ」（舫＝船と船とをつなぎとめること）の転訛である。「モヤイヅナ」（舫綱）が筏《いかだ》の連結材にあたる。高知県の四万十川の筏《いかだ》流送では、ここでいうモヨイに相当する連結材のことを「カシメ」と呼んだ。

ヤガラ【河川流送・管材の滞溜】木材の河川流送のなかで、筏《いかだ》ではない管流《くだなが》し、すなわちバラ流しの際、流れてきた木材が一か所にたまって積もった状態を「ヤガラ」という（静岡県榛原郡川根本町旧長島地区・長島英雄さん・明治三十六年生まれ）。
「ヤガラ」は「ヤグラ」の転訛で、流送材が滞留し、積もって高くなった状態を櫓《やぐら》に見たてたところから生まれた語彙であろう。

ヤサシ【河川流送・集水技術】河川流送に際して、水の出ない場所で小型の土手を作って水を集めて管流《くだなが》しをする技術を「ヤサシ」と称した（静岡市葵区田代・滝浪久衛さん・大正十三年生まれ）。

ヤスンド【交通・休憩所】峠越えをする山の小径の休憩所のことを「ヤスンド」と呼んだ。「休み処」の意である。ヤスンドは、山の径《こみち》沿いの上方の斜面を椅子の形に削り出して作った休憩所である。幅はエンバナ（濡縁）ほど、長さは一間ほどで、そこに丸太を並べて固定してあり、腰掛けて休めるようになっていた。例えば島田市の笹間上から安倍川水系の黒俣・久能尾（静岡市葵区）方面に至る山道には、水ヤスンド・十兵衛段ヤスンド・石ヤスンド・小ヤスンド・大ヤスンド・元地蔵ヤスンド・樫ヤスンドなどがあった。炭八貫俵二俵を背負って山道を歩いた。昭和四十三年まで山道を歩いて久能尾方面へ出た。こうした暮らしのなかでは、ヤスンドは欠くことのできない場であった（静岡県島田市川根町笹間上粟原・成瀬治宣さん・明治二十二年生まれ）。

ヤブキ【河川流送・支流の筏《いかだ》】伊久美川・笹間川・身成河内などの大井川支流での筏流《いかだなが》しのことを「ヤブキ」と呼んだ。小鳶《ことび》と乗り竿で筏《いかだ》を操る。八メートル材はフタツモヨイ（二連結）またはミツモヨイ（三連結）。十二メートル材は単独の筏《いかだ》。四メートル材はバラ流し。各支流の合流点にあげておき、四月から十月までの間に本《ほん》筏《いかだ》に組んで島田の向谷まで流した（静岡県島田市伊久美・森塚金一さん・明治三十八年生まれ）。

ユキズリ【運搬・木材の雪上運搬】共有林から建材を出すのは秋伐り冬出しで、一月末から二月にかけて「ユキズリ」と称して、材に鐶《かん》を打ち、麻綱をつけて雪上をズリおろした。はじめ細い材で道をつけ、道ができてから太材を出した（長野県飯田市宮ノ上・北原良男さん・大正十五年生まれ）。

ヨマダイ【河川流送・大型筏《いかだ》】長さ四間の材木を九尺幅に編んだ筏《いかだ》のことを「ヨマダイ」（四間台）という。筏《いかだ》師は前後に一人ずつ、二人乗った（静岡県榛原郡川根本町千頭・吉田重義さん・大正十三年生まれ）。

リュウボク・カワラギ【河川流動木】静岡県の大井川流域では、大井川を流れ下ったり河原に流れ着いたりする木を二種類に分けて扱った時代がある。材木会社が管流《くだなが》しで流送し、「キリハン」（切り判＝木に会社の記号を刻み込んだもの）や「ブチヌキ」（鎚《つち》の先に記号を示す刃型をつけたもので木材に記号を打ちこんだもの）で所有権を明確にした木の私物化は許されなかった。このような木を「リュウボク」（流木）または「ボク」（木）と呼んだ。対して、持ち主のない、山から自然に流されてくる大小の木々や枯木・枯れ枝などを「カワラギ」（河原木）と呼んだ。河原木の収拾利用は自由だった。河原木は燃料にしたのである。河原木拾いは春から秋までの増水時に、その最中と水が退《ひ》いてから行った。①増水の流れの中を下る木を「カワラギガマ」（河原木鎌）と呼ばれる、長い竹竿の柄に頑丈で鋭角の鎌をつけたものでひっかけて引き寄せる→②岸近くにいる者が鳶口でそれを岸にあげる→③いま一人が、拾いあげた木を一か所に集めて積み上げる、という順序で、三人組で行うのが合理的だとされた。危険な作業なので、後刻河原に流着した小さな木を拾い集める者もいた。河原木の占有表示は積み上げた木の上に石をのせておくという形だった（静岡県榛原郡川根本町東藤川小長井・小長谷吉雄さん・明治四十五年生まれ、ほか）。▼ハマギ

ワゴ【河川流送・流送用水溜】木材の河川流送に際して、水が細くて材が流れにくい箇所に柴を立てて水をため、木を浮かせる堰のことを「ワゴ」と呼んだ（静岡県榛原郡川根本町梅地・筑地松己さん・大正十三年生まれ）。『改訂綜合日本民俗語彙』に「ワゴ」の項があり、以下のように記されている。「山中の広い窪地を、新潟県魚沼地方でいう」。

Ⅶ　生業複合要素と諸職　――養蚕・林産・茶産・製紙原料・鍛冶屋・炭焼・篦屋《へらや》など――

生業要素の複合実態は、複合の構成要素の種類と比率などが複雑に絡みあい、時の流れとともに変動するのが常で、その詳細は容易に把握できない。先に扱ってきた農耕・漁撈・狩猟・採集の複合もあり、それら以外の要素を複合させる場合も多い。例えば林産（林業）・茶産（栽培から製茶まで）・養蚕（桑栽培はもとより糸引きをふくむ場合もあった）・楮《こうぞ》、三椏《みつまた》などの製紙原料（栽培から加工まで）・椎茸・蒟蒻・桐・油桐《あぶらぎり》・果樹栽培・炭焼など数えきれない。ここではそうしたさまざまな生業複合要素を取りあげて、かかわる民俗語彙を探った。この国の、いわゆる農山村の生業複合の実態は驚くべきものだった。ここではそうした生業複合要素に併せて、諸職の一部から巡回来訪者までを扱った。

アカコシマキ【茶産・茶摘み娘】　尋常小学校卒業したてのような小娘が大井川流域山間部へ茶摘み娘として雇われてゆくときには、赤い腰巻を締めてゆくものだといわれていた。「アカコシマキ」（赤腰巻）は、日当を一人前はもらえず、八分の賃金だった。腰巻に象徴性があったことがわかる（静岡県焼津市飯淵出身・市野たけさん・明治三十五年生まれ）

アクヤキ【諸職・灰焼き】「アク」とは、コナラ・ミズナラ・クヌギ・ケヤキなどを焼いた白い灰を焼きしめ、黒い飴状にしたもので、藍染めの色出しに用いられた。灰を焼きしめて黒い飴状にする作業を「アクヤキ」（灰焼き）と呼んだ。水林の七戸の夫婦は周辺のムラムラの民家をめぐり、イロリの灰を買った。大正から昭和初年にかけて灰は一升一銭だった。一日回って男で四斗、女で三斗、塩叺《しおかます》に入れ、背負って家に運んだ。「アクガマ」（灰竈）は一間四方、高さ尺五寸で、一日中焼いて二俵のアクができた。笹を敷きながら俵に詰めた。一俵十六貫で、山形県上山市・福島県福島市の問屋などに送った（山形県南陽市小滝旧水林集落出身・大場宇蔵さん・明治三十三年生まれ）。水林は昭和五十年代に廃村となった。

アブラゴウ【諸職・大工・ヤニ対策の油入れ】 アカマツにはヤニが多く、特に三月から八月にかけてはヤニが多いので、この間は伐採することができなかった。それ以外の時期の伐採でも鋸にヤニが付着して作業ができにくくなるので、石油で鋸についたヤニを除去した。アカマツ材を扱う大工は必ず「アブラゴウ」を持ち歩いた。それは径六センチ、長さ八センチほどの竹筒で、一節の底を残したものである。中に菜種油を染みこませた布を入れ、蓋がついていた。若い大工のなかには香りがよいからといって椿油を使う者もいた。この油の染みた布で鋸に付着した松ヤニを除いたのである（奈良市中ノ川町・池ノ畑伊平さん・明治三十七年生まれ）。

アブラゴウの「ゴウ」は「盒《ごう》」の意で、それは噛み合い蓋の入れものを指すので、竹筒の油ゴウとは形式は異なるが、呼称の影響を受けたものと思われる。アカマツ・松茸の産地では、梁や、尺～尺二寸幅の鴨居にアカマツ材を使った家が多い。

アマ【林産・朴《ほお》材の特質と用途】 朴《ほお》の木の材は、切盤《きりばん》・裁ち台・下駄・彫刻板などに用いられた。刃物の刃を傷めないとされている。材の外周に「アマ」と呼ばれる白色の層があるのだが、アマは水分を多くふくんでいるので用材にはならない。用材となるのは芯の部分である。したがって、朴《ほお》は太いほどよいといわれていた。戦前（昭和二十年以前）、泰阜村の共有林の一部を十四軒組で権利を買い、木挽と杣《そま》を雇って朴《ほお》材を伐り出し、製材し、半年乾燥させて出荷していたことがある（長野県下伊那郡泰阜村栃城・氏原義一さん・明治三十年生まれ）。

アミバナレ【水田養鯉《ようり》・生育状況】 水田養鯉《ようり》に使う鯉の稚魚で、孵化したばかりのものを「アミバナレ」（網離れ）と呼んだ（長野県佐久市桜井・臼田雄太郎さん・明治三十六年生まれ）。

アラガタドリ・ウチグリ【諸職・木地屋】「ワケナタ」（分け鉈）を使ってブナ材を椀一個分ずつに分割する。その素材を「アテ」と呼ばれる台の上で、男手斧《おとこちょうな》（「平《ひら》手斧《ちょうな》」とも）を使って椀の概形を作る「アラガタドリ」（粗形取り）をする。これは男の仕事である。女性は粗形《あらがた》にされたものを受けて「ウチグリ」（内刳り）・「ウチボリ」（内彫り）・「ナカグリ」（中刳り）などと呼ばれる作業をする。その折、「シキ」「キス」などと呼ばれる固定台を使う。径八寸、高さ尺五寸の丸太台で、一部を土中に埋めて固定してある。手前上部に、内刳《うちぐ》りをする粗形《あらがた》の底部を固定できるように窪みが作られている。そこに粗形《あらがた》を当て、投げ出した両足の拇指で抑え、調節し、回しながら粗形《あらがた》の内側に女手斧《おんなちょうな》（「ソコキリ手斧《ちょうな》」とも）を使って凹部を刻んでゆく。一部が彫れると、粗形《あらがた》を両足の拇指で回転させながら次を彫る。危険な作業である。山の木地小屋でここまで進め、男の場合、百二十枚を背負って山を下る。里の家では老夫婦が轆轤《ろくろ》を掛けるという手順になっていた。これが古い形だった（福島県耶麻郡西会津町奥川飯根弥平四郎・小椋クラさん・明治四十一年生まれ）。

木地椀作りの手斧。女手斧（上）、男手斧（下）（福島県喜多方市熱塩加納町宮川五枚沢、小椋光則家）

粗形取り・内刳りを済ませた椀木地（福島県耶麻郡西会津町奥川飯根弥平四郎、小椋憲次家）

アラゲタ【季節木工・粗下駄】サワグルミを素材として下駄の粗形《あらがた》取りをしたものを「アラゲタ」（粗下駄）と呼んだ。奈良田では冬季、男たちがアラゲタを製造していた。アラゲタは二十足を一《ひと》シメ、三シメを一荷とした。一荷を背負い、ヌタノ池にある池の茶屋で休んで、青柳まで背負い出して納めた。帰り荷は米が多かった。青柳の持ち子と組んで「ニガイ」（荷換え）をすることもあった。荷換え場は池の茶屋だった（山梨県南巨摩郡早川

町奈良田・深沢とくよさん・明治三十年生まれ）。▼ゲタダイ

アラシ③【林産・伐出・枕木】 鉄道の枕木として栗材を伐り出した。長さは八尺、一等材・二等材はハツリ（削り）を掛けた角材、三等はほとんど丸太だった。枕木は河川流送し、車輌運搬に移すところに網を張ってあげた。山から川へと運ぶ方法のひとつに「アラシ」で落とす方法があった。「アラシ」とは、山の急傾斜の谷状地で幅二・五〜三メートル、長さ百メートルほどの地である。集めた枕木をそこを使って落下させるのである。この縦の帯状の地を「アラシ」と呼ぶ。山を荒らすので、山師は山地主に相応の礼をした。栗の木の最も素性のよいものは板屋根素材として利用され、枝ぶりや幹が直でないものは栗の実採取用として残し、その中間の材が枕木になった（長野県飯田市南信濃南和田和見・近藤努さん・大正九年生まれ）。

イケシメ【養魚・鰻・出荷調整】 養鰻池《ようまんいけ》から鰻をあげ、出荷する前に臭いを除き、身をひきしめるために行う水処理を「イケシメ」（生け締め）という。「カボチャビク」と呼ばれる南瓜型の蓋つき籠に鰻を入れ、それを川に浸けていたが、のちにシャワーをかけたりプールに浸けたりした（静岡県榛原郡吉田町川尻）。

イッソク【水田養鯉《ようり》・稚魚売買の単位】 水田養鯉《ようり》のために売買される鯉の稚魚の計数単位を示す語で、鯉の稚魚百匹を「イッソク」（一束）と称した。稲作水田一反歩に入れる鯉の稚魚の数は、田の水温・水量などの条件によって異なったが、十束から三十束の間だった（長野県佐久市桜井・臼田雄太郎さん・明治三十六年生まれ）。

イトメサワラ【林産・椹《さわら》・桶材】 板目ではなく、柾目の桶材は、木目のこんだ椹《さわら》を良材とした。目のこんだ椹《さわら》のことを「イトメサワラ」（糸目椹）と呼んだ（長野県飯田市今宮町・座光寺精一さん・昭和二年生まれ）。

イトメダシ【製糸・繭からの糸口出し】 茹でた繭から糸を引き出して製糸するには、まず繭から糸目を出さなければならない。これを「イトメダシ」（糸目出し）といった。「イトノクチ」「イトグチ」と呼ぶこともあった。

母のそわは、繭から糸目を出すのに、ウツギの枝を八寸ほどに切ったものを使っていた。自分が金沢の小島製糸で働いた折も、糸目出しはウツギの枝で、糸は二本出し一人釜だった。のちに姫路市の㋣組製糸でも働いたが、そこは蒸気取り六本出しだった（富山県南砺市利賀村阿別当・野原ことさん・大正四年生まれ）。
長野県飯田市大休・同市正永町では、糸目出しにウツギの葉を使ったと聞いた。

イヌキ【生業複合・藺草《いぐさ》栽培】 収穫した藺草《いぐさ》の束から、①本間《ほんま》、②京間《きょうま》（七目）、③シモイ（下藺＝編笠ほか）など、用途別に藺草《いぐさ》を抜き出して選別・整理することを「イヌキ」（藺抜き）と呼んだ。イヌキは夜ナベ仕事だった（滋賀県近江八幡市北津田町・辻清一郎さん・大正三年生まれ）。

ウキュウ【林産・労務給】 山林労務組織の賃金慣行のひとつで、雨の日は山仕事はできないが、労務者が飯場から帰ってしまうと組織的な労務ができなくなるので、経営者側は損になっても労務者に雨の日でも給金を支払って引き留めをかける習慣があった。これを「ウキュウ」（雨給）と称した。雨の日はうれしかった（岐阜県下呂市小坂町湯屋・上野銀松さん・大正六年生まれ）。

ウサギヤ【巡回来訪者・兎の皮剝き・兎の食法】 兎肉を売る兎屋とは別に、家兎《いえうさぎ》の皮剝ぎを目的として巡回してくる「ウサギヤ」（兎屋）があった。兎屋の巡回は正月前だった。以下は長野県飯田市上久堅小野子の長沼正男さん（大正三年生まれ）による。兎は三十羽ほど飼っていた。暮に下平から兎屋が皮剝ぎに回ってきた。兎の皮が剝ぎ賃にあてられた。二十羽剝いてもらったことがあり、すぐに食べる分は吊っておき、ほかは藁苞《わらづと》に入れて地下一メートルほどのところに埋めて保存し、二月末ごろまでの間、必要な分だけ掘り出して食べた。大晦日には里芋・牛蒡・人参などとともに兎肉を煮付けにして食べた。残肉つきの肋骨などを石の上で金鎚で叩き、径五分ほどの団子にし、年取り汁に入れて食べた。

ウナコ【生業連鎖・養蚕、畑作、畜産】 蚕糞《こくそ》のことを「ウナコ」と呼ぶ。麦の元肥《もとごえ》として、昭和十九年まではアオバイ・人糞尿を用いて麦の種を混ぜたが、昭和二十年からは、ウナコ・人糞尿・麦種を捏《こ》ね混ぜて畝蒔きにした（長野県飯田市上村下栗・熊谷実さん・明治四十二年生まれ）。

蚕糞《こくそ》のことを「ウナコ」と呼ぶ例は遠州・三河にもある。右に蚕糞《こくそ》を肥料に使った例を示したが、兵庫県丹波市青垣町桧倉の足立敏之助さん（大正四年生まれ）は、水田の裏作として栽培したレンゲを乾燥させたもの・藁・蚕の喰い残しの桑を刻み、蚕糞《こくそ》と混ぜて牛の飼料にしたという。▼コクソ

エカゴ【養魚・鰻】 養鰻池《ようまんいけ》の鰻に鰹の頭などの餌を与える場合、目の粗い籠の中に入れ、鰻がその粗い目から籠の中に入って餌を食べるようにできていた。「エカゴ」（餌籠）は綱で吊るし、番小屋から池におろせるようにしてあった（静岡県榛原郡吉田町川尻）。▼エヒキ

エダズミ【諸職・炭焼・茶炭】 人差指ほどの樫の枝を「シロズミ」（白炭）の焼き方で焼き、「チャズミ」（茶炭）用に整えたものを「エダズミ」（枝炭）と呼んだ。初釜には需要が多かった。河内の枝炭は池田炭と並んで知られていた（大阪府河内長野市天見・田中竹一郎さん・大正二年生まれ）。

エヒキ【養魚・鰻】 養鰻《ようまん》の餌として、焼津の鰹節製造に際して出る鰹の頭や残滓を使った。これらを運ぶために吉田から焼津に出かける運搬人のことを「エヒキ」（餌引き）と呼んだ。リヤカーに「サカサダル」または「アタマダル」と呼ばれる樽を三つ積んで、午前二時ごろ吉田を出発した。サカサダルは上部径六十センチ、下部径八十センチ、高さ一メートルほどの樽で、普通の樽や桶を逆さにした形状であるところから「サカサダル」（逆樽）の呼称が生じた。

鰻の餌籠（左）と鰹の頭・アラを運ぶ逆樽（右）（静岡県榛原郡吉田町川尻）

Ⅶ 生業複合要素と諸職

ここには焼津の鰹節製造と吉田の養鰻《ようまん》との生業連鎖が見られる。鰹の頭などの養鰻《ようまん》の餌を目の粗い「エカゴ」（餌籠）に入れて養鰻池《ようまんいけ》に浸ければ、鰻はその籠目から入って餌を喰い、残滓は籠の底に残った。また、養鰻《ようまん》は大井川の伏流水を利用したものであった（静岡県榛原郡吉田町川尻）。

エンシバ【茶産・敷草】 茶畑（茶園）の畝間に敷く草のことを「エンシバ」（園柴）と呼んだ。園柴の山の口あけは新暦の七月三日だった（滋賀県甲賀市信楽町多羅尾・岩田勘三郎さん・大正五年生まれ）。

オオマユ・マワタ【養蚕・真綿】 高宮家では夏蚕《なつこ》の繭を百貫出荷したことがある。出荷できない双子繭のことを当地では「オオマユ」（大繭）と呼んだ。大繭から「マワタ」（真綿）を引くのが冬の仕事だった。真綿は尺二寸角に広げ、十二枚を一帖とした。菊男さんの母、喜久江さん（明治三十三年生まれ）は、真綿引きの技術が優れていた。真綿は白く引くほど値うちがあり、色がついていてはだめだとされた。結婚式の祝い品として帖単位の真綿を贈る習慣があった（長野県松本市奈川旧角ヶ平集落・高宮菊男さん・昭和三年生まれ）。▼シクタマユ

真綿（長野県飯田市上久堅越久保、後藤家）

オチャカイ【茶産・茶の売買】 大井川左岸の忠兵衛は近世新田開発者の名前を地名にしたもので、この地は水田地帯である。したがって広い茶畑はないが、どの家でも屋敷の土手などに一、二反歩の茶畑を持っていた。一番茶・二番茶はすべて売り、三番茶を自家用の飲み茶にあてた。「オチャカイ」（お茶買い）の商人がムラにやってくると忠兵衛辻（大東町）に旗があがった。ムラびとたちはその旗のもとに、自家で摘み、揉んだお茶を持って集まる。商人は路傍に筵《むしろ》を敷いて買いつけた（静岡県藤枝市大東町・仲田要作さん・明治三十三年生まれ）。

オツツミ【茶産・季節労務の予約金】 一番茶は五月十日から五月末日までで、そのうち五月十日から十九日までは家族だけで摘み、五月二十日から五月末日までは季節労務の「茶摘み娘」を雇った。茶摘み娘といっても娘二人、中年女性三人で、御前崎・相良（牧之原市）などの海岸部からだった。日当は部落で相談して決めていた。旅費として「入りを一日分、帰りを半日分」支払った。これらとは別に、来年も来てもらわなければ困るので、どの家でも「オツツミ」と称する予約金のごときものを渡す慣行があった。茶摘み娘は母屋の中の間に泊まった（静岡県浜松市天竜区春野町川上・富田英男さん・大正七年生まれ）。

カイコアガリ【養蚕・繭上がり】 養蚕で繭をマブシから取り出して纏《まと》め、養蚕作業を終了することを「カイコアガリ」（蚕上り）と呼んだ。秋蚕《あきこ》のカイコアガリは養蚕期通しの「オヤトイ」（雇人）と家族で盛大に祝った。その日には、イクチ・シメジ・マイタケなどを入れた茸《きのこ》汁を作って食べるならわしがあった（長野県飯田市伊賀良中村・松江良男さん・大正六年生まれ）。

カキシブウリ【巡回来訪者・行商人】 浮島沼の残存沼地で使う投網は家々で用意した。沼地で使う投網は柿渋に浸けて強く仕上げる。りうさんが嫁いできたころから昭和二十五、六年まで柏原へ柿渋を売りにくる「カキシブウリ」がいた。富士市今泉の女衆で、着物に襷《たすき》がけで一斗入りの桶に渋を入れ天秤棒で前後に担ぎ、三、四人ずつやってきた。桶には蓋代わりに木の葉がのせてあった。渋は一升枡と五合枡で計り売りをした。大正十年前後、一合十五銭だった。建物の羽目に防腐剤として柿渋を塗る家では、一度に二升も三升も買った（静岡県富士市柏原・土屋りうさん・明治三十二年生まれ）。

カケゴ【茶産・焙炉《ほいろ》】 麴蓋《こうじぶた》状の杉板の浅箱の内側に和紙を貼ったもので、焙炉《ほいろ》の上部をなすものを「カケゴ」（掛け籠）という。寸法は、茶師（揉み手）の手の届く範囲、五尺×三尺ほど。深さは七～八寸。高さは揉み手の臍《へそ》がカケゴの縁にかかるくらい。火を燃やす炉の部分は「ヒナツチ」（青粘土）で築く。カケゴと炉の間に鋳物の角棒や細く切った鉄板を格子状に組んだものを置き、鉄板を重ね、火がカケゴに移らずにカケゴに熱を伝えるようにしてある。カケゴに貼る和紙には柿渋を刷《は》く。渋紙をカケゴに貼る糊は蒟蒻糊だった（静岡県榛原郡川根本町上岸・中森庄平さん・明治四十年生まれ）。

カゴヤノジュンカイ【巡回来訪者・籠屋】 籠屋が巡回してきて一軒で二、三日仕事をして移動することを「カゴヤノジュンカイ」と呼び、中西家には二十日間泊まったことがあった。籠屋が扱った籠は、荷ない籠、六斤籠、八斤籠、籾殻や桑を入れる口径三尺の大籠、ビール籠と呼ばれる尺五寸×二尺×三尺の角籠でこれを大として、この中に中と小が入籠《いれこ》になっているもの、自転車用荷籠（角型）、衣裳行李、弁当行李などだった。ほかに、「アンコヒバチ」と呼ばれる行灯《あんどん》を覆う形の径四尺、深さ四尺の粗目籠で「ムツキカゴ」（襁褓籠）または「オムシ」と呼ばれるものもあり、雨天続きのときなどこれによって襁褓《むつき》を干した。まだこのほかにもさまざまな籠があり、巡回する籠屋は、これらの製作や修繕をしていったのである。家々でも常時竹を用意しておく習慣があった（奈良県五條市西吉野町湯川・中西孝仁さん・昭和四年生まれ）。

奈良県吉野郡十津川村谷瀬の玉田文夫さん（大正十年生まれ）は、昔の人の作った籠は丈夫だと語る。それは「旧暦八月の闇夜めぐり」という「竹の伐り旬」を守ったからだという。

カジヤズミ【諸職・鍛冶屋・鍛冶屋炭】 静岡県浜松市天竜区水窪町奥領家本町の鈴木修治さん（明治四十年生まれ）は元祖吉兵衛が鍛冶屋として赤穂より移住してから六代目になる。修治さんは以下のように語った。「カジヤズミ」（鍛冶屋炭）は栗の消し炭を最上とした。それは火力が強く、長持ちすることによった。鞴《ふいご》を止めるとすぐに下火になる点もよい。栗の消し炭を使うと鉄・刃物の光沢がよくなる。栗の消し炭は以下のようにして作った。地面二間四方を平《な》らし、深さ一尺分掘り下げる。底に、長さ二尺五寸の栗材を井桁にして組み並べる。その上に「ゴンボウヅミ」（牛蒡積み＝無秩序に積むこと）に高さ四尺ほど栗材を積んで点火する。焼け落ちるのに一時間ほどかかる。火が落ちついたら土をかぶせる。火が落ちついて一時間ほどたてば消し炭ができる。

カズムシ【楮《こうぞ》の栽培と整製】 和紙の原料の楮《こうぞ》のことを「カズ」と呼び、皮剥き前に蒸すことを「カズムシ」と称した。大竈《おおかまど》に大釜を掛け、押切りで二尺二寸に切りそろえたカズを一尺束にし、それを集めてグゾバフジ（葛蔓《くずづる》）で縛った。その大束を大釜に据え、「ウムシオケ」（蒸し桶）をかぶせ、カズを蒸す。蒸しあがったカズは女性たちで皮剝きをする。カズムシからカズムキの作業は「結い」で行う。カズムシの際に源助蕪《かぶら》を楮《こうぞ》とともに蒸して食べるが、蕪のほかに、布に包んだ大豆・南瓜なども蒸した。とりわけおもしろいのは以下の習慣だった。節や穴のない楮《こうぞ》の皮をスッポリ細長いチューブ状になるように丸剝きにして、その中に米と水を入れて両口をしっかり縛る。そしてこれを蒸すのである。米はカズの色に染まって蒸しあがる。この米のことを「ネコノクソ」と呼んで楽しみながら食べた（長野県飯田市上村下栗・熊谷実さん・明治四十二年生まれ）。

カズモチ【土木労働慣行】 天竜川の築堤工事にかかわる賃金支払い方法のひとつに「カズモチ」があった。天秤棒と「パイスケ」（土砂運搬用平籠）を持って築堤工事現場に行き、一荷ごとに札をもらって、最後にたまった札を現金に換えてもらうという方式を「カズモチ」（数持ち）と呼んだ。ムラにはところどころに「カズモチアリマス」という札が立っていた（静岡県磐田市寺谷・源馬秀保さん・明治三十五年生まれ）。▼フダモッコ・カルコイクバク

カックイ・メバエ【林産・クヌギ利用の変遷】 京都府相楽郡笠置町切山一帯はかつて、木津川舟運によって割木（薪）や柴を大阪方面に供給する出材地であった。その伝統は舟運が絶え、自動車時代に入っても昭和二十年代まで続いた。同地の森弘義さん（昭和四年生まれ）は、割木・柴を伐採・採取するクヌギについて次のように語る。クヌギを地上一尺ほどで伐ってこれを台木にする。台木、すなわち根株のことを「カックイ」と呼んだ。カックイから生える蘖《ひこばえ》のことを「メバエ」と呼ぶ。メバエは十五年以下で伐り、割木と柴にした。メバエは一つのカックイで十〜二十回利用することができるといわれている。実生《みしょう》の場合は二十年以上でなければ利用できなかった。父祖の時代から長く続いたクヌギ利用は、①割木・柴（昭和二十五年まで）→②炭材（昭和二十六年〜四十四年）→③椎茸原木（昭和四十五年〜）と変遷してきた。「カックイ」とは「欠き杭」の意であろう。

カナガラバ【諸職・木地屋】水車動力で木地轆轤《ろくろ》を回す小屋の脇にある鉋《かんな》ガラやオガ屑を捨てる場所を「カナガラバ」（鉋ガラ場）という。カナガラバは子供たちの遊び場だった。屑を掛け合う。相撲をとる。七月・八月にはカブトムシや「ハサミバコ」（クワガタムシ）の成虫が出た（福島県耶麻郡北塩原村桧原早稲沢・大竹繁さん・大正六年生まれ）。

カマアゲダンゴ【諸職・炭焼】炭を焼きあげ、炭窯《すみがま》から炭を出す日のことを「カマアゲ」と呼び、この日は「カマアゲダンゴ」と称して稗粉を練って蒸した団子を作って祝った（富山県南砺市利賀村阿別当・野原ことさん・大正四年生まれ）。

カラゲ【製塩・用具】揚浜式塩田で潮水を汲む桶を「カラゲ」という。径一尺、深さ一尺五寸で、口部中央に桁板を取り付け、板の中央に担ぎ縄を通し、カラゲを天秤棒の両端に結びつけて、汲み・流しが容易にできるようにくふうされている。カラゲの容量は一斗二升だった（静岡県焼津市利右衛門・吉田近治さん・明治二十年生まれ）。

ガワヤマ【林産・伐出・曲物素材】曲物素材である檜《ひのき》・椹《さわら》・唐檜《とうひ》などを伐り出す山のことを「ガワヤマ」という。桶材のことを「オケガワ」（桶側）と呼ぶが、ガワヤマの「ガワ」も桶側の「ガワ」と無関係ではなかろう。椹島とか明神谷の奥などで、山で一か月伐採すれば一年中桶側作りの仕事ができるといわれていた（静岡市葵区田代・滝浪作代さん・明治三十九年生まれ）。

カンバ【昆布採取・乾場】昆布の流通には採取のみならず乾燥・調製の工程が重要である。昆布採取地の襟裳岬では干し場のことを「カンバ」（乾場）と呼ぶ。乾場の利用には権利取得が必要である。権利の条件は以下のとおりである。①乾場＝広さ三百坪、②舟＝二人乗り、③岡まわり＝乾燥担当者二人。乾場は次のように変遷した。㋐砂→㋑牧草に網を掛けたもの→㋒砂利（砂利は買わなければならない）（北海道幌泉郡えりも町えりも岬・飯田幸男さん・昭和二年生まれ）。

キカタ【諸職・土木】「キカタ」は「木方」の意で、河川水防関係の沈み枠、川倉その他の木造施設を建造する者を指す。築堤工事などを担う「ドカタ」（土方）に対応する語である（静岡県藤枝市大東町・内藤正治さん・明治三十三年生まれ）。

キゴロシ【船大工・シキの製法】和船のシキ（底）の板のスリ合わせに際して、槙肌《まいはだ》を詰めるのだが、それに先立ち、合い口の部分を叩いて締めることを「キゴロシ」（木殺し）という（静岡県浜松市西区雄踏町山崎・神田慶吉さん・昭和四年生まれ）。

キジリ【諸職・炭焼】炭窯《すみがま》の中に炭木を立てるときに根方を上にして立てる。下の部分で炭になりきらないところを「キジリ」（木尻）と呼んだ（静岡県島田市川根町家山雲見・宮脇清重さん・明治三十一年生まれ）。

キセブリ・コンバ【諸職・曲物屋・木出し】柄杓《ひしゃく》素材選定にかかわる「トイコミ」を終え伐出を決定した唐《とう》檜《ひ》・アイソ・樅《もみ》などの立木に、「キセブリ」と称して樹皮に鉈目《なため》を三本刻み、選定の印とする。この印のある木には他人は手をつけてはならないという約束があった。こうしておいて、麦蒔きが終わると男たちは再度山に入り、伐木にかかった。木は「コンバ」または「ヤマドリ」（山取り）と称して搬出しやすい大きさに切り、かつ割った。この地には「ナツコンバ」という語彙があり、実態があった。冬に伐り倒しておいた木を、夏に細分するのである。コンバは本来冬の仕事であった（静岡市葵区小河内・望月藤三郎さん・明治四十一年生まれ）。「キセブリ」の「キ」は「木」であり、「セブリ」は「セビリ」と同義で、本来共同体の木をねだり求めるという意だったのである。また、「コンバ」は「コバ」（木場）であり、「木場」は伐り出した木を一時貯めておく場所である。背負える形にした木を貯めておき、そこから順次里に背負いおろしたのである。▼トイコミ

キダテ【諸職・紙漉《す》き】紙の原料である「カンズ」（楮＝コウゾ）を、剝いた皮でなく木のまま、畑に生えているままで売買すること、または、木のままの状態の楮《こうぞ》を「キダテ」という（静岡県榛原郡川根本町崎平・堀井惣一さん・明治四十四年生まれ）。

キリコ【諸職・炭焼】炭を切り整える際に出る屑炭のことを「キリコ」（切り粉）と呼んだ（静岡県島田市川根町家山雲見・宮脇清重さん・明治三十一年生まれ）。

キリナガシ【椎茸栽培・ボタ木以前】椎茸の原木のことを「ナバギ」（ナバ木）と呼ぶ。ナバ木伐りの季節は、ケヤキ・サクラの葉が紅葉する季節がよいとされた。ソヤの木（アカシデ）は早く倒し、次にナラ、その次にクヌギを倒す。コナラ・ミズナラなどの木を伐るときには、鉈《なた》で木に疵《きず》をつけ、木に耳を当てると水分が動いているときには音がする。水分が動いているときには、疵口《きずぐち》を舐めてみると甘い。音がしなくなり、樹液に甘味がなくなって水が止まったときに伐るとよい。タマギリは春先に行った。鉈目《なため》の時代（人工的に菌を植える方式の前の、自然発生の時代）には鉈《なた》で千鳥に疵《きず》をつけた。鉈目《なため》時代、タマギリしないで倒したままの木に疵《きず》をつけ椎茸を出させる方法を「キリナガシ」（伐り流し）と呼んだ（宮崎県東臼杵郡椎葉村不土野尾前・尾前新太郎さん・大正十一年生まれ）。

キンコウジ・ドロコウジ【柑橘類栽培・柑子《こうじ》】柑子《こうじ》は在来ミカンの一種で耐寒性があり、果実は小さく扁平である。少年のころ、家では「キンコウジ」と「ドロコウジ」を二反歩ほど栽培していた。「キンコウジ」（金柑子）は径五センチほどで色も鮮やか、肌も美しく味もよい。正月前に葉をつけた形で出荷した。儀礼用としての需要があった。金柑子《きんこうじ》は家でも鏡餅の上に飾った。三月の節供には榧《かや》の実・昆布・餅とともに金柑子《きんこうじ》も供えた。「ドロコウジ」（泥柑子）は青く、径四センチほどで貯蔵しておいて、五月ごろ出荷した。柑子蔵《こうじぐら》（貯蔵庫）は赤土で作られ、八寸の厚壁でヒンヤリとしていた。柑子《こうじ》は竹簀《たけす》の棚段に並べられていた。ドロコウジは家で菓子代わりに食べるものだといわれていた。柑子《こうじ》ミカン栽培が成立したのは、比較的近くに大阪という市場があったからである（奈良県五條市西吉野町湯川・中西孝仁さん・昭和四年生まれ）。

クサトウリョウ【寒天製造・出稼ぎと労務組織】寒天製造は季節労務者の組織で行うことが多かった。組織は、①頭領、②釜脇（寒天イテドリ＝温度を見て外に干す。二人一組で外の仕事）、③上人《じょうびと》（釜に二人ずつつき、型を取る）、④中人《なかびと》（道具管理。釜に一人。下人《したびと》と呼ばれることもあった）となっていた。頭領は「クサトウリョウ」とも呼ばれ、天草の管理・整理・煮沸などにあたった。天草の塩抜きや、水車の臼で搗《つ》いて軟らかくする仕事なども担った。青垣町から冬季、寒天作りの季節労務に出た人は多かった。出稼ぎ先は大阪府豊能郡、京都府船井郡その他だった（兵庫県丹波市青垣町桧倉・足立敏之助さん・大正四年生まれ、ほか）。

クチシバトリ【炭焼・炭俵】萱《かや》で編んだ炭俵の蓋を「シバ」（柴）で作った。これを「クチシバ」（口柴）と呼んだ。シデの枝は行儀がよくクチシバに適しているといわれた。角俵の蓋の抑えを「ガクブチ」と称し、これにはクロモジがよいとされた。クチシバやガクブチの素材を採取しに行くことを「クチシバトリ」（口柴採り）と称した。炭俵に萱《かや》を使うようになったのは昭和二十五、六年からで、それ以前の炭俵は藁製だった。藁は蓋が作りやすくて便利だった（福井県小浜市上根来・岩本重夫さん・大正十三年生まれ）。

クネチャ【茶産・クネ栽培】「クネ」とは垣または囲いのことで、定畑の周囲を囲むように植えた茶のことを「クネチャ」と呼ぶ（静岡市葵区田代・滝浪文人さん・大正五年生まれ）。

クラシ①【巡回来訪者・鞍師】「クラシ」とは馬の鞍を作る職人のことだが、この場合、馬の荷鞍を作る巡回職人の「クラシ」（鞍師）を指す。毎年長野県下伊那郡根羽村から巡回してきて、二泊して鞍の修繕をしていった。鞍は鞍橋という木の骨組みに藁で肉付けをして、外を木綿の厚布で包んで作るのであるが、使い続けると布が破れたり、藁のバランスが崩れたりしてくる。鞍師は傷んだ鞍を修繕するのであるが、これを「クラヅツミ」（鞍包み）と呼ぶ。その際、馬の体と鞍を合わせ、鞍擦れのする「アタリ」（当たり）と称する箇所の藁の量を調整した。鞍修繕のほかに「オモヅナ」（面綱）も作った。麻を芯にしてビロードを巻き、金具をつけた。面綱は当歳馬からつけた（長野県飯田市立石・佐々木要蔵さん・大正七年生まれ）。

クラシ②【巡回来訪者・鞍師】牛馬の鞍を作る職人のことを「クラシ」（鞍師）と呼んだ。農耕・運搬に牛が主役を務めていた時代には、それと連動して牛の鞍を作る職人がおり、その根拠地があった。福井県三方上中郡若狭町河内の石田善次郎さん（明治四十一年生まれ）の代には養蚕・三椏《みつまた》栽培・コロビ（油桐《あぶらぎり》）栽培・焼畑などを複合させていたのだが、父、鶴三郎さんの時代には「牛の鞍」作りが中心で、鍬台・鍬柄なども製造した。ムラのなかには「テスキ」（雪掻き篦《へら》）を作る者もおり、ケヤキや桑の木を素材として椀・盆・コネ鉢を作る木地屋もあった。河内は木工の技能集団のムラだった。鶴三郎さんは毎年三月・四月に三方郡美浜町の河原市で家を借り、泊まりこみで牛の鞍・鍬台を作ったり修理をしたりした。鞍の素材は樫だった。県外、丹波の和知へ泊まりこみで鞍作りに出かけたこともある。ほかに河内の鞍師で、丹波・伊勢・美濃などへ旅仕事をした者もいた。

クリカス【諸職・木地屋・刳《く》り滓《かす》】木地屋では椀の粗形《あらがた》取り・内刳《うちぐ》りなどの工程で大量の「クリカス」（刳り滓）がでる。いわゆる木っ端である。木地材の大方がブナである。刳《く》り滓《かす》を干しておけば燃料には不自由しなかった（福島県耶麻郡西会津町奥川飯根弥平四郎・小椋クラさん・明治四十一年生まれ）。

クロクワ【諸職・石工《いしく》】戦国時代・江戸時代おのおのに「クロクワ」の職掌があり、近代以降も地方によって石にかかわる職掌がさまざま伝えられている。当地では、「クロクワ」は石垣積みと家屋建築の基礎工事を担う石職人を指した。家の建前儀礼として、棟に立てたボンテン（梵天）から各職人が五色の布を引いて餅投げをして祝う方法があった。布の色は以下のとおりである。①棟梁＝赤、②杣《そま》（角材削《はつ》り出し）＝黄、③クロクワ＝黒、④木挽＝青、⑤大工＝白。屋敷の基礎固めをするときに、音頭出しに従って大勢で地搗《つ》きを行うのであるが、クロクワはその様子を見ながら適宜、当該箇所の条件を満たす礎石の配置を差配するという仕事も行った

（静岡市葵区井川・長島角太郎さん・明治三十四年生まれ）。▼ハツリヤマシ

クロソ・シロソ【諸職・紙漉《す》き】 和紙の原料にする楮《こうぞ》の皮の呼称で、皮を剝き、粗皮をつけたまま乾燥させたものを「クロソ」と呼び、水さらし・粗皮除去・煮沸・「チリキリ」（粗皮カス除去）・「アクダシ」（水さらし）などのあと乾燥させたものを「シロソ」と呼んだ。吉野紙のブランド化は早く、明治末期には丹波、美作、県内の宇陀からクロソが入り、四国からはシロソが送られてきていた。吉野紙の一種に「ウルシゴシ」（漆を濾《こ》すのに使う和紙）があった（奈良県吉野郡吉野町窪垣内・殿丑太郎さん・明治三十六年生まれ）。

正式な吉野紙や、宇陀紙と呼ばれた表装紙・障子紙・傘紙とは別に、クロソの粗皮やシロソの「スレ」（疵《きず》もの）を煮て「チャダテ」（茶袋）や「コメダテ」（米袋）を漉《す》いた。吉野紙の紙漉《す》きが冬期であるのに対して、こちらは七月・八月・九月の仕事だった。

クロフンドシ【茶産・茶師】 紺の六尺褌《ふんどし》のこと、また、それを締めた茶師を「クロフンドシ」と呼んだ。藤守の男たちは茶師（焙炉《ほいろ》師《し》）としての技術が優れており、お茶の季節に茶所へ季節技術労務者として赴いた。このとき藤守の男たちは皆クロフンドシを締めて行った。「藤守のクロフンドシは他地の茶師を煽り出す」との評判をとった（静岡県焼津市藤守・加藤正さん・明治三十二年生まれ）。

クワイチ【養蚕・桑の流通】 山間部で狭隘《きょうあい》な耕地ゆえにじゅうぶんな桑畑のない状態で養蚕を行う農家や、水田稲作を中心としながら養蚕を営む農家もあった。そんな農家では他者から桑を求めなければならなかった。ここに「クワイチ」（桑市）が発生した。以下は廃村になった山中のムラ、山形県南陽市小滝旧水林集落出身の大場宇蔵さん（明治三十三年生まれ）による。水林の人びとは桑市で桑を求めた。同県西置賜郡白鷹町荒砥・同町十王などには、桑栽培専門の農家があった。その農家では毎朝、荒砥の町の松川屋・梅川・鶴屋など四軒の桑問屋に桑を納めていた。桑問屋は毎朝その桑で町の通りに桑市を開いた。通りに「ムシロヅツ」（筵筒）に詰めた桑を並べるのである。筵筒《むしろづつ》の底は円形で、「ソコムシロ」（底筵）と呼び、「カイコムシロ」（蚕座《さんざ》）の古いも

のを用いた。筵筒《むしろづつ》は「〇〇貫目立ち」と称して、二十〜二十五貫目入りが中心だった。さまざまな量の筒があったので、買い手は自家で必要とする量の筒を求めた。桑は主として、水林・細野・新屋敷・萩野など山間部の人びとによって求められた。大正時代から昭和初期にかけてのことである。当時、桑は一貫目二銭だった。市の桑は二時間ほどで売り切れた。桑市にはいつも二十頭前後の駄賃取りの馬が控えていた。桑を買った人びとは駄賃取りの馬を雇ってムラまで運ばせた。強い馬は二十〜二十五貫の筵筒《むしろづつ》を二つ背負った。水林までの駄賃は大体一円五十銭前後だった。峠の荒砥側の馬頭観音のところまで登ることができればその馬はつぶれないといわれていた。

クワコキ①【養蚕・桑】 春蚕《はるこ》の「クワコキ」（桑扱き）のために桑の芽前線を追って、桑の葉を扱《こ》きながら標高の低いムラから高いムラへ移動する男の季節労務者を「クワコキ」と呼んだ。桑畑の桑の葉摘みは女性でもできるのだが、山桑扱《やまぐわこ》きは男でなければできなかった。「カノ」（焼畑）の輪作を終えて休閑させる際に植えた山桑《やまぐわ》は五年たてば摘めるのだが、それが大きく生長している場合もあり、ほかに山中にも山桑《やまぐわ》があったからだ。大井沢では春蚕《はるこ》には山桑《やまぐわ》を、夏蚕《なつこ》・秋蚕《あきこ》・晩秋蚕《ばんしゅうこ》には桑畑の一年刈りを与えるのが常だった（山形県西村山郡西川町大井沢出身・富樫音弥さん・明治三十六年生まれ）。

クワコキ②【養蚕・季節労務】 養蚕の春蚕《はるこ》の掃き立てが五月十日、上蔟《じょうぞく》が六月末日だった。この間、桑扱《こ》き、給桑《きゅうそう》などの労務者が各戸に泊まりこみで入った。浜方の由良・黒森・浜中からは女性が、田方の三川・羽黒方面からは男性が入った。多い家では六〜七人雇った。右のような養蚕にかかわる泊まりこみの季節労務者を「クワコキ」（桑扱き）と総称した（山形県鶴岡市田麦俣・渋谷賢造さん・明治三十年生まれ）。

ケタイシ・フドウイシ【諸職・炭焼】 炭窯《すみがま》、とりわけ高温に達する備長炭の窯にとって、火力調整・空気調整にかかわる「カマクチ」（窯口）と「ヒアナ」（火穴＝煙出し）の設置には正確な技術が求められる。窯口の床部に据える石を「カキオトシ」と呼び、対応する火穴の床部に据える石を「ケタイシ」（桁石）と呼ぶ。窯床全体に

「ミズイナシ」（水去し）と呼ばれる平たい河原石を敷きつめる。窯の内部から火穴に煙を出す口部で、ケタ石の上の窯壁《かまかべ》につける石を「マスイシ」という。そして、火穴の、窯壁《かまかべ》の反対側で、山つきの土壁の床部に斜めに据えられる石を「フドウイシ」（不動石）と呼ぶ。ケタ石・マス石・不動石の集まる火穴の基部は炭窯《すみがま》の要所である。ケタ石の選定と設置は炭焼の秘伝とするところだとして、窯が捨てられるときには窯主はこれを取りはずすのが通例である。また、「不動石のまわりには「大神さん」という炭窯《すみがま》を守る神様がいる」と称して、窯に炭木を詰め終えた日には、白い握り飯と小豆飯の握り飯を火穴の上と焚き口（窯口）に供えた（和歌山県西牟婁郡すさみ町太間川下村・大畑三郎さん・大正三年生まれ）。

ヒキエブリを使っての窯出し（和歌山県西牟婁郡すさみ町太間川下村、大畑三郎さん）

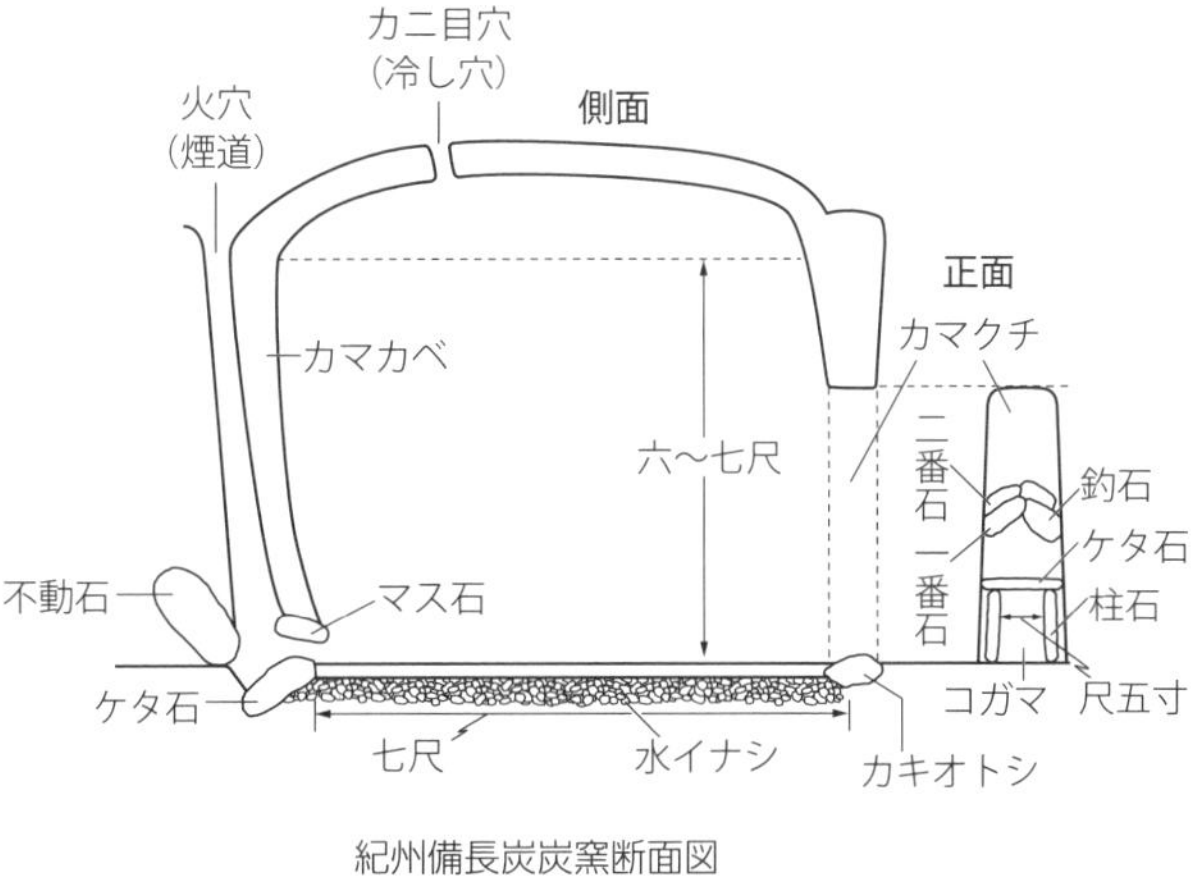

紀州備長炭炭窯断面図

ゲタダイ【下駄台製造】 男の冬の仕事は、山小屋で胡桃の木（サワグルミ）を素材として「ゲタダイ」（下駄台）を作ることだった。男ものは八寸×四寸×二寸、女ものは七寸×三寸八分×一寸六分の寸法である。下駄台作りの用具は「ゲタヨキ」（下駄斧）と呼ばれ、刃幅十五センチ、三角形で重量があり、柄は十八センチと異様な形態で、重量で木を割る形のものである。下駄台ができると、高さ三尺、三尺四方の粗く横木を渡した棚の上に下駄台を横に立てて積み、下で火を焚いて乾燥させる。この段階で下駄台に黄色い色がつくのだが、色がついたほうが値がよかった。下駄台は二十四足分を一把と呼び、一日二把作ることが標準とされた。運搬も二把が一荷となった。乾燥が終わると男たちは一荷を背負い、二本杉峠を越えて下益城郡旧砥用町まで運び出した（熊本県八代市泉町樅木・加藤国記さん・明治四十四年生まれ）。▼アラゲタ

コオリドウフ【諸職・氷豆腐製造】 冬期、豆腐を、主として夜間屋外で凍らせてから乾燥させた食品を「コオリドウフ」（氷豆腐）という。高野豆腐・凍み豆腐と同じものであるが、大阪府河内長野市・同府南河内郡千早赤阪村・和歌山県橋本市などではこれを「コオリドウフ」と呼んだ。豆腐を自然凍結させる気象環境でなければできない。以下は和歌山県橋本市山田の山本宇内さん（大正二年生まれ）の体験と伝承による。里に住む施主と呼ばれる製造元とは別に、標高七〇〇～八〇〇メートルの高地に豆腐小屋を置く。氷豆腐の製造組織は以下のとおりだった。①「カマモト」（釜元）一人＝製造全般の監督のほか、豆汁を固める技術、凍結の予測なども必要になるため、判断力のある経験豊かな者がこれにあたる。②「ウスモリ」（臼守り）二人＝大豆を大型の石臼で碾《ひ》く。③「カスリ」一～二人＝碾《ひ》いた大豆を搾って汁とカスを分ける。④「ホイロ」（焙炉）一人＝凍らせた豆腐をもどしてから焙《あぶ》る。昼夜交替で行う。⑤「ヨンバ」（読み場）三人＝製品の点検、箱詰めをする小番当・記帳をする中番当・販売交渉をする大番当。豆腐製造にかかわる季節労務者は伝統的に但馬地方からやってきていた。施主でありながら釜元を兼ねた宇内さんは、その夜豆腐が凍るか否かを判定するために、夕方、棚場に豆腐のオカラを山盛りにして三つほど並べ、凍て加減を見て豆腐を出すか否かを決定した。製品は、大は千切一箱、小は千二百切一箱に纏《まと》め、牛の両側に振り分け、背にも一箱、牛方が背に二箱背負って、山から里の施主の家へ下った。そこから堺の問屋までは河内長野の運送屋が牛車で運んだ。

コクソ【養蚕・蚕糞《こくそ》の肥料化】 蚕の糞を「コクソ」(蚕糞)という。蚕糞《こくそ》は粟・大豆・黍・蕎麦・稲などの肥料に使った。例えば、蕎麦種を蚕糞《こくそ》・人糞尿・熊笹の焼き灰と混ぜて練り蒔きにした。「蚕糞《こくそ》一俵は一日の日当にあたる」といわれていた。蚕糞《こくそ》は乾燥させ、叺《かます》に入れて保存した(長野県松本市奈川古宿・忠地由正さん・大正十五年生まれ)。▼ウナコ

コサギ【山葵《わさび》栽培・水温管理】「日陰を作る木」の意味で「コサ」は榛《はん》の木《き》「木陰」「木障」などの漢字があてられるが、伊豆の山葵田《わさびだ》では榛の木が山葵田《わさびだ》の中に植えられた。「コサギ」(木障木)である。夏季、その木陰によって水温の低下が得られ、秋から冬季には葉が落ちるので日照が得られる。また、榛《はん》の木《き》はその根瘤菌によって肥料効果をもたらす。榛《はん》は苗木を育てておいて、六尺ほどになったところで山葵田《わさびだ》に移植した(静岡県伊豆市原保・山口値さん・大正四年生まれ)。

山葵田のコサギ(榛)(静岡県伊豆市原保)

コタネヤ・タネヤ【養蚕・蚕種《さんしゅ》】 蚕の種(卵)を、羽化した蛾によって種紙に産みつけさせたものを売る蚕種商《さんしゅ》のことを「コタネヤ」(蚕種屋)または「タネヤ」(種屋)という。蚕種屋の営業構造は、時代や地域によって大きく異なる。自然の摂理にもとづく春蚕《はるこ》のみの場合は単純であるが、春蚕《はるこ》に加えて夏蚕《なつこ》・秋蚕《あきこ》・晩秋蚕《ばんしゅうこ》など、気温の異なる複数の季節に応ずる多期養蚕の場合は、蚕種《さんしゅ》の孵化抑制をして養蚕農家に蚕種《さんしゅ》を配らなければならない。

長野県松本市安曇稲核に前田という蚕種屋があり、蚕種《さんしゅ》を冷温の風穴に入れて管理していた。前田英一郎家の裏には、現在も蚕種《さんしゅ》管理に使った風穴蔵が残っており、蚕種《さんしゅ》を仕分けて管理した棚もある。掃き立ての日によって「〇日掃き」「〇〇日掃き」と種を仕分けて配送していたのである。掃き立ては養蚕農家の標高や地形

によって異なる。それは桑の発芽と連動する。

静岡県浜松市北区引佐町井伊谷の中井正治（大正二年生まれ）家は「三撰館」という種屋だった。種紙の風穴貯蔵もしたが、別に、標高差のある五か所の養蚕農家に種繭生産を依頼していた。一番標高の低いところは浜松市北区引佐町井伊谷（標高二〇～五〇メートル・春蚕《はるこ》上蔟《じょうぞく》五月上旬）、最も高いところは愛知県北設楽郡設楽町津具（標高六六〇～七〇〇メートル・春蚕《はるこ》上蔟《じょうぞく》六月上旬）で、これをさらに孵化抑制に生かしたのである。

長野県飯田市伊賀良中村の松江良男（大正六年生まれ）家は「稲葉館」という蚕種屋だった。同家の孵化抑制は天然氷の氷倉に依存していた。

蚕種屋の努力とくふうは深く多様だった。

コマドリ【林産・木材搬送】山林労務・河川流送に携わる者を「ヒヨウ」（日傭）・「ヒヨウサン」（日傭さん）と呼んでいた。労働は組織的で、仕事の終了は笛で告知された。「カラカラ……」と鳴る笛の音を駒鳥の鳴き声に聞きなし、合図のことを「コマドリ」（駒鳥）と呼んだ。夕方日傭《ひよう》さんに疲れが出るころ、「木遣節」に「コマドリ」が登場する。〽ホラ　サイタサイタ（差いた差いた）　ヤンチャノコレワイサ　駒鳥ゃ鳴くからそれまで頑張れ――（静岡市葵区田代・望月初正さん・大正元年生まれ）。

コロビ【油桐《あぶらぎり》栽培】トウダイグサ科の落葉高木のアブラギリの木を指すこともあるが、主としてその実のことを「コロビ」と呼ぶ。種子から搾る油は油紙・雨傘塗料として利用され、灯火油ともなった。また、白壁塗りの乾燥材としても使われた。コロビ拾いは十月十五日ごろである。カズラテゴ（葛手籠）を手に持ち、いっぱいになると布袋または俵に入れた。地面に落ちた実を拾うのだから、事前にコロビ畑の下草刈りをしておかなければならない。草刈りは彼岸前に行う。草の刈り方が悪いと草の刈り口で手を刺し、手が血まみれになる。つうさんは草の刈り方が悪いと叱られたことがあった。山の畑には二間四方ほどのコロビ小屋があり、その中に板囲いを作って、そこに拾ったコロビを半月ほど寝かした。蒸れて皮が腐りかけるころ、ケヤキでできた径三尺ほどのコロビ臼で搗《つ》き、簁《とおし》で皮と実を分ける。一番ゆすり（真竹を割って作った格子の簁《とおし》）、二番ゆすり（篠竹格子の篩《とおし》を使って選別する。精選した実を二週間ほど日乾《にっかん》し、四斗俵に入れて仲買人に渡す（福井県三方上中郡若狭町河内・石田つうさん・明治四十三年生まれ）。

同じ若狭でも、福井県三方上中郡若狭町神子の坂上三次郎さん（明治三十九年生まれ）は以下のように語る。アブラギリの実のことを「キリミ」（桐実）と呼んだ。当地ではアブラギリの苗を島根県の石見から入れていた。キリミの花は白い花房で、遠くから花が見える木には実が生《な》らない（雌雄異株）。外皮つき四俵のキリミを径三尺のキリミ臼で搗《つ》くと、実は一俵になった。キリミと米とが同じ値段の年があった。キリミと養蚕は生業複合の重要な構成要素だったという。

コワケ・オオワケ【諸職・木挽】 木挽は姿勢がよくなければいけないと注意された。木挽修業のはじめは「コワケ」（小分け）といって、角に切られた材を板にすることから始める。小分けができるようになると、「オオワケ」（大分け）といって、丸太から角材を挽き出す技術を覚える。慣れないうちは鋸を持つ手が豆だらけになる。鋸も「大切り」「前挽き」「縦挽き」「横挽き」などがあり、おのおのを使いこなすには技術を要する。木挽きは「ショイゴリ」（背負行李）と呼ばれる籠を背負う。その中には、鎹《かすがい》二十本・墨壺・鑢《やすり》・弁当などを入れる。紐をゆるめにして前挽きの大鋸を挟んで背負う（静岡県浜松市天竜区水窪町奥領家大嵐・高氏作太郎さん・明治二十三年生まれ）。

サイウチ【諸職・鍛冶屋・鍬の修理】 平鍬・唐鍬・「ミツゴ」（三本鍬）など、おのおの使い続けると先端が磨耗するので鋼を加えて補修しなければならない。鍛冶屋が行うこの作業のことを「サイウチ」（先打ち）と呼んだ。鍛冶屋が巡回してサイウチの必要なものを請けて預り、補修後配達するという形があった（高知県高岡郡檮原町太田戸・中越盛行さん・明治四十三年生まれ）。

サイカヂ【諸職・鍛冶屋】 磨耗した鍬先の補修や、鍬の柄を受ける部分をつけることを専門とする鍛冶屋を「サイカヂ」と呼んだ（愛媛県西条市西之川・藤原一策さん・明治四十五年生まれ）。

「サイカヂ」の「サイ」は「先」の意であり、サイカヂは「鍬先を補修する鍛冶屋」の意、「先鍛冶」である。

▼ハガネイレ

サエル【林産・伐出】 年輪を重ねること、長い時間を経ることを「サエル」という。「サエた木」という表現をする。古木のことである。サエた木は用材にしたときに狂いが出ない（静岡県榛原郡川根本町東藤川小長井・小長谷吉雄さん・明治四十五年生まれ）。

宮崎県東臼杵郡椎葉村不土野尾前の尾前新太郎さん（大正十一年生まれ）は「神楽せり唄」のひとつとして次の唄を伝えている。〽サエは雪　コーマは霰《あられ》　里は雨　何とて雲にへだてあるろか――。集落の標高によって差異はあるが、尾前の場合、サエは九〇〇メートル以上の高山、コーマは六〇〇～九〇〇メートルの中間の山、里は五〇〇～六〇〇メートルの間だという。歌中にある「サエ」（「サエヤマ」とも）は高山・奥山の意で、この項でいう「サエた木」の多い山ということになり、ここに民俗語彙の脈絡が感じられる。

ザクヤ【諸職・板屋根職人】 杉板のコッパで屋根を葺く職人のことを「ザクヤ」と呼んだ。「コッパヤ」と呼ぶこともあった（岩手県和賀郡旧湯田町長松・高橋仁右衛門さん・大正九年生まれ）。▼ザク

ザッチュードン【巡回来訪者】 田の畦《あぜ》に穴をあけ、畦《あぜ》崩れ・漏れを起こし、畑作にも害を与えるモグラは農民の敵である。そのモグラを退治する呪力を持つという「ザッチュードン」と呼ばれる男が巡回してきた。袋を担ぎ杖をついてやってきた。ザッチュードンは杖で地面を突き叩く呪的儀礼を行い、謝礼として米を受け、袋に入れて帰っていった。吉永には「モイヤマ」（信仰の森）があり、森神・地神ほか、さまざまな神々が祀られているのだが、そのひとつに丸石自然石の「ザッチュードン」がある。モグラを鎮める神だという（鹿児島県指宿市池田仮屋吉永・吉永隆巳さん・大正八年生まれ）。

巡回来訪するザッチュードンとは、不思議な呼称であるが、その原義は「座頭殿《ざとうどの》」だと考えられる。杖を大地に突き、それをセンサーのように使いこなす座頭《ざとう》は地下の様子を熟知しており、よって、モグラを抑える力

があると信じられたのである。

サルモギ【椎茸栽培・鳥獣害】 椎茸栽培のボタ場にはさまざまな獣や鳥がやってきて害を与える。猿は椎茸の笠だけを食べてゆく。これを「サルモギ」（猿捥ぎ）と呼ぶ。これにもとづき、人が椎茸を雑に採取することを「サルモギ」と称してこれを戒めている。鹿は剃刀で切ったように椎茸を喰う。リスもよく椎茸を喰ってゆく。「ケラ」（啄木鳥）はボタ木の中にいる昆虫の幼虫を喰うためにボタ木をつついてしまう（静岡県浜松市天竜区春野町杉字杉峰・増田彦左衛門さん・明治四十四年生まれ）。

シイタケボタ【椎茸栽培・原木】 椎茸栽培用の原木を「シイタケボタ」という。原木材はコナラを一番とし、次いでミズナラを使う。ともに十八年ほどのものをよしとした。椎茸栽培に適した伐採時期があり、それは、秋、葉が色づくころとされる。「木が鳴くころに伐れ」といわれている。幹に鉈《なた》を入れると「キュー」という音がして水を出す。ボタの組み方やボタ置場によって椎茸の出方が異なる（長野県飯田市南信濃八重河内本村・山﨑今朝光さん・大正十一年生まれ）。

シオハマ【諸職・製塩】 流下式製塩・蒸発法電気透析法などの機械化された製塩法以前の塩作りの方法に入浜式塩田があった。瀬戸内海沿岸では、入浜式塩田の労務や組織にかかわることを「シオハマ」（塩浜）と呼んできた。以下は、愛媛県越智郡上島町岩城（岩城島）の西村利夫さん（大正十四年生まれ）による。シオハマの労働組織は次のとおりだった。①親分＝塩田全体の運営管理責任者。②「ダイク」（「シオハマダイク」とも）＝塩田およびかかわる作業の現場責任者。③「ジョウバンコ」（上浜子）＝「ヂバ」（塩田そのもの）の管理責任者。④「サシバンコ」＝上浜子の補佐役。⑤「ハナエ」＝潮水汲み。「ハナエタゴ」という一斗五升入りの潮汲み桶がある。⑥「カシキ」＝炊事および手伝い。

シクタマユ【養蚕・汚れ繭】 表面が汚れたり、染みがついたりした繭のことを「シクタマユ」という。出荷に際してシクタマユを選り出して集めておくと、「シクタカイ」（汚れ繭買い）が巡回してきたので、シクタマユを売った。シクタ買いは「タママユ」と呼ばれる双子繭も買っていった。家庭ではタママユから真綿を取った（長野県飯田市上村下栗小野・成澤福恵さん・昭和三年生まれ）。▼オオマユ・マワタ

シチョウ【養蚕・春蚕《はるこ》の保温】 和紙を貼りつないで蚊帳状にしたものを「シチョウ」（紙帳）という。紙帳は冬季における人の防寒用具にもされたが、養蚕の保温具としても用いられた。それは縦・横・高さがおのおの六尺で、上部の四隅を蚊帳のように紐で吊るものだった。春蚕《はるこ》の季節は寒いので、蚕の二眠まで紙帳を吊り、中に炬燵《こたつ》を置き、炭を使ったので、紙帳は茶色になっていた（富山県南砺市利賀村阿別当・野原ことさん・大正四年生まれ）。

シナバタ【諸職・樹皮織り】「シナバタ」（科機）は次のように行われた。①シナ（科）の木の内皮を剝いできて三～四日乾かす→②ナラ類の灰を入れて丸一日煮る→③桶に水と米糠を入れ、その中にシナの皮を浸けてアク抜きをする→④三日間ほど干す→⑤水に浸けてから裂く→⑥つなぐ→⑦玉にする→⑧縒《よ》りをかける→⑨機にかけて織る。山から皮を剝いでくるのは男の仕事、そのほかは女の仕事とされていた。「シナヌノ」（科布）の単位は五尺幅で長さ二丈だった。主として山形県の鶴岡市に出したが、自家で米・粟・大豆などを入れておく袋にもした（新潟県村上市山熊田・大滝キヨ子さん・大正十二年生まれ）。

シモヒマチ【茶産・遅霜防除祈願】 茶栽培にとって遅霜は敵である。茶所である当地では一番茶が始まる前の四月二十五日、宿を定め、米を持ち寄って餅を搗《つ》き、夜明かしをして遅霜が来ないように祈った。これを「シモヒマチ」（霜日待）と称した（静岡県榛原郡川根本町水川尾呂久保・土屋猪三雄さん・大正四年生まれ）。

シャク【生業複合・イチビ栽培】 アオイ科の一年草「イチビ」（莔麻）の茎の皮を剝離し、その繊維を畳表の藺草《いぐさ》を織る際の縦糸に使った。農家の副業としてイチビ栽培から皮の剝離・乾燥までが行われた。茎から皮を剝離

しやすくするために茎を「ヒシャゲル」(圧迫裂化する)必要があった。杉か檜《ひのき》の六尺余の杭を打ちこみ、長さ四尺の竹の下部を杭に結束する。杭と竹の間にイチビを挟んでから竹の上部を杭に押しつけ、イチビを引いてゆく。この装置と作業を「シャク」と呼んだ。剥いた皮は河原で稲架《はざ》掛けして乾燥させた(静岡県浜松市北区引佐町三岳・安間文男さん・大正五年生まれ)。

シャクガミ【林産・檜《ひのき》・曲物素材】曲物素材としての檜《ひのき》は直径一尺以上の木を適材とし、これを「シャクガミ」(尺上)と称した。また、風当たりの強いところの檜《ひのき》は脂《やに》が出るので曲物には使うなといわれていた(長野県塩尻市奈良井・小島俊男さん・昭和五年生まれ)。

ショーバタ【諸職・製塩】揚浜式塩田のことを「ショーバタ」(塩畑)と呼んだ(静岡県焼津市利右衛門・吉田近治さん・明治二十年生まれ)。

ショベタレマユ【養蚕・汚れ繭】汚れた繭、濡れた繭のことを「ショベタレマユ」(小便垂れ繭)と呼び、真綿用にした。蛹《さなぎ》は干して鶏の餌にした。蛹《さなぎ》を与えるとよい卵を産むといわれていた(山形県酒田市天神堂・佐藤恒男さん・大正九年生まれ)。▼シクタマユ

シロキ・クロキ・カナギ【林産・樹種の類別呼称】大井川上流部山地から出材し、河川流送した材木の樹種を「シロキ」=杉・檜《ひのき》、「クロキ」=樅《もみ》・栂《つが》・落葉松《からまつ》・唐檜《とうひ》・クロマツ、「カナギ」=ミズナラ・コナラ・シデ・シナほか、と呼び分けていた。扱いは、シロキ・クロキで九〇%、カナギが一〇%だった(静岡市葵区田代・望月初正さん・大正元年生まれ)。

スガキ【養蚕・熟蚕】蚕が熟蚕になり、糸を吐いて繭を作りはじめる状態を「スガキだした」「スガク」(巣掻く)などという。養蚕ではスガキだす前に「マブシ」に入れるのだが、藁マブシは、自家で機械編みをした。標高一〇

〇〇メートルの古宿で穫れる稲は、高冷品種の「南栄」「尾花沢」など稲丈が短かったので機械に合わなかった。そこで、農協を通じて丈の長い里藁を求めていた（長野県松本市奈川古宿・忠地由正さん・大正十五年生まれ）。「スガキ」はヤマトコトバである。「マブシ」には「蔟」「蚕薄」などの漢字をあてるが、これもヤマトコトバで「真伏」の意と思われる。マブシの素材は種々試みられてきた。藁と割り竹・萩の茎・針金・ボール紙などがあった。名越左源太の『南島雑話』には蘇鉄の葉がマブシの役割を果たしている図が描かれている。静岡県藤枝市の広い水田地帯で大量生産された藁マブシが長野県へ輸送されていた例もある。

ズリダビキ【林産・木材の牛力搬出】 構造材としての径一尺前後、長さ二間の落葉松《からまつ》、根太や枕木にする栗材の丸太を、牛を使って地上を牽《ひ》いて出材することを「ズリダビキ」（摺り太牽き）という。連結鎖を使って複数本を牽《ひ》くのであるが、牛の引き綱に連結させる木を「ドッコイボウ」と呼ぶ。「ドビキ」（土牽き）とも呼ぶこの搬出は九月十日から十二月下旬までで、積雪後は人力橇によった（長野県松本市奈川古宿・忠地由正さん・大正十五年生まれ）。

ソウダイ・ハギダイ【林産・木馬《きうま》】 山中から木材を搬出するのに「キウマ」（木馬）を使った。「キウマミチ」（木馬道）をつけ、傾斜地にはウダイカバ・シラカバなどの枕木を並べ、平らな部分には滑りのよいミズナラの枕木を並べた。木馬《きうま》は、橇の滑走板にあたる部分と、その上にのせる荷台となる構造部からなる。木馬《きうま》のすべての部分を樫の木で作ったものを「ソウダイ」（総台）と呼んだ。別に、滑走板を樫またはミネバリ（峰榛＝オノオレ）で作り、台の部分を樅《もみ》の木で作ったものを「モミダイ」（樅台）、または「ハギダイ」（接台）と呼んだ。「ハギ」とは、「ハグ」（接合する）という意味である。総台を最良とした。潤滑油には菜種油を使った。搬出材はパルプ材だった（長野県飯田市上村中郷・熊谷繁正さん・昭和三年生まれ）。

ダイギリ・マサク【茶産・茶の木の再生と間作】 「ダイギリ」（台切り）とは、茶の木の樹力を再生させるために茶の木を根の上で切ることである。以下は静岡県榛原郡川根本町上岸の中森庄平さん（明治四十年生まれ）による。ヤブキタ種の台切りは二十五年から三十年に一度行った。その間に「ナカギリ」（中切り＝茶の木を中ほどで切ること）を五年に一度ほど行った。台切り・中切りした茶の木はその畑で焼く。肥料としての灰が獲得できる。台切りを終えた畑は広々とする。台切りをした茶の木の畝間に、「マサク」（間作、「マザク」とも）をした。間作は一年目＝蕎麦↓二年目＝里芋、あるいは、一年目＝大豆または小豆↓二年目＝里芋、のどちらかで、間作は二年間に限られた。間作をすれば除草をすることにもなるので、お茶のためにもよかった。台切り↓焼却↓間作という展開は、焼畑の技術ともつながる合理的な方法だった。

タケカイ【巡回来訪者・竹買い人】 数種類の「タケカイ」（竹買い）がめぐってきた。淡竹《はちく》・真竹を買うのは籠屋で、真竹は樽箍《たるたが》にも使われた。孟宗竹は稲架《はさ》用・杓子《しゃくし》用で、仲買人が来る。物干し竿にするのは淡竹《はちく》で、これも専門の仲買人が来た。旧暦二月・八月の闇夜めぐりの日に伐った竹は青く、虫がつかないとして好まれた（奈良県五條市西吉野町湯川・中西孝仁さん・昭和四年生まれ）。

タチキ【林産・アカマツ林の再生循環】 八十年から百年もののアカマツを建材として伐出し、信楽焼の燃料として伐出し、再生後、マツタケ山にもする。そのアカマツ林に、建材伐出に際して、種木として直上形のアカマツを一反歩に一本残す。この木を「タチキ」（立木）と呼んだ。この木の種が飛散してアカマツ山を再生、循環させたのである（滋賀県甲賀市信楽町多羅尾・岩田勘三郎さん・大正五年生まれ）。

ダチンカツギ【労働慣行・賃取り札】 御前崎は鰹漁と鰹節製造が盛んな時代があった。長・孫・今・(釜)などの鰹節工場があった。鰹船が入ると、船から鰹節工場まで鰹を運ばなければならない。運搬にあたったのは若い嫁たちが中心だった。船が入って運搬が始まることは「手風琴」の音で告知された。女たちは腰巻に脚絆、「ボーラ」（角籠）を持って集まった。一回運ぶごとに小さな木の札を受けとって、最後に清算した。これを「ダチンカツギ」（駄賃担ぎ）と呼んだ（静岡県御前崎市御前崎・松村久蔵さん・大正三年生まれ）。▼フダモッコ・カルコイクバク

タナアゲ【養蚕・上蔟《じょうぞく》】蚕がマブシに入って桑を食べなくなること、上蔟《じょうぞく》の状態を「タナアゲ」（棚上げ）という（山形県鶴岡市大網七五三掛・渡辺亀吉さん・大正二年生まれ）。

タネウリ【蚕種紙売り】蚕の種紙を持って巡回してくる商人を「タネウリ」（種売り）と呼んだ。四月末、多く下伊那郡阿南町方面から来た。春蚕《はるこ》の掃き立て期はまだ気温が低いので、蚕室には「メバリ」（目貼り）をして火鉢で炭火を起こして保温した。遅霜が来ると、桑の芽をやられるので掃き立てを遅らせなければならない。掃き立てには鷹の羽を使った。曇れば霜が来ない。夜間雨が止み、風が吹き、晴れわたると翌朝霜が降りた。遅霜の予測が役場から伝達されることもあった。掃き立てを遅らせると、ムラ中回って桑を買い集めなければならなかった（長野県飯田市南信濃八重河内本村・遠山常雄さん・大正六年生まれ）。

タビヤ【諸職・足袋屋の修業】足袋を作るには文数《もんすう》にもとづく型紙がある。一般の足袋は家庭で作る者もあり、市販の製品も出回っていた。しかし、職人の履く足袋には専門の技術が必要だった。ここでいう「タビヤ」（足袋屋）は職人の衣類と深くかかわるものだった。足袋・シャツ・股引・脚絆・腹掛けなどを作った。修業は次の段階を踏んだ。一年目＝足袋の甲縫い（半縫い）→二年目＝足袋の底付け（踵《かかと》の部分だけ。指の部分は親方）→三年目＝シャツの穴かがり→四年目＝股引・腹掛け縫製（ミシンは親方が使っていないとき少しずつ習う）（静岡県伊豆市湯ケ島・斎藤仙三さん・明治二十五年生まれ・沼津市浅間町の福沢屋で修業）。

タルマル【林産・加工・樽丸】酒樽製造の板素材を「タルマル」（樽丸）と呼ぶ。杉材で七十〜八十年ものを適材とし、三、四月に伐って冬に皮を剝く。タルマルにかかわって次のような分担があった。①「サキヤマ」＝玉切り・小切り。②「コダシ」＝山からの搬出で、主として女性が担当し、一人十五、六貫背負った。③「カワシ」（皮師）＝サビカワと呼ばれる化粧皮、茶室などに用いられる良質の皮を選び整える者。普通の皮は屋根の下地になる。④「ワリシ」（割り師）＝丸太から樽丸を割り出す。⑤「ケズリシ」（削り師）＝割り師が割った樽丸を樽に組めるように整える。⑥「マルシ」（丸師）＝樽丸を組んで樽型にする。サキヤマ・ワリシ・ケズリシ・

マルシ、それに見習いがついて、これだけで「ヒトサシ」と呼ばれ、チームをなすのが普通だった。ヒトサシの頭領はケズリシのなかから出た。タルマルは山で二か月、里で三、四か月乾燥させた。樽の等級はよいほうから極上（赤）、ウチマル（白）、マレ（普通）とあり、等級と出荷者の焼印が押された（奈良県吉野郡黒滝村脇川・茶木寅二郎さん・大正九年生まれ）。

タワラコロガシ【巡回来訪者】 正月の巡回来訪者で、長さ六寸ほどの小型の俵で、両側の桟俵《さんだわら》（俵の蓋）と俵の結び目に小さな赤布をつけた俵に長さ一間ほどの縄をつけ、母屋の内庭に俵を投げ入れては手操りながら、〽一つ転がして一千俵　二つ転がして二千俵……と祝儀をくれるまでくり返す。これを「タワラコロガシ」（俵転がし）と呼んだ。前年たくさん祝儀をくれた家では、自然に俵が縄からはずれ、俵を置いていくように仕掛けるのだという噂があった（静岡県榛原郡川根本町水川尾呂久保・土屋猪三雄さん・大正四年生まれ）。

ヂアケ【林産・杉】 植林の杉を皆伐、出材したあと、冬、「ヂアケ」（地空け）と称して枝葉を焼いた。灰は肥料となる。再植の杉苗は春植えた（奈良県吉野郡吉野町吉野山子守・上辻融さん・大正六年生まれ）。

門付芸人「俵転がし」が置いていった小型俵（静岡県榛原郡川根本町水川尾呂久保、土屋猪三雄家）

チャウタ【茶産・民謡】「チャウタ」は「茶唄」の意で、茶業に関する労作唄を総称した呼称である。茶唄には、茶畑で茶の芽を摘む際に茶摘み女たちが歌った「茶摘唄」、茶部屋と呼ばれる焙炉場《ほいろば》で茶師たちが茶を揉みながら歌う「茶揉唄」、揉みあげた茶を最後に仕上《しあ》げ箕《み》という口三尺の大型の箕で簸出《ひだ》して精選する際に歌う「仕上《しあ》げ箕《み》節」の三種類があった。「茶摘唄」＝〽赤い襷《たすき》はダテにはかけぬ　可愛い主さんの目印に――。「茶揉唄」＝〽わしが鳥なら茶部屋の棟で　鳴いて口舌を聞かせたい——。「仕上《しあ》げ箕節《みぶし》」＝〽五月半ばに静岡通りや　汽車の中まで茶の香り——。仕上げは普通三人で組み、最後に最も腕のよい者が籤出《ひだ》した。この最後の者を「アゲミ」（上げ箕）と呼ぶこともあった。茶摘唄・茶揉唄・仕上《しあ》げ箕《み》節の歌詞は本来は別個のものであったが、次第に相互流動した（静岡県榛原郡川根本町東藤川坂京・杉山義雄さん・明治三十二年生まれ）。

チャゴメ【茶産・茶産労務者用の米】茶摘み・茶師を雇うために家族の飯米とは別途に用意する米のことを「チャゴメ」（茶米）という。茶摘み七人を大洲（現藤枝市）から、ほかに茶師三人を入れ、一度に十俵の米を買ったことがある。茶摘み女にはおのおの蓑笠・トーエ（油紙）を一そろいずつ用意し、茶摘みや茶師の日当はもとより、茶摘みや茶師を周旋してくれる慶庵に対する謝金も支払う。それは、一人につき一日の日当分だった（静岡県島田市川根町葛籠・鈴木真さん・明治三十六年生まれ）。

チャブネカツギ【労働技術・肩担ぎ】「チャブネ」とは茶箱のことで、これを担ぐときには一旦左の腋の下に入れ、それをそのまま左肩にのせて担ぐ。米俵を担ぐときに同様にして担ぐことを「チャブネカツギ」（茶舟担ぎ）という。対して「アヤカツギ」（綾担ぎ）という米俵の担ぎ方があった。それは右腕で抱えたあとに左肩に担ぐという方法である。米俵担ぎの練習に、青年たちは力石を担いだ（静岡県藤枝市大東町・仲田要作さん・明治三十三年生まれ）。

ツトッコ【製塩・藁製塩入れ】塩度を高めた鹹水《かんすい》を塩釜で煮るとき、煮つめないで、湿り気のあるうちに「ツトッコ」に入れて苦汁《にがり》をしたたらせて取る。「ツトッコ」とは、藁で編まれた漏斗状の容器で、口径約八寸、長さ藁丈で、穂先を集めて括る。「苞ッ子」の文字をあてることができるが、焼津市藤守の大井八幡宮に奉納される田遊びの第十四番「孕《はら》み早乙女」役がかぶる藁帽子はツトッコと同じもので、ここでは「ショッコ」（塩籠）と呼んでいる（静岡県焼津市利右衛門・吉田近治さん・明治二十年生まれ）。

静岡県牧之原市相良海岸でも製塩が行われた。当地では右のツトッコにあたる家庭用の粗塩入れのことを

「シオビク」と呼んでいた。シオビクの下には、苦汁《にがり》を受けてためるためにドンブリが置かれていた。

孕み早乙女の冠りもの「ショッコ」(静岡県焼津市藤守、大井八幡宮の田遊び)

シオビク(ツトッコ・ショッコ)(提供:静岡県牧之原市教育委員会)

ツバメ【養蚕・桑】 山桑《やまぐわ》の実の黒く熟れたものを「ツバメ」と呼ぶ。ツバメを定畑に蒔き、二年目に定畑の別の位置に移植する。三年目にはその苗を「ナギ」(焼畑)の休閑に入る地に移植する。そこを山桑《やまぐわ》の山にしておき、桑の葉不足や里の桑畑の桑が霜害等にあったときに使った(富山県南砺市相倉・池端貞江さん・大正九年生まれ)。

岐阜県大野郡白川村荻町にも、桑の実を定畑に蒔いておき、三年目にナギ跡に移植するという方法があった。ナギ跡に桑を移植する際には桑の苗と榛《はん》の苗を交互に植えた。

ツミアゲ【茶産・茶摘み終了祝い】 茶摘み終了の祝いを「ツミアゲ」(摘み上げ)と呼んだ。ボタモチ・五目ズシなどを作って茶摘み娘や茶師にふるまう。茶揉みまでのすべての作業が終了した祝いは「ホイロアゲ」として別に行う(大井川流域各地)。

テウチカケ・イッヒロヤビキ【諸職・炭焼】 備長炭の炭窯《すみがま》は大きく頑丈である。高さは、自分が直立して片腕を伸ばし、指の二節を曲げた寸法であり、これを「テウチカケ」(手打ち掛け)という。炭窯《すみがま》の外周壁のことを「フクロ」(袋)と呼ぶ。袋の外周寸法は「イッヒロヤビキ」(五尋矢引き)と伝えられていた。「ヤビキ」とは片腕を伸ばし、もう一方の腕の肘を曲げ、伸ばした腕の指先から曲げた肘の端までを指す(和歌山県西牟婁郡すさみ町太間川下村・大畑三郎さん・大正三年生まれ)。

テンコショイ【労働技術・背負い】木材の運搬方法のひとつで、径一尺、長さ十二尺の材をショイコに縦に縛りつけ、背負って運ぶ方法を「テンコショイ」という。「人が引きずることができるものは背負える」といわれている。家山には荷しょいが五十人ほどいて、テンコショイをした時代があった（静岡県島田市川根町葛籠・鈴木真さん・明治三十六年生まれ）。

トイコミ【諸職・曲物師】当地では曲物・柄杓《ひしゃく》の製造をしていた。曲げ板の素材は唐檜《とうひ》・檜《ひのき》で、底と柄には樅《もみ》を使った。素材にすべき樹木を選定するために山に入ることを「ヤマミ」（山見）と称した。ヤマミは樹木の外見による選定である。これに合格した木に対して、「トイコミ」と称して幅五寸、深さ二寸、長さ一尺ほどの木片を刳《く》り出し、それを柾に割ってみた。その際、「「サワゴ」（割り肌の柾目がまっすぐなこと）が通る」と称して柾の線が直線的に通っていれば、これを良材として伐出を決定した。逆に、サワゴが通らず、木によじれがある場合は伐採中止を決定した。この程度の疵《きず》なら樹木は天寿を全うできるし、トイコミの疵《きず》より下の材を利用することもできる。こうした検査ののち、伐採を決定した木には「キセブリ」と称して木肌に鉈目《なため》を三本刻んで伐出材の印にした（静岡市葵区小河内・望月藤三郎さん・明治四十一年生まれ）。

ここには自然のなかから必要なものを最小限いただくという民俗思想が窺える。「トイコミ」の語意は明確ではないが、行為内容からすれば「問い込み」とも考えられる。また、「サワゴ」は「スワゴ」の転訛で、「スワ」は「スワエ」（直枝）の「スワ」（直）を意味すると考えてよかろう。「キセブリ」は「キセビリ」の転訛で、強く求めることを意味していると考えられる。▼マサカキ、マサブチ・フルブチ

トウトコ【養蚕・蚕の尊称】蚕のことを「トウトコ」と呼んだ（岩手県久慈市山形町霜畑・八幡太郎さん・大正三年生まれ）。

「トウトコ」は「尊蚕」「尊子」の意と思われる。山形県・神奈川県などには蚕のことを「オコサマ」（御蚕様）と呼ぶ例がある。蚕のことを「オカイコサマ」（御蚕様）と呼ぶ地は多い。これらの呼称には、蚕が美しい糸を吐き繭を作る、その繭の経済的成果とともに、蚕が示す再生・転生循環の生態の不思議に対する思いが滲《にじ》

んでいる。

ナエヒロイ【炭焼・炭木材の育成】ブナ・クヌギ・大島ザクラなどの苗木を取るために天城山中に入る習慣があった。時期は二月の末日で、叺《かます》を背負って出かけた。これを「ナエヒロイ」(苗拾い)と呼んでいた。里山に移植し、炭材にしたのである(静岡県賀茂郡松崎町門野・松本きみさん・明治四十二年生まれ)。

ナガシコ・ドヨウコ【養蚕・二回の夏期上蔟《じょうぞく》】徳島県美馬市美馬町の中島は吉野川の川中島で、鴻池弘志さん(昭和十七年生まれ)はそこで暮らしたことがあった。桑畑が七反歩あり、養蚕を昭和六十二年まで続けた。①春蚕《はるこ》＝五月末上蔟《じょうぞく》→②「ナガシコ」(梅雨蚕)＝七月中旬上蔟《じょうぞく》→③「ドヨウコ」(土用蚕)＝八月中旬上蔟《じょうぞく》→④秋蚕《あきこ》＝十月五日上蔟《じょうぞく》→⑤晩秋蚕《ばんしゅうこ》＝十月二十日〜二十三日上蔟《じょうぞく》、と多忙だった。梅雨のことを「ナガシ」と呼ぶところから「ナガシコ」という呼称が生まれた。当地では夏蚕《なつこ》がナガシコとドヨウコの二回に分かれていたのである。

ナバイケ【椎茸栽培・原木水浸け】「ナバ」とは茸《きのこ》のことであるが、椎茸を指す場合が多い。「ナバイケ」とは、椎茸の出をよくするために原木を一晩水に浸し、湿気をふくませるための池である。翌日、その原木に振動を与えてからボタ組みをする(宮崎県西都市銀鏡・西森齢治さん・大正三年生まれ)。

ナンドヤマ【林産・資産価値のある植林】当地では、杉の植林などで最も大切な山、収入のあがる山のことを「ナンドヤマ」(納戸山)と呼んだ。少年のころ、納戸山の八十年から百年の杉を「タルマルザイ」(樽丸材)として出していた。五人の職人が三国屋という宿に泊まりこんで、山に入って、松車という車で途中まで搬出された杉材を玉切り・割り・削りと分担して酒の四斗樽の樽丸にしていた。季節は冬だった(奈良県五條市西吉野町平沼田・福田徳夫さん・大正十三年生まれ)。

ニベ【林産・杉】杉の木の皮と木の間にある粘着性の樹液を「ニベ」と呼ぶ。夏伐りをするとニベが多いので、磨き丸太にしたとき赤みが出て色が悪くなる（奈良県吉野郡吉野町吉野山子守・上辻融さん・大正六年生まれ）。

粘着性という点から鰾膠《にべ》・ノリウツギ（ニベノ木）などとの関係が考えられる。

ネジリザオ【昆布採取・採取用具】昆布の採取用具としては「ネジリザオ」（捩り棹）がある。捩《ねじ》り棹《ざお》は秋用である。秋用は長くて重い。使用は九月からで、長さは二十尺から二十三尺、素材は樫の木から金属製に代わった。夏用は「カギザオ」（鉤棹）で、長さは七尺である（北海道幌泉郡えりも町えりも岬・飯田幸男さん・昭和二年生まれ）。

ネズミッチャ・ゴマッチャヤバラ【茶産・茶畑】傾斜地の定畑の段々畑状の法面に、崩落防止・土の固定化と自家用茶を得るために、茶の木を植えることがある。また、畑の中の土止めとして茶の木を畝状に植えることがある。前者を「ドテチャ」（土手茶）、後者を「ヨセチャ」（ヨセ茶）と呼ぶ。後者は整然とするが、前者は茶の木の株が点在する。点在の状態が、鼠が茶の実を運んでそれが生えたような不整序性があるので「ネズミッチャ」（鼠茶）と呼ぶ。とんでもないところに生えている茶についても「ネズミッチャ」と呼ぶ（長野県飯田市南信濃南和田名古山・柴原数夫さん・昭和六年生まれ）。

静岡県の大井川流域山間部では、畝の形に整えられた茶園（茶畑）に対して、傾斜地に茶の木の株が点々と集まった形の茶畑を「ゴマッチャヤバラ」（胡麻茶原）と呼んだ。

ネタタキ【林産・杉皮剝きの技術】杉皮屋根などに杉皮を利用しよう

胡麻茶原（静岡県榛原郡川根本町）

とする場合、効率よく、しかも良質の皮を剝くための技術に「ネタタキ」（根叩き）があった。それは、伐木前に木の根元部分の周囲を鉈《なた》で打ち、張り根を断つことである。こうしておくと枝先の水分が幹に集まり、幹を下る。皮がうまく剝けるというにとどまらず、剝いた皮が割れないのである（静岡県浜松市天竜区龍山町・木下藤兵衛さん・大正二年生まれ）。

ノボリザカノテマガエ【労働慣行・手間替え】 広島県三次市布野町は、山陰から赤名峠越えで入ってくる米の中継ぎ場だった。同地の山岡梅一さん（明治三十六年生まれ）は、その十三貫俵六俵分の米を荷車で三次まで運んだ。三次までの間には「大関」「頂《いただき》」という厳しい坂があり、その登りは車をジグザグに引かなければ登れなかった。それでも一人では無理である。そこで、荷車引き同士が互いに「テマガエ」（手間替え）で互いの車を押しあげるという協力をしたのである。これを「ノボリザカノテマガエ」と呼んだ。荷車引きは大正末年まで続いた。

ハイドコ【諸職・炭焼】 備長炭の炭窯《すみがま》の窯口の前には、焼きあがって高熱を発する真っ赤な炭に「スバイ」（素灰）をかけて熱を鎮めるための「ハイドコ」（灰床）が作られている。焼けた炭を窯の中から灰床に出すのには「ヒキエブリ」（引き杁）と呼ばれる異様に柄の長い鉄製の杁《えぶり》が使われる。長い杁《えぶり》の柄は炭出し小屋の棟木からおろされた吊り鐶《かん》にあずけられ、熔鉱炉の中のような窯の中から焼けた炭を取り出しやすくくふうされている。灰床と、その外側に続く炭の選別場との境をなす梁のことを「トリイ」（鳥居）と呼ぶ。この呼称は、灰床と窯の聖性を示す結界表示である（和歌山県西牟婁郡すさみ町太間川下村・大畑三郎さん・大正三年生まれ）。

ハゼッキ【諸職・炭焼】 「ヘダマノキ」（イヌガヤ）を「ハゼッキ」（爆ぜっ木）と呼ぶ。炭焼窯の中に炭材としてヘダマノキを入れると爆《は》ぜるのでこれを嫌った（静岡県島田市川根町笹間上粟原・坂下雄一さん・明治三十六年生まれ）。

ハツリヤマシ【諸職・削《はつ》り山師】山林に入って木を伐るだけでなく、要請に応じて木を定まった長さに切り、角をつけて木に粗削《あらはつ》りする職人を「ハツリヤマシ」（削り山師）と呼んだ。別に「ソマビト」と呼ばれることもあった。削《はつ》り山師の持つべき用具は、①「ハツリヨキ」（「ヒラヨキ」「ハビロ」とも）、②モトギリヨキ、③鉈《なた》、④トビクチ、⑤ツルハシ（大鶴）、⑥マンリキ（木起こし鉤《かぎ》）、⑦鋸（大ノコ・ワキノコ・コノコ）、⑧鎹《かすがい》、⑨墨壺、⑩墨さし、⑪番匠曲《ばんじょうがね》、などだった。これを見ても、樵《きこり》や伐採・搬出・河川流送などを行う山林労務者とのちがいがわかる（宮崎県東臼杵郡椎葉村不土野尾手納・椎葉歳治さん・大正十一年生まれ）。

ソマは「杣」の字をあて、「ソマビト」（杣人）は木を伐る伐採人と解される場合が多いのだが、「ソマ」とは本来「角」の意であり、蕎麦《そば》を「ソマ」と呼ぶ地もあるが、それは蕎麦の実が角立っているからであり、「ソバ」も「ソバダツ」（稜立つ）も角を意味する。杣人《そまびと》は、木材に杣角《そまかく》をつける人のことである。削《はつ》り山師・杣人《そまびと》は木の石《こく》数の算出や、一棟の家に使う木材のすべての木取《きど》り・削《はつ》りの技倆と知識を持つべき者だったのである。削《はつ》り山師・杣人《そまびと》と大工は密に連動した時代が長かったといえる。

ハナマキ【林産・高野槇】吉野では高野槇のことを「ハナマキ」（花槇）と呼ぶ。仏花として高野槇の枝葉を使うからである。仏花にする高野槇の枝を百本・二百本の束にして大阪へ出荷する。男が木に登って枝を剪り、女が下で整理する。一日百本剪らなければ採算がとれないといわれていた。剪定は計画的に行わなければ継続できなくなる（奈良県吉野郡吉野町吉野山子守・上辻融さん・大正六年生まれ）。

同郡下市町広橋から吉野町山口へ嫁いだ鶴井まつゑさん（明治四十一年生まれ）は実家にいたころ、盆に花槇の芯を盆花として伐り採ってきて墓・地蔵などに立てた。その折、花槇の裾の葉を集めて「カクスベ」（蚊燻べ）として使ったという。また、花槇の幹板で風呂を作るとよい香りがして長持ちするとして好まれた。

長野県木曽谷・伊那谷では高野槇のことを「クサマキ」（臭槇＝削りたてに青くさい匂いがするという）と称して風呂桶材として珍重した。

ババ・コハゼ【諸職・炭焼】備長炭を焼く炭木は「ババ」（ブナ科のウバメガシ）である。炭窯《すみがま》に木を詰める前に、木の長さをそろえ、曲がった木をなるべくまっすぐに矯正しなければならない。曲がりを直すには炭木の随所に鉈《なた》で刻みを入れ、さらに、特定の箇所の刻みには「コハゼ」を打ちこまなければならない。コハゼとは木屑を使って楔状にしたものであり、これを刻み箇所に打ちこむ（和歌山県西牟婁郡すさみ町太間川下村・大畑三郎さん・大正三年生まれ）。

ヒキヌキアナ【林産・伐出】 径三尺前後の大木を伐出するとき、樹木の中心である芯が伐木について抜け、根株の中心に穴ができる。その穴のことを「ヒキヌキアナ」（引き抜き穴）と呼んだ。これを放置すると山の神の祟りがあるとして、伐木について抜けた突起部を切って、必ずその突起部で引き抜き穴を埋めた（静岡県榛原郡川根本町千頭・吉田重義さん・大正十三年生まれ）。

ヒツ【諸職・鍛冶屋の修業】 鍬・柄鎌（柄のついた鉈《なた》）・手斧などの、木製の柄を挿し込んで固定させる角型の枠の部分を「ヒツ」という。ヒツを打つのは特にむつかしい。鍛冶屋の修業は一年目・二年目は向い打ちや製品を万力にかけて削ることに専念し、三年目になると鍬・鎌などのアラ打ち、小刀の製作などを許された。四年目には柄鎌・手斧のアラ打ちを許されたが「ヒツ」打ちには苦労した。五年目にはすべてのことをまかされた。修業時代、毎年一度、愛媛県上浮穴郡旧柳谷村へ行商に行かされた。製品は、柄鎌十丁・鎌二十丁・唐鍬五丁・平鍬五丁・手斧（ヨキ）三丁ほどだった。荷が重く、道もわからず、辛いことが多かった（高知県高岡郡檮原町太田戸・中越盛行さん・明治四十三年生まれ）。

ヒトセ【畜産・飼料の運搬単位】 人が一回に背負う荷の単位を「ヒトセ」（一背）と呼んだ。長沢家では六月から十月中旬まで牛馬飼料として「クロクサ」（畔草）を刈って運んだ。クロクサは「ヒトヒロヤビキ」（一尋矢引き。矢引きとは左手を伸ばした丈に、右手を曲げて肘を張った長さ）の荷縄で括る。これが一背である（秋田県大仙市横堀星宮・長沢精一さん・昭和三年生まれ）。

ヒトハヅミ【養蚕・春蚕《はるこ》の一齢二齢】 春蚕《はるこ》の一齢・二齢に与える桑は「ヒトハヅミ」（一葉摘み）と称して一葉ずつ丁寧に葉を選んで摘んだ。三齢・四齢の蚕には扱《こ》き桑を与え、五齢には枝桑を与えた（静岡県浜松市北区引佐町渋川・小出けさのさん・明治三十七年生まれ）。

ヒトホイロ【茶産・焙炉《ほいろ》の単位】 焙炉《ほいろ》を使って茶を揉む際に扱う揉みあげまでの一回の分量を「ヒトホイロ」（一焙炉）という。その量はナマの茶の葉一貫五百目で、一人の茶師が一日で揉める量は、六焙炉《ほいろ》はむつかしいといわれた（静岡県島田市川根町葛籠・鈴木真さん・明治三十六年生まれ）。

ヒラジャクシ・ツボジャクシ【諸職・杓子屋《しゃくしや》】 飯の盛りつけや汁を掬う際に使う木製食具を一括して杓子《しゃくし》と称したが、飯用を杓文字《しゃもじ》、汁用を玉杓子《たまじゃくし》と呼ぶようになった。貝杓子《かいじゃくし》もあるが、現在は合成樹脂や金属素材がほとんどである。奈良県五條市大塔町篠原や惣谷には「シャクシヤ」（杓子剞《しゃくしく》り）が多かった。当地では飯杓子《めしじゃくし》のことを「ヒラジャクシ」（平杓子）、汁杓子《しるじゃくし》のことを「ツボジャクシ」（壺杓子）と呼んだ。篠原の和泉重三郎さん（明治三十二年生まれ）は以下のように語る。剞《く》った杓子《しゃくし》は柄《え》長杓子《ながじゃくし》＝尺二寸、大壺杓子《じゃくし》＝尺五分、小壺杓子《じゃくし》＝八～九寸、それに平《ひら》杓子《じゃくし》である。素材は栗を第一とし、次いでナラ類とブナである。山の杓子《しゃくし》小屋に泊まりこんで粗形《あらがた》取りをし、それを家に運んで製品にした。壺杓子《つぼじゃくし》は五十本一束、八～十束で「ヒトマル」一荷、平杓子《ひらじゃくし》は二百本一束で八束ヒトマル、五條の問屋から全国へ配送された。「杓子《しゃくし》屋の手痛《ていた》」という口誦句がある。惣谷の中西幸吉さん（昭和三年生まれ）は若いころ、「杓子《しゃくし》をよう作らん者には嫁さんはない」といわれた。平杓子《ひらじゃくし》は一日四百本作って一人前（十四時間かかる）、壺杓子《つぼじゃくし》は一日百本作って一人前。素材は、平《ひら》

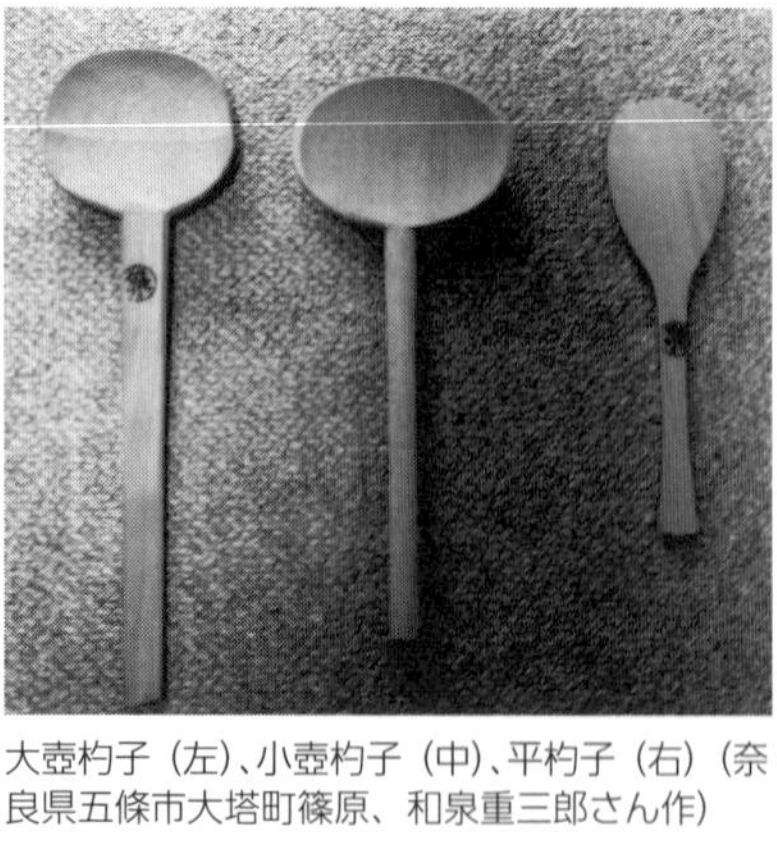
大壺杓子（左）、小壺杓子（中）、平杓子（右）（奈良県五條市大塔町篠原、和泉重三郎さん作）

杓子《じゃくし》は檜《ひのき》、壺杓子《つぼじゃくし》は栗だったという。

ヒロイコ・ホヒロイボー【巡回来訪者・落穂拾い】 秋、稲刈りが終わったあと、他地から落穂拾いにくる婆さんたちがいた。一人で回る者も、二、三人で来る者もいたが、このような人びとを「ヒロイコ」（拾い子）さんと呼び、老婆でも「ホヒロイボー」（穂拾い坊）と呼んだ。袋を「ヨコセ」（斜め）に掛けて小さな箒とゴミ取りを持ち、風で吹けて（風選して）袋に入れていた（福岡県柳川市三橋町垂見・大橋キミエさん・明治四十二年生まれ）。

同県朝倉市甘木の渕上嘉興さん（大正十二年生まれ）は、まちまちの色の一斗袋と小さな箒と塵取りを持って落穂拾いにやってくる老婆たちのことをムラびとたちは「ヒニンサン」（非人さん）と呼んでいたという。

フクベダンゴ【養蚕・繭あがり儀礼】 蚕の繭あがりの前にウルチ米を叩《はた》いて粉にし、長さ六・五センチ、太い部分の径二・五センチほどの、中を少し細めた形の繭型の団子を蒸《ふ》かし、五〜六個を柴に刺し、玄関に飾った。これを「フクベダンゴ」（瓢団子）と呼んだ（秋田県横手市山内黒沢田代沢・高橋長左ヱ門さん・明治四十五年生まれ）。

フクロツギ【養蚕・桑栽培】 桑の苗木を作る方法として接木が行われた。そのひとつに、改良を目的として、在来種の株を揉んで皮と木の間に隙間を作り、そこに、育てようとする品種の枝をそいで挿し込み、固定活着させる方法があった。これを「フクロツギ」（袋接ぎ）と呼んだ。長所を持つ品種の実生《みしょう》の苗を育て、芽生えたものを既栽培の根に接ぐ方法を「ダイツギ」（台接ぎ）という。改良や変換を目的とせず、ただ株を増やそうとする場合には「マゲドリ」（曲げ取り）を行った。桑の低部の枝を曲げ、曲点を地面に埋め、そこから根を生やさせて苗に仕立てる方法である（静岡県浜松市北区引佐町狩宿・森下義弘さん・大正二年生まれ）。

フダモッコ・カルコイクバク【土木労働慣行】 大井川築堤工事にかかわる賃金支払方法のひとつに「フダモッコ」（札畚）がある。天秤棒で担いだ畚《もっこ》（土砂入りの藁籠）一荷ごとに札を渡し、単位が大きくなると別の札に換えてもらう。その札を男は腹掛けの中に入れ、女は巾着に入れて腰に巻きつけておき、終了時に現金に換えてもらう。これを「フダモッコ」と呼んだ。明治時代には「カルコ」という笊《ざる》型の籠を天秤棒で担ぎ、それが水面すれすれの状態を標準にして日当を決めたと伝えられている。水がそれより多ければ賃金が上がり、それより少なければ賃金が下がることになる。この決め方を「カルコイクバク」と呼んだのだという（静岡県焼津市相川・森崎鉄男さん・明治四十三年生まれ）。▼カズモチ

フリクワ【養蚕・蚕眠と給桑《きゅうそう》】蚕眠の入りに遅れた蚕に与える桑のことを「フリクワ」（振り桑）と呼んだ。遅れた蚕が眠りに入るのを待って桑の葉に石灰を撒《ま》いて枯らした。先に脱皮した蚕に喰わせないためである。細かい観察と細心の注意が必要である。桑を与えることを「クワツケ」（桑付け）という（静岡県浜松市北区引佐町渋川・小出けさのさん・明治三十七年生まれ）。

ヘラ・ヘラヤ【諸職・篦屋《へらや》】鍬の柄を受ける部分と鉄製の鍬先の部分の間の木製部分を「フロ」といい、右のような、鉄の鍬先部と木製部からなる鍬を「フログワ」（風呂鍬）と呼ぶ。しかし、静岡県中部ではこのような鍬を「ヘラグワ」（篦鍬）と呼び、木製部を「ヘラ」（篦）と呼んだ。そして、木製部を専門に作る職人を篦《へら》職人、篦《へら》を製造販売する者を「ヘラヤ」（篦屋）と呼んだ。篦《へら》の素材は樫の木だった。篦鍬《へらぐわ》は鉄の節約と鍬の軽量化を果たす合理性を持っていた。篦屋《へらや》は、自分が作った柄つきの篦《へら》を鍛冶屋に納め、鍛冶屋が篦《へら》に鉄製部を固着させて出荷する形になっていた。篦《へら》には二つの種類があった。柄を受けて挿し込む部分を強化安定させるための木の厚みを鍬の表面に取る形と、鍬の裏面に取る形とがあった。前者を「タンバベラ」（丹波篦）、後者を「ヒラベラ」（平篦）と呼んだ。不思議なことに大井川右岸（西側）は丹波篦《べら》、左岸（東側）は平篦《べら》と分かれていた。大井川が丹波

丹波篦（上）と平篦（下）

箆《べら》と平箆《べら》の境界線になっていたのである（静岡県焼津市上新田・平井源次郎さん・明治二十五年生まれ）。

ホソキタテ【養蚕・繭の増産祈願】二月八日に、その年の養蚕の成就を願って、杉の梢葉《こずえば》を残した細木の四メートルほどのものを庭に立てた。杉の細木は皮を剝いて立てた。蚕の神様が細木の先端の葉のところに降りてくると言い伝え、養蚕農家はどの家でも立てた。これを「ホソキタテ」（細木立て）と呼んだ。蚕や繭の鼠除けにも杉の葉を使った。蚕の「ハキタテ」（掃き立て）の日には「シロモチ」（粢《しとぎ》）を山の神様にあげた。糸の引き初《ぞ》めの日には「イトホグシ」（糸解し）と称して酒を飲んだ（山形県西村山郡西川町大井沢出身・富樫音弥さん・明治三十六年生まれ）。

マクラ【林産・下駄材出荷】桐下駄材の粗形《あらがた》取りをしたものを「マクラ」と呼んだ。寸法は八寸×四寸×二寸で、その形が枕に似るところからこの呼称がついた（長野県下伊那郡泰阜村栃城・氏原義一さん・明治三十年生まれ）。

マサカキ【諸職・曲物師】森林のなかから曲物原材として適切な材の伐出を決定する際の技術に「マサカキ」（柾欠き）がある。例えば、適材として見当をつけた唐檜《とうひ》の高さ六尺以上の箇所に縦横五寸、奥行き三寸の切り込みを作ってその部分を欠きとり、鉈《なた》で割ってみて柾の状態を調べる。この検査によって、もし、その木の柾の状態が適当だと認められればその木を伐り出し、適当でないとすればその木は伐らずにそのままにしておく。この程度の疵《きず》ならば木の生存に支障はない（福島県南会津郡檜枝岐村・星寛さん・昭和三年生まれ）。

マサカキの位置を高さ六尺以上とするのは、その木が曲物用材として不適でも、無疵《むきず》の部分が六尺以上あればほかに利用できるからである。ここにはこの地の人びとの資源保全の考え方を認めることができる。▼トイコミ、マサブチ・フルブチ

マサブチ・フルブチ【諸職・木地屋・木質判定】椀木地材のブナの木を伐採する際、柾目を確かめるために、人が直立して咽喉の高さにあたる位置を幅五寸ほど欠いてみる。これを「マサブチ」（柾打ち）という。木を無

益に伐り倒すことをしないための配慮である。山中を歩いていると、先人たちがマサブチをしたあと、残されて疵《きず》を負ったまま生きのびた木を見かけることがあった。これを「フルブチ」（古打ち）という。マサブチをする前に木肌の色や木の立ち姿を見て一次審査をする。経験を積むことによって、一本の木から何枚の椀木地が取れるかという概算ができるようになる。径二尺以上で椀木地が五挽きから六挽きとれる木が最も効率的だという。一挽きは二四〇枚とされるから、一本のブナの木から椀木地一二〇〇〜一四四〇枚取れるものがよいということになる（福島県耶麻郡西会津町奥川飯根弥生・小椋安光さん・大正十四年生まれ）。▼トイコミ、マサカキ

マサワリ・オイワリ【木材加工】 木材の割り方には二種類ある。柾目を出す割り方を「マサワリ」（柾割り）と称し、板目を出す割り方を「オイワリ」（追い割り）と呼んだ。木の同じ面を追うように割り進めるからである。椀木地は柾割り、炭材は追い割りにした（福島県喜多方市熱塩加納町宮川五枚沢・小椋光則さん・昭和三年生まれ）。

マムシトリ・ハメトリ【諸職・蝮《まむし》捕り】 ①田植が終わってからの六月下旬から七月にかけて「マムシトリ」（蝮捕り）が回ってきた。長靴を履き、布の袋を背負って、四尺ほどの竹の節を抜いたものに針金を通し、竹の先に針金の輪が出ている捕獲具を持っていた。輪の中に蝮《まむし》の首を入れ、間髪を入れず手元の針金を引くと蝮《まむし》の首を絞めあげる形になっていた（静岡県牧之原市菅ケ谷・菅沼英喜さん・昭和十一年生まれ）。

②夏季、蝮《まむし》捕りが回ってきた。目の細かい竹籠を背負い、先を割った竹の棒を使って捕獲し、籠に入れていた（滋賀県米原市万願寺・堀江信夫さん・昭和十一年生まれ）。

③「ハメトリ」（蝮《まむし》捕り）はドンゴロス（麻などで織った粗目の布）の袋を背負い、巻いた番線と鏝《こて》を持ち、石垣の中に番線を入れて捕っていた。袋の中には十四、五匹の「ハメ」が入っていた。ハメは皮を剝いて干しておくと、薬屋が巡回して買い取りにきた。頭のあるものと頭のないものとでは値段が異なった。昭和三十五年ごろ、頭のあるものが一匹十円、頭のないものが五円だった（奈良県天理市山田町・今西太平治さん・大正九年生まれ）。

奈良県の吉野地方から和歌山県・三重県の熊野地方を中心としてその周辺に、蝮《まむし》のことを「ハミ」「ハメ」

考えられる。

「ハビ」などと呼ぶ例が多く見られる。奄美・沖縄の「ハブ」ともつながる呼称で、「食《は》み」とかかわるものと

マワリカシキ【林産・飯場】 木材伐出のための山中の飯場で「カシキ」（炊事担当者）がいない場合、「マワリカシキ」（回り炊き）と称して、順番・交替で炊事を担当した（岐阜県下呂市小坂町湯屋・上野銀松さん・大正六年生まれ）。

マンリキ【和紙素材栽培、整精】「マンリキ」（万力）は、和紙素材の三椏《みつまた》を束ねてコシキで蒸すとき束をしっかり固定するために使う用具である。二本の棒おのおのの中央に藤綱を固く結びつけ、その藤綱で三椏《みつまた》の束を括り、交差させ、二本の棒おのおのを複数名が持ち、両外側に綱引きのように引っ張って三椏《みつまた》の束を締めあげる。万力で締めておいて正式に束ねていく（静岡県藤枝市瀬戸ノ谷蔵田・藤田賢一さん・明治三十五年生まれ）。

ミオタテ【諸職・水先案内人】「ミオ」とは海や川の中で船・舟が通ることができる水の流路を意味する古語で、「澪」「水脈」などと漢字表記される。この水路を探り、船を案内する力のある者を水先案内人・パイロットなどと呼ぶのだが、高知県の四万十川河口部では、これを「ミオタテ」「ミオタテサン」などと呼んだ。「タテ」は、見たてる、顕示するといった意味で、「水路を教える人」として敬意の眼差しを受けていた。時に「ミオサシサン」と呼ばれることもあった。河口部にある下田港には阪神方面から多くの機帆船が入ったし、地元の船もあった。そして、四万十川河口には青砂島という砂嘴《さし》があり、開口部の幅は台風が来るたびに変動した。さらには、台風時に河口部が遮閉され、河口閉塞を起こすことがあった。閉塞を起こした砂嘴《さし》が一気に崩壊すれば、船や積載物は一気に海に呑まれ

四万十川河口。左は青砂島（高知県四万十市）

てしまうのである。閉塞部が開いたとしても、その幅と深さによって通れる船の大きさが限られるのである。そんなとき、ミオタテさんはたびたび開口部を計測しなければならなかった。

四万十市下田青砂島に住む初見儀太郎さん（明治四十年生まれ）は大阪通いの機帆船の船長をしていたのだが、昭和十九年三月十三日の空襲で船を焼かれたのでミオタテに転身した。河口の様子を熟知する先輩のミオタテ、浜崎駒太郎について腕を磨き、昭和五十年代まで第一線で活躍した。案内料は船のトン数によって異なるが、昭和五十年ごろで千〜三千円ほどだったという。

ミツクチギリ【林産・伐出】 奥山で径二尺〜三尺の檜《ひのき》・唐檜《とうひ》・ケヤキなどの樹木を伐採する場合、一方から伐りこみ、その反対側に受けを刻む方式ではなく、一本の木を根方の三方から伐り進める方法を「ミツクチギリ」（三口伐り）という。さらには「ゴトクギリ」（五徳切り）という方法もある。樹木の根方の四〜五方から伐りこむのであるが、どの方向からも芯に触れてはいけないという約束があった。切り口から火を入れて焼き進めて伐る方法もある（静岡市葵区田代・滝浪久衛さん・大正十三年生まれ）。

ミハドリ【茶産・茶摘み技術】 お茶の葉の摘み方を示すもので、新芽三枚を摘むことを「ミハドリ」（三葉採り）と呼んだ。〽お茶が採りたい　三葉採りがしたい　採って主《ぬし》さんに揉ませたい——という茶摘唄がある（愛媛県上浮穴郡旧柳谷村高野・長谷直国さん・明治四十二年生まれ）。

ムコウジロ【諸職・杓子《しゃくし》屋・杓子《しゃくし》小屋】 杓子《しゃくし》小屋のことを「ムコウジロ」と呼んだ。場所

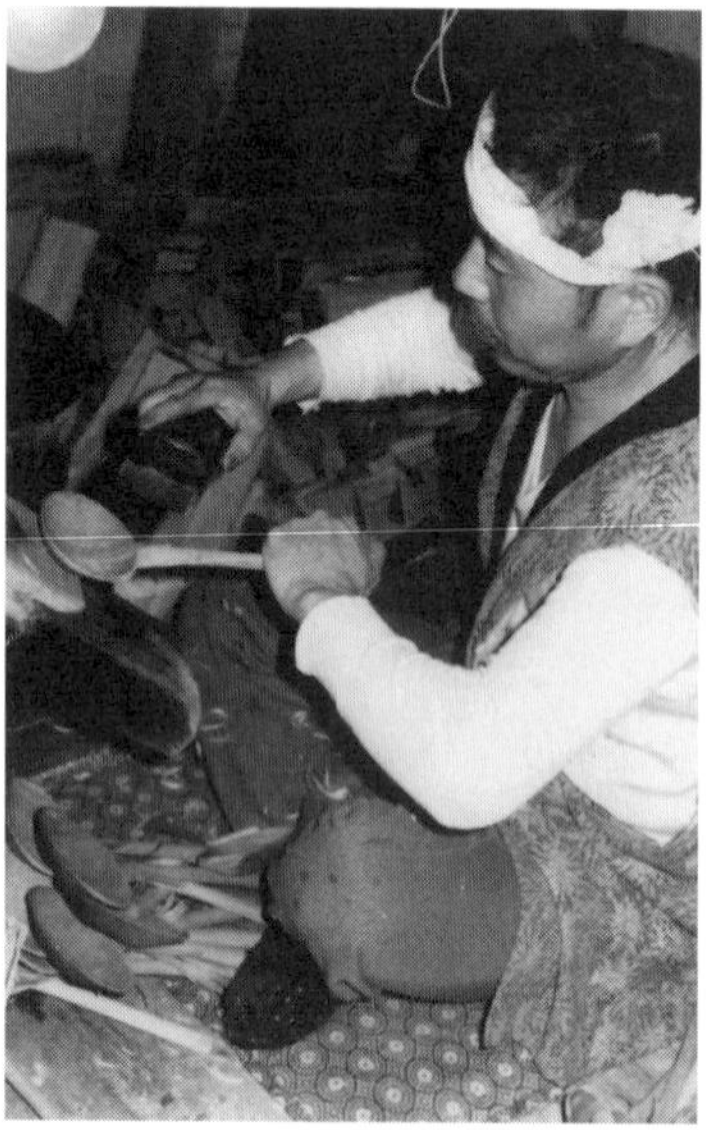
ムコウジロで杓子を刳る平野さん（福島県南会津郡檜枝岐村）

は「カノ」(焼畑)の出小屋の位置よりももっと奥のブナの木の多い場所に作った。一間×二間ほどの小屋で、男だけが登って仕事をした。農業以外のときはすべて小屋入りだった。用具や工程は多種、多岐に及んだ。「コドリ」(割《わ》り鉈《なた》)・ブッカキ・型取り・鏟《せん》・抉《えぐ》り鏟《せん》(中刳《なかぐ》り)・刻み台・縁鉋《ふちかんな》……などがあり、煮沸も乾燥もした。冬季は一週間から十日単位でムコウジロに籠った。杓子《しゃくし》は大＝五百本一シメ、中＝六百本一シメとして出荷した。ムコウジロは単独で営むことはなく、必ず五人から八人が組んで同じ場所に建てた。昭和五十年代前半で、檜枝岐には杓子《しゃくし》刳《く》りが二十五人いた(福島県南会津郡檜枝岐村・平野常盤さん・昭和四年生まれ)。

メバリ【養蚕・春蚕《はるこ》の温度管理】 蚕は温度に敏感に反応するので、春蚕《はるこ》の掃き立てから一齢までは蚕室に「メバリ」(目貼り)をして保温を図った。炭火で保温することもあった。三齢以降は蚕室の空気を動かす。「天井の蜘蛛の巣がかすかに揺れるほどに風を入れよ」と伝えられていた(静岡県浜松市北区引佐町渋川・小出けさのさん・明治三十七年生まれ)。

モエカキ【桐栽培・管理】 栽培桐の管理のひとつとして、枝下の長い良質の桐材を得るために、主として幹に出てくる新芽を欠き除く作業がある。これを「モエカキ」(萌え欠き)という。モエカキの用具は、四メートルほどの棹先に三方に刃のある極小の斧型の鎌をつけた「クルミモギ」(胡桃捥ぎ)や、四メートルの棹先に鎌をつけたものを使った(福島県河沼郡柳津町四ツ谷高森・菊地高さん・昭和二年生まれ)。

モトヤマ【林産・杉材伐出組織】 山中から主として杉材を伐採・搬出する労務を担う者を「モトヤマ」(元山)と呼んだ。元山は普通十五人で組織された。当地では家屋建築の棟札には元山(その親方)・棟梁・建築主の名を列記する風があり、元山はその筆頭として処遇された。

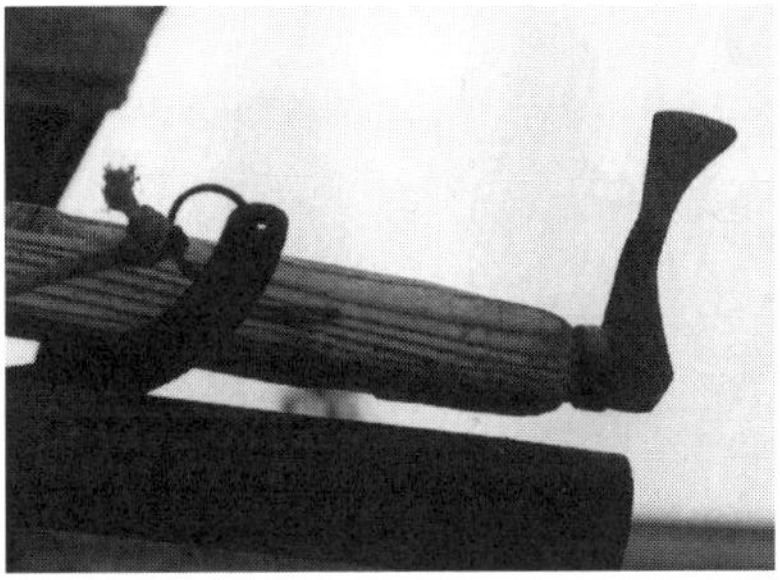

クルミモギ鎌。この鎌を使って栽培桐の萌え欠きを行う(福島県河沼郡柳津町四ツ谷高森、菊地高家)

杉は梅雨前に伐り、搬出は一年を通じて行った（福島県大沼郡三島町西方・五十嵐久さん・昭和九年生まれ）。

モヤス【林産・木材搬送】木材（主として杉）搬出の際に掛け声をかけることを「モヤス」という。モヤシは木遣り唄と連動した。①木を持ち上げるとき＝〽上げろよ　上げろー　峠の茶屋までも――。②木の方向を変えるとき＝〽かやせよ　かやせー　東のほうに　〽東の空が白んだ　鶏や素足《はだし》だ　おらん嬶孕《かかあはら》んだ　朝見てたまげた　〽靡《なび》けよ　鉤方《かぎかた》（鳶口）ナー　この機を逃さずに　トッコ（木口）をとれよ　とれよ――（福島県大沼郡三島町西方・五十嵐久さん・昭和九年生まれ）。当地の木出しは十五人組で行われていた。

掛け声で「モヤス」ものは一同の気力・馬力である。だとすればモヤスは「萌やす」であり、「ハヤス」（囃す）に相当する適切なことばだといえる。

ヤキコ【諸職・炭焼】燃料としての炭を焼く場合、自家の山の木を焼く形と、他人の山の木を買って焼く形、さらに「ブヤキ」（分焼き）と称して、焼き賃を取る「ヤキコ」（焼き子）の形とがあった（静岡県浜松市北区引佐町渋川古東土・鈴木善市さん・大正二年生まれ）。

ヤニブクロ・ヤニ【林産・伐採】樹皮から分泌する粘液、その固まったもの、樹脂を「ヤニ」と呼ぶ。幹の中にヤニがたまっている部分を「ヤニブクロ」という。落葉松《からまつ》や唐檜《とうひ》にできやすいが落葉松《からまつ》のほうが多い。径二センチ、長さ四十センチほどのヤニブクロもある。鋸が動かなくなるので石油で鋸を拭く。アカマツから枕木を取る際、一丁どりならよいが二丁どりの場合、マエビキにヤニがついて動かなくなるので真綿に菜種油をつけて拭くことがあった。一般に春先はヤニが多く出る。程野の上の平に、二十戸余で設置した共同の水力発電所があった。発電所のベルトの滑り止めにマツヤニを使った。「ユビススキ」と呼ばれる、肉の腐る病気には、杉の木のヤニが効くといわれた。アカギレにはヤマウルシのヤニをつければよいといわれていた。猪はヌタズリ後などに針葉樹に体を摺《す》りつけて皮ヤニを体に付着させるのだが、樹種は樅《もみ》・松・落葉松《からまつ》などである（長野県飯田市上村程野・山﨑松春さん・大正十五年生まれ）。

ヤマカイ【林産・立木買い・ヤマモモの木と鰹節】 一定区画の山の樹木の伐採権を買う形は各地にあり、樹木利用の目的も種々あるが、ここでは鰹節製造にかかわる「ヤマカイ」（山買い）について記す。静岡県牧之原市須々木の農家の男たちが農閑期の十二月から二月の間、旧榛原郡南部の山を買って樹木を伐採した。「山」の選定基準は、ヤマモモの巨樹を多くふくむ山だった。そのような山は値も張った。ヤマモモの木の薪で鰹節を燻乾《くんかん》すると鰹節の色も香りもよくなるといわれていた。買った山のヤマモモは燻乾《くんかん》燃料とし、クロマツその他は鰹節製造工程の鰹の煮熟《しゃじゅく》に用いられた。ヤマモモ材は、輪切りにして割り斧で割って薪にした。須々木に「直鍛冶《なおかじ》」という鍛冶屋があり、ヤマモモを割るための専用の斧を打っていた。それは重量があり、刃先が鈍角にできており重量で割る、といったものだった。ヤマモモ割りには若者があたった。こうしてできた薪は荷車で御前崎の鰹節工場へ運ばれた（静岡県御前崎市御前崎・松村久蔵さん・大正三年生まれ）。

ヤマコ【養蚕・クヌギ林の天蚕《てんさん》】 ヤママユ蛾の幼虫のことを「ヤマコ」（山蚕）という。天蚕《てんさん》とも呼ばれる。蚕は薄緑色をしている。長野県北安曇郡池田町ではヤマコ繭を取ることを生業の一端に加えていた時代がある。山蚕はクヌギの葉を好むので、クヌギ林のことを「ヤマコベーシ」（山蚕林）と呼び、山蚕をクヌギ林に放置し繭になるのを待って、ヤマコベーシから繭を採り集めるという方法をとっていた。繭の厚さが薄いので効率が悪いといわれていたが、紬《つむぎ》にすれば美しく丈夫だといわれた。種付け・増殖は、普通の蚕と同様に蛾に交尾をさせ、和紙に卵を付着させ、その和紙を短冊形に切って、それをヤマコベーシに点々と吊っておくという方法がとられていた（長野県北安曇郡池田町会染中島・平林芳男さん・昭和三年生まれ）。

山蚕を生業のなかに取り入れていない地で、山蚕を尊崇し、里におろすことを忌む地もあった。富山県南砺市利賀村阿別当の野原ことさん（大正四年生まれ）は、子供のころ天蚕《てんさん》を山から持ち帰ったら、家人からすぐ山に返してこいといわれたという。また別に、飯田市の遠山谷で、子供が山蚕を山から持ち帰り、楽しみとして家で飼う例があったと聞いたことがあった。茨城県桜川市大泉の船橋亮さん（昭和八年生まれ）は、天蚕《てんさん》のことを「ヤマオコ」（山御蚕）と呼び、ヤマオコは樫の木につき、緑の繭から糸を引き、機《はた》（絹織）に混ぜるとよい色になると語っていた。▼ヒッコ

ヤマダイ【炭焼・山地主と焼き子】 山地主の山の立木で炭を焼かせてもらう場合、炭木の代金を「ヤマダイ」と称して焼きあげた炭で納めた。これを「ネング」（年貢）とも呼んだ。借りた山の木で炭が三十俵焼けた場合は十俵をヤマダイとし、二十俵は焼き子のものとなった（静岡県島田市川根町笹間上粟原・成瀬宣良さん・大正二年生まれ）。

ヤマノノコシギ【林産・境界木】 当地では山中の境界木・裁面木《さいめんぎ》のことを「ヤマノノコシギ」（山の残し木）と呼ぶ。樹種は杉か松で、巨樹になる。口誦句として、嫁入り前の娘に対して「遅《お》そまでおったら残し木といわれる」と語られた時代があった（奈良県吉野郡吉野町山口・鶴井まつゑさん・明治四十一年生まれ）。

ヤマハン【諸職・曲物師】 毛無山（一八〇七・七メートル）から里まで曲物材を運ぶのであるが、まず大舟という地点（ミヤマ）まで運び、そこで「ヤマハン」（山判）と称して、おのおののイエジルシを曲物材に墨書する。イエジルシには、弁（ヤマイ）・（マッパ）・（オレマツパ）などがあり、これで混乱を防いだ。こうしておいて、個々に里まで背負いおろしたのである（静岡市葵区小河内・望月藤三郎さん・明治四十一年生まれ）。

ヤマミ【諸職・曲物師】 柄杓《ひしゃく》類の曲物を作る素材は檜《ひのき》・唐檜《とうひ》で、これらは、毛無山（一八〇七・七メートル）の一四〇〇メートル以上のミヤマ（深山）から伐り出した。夏季、曲物素材を伐出するために候補樹木を選定する「ヤマミ」（山見）をするためにミヤマに入った。選定はまず、樹木の外見を目視しまっすぐなものを選び、トイコミによって行った（静岡市葵区小河内・望月藤三郎さん・明治四十一年生まれ）。▼トイコミ

ヤリクチ【林産・伐採】 樹木を伐ったあとの切り株に残る伐り残しの尖ったところを「ヤリクチ」（槍口）という。ヤリクチに小鳥が虫を刺すと、木を伐った者が病気になると伝えられた。この伝承には、木を伐る場合にはヤリクチを残さないようにきちんと伐れというメッセージがこめられている。ヤリクチを放置すると人が怪我をすることがあるからだ。ヤリクチの祟りで病気に罹った場合には、ヤリクチを切り、御幣を立てて祭る。この

地には、大木を伐った場合には榊または樫の枝を切り株の脇に挿しておく習慣がある（静岡県浜松市天竜区春野町川上・高田角太郎さん・明治三十四年生まれ）。

別項「ヒキヌキアナ」と対応するものである。ヒキヌキアナ・ヤリクチの両方に祟りが伝承されているのであるが、これらの伝承の根底に木霊信仰があったと考えられる。▼ヒキヌキアナ

ヨナベハジメ【労働慣行・夜ナベ】 旧暦八月一日に「ハッサクノモチ」（八朔の餅）を食べた。「八朔の餅を食べるとその翌日から夜ナベが始まる」といわれていた。この日を「ヨナベハジメ」と呼んだ。八朔の餅は秋の稔りに風害がないことを祈るためのものである（静岡県牧之原市蛭ケ谷・絹村勇さん・大正十四年生まれ）。『日本の民俗27　大阪』（高谷重夫）に「八朔」の項があり、以下のようにある。「九月一日、仕事を休んでぼた餅などを食べる。この日より昼寝をやめ、夜なべが始まるので、泉南郡の熊取町ではこの日の餅を八朔のニガモチとよぶ」。

奈良県吉野郡吉野町山口の森口たまゑさん（明治四十年生まれ）は次のように語っていた。旧暦八月十五夜、月見の際、月に里芋を供え、その夜、家族は里芋の汁を食べる。次の日の夜からは、足袋底の刺し縫いなどの夜ナベを始めた。「芋の汁食うて長夜ナベ」という口誦句があった。夜ナベは、現実には労働時間の延長なのであるが、ことばの上では「夜伸べ」となっていた。

レンボシ・ミキボシ【農耕・換金作物・タバコ】 栽培したタバコの種類は「ダルマ」と「松川」だった。タバコの苗を育てる苗床は三月上旬、移植は五月上旬で、収穫は八月上旬からである。葉の収穫は一気に行うことはできない。下から、①「ドバ」（土葉。初葉《はつは》と呼ぶ例もある）、②土中《どちゅう》、③中葉、④本中、⑤本葉、⑥天葉、とおのおの葉に呼称がある。八月上旬に取るのは土葉三枚と土中の一番下の葉一枚で、これらを纏《まと》めて「ネバトリ」（根葉採り）と呼んだ。根葉の干し方は、縄に挟みつけて並べて吊るし干しする「レンボシ」（連干し）である。中葉から天葉までは八月下旬に収穫する。こちらの干し方は、天葉から中葉のついた茎の根方を斜めにそぎ、その茎に竹串を刺し、全体を鉤《かぎ》状にして、その鉤《かぎ》を竿に並べて掛けるという方法をとる。竿の長さは八尺

である。この方法を「キガケ」（木掛け）または「ミキガケ」（幹掛け）と呼んだ。母屋は火を使うので普通の納屋より乾燥がよいとされていた（栃木県那須烏山市下境外城・蓮見仁平さん・大正九年生まれ）。栃木県大田原市南方の菊池松男（大正十一年生まれ）家では、中間《なかのま》（十二・五畳）と勝手（十二・五畳）の二部屋には天井は張らずに、この両部屋にそれぞれ竿を渡してタバコの「ミキボシ」（幹干し）をした。

静岡県磐田市匂坂の青島弥平治さん（明治三十七年生まれ）が栽培したのは「遠州葉」と呼ばれる種類だった。六月下旬から一日おきに葉を採りはじめ、七月いっぱいかかった。作業は以下のようにした。①「タバコアミ」（煙草編み）＝藁を綯《な》いながらタバコの葉を挟んで綯《な》い止めてゆく。夜ナベの仕事である。②台干し＝編みつけた葉を五日間ほど天日で干して乾燥させる。台とは葉を編みつけた縄を吊る台である。③「ヂボシ」（地干し）＝二日間ほど庭の筵《むしろ》の上に広げ、乾燥のムラを除く。④「ヨボシ」（夜干し）＝一晩夜気にさらして光沢を均化させる。⑤調整＝タバコノシ＝ノシ台（杉丸太を二つ割りにしたものまたは箕《み》の背）の上で葉を伸ばし、形状を整える。十五枚ずつの葉を十字に組んで積み、石臼で抑える。こうして出荷する。

ロクキリ・チャバライ【茶産・茶の収入と付け買い清算】 掛買いの清算を十二月と並んで六月末日に行うことを「ロクキリ」（六切り）と呼ぶ。大井川右岸の下長尾の商店で付け買いした食料品の清算を六月にした。この時期にはお茶の収入があったので「チャバライ」（茶払い）とも称した（静岡県浜松市天竜区春野町川上・高田角太郎さん・明治三十四年生まれ）。

ワラスゴキ【生業複合・冬季藁細工】 十二月半ばから春の彼岸すぎまでが藁細工の季節である。筵《むしろ》・ゲンベイ（藁沓）・ワラジ・アシナカ・ワラゾウリ・雪踏み俵・エズコ・「ネコエズッコ」・納豆苞《なっとうつと》・円座・縄など、じつに多くのものを作った。これらの藁細工の素材はすべてウルチ種の稲藁である。ウルチの藁は種を継ぐほどに丈が長く、軟らかくなるといわれていた。モチ種の藁は牛馬の餌にした。藁細工に先立ち、ウルチ藁のハカマを除く必要がある。その作業を「ワラスゴキ」（ワラシゴキ＝藁扱き）と呼んだ（福島県大沼郡金山町玉梨・雪下智子さん・昭和二年生まれ）。

Ⅷ 衣・食・住・燃料

この章では衣・食・住・燃料にかかわる民俗語彙を取りあげた。「衣」は藤やシナ（科）の繊維などには触れているが、麻や木綿については触れるところが少なかった。「食」の一部は農耕・漁撈・採集などの章でも扱っている。高度経済成長以前のこの国の人びとの主食は、総じて白米のみの飯を常食とすることは稀だった。麦はもとより、稗・粟・トウモロコシ・蕪・大根・大根の干し葉・イモ類などを糅《かて》とすることは当然のことだった。折れ米・未熟稲を粉化して団子にしたり、蕎麦粉に里芋を混ぜて捏《こ》ねたり、さまざまなくふうがなされ、伝承知が生かされていた。褻《け》の食の質素さは驚くばかりである。それらは現今のグルメブーム、コマーシャリズムに煽られた華美な食べものからはあまりにも距離がある。ましてや食品廃棄などは想像もできないことだった。

「住」については、萱《かや》屋根・板屋根を問わず素材獲得に腐心し、施工については共同体の「結い」が大きな力を発揮していたのである。

1 衣

イリガン【装身・入れ髪】 入れ髪のことを「イリガン」という。イリガンの長さは二尺だといわれている。ハブに咬まれたときには、まずイリガンで縛り、毒の回りを止め、咬傷部《こうしょうぶ》に刃物を入れて血を出すとよいと伝えられている（沖縄県八重山郡竹富町新城島出身・西大舛高一さん・大正六年生まれ）。箒星のことをその形状から「イリガンブシ」（入れ髪星）という。

ハブに咬まれた者を蜘蛛の巣のあるところへ入れると、ハブの毒がひどく回るし傷が悪化するといって、咬まれた夜は家の中へは入れずに一晩外庭に置いた。ハブに咬まれたときには毒を吸い出してからイリガンで固く縛った。女性はこのハブ処理のためにもイリガンを入れるものだという伝承があった。男の場合はハブに咬まれると褌《ふんどし》で縛るというのが通例である（沖縄県八重山郡竹富町黒島・黒島・東盛おなりさん・明治三十七年生まれ）。

オハリ【衣・裁縫技術】 衣の外部化、すなわち既成服の類が広く流通する前、和服（着物）が衣の主流を占めていた時代には、家族の衣類を調達管理するのは女性の仕事とされていた。着物を縫うことを「オハリ」（お針）といい、その技術を習うことを「オハリヲナラウ」（お針を習う）と称した。静岡県榛原郡川根本町崎平の堀井ちささん（大正三年生まれ）は、尋常小学校の五年・六年と、高等科の二年間とで初歩の裁縫技術を身につけた。卒業後、上岸という部落の芹沢家へ二年間裁縫を習いに通った。二年間といっても、それは十二月から三月までの農閑期だけだった。そこで長襦袢・羽織・帯などを習った。祖母が古い着物を洗い張りしておいてくれたものを使った。尋常六年で卒業した者は、農閑期にお針を習うにしても、習うべきことがあまりにも多すぎた。小学四年生で運針を始め、六年生で一つ身の着物が縫えれば上等である。山深いムラ・雪深いムラ・離島などでお針を習う場がない場合は、ムラで農閑期に出張教師を傭《やと》うという形もとられていた。長塚節の『土』のなかにも、おつうという娘が「お針」に通うことが描かれている。

カミアゲ【衣・海女のいでたち】 海女が髪の毛を巻き止めるために頭に巻く布を「カミアゲ」（髪上げ）と呼ぶ。磯の口あけの日には髪上げに洗米を包んでいって海に献供する（三重県鳥羽市答志町・答志島・中村春子さん・大正八年生まれ）。

キヌタ【衣・洗濯・キヌタ】 洗濯物を叩くケヤキの板を、打ち棒とともに「キヌタ」と称した。「砧」の字をあてるのだが、ヤマトコトバでは「衣板《きぬた》」で当地の例がぴったりする。当地では「カンス」（茶釜）に飯を入れて煮立て、これを薄めて糊にしたものに浴衣やシーツを浸け、それをキヌタで叩いたのである（滋賀県甲賀市信楽町多羅尾・宮本豊子さん・大正九年生まれ）。

キビショマキ【衣・脛巾《はばき》】縦糸を麻、横糸をイラクサ（蕁麻）で織った布の脛巾《はばき》を「キビショマキ」と呼んだ。焼畑作業をするときにはまずキビショマキを巻き、その上に蒲《がま》で作った脛巾《はばき》を着けた（岐阜県本巣市根尾越波・松葉長之助さん・明治三十九年生まれ）。

「キビショ」は「キビス」（踵）の転訛と思われる。踵《きびす》は「カカト」の意で臑《すね》とは部位が異なるが、拡大適用されたものであろう。

クズフトン【衣・布団】藁のハカマなどの屑を「クタズ」と呼んだ。木綿で大きな袋を作り、クタズを詰めて敷布団の下にマットレスのように敷いた。これを「クズフトン」という。古くはクタズを麻布の袋に入れた（岩手県岩手郡雫石町南畑大村・檜山善六さん・昭和八年生まれ）。▼スブクブトン

クタダ【衣・藁布団】俵や筵《むしろ》を編み、縄を綯《な》うときに藁すぐりをし、そのとき除外される藁のハカマのことを「クタダ」という。「フクワラ」と呼ぶこともある。戦前、小作のなかでも貧しい家ではクタダを入れた「ワラブトン」（藁布団）を使っていた。藁布団には「ホトリ」（温める力）があるといわれていた（宮城県大崎市古川大崎伏見本屋敷・門脇れふ子さん・昭和七年生まれ）。

コウカケサシコ【農衣・焼畑・足甲保護】「コウカケサシコ」とは、焼畑にかかわる作業をする際、焼畑地が傾斜地であるため、落下してくる石から足の甲を保護するためにつける甲掛け足袋の一種である。履き古した足袋の甲の部分から前を切って生かし、そこに刺し縫いをする。足の中指を通す「チー」（小さな糸輪）をつけ、甲の部分から足の平（裏）を回して上で括り、また甲から踝《くるぶし》の後方を回して前で括る二本の紐をつけた（静岡県島田市川根町笹間上粟原・成瀬治宣さん・明治二十二年生まれ）。

コギノオビ【衣・帯】「コギノ」とは藤布のことである。「コギノオビ」（小衣帯）は幅五寸で、縦糸に藤の繊維、横糸に綿のボロ布を裂いたものを使った。長さは体格に応じて柔軟に対応した。山仕事・農作業のときに締めた（長野県飯田市上村下栗・前澤けさのさん・明治三十三年生まれ）。

コシゴロモ【衣・茶摘みへの対応】木綿、紺縞の布で作った踝《くるぶし》が隠れるほどの丈の腰巻のことを「コシゴロモ」（腰衣）と呼んだ。茶摘み娘が各自用意して身につけた。丈の高い茶の木の畑では、これを締めていないと着物や帯を痛めた。衣類保護とともに虫除けにもなった（静岡県焼津市中新田出身・山本とみさん・大正七年生まれ）。

コハバコシマキ【衣・腰巻の経済】布には小幅と大幅とがある。小幅は鯨尺で九寸五分（約三十六センチ）、大幅はその倍である。腰巻は大幅を使う場合と小幅を二枚つないで使う場合とがあった。紐は幅一寸、長さ四尺五寸である。大幅ものに比べて小幅ものは値段が安いので、小幅を二枚つないで腰巻を作る人が多かった。この「コハバコシマキ」（小幅腰巻）はしかも、古い小幅を上に、新しい小幅を下にという形で循環させてつないでゆけば、古い布地を活用しながら、いつも新しい腰巻を使っているように見えるのである。こうした循環によって小幅を使えば、上半でさらに古くなったものは雑巾や「カコ」（害獣・害虫除けの火縄）として使うことができ、捨てるところはなかった（静岡県榛原郡川根本町上岸・山下あやさん・大正二年生まれ）。

サックリ【衣・麻の仕事着】「サックリ」とは、男が夏から十月まで着た仕事着で、筒袖、前合わせ、丈は太股の半分までで、素材は麻を主としたが、代替繊維として「オーロー」（イラクサ＝蕁草）も使われた。真夏には肌の上に直接着た。父（太郎・明治二十年生まれ）が着ていたものは白色だった。麻布は灰で煮て雪の上でさらした。十一月からは「ハンチャ」（太股半分丈の綿入れ）を着た。山仕事のときには下半身に褌《ふんどし》、ズボン、「カカマ」を順に重ね穿《ば》きした。カカマとは麻製のパンツのようなもので、これをズボンの上に穿《は》くとズボンが破れないといわれていた（石川県白山市中宮・不破たまさん・大正九年生まれ）。

サルコ【衣・麻の上衣】「サルコ」とは白地、麻布の半袖襦袢のことで、夏、男女ともこの上衣を常着にしていた。〽麦や菜種は二年で刈るが麻は半年土用に刈る――と歌われるように、土用刈りし、濡れ筵《むしろ》に寝かし、水をかける。粗皮を剝いたものを寒中にさらし、干し裂いて苧《お》績《う》み（麻に縒《よ》りをかけて糸にする）をする。その際、糸を「オボケ」（桶＝苧笥）に入れる。嫁入り道具としてオボケを持参した。苧《お》績《う》みも麻機織りも嫁の仕事とされていた。〽よんべ嫁取って今朝起きてみたら　脚が短うて手が長い　オボケ踏まえて棚さがす（木遣り・立ち舞）――という民謡もある（富山県南砺市利賀村阿別当・野原ことさん・大正四年生まれ）。

シビ【衣・猪皮沓の中敷き】三重県伊賀市諏訪の谷三郎さん（大正十四年生まれ）は稲藁のハカマのことを「シビ」と呼んだ。稲藁の芯を「シベ」と呼び「稭」と表記する場合があるが、芯ではなくハカマや屑を意味する地も多い。「シビ」は「シベ」の転訛と考えられる。猪の皮を使って作った沓のことを「ツナヌキ」と呼ぶ。谷家は猟師の家なので、冬期の履物として猪の皮でツナヌキを作った。ツナヌキは当然自家の者も履いたが、求めに来る者もいた。ツナヌキは乾くと縮んで硬くなるので、足の保護と保温のために、毎朝中に敷くシビを入れ替えなければならない。▼ツナヌキ

スブクブトン【衣・藁布団】稲藁の葉の部分を「シビ」という。秋、新藁のシビを集めてよく干してから布団皮の中に入れる。厚さは三寸ほどになる。これを「スブクブトン」または「シビブトン」と呼んだ。保温力はある（新潟県中魚沼郡津南町大赤沢・石沢政市さん・明治三十六年生まれ）。▼クズフトン

セナカブトン【衣・背当て】防寒のために紐をつけて背中に負う「セナブトン」のことを当地では「セナカブトン」（背中布団）と呼んだ。二つ繭（双子繭）から真綿を取る。真綿を流通基準にするために、一枚につき二つ繭十個が必要である。セナカブトン用の「ワタコ」（真綿製防寒衣）には「キヌ」と呼ばれる整えられた真綿（流通用）が二枚必要である。ワタコに綿を入れ、紺の布を布団袋にする。背中布団は女性専用だった。冬季は朝晩身につけた。軽くて暖かく、腕が自由になるので仕事がしやすかった（新潟県十日町市小出・山本チエさん・

大正三年生まれ）。

セナカワ【衣・毛皮】 東北地方には青森県・秋田県を中心に、冬期、保温のために獣類の毛皮を背中に背負う形で着衣する習慣が長く続いた。秋田県北秋田市阿仁打当の鈴木辰五郎さん（明治三十七年生まれ）は、背に負う形で着る毛皮のことを「セナカワ」と呼んでいた。辰五郎さんは、獣皮の保温力の強いものの順位を次のように伝えていた。①猿→②羚羊《かもしか》→③熊→④犬（マタギ＝猟師用）。猿は体型も小さいので女性用のセナカワに使った。男用は羚羊《かもしか》の皮で、これを着けると背中にストーブを背負ったようだと語る。セナカワにする熊の皮は小さい熊の皮で、普通の熊の皮は敷き皮にした。犬の皮はマタギに出かけるときに着た。山で走っても汗をかくことはなく、雨も雪も通さない。雪を払い落とせば、山小屋で寝るとき布団代わりにもなった。「アオシシ」（羚羊《かもしか》）の皮は、「カゲイタ」（掛け板）と呼ばれる杉の木の皮干し枠に「マダ」（シナノキ）の内皮を裂いたものでたるみなく張る。一週間から十日間乾かしてから、皮の内側の脂肪を除くために草鞋《わらじ》を履いて二日間踏み揉みをする。犬の皮は四時間も踏めば鞣《なめ》すことができる。熊の皮は専門の鞣《なめ》し屋に出した。

青森県西津軽郡鰺ヶ沢町一ツ森町の大谷石太郎さん（明治三十二年生まれ）は、マタギとして冬山に入るときにはアオシシの背皮を着たという。アオシシの皮を鞣《なめ》すときには、臼につかまって草鞋《わらじ》で踏んだという。

昭和六十年四月三日、津軽の岩木山は雪に覆われていた。南麓には岩木山神社がある。神社近くの弘前市百沢に住む三上よしさん（明治三十九年生まれ）はこの日犬の背皮を着けてムラの中で日向《ひなた》を求めていた。その犬の背皮は弘前の町で買ったものだという。背皮の習俗は根強いものであることがわかった。

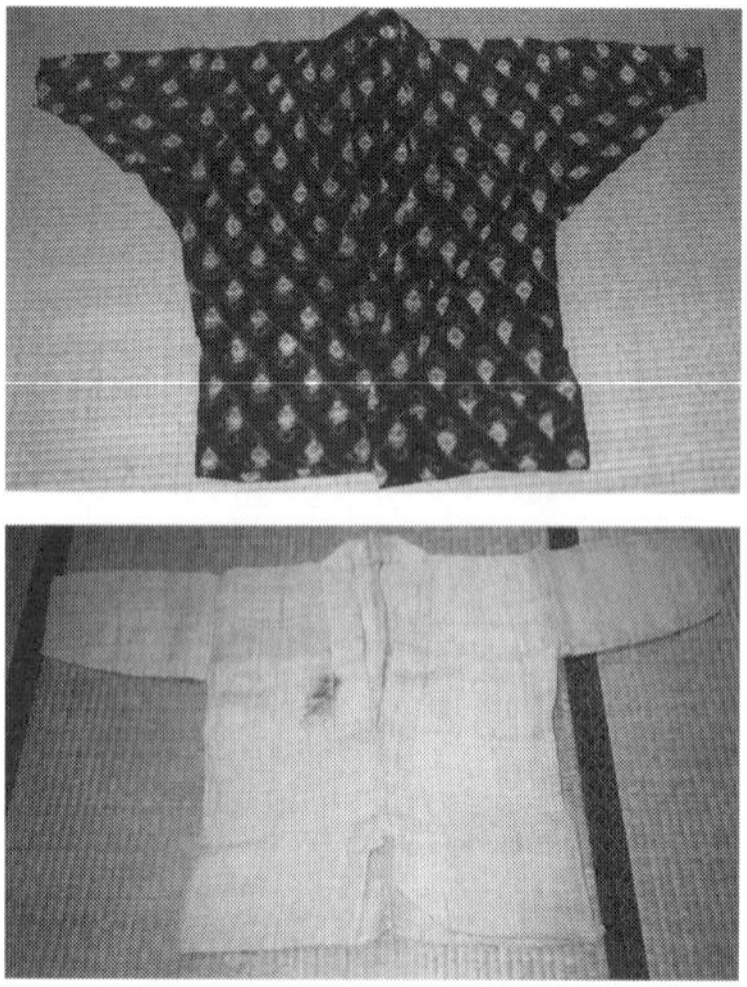

ノノコバ（上）とタナシ（下）（宮崎県東臼杵郡椎葉村大河内臼杵俣、椎葉ユキノ家）

タナシ・ノノコ【衣・季節転換と上着】 当地には「麦タナシにイモノノコ」という口誦句がある。「タナシ」とは麻の上衣のことで、「ノノコ」とは「ノノコバ」の略で、袖を三角にし、労働をしやすくした木綿の袷《あわせ》のことである。「麦タナシ」とは、麦は九月末から十月初め、まだタナシを着ているころに蒔くのがよいという意であり、「イモノノコ」とは、里芋は春先、まだノノコを着ているうちに植えるのがよいという意味である（宮崎県東臼杵郡椎葉村大河内臼杵俣・椎葉ユキノさん・昭和六年生まれ）。

タホ【衣・藤布】 藤蔓《ふじづる》の繊維で織った布を「タホ」と呼んだ。タホを織るための藤蔓《ふじづる》採取は五月、アラク（焼畑）の前だった。これを「藤切り」といった。立っている藤でなければだめだと称し、茹でたとき黒いとだめだともいわれた。皮を剝いで、その皮を背負って帰り、次のようにした。①庖丁で上皮を除いて一週間干す→②アク（灰）を入れて釜で煮る→③杵で搗《つ》く→④川でさらす→⑤干す→⑥これを裂き、績《う》んで、上下の衣類に仕立てる。タホの衣類は、麦コナシの際、芒《のぎ》が刺さらず、山でバラ（茨）が除けられる（山梨県南巨摩郡早川町奈良田・深沢さわのさん・明治三十年生まれ）。

シナ・楮《こうぞ》・カジなどの樹皮繊維の布を「タフ」（太布）という場合があるが、藤の繊維の布も静岡県の安倍川・大井川流域では多く「タフ」と呼ぶ。「藤布《とうふ》」から生まれた呼称とも考えられる。▼フンダコ

タミノ【衣・田蓑の素材と製法】 「タミノ」（田蓑）はシナの木の内皮と藁を編んで作った。皮を採るシナは若い木がよいとして径二寸ほどのものを使った。六月十日から六月末までに内皮を剝ぎ、川の中に上からは見えないように浸け、秋までそのままにしておく。秋、よく洗ってハサ（稲架）に掛けて干す。田蓑はこのシナ皮を細かく裂いたものに藁を編みつけてゆく。田蓑の寸法について、ますさんは次のように語る。手の拇指とほかの四本の指を分けて開いた状態で、拇指と小指の間の寸法を「イッパイ」（一杯）と呼ぶ。この状態を示す象形文字が「尺」である。田蓑の上部、すなわち肩の部分の幅は五ハイ半か六パイ、背中の部分は四ハイ、丈は五ハイ半である。蓑の上部を編むのに必要なシナ皮の長さは十八パイ。藁をからげてゆくので蓑幅の三倍の長さが必要になる。体の一部を計測の単位にするのは尋《ひろ》と同じであるが、「ハイ」の例は少なく貴重である。田蓑は

シナの皮が入手困難な平地水田地帯の人びとから多くの需要があった（滋賀県高島市朽木小入谷・田中ますさん・明治四十三年生まれ）。

ツナヌキ【衣・沓・猪皮】 奈良県の吉野山地から三重県の伊賀山地、伊賀市の滋賀県側一帯では猪猟が盛んで、猪の大きさを示すのに、猪の皮から作ることのできる「ツナヌキ」（毛皮沓）の足数《そくすう》を以って示す習慣があった。ツナヌキに使う皮の幅は八寸、猪の胴から八寸幅を二枚取れば一足分である。ここを以って「四足もの」（十六貫から十八貫）・「五足もの」（二十五、六貫）・「大五足」などと呼んだ。大五足以上の猪はいない。ツナヌキを作る場合、沓底には毛を順ではなく逆に使うようにして滑り止めに配慮した。毛皮を爪先から返して足甲の上で紐を結ぶように仕立てる。吉野から伊賀にかけては深い積雪地帯ではないが冬季の冷えが厳しいので、冬季の山仕事・畑仕事などにはツナヌキが好まれた。足ずれを防止するために、毎日中に敷く「シビ」（藁のハカマ）を入れ替えた。猪皮は硬化しやすいので硬化した場合は水に浸けた（三重県伊賀市諏訪・谷三郎さん・大正十四年生まれ）。

琉球弧から九州山地、四国山地においては毛焼き・毛剃り解体をし、皮下脂肪を食べるのだが、本土にそうした習慣はなく、右のような毛皮利用が見られる。このことは、日本列島のなかで毛皮を防寒に使う北方系の文化と、毛皮を要しない南方系の文化が交錯していることを物語っている。

なお「ツナヌキ」という呼称は「ツラヌキ」（頬貫）の転訛であろう。

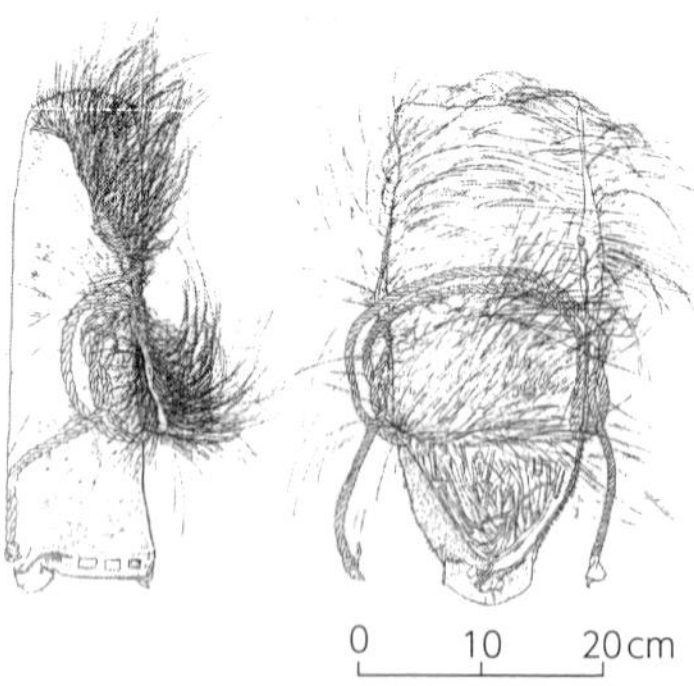

ツナヌキ計測図（復元：谷三郎さん　計測：岸本誠司氏）

ツマサキ【衣・足袋】 寒冷期、とりわけみぞれの季節の峠越え・山入りなどの折には、足の指を保護するために「ツマサキ」（爪先）と称する、足袋を三分した先端のごときものを作り、これを爪先につけてから草鞋《わらじ》を履いた（滋賀県高島市朽木小入谷・田中ますさん・明治四十三年生まれ）。ますさんは福井県・滋賀県境の針畑峠（標高八〇〇メートル）越えの旧鯖街道沿いに塩鯖を運んだ人である。

ドンブク【衣・半纏《はんてん》】 半纏《はんてん》のなかでも袖があって膝の上までくるものを「ドンブク」と呼んだ（秋田県湯沢市院内銀山町・阿部勇吉さん・大正四年生まれ）。

ナカゴブトン【衣・麻・屑】 麻糸を作るに際し、麻を川でさらし、干し叩いて、裂く過程で出る屑やカスのことを「ナカゴ」という。ナカゴをためておき、綿の代わりに入れた布団のことを「ナカゴブトン」（中子布団）と呼んだ（岩手県北上市和賀町山口・小原ミヤさん・大正四年生まれ）。

ニクジュバン【衣・防寒】 七分丈、筒袖の綿入れを漁師が防寒着として使った。これを「ニクジュバン」と呼んだ（静岡県焼津市利右衛門・吉田近治さん・明治二十年生まれ）。

ハチガツダイミョウ【衣・布団の皮洗いと綿干し】 八月に農作業が比較的暇になる状態を「ハチガツダイミョウ」（八月大名）と表現した。しかし、女性たちにはこの期間になすべき大切な仕事があった。それは布団皮の洗濯と布団の綿干しである。八月の盆前後に木津川で布団の皮を洗って干し、河原で綿も干すというのがムラの慣行になっていた。皮はまず、藁灰の水に浸し、それを絞って木津川の流れですすぎ洗いし、河原に干す。「八月二十三日・二十四日の地蔵盆を過ぎると日がにぶくなる」と称して、必ず盆前後に布団の皮洗いと綿干しをしたのである（京都府城陽市水主・斎藤ジウさん・大正五年生まれ）。

バッチグツ【衣・藁沓】 雪中用の藁沓で、底を二重にし、踵《かかと》の部分に短い尾状に藁を出した沓を「バッチグツ」と呼んだ。雪に耐えるためのものだといわれた。バッチグツを作るときには自分の足を入れながら編む。山が堅雪になったころ「マキ」（一統）で山に入り燃料にする木を伐り、雪代《ゆきしろ》で流送した。これを「ノボリヤマ」と呼び、そのときバッチグツを履いた（新潟県東蒲原郡阿賀町旧上川村・江川宗夫さん・昭和十一年生まれ）。

ヒキソ【衣・草履】「ソ」は本来麻を意味した。赤麻《あかそ》・真麻《まそ》といった語がある。当地では草履を編むときの芯縄を「ヒキソ」と呼ぶ。「ヒキ」は引いて締めることである。ヒキソには「マフジ」（藤）の中皮を剝ぎ取って叩いて使うか、「シナノキ」の中皮を剝いで叩いて使うかのどちらかだった（静岡県榛原郡川根本町旧湯山集落出身・望月筆吉さん・明治四十三年生まれ）。

ヒッコミ【衣・生理・丁字帯】長野県の伊那谷では女性の月役の丁字帯のことを「ヒッコミ」という。「ヒキコミ」の意であろう。下伊那郡天龍村神原坂部の松井ちどりさん（大正六年生まれ）はサラシ木綿を使って自分で作った。松井さんは、男の越中褌《ふんどし》は一幅《ひとはば》で作るが、ヒッコミは半幅で作るものだという。したがってヒッコミはサラシ二枚重ねで作ることになる。半幅を三枚重ねる例もある。そこに、さらに布を重ねるのだという。

以下に各地の丁字帯の呼称等について記す。①「マタベコ」（宮崎県東臼杵郡椎葉村）。「ヘコ」とは褌《ふんどし》のことである。同村不土野水無の尾前ケサノさん（大正六年生まれ）は、前掛けの古いもの、着物の古いものを使った。白い布でないほうがよい。共同で萱《かや》刈りに行くときなどは「マタベコにぬかりはないか」と気を使ったという。②「オンマ」（群馬県邑楽郡板倉町海老瀬間田）。③「シタオビ」（島根県安来市広瀬町西比田）。④「マタバサミ」（岡山県新見市菅生別所）。⑤「マタガケ」（新潟県村上市荒沢）。⑥「マタアテ」（京都府福知山市三和町大原）。当地の小林吉野さん（大正九年生まれ）も男の褌《ふんどし》は一幅《ひとはば》、女のマタアテは半幅だと語っていた。⑦「ウメボシ」（滋賀県米原市志賀谷）。綿をボール状に固めて糸をつけたもの。綿のボールを膣に入れた。長く脱脂綿が使われたのであるが、それ以前はボロ布・蕨《わらび》のホドロ（静岡県）・海綿（福井県）などを使ったと耳にしたことがある。

フクロタビ・ゴンゾー・ツマネジ【衣・積雪期の足ごしらえ】冬の降雪・積雪期の履物には苦労した。戦前まではおよそ次のようにしていた。①まず両足に「フクロタビ」（袋足袋＝布袋）を履く。②次に「ゴンゾー」を履く。ゴンゾーは藁沓を指すが、当地のゴンゾーは爪先や踵《かかと》の部分にシナの皮や山葡萄《やまぶどう》の皮を混ぜたものだった。ゴンゾーは踝《くるぶし》の上三寸といわれていたが、下は細かく、上部は粗く編んだ。③「ツマネジ」（爪捩じ）と称して、ゴンゾーの爪先の部分にシナの皮・山葡萄《やまぶどう》の皮で作ったカバー状のものをつけて藁で縛る。④草鞋《わらじ》を履く。——重装備である。シナの内皮・山葡萄《やまぶどう》の皮は六月に剝ぐ。シナの内皮・山葡萄《やまぶどう》の皮はなるべく軟らかくしなければならない。罐《かん》の中にシナの内皮・山葡萄《やまぶどう》の皮を入れ、水とイロリの灰を加えて軟らかくなるまで煮続ける。これは冬の仕事である（長野県松本市奈川金原・奥原喜代子さん・大正十三年生まれ）。

フンダコ【衣・藤布と女性のノルマ】 一番茶が終わったころ立っている（垂れている）藤蔓《ふじづる》を採取し、外皮を除いて灰を入れて煮たあと、川で厚板か平石の上で踏む。すると、中皮が糸のようにほぐれる。一～二日干してから、細かく裂いて「ヘソイト」を作る。それを織って布にする。この布を「フンダコ」または「タフ」と呼んだ。これで家族の上衣を作った（静岡市葵区田代・滝浪ふくさん・明治三十九年生まれ）。

静岡県榛原郡川根本町旧長島地区の滝口さなさん（明治二十七年生まれ）は、親たちから「一年のうちに家族全員のタフの衣類の上・下を作ることができなければ一人前の女ではない」と教えられた。静岡県浜松市天竜区水窪町奥領家大野の竹下ためさん（明治十九年生まれ）はフンダコ・タフのことを「コギノ」と呼び、秋の収穫後、垂れている藤を採取してこれを織った。「一年のうちに家族全員の上・下のコギノを作らなければ一人前の女ではない」といわれたという。

「フンダコ」とは「藤栲《ふじたく》」の転訛、「タフ」は「藤布《とうふ》」、「コギノ」は「小衣《こぎぬ》」の意であろう。近代に至るまで藤の繊維の布が生きていたのである。▼タホ

マダケラ【衣・蓑】 秋田県ではシナ（科）の木のことを「マダ」「マンダ」という。「ケラ」は蓑のことである。「マダケラ」用の内皮を取る木は二十年から三十年のもので、径三～四寸のものが最もよい。伐木は六月半ばから七月半ばの間で、それ以外の季節に伐ったものは蓑素

マダ（シナ）の内皮（秋田県北秋田市森吉小滝、新林佐助家）

材として使えない。まず外皮から三分の一ほどを剝ぎ捨て、残った幹だけを池に浸ける。その際、木に泥が染みつかないように筵《むしろ》でしっかりと包む。泥が入るとマダが真っ黒になってしまうからである。こうして三か月から四か月池に浸けておくと、マダの木が一枚一枚紙のように剝がれてくる。これを俗に「皮」と称しているのだが、実際には皮ではない。剝がした皮は川の水にさらしてぬめりのある付着物を除く。この作業の手を抜くとマダ皮が赤くなり、白々としたマダの美しさが出ない。こうして仕上げたマダを使って蓑を作る。蓑の首の部分には山葡萄《やまぶどう》の外皮を使うが、これには二十年以上の葡萄蔓《ぶどうづる》がよい（秋田県北秋田市森吉小滝・新林佐助さん・明治四十二年生まれ）。

ミハバマエカケ【衣・前掛け】「ミハバマエカケ」は普通「三幅前垂《みはばまえだれ》」と呼ばれている幅広の前掛けのことである。腰巻を締め、その上にミハバマエカケを掛けると、それがモンペの代替になって仕事がしやすかったので、一年中使った（滋賀県高島市朽木小入谷・田中ますさん・明治四十三年生まれ）。

モクウリ【衣・布・綿の代替としての藻《も》】八郎潟で採取していたコアマ藻《も》のことを「モク」と呼んだ。八郎潟から「モクウリ」（モク売り）が巡回してきた。「イヅミ」（エジコ＝嬰児籠、当地のものは桶）の底や中にモクを詰め、布団や襁褓《むつき》の代わりにした。モクを襁褓《むつき》として使う場合は、洗えば汚れが落ちるので何度でも使えた。モクを縄で編みつけて布団代わりにした。布を掛ける場合もあるし、布を掛けないものもあった。ハタハタ小屋ではよく使われていた（秋田県男鹿市北浦真山・菅原福次さん・明治四十二年生まれ）。

ヤマバカマ【衣・女性用の麻の穿《は》きもの】自分で麻を栽培し、苧《お》績《う》みから機織りをして「ヤマバカマ」（山袴）を作った。二週間の里帰りのうちに三枚のヤマバカマを作った。ふくら脛《はぎ》の部分に「コノ」と呼ばれる足《た》し布を継いでふくらませるようにくふうした。ヤマバカマは女性用で、カルサン式の下半身用の衣類で、紺色に染められていた。春、雪渡りのころ、橇を使って山から薪を運び出すときに穿《は》いた。女性の腰巻は年齢によって色のちがいが見られた。四十歳前は赤、四十歳以上は白か緑、年寄りに近い者はピンクを使った。ヤマバカマの両脇に三角形のアキができるのだが、娘や若い嫁たちはその狭い三角から腰巻の赤色をのぞかせるのが、春先のおしゃれの一種になっていた。腰巻の素材は、夏は木綿、冬はフランネルで、大幅ものを多く使った(岩手県北上市和賀町山口・小原ミヤさん・大正四年生まれ)。

ワラクタダ【衣・藁沓の中敷】 稲藁のハカマや、藁をしごいたときの屑を「クタダ」と呼ぶ。「クタ」は塵・芥・屑の意である。この「ワラクタダ」は、冬期、ゲンベイ(藁沓)・フカグツ(藁の深沓)に入れることによって保温・防寒・足保護の効力を発揮した(福島県耶麻郡猪苗代町関都・安部作馬さん・明治三十八年生まれ)。

ワラクタダのことをシベと呼ぶ地がある。また、青森県の津軽で藁沓のことを「シンベ」と呼び、秋田県横手市山内で藁の長沓を「シンベー」と称するのを聞いたことがあった。ワラシベ、すなわちシベを入れ替えつつ履くことと藁沓系の呼称には脈絡が考えられる。

2 食

アオダシ【食・小麦の未熟穀】 小麦の青穂、すなわち未熟麦を炒って揉んだり石臼で碾《ひ》いたりするとちぎれたうどんのようになるが、食べると美味だった。これを「アオダシ」と呼んだ(長野県飯田市南信濃木沢須沢・大澤さち子さん・昭和四年生まれ)。▼ヨリダシ

アズキコウセン【食・汁粉の祖型】 本来は小豆を炒って石臼で粉化した状態を示すものであるが、当地では、それを熱湯で練り、砂糖または塩を加えて食べる状態にしたものを「アズキコウセン」(小豆香煎)と呼んだ。これを「アズキガキ」(小豆掻き)ともいう。実体は「汁粉」の祖型である(静岡市葵区田代・滝浪文人さん・大正五年生まれ)。

アズキジル【食・小豆汁**】** 小豆を煮てまだ熱いうちに石臼で碾《ひ》く。鍋に水と酒を入れて煮え立ってから賽の目に切った豆腐と碾《ひ》いた小豆を入れ、塩・醤油を加えて仕上げる。これを「アズキジル」（小豆汁）という。一月・二月・三月の家の報恩講で作り、仏前に供え、家族も食べた（石川県小松市大杉町・朝日春子さん・明治四十二年生まれ）。

アブラエ【食・荏胡麻・コナラの実との混合食**】** 荏胡麻のことを「アブラエ」（油荏）と呼んだ。油荏は陰でもよいとして桑の木の下に作った。油荏を炒るときには「三粒爆《は》ぜればよい」と伝えた。炒った油荏を粉にし、アク抜きをしたコナラの実を煮たものと混ぜて握り飯のようにして食べた（岐阜県下呂市小坂町大洞鹿山・成瀬一枝さん・大正七年生まれ）。

アマイコ【食・粥と糀**】** 粥に糀を混ぜたものを「アマイコ」と呼ぶ。六升鍋で粥を煮て、それに糀を混ぜておいて食べ継いだ。春、ゼンマイを採る時期は多忙を極めて飯を炊く暇もないので、そんなときはアマイコを食べて凌いだ（岩手県和賀郡西和賀町甲子・照井次雄さん・大正二年生まれ）。

アラビキ・コナビキ①・ムズビキ【食・稗の石臼碾《ひ》き**】** 脱稃《だっぷ》した稗粒を粉化する際の石臼の碾《ひ》き方には目的にそった方法があった。「アラビキ」（粗碾き）は糠および付着物と実を篩《ふるい》にかけて仕分けるための臼碾《ひ》きである。「コナビキ」（粉碾き）は糠を除去した実を細粉化するための臼碾《ひ》き。これによってできた稗粉は、晴《はれ》の日の食物・神饌《しんせん》などに使われる。「ムズビキ」は糠を除かないで脱稃《だっぷ》したままの稗粒をそのまま粉化するための臼碾《ひ》きである。粉の中に糠が混じるので団子にしたときボソつく。「ムズビキダンゴ」は褻《け》の食物である。「ムズビキ団子は夜がよい」などという冗談がある。団子に混じっている糠が光るからである。端午の節供を月遅れの六月五日に行ったが、その折、稗団子を作り、笹の葉を五枚使って蛇の子の形にして包んだのだが、この団子はムズビキ団子とは異なり、「アラビキ」「コナビキ」を経たものだった（福井県大野市上打波・和歌芳成さん・明治四十四年生まれ）。

アラマキマス【食・生鱒の保存】 八月から十月にサクラマスを漁獲した場合、「アラマキマス」を作った。内臓を除き、塩を多めにすりこんで、柔らかい栃の葉で包む（朴《ほお》の葉は大きいが堅い）。栃の葉で包んだ上から縄でカチカチに巻き固める。清水の谷口を四十センチほど掘って、このアラマキマスを埋めて保存する。二〜三匹は埋めた。新米が穫れるとこれを掘り出してマスズシを作った（新潟県村上市岩崩・青山ツルエさん・大正七年生まれ）。

アワオコワ【食・粟の強飯《こわめし》】 十二月七日と二月七日は山の神の祭りで「山の講」と呼ばれた。この日はモチ種の粟で強飯《こわめし》を蒸した「アワオコワ」を作り、山の神に供え、家族も食べた（静岡県島田市川根町家山峰・大橋丑太郎さん・明治二十二年生まれ）。

アワモチツキノヨイドリ【食・粟餅搗《つ》きと結い】 「ヨイドリ」とは「結い」のことである。正月用の餅搗《つ》きに「ヨイドリ」をした。米の餅なら個々人の家で処理できるのであるが、モチ種の粟を蒸して餅にする場合には堅くて一人、二人ではうまく搗《つ》けない。そこで、五戸か七戸で「結い」を組んで粟餅搗《つ》きをした。これを「アワモチツキノヨイドリ」と呼んだ。蒸し手は別として、手返し役一人、搗《つ》き手五〜七人で搗《つ》いた。粟餅搗きは次の餅搗《つ》き唄に合わせて行われた。〽ア　ヨイワサの餅搗《つ》きで　ハリワサの相取りで　ヨーイヨーイヨイワサ　〽ネテケーキカズ（寝て喰え耳の遠い者）　オキテケーメッタクレ（起きて喰え目の悪い者）　ハリワサーノ相取りで　ヨーイヨーイヨイワサ　ヨーイヨーイヨイワサ——。終戦後、餅が米になるとヨイドリの餅搗《つ》きは行われなくなった（岩手県下閉伊郡岩泉町安家年々・祝沢口義雄さん・大正十一年生まれ）。

イデビエ【食・稗の加熱、精白】 山の焼畑地で粒化した稗を里の家まで馬で運び、次のようにした。「イデビエ」（茹で稗）と称して「スエガマ」と呼ばれる大釜で茹でてからよく干し、踏み臼または竪臼《たてうす》で搗《つ》いて脱稃《だっぷ》・精白した（宮崎県東臼杵郡椎葉村不土野尾前・尾前新太郎さん・大正十一年生まれ）。

イブシ②【食・柚餅子】霜が来て柚子が黄色くなってから実を捥《も》ぎ、上部五分の一のところで切り、中身を除き、柚子の皮袋の中に小麦粉・青海苔・胡桃・刻んだ柚子の皮・砂糖を練り混ぜたものを入れて蓋をする。これを正月用の菓子にした。「イブシ」とも「エビシ」とも呼んだ（群馬県甘楽郡南牧村熊倉・市川すき子さん・昭和十年生まれ）。

「イブシ」は他地でいう「ユベシ」（柚餅子）のことである。呼称転訛が著しい。

イモアメ【食・甘藷の飴】「イモツクリ」と称して甘藷の渋皮まで丁寧に剝き、細かく刻んで桶に入れて水を加える。そこに小麦のモヤシを粉にしたものを混ぜる。それを布袋でよく搾って汁を採って煮る。板状に固めたものをノミと槌を使って切る。これを「イモアメ」（イモ飴）と呼んだ。固める前に、炒ったトウキビにイモ飴をまぶす菓子も作った。これらを清水の町に売りに行った。イモ飴を食べると歯が黒くなった（高知県土佐清水市津呂・林丑枝さん・明治四十四年生まれ）。

イモツクネ【食・捏《こ》ね食】「ヤックチ」と呼ばれる軟らかく多収穫性の里芋の小芋を茹でてつぶし、握って焼き、味噌をつけて食べる。これを「イモツクネ」（芋捏ね）と呼んだ。これに栗やカライモ（甘藷）を混ぜて捏《こ》ねることもあった（宮崎県東臼杵郡椎葉村大河内竹の枝尾・中瀬守さん・昭和四年生まれ）。

イモノコハット【食・里芋小麦粉麺】小麦粉と茹でた里芋を練り合わせ、ホウトウ状にして水団《すいとん》にした。出汁は煮干しで味噌味、主として夕食にした。これを「イモノコハット」という。「ハット」はハッタイ粉の「ハッタイ」に通じ、「叩《はた》く」の意である（岩手県一関市花泉町日形・千葉和逸さん・昭和二年生まれ）。

イモモチ【食・甘藷と糯米《もちごめ》】甘藷を薄く切って縄に通して干す。この切り干し二升分を蒸《ふ》かして一旦搗《つ》く。別に糯米《もちごめ》一升を蒸《ふ》かして餅にする。糯米《もちごめ》の餅の中に甘藷を搗《つ》いたものを加え、混ぜ合わせてさらに搗《つ》く。そのとき、擂《す》った生姜を茶碗八分目、砂糖一キロ、塩大匙一杯を入れて搗《つ》き混ぜる。これを「イモモチ」と呼び、丸めて食べる（長崎県対馬市厳原町椎根・長瀬たけさん・明治四十四年生まれ）。

イリコ【食・粉食】 穀物を炒って粉化したものを「イリコ」（炒り粉）という。「カマシ」（カモアシ＝シコクビエ）と大麦を炒って粉化したものを混ぜて熱湯を注いで搔いて食べる搔き粉を「ムギイリコ」（麦炒り粉）と呼んだ。稗または粟の「ミヨシ」（未熟穀）とカマシを炒って粉化し、これを混ぜて熱湯を注いで搔き粉にして食べるものを「ミヨシイリコ」と呼んだ（石川県白山市白峰苛原・長坂吉之助さん・明治二十七年生まれ）。

イリチャー【食・猪の血】 猪の血に塩を加えて炒ったものを「イリチャー」と呼んだ（沖縄県八重山郡竹富町新城島出身・西大舛高一さん・大正六年生まれ）。

イワナジル【食・汁】 岩魚と茄子だけを入れた味噌味の汁を「イワナジル」（岩魚汁）と呼んだ（長野県下水内郡栄村堺和山・山田和幸さん・昭和二十五年生まれ）。

イワナズシ【食・岩魚の熟《な》れズシ】 スシ桶は、深さ六寸五分に一尺二寸×一尺の楕円形で「スシブネ」（寿司舟）といわれた。「イワナズシ」（岩魚ズシ）は「イワナ二貫目、飯二升」と口誦されていた。糀は使わない熟《な》れズシである。飯と山椒の葉と塩を混ぜたものと、イワナ（岩魚）とを交互に詰めた。岩魚の腹の中には人参・大根を刻んで煮たものと飯を混ぜて詰めた。岩魚は山で塩処理をする。岩魚を桶に詰める場合、尾と尾を合わせるようにする。重石は強めにかけた。夏の土用前に漬けこんだものは秋食べる。骨まで食べられる。土用過ぎに漬けたものは正月・正月以後食べる。これは骨は食べられない。秋漬けたものは翌年の四月以降食べた。岩魚ズシは土用を通したほうがうまいといわれた。漬けこむとき熱い飯を入れるといくらか骨が軟らかくなると伝えられている。岩魚ズシの飯は握って焼いて食べる。スシにした魚はナマでも焼いても食べられる（福島県南会津郡只見町叶津入叶津・中野和夫さん・明治二十六年生まれ）。

ウサギノタタキ【食・叩き】 残肉つきの兎の骨を台の上に置いて金鎚で丁寧に叩く。これに、水に浸けておいた大豆と小麦粉を混ぜてさらによく叩いて団子にする。その団子を煮えたった味噌汁の中に入れて食べた。これを「ウサギノタタキ」（兎の叩き）と呼ぶ。以前は兎の骨だけを叩いて団子にすることもあった（秋田県雄勝郡羽後町上仙道・武田宇市郎さん・大正四年生まれ）。

兎の叩きは広域で食されてきた。混合物として最も多いのは大豆であるが、新潟県東蒲原郡阿賀町で、蕎麦粉を混ぜて叩き、団子にして、夜、外に出して凍《し》みを与えてから汁に入れて食べたと聞いた。青森市入内では大豆と片栗粉を混ぜて叩くという。また、叩きの用具としては、福島県南会津郡その他で、木口を台にして叩くと骨の小片が木口に刺さって除かれるのでよいと聞いた。石川県白山市白峰では叩き専用の石皿を見た。兎と並んで「ヤマドリノタタキ」も多く食されてきた。福島県南会津郡只見町塩ノ岐の目黒俊衛さん（大正六年生まれ）は、残肉つきの山鳥の骨をよく叩き、酒をつけながら団子にし、夜、外に出して凍《し》みを与えてから汁にして食べたという。▼ウサギオイ、タタキ②

ウゾナシイモ【食・貯蔵里芋】 横穴に貯蔵しておいた里芋を四月に出して、種芋と食用芋に分ける。完全なものを種芋にし、部分的に傷んでいるものは食用にした。この時期に無疵《むきず》の里芋である「ウゾナシイモ」を食べることは例外的で特別なことである。前年から病みついていた年寄りが、年を越し、さらに四月にイモの「ウゾナシ」を食べてから果てたとき、「イモのウゾナシを食って死んだからよい……」などと会話された（静岡市葵区井川西山平・森竹久亀さん・大正十五年生まれ）。

「ウゾ」は「オゾ」（悪いところ）の意で、「オゾナシイモ」は本来は「欠点のない芋」の意。「オゾ」は「オゾシ」「オゾイ」（悪い＝形容詞）の語幹である。「オゾイ」については『日本語方言辞書』に広域の事例が示されている。

ウチコミ【食・麺】「ウチコミ」を作るのにノシ板・ノシ棒を使うのはうどんと同じである。小麦粉を練り、塩を少し入れる。夏の土用に打って食べるものだとされた。練り込むのに力を入れるので、裸で打った。厚さ五ミリ、幅一センチ、長さ十五センチほどで、平麺式・味噌味でドジョウを入れる。これを「ウチコミ」と称し、裸で食べた（香川県丸亀市綾歌町出身・二見邦弘さん・昭和十九年生まれ）。

『改訂綜合日本民俗語彙』には大分県旧国東郡の例が示されている。

ウチマメ【食・大豆】 一日三回、乾燥大豆を水に浸ける。これを三日間くり返したものを平石の上にのせて木槌で打ちつぶす。これを「ウチマメ」（打ち豆）という。こうして打ちつぶした大豆を味噌汁に入れる。煮えたつと吹き出すので、鍋の蓋を取る（福島県南会津郡只見町黒谷倉谷・菅谷としえさん・大正七年生まれ）。

ウメコ【食・粉練り食】 粉化した穀物などを茶碗に入れ、湯をさして練って食べる方法を「ウメコ」という。蕎麦・麦・米・トウモロコシ・弘法黍（シコクビエ）などの粉に、醤油・味噌・塩・砂糖などで味付けをした（静岡県榛原郡川根本町水川尾呂久保・土屋猪三雄さん・大正四年生まれ）。

「ウメコ」とは「熟め粉」の意で、湯で熟した状態になるところによる。「カキコ」（掻き粉）と同義であるが、掻き粉のほうが一般化している。

エアエ【食・荏胡麻味噌】「エアエ」（荏和え）とは「荏胡麻和え」の意である。馬鈴薯の小イモを「アマ」（イロリの上の簀天井《すてんじょう》）に保存しておく。それをおろして洗い、塩水で二時間ほど煮る。当地では家味噌のことを「テミソ」（手味噌）と呼ぶ。その手味噌と荏胡麻を擂鉢《すりばち》でよく擂《す》って、煮た馬鈴薯につけて食べる。今では砂糖を加えるようになった（岐阜県本巣市根尾越波・松葉長之助さん・明治三十九年生まれ）。

エラブジル【食・乾燥エラブウミヘビの汁】 エラブウミヘビはウミヘビ科の蛇で、毒は神経性で猛毒ではない。「エラブウナギ」と通称される。エラブウミヘビは沖縄県の宮古島や多良間島などでも食されたが、久高島の優れた燻乾《くんかん》法によって、久高島はもとより沖縄本島でも食された。久高島の捕獲期は旧暦六月二十四日から十二月三十日までとされ、主として産卵のために「ガマ」（海蝕洞窟）に寄り着くものを捕獲した。久高島では祭祀組織にもとづき、外間ノロ家・外間根人《ねっちゅ》家・久高ノロ家が捕獲場のガマにおける捕獲権を世襲し、ムラガシラ（二戸）は交替で捕獲権を得てきた。一般島民はガマでは捕ることを許されず、「フカウミ」（外海）で獲った。専用の「バイカンヤー」（焙乾舎）で、アダンの実・シューキギの葉・ガジュマル・テカテ・モクモーなどを燃料として四、五日から一週間かけてじっくりと燻乾《くんかん》する。さまざまな薬餌効果が伝えられており、燻乾《くんかん》されたエラブウナギは薬餌として、また珍味として重視された。ミーンナギ（メスウナギ）は卵を持っていて太いので、燻乾《くんかん》に一週間かかる。家族の者が長旅から帰ったときなどは「エラブジル」を作った。燻乾《くんかん》されたエラブウナギを束子《たわし》で洗ってブツ切りにし、塩と味噌を少し入れて四、五時間煮る。箸でつついてみて軟らかくなっていれば、そこに豚の足骨・昆布を加えて煮直す。ブツ切りのエラブウナギには鱗痕が残っているが、肉は軟らかく崩れ、燻乾《くんかん》の香りが混じる（沖縄県南城市知念久高・久高島・内間末七さん・大正四年生まれ）。

詳細は拙著『海岸環境民俗論』収載の「エラブウナギの民俗誌」に示した。

燻乾されるエラブウミヘビ（沖縄県南城市久高島知念）

オオイブザケ【食・葡萄酒】　山葡萄《やまぶどう》の実を甕に漬けこんで発酵させ、搾って飲む。この酒のことを「オオイブザケ」と呼ぶ（石川県白山市白峰苛原・長坂吉之助さん・明治二十七年生まれ）。

難解な呼称である。「イブ」は「息吹く」の語幹で、発酵状態を示すものとも考えられるが、今後の資料収集と考察が必要である。

オカモチ【食・餅の類別】　水田で栽培した糯米《もちごめ》で搗《つ》いた餅を「タモチ」（田餅）と称し、定畑で栽培した陸稲《おかぼ》の糯《もち》米《ごめ》で搗《つ》いた餅を「オカモチ」（陸餅）と呼んだ。そのほかモチ種の粟でも餅を搗《つ》いた。オカモチはタモチに比べるとヒビ割れがしやすく、黴《かび》も早かったという。平成六年で、水田栽培の糯米《もちごめ》が一俵二万円だったのに対して畑地栽培陸稲の糯米《もちごめ》は八千円だったという。当地の餅の順位は、タモチ→オカモチ→粟餅の順だった（茨城県常総市国生・長塚清太郎さん・大正七年生まれ）。

オダイ【食・ダイメシ】飯の上にダゴベー（団子稗＝シコクビエ）を粉化して湯で練ったものをのせて食べる方法を「オダイ」と呼んだ。ダゴベーのことは、ほかに「ヤツベー」（八つ稗）・「マタベー」（又稗）などとも呼んだ。飯の上に稗の粉をのせて食べる方法を「ヒエオダイ」と呼んだ。椀の下の飯を台に見たてた呼称だと考えられる（富山県南砺市利賀村阿別当・野原ことさん・大正四年生まれ）。

オデ【食・猪の皮下脂肪】猪の皮下脂肪のことを「オデ」という。毛を焼き、それを庖丁で剃り落とし、オデに塩を振って乾燥させて保存する。細かく切って味噌汁に入れる。オデは腹薬になると伝える。オデはナマのものを焼いて食べることもできる（高知県吾川郡仁淀川町椿山・中内茂さん・明治三十六年生まれ）。▼オジ

オニガシ【食・魚・雄ヤマメのスシ】ヤマメの雄が産卵期を迎えて黒くなっているものを「オニガシ」と呼んだ。オニガシは、ハラワタを除き三枚におろしてからもとの姿にもどし、ウルチ米一升・糀二合・人参・キャベツ・塩と合わせて押しズシにした。径尺二寸、深さ九寸の「キッチ」（桶）に入れ、中蓋をして重石をかける。二か月以上おいて食べるのだが、早く食べたい場合は酢を混ぜた（青森県十和田市旧十和田湖町・長畑徳一さん・昭和二年生まれ）。

オネリ【食・練り食】南瓜・甘藷を煮てそれに小麦粉を入れて練って食べた。これを「オネリ」（お練り）と称した（山梨県旧西八代郡上九一色村・土橋里木さん・明治三十八年生まれ）。

山梨県南都留郡道志村白井平の水越ふみさん（明治四十一年生まれ）は、煮えたたせた米の粥にトウモロコシの粉を入れて練り混ぜ、塩味をつけて食べた。これを「オネリ」と呼んだという。

オハット【食・楶《しとぎ》】ウルチ米・ウルチ粟でおのおの楶《しとぎ》を作る。これを「オハット」と称した。おのおの水に浸けておき、臼杵で叩《はた》く。毎月十七日の山の神祭り・二十三夜待ちに際しては、米と粟のオハットを作り、山の神や月に供えた（山梨県南巨摩郡早川町雨畑・望月りつさん・明治三十四年生まれ）。

「シトギ」という呼称は精白した穀物に湿気を与えることから発し、「オハット」はそれを「叩《はた》く」（叩《たた》いて粉化する）ところから出た呼称である。▼アワノオカラク

オレモチ【食・折れ米団子】浮島沼の残存ともかかわり、この地には湿田が多く、冬作の田麦は栽培できなかった。よって、麦飯の代わりに水団《すいとん》風の食べものが多かった。いわゆる水団《すいとん》は小麦粉の団子を入れることが多いのだが、川尻の水団《すいとん》は米の粉の団子だった。それも折れ米、いわゆる屑米を粉にして団子を作ったのである。粉を湯で捏《こ》ねながら大根・里芋などの入った汁の中に浮かして作る。これを「オレモチ」（折れ餅）と呼んだ（静岡県富士市川尻・鈴木もとえさん・明治三十七年生まれ）。

カタツラメシ【食・糅飯《かてめし》】大根の干し葉などを糅《かて》とした糅飯《かてめし》を炊くとき、あらかじめ米・麦の多いところと糅《かて》の多いところを分けておき、弁当用として米・麦の多いところを掬って弁当箱に詰める。同じ鍋の中でも、このように米・麦の多い部分を「カタツラメシ」（片面飯）と呼んだ。弁当用の片面飯を掬ったあと、篦《へら》（杓子《しゃくし》）で糅《かて》と米・麦とをかき混ぜて茶碗に盛って食べた（福島県大沼郡金山町八町・押部きよさん・大正十五年生まれ）。▼カテメシ、スクイメシ、ダイコンガテ

カヂイモ【食・里芋の食法】焼畑輪作の最終年に栽培した蘞《えぐ》みの強い里芋（「シマイモ」「エグイモ」とも、時には「ヤマイモ」とも）を収穫し、「イモガマ」（芋穴）に貯蔵しておき、椿の花が落ちるころイモガマから出し、一日ほど日に干してから「アマ」（イロリの上の簀天井《すてんじょう》）にあげて乾燥させる。お茶どきの前にアマからおろして蒸《ふ》かしてから干す。これを臼杵で搗《か》つ。皮が剝けると中の芋の身が白く光る。これを「カヂイモ」と呼ぶ。カヂイモを中心に豌豆《えんどう》・甘藷の切り干し、小豆などとともに煮る。平地水田地帯からやってくる茶摘み娘や茶師に

好評だった（静岡県島田市川根町家山雲見・宮脇きくさん・明治三十八年生まれ）。「カヂイモ」とは「カチイモ」で、「カツ」とは「搗《つ》く」という意味である。乾燥させた里芋を搗《つ》いて皮を剝くという方法は珍しい。

カッキミソ【食・馬鈴薯味噌】大豆・麹《こうじ》・塩のほかに蒸した馬鈴薯を加えた味噌を「カッキミソ」と呼んだ（石川県白山市白峰苛原・長坂吉之助さん・明治二十七年生まれ）。

カッツァシダミ【食・採集・堅果】殻がついたままでアク抜きをしていないシダミ（コナラ・ミズナラの実）のことを「カッツァシダミ」という。カッツァシダミは救荒食物としてイロリの上の「シダミズ」（シダミ簀＝萱《かや》簀《す》）に広げて、一年も二年も保存した（岩手県和賀郡西和賀町沢内貝沢・岩井貞吉さん・明治二十六年生まれ）。

カテメシ【食・米節約の糅《かて》】糅《かて》の種類はさまざまあるが、菅谷家では「ダイコンガテ」が多かった。「カテメシ」（糅飯）は以下の要領で炊いた。釜の底部に大根または大根葉を入れ、その上に米一升と粟一合を入れる。さらにその上に大根または大根葉を入れる。三層にするのである（福島県南会津郡只見町黒谷倉谷・菅谷としえさん・大正七年生まれ）。

カトリボシ【食・イモガラ】里芋の茎、イモガラを保存用に干したものを「カトリボシ」と呼んだ。二、三泊で兎狩に行くとき、米・味噌とともに持っていった。軽くてよいといわれていた（山形県最上郡戸沢村角川十二沢・秋保三郎さん・明治四十一年生まれ）。「カトリ」は「カラトリ」で、里芋（茎《から》取《と》り芋《いも》）の「カラトリボシ」と同義であろう。

カニコツキ【食・蟹汁】モクズガニを叩いて笊《ざる》で濾《こ》し、汁を取って白菜とともに味噌味で煮て食べる。その叩きのことを「カニコツキ」と呼んだ。「月夜蟹は味噌が少ない」と言い伝え、月夜めぐりの蟹漁は避けた（栃木県芳賀郡茂木町竹原・青木泉さん・昭和四年生まれ）。

ガネミソ【食・蟹味噌】「ガネミソ」とは有明海に面した柳川市域で食された蟹味噌のことで、「ガネヅケ」「ガンヅケ」（蟹漬）などとも呼ばれる。「ガンヅケガニ」と呼ばれるシオマネキを、生きたまま石の臼に入れて搗《つ》いたり、擂鉢《すりばち》に入れて丁寧に突き砕いたりして、そこに唐辛子と塩を加えて擂《す》り合わせて作る塩辛である。白菜漬けに添えて酒の肴にしたり、白い飯に添えて食べたりする。柳川ではガネミソは辛いものの代表とされている（福岡県柳川市三橋町垂見・山田英之輔さん・昭和九年生まれ）。

北原白秋に「蟹味噌」という詩があり、第一節は次のとおりである。「どうせ泣かすならピリリとござれ。酒は地の酒、蟹の味噌」。

カブコウセン【食・掻き練り】焼畑の一年目を「アラガノ」と呼び、ここで蕪を栽培する。その蕪を干しておいたものをドロドロになるまで煮る。糯米《もちごめ》の屑とトウモロコシを炒って、おのおの石臼で碾《ひ》いて粉化して混ぜる。こうして、蕪と粉を混ぜて掻きまわし、塩味をつけて食べる。これを「カブコウセン」（蕪香煎）と呼んだ。蕪香煎は昼飯と夕飯に食べた（福島県南会津郡只見町黒谷倉谷・木津つるよさん・明治三十三年生まれ）。

カブヅケ【食・漬物】「カブナギ」と称して一年目に蕪を作る焼畑があり、そこで赤蕪を栽培した。「カブヅケ」（蕪漬）ができるようになれば嫁として一人前だ」という口誦句がある。塩加減がむつかしいのである。その関連で、「合掌屋根に初雪が降った程度に塩を振れ」という口誦句もある（岐阜県大野郡白川村荻町・佐藤盛太郎さん・明治三十五年生まれ）。

カブミソド【食・蕪雑炊】赤蕪を「カブラカキ」（蕪欠き）と称してイチョウ切りにし、雑炊の中に入れた。これを「ミソド」「カブミソド」と呼んだ（山形県鶴岡市一霞・佐々木定吉さん・大正五年生まれ）。

『改訂綜合日本民俗語彙』には「ミソドモチ」の項があり、「山形県飽海郡飛島（酒田市）で元日の朝、家族で食べる粥に餅を入れたもの」とある。これらを見ると「ミソド」とは味付けに味噌がかかわったものであると考えられる。

カブラノタコニ【食・蕪の煮もの】 赤蕪の小さめなものの葉茎を長めに切って、蕪を上にして逆さに立ててみるとタコに見える。塩鯨を出汁にしてこれを煮たものを「カブラノタコニ」（蕪の蛸煮）と呼んだ。オカズにも、腹ごしらえにもなった。冷めたものは熾《おき》の上で焼いて食べた（山形県鶴岡市一霞・佐々木定吉さん・大正五年生まれ）。

カボケ【食・稗の収納具】 樺《かば》の樹皮を用いて作った径三尺、高さ三尺の桶を「カボケ」と呼ぶ。カボケには精白稗を入れ、イロリのある部屋の隅に置いて常用した（宮崎県東臼杵郡椎葉村不土野尾手納・甲斐忠作さん・明治二十四年生まれ）。

「カボケ」とは「樺桶《かばおけ》」の意である。熊本県八代市泉町樅木ではケヤキの樹皮で作ったカボケを用いた。ここでは大豆・小豆を収納して蔵に置いた（村川種男さん・明治三十五年生まれ）。

カヤクナベ・カヤクザラ【食・小鍋立て】 菊地家では食事どきに家族一人一人に個人用の小型七輪が与えられていた。この七輪に「カヤクナベ」と呼ばれる径二十センチほどの鉄鍋をかけ、それで鱈・ハタハタのショッチル煮などを作った。「カヤクザラ」とはホタテ貝の貝殻の大きいもののことで、これを皿の代わりにした。小型の七輪は煮ものの用具であると同時に冬季の暖房にも有効だった（秋田県大仙市藤木八圭・菊地春枝さん・大正十年生まれ）。

「カヤクザラ」は「カヤキザラ」（貝焼き皿）の転訛で、原初の貝焼きはホタテ貝の殻に食物を盛り、それを火力に当てるものだった。

カワクジラ【食・皮鯨と筍の煮付け】 クロタケ（真竹）・ハチク（淡竹）などの筍の出る季節には、行商人から「カワクジラ」(皮鯨)を買って筍とともに煮て食べるのが楽しみだった。皮鯨は三寸×二寸×一尺ほどの大きさで、砥石のような形をしていた。皮鯨は笊《ざる》に入れて吊り下げておき、五ミリほどに刻んで筍と煮付けた。大豆蒔き・小豆蒔き・田植・麦の収穫などの時期、筍と皮鯨の煮付けは御馳走だった。皮鯨の脂の味がよかった(宮崎県東臼杵郡椎葉村不土野尾前・尾前新太郎さん・大正十一年生まれ)。

カンコ【食・米の寒粉】一月十四日の「コハジメ」(粉始め)から寒のうちを中心に、長い場合は寒水の中に一か月も米を浸けた。米はウルチ八割、糯《もち》二割の比率だった。糯米《もちごめ》は「ネバシ」(粘し)と称し、粉に粘りを加えるために混ぜた。水に浸けた米は一旦よく乾かしてから石臼で碾《ひ》き、袋または茶の罐《かん》に入れて保存した。これを「カンコ」(寒粉)と呼んだ。カシワモチや地蔵の縁日の団子などに使った(静岡県藤枝市大東町・仲田要作さん・明治三十三年生まれ)。

カンコロ【食・甘藷切り干し】「カンコロ」とは甘藷を平切りにして干しあげたものである。「シロカンコロ」はナマの甘藷を切って芝草地などに広げて干しあげたもので、これは澱粉工場や焼酎工場に出荷した。対して「ユガキカンコロ」(「アカカンコロ」とも)は、一旦湯がいたものを切って干しあげて作る。こちらは自家用である。期間は十月一日から十一月十日ごろまでである。ユガキカンコロは四月から八月までよく食べた。そのほかの季節は甘藷を蒸して食べた。「カンコロメシ」はユガキカンコロを煮て、鍋の中で杓子《しゃくし》または擂粉木《すりこぎ》で突き混ぜ、茶碗に盛って食べる。麦飯にカンコロを盛って食べる方法もあった。また、カンコロと糯米《もちごめ》を蒸して搗《つ》き、カンコロモチにすることもあった(長崎県佐世保市宇久町平十川・宇久島・坪井要さん・昭和三年生まれ)。

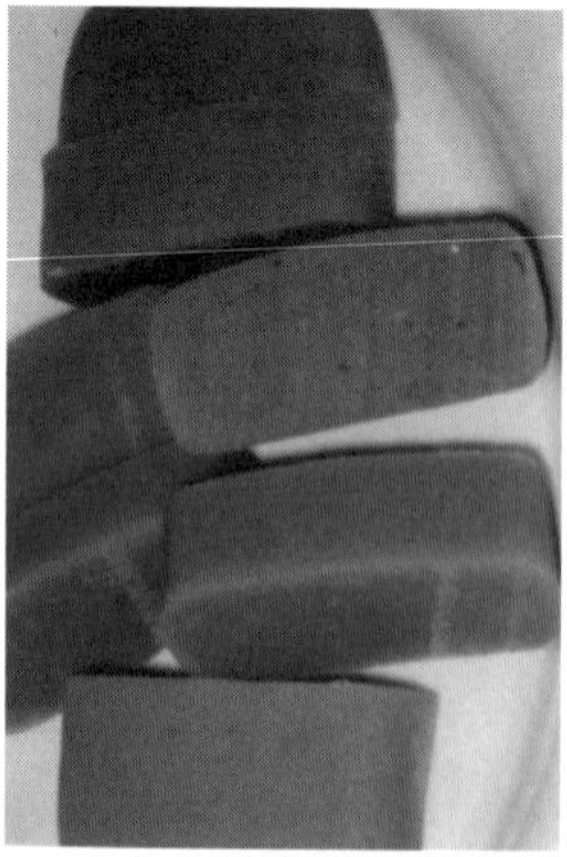

カンコロモチ(長崎県佐世保市神島町)

カンザラシ【食・折れ米の寒ざらし】「カンザラシ」とはこの場合、米の寒ざらしをいう。普通の米を寒ざらしにすることはなく、折れ米などをふくむ二番米を寒中の水で研いでから寒風にさらして干す。寒にさらすと味がよくなると伝えた。乾燥したものを石臼で碾《ひ》いて粉にした。寒ざらしの粉に糯米《もちごめ》を加えて蒸してから搗《つ》き、団子にして食べた（群馬県邑楽郡板倉町海老瀬間田・亀井かつ子さん・昭和二年生まれ）。

カンジシ【食・猪・寒猪】 寒中に捕獲した猪を「カンジシ」（寒猪）と称し、長期保存して食べる方法があった。解体後、頭・手足・肋骨・内臓をはずし、肉を内側に、毛皮を外側にして縄で固く締めあげて縛る。昼は家の中に吊るしておき、夜間は冷気の激しい外気にさらして凍結させる。こうしておいて、必要に応じて肉を削りとって塩をかけて焼いて食べる。寒さの弱いときには肉を味噌漬けにした。肉を漬けた味噌も貴重品とされた。寒ジシは三月の雛祭りから五月の端午の節供まで食べた。「寒ジシは六か月もつ」といわれた（宮崎県北諸県郡三股町・木田三郎さん・大正八年生まれ）。

宮崎県東臼杵郡椎葉村大河内竹の枝尾の椎葉ハルさん（明治二十四年生まれ、『後狩詞記』にかかわる中瀬淳の次女）は次のように語る。寒ジシは「ケジシ」と称して毛のついたままの肉を台所・中の間の天井に吊っておき、食べる分だけ肉をそいで利用した。夏まで保存するものは、皮下脂肪と肉の部分を甕に入れ塩漬けにした。食べるときには塩抜きして「ヒエズーシー」（稗雑炊）にした。▼ケジシ

カンダイコン【食・寒ざらし大根】 寒中に大根を短冊型に切り、一度茹でてから葛蔓《くずづる》に通して川の水で二日間ほどさらす。水さらしのあと乾燥させる。これを「カンダイコン」という。味もよく、保存性もよい。煮もの・味噌汁などに入れる（岩手県宮古市江繋・川内金助さん・明治四十二年生まれ）。

カンボシモチ【食・干し餅】 正月用の餅を搗《つ》くとき、「カンボシモチ」（寒干し餅）も搗《つ》いた。径八寸の丸平餅を十個搗《つ》き、一月十一日に藁で編みつけて縁側に吊るしておく。これを六月、田植終了後に食べた。水に浸けてから、焼くか油炒めにして食べた（岩手県和賀郡西和賀町沢内貝沢・北村ヤエさん・大正十二年生まれ）。

ギオンダンゴ【食・小麦】 旧暦六月の祇園さんの日に芥子の実を混ぜて小麦団子を作って食べた。これを「ギオンダンゴ」（祇園団子）という（静岡県浜松市天竜区水窪町奥領家大野・水元定蔵さん・明治二十二年生まれ）。
芥子の実を混ぜた祇園団子には夏を乗り切る呪力があると考えられていたことが推察される。

キジチャヅケ【食・茶漬】 雉子《きじ》の肉を塩辛く煮て飯の上にのせ、濃く出した渋茶をかけ、葱を添えて食べる方法があり、その茶漬飯を「キジチャヅケ」（雉子茶漬）と呼ぶ（長野県飯田市南信濃南和田名古山・柴原数夫さん・昭和六年生まれ）。

キビダンゴノホツボヤキ【食・トウモロコシの平団子】 当地ではトウモロコシのことを「キビ」と呼び、キビを粉化する。キビの粉を湯で捏《こ》ねて、径二寸五分、厚さ八分ほどの平団子にしてホツボ（イロリの中心）の周囲で焼き、焼畑地の山の神に供え、自分たちも食べる。これを「キビダンゴノホツボヤキ」という。山へは木綿袋に入れて持参する（高知県吾川郡いの町旧本川村、山中国武さん・明治三十七年生まれ）。
平団子にするのは、火の通りをよくし、早く焼けるようにするためである。

キビメシ【食・トウモロコシと押し麦】 平麦、すなわち押し麦のことを「ツヤシムギ」（潰し麦）と呼んだ。当地ではキビ（トウモロコシ）の栽培が盛んで、トウモロコシを米粒大に碾《ひ》き割りにしたものとツヤシムギとを半々に混ぜて「キビメシ」と称した（高知県吾川郡仁淀川町大野・西森梅子さん・大正十年生まれ）。

キリイモ【食・ヤマノイモ、栽培種・切り芋】 ヤマノイモ科の栽培種に、兵庫県丹波地方で栽培されている「キリイモ」と呼ばれる球体のイモがある。三月末から四月にかけて種イモを切り分け、切り口に灰をまぶして植える。牛の踏み肥の堆肥を施し、「テ」（手）と呼ばれる竹の支柱を立てて蔓《つる》をはわせた。収穫したキリイモは、木箱に「スリヌカ」（稲の籾殻）を入れ、その中に埋めて縁の下に保存した。キリイモは主として祝いごとに使った。結婚式・祭り・誕生日などに膳を用意したが、キリイモは蒲鉾《かまぼこ》・昆布とともにカシワン（赤椀）に盛る。他村の祭りなどに招待されたときのみやげや贈り物にするときには、キリイモ三個を藁苞《わらづと》に入れるのを通例とした。当地におけるイモ類の格付けは以下のとおりである。①キリイモ→②里芋→③甘藷→④馬鈴薯。戦前にはキリイモ百株、里芋二百株ほどを栽培していた（兵庫県丹波市青垣町遠阪・足立関太郎さん・大正五年生まれ）。

クラノシタ【食・猪肉の食法】 当地では猪の背肉のことを「クラノシタ」（鞍の下）と呼ぶ。クラノシタは、その肉塊の周囲を炭火で焙《あぶ》ってから、薄く切って生姜醬油をつけて食べる。これを「シシノタタキ」という（高知県高岡郡檮原町茶や谷・中岡俊輔さん・昭和二十一年生まれ）。

右には、鰹の叩きとの共通性が見られる。

クルマゴー【食・猪・首肉】 猪の首肉の部位で最も美味だと伝えられる、頭と前足の間の肉を「クルマゴー」と呼ぶ（宮崎県東臼杵郡椎葉村大河内大藪・浜砂善次郎さん・明治四十年生まれ）。

首肉を車に見たて、「車皮《くるまがわ》」と称したことから生まれた語と考えられる。

クルミメシ【食・核果・胡桃飯】「クルミメシ」（胡桃飯）は米一升に対して茶碗一杯の胡桃（抜き身）を混ぜた。飯に塩気をつけておき、炊き上がる寸前に、包丁でこなしておいたヌキグルミを混ぜた。胡桃の食法にはクルミメシ以外に次のものもあった。新米で御幣餅を作って胡桃味噌をつけて食べた。「ニドイモ」（二度イモ＝馬鈴薯）の田楽にも胡桃味噌をつけた（長野県飯田市南信濃南和田飯島・遠山イセさん・大正十二年生まれ）。

ケカチゴメ【食・備蓄米】 ケカチ（飢渇）、すなわち飢饉のときのための備蓄米を「ケカチゴメ」（飢渇米）と呼んだ。イロリと火棚のある部屋の梁に、ケカチゴメとして稲籾入りの三斗俵が五俵吊ってあった。また、当地には昭和二十年まで郷倉があった（秋田県大仙市横堀星宮・長沢精一さん・昭和三年生まれ）。

ケジシ【食・猪】 冬季捕獲した猪の毛皮つきの肉を吊るしておき、必要な分だけ肉の部分をそぎ落として食べた。このように毛皮のついたままの猪の肉のことを「ケジシ」(毛猪)と呼んだ(宮崎県東臼杵郡椎葉村大河内竹の枝尾・中瀬守さん・昭和四年生まれ)。▼カンジシ

ケシネ【食・脱稃穀《だっぷこく》】 穀物で、脱稃《だっぷ》して皮を除いたものを「ケシネ」と呼んだ。腹をすかせた子供たちは稗のケシネなどをそのまま噛んで喜んで食べた。稗のケシネを臼杵で叩《はた》いて粉にしたものが「ヒエゴナ」(稗粉)である。冷え性の人や寒気《さむけ》にあたった者にはヒエゴナが効くといわれていた。ヒエゴナと小豆に、甘味として乾燥させた柿の皮(のちに砂糖)を加えて、煮て食べさせた。これを二晩食べると癒えるといわれていた。冬中これをたびたび食べた(山梨県南巨摩郡身延町大垈・佐野秀章さん・明治三十三年生まれ)。▼シラゲ

ケヌキアワセ【食・丸メンパの飯の詰め方】 丸メンパの内と合せ蓋の両方に飯を詰め、交合部を少なくする。このように飯を詰めることを「ケヌキアワセ」と呼んだ。蓋で一回、内で一回の二回の食事に対応できる。毛抜きの両先が交合しないところからこの呼称が生まれた(静岡県島田市伊久美・森塚金一さん・明治三十八年生まれ)。

ケノシル【食・年取り汁】「ケノシル」は青森県の津軽地方を中心に、下北・八戸周辺・秋田県の一部にまで及んでおり、以下のようなものがあった。①ケノシルは、ゼンマイ・牛蒡・焼き昆布を砕いたもの・油揚げ・凍み豆腐・黄な粉の残りなどを入れて醤油味で作る。大晦日に作り、正月に焼いた切り餅を入れて家族で食べて年取りをする汁だという(青森県五所川原市長富鎧石・太田つよさん・昭和六年生まれ)。②ケノシルは、蕨《わらび》・ゼンマイ・大根・人参・大豆・油揚げ・凍み豆腐などを入れて大鍋で煮る。味付けには味噌・醤油・酒粕・砂糖などを入れる。正月の三が日は食べる(青森県西津軽郡鰺ヶ沢町一ツ森町大谷・吉川隆さん・昭和二十五年生まれ)。③一月十五日、小正月にケノシルを作って食べる。ケノシルには次のものを入れる。人参・牛蒡・大根・椎茸・ゼンマイ・ズダ(大豆を炒ってつぶした打ち豆)・油揚げ・凍み豆腐・荏胡麻を炒って味噌とともに擂《す》った

もの。ケノシルは小正月から春の彼岸まで食べた。春の農作業に先立って体力をつけるために食べるのだといわれていた（青森県弘前市中崎野脇・小山吉雄さん・昭和五年生まれ）。

青森県内でケノシルに関する聞きとりをしている折、その語義の説明として「粥《け》の汁《しる》」「飢《け》の汁《しる》」「会《け》の汁《しる》」などの諸説を耳にした。正月・小正月に家族そろってケノシルを食べて年取りをする、体力をつけるためにケノシルを食べるといった点に注目するとき、この汁は「大御食《おおみけ》」「御食《みけ》つ国《くに》」の「食《け》」、食の根源を示す「食《け》の汁《しる》」だという思いが浮上してくる。雪に閉ざされたなか、春第一に力強く萌え出《いづ》る生命力に満ちたゼンマイを必ず入れていること、ゼンマイの保存性、豊かなゼンマイの味を思うと、食《け》の汁《しる》は始原の年取り汁だと考えざるを得ない。北の年取り汁なのである。そして、稲の北漸以降は、餅の入った雑煮の始原だったともいえよう。

罐詰として販売されているケの汁（青森県内販売）

ケーモチ【食・掻き練り】 蕎麦粉だけを練ったソバネリのことを「ソバケーモチ」、蕎麦粉と南瓜を練ったものを「ケーモチ」、蕎麦粉と赤蕪を練ったものを「カブケーモチ」と呼んだ（岩手県久慈市山形町霜畑・八幡ちよさん・大正二年生まれ）。

ケーモチは粥餅ではなく、「掻き餅」であることがわかる。

ケンガラ【食・貝殻煮】 アワビの貝殻のことを「ケンガラ」と呼ぶ。ケンガラを使って「ウル」（イカの内臓）と刻み大根を塩味で煮てから、それを「ネリコ」（蕎麦粉練り）につけて食べた（島根県隠岐郡知夫村仁夫・知夫里島・川本巌さん・昭和八年生まれ）。

ケンズイ【食・食制・間食】当地では間食のことをすべて「ケンズイ」と呼んだ。朝食と昼食の間が朝ケンズイ（午前十時ごろ）、昼食と夕食の間が昼ケンズイ（午後三時ごろ）、夜ケンズイは食べる家と食べない家があった。季節によって時間は異なる。ケンズイの食物は馬鈴薯が最も多く、その他甘藷・里芋などイモ類が多かった。茶粥と漬物も食べた。また、「オカキ」を食べることもあった（滋賀県甲賀市信楽町多羅尾・宮本豊子さん・大正九年生まれ）。

「ケンズイ」の文字としては「間水」「硯水」「建水」などが当てられているが、「間随」もひとつの候補にはなろう。間食の呼称は地方によってさまざまある。例えば島根県雲南市三刀屋町粟谷の板垣正一さん（大正六年生まれ）は、朝食と昼食の間の食を「コビル」（小昼）、昼食と夕食の間の食を「ハシマ」（箸間）と呼んでいた。静岡県下では昼食と夕食の間の食を「ヨウジャ」（夕茶）と呼んでいた。これは朝食前の朝茶・茶の子に対応する呼称である。

コイリコンニャク【食・蒟蒻】キビ（トウモロコシ）の「ハナゴ」（碾《ひ》き割りを作るときに出る粉）を混ぜた蒟蒻を「コイリコンニャク」（粉入り蒟蒻）と呼んだ。褻《け》の食ではなく、正月など晴《はれ》の日に作って食べた（高知県吾川郡仁淀川町森柚ノ木谷・片岡正光さん・大正四年生まれ）。

コウジトウキビ【食・トウモロコシ麹《こうじ》】トウモロコシを碾《ひ》き割りにして蒸してからモロブタ（浅い箱型の容器）に広げる。麦の種麹《たねこうじ》と混ぜて一週間置く。これを「コウジトウキビ」（麹唐黍）と呼んだ。コウジトウキビ四に対し大麦六の比率で大釜で煮て蒸留し、焼酎にする。出だしの一升を「ヒノクチ」（火の口）と呼んだ。甘くて粘りがあって強い（宮崎県東臼杵郡椎葉村大河内竹の枝尾・中瀬守さん・昭和四年生まれ）。

コウボウモチ【食・シコクビエの団子】シコクビエのことを「コウボウキビ」（弘法黍）という。これを粉化して団子にしたものを「コウボウモチ」（弘法餅）と呼ぶ。弘法黍には粘り気がないので団子はすぐにヒビ割れた。冬季、顔の肌荒れやヒビのひどい人のことを「弘法餅のようだ」とたとえた（静岡県榛原郡川根本町水川尾呂久保・土屋猪三雄さん・大正四年生まれ）。

コウラ【食・稗精白のための煎炒《せんしょう》具】 稗を精白するためには、蒸す・煎る・焙《あぶ》るなどの加熱処理が必要である。当地ではその加熱処理のひとつとして「コウラ」と呼ばれる鋳物の鍋で煎るという工程がとられていた。皮つきの稗の実をコウラで音が出るほどに煎る→水車で搗《つ》く→簸《ひ》る、といったものだった。コウラは径二尺、深さ三寸五分ほどで、厚さは風呂釜より厚かった（高知県吾川郡いの町寺川・川村義武さん・明治四十一年生まれ）。『改訂綜合日本民俗語彙』には「コウラ」として次の記述がある。「茶、豆などを煎る器。愛媛県西条市や岡山県白石島でいう」。

コガネモチ【食・モチ粟系の餅】 モチ種の粟と糯米《もちごめ》を半々の比率で搗《つ》いた餅を「コガネモチ」（黄金餅）と称し、正月と旧正月にはほかの餅とともに黄金餅を必ず三升一臼搗《つ》いた（奈良県五條市西吉野町湯川・中西孝仁さん・昭和四年生まれ）。

コクブネ【食・穀物貯蔵設備】 落とし板方式の穀物の貯蔵設備を「コクブネ」（穀舟）と呼んだ。蔵の中に、壁面を背部とし、三尺四方、高さ四尺の空間を複数並べて設定する。必要な位置に落とし板を落としこむ溝を刻んだ柱を立てる。落とし板は一尺幅だった。この一つ一つの区画を「コクブネ」と呼ぶのである。おのおのの囲みに、大麦・小麦・粟・弘法黍（シコクビエ）の未精白の粒を入れた。コクブネは舟の数を増やせば、大豆・小豆・粟なども同様に収納できる（山梨県大月市七保町瀬戸上和田・相馬進さん・明治三十七年生まれ）。▼キッツ

ゴコクメシ【食・混合飯】 当地では次の五種の穀類と豆を混ぜて炊いた飯を「ゴコクメシ」（五穀飯）と呼んだ。米・大麦・粟・碾《ひ》き割りトウキビ（碾《ひ》き割りトウモロコシ）・小豆の五種である。なお、当地の「サンゴクメシ」は、米・粟・「ツメ」（甘藷のナマ切り干しを米粒の大きさに砕いたもの）を混ぜたものだった（高知県土佐清水市津呂・林丑枝さん・明治四十四年生まれ）。

コゴメ【食・屑米】折れ米・屑米などを「コゴメ」（小米）と呼ぶが、ほかに「イリゴ」「メンザラ」とも呼んだ（静岡県藤枝市大東町・仲田要作さん・明治三十三年生まれ）。「イリゴ」は屑米を篩《ふるい》などで揺らした「ユリゴ」（揺り粉）の意、「メンザラ」は玄米を精白するときに出る砕け米・小米を示す「メンザイ」と同系である。「メンザラ」は砕け米の擬態語「メザラ」（目ザラ）、すなわちザラついた状態を示すとも考えられる。

コゴメメシ【食・屑米飯】折れ米に塩を入れて炊いた飯を「コゴメメシ」（小米飯）という。折れ米や屑米を「コゴメ」（小米）と呼び、小米と南瓜を混ぜて炊き、捏《こ》ねて食べるものを「カボチャガユ」（南瓜粥）と称した（静岡県焼津市利右衛門・吉田近治さん・明治二十年生まれ）。

コチイモ【食・馬鈴薯の固煮】馬鈴薯と水を鍋に入れ、塩を加えて三時間ほど煮るとイモが縮んで固くなる。これを「コチイモ」と呼んでオヤツにした（山梨県南都留郡鳴沢村鳴沢・渡辺佐久馬さん・大正二年生まれ）。「コチ」は堅さを示す擬態語「コチコチ」とかかわると見られる。

コッパダゴ【食・甘藷加工食】ナマのカライモ（甘藷）を平切りにして乾燥させたものを「コッパ」と呼んだ。コッパを粉化したものと米の粉を混ぜて作った団子を「コッパダゴ」（木ッ端団子）という（鹿児島県肝属郡南大隅町佐多辺塚打詰・鍋多清光さん・大正十五年生まれ）。

コバシ②【食・大麦の粉食】当地では大麦を炒って粉化したハッタイ粉のことを「コバシ」（コウバシ＝香ばし）と呼んだ。麹《こうじ》の花を呼ぶのにコバシを撒《ま》いた（奈良県吉野郡吉野町山口・森口たまゑさん・明治四十年生まれ）。

コバメ【食・間食】一日の食事のなかでの間食のことを「コバメ」という。①朝飯＝夏五時・冬六時。イモ類・稗飯・麦飯など→②茶飯＝夏九時・冬八時。家ではなく作業の場で食べる。「ケヌキアワセ」（メンパの両側に飯を詰めて合わせたもの）の麦飯など→③ニハチ＝午後二時。ケヌキアワセの残り一方→④コバメ＝ニハチと夕飯の間。一服のこと。お茶とイモ類・柿・団子など→⑤夕飯＝夏八時・冬六時。稗飯・麦飯→⑥夜食＝十時。蕎麦掻き・弘法掻きなど（静岡市葵区田代・滝浪久衛さん・大正十三年生まれ）。

「コバメ」は「コバミ」（小食み）の意で、「コヤシナイ」（小養い）ともいう。▼ケヌキアワセ

コビル【食・食制】「コビル」とは「小昼」「小昼飯」の意で、午前十時と午後三時に食べた。例えば稗団子をコビルに食べるときには、リンゴ大のものを二個食べた（岩手県遠野市土淵町栃内西内・不動岩吉高さん・大正十五年生まれ）。

コムギモチ【食・糯米《もちごめ》と小麦の餅】糯米《もちごめ》五升と小麦五升を蒸して臼で搗《つ》いたものを「コムギモチ」（小麦餅）という。「ケンカモチ」（喧嘩餅）と称して激しく搗《つ》く。黄な粉をつけて食べる。七月十日の夏祭りに、田植終了の農休みを兼ねて小麦餅を搗《つ》いた。またこの日には柿の葉ズシも作った（奈良県吉野郡吉野町山口・森口たまゑさん・明治四十年生まれ）。

コメカボ【食・節米】「コメカボ」とは「コメカバイ」（米庇い）の意で、米を大切にし、米を節約し、米に代替するものを食べるという意味である。米五に対し粟五の比率の飯における粟もコメカボだし、夕飯に米を使わないで、蕎麦の「ゴキカキ」（御器掻き＝蕎麦掻き）や蕎麦焼餅、「オツユダンゴ」（里芋とカンプライモ＝馬鈴薯の汁に蕎麦団子を入れたもの）を食べるのもコメカボである。糅飯《かてめし》の糅《かて》もコメカボとなる（福島県大沼郡金山町小栗山坂井・五ノ井謙一さん・大正四年生まれ）。▼ニクルミ

コメシ【食・稗飯】稗を精白して鍋で煮る。稗粒が煮えてから、その稗の上に粉化した稗をのせ、蓋をして蒸してからかき混ぜて食べた。精白稗一升に対して稗粉一合の比率で、これを「コメシ」（粉飯）と呼んだ（滋賀県長浜市木之本町金居原・中野新太郎さん・大正二年生まれ）。

コモチ【食・甘藷と小麦粉】甘藷を蒸して皮を剥き、小麦粉と混ぜて臼で搗《つ》き、丸めてからさらに蒸して食べる。甘藷八に対して小麦粉二の比率だった。これを「コモチ」（粉餅）と呼んだ（三重県志摩市大王町波切・浜口いつさん・明治三十七年生まれ）。

コロガシダンゴ【食・団子】団子のなかでも、転がして小豆餡や黄な粉をまぶす団子のことを「コロガシダンゴ」（転がし団子）と呼んだ（福井県大野市上打波・岡ゆりさん・明治二十五年生まれ）。

サトウカブ【食・蕪】「サトウカブ」（砂糖蕪＝甘味のある赤蕪）の種と稗の種を混ぜて蒔くことがあった。先に稗を収穫し、次に蕪を収穫した。サトウカブは丸ごと茹でて食べることもあったが、「カテ」（糅）として飯に混ぜて食べることもあった（岩手県下閉伊郡岩泉町乙茂・水野義雄さん・大正十三年生まれ）。

サヤシガキ【食・醂し柿】半熟の渋柿を一晩ヒジロ（イロリ）の灰の中に埋めておき翌日食べると、渋みが抜けてうまい。また、半熟の渋柿をヒジロの火の周囲に並べ、火箸で柿に数か所の穴をあけておくと、火力で渋みが抜けて甘くなる。これらを「サヤシガキ」と呼んだ。「サヤシガキ」は「醂《さわ》し柿」の転訛である（静岡県榛原郡川根本町犬間・菊田秀安さん・昭和五年生まれ）。

シィトウヌイイ【食・澱粉混合飯】澱粉のことを「シィトウ」といい、蘇鉄の実から採取した澱粉を甘藷・米・小豆などを煮たものに練り混ぜて食べるものを「シィトウヌイイ」（澱粉の飯）と呼んだ。澱粉は入れずに、甘藷・米・小豆などを煮て練り混ぜたものを「ナティーヌイイ」と呼んだ。ナティーヌイイは平素の夕食に食べたが、シィトウヌイイは家

蘇鉄の実から採ったシィトウ（澱粉）を日乾する（沖縄県八重山郡竹富町鳩間島、鳩間ひやま家）

屋建築の昼飯や、ややあらたまったときに食べた（沖縄県八重山郡竹富町鳩間・鳩間島・小浜安喜さん・明治三十八年生まれ）。

シオガキ【食・柿の渋抜き】 渋柿の渋を抜くために、渋柿を塩水に十五日から二十日間ほど浸ける方法、またこうして渋抜きをして渋を抜いた柿を「シオガキ」（塩柿）という（福井市河内町・内田美代子さん・大正五年生まれ）。

シシノアラダキ【食・猪の骨】 猪を捕獲すると、肉を取ってから、残肉のついた肋骨・背骨その他の骨を大釜に入れ、水・醤油・砂糖・酒を入れて「クド」（竈《かまど》）で煮て、一同で食べた。これを「シシノアラダキ」といった。祖父の丙次郎は狩猟の十人組を率いていた。「シャッケモチ」（癪気持ち）が猪の胆《ししい》をその薬として求めにきた。また「○足《ぞく》もの」と称する「ツナヌキ」を伊賀方面から求めにきた（滋賀県甲賀市信楽町多羅尾・宮本豊子さん・大正九年生まれ）。▼ツナヌキ

シタジキ【食・稗飯】 稗飯を炊くとき、鍋の底に必ず大根の干し葉を入れ、塩をごく少量加えた。焦げつき防止のためと糅《かて》のためだった。これを「シタジキ」（下敷）という。大根葉は大量に乾燥保存した。財産家の家では大根葉の上に少し米を入れてからその上に稗をのせた（静岡県島田市川根町笹間上粟原・成瀬治宣さん・明治二十二年生まれ）。

シツン【食・猪肉の塩揉み】 猪肉を塩揉みして藁苞《わらづと》に包んだものを「シツン」と呼んだ。「シツン」とは包むことである。肉一キロに対し茶碗半分の塩を揉みこむ。こうして炊事場の天井から吊るしておいた。藁苞《わらづと》から汁が落ちるようになる。食べるときには真水に浸けて塩抜きをしてから調理する（沖縄県八重山郡竹富町西表島祖納出身・高道正文さん・大正六年生まれ）。

シナモチ【食・屑米餅】 青立ちの未熟稲や割れ米を粉化したもの七割と糯米《もちごめ》三割を蒸して搗《つ》き、これを「シナモチ」と称した。シナモチは、「アラネ」と称して径一寸五分、長さ尺五寸の丸太状にのしてからこれを「ハヤス」（切り、分割する）。これとは別に、蒲鉾《かまぼこ》状にしたものを「カタモチ」と呼んだ。これもハヤス。ハヤシたものは筵《むしろ》に広げて干してから保存する。サツキ（田植）の一服のとき、これをカラ揚げにしたものを食べた（山形県鶴岡市砂谷・白旗喜惣治さん・大正十四年生まれ）。

シナモチの「シナ」は「シイネ」（死稲）の転訛である。「アラネ」は「アラレ」と同系で、当地ではシナモチを刻んだものが「アラレ」と称されていたことがわかる。

シバチャ【食・飲料・茶】 コバを伐ったところ（焼畑）には茶の木が自生し、焼いた翌年から葉を摘むことができた。三年たつと株になった。山仕事・焼畑作業のとき、茶の枝を折って薬罐《やかん》に入れて沸かすとうまかった。これを「シバチャ」（柴茶）と呼んだ。自家用には自生茶を釜炒り茶にして使った（宮崎県東臼杵郡椎葉村不土野尾前・尾前新太郎さん・大正十一年生まれ）。

シバレイモ【食・馬鈴薯・凍化】 昭和六十三年十二月二十七日、岩手県久慈市山形町霜畑の八幡ちよ（大正二年生まれ）家を訪ねた。納屋の中の上部の横棹にネックレスのように、シナの内皮に数珠状に通された白いイモの輪が連なって吊られているのを見かけた。以下はちよさんによる。①霜がおり、氷が張るようになったら馬鈴薯をナマのまま外に出し、水をかけて凍らせる。数日、凍《し》みと溶解をくり返させる→②イモを洗って湯に浸けると皮がブヨブヨになってくるのでこれを剝く→③シナの皮などに数珠状に通して川の冷水で四、五日さらす→④よく乾くまで干す（保存がきく）→⑤臼で搗《つ》いて粉にする→⑥練って蒸すと黒みを帯びた団

シバレイモ（馬鈴薯）（岩手県久慈市山形町霜畑、八幡太郎家）

子になるのでこれを食べた。これを「シバレイモ」と呼んだ。

岩手県遠野市土淵町栃内西内の不動岩吉高さん（大正十五年生まれ）は以下のようにした。①寒のうちに馬鈴薯を外に出して凍らせる→②鍋に湯を沸かし馬鈴薯を入れると皮がはげてくるのでしっかり剝く→③馬鈴薯を数珠状に紐に通して四、五日川の水にさらす→④物干し竿などに掛けてよく乾くまで干す→⑤臼で搗《つ》いて粉化する→⑥団子にして小豆餡をつけるか、汁に入れるかして食べた。

岡恵介氏は岩手県下閉伊郡岩泉町安家の井戸端ナヨさん（昭和十四年生まれ）から詳細な聞きとりを行い、㋐練った澱粉を軍配の形に伸ばして串に刺し、そのまま茹でて、一度乾かしてから味噌を塗って焼いて食べる、㋑平らに薄く伸ばして折り重ね、蕎麦切りのように細く切り、干し葉（大根や蕪の葉を乾燥させたもの）とともに味噌汁に入れて食べる、㋒真中を窪ませた団子を作り、小豆の汁粉に入れて食べる、などの例を紹介している。なお安家でも、これを「シバレイモ」と呼ぶとしている。アイヌにも「ボッチェ」という同様の食品があるという（野本寛一編「凍化」『食の民俗事典』）。

シバレイモは凍み大根・凍み餅などの影響を受けて発生したものと考えられる。▼シミイモ

シミイモ【食・馬鈴薯・凍化】 馬鈴薯を保存し、食べるための加工法のひとつに「シミイモ」（凍みイモ）がある。萱《かや》で簀《す》を編み、畑の隅に敷き、その上に馬鈴薯を広げておく。冬になり馬鈴薯が凍ってそれが溶けたとき、イモの上に紙袋などをかぶせ、草履を履いてそれを踏む。凍結するたびにくり返し踏むことがイモの水分を抜くことになる。馬鈴薯は干からびた梅干か煎餅のようになり、澱粉だけが残る。土を洗いおとし二、三日水に浸けてから皮を剝く。それを煮て食べるのである。凝縮澱粉とでもいうべき優れた保存食である。当地では馬鈴薯のことを、イモを伝えた人物にちなんで「セイダユウイモ」（清太夫芋）と呼ぶ（山梨県南都留

シミイモ（山梨県南都留郡鳴沢村鳴沢、渡辺佐久馬家）

郡鳴沢村鳴沢・渡辺佐久馬さん・大正二年生まれ）。

鳴沢村に伝承される馬鈴薯の凍みイモは、馬鈴薯の原郷中央アンデスの「チューニョ（Chuño）」に共通するところがある。▼シバレイモ

シミダイコン【食・大根・凍化】 寒中に短冊状に切った大根を茹で、葛蔓《くずづる》に通して川の水で二日さらしてからハセ（稲架）に掛けておく。掛けておく間に凍《し》みと溶解をくり返す。それをよく乾くまで干しあげたものを「シミダイコン」（凍み大根）という。これを保存しておき、煮付けや味噌汁に入れる（岩手県久慈市山形町霜畑・八幡ちよさん・大正二年生まれ）。

岐阜県飛騨市河合町では、冬季、輪切りにした大根を竹串に刺し連ねて外気にさらして凍み大根を作る。

凍み大根（岐阜県飛騨市河合町角川）

シモカブリ【食・霜と栗】 遅く落ちる栗の実のことを「シモカブリ」（霜被り）と呼んだ。霜被りは特別美味である（宮崎県東臼杵郡諸塚村家代塚原・那須有義さん・明治四十五年生まれ）。

長野県飯田市上村に標高八〇〇～一〇〇〇メートルの高地集落「下栗《しもぐり》」がある。この集落名は本来は「霜栗」だった可能性がある。

シラゲ【食・精白穀物】 当地では「シラゲヨネ」（精白米）に限らず、麦・粟・黍などの穀物を精白したものはすべて「シラゲ」（精白）と呼んだ。母は、「家族十人でシラゲ五升」と語っていた。栗のナリ年には、冬期、栗の粉三合を加えて五升になるようにし、栗の粉を入れるときには塩を加えて飯にしていた（長野県下伊那郡大鹿村鹿塩沢井・松下兼茂さん・大正三年生まれ）。▼ケシネ

シラボシ・シャボシ【食・精白生稗】 稗を脱粒・脱稃《だっぷ》・精白する際に、それらに先んじて焙乾《ばいかん》・蒸す・煮る・茹でる・煎るといった加熱処理をするのが一般的である。対してナマの稗の粉や稗の「シトギ」(粢)を作る場合はいかなる加熱処理もしない。加熱処理をしないで精白した稗のことを「シラボシ」「シャボシ」などと呼ぶ。シラボシ稗を水に浸け、よく水を切ってから臼杵で叩《はた》いて粉化したものを平団子に固め、「オシトギ」(お粢)と呼んだ。稗のオシトギは、稗の種蒔きのときや、山の神の祭日に作って山の神様に供えた。稗のオシトギやシラボシ稗に紫蕪を入れた稗粥は特別おいしかった(岩手県遠野市土淵町栃内琴畑・琴畑きよさん・大正十年生まれ)。

栃木県那須塩原市鳴内の君島寅一さん(明治四十二年生まれ)はシラボシのことを「シラヅキビエ」と呼んでいた。シラヅキビエのナマの稗粉に柿の果肉を入れて固め、苞《つと》に入れて旧暦十一月七日に山の神様に供えた。これも粢《しとぎ》である。当地には「ナマを喰ってもあたらないのは山の神様だけだ」という口誦句があった。ここでもナマの稗粢《ひえしとぎ》は美味なるものだと伝えられていた。

シラムシ【食・葬儀、法事の儀礼食】 小豆を入れない白色の強飯《こわめし》を指す場合が多いが、当地では葬式・年忌などに作る黒豆入りの強飯《こわめし》を「シラムシ」(白蒸し)という。赤飯は糯米《もちごめ》に小豆の色がついてもよいのだが、黒豆入りのシラムシは糯米《もちごめ》に黒い色がついてはいけないので技術を要する。糯米《もちごめ》を蒸したものとは別に黒豆を用意する。黒豆も蒸籠《せいろう》で蒸すのであるが、そのとき、砂糖を主とし、塩を少し加えて「カネウチ」する。カネウチとは、砂糖と塩の煮汁を杓子《しゃくし》に掬って蒸籠《せいろう》の黒豆にかけることである。そのカネウチを二回行う。蒸しあがった黒豆は「ショーケ」(笊《ざる》)にあげてよく汁を切る。カネウチによる黒豆の色を米につけないためである。こうして、蒸した糯米《もちごめ》と黒豆をハンギリ桶で混ぜる。白と黒のコントラストの美しいシラムシができる。葬式や法事以外でも、甘いものが好きな家では折々黒豆のシラムシを作る(滋賀県米原市志賀谷・箕浦栄美子さん・大正十三年生まれ、岩崎房枝さん・昭和四年生まれ)。

シンゴロウモチ【食・練り飯串焼き】 割り箸状の割り木の上部に米の飯を練り固めて固着させたものや、残り飯に蕎麦粉を混ぜて同様にしたものを作り、これらに「ジュウネンミソ」（荏胡麻味噌）を塗ってイロリの火で焙《あぶ》って食べる。これを「シンゴロウモチ」（新五郎餅）と呼んだ。当地には「新五郎餅と雪道はあとがよい」という口誦句がある。あとになるほどじっくりと芯まで焙《あぶ》られ、香ばしさを増すからである（福島県大沼郡金山町玉梨・雪下智子さん・昭和二年生まれ）。

スクイメシ【食・混穀飯と弁当】 尋常小学校へ通うころの飯は、米三合・麦七合の割で炊いたが、炊いた飯を竈《かまど》からおろす直前に五合の稗の粉を混ぜて蒸らすというものだった。「スクイメシ」とは、稗の粉を混ぜる前に、通学する子供の弁当用に飯を掬い出すこと、その掬った飯のことである（静岡県浜松市天竜区水窪町奥領家渡元・天野さか子さん・明治四十五年生まれ）。▼カタツラメシ

スクガラス【食・スクの塩辛】 スク（アイゴの稚魚）は旧暦五月二十八日から六月四日の満潮の間に来た。さらに六月二十八日から七月三日の間に来る年もあるし、来ない年もあった。来れば「ボーナス」といった感じだった。スク漁は追い込み袋網漁で、最低五人で行った。均等分配だが、網主は二人前与えられた。「キザバネスク」と呼ばれる大型のスクが五％、「スク」と呼ばれる小型のものが九五％だった。満潮時にスクが「クチ」から入ってくるが、その群は赤く見えた。入りたては白色だが、「イノー」（環礁に囲まれた礁池）で藻《も》を喰うと青色になり味が落ちる。藻《も》を喰う前に獲らなければならない。スクは「スクガラス」（塩辛）にする。スク三十斤（一斤は六百グラム）に対して塩十二斤の比率で半年から一年漬けこむ。塩蔵発酵させるのである。豆腐の上にのせて食べる方法が一般的である（沖縄県島尻郡伊是名村・伊是名島・中本徳守さん・明治四十三年生まれ）。

同県南城市久高島の内間豊さん（大正四年生まれ）は次のように語る。スクの寄り始めに「ナミノハナユイ」（波の花寄り）といって、クチからイノーに入って一瞬でいなくなる寄りがある。スクの季節に先立って、ノロがカベール岬で、今年はスクがたくさん来ますようにと祈る儀式があった。

スシヅケ【食・鱒ズシ】 鱒（サクラマス）ズシを漬けることを「スシヅケ」と呼んだ。スシヅケには二つのタイプ

があった。盆に獲った鱒はナマで焼いて食べる。スシヅケ用の鱒は稲刈り前に獲る。①鱒をナマの切り身にし、塩を加えながら飯と合わせて直ちに漬けこむ。九月上旬までに漬けこめば自然発酵する。②鱒を一旦塩漬けにしておき、寒中に塩抜きをし、飯と糀を合わせて漬けこむ（新潟県東蒲原郡阿賀町旧上川村・江川宗夫さん・昭和十一年生まれ）。

スルス【食・米】稲籾の籾《もみ》摺《す》りをして白米にすることを「スルス」（摺り臼）という。一月に十月までの飯米のスルスを行った。古米の場合、一か月以内なら味が変わらないが、一か月を過ぎるとまずくなる（青森県弘前市中崎野脇・小山吉雄さん・昭和五年生まれ）。

セダマ【食・猪肉】猪の背の両側の肉を「セダマ」（背玉）と呼んだ。セダマは美味で刺身で食べることができた（静岡県浜松市北区引佐町渋川川宇連・池本準さん・大正十二年生まれ）。

セツビキ【食・粉食】「セツビキ」とは「節《せつ》碾《び》き」の意で、「節季碾《び》き」のことであり、年末に穀類・豆類などの粉を碾《ひ》くことを意味した。それが、寒中に多くの粉を碾《ひ》きためる意に拡大されてゆく。対象物は、大豆・蕎麦・大麦の碾《ひ》き割り・大麦を炒った香煎用・うどん用の小麦粉、それに、香煎に入れる干した生姜などだった。また、「ネリ」と称する蕎麦掻きを作る際、加える干し蒟蒻の粉も碾《ひ》いた。寒中に碾《ひ》いた粉ものは黴《か》びることがないと伝えられていた（茨城県常総市国生・長塚清太郎さん・大正七年生まれ）。

長塚節の『土』でも「セツビキ」（節挽）という語彙が用いられており、小麦や蕎麦の粉が碾《ひ》かれたことが出ている。

センダンゴ・ロクベー【食・甘藷加工食】長崎県対馬市厳原町内山では甘藷のことを「コウコウイモ」（孝行イモ）と呼ぶ。これを使った「センダンゴ」（千団子）と「ロクベー」は次のように作って食べる。①十一月、ナマの孝行イモを踏み臼で搗《つ》く→②搗《つ》いたイモを四斗樽に入れ、朝・昼・晩アク抜きのために水を替える。十日間続ける↓③アクが出なくなったら叺《かます》に入れて腐るまでおく↓④腐ったところで径二寸ほどの団子にする↓⑤その団子を金網や簀《す》に広げて干す↓⑥乾燥させたものを叺《かます》または袋に入れておく↓⑦団子を水でもどして粗いスイノウ（水嚢＝漉《こ》し具）で濾《こ》す↓⑧続いて目の細かいスイノウで濾《こ》す↓⑨五時間ほど水に浸ける↓⑩水をこぼして沈澱した正味（澱粉）を木綿の袋に入れて口を括る↓⑪袋に重石をのせ、正味が団子の硬さになるまで抑えておく↓⑫径八分の団子にして簀《す》の上に干す。これが「センダンゴ」であり、いわば固形澱粉である↓⑬食べるときに水でもどす↓⑭センダンゴ（澱粉）を短いうどん状にするために、トタンに十二個ほどの穴（径一センチ）をあけた突き金状の道具で、ほとびた（ふやけた）センダンゴを突く↓⑮穴から押し出されたうどん状の澱粉を「ロクベー」と呼ぶ↓⑯ロクベーを熱湯に入れる↓⑰笊《ざる》に上げて水を切る↓⑱別に、雉子《きじ》の肉や黒胡麻の出汁で醤油味の汁を作っておき、その汁にロクベーを入れて食べる。ロクベーの色は蕎麦に似て黒く、食感は弾力がある。暑い季節はホトビを与えているうちに腐るので、ロクベーは一月から三月までの間に食べるものだといわれた（阿比留サチ子さん・昭和七年生まれ）。

ロクベー（長崎県対馬市厳原町内山）

日乾されたセンダンゴ（長崎県対馬市厳原町内山）

ソバコブクロ【食・食用粉携行袋】自家で漉《す》いた和紙を柿渋で染めて袋を作る。これを「ソバコブクロ」（蕎麦粉袋）と称して山仕事や焼畑地に赴くときこれに蕎麦粉を入れ、山で湯を沸かし、粉をメンパに入れ塩を加え、湯で掻いて食べた（静岡県藤枝市岡部町青羽根・羽山むらさん・明治二十八年生まれ）。

ソバゴメ【食・蕎麦の粒食】蕎麦の実の皮を剝いて精白した状態の粒を「ソバゴメ」（蕎麦米）と呼んだ。①皮つきの蕎麦の実を煮て「スバナ」（スマ＝角）が開いてきたら塩を加える↓②よく混ぜてさらに十五分ほど煮て鍋から出す↓③これを広げて干す。握ってみて団子になるようではだめ。粒がサラッと離れるようになるまで干す↓④皮が除かれるまで水車で搗《つ》く。蕎麦米の完成である。山鳥か雉子《きじ》の出汁で「ソバゴメガユ」（蕎麦米粥）にして食べる。秋から冬にかけての食物である（徳島県三好市西祖谷山村・奥嶋せいさん・明治二十八年生まれ）。

東祖谷菅生名頃の名頃敏太郎さん（明治二十五年生まれ）は、蕎麦米は贅沢な食べもので、来客のとき山鳥の出汁を使って蕎麦米粥を作ったものだという。なお、西祖谷山には平家の落人伝説と相俟って、蕎麦米は米を食べ慣れた平家の落人たちが、米をなつかしんで蕎麦を粉化せずに米粒状に精白したものだという起源伝説がある。

蕎麦米粥（徳島県三好市西祖谷山村）

ソバタンポ【食・練固食】 蕎麦粉・米粉・冷飯を手で捏《こ》ねて杉のタンポ串に練りつけて焼いて食べる。これを「ソバタンポ」と呼んだ。それに、山椒の実・味噌・砂糖を擂鉢《すりばち》で擂《す》ったものを塗って食べる。タンポ串は握りが四寸、タンポが六寸。二本のタンポ串に二本分の練りものを広げてつけるというものもあった。当地では二度蕎麦を栽培した。春蒔いて収穫した種を蒔くと、秋には特によくできた（秋田県北秋田市森吉小滝・新林佐助さん・明治四十二年生まれ）。

ソバデンガク【食・蕎麦】 蕎麦粉を練って径二寸ほどの平団子にし、杉串に刺し、胡桃味噌をつけて焼いて食べる。これを「ソバデンガク」（蕎麦田楽）と呼んだ（新潟県東蒲原郡阿賀町旧上川村・加藤とよさん・明治四十一年生まれ）。

ソバヤキモチ【食・蕎麦焼餅】 高宮家の食糧比率は、昭和二十年代までは蕎麦が七〇%、米・押麦・小麦が三

○%だった。蕎麦の平均収穫量は一反歩三俵で、毎年十～十五俵収穫した。蕎麦の主たる食法は「ソバヤキモチ」(蕎麦焼餅)だった。餡を入れない蕎麦焼餅には葱味噌・荏胡麻・ニホンミツバチの蜜などをつけて食べた。餡には小豆・馬鈴薯・ミズナラの実・栃の実・稲核菜《いねこきな》の油和えなどを入れた(長野県松本市奈川旧角ヶ平集落・高宮菊男さん・昭和三年生まれ)。

ソマダンゴ【食・混合団子】ソマ(ソバ＝蕎麦)粉・「カライモ」(甘藷)・糯米《もちごめ》を釜で煮て、擂粉木《すりこぎ》で搗《つ》いて団子にする。これを「ソマダンゴ」と呼んだ(鹿児島県肝属郡南大隅町根占横別府・黒江ふみさん・大正十四年生まれ)。「ソマ」は蕎麦の実の角張り、尖った形状を意味する。「杣《そま》」はさまざまな意味を持つが、「杣人《そまびと》」も本来は山から丸太木材を伐り出す者ではなく、丸木を削《はつ》り、粗い角どりをする者だった。「ソバ」(蕎麦)も、「ソバソバし」(稜々し)という語が角張った状態を示すことと通じ、実の角張りからつけられた呼称である。

ゾンゾリ【食・里芋・脇芽】里芋の茎の地境(茎が地上に出ているところ)の茎の周りに小形の茎葉が複数地上に出る。これを「ゾンゾリ」と呼ぶが、大井川流域ではほかに「ゾゾリ」「ゾゾレ」などとも呼ぶ。「ソソリコ」(側子)という語との関係も考えられる。覆土が少ないとゾンゾリが多く出る。シマイモと呼ばれる蘞《えぐ》みの強いオクテの里芋はゾンゾリが多く出る傾向がある。ゾンゾリが多く出るとイモがまずくなる。ゾンゾリは蒸して干しあげ保存しておいて、塩味をつけて小豆といっしょに煮て食べる(静岡県榛原郡川根本町東藤川小長井・鈴木猶一さん・明治四十三年生まれ)。

宮崎県児湯郡西米良村ではゾンゾリのことを「タチゴ」(立ち子)と呼び、精白した稗と混ぜ、塩味をつけて稗飯にしたという。同県東臼杵郡椎葉村不土野向山日添ではこれを「イモノクチ」(芋の口)と呼び、汁の具にした(椎葉クニ子さん・大正十三年生まれ)。

ダイコンガテ【食・糅飯《かてめし》】糅《かて》として大根を入れた飯のことを「ダイコンガテ」(大根糅)と呼んだ。大根糅《がて》にする大根は米・麦といっしょに煮るのではなく、刻んでから別に煮ておいてのちに混ぜる形をとった。糅《かて》にする大

根を煮るときには微量の塩を加えた（山形県西村山郡大江町柳川・庄司豊雄さん・大正二年生まれ）。▼カテメシ

タカトウツユ【食・蕎麦汁】 大根おろしを布で搾って燗鍋に入れ、イロリの火にかける。併せてイロリで塩の固まりを焼く。大根おろしの汁が煮え立つ前に、その中に焼き塩を入れる。この汁を「タカトウツユ」と呼び、この汁に蕎麦をつけて食べた（福島県大沼郡金山町小栗山坂井・五ノ井謙一さん・大正四年生まれ）。

タタキ①【食・叩き】 焼津の行商人から買った「コウハダ」（コハダ＝コノシロの中等大のもの）・「ジンダベラ」（ヒイラギ）などの魚を骨のまま庖丁（「鉈庖丁」とも）を使って俎板《まないた》の上で一時間ほど丁寧に叩き続ける。ザラつくうちはだめで、粘りが出て、庖丁に付着するようになればよい。これを径二・五センチほどの団子にし、お汁煮の中に入れる。熱を加えると固まる。山鳥・鳩・兎（骨だけ）なども同様にした。これを「タタキ」（叩き）と呼ぶ（静岡県藤枝市岡部町野田沢・増田鹿三さん・明治二十五年生まれ）。

静岡市葵区梅ケ島でもジンダベラを叩きにしたと聞いた。『原色魚類大圖鑑』（阿部宗明監修）の「ヒイラギ」（ジンダベラ）の項の解説には「食用としてはやや不適」とある。梅ケ島も野田沢も海から離れた山のムラである。こうした地であればこそ、兎や山鳥の叩きをベースとして、町では敬遠されがちな魚を叩きにして巧みに食べ尽くす食の民俗が生まれたものと考えられる。

タタキ②【食・叩き】 残肉のついた兎の骨を台木の木口にのせ、金鎚で叩いて粉砕する。その際、小骨が木口に刺さって除外される。小骨を除いた肉や細骨を丸めて汁に入れて食べる。また、サワガニと大豆を同様にして叩き丸めて汁に入れることもあった。これらを「タタキ」（叩き）と呼んだ（秋田県雄勝郡羽後町上仙道・武田宇市郎さん・大正四年生まれ）。▼ウサギノタタキ

タヌキ【食・豆腐汁】 冬季の寒い夜、「タヌキ」と呼ばれる汁を食べた。豆腐を澄まし汁で煮て、その上に葛引き（葛粉のアンカケ）をかけて生姜をのせたもので、体が暖まる（京都市中京区二条通烏丸・掛見輝江さん・大正十

五年生まれ）。

『改訂綜合日本民俗語彙』には、岐阜県北部で猟師が十二月八日に業を休んで食べる豆腐を「タヌキドウフ」（狸豆腐）と称する例が収載されている。

タヌキジル【食・汁】 狸の肉には強い臭いがあるので、まず根生姜を擂《す》りおろしたものを加えてじっくりと煮る。よく煮えたところでさらに牛蒡・葱・大根を入れ、酒を加えて味噌味で仕上げる。これを「タヌキジル」という（岩手県遠野市附馬牛町上附馬牛大出・佐々木満さん・昭和十八年生まれ）。

タワラ【食・黄な粉飯の朴葉《ほおば》包み】 田植時に、握り飯に黄な粉をまぶして朴《ほお》の葉に包み、藁で十字に結んだものを作り、これを「タワラ」（俵）と呼んだ。タワラは「タバコメシ」として、田植時の間食として食べた（山形県最上郡鮭川村川口米・矢口三郎さん・大正十五年生まれ）。

黄な粉握りの朴葉《ほおば》包みを「俵」と呼ぶのは、黄な粉を稲の花、稲の稔りに見たてる点と併せて、稲の豊穣予祝になっていると見てよかろう。

ヂャーマノヨケ【食・出山の儀礼食】 焼畑の出作り小屋から里の本宅に帰ると、「デヤマモチ」（出山餅）と称して粟餅と栃餅を搗《つ》き、それを中心として出山祝いの御馳走を食べた。これを「ヂャーマノヨケ」と称した（石川県白山市白峰苛原・長坂吉之助さん・明治二十七年生まれ）。

「ヂャーマノヨケ」とは「出山の夕餉《ゆうげ》」の意である。

チャメシ【食・変わり飯】 緑茶を濃く出して塩を加え、米と混ぜて炊いた飯を「チャメシ」と呼んだ。「カワリメシ」（変り飯）の一種であり、平素の麦飯に比べるとほんの少し贅沢な飯で、突然の来客などのときに炊いた（静岡県藤枝市瀬戸新屋・青島作太郎さん・明治二十年生まれ）。

チャンポモチ【食・里芋、甘藷の捏《こ》ね練り】里芋・甘藷を蒸してつぶし、よく混ぜて塩を加え、丸めて焼いて食べた。これを「チャンポモチ」と呼んだ（高知県香美市物部町市宇野々内・宗石正信さん・明治三十三年生まれ）。

ツキガエシ【食・餅の食法】当地ではウルチ米一升に糯米《もちごめ》五合をウルガシて（湿気を与えて）臼杵で搗《つ》き、丸めて蒸したものを粢《しとぎ》と呼んだ（本来の粢《しとぎ》は加熱処理をしない）。十二月十一日の山の神祭りにはオシトギ（お粢）のオカサネを作り、春秋のムラ祭りにも粢《しとぎ》を作った。また別に、二番米と糯米《もちごめ》を混ぜて餅にすることもあったし、青米もシラゲて（精白して）餅にした。これらの餅は乾燥するとヒビ割れが甚しいので、そのようになった餅を蒸して搗《つ》き直して食べた。これを「ツキガエシ」（搗《つ》き返し）と呼んだ（青森県むつ市川内町上小倉平・板井すささん・昭和三年生まれ）。

ツツオダゴ【食・屑米団子】四月一日に、砕け米を石臼で碾《ひ》いて粉化し、蓬《よもぎ》を入れて搗《つ》いたものを作って食べた。これを「ツツオダゴ」と呼んだ（熊本県熊本市西区河内町野出・田尻末彦さん・明治二十九年生まれ）。「ツツオ」は、『日本国語大辞典　第二版』には「筒落米」の略とある。

ツメ【食・甘藷切り干しを米粒大にしたもの】甘藷の生切り干しのことを「カライモキリボシ」と呼んだ。雪の降る季節によく乾燥させ、竪臼《たてうす》で搗《つ》いて「ケンド」（簁《とおし》）で通して粒と粉に分ける。カライモキリボシの米粒大のものを「ツメ」と称した。ツメ六に対して米四の比率の飯を「ツメゴハン」と呼んだ。粉には少し小麦粉を加えて練り固めて蒸し、「イモノコモチ」（藷の粉餅）と呼んだ（高知県土佐清水市津呂・林兼次さん・明治四十一年生まれ）。

『改訂綜合日本民俗語彙』には「ツメメシ」の項があり、愛媛県北宇和郡・高知県宿毛市の例が示されている。

ツリ【食・トウモロコシの食法】トウモロコシの「ズリワリ」（碾《ひ》き割り）を鍋に入れ、葱・人参・ウズラ豆・金時豆などを加えて味噌味で煮立てたところへ、トウモロコシの粉を加えて粥のように固める。飯の代用として、これを「ツリ」と呼んだ。同系のものに「マメツリ」があった。マメツリは、トウキビ（トウモロコシ）の粒六割を先に煮ておき、のちに小豆四割を加えて煮ると、つぶれた小豆がトウキビにくっついて団子のように固まった。「トウキビメシ」はトウモロコシのズリワリ八合に対して米二合だった。甘藷と小豆を煮て突き混ぜたものを「イモツリ」と呼んだ（愛媛県西条市西之川・藤原一策さん・明治四十五年生まれ）。

「ツリ」の意味は定かでないが、すべてイロリの吊り鍋で処理したところからこの呼称が発生したとも考えられる。

テコネ【食・鰹の手捏ね】ナマの鰹の刺身を醤油浸けにしたものと冷ました飯を桶の中に交互に漬けこんだものを「テコネ」（手捏ね）と呼ぶ。「手捏《てこ》ね寿司」ともかかわる呼称である。テコネを盛りつけるときには杓子《しゃくし》を立てて押しおろし、鰹と飯の量がバランスよくなるよう配慮するのがコツである（三重県志摩市大王町波切・浜口いつさん・明治三十七年生まれ）。

トジクリマメ【食・混合団子】大豆・糯米《もちごめ》を炒る。別鍋に水を入れて沸騰させる。砂糖と塩を加え、そこに炒った大豆を入れ、八分ほど煮る。大豆が軟らかくなったら糯米《もちごめ》を入れて二分ほど煮る。そこへ蕎麦粉を入れ、素早くかき混ぜる。よく練ってピンポン玉ほどに丸めたものを「トジクリマメ」という。トジクリマメは四月八日の花祭りの日に作り、仏壇に供え、家族も食べる。トジクリマメがお釈迦様の頭に似ているからだと語り伝えている。香ばしく、よく噛むほどに深い味わいが出る（静岡県浜松市天竜区水窪町奥領家大沢・別所ナカエさん・昭和十四年生まれ）。

トジクリマメ（静岡県浜松市天竜区水窪町奥領家大沢、別所家）

ドブロクジシ【食・猪肉・ドブロク】猪の肉を煮るときドブロクを加える。それを食べるときに燗をつけたドブロクにつけて食べる。これを

「ドブロクジシ」（濁醪猪）という。「頭を叩かれてもわからんほどうまい」という口誦句がある（宮崎県東臼杵郡椎葉村大河内竹の枝尾・中瀬守さん・昭和四年生まれ）。

ドブロクノカメヤブリ【食・ドブロクと女性】 山形県鶴岡市本郷の菅原アサエさん（大正十三年生まれ）はドブロクについて次のように語る。ウルチ米五升を蒸し、それにドブロクのモト一合を混ぜて甕に入れ、炬燵《こたつ》で温めた。モトは熟のある婆さん（熟練した老婆）が作っており、米三升とモト一升で交換してくれた。ドブロクの適期は、寒づくりと「ナシノハナザケ」（梨の花の咲くころ仕込む）の二回があった。ドブロクづくりは女の仕事である。同市荒沢鱒淵という十一戸のムラに親戚があり、「ドブロクノカメヤブリ」（ドブロクの甕破り）という行事を見たことがある。できあがった各戸の三斗甕のドブロクを庭先に出し、ムラの女たちが集まって、順番に柄杓《ひしゃく》でドブロクを掬って飲んで味見をし、出来ばえを語り合うという豪快な集いである。こうして順に十一戸の甕破りをするのである。降雪・積雪地帯において、ドブロクは晴《はれ》の日の飲みもの・楽しみの飲みものという目的以外に、体を温める飲みものでもあった。アサエさんは幼少期から「婆さん、寝酒飲んでイロリで背中焙《あぶ》って寝ろ」などということばをたびたび耳にしてきたという。

年寄りのいる家ではドブロクをたくさん醸《かも》したという話を宮城県でも山形県でもたびたび聞いた。

トモアエ【食・里芋と甘藷】 茹でた里芋と擂《す》りおろした甘藷に塩と砂糖を加えて和えたものを「トモアエ」（共和え）と呼ぶ。「イモノトモアエ」ともいう（三重県志摩市大王町波切・浜口いつさん・明治三十七年生まれ）。

ナガヅケ【食・漬物】 「ヒダベニカブラ」と呼ばれる蕪を「ナギ」（焼畑）に作って夏のオカズにした。「ヒネヅケ」（二年目になった漬物）は「ニタク」（煮もの）にしてオカズにした。このように長期間漬けておく漬物を「ナガヅケ」（長漬け）と呼んだ（岐阜県高山市上宝町中山・中屋弥一郎さん・明治四十年生まれ）。

ナツゴメ【食・米】 前年度収穫した米を翌年の梅雨明けまで籾のまま貯蔵したものを「ナツゴメ」（夏米）と呼ん

だ。夏米を売って盆の費用にあてた（青森県弘前市中崎野脇・小山吉雄さん・昭和五年生まれ）。

ナノコ【食・サクラマスの卵】サクラマスの卵のことを「ナノコ」と呼んだ。ナノコは塩漬けにしておき、汁ものの出汁にした（福島県南会津郡只見町黒谷倉谷・菅谷としえさん・大正七年生まれ）。「ナノコ」とは「魚《な》の子《こ》」の意である。

ナマズチャヅケ【食・茶漬】浮島沼の残存湿地に置き針を仕掛けておくと「サンダイナマズ」（三代鯰）といわれる大鯰がかかった。開いて四つ切りにし、砂糖醤油で煮る。これを飯の上にのせ、濃いお茶を注いで食べる方法があった。これを「ナマズチャヅケ」（鯰茶漬）と呼んだ（静岡県富士市柏原・土屋りうさん・明治三十二年生まれ）。

ナメシ【食・混ぜ飯】「ナメシ」は「菜飯」の意で、大根・大根の葉・蕪などを刻んで飯に入れる。「オワリナメシは塩でもつ」といって塩を加えた。夕飯に食べ、少しよい飯の部に数えられた（静岡県藤枝市瀬戸新屋・青島作太郎さん・明治二十年生まれ）。

ナワシロゴイ【食・鯉の旬】霞ケ浦の湖岸の真菰《まこも》や葭《よし》・水田などで産卵を終えたあと、うまさを増した鯉のことを「ナワシロゴイ」（苗代鯉）と呼ぶ。鯉濃《こいこく》・旨煮などにして食べる（茨城県潮来市永山・塙剛一さん・昭和十二年生まれ）。

ニクルミ【食・煮黒め】里芋・甘藷・南瓜・小豆・蕎麦団子を混ぜて煮込んだものを「ニクルミ」と呼び、これは「コメカボイ」（米庇い＝米の節約）として食べたものだという（福島県大沼郡金山町小栗山坂井・五ノ井謙一さん・大正四年生まれ）。

煮黒み銅という銅の合金がある。それとかかわり「ニグロメイロ」（煮黒色）・「ニグロメ」ともいい、赤黒い色を示す語がある（『日本国語大辞典　第二版』）。ここに見る「ニクルミ」とは、コメカボイのゴッタ煮の残りに新しいものを何度か加えて煮直した、黒い印象を与えるゴッタ煮から「煮黒《にくろ》め」という呼称が生まれ、それが転訛したものではなかろうか。▼コメカボ

ニベガユ【食・稗粥】 通称「ボウズビエ」（坊主稗）と呼ばれる芒《のぎ》の少ない稗を粒化・乾燥後、踏み臼で精白する。精白しても黒みがあるが、これを粥にしたものを「ニベガユ」という。ニベガユはまったく粘りがないので夏食べた（奈良県五條市大塔町篠原・和泉重三郎さん・明治三十二年生まれ）。「ニベ」は本来粘りを示す語である。それは「鮸《にべ》」という魚の浮袋から膠《にかわ》を作ることによる。「ニベもシャシャリもない」（粘り気がない状態を示す）という慣用表現がある。「ニベガユ」とは「ニベナシガユ」の省略形であることが考えられる。

ヌカモチ【食・稗糠】 稗粒を精白するときに出る糠に塩を加えて練って蒸す。これを「ヌカモチ」（糠餅）と称して食べた（奈良県五條市大塔町篠原・和泉重三郎さん・明治三十二年生まれ）。

ネガリメシ【食・饐《す》え飯《めし》の復活】 「ネガル」は「腐る」「饐《す》える」という意である。麦飯は特にネガリやすい。「ネガリメシ」を無駄にしないで食べる方法が二つあった。そのひとつは、ネガリメシを濃いお茶でゆすいでから食べるというもので、いまひとつは、ネガリメシを洗ってから小麦粉と混ぜて焼き、ニホンミツバチの蜜をつけて食べるというものだった（静岡県浜松市天竜区水窪町奥領家塩沢・大平マサエさん・昭和八年生まれ）。「ネガル」の語源は「根枯る」、すなわち「だめになる」という意味ではなかろうか。▼ネマリメシ、ホシイイ

ネマリメシ【食・饐《す》え飯《めし》の処理】 夏、飯が饐《す》える。饐《す》えることを「ネマル」といい、饐《す》えた飯のことを「ネマリメシ」という。飯がネマルことを防ぐために、残った飯を「ツルコジョーケ」（鉉《つる》のついた笊《ざる》）に広げて風通しのよい日陰に吊るしておく。それでもネマルことがある。そのような場合は次のようにした。ネマッた飯を

ほぐしてゴザの上に広げて天日で干す。干した食物を「ホッシ」と呼ぶ。ネマリメシのホッシをさらに炒る。炒ったものを石臼か擂鉢《すりばち》で粉化する。粉化したものは団子にして食べるか、「コーバシ」（香煎）のように黒砂糖を混ぜて舐めるかどちらかだった（福岡県柳川市三橋町垂見・大橋キミエさん・明治四十二年生まれ）。

山形県村山市楡山《たもやま》の鈴木シケノさん（大正十四年生まれ）は次のようにした。饐《す》え飯《めし》は笊《ざる》でよく洗って干す。干しあがったものを米のまま油で揚げ、砂糖をかけて子供の冬のオヤツにした。これを「ゴハンボシ」と呼んだ。▼ネガリメシ、ホシイイ

ネリクリ【食・混合練り】甘藷・里芋を蒸してつぶし、朝鮮稗（「ケシネッペー」とも＝シコクビエ）の粉を加えて練ったものを「ネリクリ」と称した（山梨県南巨摩郡早川町雨畑・望月りつさん・明治三十四年生まれ）。

ネンジャラ【食・イモ類の練化】里芋を煮て皮を剝き、つぶして餅のようにして食べる。これを「ネンジャラ」と呼んだ。カライモ（甘藷）でもネンジャラを作った（沖縄県南城市知念久高・久高島・西銘しずさん・明治三十七年生まれ）。

ネンボ【食・甘藷切り干しの捏《こ》ね練り】ナマの甘藷を平切りにして冬から春にかけて干しあげる。これを煮て臼で搗《つ》き、椀に盛って「ネンボ」と称して昼飯やオヤツとして食べた。一度湯がいて干しあげた「ユガキネンボ」と呼ばれるものがあった。二本の藁を使い、平切りの甘藷一枚を二本の藁に通し、次は藁を一本ずつに分けて、平切り甘藷を一本に一枚ずつ通す。次は一枚、その次は二本に分けて一枚ずつという形で連《つら》にする。この連《つら》を沸騰している釜の湯にさっと浸け、直ちに「イモホシゴヤ」（イモ干し小屋）の竿に吊るしてゆく。小屋の壁は竹の簀《す》で、寒気や風が通るようになっている。冬中吊って乾燥させる。この切り干しを煮て「ネンボ」にした。ユガキネンボは昭和初年まで作った（島根県松江市美保関町笠浦・船越観太郎さん・明治二十七年生まれ）。「ネンボ」は「ネリモ」「ネリイモ」（練り芋）に由来するものと考えられる。昭和五十三年十二月四日に笠浦を訪れた折には、まだイモ干し小屋が残っていた。小屋では、甘藷以外に若布・アミエビ・鰯などを干すこと

もあった。甘藷は、干し始めの時期には午前中のものは外で干し、午後のものを小屋の中で干し、それを翌日外で干すといったくふうもされていた。

ハイワカメ【食・若布】「ワカメ」（若布）の伝統的な保存法には大別して三種類があった。最も素朴な「素干し」に対して、塩をまぶす「シオワカメ」（塩若布）、灰をまぶす「ハイワカメ」（灰若布）がある。三月の若布はみるく（未熟で軟らかい）、灰をまぶすと溶けてしまうので、この時期のものは素干しにする。灰若布に適する時期は「八《はち》夜《や》ウシロマエ」と称して八十八夜の前後だという。この時期の灰若布は三年間保存できるといわれている。灰若布用の灰は、羊歯《しだ》の灰を最良とする。羊歯《しだ》の灰は軽くてアクが弱い。ただし、採取期が末期になると若布が強《こわ》くなって羊歯《しだ》の灰では効力がなくなる。若布が強《こわ》くなった場合には、羊歯《しだ》の灰に「バベ」（ウバメガシ）または「コクバ」（松の落葉）の灰を混ぜた（兵庫県南あわじ市阿那賀伊毘・坂口美之助さん・昭和四年生まれ）。

兵庫県南あわじ市福良で旅館を営む清水シズエさん（大正六年生まれ）は、消費者の立場から灰若布について次のように語る。毎年四、五月に伊毘の人が灰若布を売りにきた。素干しの若布は梅雨どきを過ぎると色が悪くなるので、いつまでも色のよい灰若布を求めた。祖母のつるは次のようにして灰若布を買っていた。まず一枚もらってそれを洗ってみる。そのとき、灰が悪いと若布がべとつく。逆にサラッとしていればよい。サラッとしていることを確かめると、一年分纏《まと》めて買い求めていた。

ハゴ【食・蕎麦粉】蕎麦の碾《ひ》き方によって生じた粉の状態で、皮の残滓が混じったものを「ハゴ」と呼ぶ。ハゴは米の粉と混ぜて団子にした（広島県庄原市比和町・平岡美朗さん・明治二十八年生まれ）。

イモ干し小屋（島根県松江市美保関町笠浦）

ハトッコ【食・鳩型餅】鳩の体形のように中央部がふくらんで両端が細くなるように作られた餡入りの餅で、片手で軽く握れるほどの大きさのものを「ハトッコ」（鳩ッ子）と呼び、正月・雛祭り・ムラ祭りなど、餅を搗《つ》くたびに作った（静岡県牧之原市蛭ケ谷・村松みよさん・大正十四年生まれ）。

ハトッコは牧之原市内で広く作られてきた。その形は鳩に似るばかりではなく、当地で「ネコガイ」と呼ばれる宝貝にも似ているところから、今後は、女性との関係などさらなる考察が必要であろう。

ハナアゲ【食・穀物精白】穂を粒にする麦コナシは「オニバ」（鬼歯＝打面全体に三角の溝が刻まれた槌）という木槌で行う。精白は、「テンマギネ」（竪杵《たてぎね》）と臼で行う。臼に麦を三升入れ、茶碗一杯ほどの水を入れて搗《つ》く。皮が取れると、箕《み》で簸出《ひだ》してから広げて天日で干す。さらにくり返して搗《つ》き、簸出《ひだ》し、干す。最後の搗《つ》きを「ハナアゲ」「ハナゲ」と呼ぶ（静岡市葵区井川・長島角太郎さん・明治三十四年生まれ）。

藤枝市大東町の仲田要作さん（明治三十三年生まれ）は、水車搗《つ》きで一番搗《つ》きのことを「アラツキ」、仕上げ搗《つ》きのことを「ハナアゲ」と呼んだ。

「ハナアゲ」「ハナゲ」とは「美しく仕上げる」の意であろう。

ハナゲル【食・麦の精白】麦を収穫し、穂落としから脱粒へと進め、次に水を加えて脱稃《だっぷ》する。簸出《ひだ》し、日乾《にっかん》等を経て、最後に水を加え、糠を除き、食べられる状態に精白することを「ハナゲル」という。米ならば玄米の糠を除いて「精《しら》げる」状態にすることである。仕上がった状態を「ハナゲ」ともいう（静岡市葵区井川・長島角太郎さん・明治三十四年生まれ）。

ハナコ【食・トウモロコシの炒り粉】「キビ」（トウモロコシ）の実を炒って爆《は》ぜさし、これを石臼で碾《ひ》いて粉化する。これを「ハナコ」（花粉）というが、「キビのハッタイコ」ともいう。また「コンコ」と呼ぶ地もある。甘藷を賽の目に刻んで茹でたものとハナコを湯で合わせて食べる方法がある。キビ（トウモロコシ）の実をナマのまま石臼で碾《ひ》いて粥にすることもあった（高知県吾川郡仁淀川町椿山・中内茂さん・明治三十六年生まれ）。

ハナトリ【食・蕨《わらび》根澱粉】「ハナ」とは澱粉のことで、蕨《わらび》の根から採れる澱粉のことを「ネバナ」（根花）と呼んだ。「ハナトリ」は、掘った蕨《わらび》の根を叩き、水を加えて攪拌・沈澱をくり返しネバナを採ることである。蕨《わらび》の根を掘るのにはアズサの木で作った鍬を使った。ネバナを湯で練り、黄な粉をまぶして食べた。これを「ネモチ」（根餅）と呼んだ（岩手県気仙郡住田町世田米小股・紺野平吉さん・明治四十二年生まれ）。

ハラアワセ【食・味噌作り】味噌作りに際して大豆と糀を同量にすることを「ハラアワセ」（腹合わせ）と呼んだ。腐れを恐れて五割塩（大豆一升に対して塩五合）にした（新潟県上越市高森・山西きよさん・大正十一年生まれ）。

ヒエガイ【食・稗粥】「ヒエガイ」は、精白した稗を水に入れ、一時間ほど煮る。煮え立ってから米を加える。稗一に対して米三の比率で、塩は炊けてから入れて掻きまわした。「ヒエガイは冷めれば冷めるほどうまい」と言い伝えた（奈良県五條市大塔町篠原・和泉重三郎さん・明治三十二年生まれ）。

ヒエゴメ【食・精白稗】精白した稗のことを「ヒエゴメ」という。「ヒエゴメ一升アラ男十人」という口誦句がある。穀物一升でアラ男（勇猛で働きざかりの男）十人の腹を満たすことのできるのは稗だけだという。山へ行くときには、稗飯に塩を入れればオカズはいらないともいった。また、「今村の娘は稗を食うけに足が早い」ともいわれていた。稗は力のある食物なのである（宮崎県東臼杵郡椎葉村不土野向山日添・椎葉クニ子さん・大正十三年生まれ）。

高知県吾川郡いの町寺川の川村義武さん（明治四十一年生まれ）も精白稗を「ヒエゴメ」と称し、「オヨネ」（献供米）の代用として神楽の折に供えたという。

「稗を食べると母乳の出がよくなる」ということばは稗作地帯の各地で耳にした。

ヒエザケ【食・酒・稗酒】稗の粥を煮て麹《こうじ》を入れ、甕または仕込み桶に入れた。早く飲みたいときには「ダキユ」（抱き湯）と称して瓶に湯を入れ、その瓶を甕や仕込み桶の稗粥の中に突っこんでおいた。こうしておくと三日で「ヒエザケ」（稗酒、じつは稗のドブロク）ができた。急がない場合は土に埋めておいた。焼畑の出作り小屋で作ることが多かった。ドブロクになるには普通一週間から十日かかった。麹《こうじ》は、大麦を煮てミソキバ（アオキの葉）に盛り重ねてミソキバで覆い、麹蓋《こうじぶた》に入れ、「イモムロ」（里芋の貯蔵横穴）に寝かして作った（静岡県浜松市天竜区水窪町奥領家西浦・小塩光義さん・明治三十六年生まれ）。

稗飯を炊き、麹《こうじ》と酒粕を入れて一斗桶に仕込んで炬燵《こたつ》に入れると、四、五日で食べごろになった。十日ほどすると辛味がうまくなる。毎年二月、白峰の本村から苛原にある焼畑地の出作り小屋に入るとき「ヤマイリノイワイ」（山入りの祝い）としてこれを作り、三月ごろまで作った。この酒は灰色で「ヒエザケ」「ドブザケ」と称し、飲むと身の太るのがわかった（石川県白山市白峰苛原・長坂吉之助さん・明治二十七年生まれ）。

ヒエザケは「ヒエゴメ」（精白稗）一斗に麹《こうじ》三〜四升を混ぜ、周囲六尺の桶に寒のうちに仕込んで、三月に飲んだ。麹《こうじ》は熊本県球磨郡から買った。この稗酒を「ドブ酒」と称し、土間の隅に筵《むしろ》を掛けて置いた。ドブ酒の上澄みの液を「オワクミ」と呼んだ。オワクミを飲むといつまでも酔いが醒めない（宮崎県東臼杵郡椎葉村不土野尾手納・甲斐忠作さん・明治二十四年生まれ）。「オワクミ」は「ウワクミ」（上汲み）の意と考えられる。稗のドブロクは東北地方でも作られていた。稗のドブロクは広域で作られていたのである。

静岡県浜松市天竜区水窪町奥領家西浦の所能山観音堂の祭りが旧暦一月十八日に行われる。かかわる「西浦田楽」は広く知られている。この祭りには「別当稗酒」「能衆稗酒」「鬼グス」の三種類の稗酒が醸《かも》された。鬼グスは本尊に献供されるもので、「鬼薬《おにぐす》」の意であろう。

右に見る稗酒はすべて、焼畑・定畑で栽培された主食穀物である稗の力を象徴するものであった。

ヒエヌカ【食・穀物・稗の精白】稗の精白は水車搗《つ》きで行った。三度搗《つ》きで、一回目を「カシラツキ」（頭搗き）という。唐箕《とうみ》にかけて精選し、出る糠を「カシラヌカ」（頭糠）と呼んだ。二回目を「ホンヅキ」（本搗き）と呼び、唐箕《とうみ》にかけて出る糠を「シラゲヌカ」（精げ糠）という。シラゲヌカを除いて三回目に出るものを「アラモト」と呼ぶ。そのアラモトを篩《ふるい》に通して残る糠を「アラモトヌカ」と呼んだ。稗の精白にはこれほど手がかかった。これらの「ヒエヌカ」（稗糠）は飼っていた五頭の馬の餌に混ぜて与えた。なお、稗精白の水車番は姑の仕事だとされていた（岩手県久慈市山形町霜畑二又・馬場みなさん・大正八年生まれ）。

ヒエムロ【食・穀物・稗の精白】 稗を精白するには煎る・焙《あぶ》る・蒸す・煮る（茹でる）のいずれかの加熱工程を踏む必要がある。当地では焙乾法《ばいかんほう》をとり、焙乾《ばいかん》専用のムロによっていた。馬場家の「ヒエムロ」は一間半四方で、真中に炉がある。外壁寄りにおのおの奥行き三尺の棚を設け、ここに「トウカ」と呼ばれるモロブタ状の浅箱に稗を入れたものを何段もビッシリと挿し入れる。トウカは縦三尺、横尺五寸、深さ二寸五分ほどで、底にはトタンが張ってある。一回のムロ入れの量は一石二斗、焙乾《ばいかん》の所要時間は一昼夜である。火焚き・火の番は嫁の仕事とされていた。ちなみに、精白の水車番は姑の仕事だった（岩手県久慈市山形町霜畑二又・馬場みなさん・大正八年生まれ）。

稗焙乾用のトタン張りトウカ（岩手県久慈市山形町霜畑二又、馬場みな家）

ヒエメシ【食・稗飯】「ヒエメシ」（稗飯）は、大正十一、十二年ごろには次のようなものだった。麦六合・米三合・稗粉一升の混合。米・麦の飯が煮えて火を消すとき、「ヒエカキオケ」（稗掻き桶＝径・深さ八寸）に一升の稗粉を入れて熱湯でかき混ぜ、それを飯に混ぜるのであるが、このとき塩を一掴《ひとつか》み加えた。稗飯用の塩を年に八貫目使うといわれていた（静岡県島田市川根町家山雲見・宮脇きくさん・明治三十八年生まれ）。

ヒエメシブクロ【食・稗飯】 稗飯の弁当袋を「ヒエメシブクロ」（稗飯袋）という。「ヒソガミ」と呼ばれる和紙を家で漉《す》き、柿の土用渋で染める。これで一尺四方の袋を作り、弁当袋として稗飯を入れた。稗飯の中に梅干を一つ入れ、箸の長さほどの竹の匙を持つ（静岡市葵区小布杉三ツ野・寺坂すぎさん・明治二十三年生まれ）。

静岡市葵区黒俣では五寸×一尺のタフ（藤布）で口を紐で締める形の袋を作って稗飯袋にしたと聞いた。稗粒は細かく稗飯はバラケやすいので持ち歩きに苦労したのである。

ヒエモチ【食・稗団子】稗の団子のことを「ヒエモチ」（稗餅）と呼んだ。稗団子は少し時間がたつと水分がなくなりヒビ割れた。ここをふまえて、足にヒビやアカギレがたくさん切れている状態を「稗餅のようだ」とたとえた（静岡県榛原郡川根本町旧湯山集落出身・望月筆吉さん・明治四十三年生まれ）。

ヒエヨイ【食・食中毒】「ヒエヨイ」とは未熟の稗の実を食べて酔うことである。「酔う」とは、青稗による中毒症状を起こすことである。昭和十年、「アラキ」（焼畑一年目）の稗が「オキカゼ」（沖風）、すなわち「ヤマセ」に吹かれ、秋の彼岸になっても茎が青かった。父は牛に喰わせるために刈って干せと命じたが、いくらか未熟稗がついていたので、それを「バッタリ」（添水《そうず》型搗《つ》き臼）で搗《つ》いて粥にしたところ、家内中嘔吐した。良雄さんも父も炭小屋で半日寝たという（岩手県下閉伊郡岩泉町安家年々・祝沢口良雄さん・大正十一年生まれ）。

ヒキヌキ・コナビキ②【食・蕎麦と石臼】蕎麦の粉化に際しては、石臼の碾《ひ》き方が二段階・二種類あった。皮を除くための石臼碾《ひ》きを「ヒキヌキ」という。ヒキヌキは実を多く入れて臼を早く回して碾《ひ》かなければならない。皮を除いた身を粉化することを「コナビキ」（粉碾き）と称し、雌臼の穴に少しずつ入れてゆっくりと回転させなければならない（長野県松本市奈川駒ケ原・奥原誠さん・大正四年生まれ）。

ヒキワリトウキビ【食・トウモロコシの碾《ひ》き割り】トウキビ（トウモロコシ）の粒を石臼で碾《ひ》き、米粒大の「ヒキワリトウキビ」にしてから次のようにして食べた。①米とともに炊いて飯にした。②トウキビを石臼で碾《ひ》くときに粉が出るのだが、その粉を篩《ふるい》にかけて団子にした。③粉と糯米《もちごめ》を混ぜて餅にした（宮崎県東臼杵郡椎葉村不土野尾前・尾前新太郎さん・大正十一年生まれ）。

ヒバ【食・大根の葉】大根の葉を干しあげたものを「ヒバ」（干葉）と呼んだ。玉にして保存しておき、味噌汁に入れた。残飯を粥にし、ヒバを加え、蕎麦粉を入れて塩味をつけ、練って食べる。これを「カイモチ」と呼んだ。冬季、ヒバを風呂に入れて体の保温を図る習慣もあった（長野県飯田市上村下栗大野・胡桃澤ちさ子さん・大正七年生まれ）。

ヒビ【食・昆虫食・蚕の蛹《さなぎ》】蚕の蛹《さなぎ》のことを「ヒビ」と呼ぶ。姑のとみは昭和三十一年まで鍋で繭を煮て糸引きをしていた。繭の「イトダシ」（糸出し）は藁の芯先を束ねたもので行っていた。その折に出たヒビは当然食べた。玉繭（双子繭）からは真綿を採るのでそのヒビを食べたり、飯田の製糸工場天竜社から仕入れて行商に来るヒビ売りのものを買ったりした。枡売りで、昭和三十年に一升二百円した。春蚕《はるこ》のヒビが最も美味で、夏蚕《なつこ》のヒビは腐りやすかった。一旦茹でてアクを除き、青葱を入れて砂糖醤油でトロ火にかけてゆっくり煮た。ヒビ一匹は卵一個の栄養価があると語り伝えられていた（長野県飯田市上久堅越久保・後藤節子さん・昭和八年生まれ）。

ヒビ（蚕の蛹）（長野県佐久市桜井）

ヒャクヒロジル【食・熊の小腸】熊の小腸のことを「ヒャクヒロ」（百尋）という。百尋を乾燥させておき、それを切って妊婦が腹帯に入れて締めると安産が得られるという伝承は広く聞かれる。熊の安産（小さく産んで大きく育てる）にあやかるものである。「ヒャクヒロジル」（百尋汁）は、熊を捕獲した際、百尋をよく洗って切り、大鍋に入れてじっくりと煮込み、大根・馬鈴薯・葱を入れ味噌味をつけて煮続けて食べるものである（福島県南会津郡南会津町田島田無沢・星春雄さん・昭和十一年生まれ）。

ヒヤシ①【食・丸麦の食法】精白した丸麦を茹でたものに、山椒と生姜を擂鉢《すりばち》に入れ、水を加えてよく擂《す》ったものをかけて食べる。これを「ヒヤシ」と呼んだ。ヒヤシは五月末から八月末にかけての昼飯として食べた

（鹿児島県肝属郡南大隅町根占横別府・黒江ふみさん・大正十四年生まれ）。

宮崎県北諸県郡三股町の木田三郎さん（大正八年生まれ）は、右と同様にして搗《つ》いた丸麦に、紫蘇の葉・味噌を擂《す》り、水でのばしたものをかけて昼食・夕食に食べ、これを「ヒヤズリ」と呼んだ。

ヒヤシ②【食・井戸・食物冷却】夏季、井戸の中に吊るして食物を冷やすためのトタン箱を「ヒヤシ」（冷やし）と呼んだ。ヒヤシは尺五寸×尺×尺二寸（深さ）で、浅い盒式《ごうしき》の蓋（身と蓋を合わせて閉じる形）があり、外側四面のおのおのの真中に鐶《かん》があり、そこから四本の綱を集めて一本の綱で吊りおろすという形式だった。ヒヤシの中は二段になり、簀《す》で仕切られていた。ヒヤシには鯉の洗いや食べ残しの食物などが入れられていた。井戸には蓋があった。一日中蓋をしておくと家に悪いことが起こるとして、朝、蓋を取り、夜は蓋をかけた（三重県伊賀市上野福居町・寺村壽夫さん・大正八年生まれ）。

ヒヤシマメ【食・大豆の食法】大豆の食法のひとつに「ヒヤシマメ」（冷し豆）がある。大豆を一昼夜冷やしてからサッと煮る。それをさらに水に浸けて冷やす。食べる寸前に塩を入れる（福島県南会津郡檜枝岐村・星やすさん・明治二十九年生まれ）。

ヒユウナ【食・暑さ除け】ヒユ科の一年草でインド原産といわれるヒユ（莧）のことを「ヒユウナ」と呼んだ。夏の日照り続きのときに食べると夏負けしないといわれている。酸味がある（長野県飯田市南信濃南和田和見・近藤努さん・大正九年生まれ）。

ヒリット【食・稗飯収納袋】一辺が尺五寸ほどの藺草《いぐさ》製の弁当袋を「ヒリット」と呼んでいた。稗と米を混ぜた飯がふわっと入って固まることなく便利だった。一年ほど使うと痛んだ。ヒリットは今庄の店で売っていた。若い衆がヒリットを川の水に浸け、稗粒を流し捨てて、残った米だけ食べるのを見たことがあった（福井県南条郡南越前町瀬戸旧芋ヶ平集落・山田甚兵衛さん・明治三十八年生まれ）。

「ヒリツト」とは「昼苞《ひるつと》」の意であろう。

フシミソ【食・混合味噌】削った鰹節と味噌を混ぜ合わせたものが「フシミソ」（節味噌）なのだが、実際にはその節味噌を、蒸した「カライモ」（甘藷）につけたり、茹でた丸麦につけたりして間食として食べるときによくこの呼称を使う（鹿児島県肝属郡南大隅町根占横別府・黒江ふみさん・大正十四年生まれ）。

フスベヅケ【食・漬物の煮付け】牛房野の蕪は紫蕪で、短い大根のような形をしていた。蕪は焼畑で作った。焼畑のことは「カノ」と呼ぶ。一年目を「アラドコ」と称して蕪を、二年目は小豆、三年目はモチ種の粟を作った。焼畑の二、三年目は「フルガンノ」と呼んだ。蕪の種は口にふくんでから吐き出すようにして蒔いた。蕪は煮たり汁の実にしたりして食べたが、冬を越してから「フスベヅケ」という漬物にして食べる方法があった。冬を越すと若干辛みが出る。長さ五～六センチ、幅一・五センチ、厚さ六～七ミリほどの短冊型に切り、熱からずぬるからずの湯に浸ける。「フスベ」とは半煮えのことを指すのだという。この湯の中に塩を入れ、蕪に塩が染みたところで笊《ざる》にあげる。こうして漬けこみ酸味が出たころ、鰊《にしん》とともに煮る。フスベ漬けを煮て食べると便秘の薬になると伝えられている（山形県尾花沢市牛房野・佐藤雄和治さん・明治三十六年生まれ）。「フスベル」は一般的には「燻《ふす》べる」、すなわち燻《いぶ》すことである。秋田県の「イブリガッコ」などとの脈絡を探ってみる必要があろう。秋田県由利本荘市鳥海町百宅の佐藤運一郎さん（大正三年生まれ）は、大根をイロリの上のツシに吊ってひと冬燻《いぶ》しておき、春、それをおろして洗い、糠と塩で漬けた。これはイブリガッコであるが、本来の「燻《ふす》べ」の語義からすればフスベ漬けだといえる。

ブリノカンギリ【食・塩鰤】正月用に塩鰤を買い、頭を下にして尾を紐で縛って寒のうち吊り下げておき、「ブリノカンギリ」（鰤の寒切り）と称して必要に応じて切りそいで食べた（宮崎県東臼杵郡椎葉村大河内竹の枝尾・中瀬守さん・昭和四年生まれ）。

フンバネ【食・精白用具】 足踏み臼のことを「フンバネ」と呼ぶ。「踏み跳ね」の意である。衡《はかり》の部分のもとを踏み、先の杵を跳ねあがらせるところから出た呼称である（静岡市葵区田代・滝浪文人さん・大正五年生まれ）。

ベタニ【食・冬至南瓜】 冬至の南瓜は、南瓜のみを煮るのではなく、南瓜と小豆を混ぜて煮る。これを「ベタニ」（ベタ煮）と呼んだ（山形県上山市大門古屋敷・花屋喜一郎さん・明治四十三年生まれ）。

ボウダラ【食・棒鱈の煮方】「ボウダラ」（棒鱈＝干鱈）は正月の御馳走だった。まず、米の研ぎ汁に三〜四日浸けて軟らかくする。猫除けに蓋をして重石をのせておく。切って、醤油・酒・砂糖で煮る。これが年取り魚になった（滋賀県甲賀市信楽町多羅尾・宮本豊子さん・大正九年生まれ）。

ホシイイ【食・饐《す》え飯《めし》の再生】 夏は飯が饐《す》えるので「ホシイイ」（干し飯）にした。饐《す》えた飯を水で洗って浅い籠に広げて一日吊り干しにし、塩を加えて焙烙《ほうろく》で炒って食べた（静岡県浜松市北区引佐町三岳・安間文男さん・大正五年生まれ）。▼ネガリメシ、ネマリメシ

ホシタケノコ【食・筍】「ホシタケノコ」（干し筍）にするのはハチク（淡竹）三〇％（五月初め採取）、クロタケ（真竹）七〇％（六月初め採取）だった。主として女性がカカリテゴやホゴなどの籠を持って「タコーラ」（淡竹《はちく》の藪）に折りに行き、皮を剥いてから家に運んだ。皮を剥いた筍は釜で茹で、割ってから広げて三日間ほど天日で干し、乾燥が足りなければイロリで焙《あぶ》る。雨の多いときにはイロリに頼る。干し筍は、巡回してくる仲買人に売ったり、薦《こも》に巻き、三か所縛って荷造りし、駄賃つけで古屋敷まで出したりすることもあった。「ボンジマイ」（盆終い）と称して、筍を売った金で素麺・干鱈・下駄などを買って盆を迎えるのが常だった（宮崎県東臼杵郡椎葉村不土野尾前・尾前新太郎さん・大正十一年生まれ）。

同村大河内大藪の浜砂忠さん（昭和七年生まれ）も、干し筍を熊本県に出荷した。ムラでは「筍がなけにゃあ盆ができん」という声が聞かれたという。その筍も今では猪と競合するという。

ホシナツラ【食・保存食】「ホシナツラ」とは「干し菜連」の意で、大根の葉を葛の蔓《つる》に掛け連ねて干したものである。よく乾いたものを茹でて刻んで団子にして、「トーカ」(木枠のある簀《す》)に並べて凍《し》みを与える。これを味噌汁に入れる。悪い葉は保存しておき、牛のお産のときに与えた(岩手県久慈市山形町霜畑・八幡ちよさん・大正二年生まれ)。

ホソジオ・フトジオ【食・塩】塩は二斗・四貫の叺《かます》入りを単位として運ばれてくる時代が長かった。叺《かます》入りの塩には二種類があった。そのひとつは「ホソジオ」(細塩)と呼ばれるもので、色は白く粒子は細かく、用途は料理・味噌・醤油だった。いまひとつは「フトジオ」で、粒子は粗く、色は灰色をしており、用途は漬物に限られていた。いずれも叺《かます》を桶の上に置いて垂れてくる苦汁《にがり》を受けた。涼しいところに置くと苦汁《にがり》は少なく、暖かいところに置くと苦汁《にがり》はたくさん出た。苦汁《にがり》は豆腐作りに使った。苦汁《にがり》が多いと堅い豆腐になる。正月には必ず豆腐を作り、田楽にして食べた(長野県飯田市南信濃八重河内本村・山﨑今朝光さん・大正十一年生まれ)。

ボタッコ【食・塩漬け魚】鮭やハタハタを保存食料にするため塩漬けにしたものを「ボタッコ」と呼ぶ。塩漬けの状態が、水分含有を示す「ボタボタ」に通じるところから出た呼称だと思われる。塩漬け保存の魚類はこのほかにも鰊《にしん》があった。これらは日常食としてイロリで焼いて食べた(秋田県大仙市豊川東長野・草薙喜一さん・大正十四年生まれ)。

ボリ【食・小麦粉の練りもの】小麦粉を練ったものを「ボリ」と呼び、これを味噌汁に入れて食べた(奈良県吉野郡吉野町喜佐谷・山口楚乃さん・明治四十二年生まれ)。

筍干し（熊本県八代市泉町樅木）

ホリマス【食・鱒ズシ】 産卵期の鱒を「ホリマス」（掘り鱒）と呼ぶ。昼は外敵があるので夜、川のセセラギで産卵する。産卵場所に集まる鱒を投網で獲る時期は十月下旬である。ホリマスは「マスズシ」（鱒ズシ）にする。コガ（桶）は径尺二寸・深さ一尺の円型である。麹《こうじ》は使わずに輪切り鱒に塩を振り、飯をのせ、その上に笹を敷く。これを重ねる。笹で蓋をし、その上に厚さ六寸の杉の本蓋をする。加えて手かけを刻んだ二十キロの重石を置く。三桶ほど漬けて大晦日に口あけをして大晦日から正月にかけて食べる。大皿に盛り家族そろって食べる。その後も随時食べる。ホリマスの雌は卵（スジコ）を持っているので、卵は「キッタテ」（切立＝甕形ではなく円筒状の陶器）で塩漬けにした。初期のものは固まっていてうまいが、遅くなると卵がばらける。切立にはさまざまな大きさがあるが、スジコ漬けには相馬焼きで深さ十五・五センチ、径十三センチのものを使った。大きい切立は漬物にも使った（福島県大沼郡金山町小栗山坂井・五ノ井謙一さん・大正四年生まれ）。

キッタテ（福島県大沼郡金山町小栗山坂井、五ノ井謙一家）

マルトウキビ【食・精白トウモロコシ】 粒にしたトウキビ（トウモロコシ）を食べることのできる状態にしたものを「マルトウキビ」という。粒の外側を包む堅皮を剥ぐために踏み臼で搗《つ》く。トウキビの実五升に対して茶碗二杯の水を入れて二時間搗《つ》く。途中「ナカサビ」（中簸）をし、最後に「ホンサビ」（本簸）を行う。糠は牛馬の餌にする。マルトウキビの食法には以下のものがある。①「ニトウキビ」（煮トウキビ、「トウキビ煮」とも）＝三時間かけてしっかり煮ておく。米または麦と混ぜて飯として炊く。②「チャンポメシ」＝マルトウキビ・稗・小豆・粟などを混ぜて飯にする。小豆を混ぜるときには塩を加える。③「トウキビジル」＝マルトウキビ・皮鯨・筍を混ぜて汁にする。④「トウキビアズキ」＝マルトウキビと小豆を混ぜて煮る（宮崎県東臼杵郡椎葉村不土野尾前・尾前新太郎さん・大正十一年生まれ）。

ミクサメシ【食・混合飯】「ミサクメシ」は粟五、麦三、小豆二の比率で別々に煮ておき、それをイロリの吊し鍋に入れて煮かえす。そのときに塩を加える。「ミクサメシ」は「三種飯《みくさめし》」の意で、地域・時代・家の経済力などによって配合物とその比率は異なった。下栗のミクサメシは、水田が皆無であるため、米が入っていない時代があった。しかし、同じ遠山でも若干の稲作を行っていた南信濃八重河内の遠山常雄さん（大正六年生まれ）の食べたミクサメシは、米・粟・麦が同比率だったという。下栗では、マチや平地で晴《はれ》の日の食物とされる小豆が焼畑で大量に収穫されたために、糅《かて》（足しくさの加えもの）として常食されていたのである（長野県飯田市上村下栗本村・大川長男さん・明治三十四年生まれ）。

ミズモチ【食・粟餅の水餅】 粟の餅を八斗搗《つ》き、切り餅にして一旦干してから、水を張った四斗桶に浸けて保存した。これを「ミズモチ」（水餅）という。十日に一回水を替えると一月から四月まで保存できた（神奈川県三浦市南下浦町金田・岩野伝司さん・明治三十七年生まれ）。

同様の水餅は静岡県熱海市初島・伊豆半島・三重県志摩市志摩町布施田でも行われていた。水餅は餅の保存方法のひとつである。繁忙期には便利な食物だったという。

ミソカキ【食・味噌仕込み】 旧暦三月初めに味噌用の大豆を五斗蒸《ふ》かす。素足で踏んでつぶし、味噌玉にしてイロリの上に吊るす。青黴《あおかび》がつくが、「ミソカキ」の前におろし、エビラ（蚕簿）に並べて拭きとる。旧暦四月八日をミソカキの日と定めていた。「ミソカキ」とは、味噌玉を大割りにしてカラウス（踏み臼）に入れて粉化したものに、塩・水を加えて桶に漬けこむことである。味噌だけの場合は三割塩にし、タマリ醤油を取る場合は五割塩にした。味噌塩は叺《かます》入りを買った（長野県飯田市上村下栗小野・成澤福恵さん・昭和三年生まれ）。

コナラミ（コナラの実）を煮てから乾燥させ、臼で搗《つ》いて皮を剝く。簸出《ひだ》してから笊《ざる》に入れ、重石を置いて流れに入れてさらす。味噌玉を作るとき、コナラの実を大豆とともに蒸して混ぜるという「ナラミソ」（楢味噌）があった（同市上村程野・前島正一さん・大正八年生まれ）。

ミソモチ【食・味噌・味噌豆搗《つ》き】家ごとに味噌を作る時代が長かった。味噌玉用の味噌豆搗《つ》きに先立って、儀礼的に豆搗《つ》きをし丸餅のように丸めて神棚に供え、家族も食べるという慣行があった。その一臼目には塩を入れずに搗《つ》き、二臼目には塩を入れて搗《つ》いた。これを「ミソモチ」と呼ぶ。二月二日までに味噌豆を搗《つ》かなければ、夏、味噌が腐ると伝え、寒のうちに味噌豆搗《つ》きをした。味噌はヒネにしなければいけないとも言い伝えた。味噌桶の底に干し大根や牛蒡を漬けこんで食べるという習慣もあった（福井県小浜市上根来・岩本重夫さん・大正十三年生まれ）。

静岡県焼津市小川には、味噌桶の底に鰹節を漬けておき、嫁いだ娘が妊娠すると娘の婚家にこれを届ける慣行があった。

ミヌキ【食・稗の精白】稗の粒を蒸籠《せいろう》で蒸し、臼で搗《つ》いて精白することを「ミヌキ」（実抜き）という。脱粒は、母屋の土間に筵《むしろ》を敷き、その上に渋紙を敷き、鬼歯（打面に刻み溝のある槌）で叩き、かつ足で揉み踏みした（静岡県藤枝市岡部町新舟・村越熊吉さん・明治二十七年生まれ）。

ムギオケ【食・精白麦の容器】脱粒・脱稃《だっぷ》・精白・乾燥を終えた麦を、必要に応じて使えるように一時的に保管しておく容器に「ムギオケ」（麦桶）があった。径二尺二寸、深さ三尺の桶で、蓋は板だった。日々この桶から精白された麦を必要量だけ出してエマシムギにしていた（静岡市葵区梅ケ島新田・葉山まつさん・大正二年生まれ）。

ムギキリ【食・大麦、小麦混合麺】大麦と小麦を別々に石臼で粉化し、粉ができると両者を混ぜて練り、それをのして幅一・二センチほどに切って、葱その他の野菜とともに味噌味の汁にして食べた。これを「ムギキリ」と呼んだ。裕福な家では小麦七に対して大麦三、貧しい家では大麦七に対して小麦三といった比率だった。大麦が多いとパサパサになり粘りがなく、とてもまずかった（栃木県小山市萩島出身・瀬野とりさん・大正十年生まれ）。

ムギノアマザケ【食・麦麹《こうじ》と麦の甘酒】 麦を蒸して少し冷ましてから紙に包んで藁筵《わらむしろ》をかぶせておくと麹《こうじ》ができる。麹《こうじ》は保存しておき、飯が余ったときに麹《こうじ》を搔きこんでおくと甘酒ができた。これを「ムギノアマザケ」（麦の甘酒）と呼んだ（埼玉県秩父郡小鹿野町両神・白石みつさん・大正元年生まれ）。

ムジアンディー【食・麦の粉食、儀礼食】 脱粒後の麦の処理法のひとつに粉化があった。石臼で碾《ひ》き、「ミローキー」（箕《み》）で簸《ひ》て水嚢《すいのう》（篩《ふるい》）でふるい、粉を取る。この粉を粥状にしたものを「ムジアンディー」と称し、これが長く久高島の常食の中心をなしてきた。ムジアンディーは麦だけで作る場合が多かったが、時に「トーンチミ」（唐黍《もろこし》）を混ぜたり小豆を混ぜたりすることもあった。このムジアンディーが基本となり、久高島の祭りには神饌《しんせん》として麦の粉食系食品が多く供えられていた（沖縄県南城市知念久高・久高島・西銘しずさん・明治三十七年生まれ、ほか）。

モタレヅナ【食・精白関連具】 穀物を精白するときに踏み臼を使った。踏み臼の杵を作動させるために、衡《はかり》状の材の、杵の反対側を足で踏む。踏むときの体位を保つ方法に、天井部材から吊りおろされているU字型の太綱に腕や胸をあずける方法がある。この太綱のことを「モタレヅナ」（凭れ綱）と呼んだ。モタレヅナは蕨《わらび》の根から澱粉を採取したときに残る根の芯の繊維を綯《な》ったもので、径二寸ほどだった（奈良県五條市大塔町篠原・和泉重三郎さん・明治三十二年生まれ）。

モチゴメムシ【食・蒸し米】 糯米《もちごめ》を蒸して食べる方法として、赤飯や白蒸《しらむし》以外に次のものがあった。①糯米《もちごめ》にクチナシの汁を混ぜて蒸し、黄色にして食べる。②糯米《もちごめ》を蒸し、黄な粉をかけて食べる。③糯米《もちごめ》を蒸し、別に煮ておいた小豆と混ぜて食べる。誕生日・妊娠などのときに作った。これらを「モチゴメムシ」（糯米蒸し）と呼んだ（福岡県柳川市三橋町垂見・大橋キミエさん・明治四十二年生まれ）。

ユニ【食・肉のついた猪の肋骨】 肉のついた猪の肋骨を湯の中に入れて二時間から三時間煮る。塩を入れないで煮ると肉離れがよくなるので、煮え立ってから塩を加えた。これを「ユニ」（湯煮）という（山梨県南巨摩郡身延町大垈・佐野秀章さん・明治三十三年生まれ）。

ヨウジャ【食・食制】昼食と夕食の間の間食を静岡県では広く「ヨウジャ」「オヨウジャ」と呼んだ。「ヨウジャ」は「ユウジャ」（夕茶）の転訛で、朝食前の「朝茶」（茶の子）と対応するものである。静岡県榛原郡川根本町崎平の和田庄次さん（大正十年生まれ）は、ヨウジャに里芋・甘藷または蕎麦・弘法黍（シコクビエ）の掻き粉などを食べた。茶の子・ヨウジャを加えた五食が、朝・昼・晩の三食になったのは昭和三十五年だったという。

山梨県南巨摩郡早川町奈良田の深沢さわのさん（明治三十年生まれ）は以下のように語っていた。六月十日から十月十日までの間は焼畑の出作り小屋に泊まりこんだ。飲み水や炊事用の水に苦労した。当地では昼食と夕食の間の間食のことを「ヨウザケ」「オヨウザケ」と呼び、「カラッピエ」（シコクビエ）の団子や蕎麦掻きを食べた。ヨウザケ以後、女性の仕事は水運びと決まっていた。一斗樽をショイコにつけ、谷に下って水を汲んで背負いあげたのである。

ヨグシ【食・鯖と串】真竹を割って削った魚串のことを「ヨグシ」と呼んだ。鯖を長めのヨグシに刺して焼き、それをイロリの中に立てておき、必要な分だけほぐして味噌汁などの出汁にした。また、使ったヨグシを畑に挿しておけばモグラ除けになると言い伝えられている（静岡県賀茂郡松崎町門野・松本きみさん・明治四十二年生まれ）。

ヨスベ【食・用具・スシ桶】縦一尺、横八寸、深さ八寸のスシ漬け桶を「ヨスベ」と呼ぶ。米の飯と、鱒（サクラマス）の切り身と大根・南蛮（唐辛子）とを交互に重ねてヨスベに漬けこんだ。このスシを「マスズシ」（鱒ズシ）と称し、秋から冬にかけて漬けた（青森県西津軽郡鰺ヶ沢町一ツ森町・大谷石太郎さん・明治三十二年生まれ）。

ヨナガレ【食・夜食】十月末、「トウキビ」（トウモロコシ）の皮剝きを十人ほどの「カセ」（加勢）で夜ナベに行った。収穫したトウキビの包皮を剝いて山積みにし、さらに、約十五本ずつ皮（果穂の根方に集まっている剝かれた皮）を束ねて「クビル」（縛る）。こうした作業を午後十一時過ぎまで行い、「ヨナガレ」（夜食）を食べて解散する。ヨナガレは茹でトウキビだった。翌朝、天井に渡した三十〜五十本の竿に、クビったトウキビの房を吊り並べる。一人が房を差しあげ、梯子に登ったいま一人がそれを受けて竿に掛け並べる。必要な分を順におろして食べた。自家のみの夜ナベのヨナガレには「アワシガキ」（渋柿の渋抜きをしたもの）を食べた。渋柿をぬるま湯の中に入れ、そこに蕎麦の茎を入れる。湯が冷めると入れ替えをして、一昼夜続けると渋が抜けた（宮崎県東臼杵郡椎葉村不土野尾前・尾前新太郎さん。大正十一年生まれ）。

ヨナゲル②【食・穀物の精白】稲のみならず、麦・粟・稗・黍などの穀物を精白することを「ヨナゲル」という（埼玉県秩父郡小鹿野町両神・白石みつさん・大正元年生まれ）。

『日本国語大辞典　第二版』に「よなげる」の項があり、「淘」「汰」の文字があてられ、「①米を水に入れて淘《ゆ》りとぐ。米をとぐ。②細かいものなどを水に入れてかきまぜ、ゆすってよりわける」とある。平素、米を食べることが少なく雑穀食が中心で、晴《はれ》の日に米を食べる地も多かった。雑穀を精白した米のようにすることを「米《よな》げる」「米《よな》ぐ」とする表現があっても不自然ではない。それは、「精《しら》げる」に極めて近い語だと見ることができる。

ヨリダシ【食・小麦未熟食】麦栽培には「ヨリダシ」（選り出し）という作業があった。大麦の刈り入れに先立って、大麦畑に混生している小麦の穂を選んで抜くことである。ヨリダシによって集められた小麦の穂のことも「ヨリダシ」と呼んだ。小麦の刈り入れは大麦に比べて十日間ほど遅くなるのが常である。成熟期が遅いのである。このことは、ヨリダシの小麦は未熟であることを意味する。ヨリダシの小麦は、炒ると皮が取れて紙捻《こより》のようになる。これはそのまま食べても甘くてとても美味なのでオヤツにした（長野県飯田市上村下栗小野・成澤福恵さん・昭和三年生まれ）。

飯田市上村・南信濃、通称遠山谷の人びとは、未熟小麦のヨリダシのことを「アオダシ」「アオビキ」などとも呼び、これを好んでオヤツにした。前年からの穀物を食べ尽くしたのに、麦はまだ収穫できない――その困窮の状態を「春窮」または「麦嶺《ばくれい》」と称するのだが、古くは「アオザシ」と称して飢えをしのぐために麦を意図的に早刈りして未熟穀を食べる習慣があったことを、早川孝太郎は「朝鮮における食糧生活の性格」（『早川孝太郎全集　第十巻』）の中で報告している。遠山谷の事例は「春窮」を克服したあとの時代の伝承である。

▼アオダシ

ワカオイ【食・新昆布】 堅雪になると間もなく、津軽海峡に面した三厩から「ワカオイ」（若生い）の行商人がやってきた。ワカオイとは新昆布、春昆布のことである。薄くて軟らかい。幅の広いものも狭いものもあるので、長さを定め、目方で売買した。ワカオイは「ワカオイマキ」（ワカオイ巻き）にした。塩味の握り飯を薄いワカオイで巻いて食べる。ワカオイは春の味だ。ワカオイ巻きを食べて数日たつと、白鳥が北へ帰るための飛翔運動を始める（青森県五所川原市金木町藤枝・外崎明さん・昭和十年生まれ）。

3　住

アキガワ【住・屋根・杉皮、板】 屋根葺き素材にする杉の皮は秋剝いた皮が長持ちすると伝えられ、これを「アキガワ」（秋皮）と呼んでいる。しかも、それは「秋の土用の闇夜めぐり」の日に剝くのがよいとされた。屋根材のソギにする木も同様の条件をよしとした。これとは別に「土用伐り」ということばもある（奈良県五條市大塔町惣谷・戸毛幸作さん・昭和五年生まれ）。

イドボン【住・井戸・井戸替え】 八月の盆前に深井戸の「イドガエ」（泥出し・清掃・底の砂利替え）をした。これを「イドボン」（井戸盆）と呼んだ。この時期以外に井戸に手をつけると井戸神様に叱られると伝えられている。

井戸替え・井戸浚《さら》えを終えると水番として鯰を入れた。このような深井戸に対して、屋敷の前方に野菜の泥落とし・農具の泥落としをする浅井戸があった。井戸の前に立ち、溢れる水を柄杓《ひしゃく》で汲むことができるほど浅い（水が高い）ので、「シャクイド」（杓井戸）とも「アライタンボ」（洗い田圃）とも呼ばれていた（三重県伊賀市治田・大井貞夫さん・昭和十一年生まれ）。▼タ・タンボ

イヌバシリ【住・屋根】 傾斜地に屋敷取りをすると、母屋の裏側が畑地や山に接することになる。裏側の高位畑や山から屋敷地に土砂などが落下してくるのを防ぐために、母屋の屋根と畑地や山地の間に栗板などを架け渡して両者の間を塞ぐ。この橋状、下屋根《げやね》状の部分を「イヌバシリ」（犬走り）と呼んだ。犬走りはのちにトタンに代わっていった。犬走りの下は燃料置場などに使われた（奈良県五條市大塔町篠原・和泉重三郎さん・明治三十二年生まれ）。

『日本民家語彙解説辞典』に「イヌバシリ」の項があり、「福島県会津地方をはじめ各地の町屋において、軒下あるいは庇下を指す呼称」とある。

母屋裏の畑地に直接架けられたイヌバシリ（奈良県五條市大塔町篠原）

ウシビキ【住・建前】 家屋の構造材のウシ梁木のことを「ウシ」（牛）と呼び、建築に際してこの太く大きい材であるウシを運ぶ際、「ウシの一寸引き」と称して、祝意をこめ、見物衆を楽しませるために木遣り唄を歌い、故意に時間をかけた。〽この木は何の木（囃《はや》し）ヨイトコショ　ドッコイショ　この木は栗の木　ヨイトコショ　ドッコイショ　この木は動かんぞ　ヨイトコショ　ドッコイショ　油が足りんぞ……。引き手にも見物衆にも酒がふるまわれ、黄な粉飯や山菜料理がふるまわれた（富山県南砺市利賀村阿別当・野原ことさん・大正四年生まれ）。

ウスナ【住・母屋の土間】 母屋の土間を「ウスナ」と呼んだ（東京都三宅島三宅村阿古・三宅島・山本春男さん・明治三十四年生まれ）。

「ウスナ」は「臼庭《うすにわ》」の意と思われる。『日本民家語彙解説辞典』『改訂綜合日本民俗語彙』に、ともに「ウスナ」の項があるが、本項と同義ではない。

ウスナワ【住・穀物の精白・粉化場】 穀物の精白のための「カラウス」（踏み臼）と、精白した穀物を粉化するための石臼（碾《ひ》き臼）を設え、精白や粉化の作業を行うことのできる二間四方の土間の空間を「ウスナワ」と呼んだ。ウスナワの奥手にある三尺×二間の空間は「ミンジャ」（水屋）と呼ばれ、水舟や流し台が置かれていた。ウスナワの隣は二間四方の厩《うまや》で、その奥の三尺×二間の空間は便所だった。これだけの土間空間が、母屋とは別に一棟をなしていた。柱はすべて栗材だった（岐阜県大野郡白川村荻町・佐藤盛太郎さん・明治三十五年生まれ）。「ウスナワ」は「臼庭《うすにわ》」の意だと考えられる。同じ白川村でも御母衣には作業小屋（納屋）のことを「カラウスゴヤ」と呼ぶ例がある。静岡県の大井川中・上流域には「ウスンヤ」（臼ん家）という、踏み臼を置いて精白作業をする場と、蒸籠《せいろう》型の穀倉を併せ持つ家が多く見られた。今は長島ダムの底に消えた、静岡県榛原郡川根本町旧長島地区の長島重男家の場合、母屋の納戸の裏に二畳分の穀倉、その右隣に三畳分のウスンヤがあった。

ウスヒキド【住・石臼碾《ひ》き場《ば》】 玄関を入った右手に「ウスヒキド」と呼ばれる一間×三尺の板の間があり、そこに石臼を据え、粉碾《び》きをした。「ウスヒキド」とは、「臼碾き処」の意である（静岡県榛原郡川根本町奥泉池の谷・大村真一さん・明治三十六年生まれ）。

ウワゾラ【住・簀天井《すてんじょう》】 母屋の天井部に簀《す》を張って、採集した栃の実を乾燥保存した。栃の実はイロリの上にあたる部分に置いた。このような簀天井《すてんじょう》のことを「ウワゾラ」（上空）または「ソラテンジョウ」（空天井）と称した。柴や薪はイロリの上から離れた空天井にのせておいた（新潟県中魚沼郡津南町大赤沢・石沢政市さん・明治三十六年生まれ）。

オダレイタ【住・防風化粧張り】 和歌山県熊野地方の民家で、切妻形の壁面の三角の部分よりやや下方まで、土壁などが露出しないように縦板を並べて覆う状態にしたものを見かける。この板を「オダレイタ」と呼ぶ。オダレイタは平屋根の前に短いものがつけられる場合もある。これらは風雨から家を守るために発したものであるが、意匠としても美しい（和歌山県田辺市本宮町三越発心門・小谷恒定さん・大正五年生まれ）。『日本民家語彙解説辞典』に「オダレ」の項はあるが、右の事例は見られない。

オンナベヤ【住・女性】 脇屋（付属舎・月小屋）を屋内化した三畳部屋を「オンナベヤ」と呼んだ。女性が生理のときに使う月小屋の代用だといわれていた（静岡県島田市川根町笹間上粟原・成瀬治宣さん・明治二十二年生まれ）。

カイッカイカブチル【住・屋根葺き祝い・棟祭りの粥蕪汁】 萱《かや》屋根の屋根葺き祝いや棟祭りのとき、「カイッカイカブチル」（粥蕪汁）を大量に煮てふるまった。粥には、粟・小豆・賽の目に刻んだ蕪を入れ塩を加えた。子供たちや老人は茶碗を持って、屋根の葺きあげや棟上げをした家に蕪汁をもらいに行った。ここに使われる蕪は鳴沢菜の蕪で、それは長さ五寸、径二寸ほどで、地上に出ている部分は赤くなり、土中の部分は白かった。鳴沢菜の蕪は甘味があり、粘りがあるのが特色だった。平素は、稗・粟とともに粥にすることもあったし、馬鈴薯と煮ることもあった。「水をしょう（背負う）より蕪をしょえ」という口誦句があり、山仕事での水分補給には蕪をかじったものだという（山梨県南都留郡鳴沢村鳴沢・渡辺佐久馬さん・大正二年生まれ）。

カケダシ・ハデバ【住・傾斜地屋敷どりのくふう】 奈良県五條市大塔町篠原は大峰山脈の西側に位置し、標高六五〇メートルの斜面集落である。篠原や隣接する惣谷の民家は傾斜地に屋敷どりをした家が多く、屋敷の前後の幅が狭い。母屋の前の狭い庭を広げるためにくふうをこらした。前庭部の断面は図のとおりである。庭の前面は石垣で、それと平行するように何本かの柱を立て、柱

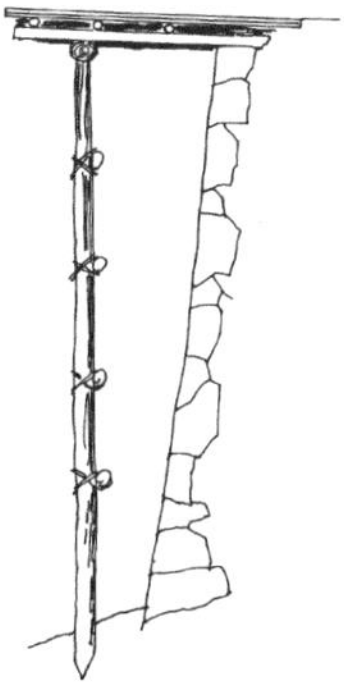

カケダシの構造（奈良県五條市大塔町篠原）

に桁を渡して、桁と石垣の間に下敷き用の板を並べる。板の上に丸太を並べ、その上に横木を固定して、さらにそこに板を並べるのである。狭い庭を主体とすれば庭が拡大されたことになる。これを「カケダシ」（懸け出し）と呼ぶ。一方、柱と柱の間には四本の横木を結びつけ、ここに収穫した穀物の束などを干す。これを「ハデ」（稲架）と呼び、上部の屋根状の板をふくめて「ハデバ」（稲架場）と呼ぶ。これは屋根つきのハデバで極めて合理的である。一つの施設が「カケダシ」と「ハデバ」という二つの機能を果たすことはじつに合理的である。昭和六十一年九月十三日、篠原を訪れた折、ハデバには狩猟で捕獲された鹿の皮が干されていた（奈良県五條市大塔町篠原・和泉重三郎さん・明治三十二年生まれ）。

「ハデバ」を「稲架場」と表記したが、当地のハデバで干されたものは麦・稗・粟・黍・蕎麦などだった。

ハデバに干された鹿皮（奈良県五條市大塔町篠原）

カザクネ【住・防風垣】「サガ」「サガッパライ」（北風や北西風）から家を守るためにニガタケ（女竹）で防風垣を作った。これを「カザクネ」と呼んだ（東京都三宅島三宅村阿古・三宅島・山本春男さん・明治三十四年生まれ）。

カマドツチ【住・竈《かまど》】竈《かまど》を築くときに使う土を「カマドツチ」（竈土）という。山から青粘土を掘ってきて口石などを安定させながら槌で叩いて固める。竈《かまど》を作るときには秋葉山へ参り、札を受けてきて祭った（静岡県榛原郡川根本町東藤川平栗・中沢金仁さん・明治三十年生まれ）。

カヤダノモシ【住・萱《かや》屋根葺き・社会、村落生活】
萱《かや》葺き合掌屋根を葺く萱《かや》を村落共同体構成員で融通しあう無尽を「カヤダノモシ」（萱頼母子）と称した。合掌屋根は片ヒラずつ葺き替えるならわしで、片ヒラに必要な萱《かや》は二百シメ（束）である。そのうち百シメは自家で用意し、百シメは頼母子講員からの提供を受けた。一シメ（一束）の単位は二間縄で束ねたものだった。「人は一代で片屋根を葺けばよい」という口誦句があった（岐阜県大野郡白川村荻町・佐藤盛太郎さん・明治三十五年生まれ）。
萱《かや》屋根の葺き替えには萱《かや》のほかにもさまざまな素材が必要であり、人手がかかった。食事の提供も必要となる。下記の表は、白川村荻町の木村忠平家が昭和五十三年四月に合掌の片屋根の葺き替えをしたときの記録である。宮崎県西都市上揚では、萱《かや》葺き屋根の素材分担・労力分担を均等にするために屋根の大きさを均等にしたという伝承がある。

片屋根葺き替え費用

1. 萱（内小萱 50 シメ）	165 シメ	561,600 円
2. 縫縄	15 束	60,000 円
3. 縫木	260 本	26,000 円
4. ネソ	440 本	40,000 円
5. 家中縄	10 玉	20,000 円
6. 下り材	30 本	60,000 円
7. 家中材	60 本	45,000 円
	計	812,600 円

片屋根葺き替え組織及び人足

1. 大世話役	1 人
2. 世話役	1 人
3. 組伍長	2 人
4. 足場足元	22 人（親戚等）
5. 葺替人足	127 人
6. 炊事人足	28 人

合掌屋根片屋根葺替費用（昭和 53 年、岐阜県大野郡白川村荻町、木村忠平家）

グシマツリ【住・屋根葺き儀礼】屋根の棟のことを「グシ」と呼ぶ。萱《かや》葺き屋根を葺き終えると屋根葺き職人が棟の中央に幣を立て、神酒・神饌《しんせん》を供えて祭文を唱えてから餅撒《ま》きをした。これを「グシマツリ」と呼んだ（福島県南会津郡只見町田子倉・大塚純一さん・大正十年生まれ）。
「グシ」については『日本民家語彙解説辞典』に詳細な解説がある。

グスモチ【住・屋根葺き儀礼】山形県西村山郡西川町大井沢出身の富樫音弥さん（明治三十六年生まれ）は、家屋建築における棟上げの撒《ま》き餅《もち》と、屋根棟の葺きあげの撒《ま》き餅《もち》を区別していた。棟上げ餅は上棟に際して撒《ま》くもので、これは「ホンノモチ」だった。ホンノモチとは、モチ種の米を蒸して搗《つ》いたものである。これに対して屋根の葺きあげ、特に棟の完成時に撒《ま》く餅のことを「グスモチ」と呼んでいた。グスモチは、ウルチ種の米を一旦水に浸けてから水を切ってナマのまま搗《つ》いたものである。これを平団子型に丸めたものを「シロモチ」と呼んだ。これは粢《しとぎ》である。表面的に見ると、棟上げの餅が正式なもので、葺きあげのシロモチが略式のように考えられがちであるが、それは逆で、蒸して搗《つ》く餅よりも粢《しとぎ》のほうが古層の食法を示している。粢《しとぎ》は民俗神に対する神饌《しんせん》として各地で生き続けている。古くは「湿気を与える」という意の動詞「シトグ」があり、「シトギ」はその連用形が名詞化したものと考えられる。「グスモチ」という語彙は秋田県にもあり、『日本民家語彙解説辞典』では「グスモチ」と「グシモチ」（秋田・宮城・山形・福島・埼玉・神奈川・長野）との流動性を指摘している。ただし、右においてはグシモチは「上棟が済んだときに祝う餅撒きの習慣を指す呼称」とあり、葺きあげに関する言及はない。同辞典には「グシ」について「茅葺き屋根の棟を指す呼称」とあり、「グシギ」の項を設け、「福島県郡山市付近の農家において、茅葺き屋根の棟にまたがせた千木状の木組みを指す呼称」とある。

富樫音弥さんは草葺き屋根のことを「グス」と呼んでいた。これはたしかに「グシ」に通じる。千木型の抑え木や、その他の形式の止め木を総称して「グシ」「グス」「クシ」と呼んでいたのである。グシ・グスは「串」のことである。なお音弥さんはグスが完成すると、グスの中央に御幣を立ててからシロモチを撒《ま》いたのだという。粢撒供《しときさんぐ》の形式である。なお、屋根の葺きあげにシロモチを供えるのは、その作成過程に「米の水浸け」があるからでもある。その「水」に防火の呪力があると見たのである。

福島県南会津郡只見町塩ノ岐の目黒俊衛さん（大正六年生まれ）は次のように語っていた。当地には「グシ祭り」という儀礼があった。屋根葺き職人が草屋根を葺きあげると、棟に幣を立ててから餅を撒《ま》いた。当地では棟木のことを「グシ」という。

クド②・クドナワ・クドナワノマツリ【住・イロリの火棚】長野県下水内郡栄村堺上ノ原は「秋山郷」と呼

ばれた地である。同地では「ヂロ」（地炉＝イロリ）の上に吊る「ヒダナ」（火棚）のことを「クド」と呼ぶ。以下は同地の山田直吉さん（明治二十六年生まれ）・山田藤作さん（明治四十二年生まれ）・山田さのさん（明治四十二年生まれ）の体験と伝承による。「クド」はまず、九尺余の二本の杉丸太の端に六尺余の丸太二本を組んで枠を作り、その枠の上に葭簀《よしず》を敷く。これを屋根裏の構造材から「クドナワ」と呼ばれるシナノキの内皮を綯《な》った太綱四本で吊る。クドには収穫した稗の穂を主とし、別に粟をものせてヂロの火で焙乾《ばいかん》する。そのため、クドは人が座って頭上二寸空くほどに低く吊られていた。クドに積む稗・粟の厚さは一尺で、途中に天地返しをしながら三晩乾燥させた。「クドナワノマツリ」は十二月一日で、「ヒエオトシ」「アワオトシ」「サンマタビエ（シコクビエ）オトシ」など穀物の脱粒が終わったところで、粟餅を搗《つ》き、小豆を煮て、煮た小豆を丸めた粟餅の上にのせたもの五個を膳に盛って、クドの上に供える。もとより家族も食べた。十二月一日にクドナワの小豆を食べないと流し場で滑る、流し場で滑ると中風になると言い伝えられている。クドナワの祭りは収穫焙乾《ばいかん》感謝の祭りであるが、滑倒《かっとう》の伝承は冬季の凍結対策の呪的要素を持つ。

鈴木牧之の『秋山記行』には小赤沢の例として巨大なクドの絵図があり、以下のような記述もある。「頓《やが》て帯〆《しめ》、其所へ居《すわ》るに、首あたりて、平座せねば此大火に近寄りかね（たり）。主のくどと云は、大なる火棚にして、八九尺の二本の木を大なる縄にて釣下げ、其上に茅簀を敷《しき》、粟穂を山の如く積上げ干置事《ほしおくこと》、是まで度々村毎に見たるもしかり」。右によれば、近代に入ってからもほぼ『秋山記行』時代の慣行が生きていたことがわかる。山田直吉さんは、『秋山記行』に記されているとおり、「秋山」のことを「アチヤマ」と発音していた。なお、クドの上の中段には栃の実を干す棚が作られていたという。

『秋山記行』によれば、クドの上に山のように盛られたのは粟の穂だとされている。しかし、脱稃《だっぷ》精白前に加熱処理を必要とするのは粟よりも稗である点からすると、クドの上で焙乾《ばいかん》された穀物の穂は稗が中心であったと考えられる。

クレガエシ【住・板屋根】 当地の板屋根は「三尺榑《くれ》」と呼ばれる長さ三尺、厚さ三分、幅三〜四寸の杉板を使って葺かれていた。毎年、春、煤を払って板を反転させた。これを「クレガエシ」（榑返し）と呼んだ。板屋根の耐久性を高めるためのくふうである。三尺板を傾斜に従ってずらしながら六板重ねた長さが六尺になることを基準として葺きあげた。板材は杉のほかにヒノキ科の杜松《ねず》、栗なども使われた。軒の葺き出しは、三尺の栗材を桁外に一尺五寸出すようにして葺いた（岐阜県大野郡白川村荻町・佐藤盛太郎さん・明治三十五年生まれ）。

クロギイシ【住・イロリ】三尺四方のイロリの炉縁《ろぶち》の四囲を幅一尺、厚さ五寸の切り石で囲んだ。この石のことを「クロギイシ」と呼んだ。イロリの部屋にはクロギイシの厚さに合わせて「ニカ」（稲の籾殻）を敷きつめ、その上にゴザを敷いた。秋、稲の収穫を終えると古いニカと新ニカを入れ替えた（福井県坂井市丸岡町一本田・中島藤作さん・明治四十二年生まれ）。

ケムリガエシ【住・煙返し】母屋の竈《かまど》の焚き口の前に一畳半の台があり、ゴザが敷かれていた。カマ場と内ニワ（土間）の境界線の上部に松材の梁が通されていて、その上部には土壁が作られ、カマ場と内ニワおよびクチノ間・ダイドコの上部空間を分けていた。これはカマ場の煙を遮断し、煙が内ニワやクチノ間・ダイドコなどに行かないようにくふうされたものだった。これを「ケムリガエシ」（煙返し）という。「ケムリダシ」（煙出し）は煙返しより竈《かまど》寄りの屋根につけられていた（大阪府河内長野市天見・尾尻萬茂さん・大正十四年生まれ）。

尾尻家のカマ場には五口竈《いつくちかまど》があった。向かって左が大釜、味噌づくりや醤油づくり、茶揉みのときに使い、平素は乾燥用の場所だった。煙突は大釜の後ろにあった。その右が湯沸かし釜（洗濯に使った）、その右（中央）が飯炊き、次が茶釜、右端は魚や餅を焼く場で、ここでは堅炭または消し炭を使った。当家にはイロリもあったが、五口竈《いつくちかまど》・煙返し・煙出しがセットになった構造は、火所として竈《かまど》重視の考え方が早く浸透していたと見受けることができる。

『日本民家語彙解説辞典』にも「ケムリガエシ」の項目がある。

ケンムキ【住・杉皮屋根】伐採した杉から屋根葺きに使う杉皮を剝くときの単位を「ケンムキ」という。用具は切り目をつける鉤《かぎ》と皮剝ぎ篦《へら》で、鉤《かぎ》は柄をふくめた長さが尺二寸である。これを屋根杉としての杉皮計測の尺とり定規として使う。尺二寸の倍、二尺四寸が屋根材としての杉皮の長さであり、杉皮にこの長さで切り目を入れて篦《へら》で剝ぐ。縦横ともに二尺五寸になるように杉の皮を広げて、横目・縦目を交互に四段組んで一間という。これを二十五間積む。二十五間が四塊で百間となり、これによって屋根の面積に対応する。「間《けん》」を単位とするところから、屋根用の杉皮剝きのことを「ケンムキ」と呼んだのである（静岡県榛原郡川根本町東藤川坂京・中野昌男さん・大正九年生まれ）。▽スギカワヤネ

コマカゴ【住・葭《よし》葺き屋根の棟】「イカヅクリ」（伊香造り）と呼ばれる滋賀県旧伊香郡一帯に見られた葭《よし》葺き屋根があった。伊香造りの葭《よし》屋根の、棟の両端の煙出しの位置には「コマカゴ」と呼ばれる凝った意匠の装飾垂れがつけられていた。コマカゴは葭《よし》と竹を素材として編み組まれたもので、作成するのに一週間かかった（滋賀県長浜市木之本町・松本学道さん・昭和十一年生まれ）。

「コマカゴ」は「コマ」と呼ばれることもあった。コマに使う葭《よし》は吟味された。硬質で、細く赤みのある葭《よし》を使ったのである（同町・大音憲一さん・大正七年生まれ）。

コモヘイ【住・防風雪】青森県津軽地方の商店街では、冬季の防風雪と商いのために店の前に「コミセ」（小店）と呼ばれる屋根と戸付きの片側アーケードが作られている。「コミセ」より古いと思われることばに「コモヘイ」がある。コモヘイは板戸からガラス戸に替わった（青森県つがる市木造土滝・木村きのさん・大正四年生まれ）。

コモヘイの遮閉部材が、ガラス戸→板戸と溯源できるとすれば、「コモヘイ」という語からして「薦塀《こもへい》」という実体が浮上してくる。

伊香造り屋根のコマカゴ（滋賀県長浜市木之本町）

ザク【住・屋根材・杉板】 屋根葺き素材の一種に葺き板があり、葺き板に使う一尺四方、尺二寸四方の杉板を「ザク」と呼んだ。売買は坪単位で行われた。ザクの専門店が大仙市太田町川口にあった。「ザク打ち職人」が横堀にもいた。ザクを重ねて葺いたザク屋根にコールタールを塗れば半永久的だといわれるほどだった。終戦時、星宮四十七戸のうちザク葺きの家が二十五戸あり、そのほかは萱《かや》またはトタンだった。ザクの葺き替えは一《ひと》ヒラ、一《ひと》ツマごとに行われた。長沢家がザク屋根を瓦葺きに替えたのは昭和五十年のことだった。ザク葺き屋根のことは「コバ」葺き屋根とも呼んだ（秋田県大仙市横堀星宮・長沢精一さん・昭和三年生まれ）。『日本民家語彙解説辞典』にも「ザク」の項があり、「秋田県仙北郡角館町付近の町家において、板葺き屋根の葺き板の一種を指す呼称。無節で柾目の杉板を薄くそいだもの」とある。菅江真澄が逗留したという秋田県南秋田郡五城目町大川谷地中の佐藤久兵衛家の屋根は、筆者が訪れた平成十七年にはザク葺き屋根に化粧トタンをかぶせたものだった。▼ザクヤ

ササイタ・メフサギ・アシ【住・屋根・板屋根】 板屋根を構成する寸法が定まった板材のことを当地では「ササイタ」と呼んだ。当地のササイタは栗材で、寸法は長さ尺七寸、幅四寸、厚さ二分で、「メフサギ」（目塞ぎ）をふくんで二枚重ね、「アシ」二寸で棟に向かって段を重ねて葺きあげた。ササイタを二枚並べるとできる隙間を「目」と呼び、その「目」を塞ぐようにもう一枚のササイタを重ねる。これを「メフサギ」といい、上に重ねた板も「メフサギ」と呼ぶ。メフサギの板をふくむササイタ二枚重ねのセットを一列に並べたものを一段として構成する。屋根の傾斜に応じて段を重ねて棟に向かって葺きあげるのであるが、一段目の上に二段目となる二枚重ねのセットを並べるに際して、二寸ずらして重ねてゆく。一段目の露出したその部分を「アシ」と呼ぶのである。アシの長さは短いほど屋根の耐久力は強くなるが、板の使用量は多くなる。概して経済力のある家の屋根ほどアシが短いといわれた。ササイタがずれ落ちないようにするためには勾配をゆるくしなければならない。栗のササイタ葺きは三寸勾配がよいとされた。四年ごとにササイタの置き直しをした。板のズレ防止のために栗の横棒を抑え木にして石をのせた。六尺の間に四本の抑え棒を置く。このようにすれば板を釘で止めなくてもよかった。三寸勾配の板屋根の敵は雪だった。雪が凍り、それが解ける。勾配がゆるいのでう

まく流れずにそれが漏るのである（長野県下伊那郡大鹿村大河原釜沢・内倉与一郎さん・明治四十三年生まれ）。

同じ下伊那でも飯田市上村程野の山﨑松春さん（大正十五年生まれ）によると、程野は戦前は百戸すべてが板屋根で、七割が落葉樹（栗が四割、ナラが三割）、三割が針葉樹の椹《さわら》だったという。南アルプスを挟んだ静岡市葵区田代の滝浪文人さん（大正五年生まれ）によると、田代の板屋根材は天然の落葉松《からまつ》で、大井川を下るにつれて樅《もみ》・栂《つが》の板屋根になったという。田代ではメフサギのことを「メカクシ」（目隠し）、抑え横木のことを「ヨコワ」、横木に交わる形の縦の抑え木のことを「タテワ」と呼び、いずれも栗材だった。

サシガヤ【住・屋根】 萱《かや》葺き屋根の傷んだ部分に萱《かや》を挿して補修することを「サシガヤ」（挿し萱）という（静岡県藤枝市大東町・内藤正治さん・明治三十三年生まれ）。

サシヤネ【住・屋根・葭《よし》葺き】 滋賀県長浜市一帯には葭《よし》葺き屋根が多く見られた。葭《よし》屋根は五十年の耐久力があるが職人手間がかかるといわれていた。それは、屋根葺き材の葭《よし》の一本一本の先を尖らせてそれを挿し込むという方法がとられていたからである。これによって「サシヤネ」（挿し屋根）という呼称が生まれた。萱《かや》葺き屋根の職人手間は屋根片ヒラが三日間であるのに対して、葭《よし》葺き屋根の職人手間は「片ヒラ半月」といわれていた。葭《よし》屋根職人は高島から来た（滋賀県長浜市木之本町・松本善治郎さん・明治四十年生まれ）。

シセキ【住・屋敷林・屋敷まわりの木】 屋敷林や屋敷まわりの樹木群のことを「シセキ」と呼んだ。当地ではシセキには椿の木がよいと伝えられた。椿の木は火伏せになるといわれているからだ。また、シセキの椿の実から油を搾った。一軒では使いきれないほど採れた

シセキとして植えられた椿の木が巨木となり、大量の椿の実を落とす（静岡県御殿場市印野、勝間田家）

（静岡県御殿場市印野・勝間田多住さん・明治四十一年生まれ）。

ジーファー【住・萱《かや》葺き棟の固定】沖縄県国頭郡東村慶佐次の慶佐次川河口にはマングローブがある。ここではヒルギのことを「ピンギ」と呼ぶ。この地では萱《かや》葺き屋根の棟を固定するために「ジーファー」（簪《かんざし》）と称する棒を何本も棟に挿し通して「マーニ」（棕櫚《しゅろ》綱）で締めて固定した。そのジーファーにピンギ（この場合オヒルギ）の幹を使った。台風の前などには締め直した。また、ピンギの皮は染色素材にもなった。ヤンバル船の者が、慶佐次で釜を借り、ピンギの皮を煮てその汁で帆を染めているのを見たことがある（島袋徳盛さん・大正八年生まれ）。

シンノウブルマイ【住・新築、屋根替えの振舞】新築や屋根替えに際しての振舞を「シンノウブルマイ」と称した。祝宴のみならず、餅撒《ま》きや粥振舞もふくんだ。建前や屋根替えが終わると施主が稗粥を萱《かや》箸で柱になすりつけて回る。その後に葺師や、儀礼参加を依頼した、両親健在の若者がついて回る。大黒柱から始め、東・西・南・北・中央の順で回る。そのとき次のように唱えながら回った。〽粥すする　粥すする　何粥すする　延命長者が軍配団扇で煽りつけ　ボタモチ粥すする——。昭和二十六年までは甲州葺師が巡回してきた（静岡県榛原郡川根本町東藤川平栗・中沢金仁さん・明治三十年生まれ）。「シンノウブルマイ」は「シンロウブルマイ」（辛労振舞）の転訛である。

スーカン【住・建築材の潮浸け】沖縄県の西表島祖納では「ヤエヤマヒルギ」のことを「マッアプシキ」、「オヒルギ」のことを「プシキ」と呼んだ。新城島や石垣島宮良ではヒルギを総称して「ピニキ」と呼ぶことが多かった。幹がまっすぐなオヒルギは家屋の垂木として盛んに利用された。西表島のマングローブには、波照間島・新城島・黒島・竹富島などから家屋建築に際して垂木取りがやってきた。垂木のみならず、太いものは柱として使った。オヒルギを建材として使用する場合、「スーカン」と称して潮をかぶる砂地に三か月以上、長ければ一、二年も埋めておいた。こうすれば百年以上の耐久性が出ると伝えられている。

同県八重山郡竹富町小浜島の仲盛寛さん（明治三十九年生まれ）は、西表島の山中から建築用木材を伐出し、刳《く》り舟《ぶね》で島へ運んだ経験を持つ。家屋建築のための「ヤマイリ」（山入り）は十戸前後の「ユイマール」（結い）で行う。これは世代を越えて継承された。泊まりこみは一週間から十日間に及んだ。油紙を屋根代わりにした。伐木の采配は棟梁と施主がふるい、道具は斧と鋸、ほかに十二尺・八尺・九尺の棒を作っておき、これで計測した。柱材として「ドウスヌ」（イヌマキ）、梁材として自生のフクギ、桁材として「アサス」、鴨居・縁板材としてタブなどを伐った。雨の日には蛭に悩まされた。木材を積んだ舟が島に帰ると、「ヤマムカエ」（山迎え）と称して女たちが浜に出て男たちを出迎えた。こうして伐出した貴重な建材は二年、時には三年もスーカンして強度を高めた。

スギカワヤネ【住・杉皮屋根】 静岡県榛原郡川根本町東藤川大沢は長く十戸だった。明治初年、その屋根のすべてが萱《かや》葺きだったが、最初に杉皮葺きにしたのが西村家だった。当時の杉皮はすべて天然杉の皮で高価だった。やがて杉の植林が進み、植林杉の皮が利用されるようになる。杉山の仲買人のことを「ザイシ」（材師）と称し、ムラびとたちは伐採人として雇われ、賃金と杉皮を差し引きにする者も、賃金をもらって杉皮を買う者もいた。次第に「スギカワヤネ」（杉皮屋根）が増えていった。杉皮は、杉皮屋根に使われることを前提として二尺四寸に切りそろえ、四枚並べて「一ケン」と称し、縦横交互に重ねて二十五ケン積み、これを「一坪」と称した。杉皮二坪が伐採人の一人工《いちにんく》だった。西村家が杉皮葺きをトタン葺きに替えたのは昭和二十九年十二月のことだった。大井川流域山間部の屋根が杉皮屋根からトタン屋根に替わったのは昭和三十年代のことだった（静岡県榛原郡川根本町東藤川大沢・西村藤一郎さん・明治四十二年生まれ）。▼ケンムキ

坪単位に積まれた杉皮（静岡県榛原郡川根本町奥泉）

スナカエ【住・庭の敷砂】 琉球弧・サンゴ礁域の民家の庭にはサンゴ片・白砂が敷かれており、それは美しい。沖縄県八重山郡竹富町竹富島の大山きくさん（大正三年生まれ）は以下のように語る。竹富島の砂は西浜のものが細かく、東浜のものが粗い。北側には正月と盆に粗い砂が寄る。庭に敷く砂は粗いものがよい。香炉に入れるものは細かいものがよい。豊年祭やナーキオイには、御嶽《うたき》の香炉の砂を西浜の砂に入れ替える。家の庭砂の敷き替えは、正月と盆に備えて、十二月下旬と八月上旬に東の浜・北の浜から粗い砂を運んで行う。これらを「スナカエ」（砂替え）という。砂運びは家族全員で、しかも、四、五軒の「ユイマール」（結い）で行い、月の光のある夜の仕事とされていた。笊《ざる》に芭蕉の葉を敷いてそこに砂を盛り、頭上運搬した。頭上運搬のことを「アタマにカミテクル」といった。カミテクルのは女性の仕事で、牛馬に振り分けにつけて運ぶ男もいた。一日と十五日に屋敷内の掃除をし、その折に古い砂を家の裏や横に回し、前庭には常に新しい砂を敷くように心がけた。盆には、門口の迎え火を焚く場所の下にも新しい砂を敷き、ヒンプン（正面の門と母屋の間に設けられた屏風状の塀）の右側から一番座に至る道筋にも砂盛道を作った。砂を新しくすると、夜、ハブの姿がよく見えるようになるのもよかった。「ミチトゥシ」（道通し）と称して、卒業式の前などには道の砂を新しくした。ミチトゥシをすると夜歩きやすい。

セッチンジリ【住・厩《うまや》・馬繋ぎ】 山梨市牧丘町を歩いた折、切妻式中央吹抜型民家の脇に並ぶ二階建別棟の前面一階がガレージのような空間をなしているのを数例見かけた。その空間の名称と用途を同町北原塩平の宮原久雄さん（昭和二年生まれ）に尋ねてみた。呼称は「セッチンジリ」（雪隠尻）だという。別棟の一階には厩《うまや》・雪隠（便所）があり、二階は物置である。セッチンジリの二階は突き出して見えるのだが、ここには飼料や農具を置いた。不思議な空間セッチンジリは馬繋ぎの

セッチンジリ（山梨市牧丘町）

場であり、また厩肥《きゅうひ》を出して作る堆肥置場だったのだ。馬は「ドダシ」（土出し）と呼ばれる木材搬出・炭の駄送などに使った。小学校五年生のときまで馬を飼っていたという。馬が消え、堆肥が消えたセッチンジリには、耕耘機《こううんき》などが置かれることが多い。

ソギブキ【住・屋根・板葺き】 板葺き屋根のことを「ソギブキ」（削ぎ葺き）という。ソギ板には、①「コソギ」（小削ぎ）＝長さ一尺〜一尺五寸・竹釘で止める重ね葺き、②「オオソギ」（大削ぎ）＝長さ二尺〜三尺・屋根の傾斜はコソギ屋根よりゆるく二寸五分勾配の重ね葺き、の二つがあった。ソギ板の素材は栗を第一として、古い杉の木の板も使った。コソギは職人、オオソギは素人でも葺けた。抑えの横木は栗か檜《ひのき》だった。経済力のある家はコソギ葺きにするといわれていた（奈良県五條市大塔町惣谷・戸毛幸作さん・昭和五年生まれ）。

ソトウマヤ【住・防風雪】 玄関・母屋の出入り口の前に、冬季に積雪や人が出入りする際の風雪などを防ぐために設ける小型の覆屋《おおいや》のことを「ソトウマヤ」または「ガンギ」と呼んだ。杉丸太を縦横に組んで萱《かや》の簀《す》を当てるのだが、その簀立《すだ》ての地面寄りには「ボヤ」「ボイ」と呼ばれる長さ六〜七尺の柴枝を逆さにして縛りつけた。ボヤの樹種はブナ・サルナマシ（サルスベリ）・クロモジなどだった。ブナ・サルナマシなどのボヤは春、ソトウマヤを解体・除去してから燃料にした（新潟県中魚沼郡津南町大赤沢・石沢政市さん・明治三十六年生まれ）。

タ・タンボ【住・屋敷の水】 三重県の旧上野市域の農村部では、稲作水田のことを「タ」と呼び、屋敷内用水（小池状井戸）のことを「タンボ」と呼んだ。猪田西出の中森家のタンボは一間四方、深さ三尺で、水辺に降りる石段もある。ここでは野菜の丸洗いや農具洗い、足洗いなどもできるし、防火用水にもなる。このようなタンボに鯉や鮒を飼うのは一般的なことだった。中森家の「タ」のなかには「西の田」と呼ばれる五畝ほどの田があり、その真中に二間四方、深さ二尺ほどの堀を作り、ここで十四、五匹の鯉を飼った。稲の収穫が終わると、この鯉を屋敷のタンボに移して飼い、「モンビ」（モノ日《び》）には鯉料理を作った（三重県伊賀市猪田西出・中森文雄さん・大正六年生まれ）。

タケボヤ・カブボヤ【住・照明・石油ランプ】 電灯以前の灯火として石油ランプが大きな力を発揮した時期があった。家庭に電灯が点った年月日は、地方により、環境により大きく異なる。三重県伊賀市では大正六、七年、滋賀県近江八幡市では大正九年が多かった。長野県飯田市上村下栗の屋敷・小野・大野はとりわけ地勢環境が厳しいので、電灯が点ったのは昭和三十一年のことである。それだけに、ランプの記憶は鮮明である。以下は下栗小野の成澤福恵さん（昭和三年生まれ）による。石油ランプには石油を入れる油壷がある。当家で使ったものは三合入りだった。油壷の口には油を吸いあげる灯芯とそれを調節する装置がつく。その上に、炎を囲むガラス製の「ホヤ」（火舎）がはめられる。ホヤには竹筒状・円筒状の「タケボヤ」（竹火舎）と、丸蕪の形をした「カブボヤ」とがあった。当然のことながら、タケボヤに対してカブボヤのほうが大きい炎、大きい芯に対応できる。タケボヤの芯は二分芯、カブボヤの芯は五分芯で、カブボヤランプのほうが断然明るかった。タケボヤは通常・日常のランプ、カブボヤは特別な夜のランプだった。カブボヤは養蚕にかかわる夜間給桑《きゅうそう》の際に使った。また、来客時や人寄せのときもカブボヤだった。

タテカエ【住・季節対応】 住まいの季節対応としてのシツライの変更を「タテカエ」という。京都では六月一日を以って、「タテカエ」と称して、障子・敷きもの・衝立などを夏向きのシツライにした。紙障子を葭簀障《よしずしょう》子《じ》に替え、簾《すだれ》を掛けた。衝立も襖づくりから葭《よし》簀《ず》づくりにして、籐《とう》の敷物も出した。本格的な夏に入ると、床の間の花器をガラス器または籠入りに替えた。副食の器もガラス器にし、これをギヤマンと呼んでいた。夏用座布団のなかに「牛革の座布団」がある。夏、これを使うとヒンヤリとして気持ちがよいのだという。梅雨明けの時期や祇園祭りも、これに重なってくる。路地に床几《しょうぎ》（縁台）を出し、打ち水をして夕涼みをする。子供たちは花火に興じ、大人は将棋などをする。大文字焼きを楽しみ、地蔵盆が終わると床几《しょうぎ》は収納される。蚊に対しては、蚊帳や蚊とり線香を使うほかに、大根の干し葉やミカンの皮を燻《いぶ》すこともあった。便所の汲みとりが来たときにもミカンの皮を燻《いぶ》した。夏から秋へのタテカエは、九月末日である（京都市中京区二条通烏丸・

掛見輝江さん・大正十五年生まれ)。

右は町屋のタテカエであるが、以下に養蚕農家のタテカエの例を示す。春蚕《はるこ》の掃き立てが五月の初めなので、四月末日には養蚕向き・夏向きのシツライをしなければならない。障子には、襖の中段のみを格子と障子紙で作った「ナカスキショウジ」(中透き障子)、襖の中央部に四角い和紙の部分を設けた「マドブスマ」(窓襖)といった障子があった。ともに、直接外気に触れない母屋の内部の部屋を仕切る際の採光に配慮したものだった。ほかに板戸もある。四月末日にはこれらをすべて紙障子に替えたのである。これらをもとにもどすのは、春《はる》蚕《こ》・夏蚕《なつこ》・秋蚕《あきこ》・晩秋蚕《ばんしゅうこ》が終了する十月末日だった。四月末日、養蚕に使う部屋の畳の上に、部屋の広さに応じた渋紙を敷く。正座敷の場合は十五畳、八畳間には八畳の渋紙を敷く。養蚕用のシツライに使う渋紙は、南京袋地に和紙を蒟蒻糊で貼り固めたものである。これは畳を養蚕作業にかかわる汚れから守るための敷物ではあるが、同時に、夏季大いに人びとを悩ます蚤除けにもなった。この敷物を取りはずし、戸障子をすべて入れ替える十月末日には、餅を搗《つ》き、尾頭つきの魚を用意した(長野県飯田市宮ノ上・北原良男さん・大正十五年生まれ)。

遠州や三河の平地養蚕農家では、養蚕期には畳をあげ板敷にしたり、そこにゴザを敷いたりする家も多かった。

タテボケ・ヨコボケ【住・環境対応】 萱《かや》の束を使って母屋の雪囲いをする場合、萱《かや》束を固定するために母屋の周囲に縦横に丸太材を組み立てなければならない。その縦の支柱を「タテボケ」、横木を「ヨコボケ」と呼ぶ。渡辺家の場合、「タテボケ」=長さ二間半に、「ヨコボケ」=五間ものと二間半ものを組んだ。ヨコボケは古くは七段、のちに六段になった。積もった雪の圧力に耐えるようにするため、下は密に、上は粗にヨコボケを組んだ。この木組みに径二寸束の萱《かや》を隙間なく並べてしっかりと結びつけたのである。萱《かや》囲いを結びつけるのは十一月上旬、萱《かや》囲いを解くのは四月下旬だった。この萱《かや》を保存しておき屋根葺きに使ったのである(山形県鶴岡市大網七五三掛・渡辺亀吉さん・大正二年生まれ)。

昭和三十九年に一部を萱束《かやたば》から萱簀《かやす》にし、昭和六十年には防雪用ビニールまたは波トタンを使うようになった。「タテボケ」「ヨコボケ」の「ボケ」は「棒杭《ぼうくい》」の意と思われる。

ヂフク【住・家の土台】 柱とは別の土台となる横木のことを「ヂフク」と呼ぶ。当地ではヂフクの樹種として椎・栗を適材とした（静岡県浜松市北区引佐町東黒田・柴田隆さん・昭和五年生まれ）。引佐町三岳の安間文男さん（大正五年生まれ）は、「ヂフク」には椎の木がよいが、同じ椎でも「マルジイ」（ツブラジイ）よりは「ツノジイ」（スダジイ）のほうがよいと語る。

『日本民家語彙解説辞典』に「ジフク」「ジブク」「ドダイ」の項がある。

ツキヤ【住・穀物精白舎】 添水《そうず》型の搗《つ》き臼を内部に設置した、水路脇の搗《つ》き小屋のことを「ツキヤ」（搗き家）と呼んだ。「ミズセ」（水勢）のよいときには、稗なら臼の中に一斗、ミズセの少ないときには五升入れた。普通一斗単位で夕方入れて朝出した。ツキヤは隣家と二軒で使い、五日で交替した（岐阜県下呂市小坂町大洞鹿山・成瀬一枝さん・大正七年生まれ）。

ツタ【住・壁材】 土壁の強度を増すために土に繊維素材を混ぜる方法がある。当地では赤土にハカマを除いた藁を刻んで混ぜて捏《こ》ね、それを壁とする方法がある。その藁のことを「ツタ」という（静岡県藤枝市瀬戸新屋・青島作太郎さん・明治二十年生まれ）。

『日本民家語彙解説辞典』によると、秋田県仙北郡（現仙北市）にも「ツタ」という語彙があったとされている。また、同書には「スサ」（莇）という語彙も収載されており、「ツタ」と「スサ」が無縁でないことがわかる。

ツルシゴ【住・イロリ】 イロリは一間に三尺、その上に木枠に簀《す》を張った同じ寸法の棚が吊られていた。この火棚のことを「ツルシゴ」と呼んだ。正月にはツルシゴの四隅に丸い白餅と四角い蓬《よもぎ》餅を吊った。イロリを苗代に見たて、正月から二十日正月までの間に炉縁《ろぶち》の内側まで足を入れると、その年は苗代に鴨が入って苗代を荒らすと伝えられていた。子供たちが炉縁《ろぶち》の中まで足を入れると火箸で叩かれた（青森県西津軽郡鰺ヶ沢町長平町・中村又三郎さん・昭和八年生まれ）。

トウジン【住・屋根萱《やねがや》の管理】十一月に萱《かや》刈りをし、刈った萱《かや》の束を稲叢《いなむら》のように、立木を中心に円形に積み上げる。これを「トウジン」と呼んだ。春まで置いて、春運びおろした（福井県小浜市上根来・岩本重夫さん・大正十三年生まれ）。

ドテゴヤ【住・稲作・田小屋】稲作にかかわる道具を置いたり、一時収穫物を置いたり、時に休憩したりする小屋を、一般的には田小屋と呼ぶ例が多い。田小屋は猪・鹿の番に使うこともある。『万葉集』には、「タヤ」（田屋）として登場する。奈良市古市町は奈良市郊外で水田も多い。この一帯には写真に見るような田小屋が点在していた。当地ではこれを「ドテゴヤ」（ドテ小屋）と呼ぶ。ドテ小屋は土壁である。それも、写真を見ると土をブロック状に練り固めたものを積み上げて、固め整えたものであることが知れる。この方法が当地の田小屋の伝統であったのだが、軽トラックの普及や新建材の普及によって、ドテ小屋は急速に衰退し、消滅している。

トントンブキ【住・板屋根】板屋根葺きの一種で、ササイタ葺きに対して「トントンブキ」（トントン葺き）は一枚の板が小さい。椹《さわら》材の場合、ササイタ葺き用が長さ尺五寸であるのに対して、トントン葺き用は長さ八寸と小さい。勾配はササイタ葺きが三寸勾配であるのに対して、トントン葺きは五～六寸勾配である。トントン葺きは二枚重ねでアシを二～三寸取り、竹釘または三角釘で止めた。勾配が急なだけ板が早くずれるので、三年に一度置き替えをした。「トントン葺き」とい

ドテ小屋（奈良市古市町）

う呼称は、釘を使うところからついた。素材は椹《さわら》のほかに栗も用いられた。「トントン葺きは金持ちの屋根だ」といわれていた（長野県飯田市上村下栗大野・胡桃澤ちさ子さん・大正七年生まれ）。

ニワブタ【住・庭の溶氷雪対策】十一月から四月まで、屋敷内の母屋の前の庭が氷・雪による凍結・溶解をくり返して歩けなくなるので、その状態を防ぐために藁を敷くことを「ニワブタ」（庭蓋）と呼んだ。蕎麦茎を敷くこともあった。晴天になると一部を捲《まく》り、大豆などを干し、また藁をかぶせておいた（茨城県常総市国生・長塚清太郎さん・大正七年生まれ）。▼マツザラマキ

ヌサオロシ【住・建前と職人】家屋建築の建前に際して、棟から四方に四色の布をおろした。これを「ヌサオロシ」という。布の色は杣《そま》＝白、木挽＝黄、石工《いしく》（クロクワ）＝青、大工＝赤と決められていた（静岡市葵区井川・長島角太郎さん・明治三十四年生まれ）。

セメント・製材などが普及する前には、杣《そま》・木挽・石工《いしく》が力を持っていたことがわかる。

ネソ【住・自生植物利用・結束材】合掌造りの屋根を組む場合、合掌材と「ヤナカ」（合掌材と交わる横木）、「クダリ」と呼ばれる垂木とヤナカ、切妻型の棟の両端を固める「ミズハリ」と呼ばれる短い横木などを結束するのに「ネソ」を使う。この地でネソと呼ぶのは「マンサク」の若木である。合掌造りの結束材として使うネソは、秋に山から切り出してきてひと冬水に浸けておく（岐阜県大野郡白川村荻町・佐藤盛太郎さん・明治三十五年生まれ）。

『改訂綜合日本民俗語彙』には、マンサクのほかにネ

保存されるネソ（マンサク）（岐阜県大野郡白川村荻町）

ソと呼ばれる結束材として、クロモジ・ガマズミ・シナノキなどが挙げられており、富山県赤尾谷の事例として、使う前にあらかじめ捩《ねじ》っておくことを述べ、これをネルといったことから、ネリソ・ネソとなったことを仮説している。「ソ」はあらゆる繊維を総括する語だともしている。

「マンサク」は万作・満作などと表記されるが、春、「まず咲く」ところからの呼称だとする説もある。「マンサク」が自然のなかで人が認識した植物名であるのに対し、「ネソ」は、植物利用の観点からつけられた呼称であると考えてよかろう。

ネリベイ【住・壁】 国東半島を歩くと「シノヤ」（付属舎＝収納屋）の壁に心惹かれる。壁は、白みを帯びた石が粘着力の強い赤土で練り固められている。石組みと赤土のコントラストが美しい。これを「ネリベイ」（練り塀）と呼ぶ。シノヤは穀倉・畜舎にあてられることが多い。写真のネリベイ①は大分県豊後高田市長岩屋行園の山口義夫家のものであり、ネリベイ②は国東市国東町で見かけたものである。いずれも軒下には、技術変遷によって役割を終えた農具が置かれている。

ハコグラ【住・穀物、豆類貯蔵】 埼玉県秩父市大滝栃本で使われていた小型穀倉を「ハコグラ」（箱倉）と呼んだ。三尺×九尺で、穀物を入れる部

ネリベイ①（大分県豊後高田市長岩屋行園、山口義夫家）

ネリベイ②（大分県国東市国東町富来）

分の高さは四尺、その高さに板が張られており、桁との間は二尺、二尺五寸勾配の屋根が葺かれている。板張りの部分は物置きで、穀倉部は尺五寸間隔に柱で区切られ、六つの小さな箱に分かれている（五つの例もある）。前面の柱には溝が刻まれており、順に落とし板を重ねる形になっている。六区分された空間には、粟・稗・黍・大豆・小豆など、おのおの別種の穀物や豆類などが収蔵されている。これが母屋から離れた畑の脇にあるのだが、その理由は火災除けだという（沢登つやさん・明治三十年生まれ）。

ハルガヤ・アキガヤ【住・屋根萱《やねがや》】屋根葺きに使う萱《かや》（薄《すすき》）には、「ハルガヤ」（春萱）と称して春、火入れをする前に刈るものと、「アキガヤ」（秋萱）と称して十一月、降雪前に刈るものとがある。秋萱《あきがや》は萱《かや》の葉が落ちない状態で刈るので整理に手がかかるが、春萱《はるがや》は降雪などで葉が落ちた状態で刈るので手がかからない。同じ萱《かや》でも屋根にしたときの耐久力は、春萱《はるがや》は秋萱《あきがや》の倍あるといわれている。春萱《はるがや》は萱《かや》葺き屋根の四角《よすみ》に使って屋根全体の耐久力を強くするようにくふうした（岩手県遠野市小友町鮎貝・菊地一三さん・明治三十九年生まれ）。

よい萱《かや》を生やすために、萱場《かやば》は毎年春、火入れをして焼いた。屋根の葺き替えは三、四月で、六十戸が「タノモシコウ」（頼母子講）を組み、毎年径一尺の萱《かや》束八束と米三斗を出し合って、決まっている順番によって行った。

箱倉（埼玉県秩父市大滝栃本）

ヒエグラ【住・屋内設置の角蒸籠《かくせいろう》】「ヒエグラ」の落とし板は杉または檜《ひのき》の五分板で、幅は一尺、長さは一間、落とし板を入れる溝を刻んだ柱を一間四方になるように立て、落とし板を四方にはめこんでそこに稗の穂を入れて足で踏み込む。板を次々と落とし、稗の穂を踏み込む。こうして一坪の立方にする。「稗穂一坪稗粒三十俵」といわれていた（静岡市葵区長熊・長倉てつさん・明治四十四年生まれ）。

ヒセンブチ【住・イロリ縁《ぶち》】 長野県飯田市上村・南信濃一帯では、イロリの炉縁《ろぶち》のことを「ヒセンブチ」と呼ぶ。静岡県浜松市天竜区水窪町奥領家針間野では「フセンブチ」と称していた。「ヒセンブチ」は「火塞《ひせ》ぎ縁《ぶち》」の意で、「フセンブチ」はその転訛であろう。石川県能美郡川北町中島では「フセギ」と呼んでいた。これも「火塞《ほせ》ぎ」であろう。広島県庄原市口和町では「カバチ」と聞いた。「火縁《かぶち》」の可能性がある。宮崎県西臼杵郡高千穂町岩戸では「ドエンブチ」と称していた。これは「炉縁《ろえん》ブチ」であろう。静岡県御殿場市印野・山梨県南都留郡道志村・同郡鳴沢村では、炉縁《ろぶち》のことを「マッコ」という。関東から福島県の一部にかけて「マッコ」「マッコウ」「マッコウギ」などの呼称が聞かれるのであるが、語義は定かでない。

ヒノカミナオリ【住・竈《かまど》の灰】 新築や屋根替えの折、仮住まいをするのだが、そこの仮竈《かりかまど》の上に自家の竈《かまど》の灰を布袋に入れて掛けておく。新築や屋根替え期間を終え、自家にもどるとき、掛けておいた布袋入りの灰を自家の竈《かまど》にもどすことを「ヒノカミナオリ」（火の神直り）という（宮崎県西都市銀鏡・浜砂正信さん・大正十三年生まれ）。

フキサゲ【住・屋根・萱《かや》葺き】 萱《かや》（薄《すすき》）や藁で屋根を葺くときに、根を上に、穂先を下に葺く方法を「フキサゲ」（葺き下げ）と呼ぶ。これに対して、根を下に、穂先を上に葺く方法を「ホンブキ」（本葺き）と呼んだ（静岡県焼津市藤守・田中松平さん・明治二十八年生まれ）。

フマイドイシ・フミイタ【住・イロリ】 イロリの灰の中に直接足を入れたり、灰の上に物を置いたりすることはできない。これらを可能にするために、岐阜県大野郡白川村荻町ではイロリの灰の中に平たい石を置いた。こ

フマイド石（岐阜県大野郡白川村荻町）

れを「フマイドイシ」（踏まい処石）と呼んだ。同村御母衣や長野市戸隠では、イロリの灰の上に「フミイタ」（踏み板）という板を置いた。

フンゴミ・ネコイタ【住・イロリ・二重炉縁《ろぶち》】 長野県飯田市南信濃木沢須沢の大澤彦人（大正十五年生まれ）家では、ヒセンブチ（炉縁《ろぶち》）を胡桃の木で組み、その内側に三寸幅の檜《ひのき》の枠板が張られていた。これを「フンゴミ」（踏み込み）と呼び、地下足袋など土足の足を置くこともあった。同市南信濃木沢の斎藤七郎（大正十三年生まれ）家の炉縁《ろぶち》はミズキで、その内側に三寸幅の、粘土で固められた枠があり、これを「フミバ」（踏み場）と呼び、足の置き場にすることがあった。山形県村山市山の内赤岩の黒沼儀太郎（昭和十二年生まれ）家の炉縁《ろぶち》は梨の木で、その内側に「フミコミ」（踏み込み）と呼ばれる粘土の枠が設けられていた。新潟県東蒲原郡阿賀町旧上川村では炉縁《ろぶち》の内側に設ける板枠のことを「キセルコロバシ」（煙管転ばし）と呼んでいた。静岡県榛原郡川根本町桑野山の森下覚次郎さん（明治三十七年生まれ）は、炉縁《ろぶち》の内側の板枠を「ネコイタ」（猫板）と呼んでいた。猫がここに座るというのである。

イロリの踏み板（岐阜県大野郡白川村御母衣、遠山家）

右に見た二重炉縁《ろぶち》の内枠の機能は、土足をのせる、煙管や茶碗を置く、猫が座るなど伝承は多様であるが、磨きこまれたものは意匠としても美しかった。二重炉縁《ろぶち》の内枠の発生起源はさらに溯及すべきである。イロリは本来土間にあった炉であり、それが床上《ゆかうえ》に設けられるに至ったのである。ここを考えると、炉縁《ろぶち》の内枠を粘土で作るという形は、古層の火床を引きずるものだと考えられる。二重炉縁《ろぶち》の木の内枠は土の変容とも考えられる。

ベニガラヌリ【住・紅殻塗装】 ベニガラ（紅殻、「ベンガラ」とも）は黄土を焼いて作る赤い顔料で、酸化第二鉄を含有し、耐水・耐熱効果を持つところから建築材の塗装料になった。家屋建築にベニガラを利用する場合は、大工が刻み終えた建築部材の段階で、以下のように「ベニガラヌリ」を行う。①粗塗《あらぬ》り（塗装後一時間おく）↓②二番塗り（一時間おく）↓③油塗り。二番塗りが終わってから菜種油を塗るとツヤが出る。「夏が寒いと雨が多い」といわれる秋、「湖北時雨《しぐれ》」が続く。当地には「弁当忘れても傘忘れるな」という口誦句があるほどだ。ベニガラ塗装はこうした気象に対する環境対応のひとつでもあった（滋賀県長浜市木之本町金居原・中野新太郎さん・大正二年生まれ）。

ホウ【住・イロリ】 イロリの自在鉤《じざいかぎ》の高低を調節する際の止め具として鯛や鮒の魚形の彫り木を使うことは広く知られているが、魚形以前の形として堅牢な板片を使う例も多く見られた。旧奥三面集落ではその板を「ホウ」（宝）と称し、榎《えのき》の材をよしとした。榎《えのき》は火伏せになるといわれていた（新潟県村上市旧奥三面集落・小池甲子雄さん・大正十三年生まれ）。

柳田國男は『火の昔』の中で自在鉤《じざいかぎ》の止め具の呼称として「チュウジ」「チョウジ」（中使）、「小アルキ」、「コザル」などを挙げている。

ボーヂイシ【住・中柱の礎石】 家屋建築に際し、家の安泰を祈って「イノー」（礁池）の底から男が取ってくる生きたサンゴの球状の石を「ボーヂイシ」という。この石を家の中柱の礎石として据える。さらに、ボーヂイシの下には卵を埋める（沖縄県石垣市白保・石垣島・多宇マツ子さん・昭和二年生まれ）。

宮良當壯の『八重山語彙』には以下のようにある。「ボージィ・イシ［bɔːdzï-isï］〔名〕海石の一．菊花石．海中に産する菊花の如き虫の巣の跡のある円き石．坊主石の義．（白保）．」。引用文中に見える「菊花石」というのはキクメイシ科イシサンゴ目に属するものと考えられる。同県八重山郡竹富町鳩間島の鳩間昭一家の母屋の礎石には菊目石が用いられていた。

マガキ【住・防風垣】 石川県能登半島の外浦のムラムラはどこも厳しい冬の季節風にさらされる。その季節風から家と暮らしを守るために考案されたのが「マガキ」（間垣）である。なかでも輪島市大沢町の間垣はみごとである。素材は「ニガタケ」（女竹）で高さは二間半に及ぶ。竹二本をつなぎ合わせて二間半にするのである。竹の耐用年数は三年といわれているが、崩れてから作り直すのでは防風の役に立たない。毎年十月から十一月にかけて、損傷した竹を新しい竹と替える。十月に伐った竹が一番強いといわれている。八専の日に伐った竹は弱いと伝えられているのでこれを避けた。最近、間垣を結う竹が減ってきているという（石川県輪島市大沢町・川上てる子さん・昭和十五年生まれ、ほか）。

女竹を使った防風垣は島根県隠岐郡知夫村仁夫でも見たが、こちらの垣の高さは女竹一本の高さだった。

日本海から吹く冬の風雪から屋敷を守る間垣（石川県輪島市大沢町）

マクライシ【住・イロリ】イロリの火を継ぐ太木《ふとぎ》のことを「ヒドメ」（火留め）と称し、ヨコザ（主の座）の対位「ヒジリ」（火尻）から一本入れた。その木の火口を安定させるためにイロリの灰の中に置く石を「マクライシ」（枕石）と呼んだ（広島県庄原市比和町・平岡美朗さん・明治二十八年生まれ）。

マゲ【住・屋根裏】屋根裏のことを「マゲ」という。馬料の萩を乾燥させたあと、納屋のマゲに上げて保存した（岩手県久慈市山形町霜畑・八幡ちよさん・大正二年生まれ）。

「マゲ」という語は発生的には「間木《まぎ》」（上長押《うわなげし》の上に渡して棚に用いる板）とかかわるものであろう。

マツザラマキ【住・冬季の前庭泥濘《ぬかるみ》防止】冬期、雪や霜で母屋の前の外庭が泥濘《ぬか》る。これを防止するためにマツザラ（松の枯落葉）を庭一面に撒《ま》く。これを「マツザラマキ」という。当地で「木の葉」と呼んで厩《うまや》に入れて厩肥《きゅうひ》・堆肥にするコナラやクヌギの落葉は、泥濘《ぬか》り防止には適していないといわれていた。風に吹かれて飛散するからである（栃木県那須塩原市油井・阿久津権之さん・大正四年生まれ）。▼ニワブタ

マヤダナ【住・厩《うまや》】厩《うまや》の屋根裏のことを「マヤダナ」（厩棚）と呼んだ。マヤダナには屋根萱《やねがや》を保存した。ほかに、屋根萱《やねがや》の保存のために二間×三間の「カヤゴヤ」（萱小屋）があった（秋田県湯沢市秋ノ宮・菅原孝太さん・大正六年生まれ）。

マルトザ【住・イロリ・座位呼称】イロリの座位呼称としては、主の座を「ヨコザ」、その対位置を「キジリ」、ヨコザの左手を「カカザ」、ヨコザの右手を「キャクザ」とする例が多く見られるが、地方によってさまざまな呼称がある。当地ではカカザに相当する位置を「チャザ」（茶座）、キャクザに相当する位置を「マルトザ」と呼んだ（鳥取県八頭郡智頭町市瀬上板井原・平尾新太郎さん・明治四十一年生まれ）。
　ここでいう「マルトザ」は「マロトザ」、すなわち「マロウド座」「マレビト座」（客人座）だったと考えられる。

モガリ【住・季節的板垣】「モガリ」は「虎落」と漢字表記し、主として竹組みの垣を指すのだが、高地斜面集落独自の「モガリ」がある。静岡県浜松市天竜区水窪町地頭方峠の竹下保（明治三十七年生まれ）家は標高八〇〇メートルの地にあり、谷風の吹きあげを受ける地だった。冬季は母屋の前の東南面にモガリを設置した。峠集落ではモガリに栗板を使った。栗板は厚さ八分、幅八寸〜一尺、長さ六尺で、杭を打ち並べ、これに横木を結わえて、そこに栗の板を結い並べるのである。板は木挽の削《はっ》った板で、二十年以上の耐久力がある。毎年、十二月上旬に設置し、三月上旬に取りはずしていた。

ヤチ・カヤ【住・屋根材・環境】「ヤチ」とは湿地のことである。庄内平野では葭《よし》のことを「カヤ」と呼ぶ。ヤチには葭《よし》が生え、カヤと呼ばれる葭《よし》は屋根葺き素材として、また、雪除け簀《す》の素材としても貴重だった。酒田

市天神堂地区のヤチ利用は次のとおりだった。赤川左岸（西岸）のヤチは、川が東へ移動する傾向があったので、東に向かって広がってゆく傾向があった。天神堂のヤチには個人割りのものと共同のものがあり、個人割りは一反余、共有ヤチは約一町五反歩だった。共有ヤチの部分が河川氾濫によって増大した場合は、旧共有ヤチを農家（三十八戸）だけで個人割りにし、新しくできたヤチを新たに共有ヤチにした。葭《よし》の質量は新しくできたヤチのほうがよい。共有ヤチのカヤ刈りは日を定めて集合し、午前四時から午後一時まで刈り、参加戸数分だけカヤの山を作って籤《くじ》引きをした。寺と神社の分は別だが、これもふくめて運搬が夕方までかかった。こうしてカヤをためておかなければ屋根を葺くことができなかった。屋根は四年に一度修理した（山形県酒田市天神堂・佐藤恒男さん・大正九年生まれ）。

古代には屋根を葺く草をすべて「カヤ」と呼んでいた。現今はカヤを薄《すすき》に限定しがちであるが、当地のように葭《よし》をカヤと称する例もある。静岡県の天竜川河口部でも、葭《よし》をカヤと呼んで屋根葺き素材にしていた。

ヤネガエノシロモチ【住・屋根葺き儀礼】合掌屋根の葺き替えは「テマガエ」（手間替＝結い）で行った。棟に萱《かや》を葺き終えると、藁苞《わらづと》の中に「シロモチ」（粢《しとぎ》）と大根を入れたものを投げた。これを「ヤネガエノシロモチ」という。苞《つと》の数は、屋根の一間に一組ずつ入っている合掌、すなわち扠首《さす》の数だけ作った（岐阜県飛騨市宮川町洞奥ヶ洞・沢之向銀之助さん・明治三十六年生まれ）。

粢《しとぎ》も米を水に浸けて作るものであり、大根も水分を多くふくむもので、これらには「火伏」の呪力があるとする考え方が見られる。

ヤマト【住・天井・洪水対策】『日本民家語彙解説辞典』に「ヤマトテンジョウ」（大和天井）という項目があり、およそ次の解説がある。「……小屋梁の上に竹の簀子《すのこ》と蓆《むしろ》とを敷き、その上に三センチから五センチ厚さで土を置いた天井を指す呼称。防火と保温に役立つ」。そして、京都・奈良・大阪・兵庫・鳥取・島根・香川・福岡・大分に例が見られるとしている。徳島県美馬市中島や同市穴吹町三島舞中島では、こうした天井のことを「ヤマト」と呼ぶ。穴吹町三島舞中島の須藤茂文さん（昭和五年生まれ）も、大和天井のことを「ヤマト」と呼ぶ。当地のヤマトは以下のようなものだった。真竹を割って編み、その上に山の赤土を練って厚さ四寸に敷きつめる。当地ではこのヤマトは家の錘《おもり》で、家を「ナガレ」(洪水＝当地の場合、吉野川の増水氾濫流)に流されないためのものだと伝えている。四寸という土の厚さは他地に比べて異様に厚い。ヤマトの表面からさらに二メートルほど上に、「イラカ」と呼ばれる頑丈な板棚を吊った。イラカには次のものを上げて洪水に対する備えをした。一石《こく》入りの甕に入れた水・米・調味料・薪など――。

ユルイアカシ【住・灯火】 鉄の棒を支柱とし、上に鍋型の鉄器をつけ、その中に松の根を入れる。支柱をユルイ(イロリ)の灰に挿し立て、松の根に点火し、居間の照明にした。これを「ユルイアカシ」と呼んだ。アカシの煤がユルイの鍋の中に入ると食物が苦くなった(静岡市葵区小河内・望月藤三郎さん・明治四十一年生まれ)。

ワラトコ【住・冬期用保温のトコ】 ナンド(戸主夫婦の寝室)とヘヤ(子供などの寝室)を、冬期、「ワラトコ」(藁床)にした。よくすぐった藁を幅三尺、径三寸束に整え、これを締めあげて径が一寸五分、長さが六尺になるように、縄を使って締め固めて編みつける。半端な部分は押切りで切る。ワラトコを入れるのは稲扱《いねこ》きが終わった十一月三日の明治節の日だった。普通はワラトコの上に筵《むしろ》を敷くが、暮らし向きのよい家ではゴザを敷いた。ワラトコの除去は五月上・中旬、古い藁は牛の踏ませにした。ワラトコは一年一回入れ替えた。明治節にはイロリのある部屋のウスベリ(太藺《ふとい》のゴザ)を厚ムシロ(三尺×十二尺)に替えた。厚ムシロは梅雨明けにはずした(滋賀県高島市朽木生杉・西川定市さん・大正十二年生まれ)。

富山県南砺市菅沼の北忠兵衛さん(大正元年生まれ)は以下のように語った。「オエ」(イロリのある部屋)および「チョウダイ」(寝室)には冬用の「トコ」を入れた。それは、よく乾燥させた萱《かや》(薄《すすき》)を厚さ一寸五分ほど敷きつめ、俵編みで編んだ薦《こも》を敷き重ね、さらにその上に筵《むしろ》を重ねたものだった。十一月初めにトコを入れ、四月三十日の神明社の祭りの前までに「トコアゲ」をした。新しい萱《かや》の床で初めて寝る夜はとても暖かかった。トコアゲした萱《かや》は桑畑に入れた。それは雑草の抑止としても肥料としても有効だった。

4 燃料

カイヤマ【燃料・海女の立木買い】海女のムラのなかには背後に山がないムラもある。三重県志摩市志摩町和具・同町布施田・阿児町安乗などは山に恵まれない地である。海女の漁撈活動は体が冷える。暖をとるために大量の燃料が必要となる。もとより家庭の暮らしにも燃料が要る。ここに、「カイヤマ」（買い山）の慣行が発生する。幸いなことに、先志摩の場合は英虞湾の背後に、安乗の場合は的矢湾の背後に、ウバメガシを中心とする臨海照葉樹林があり、海女のムラの需要に対応することができた。山主のほうでは二十〜二十五年を以って樹木の再生を待ち、伐採地を循環させてきた。買い山では、海女たちが冬の仕事として舟を操作し、薪を運んだのである。和具の西川加奈さん（昭和九年生まれ）は次のように語る。和具には山がないので、浜島の合歓《ねむ》の郷《さと》のほうへ舟で焚木を買いに行った。時には越賀・御座の山を買うこともあった。買い山は昭和四十二年まで続いたが、その後は家庭用燃料はプロパンガス、海女用の焚木はトラック運送に頼るようになった。

カレッコヒロイ【燃料・枯枝】戦前、小作の家では「イグネ」（屋敷林）がないので燃料に苦労した。地主の杉山で「カレッコヒロイ」をさせてもらう習慣があった。「カレッコ」とは単なる杉の落ち葉や枯れ枝ではない。冬季に杉山の杉の枝に鉈《なた》などで疵《きず》をつけておくと、春にはその枝先と杉の葉が落ちて「カレッコ」になる。カレッコヒロイは山が堅雪になった春の彼岸過ぎからだった。「タカス」（竹簀）と呼ばれる径・高さともに一メートルほどの簀筒《すづつ》に杉葉や枯れ枝を入れて家まで運んだ（宮城県大崎市古川大崎伏見本屋敷・門脇れふ子さん・昭和七年生まれ）。

ガンゾ【燃料・枝炭】ナラ類・クヌギを中心とした雑木山を皆伐して堅炭を焼く。その際、残ったコナラ・クヌギなどの枝を焼き、水をかけて作った枝の消し炭を「ガンゾ」と呼んだ。ガンゾは炭俵に入れて保存する。ガンゾは竈《かまど》での飯炊き用に使った熾《おき》の上にのせたりイロリで使ったりして、ひと冬十俵ほど使った（三重県伊賀市諏訪・谷三郎さん・大正十四年生まれ）。

キネ・ボヤ【燃料・薪】当地には「夏はボヤ、冬はキネ」という燃料に関する口誦句がある。五月から十一月九日までが「ボヤ」（木の枝）、十一月十日から四月末までが「キネ」すなわち薪だという。十一月十日は初雪の目途になる日とされた。雪が止むとキネ伐りをし、橇で家へ運んだ。キネの樹種はブナ・ミズナラが中心だった。キネは三尺五寸。大正十年から機械切りで三尺になった。石沢家のひと冬のキネの消費量は、ほぼ二間立方ほどだった。両側に長い支柱を立ててその間にキネを積み上げた。キネ積みには萱《かや》の八寸束で屋根を掛けた。「春の土用に入る前にキネの棒を立てよ。そうしないとキネの棒が腐る」といわれていた。やむを得ず土用過ぎにキネの棒を立てるときには「土用ドキ、土用ドキ」と誦しなければならないといわれていた（新潟県中魚沼郡津南町大赤沢・石沢政市さん・明治三十六年生まれ）。

薪を積むときに両端に建てる杭は、岐阜県揖斐郡では「ハグイ」（端杭）という。長野県下伊那郡阿南町新野では小正月に門口や屋敷内に薪状の「ニューギ」を飾るのだが、その両端に杉または松で長い支柱を立てる。同地の金田節治さん（明治四十二年生まれ）はこの杭棒のことを「ハグイ」と呼ぶ。▼ハグイ

コガラ【燃料・風呂用焚木】「コガラ」とは「コガラキ」（木枯木）、すなわち薪のことであるが、ここではとりたてて風呂焚き用の薪のことをいう。雑木山を伐採するとき、コガラ用としてコナラの木を残しておき、暇を見て薪にする。当地には「チンチロ（コオロギ）が鳴いたらコガラを積め」という自然暦がある。コオロギが鳴いたら、冬に備えて山からコガラを運びおろして屋敷内に積んだのである（愛知県新城市長篠祢宜浦・村松光男さん・昭和七年生まれ）。

コクマカキ【燃料・松の落葉】松の落葉のことを「コクマ」という。コクマは竈《かまど》・風呂の燃料にした。当地の松山はアカマツで、コクマを掻いたほうが松茸があがる（出る）といわれている。「コクマカキ」の山の口あけは、秋の収穫が終わってからの十二月中旬だった。コクマカキは女性が担当し、「サライコ」と呼ばれる熊手

で掻き、径二尺七寸の、目の粗い籠に入れた。二つの籠の籠目の間に「オーコ」(天秤棒)を突き刺して、これを担いで運んだ。午前一回、午後一回が普通だった。屋敷の中には一坪ほどの「コクマゴヤ」があった。昭和三十年まではコクマカキを行っていた(奈良市中ノ川町・池ノ畑伊平さん・明治三十七年生まれ)。

コーソン【燃料・稗穂の焙乾《ばいかん》】樹木が立ち枯れしても残る木の芯を「コーソン」という。栗のコーソンは利用価値がある。ナマ稗は加熱してから脱稃《だっぷ》するのであるが、稗を焙《あぶ》るときの燃料としては、一定の火力が持続するところから栗のコーソンが好まれた(宮崎県東臼杵郡椎葉村大河内竹の枝尾・中瀬守さん・昭和四年生まれ)。▼サナレ

サルケ【燃料・埋蔵・草炭】青森県の津軽地方では草炭のことを「サルケ」と呼ぶ。つがる市稲垣町繁田の尾野桂さん(昭和十年生まれ)は以下のように語る。サルケは水田またはヤチで掘った。田植前の四月と五月、「テスキ」と呼ばれる、先端に鉄の刃をはめた篦《へら》型の鋤を使って煉瓦状にして掘り出した。表土から一尺〜尺五寸掘ればサルケに当たった。水田の場合は、サルケを掘ったあとに高い位置の田の土を入れた。煉瓦状のサルケを畦《あぜ》や農道に積んで乾燥させておき、夏、馬で家に運び、高さ一間半、二間四方のニオに積み、藁で屋根を掛けた。サルケはイロリの燃料にした。サルケを燃やすと土臭かった。五所川原市金木町の中学に通っていたころ、山つき(岩木川右岸)の生徒たちから、川向う(左岸)の生徒はサルケ臭いといわれた。山つきの生徒はヒバ(檜葉)の匂いがするともいわれた。

なお、五所川原市長富鎧石の太田つよさん(昭和六年生まれ)は、サルケ掘りの鋤を「テンツキ」(テスキの転訛)と呼んでいた。

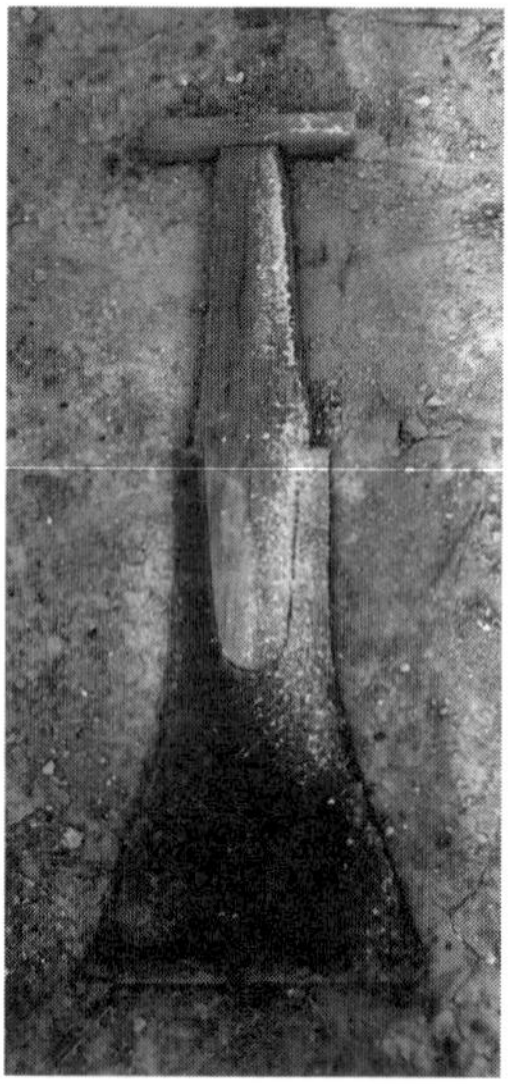

サルケ掘りのテンツキ(青森県五所川原市長富、太田家)

シダミ②【燃料・流木】 増水時に赤川上流から流れてくる流木のことを「シダミ」と呼んだ。拾集したシダミは燃料にしたのだが、流木を集めて稲叢《いなむら》形に立てて纏《まと》め、麦稈《むぎから》・藁などで簀《す》を編んで屋根として掛け、乾燥保存した。これを「タテ」（立て）と呼ぶ。当地には、シダミを燃料にすることは弘法大師が教えてくれたという伝承がある（山形県酒田市天神堂・佐藤恒男さん・大正九年生まれ）。

ジンボウヒロイ【燃料】 冬、杉・檜《ひのき》の植林地に杉・檜《ひのき》の小枝を拾いに行くことを「ジンボウヒロイ」といった。「ジンボウ」は茶粥や煎じものの燃料に使った（大阪府河内長野市天見・田中竹一郎さん・大正二年生まれ）。

スルビ【燃料・着火】 マッチのことを「スルビ」（擦る火）と呼んだ。マッチも節約し、煙草吸いの人は蒲《がま》の穂を使って点火した。イロリの火も、寝がけに種火をよく包み（守り）、麻幹《おがら》・蒲《がま》の穂など、吹いたらすぐ着火するものを用意しておいた（兵庫県美方郡新温泉町伊角・西村きみえさん・大正十一年生まれ）。

ツエギ【燃料・稗焙乾《ばいかん》】 「ツエギ」とはクスノキ科の落葉低木の「シロモジ」のことで、木質が硬いので杖に使われることから「ツエギ」（杖木）と呼ばれている。火持ちがよいので、稗の脱粒・精白前に稗の穂を焙乾《ばいかん》するための燃料として好まれた。枝先を噛むと爽やかな口中刺激があるので、子供のころ学校帰りに噛みながら帰った。子供たちは「ジンタンノキ」（仁丹の木）と呼んでいた（宮崎県東臼杵郡椎葉村不土野向山日添・椎葉クニ子さん・大正十三年生まれ）。

トギ【燃料・イロリの太木《ふとぎ》】 イロリの「ヨコザ」（主の座）の向かい側の両隅から入れる太木《ふとぎ》のことを「トギ」と称した。樹種はマテバシイ・カシ類・椿などだった。ヨコザの向かいのトギの入る位置の座称を「トギジリ」または「トジ」と呼んだ（鹿児島県肝属郡南大隅町佐多辺塚打詰・鍋多清光さん・大正十五年生まれ）。

「トギジリ」を「トジ」と呼んだのは、ここが妻、すなわち「イエトジ」（家刀自）の座であった可能性がある。

大晦日などには各地でイロリに太木《ふとぎ》を入れるのだが、その呼称は種々ある。宮崎県・熊本県の山間部ではこれを「ヒノトギ」と呼ぶ。宮崎県西都市上揚には「燃えんでもヒノトギ、馬鹿でも旦那」という口誦句がある（浜砂久義さん・大正八年生まれ）。「トギ」には多様な意味がある。そのひとつに「通夜」「徹夜」がある。「ヒノトギ」とは、一晩中火種を絶やすことのない「火守木《ひもりぎ》」「火継木《ひつぎき》」の意がある。ここから「夜伽《よとぎ》」「お伽話《とぎばなし》」との脈絡も見えてくる。▼ヒノトギ・トシダロウ

ネッコ【燃料・埋蔵・草炭】秋田県横手盆地では草炭のことを「ネッコ」と呼んだ。横手市大雄根田谷地西の世坂鉄男さん（昭和十二年生まれ）は、ネッコ掘りを体験した最後の世代である。昭和二十六年から四十年までネッコを掘った。ネッコを採掘する場のことを「ホッパ」（掘り場）と呼んだ。ホッパには自家所有の原野を掘る形と、地主の原野の採掘権を四戸ほどで買って採掘する形があった。単位は一反歩ほどだった。原野の木は伐って燃料にしたが、地主の原野の場合、アカマツは地主が植木屋に売っていた。ネッコ掘りには春掘りと夏掘りとがあった。田植前と田植後である。まず、若者一人が表土六十センチを掘る。ネッコの層はアカネッコ三段、その下にクロネッコ三段で、ネッコ掘りは年長者が「ネッコホリヘラ」（ネッコ掘り篦＝鉄製、刃の部分は鋼で刃渡り二十二センチ）を使って掘った。運搬は一輪車で女性が担当した。煉瓦状のネッコは乾燥させてニオにした。自家用としては、火力の強い「クロネッコ」をイロリに、火力の弱いアカネッコを風呂用に使った。残余のネッコは五十本一コモと

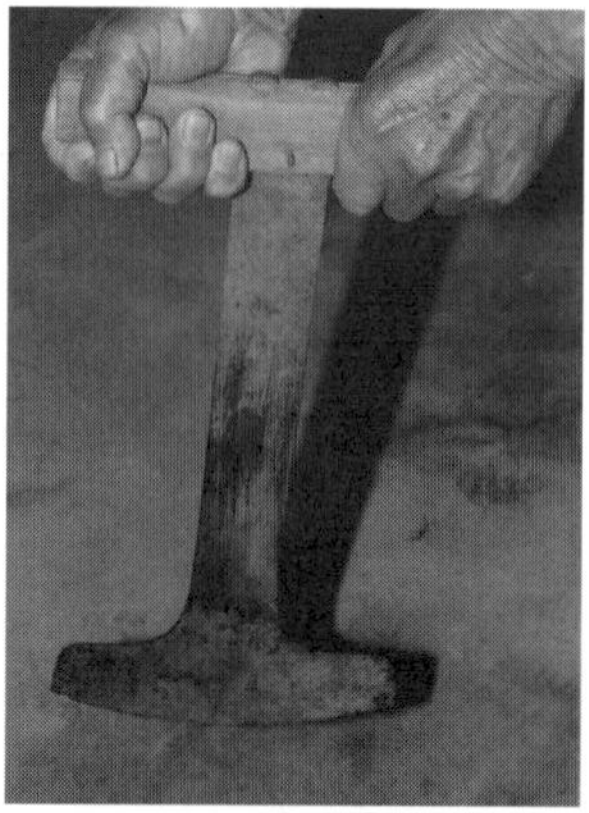
ネッコ掘り篦（秋田県横手市大雄田村、森岡巳之吉家）

保存されるネッコ（秋田県横手市大雄田村、森岡巳之吉家）

してリヤカーに積めるだけ積んで、横手の町に売りに出かけた。

横手市大雄田村の森岡巳之吉さん（昭和四年生まれ）は以下のように語る。イロリでネッコを焚いていた時代、梁も天井も屋根裏も煤にまみれた。梅雨期にはその煤が湿気を帯びて落下してきた。それは衣類を汚し、人びとを悩ませた。

菅江真澄は『雪の出羽路』で「根子」について絵図入りで詳述している。

ヒノトギ・トシダロウ【燃料・火継の木】 宮崎県・熊本県の山間部ではイロリで燃やす太い木のことを「ヒノトギ」と呼ぶ。ヒノトギの樹種はカシ類かケヤキである。宮崎県西臼杵郡高千穂町岩戸では、大晦日には特に大きいヒノトギを用意し、これを「トシダロウ」（年太郎）と呼んだ。トシダロウの樹種は樫またはクヌギで、長さは五尺だった。トシダロウを伐り出す日は十二月十三日で、トシダロウは玄関に近い柱に縛って飾っておく。歳の晩（大晦日）にはトシダロウの燃え方で新年の吉凶を占った（工藤久利さん・大正五年生まれ）。

宮崎県東臼杵郡椎葉村不土野尾前の尾前新太郎さん（大正十一年生まれ）は次のように語る。大歳から正月にかけてイロリに焚く樫の太木《ふとぎ》を「ヒノトギ」、または「トシダマ」と称し、十二月二十八日または三十日に家の主が伐り出した。

「ヒノトギ」の「トギ」には多くの意味があるが、そのひとつに「通夜」「徹夜」がある。「ヒノトギ」とは一晩中火種を絶やすことのない「火守木《ひもりぎ》」「火継木《ひつぎき》」という意味ではなかろうか。大晦日から正月にかけての火継ぎはとりわけ重要であり、「トシダロウ」「トシダマ」という呼称はこのことをよく示している。

イロリの火を継ぐ太木《ふとぎ》の呼称はさまざまである。「クンジョ」（徳島県那賀郡）。「トネ」（飛騨から越中にかけて）は「種火」のタネの意か。「ヒダイキ」（静岡県中部）。「ホタ」（長野県飯田市上村ほか）。▼トギ

ボイキリ【燃料・枝木切り】 「ボイ」とは「ホエ」「ボエ」と同義で、木の枝を意味する。「ボイキリ」とは木の枝を焚木として伐り出すことである。長さ六尺、径三尺の束に整える。これを一年前に行っておき、春、堅雪になったころ橇で運び出す。これを「ボイノリ」と呼ぶ。藤蔓《ふじづる》の輪をかけて速度を調節する（新潟県魚沼市折

立・富永弘さん・大正二年生まれ）。

マキアガリコ・シバアガリコ【燃料・蘖《ひこばえ》利用】福島県南会津郡只見町蒲生のブナ林の中に、地上三メートルほどのところで幹が伐られ、そこに数本の蘖《ひこばえ》が生えているものを何本か見た。これは堅雪のころ、薪を得るために雪上伐採したものである。伐採後、蘖《ひこばえ》が生長すれば、そのつど循環的に薪材を伐り出すことができる。薪を得るために雪上伐採されたブナの幹のことを「マキアガリコ」（薪上り子）と呼ぶ。いまひとつ、雪のない季節にブナの木を根方で伐り、それを材として利用したあと、その切り株から生える細い蘖《ひこばえ》を生長を待たずに毎年伐って利用する形がある。これを「シバアガリコ」（柴上り子）と呼ぶ（福島県南会津郡只見町只見・新国勇さん・昭和三十二年生まれ）。

ブナを途中伐りして蘖《ひこばえ》を循環的に利用する例は、鳥海山塊・蔵王山塊・朝日山塊などにも見られた。

モヤズミ【燃料・炬燵《こたつ》炭】十一月末から十二月初めにかけて山に入って「モヤズミ」を焼いた。コナラの「ホエ」（蘖《ひこばえ》）・ツツジ・ベニマンサク・クロモジ・アオキなどの径一寸ほどのものを刈り、山中の平地に径一間半ほどの床を作ってそこに集めて焼いた。モヤズミの焼き方は燃焼させてしまってはだめで、黒くなったところへ、五升樽で谷から背負いあげた水を如雨露《じょうろ》でかけて消火し、炭化させる。山火事を起こす恐れもあるので、二、三人で組を作ってモヤズミ焼きをするのが一般的だった。焼けた炭は南京袋に入れて背負って下った。モヤズ

マキアガリコ（右）とシバアガリコ（左）（福島県南会津郡只見町蒲生）

ミは一家で一年十俵分は必要だった。家に持ち帰ったモヤズミは篩《ふるい》にかけて灰と炭とに分けた。灰は肥料として田植前に田に入れた。モヤズミは炬燵《こたつ》用燃料である。二～七寸ほどに切る。炬燵《こたつ》は掘り炬燵《こたつ》でどの部屋にもあり、ヤグラを立て布団をかけた。炬燵《こたつ》の火入れは稲刈り後の午《うま》の日を避けて行った。午《うま》の日は火が走るとして避けられた。炬燵《こたつ》は五月末の田植どきまで使った（長野県飯田市宮ノ上・北原良男さん・大正十五年生まれ）。

ヤマタテ【燃料・立木買い】 イグネの杉の落葉や枯枝は燃料全体の一割ほどなので、「ヤマタテ」と称して山の立木を買った。山は南沢か多田川沿いの山だった。樹種はコナラ・ミズナラ・クヌギ・サクラ・朴《ほお》などで、ヤマタテは個人では行わず、二十戸から三十戸で一町歩の山の立木を買った。焚木用の木としては十二、三年から十五年ものを伐採した。稲杭もヤマタテでまかなった。多田川を河川流送したこともあるが、燃料を馬で運ぶ場合は一駄六マル、一年分で三十駄を必要とした（宮城県大崎市古川柏崎・村上良吉さん・大正二年生まれ）。

Ⅸ　人生儀礼と年中行事

人生儀礼と年中行事は、これまで民俗学のなかでも親しまれてきた主題である。民俗の学びのなかでも二つの主題はよく話題になった。本書では、当該主題にかかわるもので、これまで報告が少なかった事例を紹介したいと心がけたのだが、結果的には達成できなかったのかもしれない。生活様式の変容、価値観の変質のなかで、人生の節目、一年の暮らしのなかの折目をいかにすべきか、先人の伝承に耳目を傾けてみるのもよかろう。

1　人生儀礼

アシイレ【人生儀礼・結婚・足入れ】　正式な結婚式の前に、嫁ぎ先（婿方）の家に嫁となる女性が一定期間泊まりこむことを当地では「アシイレ」（足入れ）と呼んだ。静岡県での体験者の例を示す。①藤枝市高柳の岡崎やゑさん（大正四年生まれ）は、結婚式の前、茶摘みの時期に三泊四日で南新屋の実家から岡崎家に泊まりこんで茶摘みをした。もちろん着替えも持参した。そのときは仲人と親が菓子折を持って送ってきた。結婚式前は夫となる男性でも体に触れてはいけないとされ、やゑさんは舅・姑と同じ部屋に寝た。結婚式は十月だった。②同じ高柳の池田貞さん（大正六年生まれ）も着替えを持って足入れをし、一週間泊まって働いた。夫となる人とは別な部屋に寝かされた。③田方郡函南町丹那で大正元年に生まれたみつさんは、昭和五年十月五日、峠を越えて伊豆の国市浮橋の古屋七平さん（明治四十年生まれ）のもとに足入れをした。当地の足入れは一か月から二か月で、十月五日といえば稲刈りの始まるころであった。一月二十六日未明、北伊豆地震に襲われ、古屋家は全壊してしまった。みつさんはそのまま古屋家の人となった。
『日本民俗大辞典』などにも見られるように民俗学ではこれまで「足入れ」や「足入れ婚」について多くの報告や研究がなされてきた。時代や地域によってさまざまな特色が見られるのだが、右に示した例を見ると、当該地域・当該時代の足入れは、嫁の、嫁ぎ先への親和期間、労働力としての参加といった要素が見られるものの、次第に儀礼化してきていたこともわかる。

イマワノフリゴメ【人生儀礼・臨終】 水田のない山中の焼畑・畑作のムラだったので、米を食べる機会が稀な時代があった。人が臨終を迎えるとき、竹筒の中に米粒を入れ、それを振って旅立つ者に聞かせたという伝承がある。それを「イマワノフリゴメ」(今際の振り米)と呼んだ。ムラの記憶のなかの語彙である(静岡県榛原郡川根本町東藤川坂京・中野昌男さん・大正九年生まれ)。

イリコヤス【人生儀礼・誕生】 宮崎県の椎葉村には、出産後直ちに母親が「嬰児の所属宣言」を、父親が「イリコヤス」(射り子安)という儀礼を行う習慣があった。ケサノさんは、出産後赤子を抱き、「これは私の子じゃや」と声を出して宣言した。こう宣言しないと、山のモノ・川のモノが赤子を自分たちの子だといって奪っていくと伝えられているからだ。宣言が終わると夫の守さんが、産婦の枕元に立ててある箕《み》に向けて、竹の弓に薄《すすき》の矢をつがえてその矢を放つ。矢をつがえながら「神の鳥居で弓張って、悪魔外道を射抜いて、今こそ福徳を授けるぞ」と唱える。この儀礼を「イリコヤス」と呼ぶ(宮崎県東臼杵郡椎葉村大河内竹の枝尾・中瀬ケサノさん・昭和元年生まれ、中瀬守さん・昭和四年生まれ)。

オキツケ【人生儀礼・婚儀・床入り】 秋田県横手市並びにその周辺では、婚儀に際して、仲人夫人とは別に「オキツケ」(置き付け)と呼ばれる女性が嫁についた。新婦のSさんは昭和二年生まれで結婚した年は二十二歳、オキツケは当時四十歳を越えていた叔母だった。オキツケは本来、新郎新婦と同じ部屋に寝るものだと伝えられていた。その折、オキツケの叔母は新婚夫婦とは別な部屋に三泊ほどして帰った。現在からすれば異様な慣行ではあるが、オキツケの役割は、新婦に無事に「トコイリ」（床入り＝初夜）を過ごさせ、婚家に定着させるために、必要に応じて初夜のアドバイスを行い、嫁が嫁ぎ先のムラに落ちつけるよう指導し、その第一段階を見とどけて実家に報告するというものだったのである。イエの永続、村落共同体の繁栄にとって、オキツケという役まわりが不可欠だと考えられた時代があったことがわかる。「置き付ける」という名称にその内容がこめられている。以下に同系の事例の要点を示す。

ⓐ「オクリバサマ」（送り婆様）＝新婦とかかわりの深い年かさの女性・一泊（青森県南津軽郡田舎館村）
ⓑ「コシモト」（腰元）＝母方叔母・二、三泊（秋田県南秋田郡五城目町馬場目平ノ下）
ⓒ「ヨメゾエ」（嫁添え）＝叔母、嫁より二十歳以上年上の姉または人柄のよい女性のいずれか一人（宮城県大崎市古川大崎）
ⓓ「ヨメツキ」（嫁付き）＝叔母または姉・一泊（山形県鶴岡市羽黒町市野山）
ⓔ「カイゾエ」（介添）＝姉、義姉、叔母のいずれか一人・一泊（富山県南砺市井波軸屋）
ⓕ「ツキオナゴ」（付き女子）＝叔母または姉・一泊（山形県鶴岡市本郷）
ⓖ「オテテサン」＝実家との関係が深く気ごころの知れた五十歳前後の女性・二泊（島根県出雲市大社町）
ⓗ「コシモト」＝四十歳前後の実家出入りの女性・一泊（島根県安来市広瀬町西比田）
ⓘ「ツキオンナ」（付き女）＝伯母または年の離れた姉・一泊（静岡県藤枝市高柳）
ⓙ静岡県藤枝市瀬戸ノ谷滝ノ谷に嫁いできたNさん（大正四年生まれ）の初夜にはNさんの義姉（当時四十二歳）が同じ部屋へ泊まった
ⓚ結婚式の夜は名付親の妻が嫁ぎ先の家に泊まった（広島県庄原市東城町塩原）

右に見ただけでも、この慣行が広域に及んでいたことがわかる。

オンビモチ【人生儀礼・海女どころと女児誕生】女児が誕生すると、大型のアワビ殻に餅を詰めて盛りつけ、親戚に配った。これを「オンビモチ」（アワビモチ＝鮑餅）と呼んだ。オンビモチを盛ったアワビ貝は、のちに麦搗《つ》きのときなどの容器に使った（三重県鳥羽市答志町・答志島・中村春子さん・大正八年生まれ）。

女児の誕生をオンビモチで祝うのは、その子がオンビモチを盛るときに使うような大きなアワビを採ることのできる、立派な海女になってほしいという願いがこめられていたからである。当地では、男児が生まれたときには「ワリキモチ」と称して、径八センチ、長さ四十五センチほどの棒にたっぷりと餅を巻きつけたものを親戚に配る風があった。「ワリキ」（割り木）は薪のことで、島における燃料調達の厳しさが投影されている。

カマキリ【人生儀礼・葬送】 土葬に際して、墓穴を掘り、棺を埋める前に、墓穴の中央部に棒を渡し、その真中に鎌を掛けた。魔除けのためだと伝えている。これを「カマキリ」と呼ぶ。「鎌切り」の意である（静岡市葵区井川閑蔵・金沢鶴太郎さん・明治二十八年生まれ）。

ケヤキシマイ【人生儀礼・女性の通過儀礼】 山形県鶴岡市大岩川浜中で行われてきた「契約姉妹」の慣行を「ケヤキシマイ」（ケヤキ姉妹）という。十二月、その年十三歳になった少女と十二歳になった少女が大坂神社の直会殿《なおらいでん》に集まり、指導係の女子により、集まった少女の二分の一の数の藁を二つ折りにし、折った部分を隠して十三歳の女子たちに片方を、いま一方を十二歳の女子たちに引かせ、一本の藁で結ばれる二人組を定める。一本の藁でつながれ、結ばれた二人がケヤキ姉妹となる。籤《くじ》に使われた藁は川に流す。時を知らせる神社の太鼓の音が聞こえる範囲に宿を設け、ケヤキ姉妹たちはおのおの布団を持って宿に向かう。年の変わる十二時の太鼓から元日の昼の十二時までは、煮たものや焼いたものを食べてはいけない。ケヤキ姉妹は二人ずつ一つの布団で寝る。十二時を過ぎると神社に参拝する。これを三年間くり返すと「アガリ」となる。この慣行は、宿籠り・煮焼き食の禁忌・御籤《みくじ》藁の川流しなどから、目的は厄落と

ケヤキ姉妹の神籤引き（山形県鶴岡市大岩川、提供：佐藤光民氏）

しにあったと思われる。厄を落とし、将来、子宝や安産に恵まれることを祈ったものであろう。現実には初潮期の体のことや異性のことなども話し合い、将来にわたって親しい関係を結ぶ者が多かったという。同地の剣持八重さん（大正十年生まれ）と加藤宮子さん（大正十一年生まれ）、岩井ユキさん（大正十一年生まれ・早生まれ）と佐藤政子さん（大正十一年生まれ）は、おのおの学年が一年ちがう。藁の籤引《くじび》きでケヤキ姉妹として結ばれた絆がある。長い間、支えあい、深い交流を続けてきたと語る。

コエド・アガリヨビ【人生儀礼・出産】 出産後十〜十五日の間、別炉を使って暮らした。専用の産小屋ではなかったが、別炉のあるところを「コエド」と呼んだ。産後の「アガリ」（上がり）を終えると、「アガリヨビ」（上がり呼び）と称して親戚の者を招待した。産後は南瓜・卵・油もの・柿は禁忌食物とされ、「ムカエドキ」（嬰児が満一歳のとき）を過ぎれば母親は何を食べてもよいとされていた（山梨県南巨摩郡早川町奈良田・深沢こうさん・明治二十九年生まれ）。

「コエド」の「コエ」は小家《こえ》、すなわち小屋のことで、「ド」は「処」を示すものと考えられ、古く産小屋の習俗があったことを窺わせる。

シジュウクモチ【人生儀礼・葬送・四十九日】 人の死後四十九日に餅を一臼搗《つ》く。父の四十九日には次のようにした。一臼の餅を四十九に切り分け、餅のノシ板の上で丸餅を丸め、それを人の形に並べる（麴蓋《こうじぶた》の中に人形《ひとがた》に並べる家もある）。これを「シジュウクモチ」（四十九餅）という。四十九に切り分けた餅には餡は入れずに塩で食べる（静岡県牧之原市蛭ケ谷・村松みよさん・大正十四年生まれ）。

四十九餅を塩で食べるという点に注目すると忌み明けの浄めと解することもできるが、ここで注目すべきは、四十九餅をわざわざ人体に擬して並べ、その部位を食べるという点にある。ここには、故人の霊を生者が受容するという古層の信仰心意を窺うことができる。さらに溯源すれば、「骨噛み」の習俗とのかかわりも考えなければならなくなる。

ジュウイチメチャガ・ジュウサンタナジ【人生儀礼・女性の通過儀礼】 沖縄県南城市久高島の西銘しずさん（明治三十七年生まれ）は以下のように語った。「メチャガ」とは女の褌《ふんどし》のことである。女の子が十一歳になると、旧暦六月二十四日に空色のメチャガを締めて「アミシ」（「インダーギー」とも＝ブランコ）に乗る「ジュウイチメチャガ」という儀礼があった。大きなクバの木に掛けて揺するのである。〽

アミシヨーヨー　ヤインゴーヨー　アミシヨー――

と唱え、「フギバン、フギバン、フガランドー」と掛け声をかけた。メチャガの紐は両側から後方へ垂らすように結んだ。二十四日には「トーンチミ」（高黍）の粉と甘藷と砂糖で練りものを作り仏壇に供え、家族は二十五日・二十六日に食べた。さらに、久高島の女子には「ジュウサンタナジ」というもうひとつの儀礼があった。十三歳の三月三日に、「タナジ」と呼ばれる白い褌《ふんどし》をつけて「イノー」（礁池）へ魚介類を捕りに行く。十三歳を迎えた女子にとって重要な「浜降り」だったのである。それは少女から成人女性になるための禊ぎであり、獲物は将来母になるための体を養う食物の象徴でもあった。

クバ扇を作るクバの葉を持つ西銘しずさん（沖縄県南城市久高島）

右の二つの儀礼は、久高島で行われていた女性の年齢階梯儀礼である「イザイホー」につながるものである。

▼フバワク

チャイレ【人生儀礼・婚約儀礼】 当地では、各地で「盃」「決め盃」「御神酒《おみき》」などという語で示す婚約の儀のことを「チャイレ」（茶入れ）という。新郎側が「ナカダチ」（仲人）二人を立てて焼酎二本に菓子などを添えて嫁方に参じる。お茶を交わし、両親・主な親戚などと御神酒《おみき》を交わす（宮崎県東臼杵郡椎葉村大河内竹の枝尾・中瀬守さん・昭和四年生まれ）。

同村不土野尾前の尾前新太郎さん（大正十一年生まれ）は以下のように語る。今ははじめにお茶を入れるが、もとは酒が回ってから「お茶を入れてもらおうか」という声がかかった。これが婚約成立の認定だった。新婦になる女性は、両家から持ち寄った茶葉をよく混ぜて、丁寧にお茶を淹れ、席のすべての客にお茶を注いでまわった。

デブルマイ・デタブルマイ【人生儀礼・出産】 妊娠五か月の戌の日を目途に、妊婦の実家から嫁ぎ先と仲人の家へおのおの四段重ねの重箱に赤飯を詰めたものを一サヤずつ届けた。これを「デブルマイ」という。仲人は「オヒキ」(引出)として扇子を贈った。子供の誕生後、お七夜のときに、嫁ぎ先で四段重ねの重箱の上二段に紅白の餅を奇数個並べ、下の二段に魚を入れたものと、別に四段一サヤに赤飯を入れたものを二組用意して、嫁の実家と仲人のもとへ夫(誕生した子の父)が届けた。これを「デタブルマイ」と呼んだ。デブルマイ・デタブルマイは第二子までが多く、長男・長女とする家もあった(静岡県藤枝市西方桑原・安田はまさん・明治四十二年生まれ)。

テンカサマ【人生儀礼・結婚・初夜儀礼】 当地では婚礼における仲人のことを「テンカサマ」(天下様)と呼び、仲人の妻のことを「ナコウドカカ」と呼んだ。これとは別に、新婦の世話役(時に初夜のアドバイスなどをふくむ)の女性を新婦側から選び、「ヨメゾイ」(嫁添い)と呼んだ。嫁添いには、叔母か年の離れた姉があたった。婚礼のすべての客が帰ったあと、新郎新婦は寝室で襦袢姿になって敷布団の上に座る。そこでもう一度三々九度の盃を交わす。天下様は謡《うたい》を三回唱する。その後、敷布団の下に帯を入れ、新郎新婦を敷布団のまま帯で巻くという儀礼的所作を行う例もあった(宮城県大崎市古川柏崎・村上良吉さん・大正二年生まれ)。

ババレ【人生儀礼・出産】「ババ」とはここでは産婆(取りあげ婆さん)を指す。一人目の子供が世話になった年の翌年の一月十五日に産婆の家に煮ものの重箱や着物などを持って謝意を示しに行くことを「ババレ」(婆々礼)と称した(新潟県村上市大栗田・河内昇さん・昭和十二年生まれ)。

ハヤオケ【人生儀礼・葬具】 土葬時代には多く座棺を使った。座棺は昭和二十三年まで使った。座棺は杉板を使って家で作るか、「ハヤオケ」（早桶）と称して桶屋に依頼するかのどちらかだった。死体を座棺に納める場合、死後なるべく早く座位にしなければ死体が硬直してしまうので、早めに座位にし、三尺帯で死体を縛り固めた（静岡県藤枝市大新島・吉田義司さん・大正二年生まれ）。

フタリビキャク【人生儀礼・葬儀伝達】 人が逝去すると、両隣の者が葬家の主たる親戚に「トブライアカシ」（死亡通知・葬儀通知）に出向く。必ず二人で行くことになっているので「フタリビキャク」（二人飛脚）といった。受けた家では飛脚に酒を出すことになっていた（静岡県藤枝市西方・小沢千代吉さん・明治三十六年生まれ）。

ミツメ【人生儀礼・婚礼後の里帰り】 婚礼後三日目に行われる新嫁の里帰りのことを「ミツメ」という。夫と姑が付き添い、重箱に入れた赤飯をみやげにする。夫と姑は挨拶後に帰り、新嫁は実家に一泊する。翌日、新嫁は兄に付き添われて婚家にもどる。みやげは餅だった（静岡県浜松市天竜区春野町川上・富田美保子さん・大正十二年生まれ）。

ユムシロ【人生儀礼・葬送】 葬送にかかわり、湯灌《ゆかん》をする際に敷く筵《むしろ》を「ユムシロ」（湯筵）という。ユムシロは人に踏んでもらうほど死者が成仏すると伝え、門口などに置いて人に踏んでもらう（長野県飯田市南信濃木沢中立・白澤秋人さん・昭和四年生まれ）。

ヨメヨロコビ【人生儀礼・共同体の嫁喜び】 嫁を迎えた家に対するムラの若者たちの祝意の表し方に「ヨメヨロコビ」（嫁喜び）と呼ばれる次の形があった。ムラおよび近隣に祀られている複数の地蔵を担いできて、嫁を迎えた家の縁側に並べる。地蔵をもとの位置にもどすのは祝われた家の責務となる。正確にもとの位置にもどすのには骨が折れたという（広島県庄原市東城町久代・田辺貴さん・大正十年生まれ）。

ワラタタキイシ【人生儀礼・葬送】一年のうちに一つの家で不幸が二回続いた場合、二回目に棺を出すときに、「三回目はこれだ」と叫んで、屋内に据えてある「ワラタタキイシ」（藁叩き石）を外に放り投げた。藁叩き石は新しい石に変えた（静岡県榛原郡川根本町旧湯山集落出身・望月筆吉さん・明治四十三年生まれ）。

ワランジザケ【人生儀礼・婚礼】婚礼の祝宴で、最後に五郎八茶碗《ごろはちちゃわん》（大茶碗）一杯ずつ、客全員に酒を飲ませた。荷持ちのなかには、車を引いて帰ることができないほど酔う者もいた。「ワランジザケ」（草鞋酒）の意である（静岡県焼津市上新田・平井源次郎さん・明治二十五年生まれ）。

2 年中行事

アブラシメ【年中行事・搾油】十一月十五日を「アブラシメ」（油搾め）と称して菜種油を搾り終えたことを祝う日としてきた。胡麻・荏胡麻などの油をふくむこともある。この日、油搾めの餅を搗《つ》いて祝った。宮城県・茨城県にも同様の慣行がある。この日を女の祝いとする地もあった。当地では、十一月十五日を「アブライワイ」（油祝い）とも称したが、別にこの日を「ムジナノオシュウゲン」（狢のお祝言）とも言い伝え、「百姓仕事が終わる日だ」とも伝えていた。作馬さんは子供のころ、親や祖父母から「今日は狢《むじな》のお祝言だから雪が降るぞ」「狢《むじな》のお祝言が始まるから橋の下へ行って見てこい」などといわれた（福島県耶麻郡猪苗代町関都・安部作馬さん・明治三十八年生まれ）。

降雪・積雪地帯では長い冬、深い雪に閉ざされる地が多かった。冬に入る前に、その厳しい冬を迎える心がまえをする日、冬に入る準備を整えるためのケジメをつける儀礼的な日、そのような伝承的な日が重層的に伝えられ、設けられていたのである。「油搾め」は、冬の間に使う灯油を準備し終える日なのである。また、食用油も然りである。一年間に使う灯油の総量と菜種栽培面積、必要とする食用油の総量など、イエの女たちはそれを熟知していた。女性は油搾めにも力を果たした。よって、十一月十五日は「女の節日」とも称されたのである。雪の降りはじめる十一月十五日は冬の入口である。この日を狢《むじな》のお祝言と伝えるのも、この日あたりに狢《むじな》が穴籠りのために姿を消すからである。

アワゼック【年中行事・粟節供】旧暦八朔を「アワゼック」（粟節供）と称して、この日はモチ種の粟で赤飯を蒸して床の間に供え、風の害がないことを祈った（静岡県浜松市北区引佐町川名・山下サダエさん・明治三十七年生まれ）。

アワノオカラク【年中行事・神饌《しんせん》・粟のオカラク】山梨県南巨摩郡早川町奈良田では、山の神が十月十日までは焼畑を守ってくれるが、以降は天に帰られると伝えている。そこで人びとは、十日の朝にはモチ粟でオコワを作り、ウルチ粟で「オカラク」を作って山の神に供えた。「アワノオカラク」とは精白した粟に湿気を与え、臼で搗《つ》いてできた粟の粉をナマのまま固めたものである（深沢さわのさん・明治三十年生まれ）。同町新倉茂倉でも、十月十日のトオカンヤの日にオカラクを作って山の神様・畑神様にあげている。「オカラク」という語彙は難解である。製造工程において精白穀を水に浸けたり湿気を与えたりしてから搗《つ》くので、米を主とする「シトギ」（湿気を与えたもの）の呼称が稗についても一般化したのであるが、オカラクは、製造工程で湿気は与えるものの、完成品は、これを乾かして形を整えて献供するものである。よって、「カラク」は「乾供《からく》」であったと考えられる。蒸して搗《つ》く餅に対して、堅い乾供《からく》として意識されたのであろう。

長野県下水内郡栄村堺上ノ原の山田さのさん（明治四十二年生まれ）は、精白した粟を水に浸けてから水を切り、臼杵を使って粉化した。これで径一寸五分の平団子を十二個作って、十二月十二日に山の神様に供えたという。呼称は「アワノカラッコ」である。これも乾供《からく》であり、シトギである。

アワボヤキ【年中行事・二十日正月】小正月飾りの「アワボ」（粟穂）を一月二十日の早朝に下げて、まだ風が出ないうちに焼いた。これを「アワボヤキ」と称した。風が出てから焼くと、秋、焼畑の粟が稔るころ風が出ると言い伝えている（静岡市葵区田代・滝浪文人さん・大正五年生まれ）。

イネバナ・イネコキ【年中行事・小正月・造形物】 一月十五日の小正月に「イネバナ」（稲花）と称して、米の粉の団子を柳の枝につけたものを飾った。一月十七日か二十日正月には「イネコキ」（稲扱き）と称して、柳の枝の団子を扱《こ》きとって箕《み》の中に入れた（長野県諏訪市湖南真志野・藤森真琴さん・明治三十二年生まれ）。

イノコツチ【年中行事・呪具】 十一月の二の亥の日に子供たちが亥の子の巡回をした。芯に里芋のズイキを入れ、外周を藁で巻き、堅く縛って棒状にしたものを「イノコツチ」（亥の子槌）と呼んだ。子供たちは大声で以下の唱え詞を唱しながら、亥の子槌で大地をバンバンと叩いた。〽亥の子ボタモチ祝いましょう　蔵に千石積むように　御神酒《おみき》を供えて祝いましょう――。家々では「御苦労はん、御苦労はん、待っとれや」といってボタモチやお菓子を与えた。亥の子搗《つ》きが終わると、亥の子槌はおのおの屋根へ放りあげた。亥の子槌は防火の呪力を持つといわれた（京都府南丹市園部町竹井・森田周次郎さん・明治四十三年生まれ）。

イノコノイモモチ【年中行事・亥の子・芋餅】 十月の亥の日に里芋を中心とした芋餅を作った。これを「イノコノイモモチ」（亥の子の芋餅）という。里芋を茹でて皮を剥いたものを蕎麦掻きで包んで黄な粉をつけるものと、里芋を茹でて鍋でつぶし、そこに蕎麦粉を混ぜて練り、団子状にして黄な粉をつけるものとがあった（愛知県北設楽郡設楽町田峯・柳瀬こわかさん・明治三十年生まれ）。

奈良県吉野郡天川村坪内の中谷きみえさん（明治三十五年生まれ）が伝える亥の子の芋餅は次のようなものだった。十月の亥の日にヤツガシラ（里芋の一種）の頭と米を蒸し、これを突き混ぜて練り、小豆餡を

亥の子の芋餅（静岡県榛原郡川根本町水川尾呂久保、土屋猪三雄家）

まぶして食べた。▼イモウデ

イビリナワ【年中行事・小正月・馬】田の代掻きに馬をつなぐ縄のことを「イビリナワ」と呼んだ。イビリナワは一月十五日に綯《な》うものだとされていた（青森県西津軽郡鰺ヶ沢町松代町白沢・豊沢丑松さん・大正三年生まれ）。

　ここでいう「イビリ」は「苛める」といった意味ではなく、馬を操ることを意味している。

イモウデ【年中行事・十月亥の日】旧暦十月の亥の日に、里芋を茹で、それをつぶし練りにして塩味をつけ、丸めて恵比須様に供え、家族も食べた。これを「イモモチ」（芋餅）と呼び、この日のことを「イモウデ」（芋茹で）と称した（静岡市葵区長熊・長倉てつさん・明治四十四年生まれ）。

　十月の亥の日に里芋の餅を作る例は、静岡県・愛知奥三河に広く見られ、南信州や滋賀県、奈良県でも聞いた。総じて「イノコノイモモチ」（亥の子の芋餅）の呼称がある。古くはこの日、里芋を貯蔵穴に収蔵する習慣があったことも考えられる。▼イノコノイモモチ

イモタバリ【年中行事・月見】旧暦八月十五夜に、「エゴイモ」（蘞《えぐ》みの強い里芋）を特別に掘ってきたものを長時間かけて塩茹でにして軒近くの座敷で月に供える。ムラ組の子供たちは各戸に供えてあるその里芋を自由に持ち帰って食べてよいことになっていた。このならわしを「イモタバリ」と呼んだ（奈良県五條市大塔町惣谷・戸毛幸作さん・昭和五年生まれ）。

「タバリ」は「賜《たば》る」の名詞化である。「賜《たば》る」は「もらう」の謙譲語で「いただく」の意である。

イモツクリ【年中行事・正月】歳神様に供える里芋を整えることを「イモツクリ」という。大晦日に里芋をよく洗い、汚れなどを除いてイモカゴに入れる。イモカゴは径尺二寸、深さは八寸だが上げ底になっている。これを床の間に供えるのだが、この里芋は一月二十日の二十日エビスの日の朝、吸いものにして食べる（静岡県榛原郡川根本町東藤川坂京・中野昌男さん・大正九年生まれ）。

イモヒキ【年中行事・八月十五夜月見・供物】旧暦八月十五夜、箕《み》の中に、煮た里芋を重箱に入れたもの、舟型で窪みをつけた蕎麦団子を重箱に入れたもの、皿に盛った小麦団子、神酒、および萩・薄《すすき》を座敷の戸口に供え、別に里芋の葉に皮つきの里芋を盛ったものを前庭に供えた。ムラの子供たち（尋常一年から高等科まで）は、古くは各戸の月への供えものを下げて回ったが、のちに各戸で小銭を与えるようになった。集まった銭は高等科の生徒が公平に分けた。これを「イモヒキ」（芋引き）という（宮崎県西都市上揚・浜砂久義さん・大正八年生まれ）。

奈良県吉野郡天川村九尾の柿平勇次郎さん（明治三十八年生まれ）は以下のように語っていた。旧暦八月十五夜に、ナマの里芋の皮を剝いて白い状態のものを籠に盛り、合わせて団子を皿に盛って月に供える。ムラの子供たちは「イモタバラセテ」と叫びながら、家々の里芋や団子をもらい受けて回った。これを「イモタバリ」（芋賜り）とも称した。▼イモタバリ

ウマノモチ①【年中行事・正月・馬】十二月二十八日に餅搗《つ》きをした。その際、「ウマノモチ」（馬の餅）も搗《つ》いた。馬の餅として十二個用意するのだが、実際には元旦に飼葉桶の中に一個分を削りながら入れ、加えて数の子を入れて神酒を注ぐ。ほかの十一個は家族が食べた（秋田県由利本荘市鳥海町栗沢牛越・佐藤隆男さん・昭和三年生まれ）。

ウマノモチ②・ウシノモチ【年中行事・小正月・牛馬】藁束の両端を堅く縛り締め、その中間に丸平餅を入れる。これを「ウマノモチ」（馬の餅）・「ウシノモチ」（牛の餅）として小正月に作って、厩・牛小屋に吊った。この餅は後日、馬や牛に食べさせた（岩手県北上市二子町川端・八重樫将伺さん・昭和六年生まれ）。

オカマサマ【年中行事・釜の神】旧暦九月二十九日を「オカマサマ」という。釜の神が「大（九月三十日）でも小（九月二十九日）でもよいから出雲へやってくれ」と家人に語ったと伝えられる。家人は二十九日、お釜様の弁当として、餅と柿を重箱に入れ、里芋を袋に入れ、それを風呂敷に包んで大釜の上に供えた（愛知県北設楽郡東

栄町月・栗林知伸さん・明治三十四年生まれ）。

旧暦九月二十九日を「カマノカミ」（釜の神）・「イモゼック」（芋節供）と称し、里芋と蕎麦粉を練り混ぜて丸め、黄な粉をまぶしたものを藁苞《わらづと》に入れ、それを大釜の蓋の上に供える。釜神様が出雲へ出かける弁当だと伝えた（静岡県浜松市天竜区佐久間町川合・山下勘次郎さん・昭和二年生まれ）。

長野県飯田市上村下栗でも、旧暦九月二十九日を「カマノコウ」（釜の講）と称して、神が出雲へ行く日だと伝えた。民俗神の出雲への往来伝承についてはさらなる調査が必要である。▼オトグンチ

オサメスイモン【年中行事・正月終い】「オサメスイモン」とは「納め吸いもの」の意で、一月二十八日、正月の納めとして、ハタキ餅でも団子でも何でもあるものを入れて雑煮を作るものだとされていた（静岡県藤枝市大東町・仲田要作さん・明治三十三年生まれ）。

オシラブキ【年中行事・オシラサマ】一月十六日は「オシラサマ」の祭りにあたり、この日には必ず吹雪が吹くと伝えられ、これを「オシラブキ」と呼んだ（岩手県盛岡市芋田・広瀬慶次郎さん・大正十三年生まれ）。

吹雪は神顕現《けんげん》の前兆とする伝承がある。

オトグンチ【年中行事・イエの神と出雲】九月二十九日を「オトグンチ」と呼ぶ。この日は、粟の「ヨネ」（精白したもの）を水に浸けてカラウス（唐臼）で搗《つ》いてから篩《ふるい》にかけ、団子にして蒸した。これをハタキ団子と呼んだ。径一尺のワッパ（曲物）の中にまず縄を二本置き、その上に小型の桟俵《さんだわら》を置く。そして桟俵《さんだわら》の上に粟のハタキ団子と米の餅をのせる。さらに、ナマの里芋を入れ、酒と菊も入れる。これを神棚に供えた。この供えものは神様が出雲へ出かけるときに背負っていくものだと伝えた（長野県飯田市上村下栗・熊谷実さん・明治四十二年生まれ）。

なお、下栗の前澤義元さん（明治三十三年生まれ）は、オトグンチの供えものを床の間に供えた。この日は「作の祝い」だと伝えている。出雲から帰る神を迎えるのは十二月八日で、この日は粟のオヒヤシ（粢《しとぎ》）団子を

五個供えて神を迎えたという。▼オカマサマ

オトシイワシ【年中行事・鰯を食べる日】当地には大晦日に「オトシイワシ」（大歳《おおどし》鰯《いわし》）と称して鰯を焼いて食べる習慣があった。また、十二月十三日にも「ジュウサンニチイワシ」と称して、この日必ず鰯を食べた。十三日は正月を迎えるために大掃除をする日だった。さらに、節分にも鰯を食べた（鳥取県八頭郡智頭町市瀬上板井原・平尾新太郎さん・明治四十一年生まれ）。

オバンザオ【年中行事・正月の飾り棹】「オバンザオ」は、正月を迎えるに際して大晦日に玄関に飾る棹で、この棹に昆布・大根・里芋・ミカンを吊るす。棹は「アクダノキ」（方名）の皮を剥いたものを使う。飾りものは十日におろして床および仏前に供え、十五日に煮しめにし、雑煮にも入れる（鹿児島県肝属郡南大隅町佐多馬籠尾波瀬・前田吉次郎さん・大正八年生まれ）。

　正月行事に登場する棹は、オバンザオのほか「サイワイギ」（幸い木）・「シャワンボウ」（幸い棒＝長崎県佐世保市宇久島）などの呼称があり、吊り掛けものに魚類が加わる例も多い。棹の樹種には松・樫などが使われるが、ここでいう「アクダノキ」は、古くはアクダラ（楤《たら》）が用いられていたことを思わせる。皮を剥いて使うということは棘を除去して使うことを意味している。「バンザオ」（番棹）という呼称と併せて考えてみると、新年に際して新しい歳神と幸いを迎えると同時に、家および家族に害を与える悪しきものは防除しなければならない、番をしなければならない、という意味が読みとれる。棘持つ楤《たら》の木はその棘によって悪しきものを防除し、番棹にもまた、歳神を迎える一方、悪しきものが入り来るのを防ぐ「番」が託されていたのではあるまいか。さ

オバンザオ（鹿児島県肝属郡南大隅町佐多伊座敷）

らに多くの事例を収集することによって真実を探らなければならない。なお、「オバンザオの大根の葉が青いとその年は雨年、大根の葉が黄色くなるとその年は日照り」という口誦句もある。▼シャワンボウ

オヨウカサン【年中行事・コト八日】 十二月八日に「ツボハタキ」（蔵や籾摺《もみす》り場に落ちた米を拾い集めて搗《つ》き、粉化して餅にしたもの）を搗《つ》いた。暮らしの大変な家の人がこの夜、手拭で頬かむりをして顔を隠し、「「オヨウカサン」（お八日さん）をよんどくんなさい」といって門口に立った。家人は横を向いて（巡回者の顔を見ないようにして）ツボ餅（ツボハタキ）をさし出した（静岡県藤枝市大東町・仲田要作さん。明治三十三年生まれ）。

十二月八日は一般に「コト八日」と呼ばれている。右の例には「来訪神」の面影が窺える。

カカランダゴ【年中行事・端午節供】 五月五日の端午の節供に、糯米《もちごめ》の粉に砂糖を混ぜて団子にし、「ケセン」の葉（肉桂の葉）に包んで蒸した。これを「カカランダゴ」と呼び、粽《ちまき》とともに作るのを慣例とした（鹿児島県日置市日吉町・西山清二さん・明治三十九年生まれ）。

カキダマ【年中行事・小正月・造形物】 小正月に繭玉とは別に「カキダマ」（柿玉）と「イナホ」も作った。カキダマは米の粉の団子を榊につけたものである。イナホは餅を笹につけたものである（長野県下伊那郡泰阜村栃城・小山芳一さん・大正二年生まれ）。

カザマツリ【年中行事・八朔】 旧暦八月一日を「アレビ」（荒れ日）と称し、焼畑か定畑に次のものを立てた。身の丈ほどの葉つきの栗の枝を門状に立て、注連縄《しめなわ》を張る。薄《すすき》の葉を三寸折りにし、その中に栗または米の団子を入れたものを三または五個作って注連縄《しめなわ》に吊るす。これを作って、作物が稔りの季節に風の害にあわないように祈った。これを「カザマツリ」（風祭り）と呼んだ（静岡市葵区梅ケ島戸持・秋山藤蔵さん・明治四十四年生まれ）。

九月一日をカザマツリの日とする地もある。この日は仕事を休む。鉄砲撃ち（猟師）は風の来る方向に向かって銃を撃つ。各家では風の来る方向に鎌先を向けて、柱に鎌を縛る。鎌の下に線香を立てる。この鎌を「カザ

キリガマ」と呼んだ（神奈川県足柄上郡山北町中川・井上団次郎さん・明治三十三年生まれ）。

カセドリ【年中行事・小正月、子供たちの巡回】早い年には、旧暦の小正月には雪渡りができた。旧暦の小正月の夜に、小学校の一年生から六年生までが旧江刺郡玉里村高間ヶ岡三十戸の一部を巡回した。上級生は蓑帽子で顔を隠し、下級生は毛糸の襟巻で顔を隠して「カセドリ、カセドリ」と叫んで各戸の戸口に立った。各戸では、子供たちに餅やミカンを与えた。平成に入ってからは、地球温暖化で雪渡りのできる堅雪ができなくなった（岩手県旧江刺郡玉里村出身、同県奥州市江刺岩谷堂在住・千葉静子さん・昭和十九年生まれ）。

　カセドリは山形県上山市で現在も続けられているものが広く知られているが、かつては積雪地帯で広く行われていたものである。折口信夫はカセドリの本源について以下のように述べている。「かせはこせなどと通じて、やがて又瘡《かさ》・くさなどとも同根の皮膚病の汎称です。此をとりに来るのは、人や田畠の悪疫を駆除する事になるのです。なもみはぎ・かせどりの文言は形式化したものでありますが、春のまれびとの行った神事のなごりなる事だけは、明らかになってゐました」（『折口信夫全集　第二巻』）。カセドリの本義は、冬季に人体にできる瘡《かさ》や人に付着する悪しきものを除去し、持ち去ってくれる訪れ神の来訪である。取りあげた事例に登場する子供たちは、訪れ神の資格で訪れ神を演じていることになる。

ガツギモチ【年中行事・半年の節目】「ガツギ」とはイネ科の多年草真菰《まこも》のことである。七月一日、一年の半分を無事過ごしたことを祝い、残る半年の無事を祈って「ガツギモチ」（真菰《まこも》餅）を食べた。ガツギモチとは、真《ま》菰《こも》の芯を出汁にして澄まし汁を作り、その汁で餅を食べるものである。アッサリしていておいしかった（山形県鶴岡市羽黒町市野山・斎藤千代子さん・大正十年生まれ）。

カドカシ【年中行事・正月・門飾り】正月、玄関の前に門状に二本の杭を打ち、そのおのおのに径三～四・五センチ、長さ二～二・五メートルほどの葉つきの樫の木を縛る。これを「カドカシ」（門樫）と呼ぶ。門樫は平成に入って松に代わった。杭の頭に「ワカバ」（ユズリハ）に盛った飯を供える。飯を「ヘギボン」（剝ぎ盆＝剝《へ》ぎ板《いた》）に盛る家もある（徳島県那賀郡那賀町大久保古屋敷・元木武さん・大正五年生まれ）。

カピタリモチ【年中行事・川浸り】 十二月一日に「カピタリモチ」（川浸り餅）を搗《つ》いた。この餅は「ミミフタギモチ」（耳塞ぎ餅）とも呼び、撒《ま》き餅《もち》ほどの大きさの餅を両手に持ち、「悪いこと聞くな」と唱えながら餅で耳を塞ぎ、「いいこと聞け」と唱えて餅を耳から離す。これが終わってからその餅を川に流した（栃木県大田原市片田下山田・斎藤エキさん・大正八年生まれ）。

カマッコサン【年中行事】 「カマッコサン」は「鎌鍬さん」の転訛である。五月五日に鎌・鍬・鉈《なた》などの道具を洗って新筵《しんむしろ》の上に並べる。鎌鍬を休ませる道具の祭りだとしている。蕗《ふき》を煮て朴《ほお》の葉に盛り、カシワモチを朴《ほお》の葉で作って供える（静岡県榛原郡川根本町旧長島地区・滝口さなさん・明治二十七年生まれ）。

カマノカミサマ【年中行事・小正月】 小正月には、ヌルデの木で飾りものの「アーボ」（粟穂）を作って飾った。さらにこの日、径一寸五分～二寸、長さ四寸ほどのヌルデの木二本の上部を縛って「カマノカミサマ」（釜の神様）と大黒柱に供えた（静岡市葵区黒俣・勝山菊次郎さん・明治三十年生まれ）。

新潟県中魚沼郡津南町（秋山郷）には、栗の木の小型の丸棒を二本括って釜の神様の神体として祀った例が見られる。右に示した釜の神様への供えものとの脈絡は今後慎重に探らなければならない。二本の薪状の木が何ゆえに釜の神様にかかわるのか。ひとつの仮説として「釜と燃料の関係」を示しておきたい。

カマノモチ【年中行事・収穫儀礼】 十月の亥の日に、「カマノモチ」（鎌の餅）と称する径八寸の丸平餅を家族の人数分だけ作って鉄鍋で焼いたものを箕《み》の中に飾った。箕《み》の中には稲刈りに使った鎌三本も飾った（鳥取県八頭郡智頭町市瀬上板井原・平尾新太郎さん・明治四十一年生まれ）。

カミオクリ・カミムカエ【年中行事・神送り、神迎え】 十月一日に、出雲に旅立つ釜の神を送る。重箱に「オシロモチ」（米の粢《しとぎ》）を入れ、羽織・袴で扇子を持ち、玄関で「行っていらっしゃいませ」といって送る。これを「カミオクリ」（神送り）という。「カミムカエ」（神迎え）は十一月一日で、煮た里芋と蕎麦粉を混ぜて練りつぶした「ソバネッカキ」（蕎麦練り掻き）を作って迎えた（静岡県浜松市北区引佐町渋川寺野・伊藤信次さん・大正八年生まれ）。

カワビタリ【年中行事・川浸り】十二月一日、柄杓《ひしゃく》の中に餅を入れ、その柄杓《ひしゃく》に水を入れる。餅を水に浸けてから焼いて食べた。この儀礼を「カワビタリ」（川浸り）と呼んだ（山梨県旧西八代郡上九一色村・土橋里木さん・明治三十八年生まれ）。▼カピタリモチ

カワラメシ【年中行事・盆】八月十六日、精霊様を送ってから河原に筵《むしろ》を敷き、近所の子供たちを招いて「サクラメシ」（酒と醤油で味付けをした飯）をふるまった。この行事を「カワラメシ」（河原飯）と呼んだ（静岡県浜松市北区引佐町奥山・奥村米子さん・大正十三年生まれ）。

ガンゴバノフングリ【年中行事・端午】「ガンゴバ」とは柏の葉のことである。端午の節供の月遅れである六月五日、当地では葉のついたままの柏の枝を五、六本切りとってくる。そして、黍の粉を水で練って団子状にし、枝についたままの柏の葉に包みこんで藺草《いぐさ》で縛る。こうして十個前後結んだものを枝のまま大釜で茹でる。この団子は冷めると碁石のように堅くなる。風通しのよい天井に吊っておけば一か月ほど保存できる。この枝に吊られた葉包の団子を「ガンゴバノフングリ」と呼んでいる。親戚・知人に贈る場合は、葉包みの部分を亀甲結びにする（奈良県吉野郡吉野町滝畑・上坂美代子さん・昭和四年生まれ）。

「フグリ」「フングリ」は陰嚢を意味し、吊り下がったものを意味する。柏の枝に下がったものを陰嚢に見たてているのだが、端午の節供が男児の祝いであることと無縁ではない。いまひとつ注目しておきたいことは、柏葉に包まれているのが黍団子だという点である。「桃太郎説話」では黍団子が鬼征伐の力の源となっている。南アルプスに最も近い静岡市葵区田代・小河内など旧井川村や、長野県飯田市上村・南信濃など南アルプスに

近いムラムラでは、餅はモチ種の粟で搗《つ》いたが、ボタモチは黍で作った。黍は味もよいが、「黄実《きみ》」といわれるだけに色も黄色く美しい。「黍の力」を見直さなければならない。

カンダメシ【年中行事・年の天候占い】「カンダメシ」とは「寒試し」の意である。寒の入りの日に大豆を十二個イロリの灰の上に並べ、その焦げ方で十二か月(一年)の天候を占った。甚だしく焦げた豆の月には降雨が多いとする(石川県輪島市白米町・日裏幸作さん・大正十四年生まれ)。

同様にして豆を使って行う天候占いを節分に行う例は広域に見られた。

ギオンガシワ【年中行事・祇園さん】七月十五日に「カシワモチ」を作るのだが、包み葉として使う葉は葛の葉である。葛の葉で包んだ餅を「ギオンガシワ」と呼んだ(静岡市葵区田代・滝浪文人さん・大正五年生まれ)。

キカイ【年中行事・害鳥獣、害物追放の音響具】「キカイ」とは木で作った貝、すなわち「木の法螺貝」の意である。長さ一尺八寸、口径四寸ほどの円錐形の桶型で、十か所以上箍《たが》がはめられている。音も法螺貝に類似する。秋田県仙北郡美郷町六郷で二月十五日に行われる「竹打ち」という行事の一環に「木貝吹き」があり、二人の吹き手が勇壮な音を鳴り響かせる。

山形県最上郡真室川町川ノ内の中塚登志男さん(大正十四年生まれ)は以下のように語る。一月十一日午前三時ごろから「法螺貝」と呼ばれる、楤《たら》の木(楤《たら》の木には棘があるのでそれが魔除けの呪力を持つと考えられた)を刳《く》りぬいて作った木貝を吹き鳴らして、堆肥

「竹打ち」に登場する「木貝吹き」(秋田県仙北郡美郷町六郷)

を運び、自分の田に儀礼的に撒《ま》いた。これを「コエショイ」(肥背負い)と呼び、「隣に負けるな」といって木貝を吹き鳴らし合った。

前者の「竹打ち」は「鳥追い行事」に通じるものであり、後者は小正月の雪田植の前提である。木貝の音は、農に害を及ぼす鳥獣を威嚇追放するものであり、それは人びとの暮らしを脅かす病魔・悪霊を追放するものでもあった。

キヌヌギトロロ【年中行事と自然薯】七月一日を「キヌヌギツイタチ」(衣脱ぎ一日)と称し、この日、自然薯のトロロ汁を食べることを「キヌヌギトロロ」と呼んだ。トロロ汁を食べると人の皮がツルッと剝けると言い伝えた。正月には「正月トロロ」を、また三月三日の節供には「節供トロロ」を食べた(新潟県村上市荒沢・大滝スミイさん・昭和七年生まれ)。

山形県西置賜郡小国町では、六月一日を「ムケノツイタチ」と称してトロロ汁を食べる。山形県鶴岡市田麦俣では、六月一日は人の皮が剝ける日だとして自然薯を食べた。六月一日(七月一日は月遅れと考えられる)を「ムケノツイタチ」「キヌヌギツイタチ」などと称し、蛇の脱皮・蚕と桑の呪力・衣がえ・人の脱皮などと関連づけ、自然薯(トロロ汁)・凍み餅を食べる例が散在する。半年を過ごし、暑い季節を迎えるに際して、この日は人が活力、再生力をつけるべき日だと考えられた痕跡がある。新潟県村上市荒沢の大滝家では、一年の間の節目ごとに自然薯を食べている。自然薯は餅以前の儀礼食のひとつだと考えられる。

キノクチマツリ【年中行事・小正月・造形物】一月十五日に「デイ」(出居)の前に「ジイサン」「バアサン」を祭る。それは、長さ四十センチ、径七センチ前後の樫の木を割り、その木肌に「十二月」と墨書した「ニューギ」三十～四十本を作ることから始まる。それを二組に分け円錐形に組んだものに笠をかぶせ、爺・婆を思わせるような造形物を作るのである。閏年には「十三月」と書く。この日の夕刻、「キノクチマツリ」と称してジイサン・バアサンの前に米の粥を皿に盛って供え、樫の箸を添える。夕食時には家族も樫の箸で粥を食べた(静岡県浜松市北区引佐町川名・前島要次郎さん・明治二十八年生まれ)。

引佐町を中心に遠州西部では、小正月に右のような来訪神を思わせる造形物を作る例が多く見られた。一部には、人体的形象を早乙女と伝承するものもある。ここで注視しておきたいことは「キノクチマツリ」という名称である。ジイサン・バアサンを構成する樫の木群、それは、実体としては「薪」である。小正月、ニューギ群を門口に飾る例は南信州でも一般的である。鹿児島県大隅半島で門松の根方に薪状の木が円錐形に立てられているのを見たことがある。ニューギの白い木肌が歳神の来訪の目印だと考えることもできるのだが、「キノクチ」という名称に注目するとき、「食」と並んで人びとの暮らしを支える「燃料」、食品加工と採暖に不可欠な燃料の一年間の充足を祈る「木の口あけ」の祭りであったことが想起される。▼ジジ・ババ

キンチャクモチ【年中行事・小正月の招福予祝】　小正月の飾り餅のひとつとして「キンチャクモチ」を作った。藁縄を輪型にし、その輪の下側を巻きこむように、下から上へと巾着の口を閉めるように餅を練りつける。大きい巾着を下げると金がたまると伝え、大きく作った。これに松を添え、大黒柱に縛った（山形県最上郡真室川町川ノ内、中塚登志男さん・大正十四年生まれ）。

クイヌキ【年中行事・正月終い】　正月・小正月に使った門松の杭を「ウシクイ」（牛杭）と呼び、一月二十日にこの杭を抜く。これを「クイヌキ」と称した。杭は栗の木で利用価値があるので、屋敷や畑地で実用の杭として利用した（静岡県榛原郡川根本町水川尾呂久保・土屋猪三雄さん・大正四年生まれ）。

クライワイ【年中行事・元旦】　蔵の鍵穴を鍵で叩きながら次の唄を歌った。〽祝うた　祝うた　今年ゃ蔵いっぱい　来年も蔵いっぱい　そ

蔵祝いが行われる石屋根の蔵（長崎県対馬市厳原町椎根）

たけさん・明治四十四年生まれ）。

の次の年ゃ銭も金も湧く湧く――。この行事を「クライワイ」（蔵祝い）と呼んだ（長崎県対馬市厳原町椎根・長瀬

クワイレ【年中行事・鍬初《ぞ》め】年頭の農耕儀礼の鍬初《ぞ》めのことを当地では「クワイレ」（鍬入れ）と称し、一月二日に次のようにした。「トビ」（シデ）をつけたユズリハを作場（畑）に立て、「これより恵方《えほう》に向かって蒔く種は根太く葉太く虫ケラも喰わんように、一粒万倍、千俵万俵おおせつけたもうれ」と唱え、稗種などを儀礼的に蒔き、儀礼的に鍬の使い初《ぞ》めをした（宮崎県東臼杵郡椎葉村不土野向山日添・椎葉クニ子さん・大正十三年生まれ）。

ケイモゼック・ケイモヒマチ【年中行事・神の帰着】十一月一日に、出雲に出かけていた地の神ほか家の神々が帰ってくる。そのとき、オクテの里芋を皮つきのまま洗って煮て神々に供え、家族も食べる。これを「ケイモゼック」（毛芋節供）・「ケイモヒマチ」（毛芋日待）と呼んだ。食べるときには細根や皮を除き、塩をつけて食べた（静岡県浜松市北区引佐町川名・山下治男さん・大正十三年生まれ）。

コエショイ【年中行事・儀礼的堆肥出し】一月十一日午前三時ごろから、他家に負けないようになるべく早く、「コエショイ」（肥背負い）と称して雪の積もった田畑の真中に堆肥を出した。堆肥を出し終えると「カイフキ」（貝吹き）をした。「カイ」は本来、法螺貝を使うものだが、それがない場合は楤《たら》の木を刳《く》りぬいて作った「キカイ」（木貝）を吹き鳴らし、コエショイが終了したことを誇示した。その日は馬の沓・犂《すき》の綱・荷縄などを綯《な》った（山形県最上郡真室川町川ノ内・中塚登志男さん・大正十四年生まれ）。▼キカイ

コエバナ【年中行事・小正月・粟の豊穣予祝】小正月飾りのツクリモノのひとつに「コエバナ」がある。長さ五、六十センチの女竹の先を八つ割りにし、これを組むようにして先を垂らし、そのおのおの先に「オッカゾノキ」（ヌルデ）の径一・五センチ、長さ十二センチほどの片を刺しつける。各片の三分の二ほどは皮を剝き、木の白地を出す。これを堆肥置場の堆肥の上に立て、「コエバナ」（肥花）と呼ぶ。オッカゾノキは一月二日に

山に入って伐り出し、コエバナその他のツクリモノは一月十四日に作り、十四日・十五日・十六日と飾って、十六日の夕方イロリで焼いた。コエバナは堆肥場のほか、畑に堆肥を盛ってそこに立てることもあった。コエバナの儀礼構造は、畑に堆肥を施し、そこに粟種を蒔き、花が咲き、やがて穂垂れて稔る「粟」の予祝儀礼になっているのである。当地のコエバナは他地の多くで「アワボ」（粟穂）と呼ばれるものである。コエバナと堆肥の関係は、東北地方で広く行われる雪田植に先立つ「コエダシ」（肥出し＝堆肥出し）に共通し、「肥」を重視するものである。当地方ではこの日コエバナのほかに、「テンギ」（稗穂を思わせるもの）・「イドマラ」（井戸魔羅＝男根＝水の恵み）・「セッチンボウ」（雪隠棒＝怪我除け、本来は狼除けか）・「カユカキボウ」（粥掻き棒＝占卜具《せんぼくぐ》）などをオッカゾノキで作った（埼玉県秩父市荒川白久・山口元吉さん・明治二十九年生まれ）。

畑に立てられたコエバナ（粟穂）（埼玉県秩父市荒川白久）

ゴサイトウ【年中行事・小正月・柴燈】一月十五日の夜、「ゴサイトウ」（御柴燈）と称して西川町大井沢萱野部落の一か所でドンドン焼きをした。柴燈の芯には、梢《こずえ》を残して枝を払ったまっすぐなブナの木を使うことになっていた。各戸から家族の数だけ藁束を持ち寄り、その藁束をブナの木を中心に輻射状に積み上げてゆくと、それは稲ニオ（稲叢《いなむら》）の形になる。小正月に稲ニオを積み上げるということは、その年の稲の豊穣予祝になっているのである。点火したあと火や煙がまっすぐ上にのぼれば、その年は作がよいと伝えた（山形県西村山郡西川町大井沢出身・富樫音弥さん・明治三十六年生まれ）。

コヅミギ【年中行事・燃料の予祝】正月に、フクギ（クロモジ）・ヌリデ（ヌルデ）・栗の三種の木の二メートルほどのものを、一本ずつ庭の牛繋ぎの杭に縛りつけて立てる。これを「コヅミギ」と呼ぶ。三種の木は大晦日までに山から迎える。コヅミギには、平年には十二個の、閏年には十三個のオヒネリをつける。三種の木を立てる理由を次の「言立て《ことだ》」として伝える。「クリクリ元気で福がヌリダで塗りつくように」（鳥取県八頭郡智頭町市瀬上板井原・平尾新太郎さん・明治四十一年生まれ）。

新年の健康や福の祈願がこめられているのであるが、「コヅミ」（木積み）という呼称には燃料充足の予祝を読みとることができる。

コハジメ【年中行事・小正月】 一月十四日を「コハジメ」（粉始め）と称し、その年の最初の粉碾《ひ》きをした。この日より前に粉を碾《ひ》いてはいけないとされていた。粉始めの粉で団子を作り、柳の枝につけて大黒柱に縛った。これを「繭玉」と称して、養蚕の盛んだった時代には盛大に行った（静岡県藤枝市大東町・仲田要作さん・明治三十三年生まれ）。

コバンモチ【年中行事・小正月・餅】 小正月にウルチ米・糯米《もちごめ》・大豆を混ぜた餅を搗《つ》いた。これを「コバンモチ」（小判餅）と呼んだ（長野県下伊那郡泰阜村栃城・小山芳一さん・大正二年生まれ）。

ゴヨー【年中行事・小正月と一年生えの木】 樹木の一年生えのことを「ゴヨー」という。小正月にニワトコの木のゴヨーに餅で作った粟をつけ、白萩のゴヨーに餅で作った豆をつけ、ミズキに縛り、竪臼《たてうす》を伏せたものに括りつけた。裏返して上部に来た臼の底の上に二斗五升入りの俵を据えて飾った（岩手県気仙郡住田町世田米小股・紺野平吉さん・明治四十二年生まれ）。

コンニャクゼック【年中行事・柿と蒟蒻の日】 旧暦九月九日は蒟蒻を煮て食べる日だと伝えられていた。この日を「コンニャクゼック」（蒟蒻節供）という。「八月熟柿は犬も喰わない」という口誦句がある。食あたりをするというのである。コンニャクゼックからは柿を食べてもよいといわれていた。この日は柿の節目とされる日でもあるので「カキゼック」（柿節供）とも呼ばれた（静岡県浜松市天竜区水窪町奥領家大野・水元定蔵さん・明治二十二年生まれ）。

サクダメシ【年中行事・小正月・占い】旧暦一月十五日夕刻、米を広げた膳と稗を広げた膳を用意し、蕎麦の平団子を三個作っておのおの半分に切って、二つの膳の中央に三切れずつ並べる。左からワセ・ナカテ・オクテの順とする。こうして一夜を明かし、十六日の朝、米の膳・稗の膳ともに半分にした平団子を左から順に返してみて、米粒・稗粒の付着量の多いものを豊作、極端に少ないものを不作として神意を受けとめた。これを「サクダメシ」（作試し）と呼んだ（岩手県和賀郡西和賀町沢内貝沢・岩井貞吉さん・明治二十六年生まれ）。

サンバイサン【年中行事・小正月・模擬田植】サンバイサンとは田の神のことであるが、ここでは小正月（一月十五日）の模擬田植の儀礼を「サンバイサン」という。一月十五日、藁を二つ折りにしたものを十二組作って、それを苗に見たて、明方《あきのかた》（恵方《えほう》）の田の一角に植える。十二枚のカワラケに小豆粥を盛り、これを盆にのせて藁苗の田に供える（広島県庄原市東城町久代・田辺貴さん・大正十年生まれ）。

稲作豊穣予祝の模擬田植は東北地方で「雪田植」「庭田植」「サツキ」などと呼ばれ、盛んに行われてきたのであるが、中国山地においても行われていたのである。

ジジ・ババ【年中行事・小正月・造形物】一月十五日、樫・椎・ナラなどの実の生《な》る木を選び、これを薪状に割って、白い木肌におのおの「十二月」（閏年には「十三月」）と墨書する。これを「ニューギ」と呼ぶ。ニューギを十本以上使って円錐形に纏《まと》め、母屋のデイ（出居）の前に一メートルほどの間隔をおいて二組立てる。そのおのおのに笠をか

ジジ（左）とババ（右）。ニューギサマとも呼ばれる（静岡県浜松市北区引佐町川名、山下治男家）

ぶせる。これを「ジジ」（爺）・「ババ」（婆）と称して、十六日の朝、餅を供える（静岡県浜松市北区引佐町的場・太田清一さん・明治二十七年生まれ）。

この小正月の造形物は、旧引佐町域においては「ジジ」「ババ」のほかに「ジジイ」「ババア」「オジイサン」「オバアサン」などと呼ばれることが多かったが、ほかの呼称もあった。屋代太郎弘賢の『諸国風俗問状答』の「三河吉田領風俗問状答」には「早乙女」という呼称が記されている。前ページの写真は引佐町川名の山下治男（大正十三年生まれ）家のものであるが、同家では「ニューギサマ」と呼んでいた。なお同家では笠の代わりに桟俵《さんだわら》をかぶせ、婆にあたるほうには簪《かんざし》をつけるのだが、爺にあたるほうには藁で作った蓑を着せる。

ニューギの白い木肌が始原の幣、歳神の目印を思わせ、ニューギ群が燃料（焚木）の予祝を思わせもするが、二体対の爺・婆がデイの前に飾られること、爺が蓑を着ている点などは、遠く離れた沖縄県石垣島の訪れ神「マユンガナシ」との脈絡を想起させてやまない。▼キノクチマツリ

シマッサル【年中行事・悪霊病魔追放】

八重山の鳩間島では旧暦十一月ツチノトの日に「シマッサル」という行事を行った。島から悪霊・病魔を追放し、同時に島に寄り来る悪霊・病魔を遮断するのが目的である。この日の前夜、「ユートープァーレー」と称して各家々の屋敷に潮砂を撒《ま》き、鳴りものを持って家々を回り、祈禱して悪霊病魔を祓う。シマッサルに際しては、鳩間島の部落から海岸に通じるすべてのタテ道の海辺に高さ二メートルほどの二

シマッサルのシビラージナ（沖縄県八重山郡竹富町鳩間島、彼方は西表島）

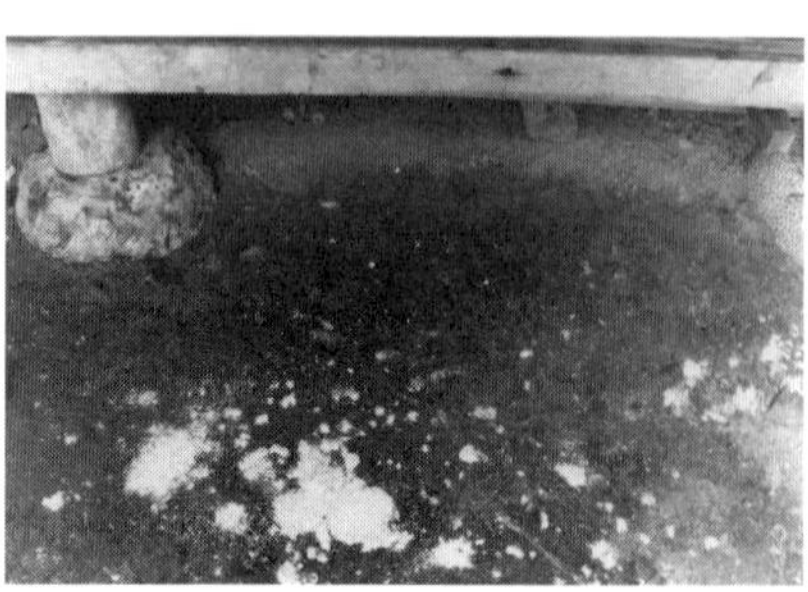

シマッサルの撒き砂（沖縄県八重山郡竹富町鳩間島）

本の棒を立て、左縄に綯《な》った「シビラージナ」（注連縄《しめなわ》）を張り、七・五・三のタレを垂らす。シビラージナには猪の血、それがなければ山羊・鶏の血などを塗ることになっている。島びとたちはその日、浜に集まって「イソプァレー」（磯祓い）をし、ツカサがおよそ次の内容の願い口を唱える。「あなたはこの島にいるが、この島は小さく、生活ができない。この島より西に裕福な島があるからそこへ行って生活してください。そうしないと刃物で血のものになりますから出て行ってください」――丁寧ではあるが、追放のことばである。新城島では「シメーフサリ」、石垣島平久保では「シマフサラー」などと呼称にゆらぎがある（沖縄県八重山郡竹富町鳩間・鳩間島・鳩間昭一さん・大正十三年生まれ）。

この行事については、宮平盛晃氏の『琉球諸島の動物儀礼　シマクサラシ儀礼の民俗学的研究』に悉皆《しっかい》調査研究が見られる。

シャワンボウ【年中行事・正月祭具】 正月を迎えるに際して、歳神に捧げる供物を吊り下げる松の飾り棒（棹）を「シャワンボウ」（幸い棒）という。長さは六尺で、玄関を入って座敷のないほうの壁面に吊られる。大晦日に、この棒に塩鰤・スルメ・鰯・大根などを吊るす。吊るす飾りものの数は平年には十二、閏年には十三とする。シャワンボウはその家の主人が亡くなった際に取り替える。葬式に際して二本の松を伐り出し、それまでのシャワンボウを新しいものに替え、古いシャワンボウともう一本の新しい棒の二本を使って主人の棺を担ぐ。家に入ってシャワンボウを見れば、その家に不幸があったか否かがわかる。田植始めの日に、家族および「カセ」（加勢）の人びとを施主の田のなかで最も大きい田の畦《あぜ》に集め、シャワンボウに吊るした塩鰤を食べる。鰤の頭はアラ汁にする（長崎県佐世保市宇久町平十川・宇久島・坪井要さん・昭和三年生まれ）。▼オバンザオ

ジュウニコダマ【年中行事・初午】 二月の初午の日に「ジュウニコダマ」（十二蚕玉）と称し、水気を与えた米を臼に入れて亭主が十二回搗《つ》く。それを十二個の繭型の団子にして桑の木の枝に刺す。これをイロリのある部屋に祀ってある蚕神様（神札）に供えた（岐阜県高山市上宝町中山・中屋弥一郎さん。明治四十年生まれ）。

ショウブカタビラ【年中行事・五月五日】五月五日のことを「ショウブカタビラ」（菖蒲帷子）と呼び、この日は「女の祭り」だと伝えた。軒に菖蒲・蓬《よもぎ》・薄《すすき》を飾った。これは女衆が見るためのものだと伝えられていた（山梨県南都留郡鳴沢村鳴沢・渡辺佐久馬さん・大正二年生まれ）。

『改訂綜合日本民俗語彙』にも「ショウブカタビラ」の項があり、以下のように記されている。「菖蒲帷子。山梨県南津留郡忍野村（大月市）で、五月節供に親分や親類から贈るかたびらであるが、埼玉県比企郡小川町でも、新しい嫁は婚家で麻の單《ひとえ》を作って貰い、実家に着て行くのをこの名で呼んでいる」。

五月五日は通常端午の節供、男児のための節供とされているのだが、鳴沢村にはこの日を女の祭りだとする伝承がある。折口信夫は「古代研究　民俗学篇2」（『折口信夫全集　第三巻』）の「少女のものいみ」の中で以下のように述べている。「五月五日は、男が家を出はらって、女ばかりが家に居た。名古屋附近では、現在でも、五月四日の夜から五日へかけてを、女天下と言ふ。近松の『女殺油地獄』中巻に「五月五日の一夜さを、女の家と言ふぞかし」とあるのも、其を言うたのである」。折口は、この日男が成男戒のために一か所に集まって物忌みをしているので女が家を守っているのだとし、女が早乙女の資格を得るために山籠りするのは卯月の中旬だとする。この問題はさらなる検討が必要であろう。

スナダンゴ【年中行事・大師講】「ワルゴメ」（折れ米・未熟稲など）を粉化し、蒸して搗《つ》いた餅を「スナダンゴ」（砂団子）と呼んだ。十一月二十三日の大師講の日には砂団子を搗《つ》き、小豆をまぶすか胡麻だれをつけるかして萱《かや》の長箸を添えて大師様に供え、家族も食べた。「大師講荒れ」と称してこの日は天気が荒れると伝えた（山形県村山市楯山《たもやま》・鈴木忠雄さん・大正十年生まれ）。

スリゾメ【年中行事・正月】長野県の飯田・下伊那地方では、一月二日に「スリゾメ」（擂り初め）と称して自然薯ないしは長芋をトロロ汁で食べる習慣がある。自然薯が本来で、栽培種の長芋は代替である（長野県飯田市上久堅森・木下善治さん・大正十二年生まれ）。

正月の三箇日の間に自然薯あるいはヤマノイモの栽培種を食べるという慣行は東北地方に多く、中部地方から一部は近畿地方にまで及んでいる。粘着力のある餅が正月の儀礼食の中心となっているが、粘着食物への執着・嗜好性を溯源すれば、里芋からさらに自然薯にたどりつく。その意味でスリゾメは重要である。

スリバチキュウ【年中行事・夏病み払い】「スリバチキュウ」は「擂鉢灸《すりばちきゅう》」の意で、旧暦六月一日に母屋の入口（玄関）の敷居を跨いだ状態で擂鉢《すりばち》を頭にかぶり、その上から灸を据えると夏の病の払いになると伝えた（静岡県藤枝市瀬戸ノ谷蔵田・藤田賢一さん・明治三十五年生まれ）。

セツブンノシメ【年中行事・節分の注連縄《しめなわ》】当地では「セツブンノシメ」と称して節分にも門口に注連縄《しめなわ》を張る。縄にはまず藁のタレを垂らす。向かって右から一本・一本・十本・三本垂らす。これは「イチイチトオサン」という言語呪誦にもとづくもので、家に入り来る邪悪なものを遮断する意味がある。加えて注連縄《しめなわ》に、鰯の頭・楤《たら》の木・柊《ひいらぎ》・炭・ヒビ（イヌガヤ）の葉を挟む。楤《たら》の木には棘があり、柊《ひいらぎ》・イヌガヤ（犬榧）にも突刺性がある。こうした突刺性や鰯の頭の臭気で病魔・悪霊の侵入を防除しようとしたのである（高知県吾川郡仁淀川町上名野川・片岡定一さん・明治四十二年生まれ）。

ソバヅクリ【年中行事・小正月・造形物】一月十四日に「ソバヅクリ」（蕎麦作り）という行事を行う。ツツジの枝を伐ってきて、その多くの枝先に一・五センチ立方の米・粟・黍の餅片をつけ、蕎麦の実が稔ったような形状にする。これを神棚に飾る。このような蕎麦のツクリモノを作るに際して、隣近所の親しい家の者同士が互いに餅片を持参し、ソバヅクリの手伝いをする（長野県松本市安曇番所・小沢寿雄さん・大正十一年生まれ）。

節分の注連縄。左から炭・柊の葉・鰯の頭・楤の木が吊られている（高知県吾川郡仁淀川町上名野川）

この行事は蕎麦栽培の豊穣予祝儀礼である。年間二十俵から二十五俵の蕎麦を収穫し、蕎麦が主食化していた地ならではの行事であるが、ツクリモノの蕎麦に「蕎麦」が入っていないのは寂しい。しかし、近隣同士が交互に餅片を持ち寄ってソバヅクリをするという点は、蕎麦蒔き・収穫・粉化などの作業において「結い」が行われていたことをよく物語っている。

ダイノコ【年中行事・小正月・造形物】静岡県の安倍川・大井川の上流部山間のムラムラでは、小正月に「ダイノコ」と呼ばれるツクリモノを玄関に飾った。それは径六～七センチ、長さ四十五センチ～一メートルほどのヌルデの木を使ったものである。静岡市葵区長熊の長倉てつさん（明治四十四年生まれ）方では、その頭部に目・鼻・口を刻み、木の一部を削って白い木地を出したものを玄関の左右に一本ずつ立てかけて飾った。これを「ダイノコ」と呼ぶ。そして、一月十五日の朝にはダイノコの口の部分に、米を叩《はた》いて粉にして作った「ハタキモチ」（粢《しとぎ》）を供え、十五日夜には「ソバキリ」を供えた。この日、果樹に対して「ナリキゼメ」を行ったのだが、ナリキゼメも門飾りと同じダイノコで行い、ナリキゼメを行った果樹の前にはダイノコを一本ずつ立てた。

静岡市葵区井川地区のダイノコは、ヌルデの粗皮を五～八か所ほど羽根状に削ったもので、上部に目を刻む例もある。こうしたものの二本の頭部を藁や細縄で括って玄関に立てて飾る。一月十四日の夜と十五日の朝、ダイノコの上に「ハタキオゼ

小正月の粟穂（静岡県浜松市天竜区水窪町奥領家有本）

小正月のダイノコ（左は静岡市葵区長熊、右は同区井川）

ン」（粢《しとぎ》）・飯・里芋を供える。天竜川流域の浜松市天竜区水窪町でも、小正月に類似の飾りものを作って、正月に立てた二本対のオトコギに、二本または四本をセットにして両側に吊るす。ここではこれを「アワボ」（粟穂）と呼ぶ。粟穂の頭には餅を供える。

静岡市葵区長熊の例は「門入道」との脈絡を思わせる（野本寛一『軒端の民俗学』）。▼ハツヤマナラシ

タクラベ【年中行事・小正月・粟、稗の作占】旧暦一月十五日の晩から十六日の朝にかけて行う粟・稗の作柄占いのことを「タクラベ」という。十五日の晩、膳の上に精白した粟・稗の同量を混ぜて敷きつめる。米の切り餅（三センチ×四センチ×十センチ）の切り肌を下に向けて膳の上に置く。ほかに子供たちの好きなものや栗・桃などの文字を書いた餅も並べる。これを神棚に供える。翌十六日朝、餅を裏返してみて、付着している粟・稗の量と比率によって、その年のおのおのの作柄を占う。子供たちのものは穀物の種別は問わず、付着の総量を比べて占う。「タクラベ」とは「田比べ」の意である。祝沢口さんが水田を拓いたのは昭和五十一年のことで、それまでの農業は畑作・焼畑だった（岩手県下閉伊郡岩泉町安家年々・祝沢口良雄さん・大正十一年生まれ）。

ダゴイネ【年中行事・盆の団子】盆の精霊送りに作る八月十五日の「オクリダゴ」（送り団子）にかかわり、「ダゴイネ」（団子担い）ということばが用いられた。精霊様が送り団子を担って行かれるという意味である。送り団子に対して、八月十三日の「ムカエダゴ」（迎え団子）もあった。迎え団子は球体、送り団子は楕円体だったが、ともに糯米《もちごめ》粉五に対してウルチ米粉五の比率だった。糯米《もちごめ》が多いと軟らかくなる（福岡県柳川市三橋町垂見・大橋キミエさん・明治四十二年生まれ）。

ターム・マーム【年中行事・正月と里芋】「ターム」はサトイモ科の栽培種で水田に栽培されるところから「ターム」（田芋）と呼ばれた。対して「マーム」はサトイモ科の栽培種で畑地で栽培される「真芋」の意と考えられる。沖縄県島尻郡伊平屋島の西江幸徳さん（明治四十一年生まれ）は以下のように語る。正月にはタームを煮てドロドロにして砂糖を加えて食べる。また、正月にはマームを煮ものにして食べる。

同県南城市久高島は畑作の島であり、しかも畑地は乾燥した砂地である。したがって島ではタームは栽培できないし、マームも島の西、集落周辺の畑で少し栽培されるだけだった。マームの掘り方は「サグリボリ」で、子芋を少しずつ掘るというものだった。食法は煮付けのほかに「ネンジャラ」と称して、マームを茹でてつぶして餅のようにして食べる方法が伝えられている（西銘しずさん・明治三十七年生まれ、ほか）。

沖縄の里芋栽培は島嶼環境によって異なる。甘藷以前の「イモ」としてその調査は重要な課題である。

ツチンボー【年中行事・小正月・有害動物防除予祝】 藁叩きなどに使う横槌のことを「ツチンボー」と呼んだ。小正月の団子刺しは一月十三日に行った。子供たちは一月十四日の早朝、母屋の周囲に団子を茹でた汁を撒《ま》いてまわった。同時にツチンボーに縄をつけて引きまわしながら、次の呪詞を大声で誦した。〽ツチンボーのお通りだ　長虫来んなよ　団子の湯は魔除けだ――（福島県南会津町静川・町島伊佐久さん・昭和十年生まれ）。

新潟県魚沼市大栃山では、小正月の一月十五日早朝、子供たちが横槌に縄をつけ、次の呪詞を大声で誦しながら家の周囲を回った。〽横槌どんの御前《おんまえ》だ　モグラモチャ内にか　外へ出たらかっつぶせ――（大島寛一さん・明治三十八年生まれ）。

横槌の打砕力・呪力によって追放すべき対象は、前者では蛇・病魔・悪霊、後者ではモグラモチ（モグラ）とされている。

ドウガン【年中行事・盆・モグラ打ち】 盆の八月十五日に「モグラウチ」をした。藁で太縄を綯《な》い、先端を太くした叩き具を持って二十人ほどの子供たちが集まり、各戸の前庭を叩きながら矢作五十戸を回った。家々では小銭をくれた。地面を叩くとき、〽ドウガンだ　ドウガンだ――と声をそろえて大声で囃《はや》した。この行事は初めて参加したその翌年から行われなくなった（茨城県土浦市矢作・矢口真さん・昭和十年生まれ）。

『改訂綜合日本民俗語彙』には「ドウカン」の項目があり、岩手県上閉伊郡の例として、ドウカンは皮師のことで、ドウガンともいう、としている。静岡県藤枝市市場には「モグラの皮で財布を作ると金がたまる」という伝承がある。同市花倉の秋山政雄さん（明治二十九年生まれ）は、日露戦争のころにはモグラの皮の耳当てが作られていたと語っていた。右によれば、モグラにとって皮師は恐怖の対象であり、〽ドウガンだ　ドウガンだ――という大声の囃《はや》しは皮師の集団がモグラを追い立てる構造になっている。よって、農業にさまざまな被害を与えるモグラを鎮圧することになるのである。

トウメシ【年中行事・端午】　端午の節供に、米の飯を円錐形に盛り固めて朴《ほお》の葉を十字に組んで包み、藁で縛って神仏に供える。これを「トウメシ」と呼んだ。自分で食べるトウメシには塩味をつけた。トウメシを作るときには次のような囃《はや》し唄《うた》を歌いながら作った。〽朴葉飯《ほおばめし》トウメシ　栃の木のトウになあれ――（岐阜県下呂市小坂町大洞正子・庄村末太郎さん・明治三十五年生まれ）。

「トウメシ」とは「塔飯」「薹飯」、すなわち高盛飯のことで、五月五日、稲作作業の始動するこの時期にトウメシを神仏に供えることは、稲の豊作・多収穫を祈願・予祝することになる。また、「栃の木のトウになあれ」というのは、白い複総状の花序が円錐形をなして群れ立って咲く栃の花のことを、飛騨では「トチノトウ」（栃の薹）と呼ぶこととかかわる。そして「栃の薹《とう》が立ちゃ世の中よい」という口誦句が広く伝えられていることも重要である。飛騨では栃の実も食糧として長い間重視されてきたのである。トウメシは栃の花房に似ている。▼タネドリイバチ

トコダワラ・コシカケダワラ【年中行事・正月・歳神の座】　稲を刈り入れしたあと、六斗入りの大俵を二つ作り、ウルチ種の籾米を入れ、床の間の前に据えた。これを「トコダワラ」（床俵）と呼ぶ。その上に、二俵の床俵と交わる形で「コシカケダワラ」（腰掛け俵）をのせる。腰掛け俵は籾を除いた玄米一斗入りの小型俵だった。これらの俵を据える期間は稲の収穫後三月までだった。正月には床俵の上、腰掛け俵の前に筵《むしろ》を敷き、朝は餅、昼は飯に煮もの、夕方は家族の夕飯と同じものを供えた。これは一月十一日の「トシオロシ」の日まで続けた。トシオロシが済むと、腰掛け俵の米を精白した。一月二十日を「ヒキオウチ」（引き緒打ち）と称し、この日ムラ組の当屋に集まって、負い籠につける荷綱を綯《な》った。腰掛け俵の玄米はこの日必ず手で搗《つ》いて精白し、飯にして神棚に供え、一同も食べた（岡山県真庭市旧八束村・岸野増男さん・明治三十九年生まれ）。

ここに登場する俵は歳神棚の一種と考えることができる。

トコロゼック【年中行事・二十日節供】 静岡県の興津川・安倍川流域の山間部では、一月二十日を「トコロゼック」(野老節供)と称した。静岡市葵区長熊ではこの日、山から掘ってきたトコロを焼き、高神様と恵比須様に供えた。飢饉のときの食べものとしてのトコロを忘れないための行事だともいう(長倉てつさん・明治四十四年生まれ)。

同様の伝承は同区中平、同区有東木でも聞いた。長野県飯田市上村下栗の前澤義元さん(明治三十三年生まれ)は以下のように語る。一月二十日を「ハツカゼック」(二十日節供)と称し、神棚に吸いものを進ぜ、ユルイ(イロリ)でトコロを焼いた。さらに広域の調査を必要とするのだが、二十日正月に正月終いの意味を持たせる地が多いことを考えると、この日、トコロを食して褻《け》の生活にもどることを意味したとも考えられる。また、「トコロを焼く」という点に注目すると、始原の食を探索する手がかりにもなろう。

トシイモ【年中行事・正月・飾り芋】 正月、葉・茎・芋のついた里芋を床の間に鏡餅とともに供える。この里芋のことを「トシイモ」(年芋)と呼んだ。元旦の夕方は里芋の煮しめを食べる。年芋は一月十日におろして、十一日に里芋・餅・蒟蒻を入れた雑煮にして食べた(鹿児島県肝属郡南大隅町佐多馬籠尾波瀬・前田吉次郎さん・大正八年生まれ)。

トシオケ【年中行事・歳桶】 正月に、床の間に新筵《しんむしろ》を敷き、以下のような「トシオケ」(歳桶)を祭った。歳桶は底径一尺、口径尺二寸、高さ尺三寸。桶に入れるものは次のとおりである。①底部に米一升。②歳餅＝二升臼一臼分を径七寸の丸平餅二個にして重ねる。③小丸餅＝平年十二個、閏年十三個を歳餅の上に並べる。④栗の実一摑《ひとつか》み。⑤干し柿＝平年十二個、閏年十三個。⑥戦前は一銭硬貨十二枚、現在は十円硬貨十二枚、閏年には十三枚を半紙に包む。これを買い初《ぞ》めに使う。⑦オヒネリ＝半紙を五分幅に切ったものに米二粒を包む。これを十二個、閏年には十三個。⑧半紙＝十二枚、閏年には十三枚。⑨タツクリ二匹を半紙に包んだもの。以上を入れ、桶に注連縄《しめなわ》を張る。歳桶に蓋をし、その上に「トジマメ」二個を据える。トジマメは、黒大豆を炒ったものを葛の根の澱粉で固め、径三寸ほどの球体にする。歳桶の上には、一月二日の縫い初《ぞ》めに作った半紙の袋二枚に、米一升ずつを入れてのせる。苗の植え初《ぞ》めのことを「ワサウエ」と称し、田の植えあげのことを「シロミテ」という。この両日に、縫い初《ぞ》めの袋に入れておいた米を、保存しておいた「コヅミギ」で炊く。また、両日に、トジマメと馬鈴薯・干し大根を煮る。両日に、正月に供えた米を炊いた飯と、トジマメの副食を食べる（鳥取県八頭郡智頭町市瀬上板井原・平尾新太郎さん・明治四十一年生まれ）。

ここには正月と田植の連鎖が見られる。稲の豊穣を祈るものである。歳桶は歳神と考えられる。▼コヅミギ

トシギ【年中行事・火継ぎ】大晦日から正月にかけて、ユルイ（イロリ）で「トシギ」（年木）・年霊継ぎ・年継木の儀礼を行う。大晦日に新年の年木を迎えてくる。年木はクロマツである。まず、保存してあった前年の年木をヨコザの向かいの両隅から入れて燃やす。おのおのの横に新年の年木を並べ、その上に餅と橙《だいだい》をのせる。新しい年木に火を受け、その燃えかけを来年のために保存しておく（長崎県佐世保市宇久町平十川・宇久島・坪井要さん・昭和三年生まれ）。

トシダマ【年中行事・年玉】少年のころ、正月に親戚や近隣の家に行くと「トシダマ」（年玉）と称して、径十センチほどの丸餅を二個ずつくれた（長崎県佐世保市宇久町平十川・宇久島・坪井要さん・昭和三年生まれ）。

トシトリイワシ【年中行事・大晦日・年取り魚】大晦日に若歳様の膳を用意した。膳の一番手前に箸を置き、その向こうに飯と汁、その向こうに数の子と黒豆、一番向こうに焼いた「トシトリイワシ」（年取り鰯）を置く。これは元旦には下げた。大晦日には家族全員も年取り鰯を食べた。食べ終わると鰯の頭を大豆の茎に刺し、それを戸口に飾った（岡山県津山市加茂町倉見・政宗浪子さん・大正七年生まれ）。

年取り魚は鮭・鰤とは限らず、このように鰯も用いられた。塩との関係で海魚が条件となっていたことが考えられる。

トシトリマイ【年中行事・歳神棚】十二月の晦日に、歳神棚に「トシトリマイ」（年取り米）を供えた。それは次の形式によった。一升枡いっぱいに米を入れ、その中央に栗の実三個をのせる。そして、枡の対角の隅に干し柿三個とひとつまみの大豆を置く。この三品は「マメ（豆＝健康）でクリクリ（栗＝健康な有様）掻きとり（柿とり＝稼ぎ）に」という吉祥口誦を兼ねる。この米は二日に炊いて飯として食べた（静岡県浜松市天竜区水窪町地頭方向市場・川下勘三郎さん・明治三十七年生まれ）。

トシトリモチ【年中行事・年取り餅】大晦日に以下のようにした。大人の餅は径四寸以上、子供の餅は径三寸ほどにし、おのおの皿に盛り小豆餡をまぶし、餅の下に稈心《みご》を三本敷いて家族一人一人に分配した。家のあるじは全員が座に着くと、「これから年取り餅を食べるぞ」と声をかけた。家族はそれぞれ、刃物も素手も使わずに、稈心《みご》で餅をひねって切って食べた。これを「トシトリモチ」（年取り餅）という。家族はおのおのに残った餅を保存しておき、年が明けてから自分の干支の日に食べた。年取り餅を切る稈心《みご》は月の数だけ敷く家もある。当地には「他人の年取り餅を食べると二人分の年をとる」「年取り餅は他人に与えるものではない」という禁忌伝承がある（静岡県牧之原市蛭ケ谷・絹村勇さん・大正十四年生まれ）。

ここに見る年取り餅は「年玉＝年霊」だと考えることができる。

トシネ【年中行事・年取り餅】正月用に次の餅を搗《つ》いた。餅を搗《つ》く臼の単位を「クボ」という。「一《ひと》クボ」「二《ふた》クボ」という。一クボは二升である。①米＝一クボ、②粟（モチ種）＝三クボ、③トウキビ（トウモロコシ）の粉とモチ粟＝二クボ、④コキビ（黍）＝一クボ、⑤モチキビ（高黍）＝二クボ、⑥米と小豆＝一～二クボ。種類も色彩も多彩である。ここには焼畑・畑作地

年取り餅の稈心切り（復演）（静岡県牧之原市松本）

トシネ（宮崎県東臼杵郡椎葉村不土野尾前、尾前新太郎家）

帯の餅の特色がよく出ている。米の餅を「トシネ」と呼ばれる「年取り餅」にする。トシネは家族全員に分与される餅で、まずツルノハ（ユズリハ）を十字に組み、その上に径四寸の丸平餅と径三寸の丸平餅を重ねて盛り、その上にシキミの葉をのせる。トシネは各人の膳の左上手に据える。トシネは新年を迎えるにあたって家族全員そろって食べた。残しておいてのちに食べてもよい。ただし、トシネは他人に食べさせてはいけないといわれている。ここに「トシダマ」（年玉）の原形を見ることができる（宮崎県東臼杵郡椎葉村不土野尾前・尾前新太郎さん・大正十一年生まれ）。

ドマボウキ【年中行事・内庭の清浄保持】 正月を迎えるに際して「ドマボウキ」（土間箒）を作った。土間箒は半束ほどの藁を二つ折りにし、その先端を押切で切りそろえ、曲げた部分を縛り固めたものである。これを十二本作って吊り並べておき、一年間順次使用した（秋田県南秋田郡五城目町大川谷地中・佐藤甚助さん・大正十二年生まれ）。

菅江真澄『比遠能牟良君』の「大臼小臼の図」の中に、ビッシリと吊られた藁製の土間箒の図があり、以下の詞書きがある。「一とせの帚を煤とりの日藁もて作り、ひしひしと掛けたり」——時に穀物の精白や餅搗《つ》きなどに用いられる母屋の土間の清浄保持は、雪国の人びとにとって重要な問題であったことがわかる。

ドヨウサブロウ【年中行事・除湿除黴《じょばい》】 夏の土用から三日目を「ドヨウサブロウ」と称し、この日から三日間、蔵を開いて風を入れた（静岡市葵区中平・見城徳さん・明治三十九年生まれ）。

ドヨウニナ【年中行事・夏土用と蜷《にな》】 夏の土用の丑の日にカワニナ（カワニナ科の巻貝）を捕ってニナ汁（蜷汁）にして食べる。カワニナは夕方石にのぼるので、そのとき捕採する。一晩水に浸け、アカ出しをして味噌汁にして食べる。これを食べると夏負けしないと伝えている。これを「ドヨウニナ」（土用蜷）という（岡山県高梁市備中町志藤用瀬志藤・芳賀恒治さん・大正十五年生まれ）。

土用蜷《にな》の慣行は岡山県・広島県の山間部に広く見られる。

トラヘイ【年中行事・大晦日の来訪者】大歳の夜、「ホイト」(乞食)・お堂に住みつくホイト・貧乏な人などが、「トラヘイ、トラヘイ」と唱えながら縄を持ってムラを回り、各戸の戸口で「トラヘイを祝ってください」と願った。家人は餅・米・銭などを与えた。トラヘイが済むとホイトは三か月寝て暮らす、などといわれていた(広島県庄原市東城町粟田井河内・柳生薫さん・大正十五年生まれ)。

岡山県新見市哲西町大野部の沖津隆治さん(昭和七年生まれ)は以下のように語る。節分の前夜、小作より貧しい雇い人・男衆などが、「トラヘイ、トラヘイ」と叫んで各戸を回り、餅をもらって歩いた。

右の例を見ると、「トラヘイ」の原義は「足《た》らへ、足《た》らへ」であったことが考えられる。視点を変え、巡回者が祝いのことばを述べ食を乞う「ホカイビト」だとすれば、「足《た》らへ」は来たる年に対象の家や家人に富や幸いが「足《た》らう」ことを祈禱することになる。

ナタオトシ・カマオトシ【年中行事・柱点検、柱祝い】大晦日、大黒柱・下大黒柱・便所・流し・風呂場などの材の端に酒をかけて魔除けをした。これを「ナタオトシ」(鉈落とし)・「カマオトシ」(鎌落とし)と称した(富山県南砺市利賀村阿別当・野原ことさん・大正四年生まれ)。

ナタモチ【年中行事・節分・厄落とし】節分に、特に厄落としの儀礼を伝える家が、鉈《なた》で切り分けた餅に粗碾《あらび》きの黄な粉をまぶして他家の者に受けてもらう。その餅と儀礼のことを「ナタモチ」(鉈餅)という。節分には箕《み》の中に石臼を据え、炒った大豆を粗碾《あらび》きにし、その粗碾《あらび》き大豆(粗い黄な粉)を箕《み》の中に広げる。その上に一臼分の餅をのし、鉈《なた》で角餅に切り分ける。近隣の五、六軒の者が「鉈《なた》餅を貸してください」といって訪ねてくる。来訪者はその家の屋根から雨垂れの落ちるラインを越さず、家人も雨垂れのラインを越さないようにして鉈《なた》餅を渡す。鉈《なた》餅は親戚にも受けてもらった(静岡県菊川市赤土・赤堀雅彦さん・昭和十年生まれ)。

家や家人についた厄や悪しきものを節分の豆に移し、それを石臼で粗碾《あらび》きにし、さらに農家で保有する最も切断力の強い刃物で切断する。これを箕《み》の中で行うことは、粗悪なものを簸《ひ》出《だ》し、煽り出し、よいものだけを内にためるという箕《み》の機能にあやかるものである。鉈《なた》餅を他人に受けてもらうことによって厄が消えると考えられたのである。

ナデ【年中行事・正月・箒作り】「ナデ」は箒の忌みことばだとされるが、当地では藁の稈心《みご》で正月に箒を十二本作っておき、秋の籾摺《もみす》り作業のときに使う慣行があり、この箒のことを「ナデ」と呼んだ（山形県酒田市天神堂・佐藤恒男さん・大正九年生まれ）。

秋田県南秋田郡五城目町大川谷地中の佐藤甚助さん（大正十二年生まれ）も、正月に、藁を半分に曲げて切りそろえて編みつけた箒を十二本作った。これを母屋の中の土間を掃くのに使った。当地には「ナデ」という語は伝承されてはいないが、藁箒が重視されていたことがわかる。

ナマコヒキ【年中行事・小正月・害獣追放予祝】旧暦一月十五日に「ナマコヒキ」（海鼠引き）を行った。「ユンヅケ」（ツマゴ＝藁沓）に籾殻を入れ、縄で巻き固めてナマコの形を作り、それに重湯《おもゆ》をかけてぬめりをつける。子供たちは、この巨大化させたナマコの模造物に縄をつけて屋敷の周囲や田畑を引き回る。同時に、棒で地面を叩きながら、〽ナマコ殿のお通りだ　モグラそっちゃ行け――と大声で唱した。畑作物に害を与え、田の畦《あぜ》に穴をあけ、漏水をもたらすモグラの追放予祝である（岩手県奥州市江刺米里中沢・中山龍夫さん・昭和三年生まれ）。

『遠野物語拾遺』（柳田國男）にも類似の行事が記されており、囃《はや》し詞《ことば》として、〽ナマゴ殿のお通り　もぐら殿のお国替え――が記されている。宮本常一は『民間暦』の中で、「山口県大島では十五日にはこの行事はなくなっているが、呪言のほうは童謡になってのこり、土竜《もぐら》の害がはなはだしくなると海鼠の煮汁を畑にそそぐ風があって、年中行事ではなくなっている」と述べている。海に近い地では実物のナマコがモグラ除けに使われている点に注目しておきたい。宮城県の気仙沼では一月十四日を「ナマコトリ」（海鼠捕り）と称して捕ったナマコを萱苞《かやづと》に入れて縄で縛って各戸を巡回したという。

ニナワナイ【年中行事・儀礼的縄綯《な》い】一月十二日に儀礼的に行う縄綯《な》いのことを「ニナワナイ」（荷縄綯い）と

いった。早起きをして、長さ十五尺で真中を径一寸ほどにした縄を午前中に三本綯《な》う（山形県村山市楡山《たもやま》・鈴木忠雄さん・大正十年生まれ）。

ニューギビラキ【年中行事・小正月】　小正月飾りやムショ参り（墓参り）に使う「ニューギ」を作るために伐り出しておいた木を、一月十一日に割って整える。これを「ニューギビラキ」と呼んだ（長野県下伊那郡天龍村神原向方・坂本きくさん・明治二十六年生まれ）。

ハグイ【年中行事・小正月・燃料】　小正月、割薪状の木の割面に「十二月」（閏年は「十三月」）と墨書した「ニューギ」と呼ばれるものを母屋の前庭に立てた状態にして、その集合体を飾る。その両側に立てる九尺ほどの杉または松の棒を「ハグイ」（端杭）と呼んだ。「ハグイヌキ」（端杭抜き）の日は二月一日で、この日はハグイにボタモチを供えてから家族も食べた（長野県下伊那郡阿南町新野・金田節春さん・明治四十二年生まれ）。

母屋の前庭に飾られるニューギの集合体とその両脇のハグイは小正月飾りであり、信仰的造形物になっているのであるが、その基層には、確保した燃料としての薪を積み上げ、その両端を「ハグイ」と呼ばれる杭で止め、支えて管理する民俗が生きていたのである。ニューギは、木を割った白い部分が歳神の目印になる点で削り掛けや幣束《へいそく》の祖型を示しているのであるが、薪状のニューギ群にはいまひとつ、その年の燃料充足の予祝要素があった。ニューギは燃料の象徴でもある。同県飯田市立石の佐々木要蔵さん（大正七年生まれ）は、自家のニューギを細かく割って飯田のマチ屋に燃料として売りに行ったものだと語る。▼キネ・ボヤ

ハシケズリ【年中行事・箸削り】　十二月十三日を「ハシケズリ」（箸削り）の日とし、山から「ハシギ」（ウツギ）を伐ってきて、家族全員が翌年一年間使う箸のすべて、並びに神仏への供物にかかわる箸を削り整えた。正月に雑煮を分ける菜箸は、尺五寸ほどで丁寧に削り、平素使う菜箸も作った。祖父が炉端で白木箸として仕上げた。二十膳ずつ藁で編みつけて干した。正月には新しい菜箸で雑煮を分け、家族も神仏も新しい箸にした。なお、この日を「キシクサン」の日と呼んだ（岡山県新見市菅生別所・西村広美さん・大正十年生まれ）。

岡山県北部から鳥取県西部にかけ、十二月十三日の箸削りが盛んだった。岡山県北部にこの日を「キシクサン」と呼ぶ例が多い。その本義は定かではないが、古語に「来及《きしく》」があり、何回も何回もやって来ることを意味する（『万葉集』四九九番歌）。めぐり来る新年とかかわりがありそうである。岡山県真庭郡新庄村野土路の稲田栄作さん（昭和八年生まれ）は、十二月十三日を「コトハジメ」（事始め）と称し、箸削りをコトハジメの行事だとする。一年中使う箸を大歳の晩、神棚に供えておき、元旦の雑煮を大きく長い菜箸で家族に分け、家族はおのおのに新しい箸で雑煮を食べるのだという。同県真庭市旧美甘村鉄山峪の横山治郎さん（大正十二年生まれ）は、「シロミテ」（田植終了）の日、萱《かや》の箸を編みつけた簾《すだれ》の上に笹の葉に包んだ赤飯をのせて水口《みなくち》に供えた。この儀礼を「キシクサン」と呼んだという。「キシクサン」はさらなる調査が必要であり、箸については鳥取県東部から兵庫県にかけて盛んに行われた「コトノハシ」とのかかわりも追わなければならない。

ハツヤマナラシ【年中行事・小正月・生《な》り木《き》責《ぜ》め】一月十四日の朝、家のそばの生《な》り木《き》、柿・栗・梨・栃の木のもとに家族二人で赴き、長さ五寸ほどの「小ニューギ」を供え、まず一人が「ナルカナラヌカ」といって木に向かって斧を向ける。次いでいま一人が「ナリマスナリマス」と応じると、斧でほんの少し疵《きず》つけたところに「栃粥」をなすりつける。この行事を「ハッヤマナラシ」という（長野県飯田市上村下栗・熊谷実さん・明治四十二年生まれ）。

この行事は一般的には「ナリキゼメ」（生り木責め）と呼ばれ、柿の木を対象とする地が圧倒的に多い。しかし、当地では栃の木もふくまれている。栃の木を対象として生《な》り木《き》責《ぜ》めを行う例はほかに、静岡県浜松市天竜区水窪町、同区佐久間町、愛知県北設楽郡豊根村富山などに見られる。提示事例のなかに「栃粥」が登場

栃の木に対する生り木責め（静岡県浜松市天竜区水窪町奥領家大野、水元家）

することも重要である。これらは採集の民俗を考える場合注目しなければならない。また「ハツヤマナラシ」という語彙も美しい。

ハマオリ【年中行事・潮と女性】旧暦三月三日は女性にとって重要な日である。沖縄県南城市久高島の内間芳子さん(昭和五年生まれ)は次のように語る。この日は「ハマオリ」(浜降り)で、干潮に合わせて「ピシ」(干瀬)に出かけ、タコ・サザエ・アズケー(シャコ貝)その他を捕採した。この日女性は必ず潮に足を浸けるものだと言い伝えられており、この日に雨が降ったり海が荒れたりした場合は、海から汲んできた潮水で足を濡らしたものだという。獲物はその日の御馳走になった。

同県石垣市宮良(石垣島)の後原トミさん(大正八年生まれ)は旧暦三月三日について次のように語る。この日は「ハマオリ」と称して、女たちが豆腐・天麩羅・蒲鉾《かまぼこ》などの御馳走を作って浜で遊んだ。子供を遊ばせ、魚介類も捕採した。妊娠している女性はこの日、ピー(干瀬)の水たまりを渡るとお産がしやすくなると伝えている。

浜降りは禊ぎにあたる。海での捕採食物は女性の体の養いになる。右に見た浜降りは三月三日の雛節供、女の節供とも、また潮干狩りともつながる。このことは、女性が禊ぎをし、悪しきものを退け、体力を増進することは、将来子宝に恵まれることにつながると考えられてきたことを示すものであろう。

ハヨブチ【年中行事・仕事始め・縄綯《な》い】一月十一日に祖父母が二人で藁を縒《よ》り、孫が手伝って径一寸ほどの縄を綯《な》う。これを「ハヨブチ」と呼ぶ。縄は梁に掛ける。この日、田に「クワイレ」(鍬入れ)をし、シデをつけた松を立て、餅を供える。その餅を烏が早く食べると縁起がよいと伝えた(栃木県大田原市南方浅ケ沢・菊池松男さん・大正十一年生まれ)。

『改訂綜合日本民俗語彙』には「ハヨブチ」の項があり、福島県の例が挙げられている。

バンバオニ【年中行事・節分】雪掻き箆《へら》のことを「バンバ」と呼ぶ。節分にはバンバの箆《へら》の部分に鬼の顔を描き、柄に月の数だけ横線を書き入れる。さらに篦《へら》の付け根の部分に塩鱒の頭を紐で縛りつけて玄関に立てた。これを「バンバオニ」と呼んだ（岐阜県飛騨市宮川町洞奥ヶ洞・沢之向銀之助さん・明治三十六年生まれ）。

『改訂綜合日本民俗語彙』の「バンバ」の項には次のようにある。「富山県から福井県にかけて広く行われている語で、木製の除雪具をいう」。

節分に描くバンバの鬼（岐阜県飛騨市宮川町洞奥ヶ洞）

ヒザヌリ【年中行事・凍結季への対応】 旧暦十二月一日朝、山仕事に出かける前にオハギを作る。オハギを皿に盛り、女性は正座し、男は胡坐をかいて、箸で肘と膝にオハギを塗りつける所作をしながら「師走の川に落ちませんように」と唱えた。これを「ヒザヌリ」（膝塗り）と称した（広島県庄原市比和町古頃・熊原富枝さん・大正十四年生まれ）。

十二月一日、ボタモチを作り、家族で膝に塗るまねをして「転ばぬように、転んでも怪我せぬように」と唱えてから食べた（鳥取県日野郡日野町秋縄横路・柴田久子さん・大正二年生まれ）。

前者は冬の川への滑落、後者は雪道・凍結路での転倒なきことを祈っている。同様の呪的行事は広島県・島根県・岡山県・鳥取県の各地で広く行われていた。

ヒナアラシ【年中行事・上巳《じょうし》の節供】 旧暦三月三日の雛祭りの日に、子供仲間で村落内の家々の雛人形を見てまわることを「ヒナアラシ」（雛荒らし）と呼んだ。黙って見に行ってもよいとされていたが、子供仲間で「ヒナアラシに来ました」と挨拶して雛人形を見せてもらった。家々では「ハゼリ」（アラレ）・「イリタノシ」（田《た》螺《にし》の身を茹でてから炒ったもの）・握り飯などをくれた。小学校三年生くらいまで回った（岡山県津山市加茂町倉見・政宗浪子さん・大正七年生まれ）。

ブイブイショウガツ【年中行事・害鳥獣、害物追放予祝儀礼】一月十三日に子供たちが以下のような遊びをした。長さ四寸、幅五分ほどの真竹の外周の部分を残した竹片を作る。その竹片の一端に刻み溝をつけて、そこに長さ三尺余の絹糸を結びつけ、別の端を長さ三尺の棒の先端に結びつける。これを「ブイブイ」と呼び、子供たちはおのおのこの棒を持って振り回す。竹片が「ブイブイ」「ブンブン」と唸り音を発する。これは屋外で回すもので、「家の中で回すと餅が逃げる」と子供たちを窘《たしな》めた。この遊びを「ブイブイショウガツ」（ブイブイ正月）と称した（鳥取県八頭郡智頭町市瀬上板井原・平尾新太郎さん・明治四十一年生まれ）。

『改訂綜合日本民俗語彙』には「ブイブイショウガツ」の項があり、右と類似の説明があるのだが、別に「ブイブイ」の項もあり、そこに以下のような注目すべき記述がある。「同県（兵庫県）宍粟郡のある村ではカリコと称する正月十四日の若者の集まりのとき、獣を追い出すためと称して、棒に糸で附け木をつけて振りまわすものを、その鳴る音からブイブイと呼ぶそうである」。右の宍粟郡の例の「カリコ」とは「狩子」の意で、一月十四日（小正月小歳）の日どりからしても、「狩猟と農作物につく害獣追放」の予祝儀礼だったことが考えられる。智頭町の例には「獣」は語られてはいないが、「ブイブイ」の音は宍粟のものより大きい。「ブイブイ」の音は、害獣はもとより、年の初めに諸悪を音によって追放する心意が読みとれる。

フキダオレモチ【年中行事・小正月の鳥追い】一月十四日夜、子供たちは広さ三畳ほどの「カマクラ」（鳥追い小屋）に籠ってそこを基地として鳥追いをした。北と南のムラ境まで鳥追い唄を歌いながら儀礼的に追う。〽あれは誰《た》が鳥追いだ　旦那衆の鳥追いだ　どこからどこまで追ってった　西から東へ追ってった　何を持って追ってった　柴を抜き抜き追ってった　スズメシバドリタチアガリャホイ　一番一番憎い鳥は何鳥だ　スズメ鳥が憎い　シバ鳥が憎い　ドウ（胴亀＝スッポンか）とサギ鳥憎い　ヤーホイ――。「サンパイ」（モンペ）に藁沓、棒を持って声をそろえて歌った。こうして吹雪のなかを巡回してきたあと、カマクラで、焼いた餅に黄な粉をつけて食べた。これを「フキダオレモチ」（吹き倒れ餅）という（新潟県魚沼市三ツ又・中沢知一郎さん・大正六年生まれ）。

フキダオレモチにつけるものが餡でも醤油でもなく「黄な粉」であることは、黄な粉が稲の花、秋の稔りの穂を象徴するからであろう。

フクエノキ【年中行事・小正月・造形物】 一月十五日に、「フクエノキ」「ダンゴボク」という飾りものを作った。榎《えのき》の木の切り株に蘖《ひこばえ》が生えたところを伐りとってきて、蘖《ひこばえ》の小枝に団子・ミカンなどを刺して飾り、加えて、カツノキ（ヌルデ）で作った造花などを刺し、床の間に飾った。別に、柳の枝に団子を三つか七つ刺して神棚に飾った（静岡県裾野市佐野・鈴木浚一さん・明治三十三年生まれ）。

フツカトロロ【年中行事・正月トロロ】 一月二日に自然薯を擂《す》ってトロロ汁を作って食べる。これを「フツカトロロ」と呼んだ。この日、イロリの鉤《かぎ》にもトロロ汁を塗り、玄関の入口にもトロロ汁を塗った（山形県最上郡大蔵村清水白須賀・樋渡勘次郎さん・大正十五年生まれ）。

同村合海下合海の信田政義さん（昭和二年生まれ）も「フツカトロロ」を食べ、擂粉木《すりこぎ》にトロロをつけ、玄関の戸に丸印を描いた。これはハヤリカゼ防除の呪《まじな》いだと語っていた。

フナイチ・フナコグイ【年中行事・二十日正月の鮒コ食い】 佐賀県鹿島市の集落、鹿島と浜には、一月二十日の二十日正月・二十日エビスに「フナイチ」（鮒市）が立った。この地には、二十日エビスに「フナコグイ」（鮒コ食い）と称して鮒の昆布巻を作って食べる習慣があった。鮒市で売られる鮒は白石方面から運ばれたという（佐賀県鹿島市音成東塩屋・倉崎次助さん・明治四十一年生まれ）。

ホケトリ【年中行事・盆】 お盆の供物のなかに、朴《ほお》の葉に赤飯と煮しめを盛ったものを必ず加えた。この朴葉《ほおば》盛りは子供が自由にしてよいものだとされ、「ホケトリ」（法華取り）と呼ばれた（青森県むつ市川内町上小倉平・板井すささん・昭和三年生まれ）。

ホネショウガツ【年中行事・正月・二十日正月】 一月二十日を「ホネショウガツ」（骨正月）という。正月中に食べた魚の骨を干して保存しておき、二十日の朝、庖丁で叩いて砕き、それから出汁をとる。その出汁を使って雑煮を作って食べ、これを以って正月行事を終わりとする（京都市中京区二条通烏丸・掛見輝江さん・大正十五年生まれ）。

『改訂綜合日本民俗語彙』にも「ホネショウガツ」の項がある。

マッカダイコン【年中行事・大根の年取り】二又に分かれた大根のことを「マッカダイコン」（又大根）という。十月十日を「ダイコンノトシトリ」（大根の年取り）と称し、神棚にマッカ大根と神酒を供えた。この日は大根畑に入ってはいけないという禁忌がある。十二月十日は「ダイコクサマノトシトリ」（大黒様の年取り）と称して、大黒様の前にマッカ大根と五升枡に黒豆、黒豆がない場合は炒った大豆と硬貨を入れて供え、その五升枡を揺すりながら、〽お大黒様　お大黒様　耳あいて聞かっしゃれ　金のなる方さござれ　福は内　鬼は外　鬼の目玉をぶっつぶせ――と唱えた。この日のマッカ大根のことを「ヨメゴダイコン」（嫁御大根）とも呼んだ。なお、この日は天気が荒れると伝えた（岩手県一関市川崎町門崎・小野寺清喜さん・大正十四年生まれ）。

山形県鶴岡市本郷上本郷の庄司次郎さん（昭和三年生まれ）は以下のように語る。十二月九日は大黒様の年取りで、マッカ大根・焼き豆腐・大根ナマスに黒豆をつぶして入れたものを供えた。また、この日には門口に「三本マッカ」の大根を飾ると縁起がよいと伝えた。

マッカヤスメ【年中行事・小正月】「マッカ」とは「二又」の状態を示すことばであるが、ここでは衣類を干す物干しの又木や、農業の収穫物を干すのに使う「ハサ」（稲架）の杭柱の支柱として使ったもので、上部が二又になっている長さ九尺の朴《ほお》の木を指す。一月十一日、蔵開き・仕事始めの日にマッカを点検し、痛んでいるものについては交換の用意をする。すべてのマッカを集めて玄関の脇に立てて縛る。一月十四日・十五日の両日を「マッカヤスメ」（又木休め）として、松・昆布を飾って祭る。マッカヤスメが終わると、マッカを交換・補足をして新たに立てた（秋田県仙北市西木町上桧木内中泊・鈴木壽さん・昭和八年生まれ）。

ミミキリモチ【年中行事・行事の連関・小正月と田打ち】「ミミキリモチ」(一月十五日の小正月)に餅を搗《つ》き、「ミミキリモチ」と称して切餅三切れを朴《ほお》の葉に包み、藁で縛って歳神棚の両端に吊り下げる。歳神様と田の神様にさしあげるのだという。これを「タウチノベントウ」(田打ちの弁当)と呼ぶ。仏壇にも二個を一組として供える。これらの餅を、田打ち作業が始まる朝、粥または雑炊に入れて家族全員で食べる。この日「タウチモチ」と称して、あらためて餅を搗《つ》き親戚に配り、家族でも食べる(静岡県浜松市北区引佐町川名・山下治男さん・大正十三年生まれ)。

ムカエブネ【年中行事・精霊迎え】旧暦七月六日、家の近くの海で昼、精霊迎えのために笹舟を流した。海で死んだ人のある家では、長さ尺五寸の藁舟を作って海に流した。これらを「ムカエブネ」(迎え舟)と呼んだ(三重県鳥羽市答志町・答志島・小林ひでさん・大正五年生まれ)。

ムシキリショウブ【年中行事・端午の節供・菖蒲呪力伝承】花菖蒲とは別種のサトイモ科の多年草で、芳香を放ち菖蒲湯に使われる長剣状の葉を持つものを当地では「ムシキリショウブ」(虫切り菖蒲)と呼んだ。この菖蒲の葉を腹に当ててこすると「キー、キー」という音が出る。それは腹の中の虫が切れる音だと伝えている。よって「虫切り菖蒲」と呼ばれるのである(新潟県魚沼市外山・樺山コトさん・昭和四年生まれ)。

モチグイ【年中行事・正月・門飾り】正月に椎・松・榊(一般の門松に相当)を縛る杭を「モチグイ」と呼ぶ。モチグイは三~四尺の椎の木を八角に削《はつ》ったものである。家屋建築にかかわる杭打ちをするときに、「モチグイ叩くと縁起がよい」と伝えている(和歌山県田辺市本宮町皆地・石橋シナエさん・明治四十三年生まれ)。

モトタタキ【年中行事・小正月・家屋の安全確認】一月十五日には百姓道具・山道具を浄め、「ドウグオサメ」(道具納め)・「ドウグヤスメ」(道具休め)をしたが、この日、「モトタタキ」(元叩き)という行事を行った。椎(ツブラジイ)の木を伐り出し、新たに横槌を作って母屋の柱の根元を叩いてまわるのである。家屋の安全を確かめる行事になっている。槌を作るときに椎の木で飯杓子《めしじゃくし》も作って、その杓子《しゃくし》で小豆飯を盛った。杓子《しゃくし》は一年間使った（高知県高岡郡四万十町下津井・森壽臣さん・大正三年生まれ）。

ヤキダイコン【年中行事・大師講】十一月二十三日の大師講の夜は、小豆粥を煮て萱《かや》の長箸を添え、神に供え、家族も食べる。その夜、イロリの灰の中で大根を焼いて、翌二十四日の朝、「ヤキダイコン」（焼き大根）の黒くなった皮を剝き、削り大根にし、胡麻味噌をつけて家族で食べた。昔、神様がこの家に泊まったとき、何もオカズがないので隣の家の大根を抜いてきて焼いて出したことに起因する。また、そのときのこの家の老婆は足が悪かったので、跛行《はこう》の足跡が大根畑に残ると老婆の行為が判明するので、神様は老婆の足跡を消すためにこの夜は大吹雪が吹くようにしたのだという。それを「アトカクシユキ」（跡隠し雪）と呼ぶ（新潟県魚沼市三ツ又・中沢知一郎さん・大正六年生まれ）。

ヤマネントウ【年中行事・山入り】一月十一日、焼畑の出作り小屋に行き、粟と米の重ね餅・尾頭つきの魚・シデ飾りを供え、その年の恵方《えほう》から小正月飾りの「ダイノコ」の木（ヌルデ）を伐ってきた。この行事を「ヤマネントウ」（山年頭）と呼んだ。またこの日「コエノカケソメ」（肥のかけ初め）と称して、定畑に儀礼的な肥かけをした（静岡市葵区大間・砂有次郎さん・明治三十七年生まれ）。

ユーズイサマ【年中行事・正月・門飾り】正月の門松は松・榊・椎を玄関の両側に立てる形だった。それに「ユーズイサマ」を片側に三本ずつ立てた。ユーズイサマとは、長さ一尺〜一尺五寸、径二寸ほどの椎の木の上半分の皮を剝き、上の木口に十字の割り込みを入れたものである。元旦から五日までワカバ（ユズリハ）に小豆粥を盛ってユーズイサマの割れ目に挟んで供えた。また、大晦日にワカバ・モッコク・榊・椎の枝を束ねたものを田に挿し立て、その前にユーズイサマを立て、ワカバに盛った小豆粥を供えた（和歌山県東牟婁郡那智勝浦町西中野川小色川出身・尾崎熊一郎さん・明治三十四年生まれ）。

「ユーズイサマ」とは「斎杖様《ゆづえさま》」の意だと考えられる。山梨県で小正月にカツノキ（ヌルデ）で作られる粥搔き棒と似た形状であるが、名称の特殊性に注目すればさらなる探索が必要となる。

ヨーカビ【年中行事・天道祭り】 当地では五月八日を「ヨーカビ」と呼び、天道様を祭る。竹でも木でもなるべく高い竿を立てる。竿の先にシキミ、ツツジ、ゲンパチ（方名）という白い花を束ねて縛る。竿の根元に「アミガサモチ」（米のハタキ粉に蓬《よもぎ》を混ぜ、丸めて蒸した団子）を供える。併せて、椀に水を入れシキミの葉一枚入れたものも供える（京都府南丹市日吉町田原・竹林八重野さん・大正六年生まれ）。

京都府南丹市園部町竹井の森田周次郎さん（明治四十三年生まれ）は、ヨーカビの花は六日に採ってはいけない、雪柳・コデマリ・山吹などを飾るが、必ず山のツツジを入れるものだと伝えている。

ヨーカビの竿花は「天道花《てんとうばな》」と呼ばれることが多い。

ヨーカビの天道花（京都府南丹市日吉町田原、竹林家）

ヨノダマ【年中行事・小正月】 小正月に飯を径十センチほどの球状に固めたものを藁苞《わらづと》に入れ、これを五個ほど縦につないで軒端に垂らして凍《し》みを与える。これを「ヨノダマ」と呼んだ。のちに焼いて食べた（岩手県遠野市附馬牛町上附馬牛大出・大橋ゆはさん・昭和八年生まれ）。

ヨノダマの「ヨ」が古くは「寿命」を意味する語であったことを考えると、この行事の古層を探索する必要があろう。

ワカギ【年中行事・若木】 一月二日に、仕事始めとして「ワカギ」（若木）を採取するために山に入った。若木としては、「フユシバ」（冬柴＝常緑広葉樹）で樫・椿・タブなど実の生《な》る木を選んだ。若木を立てる場所はコザ（神仏を祭る上手の間）の前・デイ（出居）の前・蔵の前・便所の前・厩《うまや》の前・火の神の前などだった。元旦の若水汲みに使った米・稗・粟を混ぜて半紙に包み、「トビゴメ」と称しておのおのの若木に結びつけた。トビゴメは七草粥に炊き込んだ（宮崎県東臼杵郡椎葉村不土野向山日添・椎葉クニ子さん・大正十三年生まれ）。

ワカシバ【年中行事・初山】初山は一月二日に行われることが多いが、当地では一月四日を初山と称し、仕事始めとした。その日、山からシラカシの枝を迎えてきて門口に挿し立て、これを「ワカシバ」（若柴）と呼んだ（静岡県裾野市佐野・鈴木浚一さん・明治三十三年生まれ）。

ワカドウフ【年中行事・ヤマウバジョウ】新年を迎えて初めて作る豆腐のことを「ワカドウフ」（若豆腐）という。若豆腐を作ったときには蔵の外壁にこれを供え、「若豆腐をヤマウバジョウにあげ申す」と唱えた（宮崎県東臼杵郡椎葉村不土野向山日添・椎葉クニ子さん・大正十三年生まれ）。

　椎葉村大河内竹の枝尾の中瀬守さん（昭和四年生まれ）は、死霊・悪霊系で人を脅すとされる伝承上の山の老婆のことを「ヤマオナゴ」といい、人に協力し恵みを与える伝承上の山の老婆のことを「ヤマウバ」または「ヤマウバジョウ」というのだと語り、ヤマウバジョウがもたらす恵みの伝説も伝えていた。若豆腐を蔵の外壁に供えるのは、収穫穀物の守護や、焼畑作物や山菜・木の芽・根茎などの山の恵みの豊饒を祈ったものと思われる。

ワカバヤシ【年中行事・小正月・農耕と水の予祝】一月十五日の小正月に、屋敷近くの畑の一画を田・畑に見たて、雪上の田の区画に苗に見たてた藁を挿し並べ、畑に見たてた雪上に大豆の茎を挿し立てた。「サツキ」と称する模擬田植である。このとき、田畑に見たてた区画の前方に、長さ二間～二間半の朴《ほお》の木を十本以上立て並べ、これを「ワカバヤシ」（若林）と呼んだ（山形県最上郡戸沢村角川十二沢・秋保三郎さん・明治四十一年生まれ）。

　類似の事例は山形県最上郡・鶴岡市などに多く見られた。「サツキ」と呼ばれる模擬田植は稲作の予祝であり、大豆の茎立ては畑作の予祝である。朴《ほお》の若林は見たての山であり、さまざまな恵みをもたらしてくれる山の象徴だった。稲作にとって不可欠な水や肥草の予祝でもあった。山には燃料も頼った。最上郡戸沢村角川平根の早坂一二さん（明治四十年生まれ）は、若林に使った朴《ほお》の木は、のちに稲干しの「ハセ」（稲架）に使ったという。

X 信仰・呪《まじな》い

ここでいう信仰の主流は民俗信仰である。身近な呪《まじな》いや呪《まじない》的な営みに関する語彙もここで扱った。民俗信仰の実態は、農耕・漁撈・狩猟や年中行事と深くかかわるものが多いので、それらの章で取りあげたものもある。例えば、粢《しとぎ》といえば米であるが、「焼畑」の節では粟や稗の粢《しとぎ》の実際と語彙を示した。ここでは、右以外の信仰や呪《まじな》いに関する民俗語彙を取りあげている。

アクマガイ【呪《まじな》い・魔除け】 アクキ（悪鬼）貝科の巻貝「ホネガイ」（骨貝）を「アクマガイ」（悪魔貝）と呼んだ。この貝を玄関口に吊るして魔除けの呪物にしたところからこの呼称が生まれた（和歌山県西牟婁郡白浜町富田中・坂上喜太治さん・大正八年生まれ）。

同様に魔除けの呪物として玄関にホネガイを吊るしているのを徳島県海部郡海陽町鞆浦の高橋好美家でも見かけた。貝殻の持つ突起性の呪力を信じての呪術が黒潮海流沿いに見られることは注目すべきである。奄美諸島ではクモガイ・水字貝を魔除けの呪物とし、沖縄県では水字貝を魔除けに用いる。

▼オオカミオドシ

アメネガイ【信仰・雨乞い】 雨乞いのことを「アメネガイ」（雨願い）と呼んだ。

魔除けのホネガイ（徳島県海部郡海陽町鞆浦）

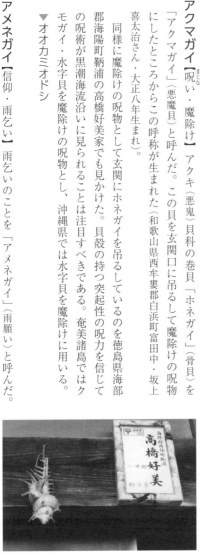

旱天《かんてん》が続き、稲作その他の農業の成就が危ぶまれるとき、長平の人びとは馬の頭蓋骨を掘り出して縄で縛り、笛・太鼓で囃《はや》しながら黒坊沼へ向かった。沼に着くと頭蓋骨を静かに水に沈めた。あまりに雨が降りすぎると頭蓋骨を引きあげた（青森県西津軽郡鰺ヶ沢町長平町・中村又三郎さん・昭和八年生まれ）。

イヌガミ【信仰・犬神】 焼畑や植林でも山中に、原生の木を伐ることなく古木を残してある小さな森がある。こうした地を「イヌガミ」（犬神）と呼ぶ。岡村家でもこうした森のひとつに代々の猟犬を埋めた。十一月十五日が犬神を祭る日だとされていた（高知県香美市物部町笹明賀・岡村金太郎さん・大正八年生まれ）。『改訂綜合日本民俗語彙』には「イヌガミ」「イヌガミサマ」「イヌガミツレ」「イヌガミネズミ」などの項があり、犬神信仰の多様性を知ることができる。

ウズメバカ・オガミバカ・イガキ【墓制・両墓制・サンマイとヤライ】 京都府木津川市加茂町河原は両墓制である。集落内にある墓は石塔で、これを「セキトウバカ」（石塔墓）または「オガミバカ」（拝み墓）という。これに対して、木津川の河原近くにある死体を埋める墓を「ウズメバカ」（埋め墓）と呼ぶ。埋め墓は木の墓標が林立するだけで石塔は一基もない。僧が埋め墓に参るのは葬式のときだけで、ほかはすべて石塔墓に参る。ただし、親族は常に両方に参る。この地の埋め墓には、埋葬した寝棺の形に添う形の墓上装置として竹垣が組まれている。この竹垣のことを「イガキ」と呼ぶ。イガキは「忌垣」「斎垣」ともとれるが、遺体を暴く猪を除けるための「猪垣《いがき》」とも考えられる。垣に使われた竹の先端は槍型をなしている。しかも、土饅頭を覆う形で、竹垣の蓋のように細かい割り竹が井桁に組まれている（京都府木津川市加茂町河原・黒田正利さん・大正七年生まれ）。

サンマイ（埋め墓）（三重県伊賀市諏訪）

三重県伊賀市諏訪も両墓制であり、埋め墓を「サンマイ」と呼ぶ。同地の「向山ザンマイ」では、前ページの写真のように棺を埋めた地に木の墓標を立て、正面を除く三面に一メートル四方、高さも一メートルほどの、×字型に組んだ竹垣が作られている。同地ではこの竹垣を「ヤライ」と呼んでいる。ヤライは一般的に「矢来」の字をあて、垣根の意として使われるが、その語源は「遣らひ」、すなわち「追放」にあった。和歌山県・奈良県の山間部では、焼畑や山田に害を及ぼす猪を追うために泊まりこむ小屋のことを「ヤライゴヤ」（遣らい小屋）と呼び、「ホーイ、ホーイ」という猪を追う声のことを「ヤライゴエ」（遣らい声）と呼んだ。京都府木津川市加茂町の埋め墓のイガキに槍型の竹が使われている点などと併せて考えると、埋め墓・サンマイの竹垣や「ヤライ」「イガキ」という呼称は、猪（古くは狼もふくむ）の死体暴取対応の象徴であったことが考えられる。

ウソヲフク【呪《まじな》い・風呼び】 口笛を吹くことを「ウソヲフク」という。オカ（陸）で穀物の風選をするとき、風がないと「ウソを吹け」といった。櫓舟《ろぶね》に乗ったらウソを吹かない。帆掛け舟のときには「ウソを吹け」といった（鹿児島県南さつま市笠沙町片浦岬・中村嘉二さん・明治四十年生まれ）。

右の諸伝承の底には「口笛は風を呼ぶ」という伝承が生きている。

オイミアレ【信仰・海荒と竜蛇様】 十一月ごろから出雲の海は荒れはじめる。これを「オイミアレ」（御忌み荒れ）と呼ぶのは以下によっている。その荒波と海流に乗って出雲の海岸にセグロウミヘビ（有隣目ウミヘビ科の毒蛇）が流着する。出雲大社や佐太神社ではこのウミヘビをお迎えして神在祭を斎行する。佐太神社では、十一月二十日から二十五日までお仮屋を設けて竜蛇様（セグロウミヘビ）を参拝させる。小学生のころ、父とともに海で迎えたセグロウミヘビを桟俵《さんだわら》の上にトグロを巻かせた状態で大社に寄進したことがあった（島根県出雲市河下町・高橋大治郎さん・明治三十六年生まれ）。

オオカミオドシ【呪《まじな》い・狼除け、魔除け】 当地ではアクキ貝科の巻貝「ホネガイ」（骨貝）のことを「オオカミオドシ」（狼威し）と呼んだ。そのオオカミオドシの殻を玄関に吊って狼除け・魔除けにする習慣が古座・田原で見られた（和歌山県東牟婁郡串本町田原・地中強さん・大正四年生まれ）。
熊野には、山中の狼が塩を求めて海岸にやってくるという伝承がある。▼アクマガイ

オコゼエンマ【呪い・豊猟祈願】泊まりこみの猟を行ってもまったく獲物に恵まれない場合、「ヨーニモライ」（夕荷貰い）という呪術祈祷を行う。この祈祷で重要な働きをするのが「オコゼエンマ」である。オコゼエンマとは、魚型に紙幣を切ってスズ竹に挟み、絶対に他人に見られない場所に立て、山の神にシャチ（幸）を願うというものである。オコゼエンマを立てて他人に発見された場合には、立てた者は二度とシャチに恵まれないと伝えられている。オコゼエンマとは「虎魚《おこぜ》絵馬」のことで、スズ竹に挟む魚型紙幣の魚は虎魚《おこぜ》のことだったのである（静岡市葵区田代・滝浪作代さん・明治三十九年生まれ）。猟師がオコゼ（乾燥虎魚《おこぜ》）を以って女性の山神に対して豊猟祈願をする例は、柳田國男の『後狩詞記』をはじめとして、東北地方のマタギの間にも多々見られるところである。しかし、虎魚《おこぜ》の絵馬というのは珍しい事例である。

オニコンゴウ【信仰・道切り綱】太田戸では毎年一月二十七日に春祭りを行い、その折「オニコンゴウ」（鬼金剛）と呼ばれる「道切り綱」を張った。ムラ境の木と木の間に縄を張るのであるが、その縄には次のものを吊り下げた。①長さ一尺ほどの大草鞋《おおわらじ》、②握り飯を入れた「ワラスボ」（藁苞《わらづと》）、③木製の刀。オニコンゴウを張るムラ境は次の五か所である。㋐太田戸の河内神社の下（上本村境）、㋑黒松越（横貝境）、㋒コエットウ（井の谷境）、㋓宮ヶ谷口（五段城に至る山道）、㋔ムラの中央。ムラに入り来る悪霊や病魔を防除する呪術である（高知県高岡郡檮原町太田戸・中越盛行さん・明治四十三年生まれ）。
「コンゴウ」とはこの場合、絶対に欠損しない「金剛草履」を意味している。このムラには金剛草履を履く超人的な強者がいるから、鬼・

道切り綱（高知県吾川郡仁淀川町上名野川）

病魔・悪霊などは侵入することができないというのである。

オハタキ【信仰・厄神送り・粢《しとぎ》】十二月八日と二月八日は「コト八日」と呼ばれることが多いが、当地ではこの日を「送り神」と称して、人びとや家に憑く病魔・悪霊を、御幣を檜葉《ひば》で覆った神輿《みこし》に移し、大井川右岸まで送り、そこに御幣を立てて「オハタキ」を供える。オハタキとはウルチ米を水に浸けてから水切りをし、竪《たて》臼《うす》と手杵で粉化して固めたものである。叩《はた》いた生米の粉の固まりは盆の上に敷いた和紙の上に広げ、方形の片ができるように包丁で切り筋を入れる。これは粢《しとぎ》である。この粢片《しとぎへん》をナマのまま食べると病気にならないと伝えられており、ムラびとたちはナマのまま食べた（静岡市葵区井川閑蔵・森竹東一さん・明治四十年生まれ）。

私が少年時代を過ごした静岡県牧之原市松本で作るオハタキは、やや趣を異にしていた。秋、収穫した稲の籾を脱粒したり籾摺《もみす》り臼で摺《す》ったりする際に、こぼれ落ちる割れ米や屑米、汚れ米などがある。これには若干糯米《もちごめ》が混じる場合もある。正月前に、これらの拾い米・屑米を集めて臼杵で叩《はた》いて粉化する。正月用の餅搗《つ》きに合わせて、右の拾い米の粉を水で練ってから蒸籠《せいろう》で蒸す。蒸したものを臼杵で搗《つ》き、ノシ板の上で長さ尺三寸ほどの蒲鉾《かまぼこ》型の棒状に整える。これを一〜一・二センチほどに切って焼いて食べるのだが、この餅を「オハタキ」と呼びならわした。このオハタキは糯米《もちごめ》の餅が純白であるのに比べると、色は灰色で小さな粒も残っていたりして、食べると粘着力がなくボソつく感じがあった。一般に下級の餅と見なされていた。「ツボモチ」と呼ばれるものも、このオハタキである。神饌《しんせん》たる粢《しとぎ》と、屑米・拾い米の餅が同じ名称で呼ばれたのは、臼杵で「叩《はた》く」という同じ工程を経るからである。

オミカジ【信仰・疾病治癒祈願】さまざまな病気に罹ったとき、箕《み》の中に供えものを飾って疾病治癒を祈願することを「オミカジ」（御箕加持）といった（愛媛県西条市藤之石・伊藤智恵子さん・昭和六年生まれ）。

疾病治癒祈願に箕《み》が用いられた理由は、箕《み》の機能として悪しきもの・粗悪なものを外に簸《ひ》出《だ》し、よいものを箕《み》の中にためる力があるからである。

カケグリ【信仰・献酒筒】竹の一方の節を除いて竹筒を作り、そこに酒・焼酎などを入れて二本を連結させ、二本セットで民俗神に献酒する献酒器を「カケグリ」と呼ぶ。山の神に献酒するときは「山の神幣《ぬさ》」を切り、又木にカケグリを掛けて供える。山の神は女だから又木が好きだと伝えている（宮崎県東臼杵郡椎葉村大河内竹の枝尾・中瀬守さん・昭和四年生まれ）。

カタツムリノムヌン【呪《まじな》い・カタツムリの被害防除】竹富島では畑作作物の粟・甘藷などがカタツムリの害を受けた。カタツムリが作物を舐め、荒らし、喰い枯らすのである。カタツムリの害が甚だしいときには「カタツムリノムヌン」（蝸牛の物忌み）を行った。女たち一同は石垣島が望めるミシャシ（岬）の浜まで弁当持ちで出かけ、ミシャシの「オン」（御嶽《うたき》）で祈ったあと、浜の上の野原に集まって全員でハマオモト（ハマユウ）の根を掘り、その白い薄皮を剝ぐ。そしておのおのその白い薄皮を口に当てて張り、ちょうどガムかビニールで口を塞いだような状態で、全員が一定時間野原に横になって寝る。崎山さんはこの不思議な行為を「カタツムリの口を閉める呪《まじな》いだ」と語った。一定時間寝ることはカタツムリの動きを止めることになる（沖縄県八重山郡竹富町竹富・竹富島・崎山苗さん・明治二十六年生まれ・ツカサ経験者）。
　これは、人の、カタツムリに対する典型的な支配的類感呪術だといえよう。

カミシトギ【信仰・噛《か》み粢《しとぎ》】旧暦十二月十二日に山の神を祭った。伐採や炭焼で山小屋に住みこんでいるときには「カミシトギ」（噛み粢）を作り、真中に大粢《しとぎ》を据え、周囲に小さい粢《しとぎ》を十二個円形に並べて供えた。山の神は女で、子供が十二人いるからこのようにするのだと伝えられている。昔、ある樵《きこり》が茶碗で米をうるかしてそれを噛んで粢《しとぎ》を作って供えたのがもとだといわれている。樵《きこり》が噛《か》み粢《しとぎ》を山の神に供えた夜、「カミシトギ、カミシトギ」という声がどこからか聞こえてきたので、樵《きこり》はその声に導かれて歩いていった。その晩、大きな「ナデ」（雪崩）が起こり、山の神様に噛《か》み粢《しとぎ》を供えた樵《きこり》以外の山びとたちはみなナデの犠牲になったと語り伝えられている（岩手県下閉伊郡岩泉町乙茂・水野義雄さん・大正十三年生まれ）。
　沖縄県の先島（宮古・八重山）地方で「クチカミザケ」（口噛み酒）の話をたびたび耳にした。噛《か》み粢《しとぎ》との脈絡

を考えてみるべきであろう。▼アワプーイ

カワガミサン【信仰・川の神】 平素、日野菜《ひのな》・大根などの野菜類の粗洗《あらあら》いは川で行った。本洗濯は川で行ってはいけないが、すすぎは川で行ってもよいとされていた。「川は三尺流れると清まる」と伝えられていた。お盆に「カワガミサン」（川神様）を祭った。川端に土で壇を作り、里芋の葉を敷き、「コロコロ団子」と呼ばれる米粉の団子を供えた（滋賀県甲賀市信楽町多羅尾・宮本豊子さん・大正九年生まれ）。

ギラ①【呪《まじな》い・シャコ貝の力】 シャコ貝のことを沖縄県八重山地方では「ギラ」と呼ぶ。ギラにはいくつかの種類がある。その大きさ・棲息地・用途について、同県石垣市登野城（石垣島）の池田元さん（昭和二十二年生まれ）は表のように語っていた。シャコ貝のことを沖縄本島周辺では「アジケー」、宮古では「アジクャ」と呼ぶ。六十センチにも及ぶ二枚貝の咬噛部は異様である。鳩間島では御嶽《うたき》の「イビ」（内奥の神域）の香炉にしていた。ほかに洗面器・手洗い鉢の代わりに用いたという話は各地で聞いた。本土では巨大な貝殻が社寺に奉納されているのを見た（野本寛一『軒端の民俗学』）。

八重山郡竹富町西表島祖納出身の高道正文さん（大正六年生まれ）は、シャコ貝のことを「ギーラナ」という。大きいものは身を塩辛にし、貝殻を「グスク」（石垣）の上に魔除けとして置いた。外に向け、口を開いた状態で置くのがよいという。巨大なギラ・ギーラナの咬噛力を顕示することによって邪悪なものの侵入を防がんとしたのである。

石垣の上のシャコ貝（沖縄県八重山郡竹富町波照間島）

朝貴神社に奉納されたシャコ貝（和歌山県西牟婁郡串本町出雲）

クマノヒャクヒロ【呪《まじな》い・安産】熊の小腸のことを「ヒャクヒロ」（百尋）という。これをよく洗って乾燥保存しておき、妊婦は三寸三分に切ってサラシの布の腹巻きに入れて締めていると安産の呪《まじな》いになるといわれている（静岡市葵区田代・滝浪作代さん・明治三十九年生まれ）。

コウシンダゴ【信仰・庚申・団子と握り飯の分与】村落の十五戸単位の小組において、二合持ち寄りで毎月庚申の座を持っていた。当屋では庚申の日、ウルチ米三に対して糯米《もちごめ》七の比率で粉にして、「コウシンダゴ」と呼ばれる団子を作り、組の子供たちに与えていた。併せて握り飯も与えていた。子供たちを組で守り育てるという志がこめられていた（福岡県朝倉市甘木・渕上嘉興さん・大正十二年生まれ）。

コウジンマツリ【信仰・荒神】正月・五月・九月の二十日にキビ（トウモロコシ）のナマの粉で団子を作り、これを「オシロモチ」と呼んだ。榊の葉の上にキビのオシロモチをのせ、その上にお洗《あら》い米《よね》をのせる。これを「サクノカミサマ」（作の神様）にあげ、「コウジンマツリ」（荒神祭り）と称した（高知県吾川郡いの町寺川・川村義武さん・明治四十一年生まれ）。

「オシロモチ」とは粢《しとぎ》のことである。新大陸系作物、トウモロコシの粢《しとぎ》は注目される。

コウシンモリ【信仰・食】庚申講の飯は山盛り・高盛りにするので、高盛飯のことを「コウシンモリ」（庚申盛り）と呼んだ（静岡県榛原郡川根本町水川尾呂久保・土屋猪三雄さん・大正四年生まれ）。

	名称	棲息地	最長幅	用途
①	ニーグ	ピーまたは水深5mほど、イノーの死んだサンゴの間	10cm	スシダネ
②	スークワヤー	イノーの砂地、イノーにしか棲息できない	35cm	貝柱はスシダネ、身は塩辛いので酢のもの、卵巣を「豆腐」と称し茹でて食べる
③	パインジャー	ピーの波状地形の高いところ「トグァイグヮー」	30cm	酢のもの
④	ウルギラ	イノーの砂地とサンゴの間	35～40cm	貝柱を中心としてスシダネ
⑤	マーギラ	フカウミ側のケーリグヮーの水深15mまで	60cm	貝柱はスシダネ、身は酢のもの

捕採対象のシャコ貝（沖縄県石垣市登野城、池田元さんによる）

コウヅクリ【信仰・桂の抹香】 盆前の季節に長野県下水内郡栄村堺上ノ原（秋山郷）を訪れたことがあった。その折、桂の葉で「コウヅクリ」（香づくり）をしているのを見かけた。桂の葉を夏の天日で三日間干したあと、その葉を箕《み》の中に入れて横槌で叩いて粉化する。粉化したものを篩《ふるい》にかけて細粉を得る。その粉を次のようにする。木箱の中に灰を入れ、その灰の上に葭《よし》の茎を二つに割ったものを凹部を上向きにして模様を作って並べ、葭《よし》の凹部に桂の葉の細粉を隙間なく詰める。その端に点火すれば細粉は芳香を放ちながら燻《くすぶ》り続けることになる。葭《よし》の茎で作られる図柄には団十郎型、短冊型その他があるという。

新潟県東蒲原郡阿賀町広谷内漆沢でも同様の慣行があり、桂の木を「コウノキ」（香の木）と呼んでいた。同地には、桂の巨樹の根元を掘ってみると人骨があるという伝承がある。

ゴサイ・ゴサイヒマチ・ゴサイコウ【信仰・稲作地帯の御祭】 旧暦六月十六日、のちに新暦七月十六日（月遅れ）に「ゴサイヒマチ」（御祭日待）と称して字《あざ》で宴会をした。大神宮様の祭りだといわれていた（静岡県藤枝市花倉・秋山政雄さん・明治二十九年生まれ）。

七月十六日に「ゴサイ」（御祭）・「ゴサイコウ」（御祭講）と称して、十五戸の組で当屋に集まって宴会をした。子供たちには赤飯の握り飯を与えた（同市城南・海野惣次さん・昭和三年生まれ）。

藤枝市大東町の仲田要作さん（明治三十三年生まれ）は以下のように語っていた。〽ゴサイゴサイと待ちかねたれど　これがゴサイか臼碾《ひ》きか――という唄がある。この日は農作業が休みで御馳走も出るはずだが、籾摺《もみす》り臼を碾《ひ》かされた、という意味である。この地は大井川氾濫の被害をたびたび受けていたので、稲の種籾を余分に保存する習慣があった。しかし旧暦六月十六日ともなれば、田植も済んで苗を補充する心配もないので、保存しておいた種籾の臼碾《ひ》きをさせられてしまった、ということをいっているのである。

右に見るゴサイは、伊勢神宮古儀の旧暦六月十六日・十七日の祭りの日に合わせた、農民の田の植えあげ祝いの要素が窺える。藤枝市本郷ではゴサイに当屋で伊勢神宮の掛け軸を掛ける。ここでは、宵ゴサイ・ゴサイ・裏ゴサイと、三日間休んだ。

サメヨケ【呪《まじな》い・禁忌】山蕗の出始めを食べておくと「サメヨケ」（鮫除け）になると伝えられていた。旧暦六月二十一日には鮫が伊勢参りをすると伝えられ、この日は海女の漁を休み、海には入らなかった。鮫は行きには列を作っておとなしく移動するが、帰りは暴れるので喰われることがあるといわれていた。海女が海に入らないことを「イチアガリ」といった（三重県鳥羽市答志町・答志島・中村春子さん・大正八年生まれ）。

シャビキサン【信仰・病治癒祈願】シャビキ石と呼ばれる石があり、咳・喘息を癒してくれる神だとされていた。「咳《しわぶ》く」からきており、「シャビキサン」（咳きさん）の意である。願果たしには香煎を紙に包んで供えた（静岡県榛原郡川根本町東藤川坂京・杉山義雄さん・明治三十二年生まれ）。

スソヨケ【呪《まじな》い・中風除け・縞蛇のヌケガラ】女性の腰巻のことを「スソヨケ」（裾除け）という。縞蛇のヌケガラで頭から尾までそろっているものを、スソヨケに包んで箪笥の中に入れておくと中風に罹らないと伝えている（京都府南丹市日吉町田原・竹林安三さん・明治四十四年生まれ）。

セコボーズ・カリコボーズ【モノ（霊）・山の人びとの願望と伝承像】日向・肥後山地に伝承される童形《どうぎょう》（時に三、四歳ほどともいう）の「モノ」（民俗的伝承霊）を「セコボーズ」「カリコボーズ」などと呼ぶ。宮崎県児湯郡西米良村上米良鳶の元の松尾直さん（大正十二年生まれ）は次のように語る。セコボーズは、春彼岸から秋彼岸までは川に、その後は山に棲む。「ああ寒なった」といって山に上がる。尾根筋を通って山川を往復するので、尾根筋に家を建てても、倒木を置いても刃物を置いてもいけないとされている。好物はスズメバチの幼虫だという。「ホー、ホイ、ホー」と三声鳴く。人だと思って返事をしてはいけない。

呼称は右のほかに「セコドン」「セコゴー」「ヒョースンボー」「ホイホイドン」「セコンタロウ」などがある。循環伝承としては「夏は水神、冬は山神」「夏は川、冬は山」などが多いが、「昼は水神、夜は山神」とする例もある。好物としては「ハチノコ」（スズメバチの幼虫）のほか、風呂・相撲などが伝えられている。名称の「セコボーズ」の「セコ」は、集団狩猟における獣の追い出し役たる「勢子《せこ》」であり、「ホイ、ホイ」は、焼畑の害獣追放・狩猟獣の追い出しをふくめ、獣を追う声である。「カリコボーズ」も「狩子坊主」で、狩猟にかかわる呼称である。「ヒョースンボー」という名称は河童の匂いがし、相撲好きも河童を連想させ、「夏は水神」「夏は川」も河童を思わせるが、山川循環を特色とし、「勢子《せこ》」「狩子」の呼称が多く定着している点を重視すると、セコボーズ・カリコボーズの原籍は山だと見てよい。ハチノコは山びとの大好物であり、冬、凍ての強い暮らしのなかでの風呂も山びとの好物である。セコボーズ・カリコボーズには、奥深い山中に暮らす人びとの祈りや願望が投影されていると見てよい。オオスズメバチ・キイロスズメバチ・クロスズメバチの巣を採ったときには、セコボーズの分として投供《とうく》するという伝承も再三耳にした。尾根筋の禁忌、河川清浄化の伝承を併せ、セコボーズ・カリコボーズには山棲みの人びとが伝承してきた環境保全の民俗思想が託されている（野本寛一「セコボーズの象徴性」『野本寛一著作集Ⅰ　山地母源論1　日向山峡のムラから』）。

タノカミオロシ・タノカミオクリ【信仰・田の神の循環】三月二十三日、田の神様が山からお下りになる。餅を搗《つ》いて田の神様に供える。田の神のお迎えを「タノカミオロシ」（田の神降ろし）という。十一月二十三日、「タノカミオクリ」（田の神送り）と称して稲束を飾り、餅を供えて山へ帰る田の神様を送る（山形県鶴岡市羽黒町市野山・斎藤九左衛門さん・明治三十八年生まれ）。

山の神の、山と里の間の循環去来伝承は、秋田県・山形県・新潟県などに広く見られる（野本寛一『野本寛一著作集Ⅴ　民俗誌・海山の間』）。

ヂシンサン【信仰・地神】「ヂシンサン」とは「地神様」の意である。秋の彼岸ごろ、焼畑・定畑で栽培した稗・粟・黍の穂、それに里芋などを供えて地神さんを祭った。穫れたものは地神さんに供えてから食べるものだといわれていた（徳島県三好市東祖谷菅生名頃・名頃敏太郎さん・明治二十五年生まれ）。

ツボケ【信仰・神饌器《しんせんき》】三重県鳥羽市の神島では歳神に神饌《しんせん》を献供する藁製の食器を「ツボケ」と呼ぶが、菅島では「ツボキ」と呼ぶ。母屋には大きいもの二個を対《つい》にして玄関に供え、離れには小さいものを用意した。一月十七日にすべてを集めて玄関に飾り、のちに焼く（三重県鳥羽市菅島町・菅島・木下こよしさん・昭和四年生まれ）。

南信州・奥三河・北部遠州では、口径三寸、長さは藁丈の同様の神饌器《しんせんき》を「ヤス」と呼ぶ地が多い。静岡県浜松市天竜区水窪町では「ヤス」「ワン」「ワンヤスサマ」という呼称が混在する。右に示した参・信・遠くにざかい山地（愛知県・長野県・静岡県が県境を接する地の山村）では、ヤスに、正月のみならず小正月にも日々、飯や雑煮などを供えた（野本寛一「サイホーの冠と「ヤス」」『稲作民俗文化論』）。

なお、「ツボケ」は「壺笥」の意である。

ツボマツリ【信仰・水】 宇久島には大きな川がないので生活用水・農業用水の確保に苦労した。水道以前には共同井戸に頼っていた。当地では井戸のことを「カワ」と呼ぶ。小さな谷々の水源地のことを「ツボ」と呼び、旧暦の四月と秋の二回、村落単位でカワとツボを祭る「ツボマツリ」を行った。ムラの役員が御供《ごくう》（飯）とイリコを重箱に入れて、それらをカワとツボをめぐりながら供え、水の豊かならんことを祈るのである。子供たちは「ゴクイタダキ」（御供戴き）と称して役員についてまわり、御供《ごくう》の飯を一口ずつもらった。平素はカンコロ（甘藷切り干し）が多かったので米の飯は一口でも楽しみだったのだ。子供たちはこのツボマツリで水の尊さを学んだのである。共同井戸は今でも残っており、その水は農業用水に使われている（長崎県佐世保市宇久町大久保・宇久島・山口梅夫さん・昭和二年生まれ）。

正月小正月が終わると歳神の食器ヤスは柿の木に納められる（長野県飯田市南信濃木沢須沢、大澤家）

正月のヤス（長野県下伊那郡阿南町新野）

Ⅹ 信仰・呪い

ツボモオクリ【呪《まじな》い・悪疫】流行り病などが流行した場合、「ツボモオクリ」を行った。まず長さ三尺の藁舟を作って藁人形をのせる。人形に顔を書いた紙をつける。各戸ではおのおの一銭と赤飯を舟にのせた。役場の用務員が舟を担ぎ、ムラの長老が羽織袴で幣《ぬさ》を振り、供の者が鉦《かね》を叩く。ムラびとたちは鉦《かね》に合わせて、〽オーヤレ　オヤレ　カーミノカタへ行かされ――と大声で囃《はや》したてた。さらに漁師の舟で藁舟を沖まで運んで流した（三重県鳥羽市石鏡町・浜田みちこさん・大正三年生まれ）。

「ツボモ」という語の意味は難解であるが、「ツボ」は家屋敷、「モ」は厄災と考えることもできる。家屋敷の流行り病・病魔・悪霊を追放する行事だと考えられる。

トシヤマサマ【信仰・祟り地】祟りや禁伐伝承のあるクセ山・クセ地のことを「トシヤマ」「トシヤマサマ」という。このような地の木を伐らなければならないときは地祭りをしてから伐る（静岡県浜松市天竜区春野町川上・高田角太郎さん・明治三十四年生まれ）。

大井川流域にはクセ地・祟り地のなかに、「トリドシ」「トリドシノヤマノカミ」「ヘビドシ」などの名称を持つ禁足地が点在する。

ナナセゴリ【信仰・潔斎《けっさい》祈願】「コリ」とは水を浴びて心身を浄めることで「垢離」と表記する。自家に重い病人が出たときには、川瀬を変えて七か所で、一瀬千回の水垢離《みずごり》をした。これを「ナナセゴリ」（七瀬垢離）と呼んだ。千回の確認は木の葉を使って行った（静岡県浜松市天竜区佐久間町奥領家今田・高橋高蔵さん・明治四十一年生まれ）。

ナンテンギネ【呪《まじな》い・魔除け】メギ科の常緑低木の南天は音が「難転」に通じるところから魔除け・不浄除けなどさまざまな呪的伝承がある。以下は静岡市葵区中平の見城徳さん（明治三十九年生まれ）による。当地では、三寸ほどに切った南天の幹の真中の部分を、全体の三分の一の長さ分のテンマギネ（竪杵）の把手のように細く削り、両端は皮つきのままにして二本の紐で括ったものを「ナンテンギネ」と呼んだ。それを小学校三年生くらいまでの子供の誰もが魔除けとして着物の紐につけていた。また、同じナンテンギネをどの家でも魔除けとして玄関に吊ってあった。

ノウガミサマ【信仰・畑神の降臨】 旧暦三月十六日は「ノウガミサマ」(農神様)が降《くだ》られる日だとして、なるべく早起きをしてイロリで火を焚き、多くの煙をあげる。また、空臼を搗《つ》いて音を立てる。「タカキミ」(モロコシ)を搗《つ》いて粉にし、団子を作って神棚に供え、家族も食べた(岩手県下閉伊郡岩泉町安家年々・祝沢口良雄さん・大正十一年生まれ)。

煙も音も神に対する発信であり、神は煙や音をしるべとして降《くだ》られるという考えが見られる。

ノガミサン【信仰・野神】 滋賀県蒲生郡日野町中山の「ノガミサン」(野神さん)の祭りは、九月一日に、標高三〇メートルほどの丘状地の頂に平たい河原石がびっしりと敷きつめられた場で行われる。里芋の茎の長さを競う「芋競べ祭り」として知られているが、「ノガミ」(野神)の本質を探索せんとする場合、少年の相撲や、この日、野神さんに奉納される長さ一尺、幅二寸ほどの笏型の板に描かれた百足《むかで》・蛇の墨書図が気になる。滋賀県内の野神さんをめぐってみると、平地や山境でケヤキや杉の巨樹を野神さんの座として祀っている例が多い。山の神は別にあり、里の氏神も祀られている。野神さんとはいったいどんな神なのか。その実態は今後の調査研究を待たねばならないのだが、ひとつの仮説として、田畑を開拓拡大してきた間に抑圧した地霊や、鍬や鎌で命を落とした蛇・百足《むかで》・昆虫などの霊を鎮めなければならないという人びとの思いが野神さんに凝縮されているということが考えられる。相撲のシコフミは地霊を鎮める反閇《へんばい》に通じ、蛇や百足《むかで》の絵は開発で命を落とした生きものを象徴しているのではあるまいか。

ノゴー・ノゴーサン【信仰・山と里の間】 徳島県名西郡神山町には「ノゴー」「ノゴーサン」と呼ばれる民俗神が祀られている。「ノゴーサン」とは「野神《のがみ》さん」の転訛と考えられる。同町下分三ツ木の地中孝さん(昭和三年生まれ)は、「ノゴーサンは山と耕地の境に祀られている」と語る。三ツ木のノゴーサンは高さ三メートル、径五メートルほどの石で、石の根方は地面に埋まっている。正月と盆に榊を立て、洗米と神酒を供えて祭る。山は山の神、在所は「オフナトサン」、山と在所の間にノゴーサンを祀るのだとも語る。

ハキガエ【信仰・御幣】御幣の幣紙《へいし》を取り替えることを「ハキガエ」と称した（静岡県榛原郡川根本町東藤川坂京・中野昌男さん・大正九年生まれ）。

ハタガミサマ【信仰・焼畑、定畑】正月の門松とともに長さ二尺ほどの松を迎えてきて、シデをつけて家の隅に飾っておく。一月十一日、この松と鍬を持って「カイトバタケ」（家の近くの定畑）に家族全員で赴く。本来は、その年拓く焼畑予定地へ行くべきものである。畑に松を立て、松の前に盆を置き、「オカラク」を削り、「掻きとるように」と干し柿を添えて、「ハタガミサマ」（畑神様）を迎え豊作を祈る。家族が交替で鍬を持ち、少しずつ耕起しながら「今年のアラクはやっこいやっこい」と唱える。「オカラク」とは、精白したウルチ粟とモチ種の粟を混ぜて水に浸したものを竪臼《たてうす》と杵を使って粉化し、それを径二寸ほどの平団子型に固めたもの（粟の粢《しとぎ》）である。十月十日には焼畑の出作り小屋から里の家に下って神棚に畑神様へのオカラクを供え、畑神様をお送りする。十月十日を「トオカンヤ」と称し、この日、畑神様は天に帰られるといわれている。この日は仕事を休み温泉に入った（山梨県南巨摩郡早川町奈良田・深沢さわのさん・明治三十年生まれ）。

ハブノムヌン【呪《まじな》い・ハブの物忌み】ハブが屋内に入ったときには「ハブノムヌン」（ハブの物忌み）と称して以下のようにした。家を出るとき、竿に七・五・三の藁のタレをつけて門に掛け、浜に下りて砂の上に横たわる。しばらく横たわり、「コケコッコー」と三回叫んでから、「夜が明けた」とさらに叫んで家に帰る。母屋の中に鳥が舞いこんだときも同様にした（沖縄県八重山郡竹富町新城島出身・西大舛高一さん・大正六年生まれ）。

右の、浜における疑似睡眠・疑似鶏鳴は、悪い日を送り、よい日を迎える呪的儀礼である。

ハマクミ【信仰・浄水】大井川へ信仰にかかわる水汲みにゆくことを「ハマクミ」（浜汲み）と呼んだ。毎月一日、竹筒を持って浜汲みに行き、ユルイ（イロリ）の四隅と竈《かまど》を浄めた（静岡県榛原郡川根本町東藤川坂京・杉山義雄さん・明治三十二年生まれ）。

海から離れた地では河岸の水辺を「浜」に見たてていたことがわかる。

ハマチマネキ【呪《まじな》い・魚寄せ】 鯛とハマチを対象とした地引網漁を行っていた。それは十一月から四月の間で、沖に大量のハマチが湧くことがあった。その沖の魚群を地方《ぢかた》へ寄せなければ地引網はできない。そんなとき、腹の大きい妊婦がコンピラ様の小祠に祈ってから、沖に向かって、手に万年茸《まんねんだけ》を持ってハマチを招く所作をする習慣があった。これを「ハマチマネキ」（飯招き）と呼んでいた（和歌山県西牟婁郡白浜町富田中・坂上喜太治さん・大正八年生まれ）。

ヒョウラン【信仰・祟り地】 クセ地・バチ山の一種で、その地の木を伐ると祟りがあると伝えられる地に「ヒョウラン」と呼ばれる地がある（静岡県榛原郡川根本町東藤川小猿郷・花島弘さん・明治三十九年生まれ）。「ヒョウラン」とは「憑乱」の意と考えられる。

フィジャンベーベー【呪《まじな》い・水字貝】 水字貝のことを「フィジャンベーベー」という。「イノー」（礁池）で捕採し、貝殻を畜舎の軒下に吊っておくと魔除けになると伝えた（沖縄県島尻郡伊是名村・伊是名島・中本徳守さん・明治四十三年生まれ）。同郡伊平屋島では水字貝のことを「ベーベンナー」、クモガイのことを「ミーベンナー」と呼び、これらを吊って豚舎の魔除けにした。同県南城市久高島では水字貝のことを「ヤルー」と呼び、貝殻を豚小屋に吊るした。現在は見かけなくなったが、八重山の与那国島・竹富島・小浜島・西表島には水字貝を門口・軒・豚小屋に吊るして魔除けにしたことを記憶している人びとにたびたび会った。同県宮古郡多良間島では私が歩いた昭和五十年代、門口や戸口に水字貝を吊って魔除けにしている例を多く見かけた。その際、水字貝は内側を外に向けるものだと聞いた。また、鹿児島県大島郡奄美大島の大和村では、水字貝を軒に吊ったり門柱の上にのせたりして魔除けにしている例をたびたび目にした。沖縄県八重山郡竹富町小浜島では、軒に水字貝を吊るし、水字貝の突起に蓑・笠を掛けた。こうしておくと蓑笠が風に吹かれて音を立て、それが魔除けになるのだという。

同町西表島古見では稲の出穂直前のお産を忌み、そのようなときに生まれた子のことを「ヤドファーヤー」と称し、ヤドファーヤーが生まれると、その家の者はクバ笠をかぶる。のみならず、ヤドファーヤーが生まれた家では七・五・三の注連縄《しめなわ》を張り、正面の軒に棒を立てかけて、その棒に蓑とクバ笠と水字貝を吊ったものだという。不思議なことに、稲の穂が出たあとに子供が生まれてもこのようなことはしなかった（仲本セツさん・昭和三年生まれ）。ここには「穂孕《ほばら》み」「子孕《こばら》み」の重層性、未熟稲抑止の類感呪術の要素が見られる。棒は杖、蓑笠は「まれびと」、すなわち来訪神がこの家に滞在してヤドファーヤーを守り、無事なる出産を守護していることの顕示である。水字貝はまれびとのみやげである。

同町竹富島の加治工政智さん（明治二十八年生まれ）は水字貝のことを「ハロゴ」と呼び、家を建てるとき中柱の下にこれを埋めたという。台風にも倒れないようにという願いだという。また、水字貝を「ダダヤンブー」と称して、門の内側に吊っておくと魔除けになるとした。豚小屋にも吊った。▼アクマガイ、ヤドムレ

魔除けの水字貝（鹿児島県大島郡大和村大棚）

フセヂ【信仰・呪詛】「フセヂ」とは「伏せ地」の意で、作物ができないように呪《まじな》いをかけられた地のことである。作が極端に悪かったり、よくないことがあったりすると「フセヂではないか」といった（静岡市葵区田代・滝浪きくさん・明治三十年生まれ）。

フバワク【信仰・神役退役】沖縄県南城市久高島では、「イザイホー」と呼ばれる祭事が十二年に一度、午年の旧暦十一月十五日から五日間にわたって斎行されてきた。久高島で生まれた三十歳（丑年）から四十一歳（寅年）

までの女性が祖先の「シジ」（「セジ」＝霊力）を受け、ノロを頂点とする島の祭祀集団に加入する儀式である。祭祀集団は年齢階梯的に四段階からなる。「フバワク」の儀礼もその祭祀組織と深くかかわっている。クバ（フバ）と呼ばれる植物はヤシ科の亜熱帯植物で、九州南部・琉球弧・小笠原などに自生する。葉は円形で径一メートル前後、先は放射状に分裂し、時に下垂する。そのような葉が幹の先端に簇生《そうせい》する。フバワクは旧暦十一月二十日を中心に、十九日から二十一日まで行われた。「フバワク」とは「フバ分け」の意で、御嶽《うたき》などの聖地のフバの掃除をすることである。掃除には選ばれた五人の女性があたる。フバの襷《たすき》をかけフバの帯を締めて、鎌で雑草・雑木を刈り、鎌をつけた棹で直立するフバの木の枯葉をおろす。こうして二十日夜、フボー御《う》嶽《たき》において、七十歳になった神女「タムト」の「テーヤク」（退役）の儀式が行われる。この儀礼を最後に役を退くタムトたちの心には、無事に神役を務めあげた喜びと引退の寂しさが交錯するという。クバは落柄した跡の葉柄痕がそのまま環状に残る。クバは葉を取っても次々と再生するので、オンギ（扇）・フダリ（柄杓《ひしゃく》）・ンヌ（蓑）・クバーサ（クバ笠）などを作ることができる。また、環状をなす葉柄痕を数えれば年数を知ることもできる。クバは算齢木でもある。クバの再生力と算齢木としての力はタムト退役のフバワク儀礼にふさわしいといえよう。フボー御嶽《うたき》以外にもクバ（フバ）を名乗る御嶽《うたき》は琉球弧に多い。これもまたクバの呪力に負うものであろう。

クバの森（沖縄県南城市久高島）

ヘンロテンヤ【信仰・遍路】　四国遍路で蹉跎山金剛福寺を目ざすうえで、どうしても四万十川を渡らなければならなかった。四万十川左岸の四万十市井沢は「ヘンロワタシ」（遍路渡し）の重要な基点だった。高知県四万十市下田の中島やすさん（大正五年生まれ）によると以下のとおりだったという。井沢の土手沿いの道には「へンロテンヤ」(遍路店屋)が十軒ほど並んでいた。菓子屋では羊羹・煎餅・粒飴などを売り、飲食店もあった。「ヘンロヤド」(遍路宿)も数軒あり、合計五、六十人泊めることができた。遍路さんがやってくるのは一月から四月初めにかけての農閑期で、「お四国を回らないと縁組みがない」といって阿波からやってくる若い男女も少なくなかった。宿や店屋では草鞋《わらじ》も売っていた。地元の者はもとより、具同・中村の人びとも「オセッタイ」(お接待)にやってきた。お接待には餅・米一合・銭などを持ってきた。お接待は供養になると伝えられていた。

ホウソウガイ【病呪《まじな》い・麻疹】 カコボラ(フジツガイ科)のことを「ホウソウガイ」(疱瘡貝)と呼んだ。子供が麻疹に罹ったときや種痘を植えたとき(本来は天然痘に罹ったとき)に以下のようにした。ホウソウガイの中に小豆三粒・大麦三粒・鼠の糞三粒を入れて水を加え、麦稈《むぎから》を燃して煮出す。煮出したあと、罹患した子供の頭にホウソウガイをのせて、煮立てた貝の液を笹の葉で子供にかけた(静岡県下田市白浜一色・鈴木茂さん・明治四十四年生まれ)。

マーネアソビ【信仰・ハブ除けの物忌み】 鹿児島県大島郡大和村では、旧暦四月初午の日に「マーネアソビ」(午の日の物忌み)をする習慣があった。この日は「ナガモノ」(ハブ)除けのアソビで、竿・杖・縄などの長いものを持ってはいけない、屋敷に置いてもいけないとされた。また、家で煙を出してはいけないとして、ムラびとたちはすべて浜降りをして一日を過ごす。そして、この日は必ず「ビラ」(韮)と「ハッタイコ」(麦香煎)を食べるものだとされていた(同村今里・奄美大島・安田トキマツさん・明治四十三年生まれ)。

ハブ除けの日に韮を食べるというのは、強臭植物による魔除けである。また、ハッタイ粉を食べるのは、ハッタイ粉を食べると噎《む》せることでもわかるとおり、ハッタイ粉には脱湿・脱水の力があるからである。ハッタイ粉を食べることにより、ハブの持つ水霊の力・咬傷《こうしょう》の力を防除しようとしたものである。

静岡県浜松市天竜区佐久間町相月の栗下伴治さん(明治二十七年生まれ)は、五月六日に屋敷の中と自分の足に香煎を振り撒《ま》きながら「ナガナガ這うな」と誦したという。「ナガナガ」とは蛇のことであるが、なかでも蝮《まむし》の害を意識しているのである。香煎によって蝮《まむし》の水力を奪い、呪力を奪おうという心意で、マーネアソビのハッタイ粉と同じである。

マムシノオトシバ【呪《まじな》い・蝮《まむし》の毒祓い】 突然手が腫《は》れあがることがあり、これを「マムシノオトシバ」（蝮の落とし歯）と呼んだ。そんなときには腫《は》れた手を和紙の上にのせ、「天竺の東山のアカマムシ、茅生えの草に通された、蕨《わらび》の恩を忘れたか」と三回唱えてから剃刀で腫《は》れている部分を撫でる。こうすると、不思議なことに、紙の上に胡麻粒の十分の一ほどの黒いものが落ちる。やがて腫《は》れがひく。子供のころ祖父にこの呪《まじな》いをやってもらったことがある（富山県南砺市利賀村百瀬川・南端喜代峰さん・昭和七年生まれ）。

ムエンサン【信仰・呪術祈禱】「ムエンサン」とは無縁仏のことである。山の中にいるときムエンサンの「ホーイ」という力のない声が聞こえ、災難にあうことがある。ムエンサンに呼ばれないように次の呪術祈禱をした。毎朝最初にお茶を淹れるとき、お茶をヒジロ（イロリ）の隅に一滴垂らし、飯を鍋の蓋に数粒のせて「南無無縁さん、南無無縁さん」と祈った（静岡県榛原郡川根本町旧湯山集落出身・望月筆吉さん・明治四十三年生まれ）。

メバチコ・イド・ミ【呪《まじな》い・モノモライ】 瞼《まぶた》にできる麦粒ほどの化膿性の腫《は》れもののことを「モノモライ」と呼び、「麦粒腫」と表記する。「メコンジキ」（静岡県）・「メバチコ」（大阪府）などの呼称もある。長野県下伊那郡泰阜村漆平野の木下さのさん（明治三十年生まれ）は以下のように語る。モノモライができたときは「イド」（井戸）へ「ミ」（箕）を持っていき、井戸の水に箕《み》の影を半分映して「モノモライを治してくれたら全部見せます」と唱えて祈るとよい、と伝えられている。この呪術伝承からすると、井戸神様は箕《み》を好んでいたことになる。井戸の中や底は暗く、ものがよく見えない。井戸神様は光や「目」を求める存在である。よって「目」をたくさん持っている箕《み》には井戸神様を喜ばせる力があると考えられていたのである。

大阪府河内長野市天見では、メバチコ治癒の呪術に味噌濾《こ》し籠を井戸神様に見せた。味噌濾《こ》し籠も目が多いのである。

生まれ）。

モノシ【信仰・祈禱師】 祈禱師のことを「モノシ」と呼んだ（熊本県八代市泉町樅木・加藤国記さん・明治四十四年生まれ）。

「モノ」は霊にかかわる語で、「モノシ」とは古層の祈禱慣行を負う語である。

モンダリ【信仰・神意占問《うらと》い】 宮木、地の神の木などを伐るときに、神職に依頼して斎行してもらう「モノトイ」（物問い＝占い）のことを「モンダリ」という。和紙の小片を揉んだものを置き、神職が神意を問う祈りをこめて御幣を振る。そのとき、揉んだ和紙が御幣に付いて上がれば伐採可となる。神酒、神饌《しんせん》を供えて祈ってから伐採する（長野県飯田市南信濃八重河内本村・山﨑今朝光さん・大正十一年生まれ）。

「モンダリ」は「モノトイ」からの転と考えられる。

同様の形式で神意を問う方法は、同県下伊那郡阿南町新野の伊豆神社例祭（雪祭り）で見られる。例祭は一月十四日に行われるが、先立つ十三日、諏訪神社において神事芸能担当者決定にかかわり、和紙を揉んで「モノトイ」が行われる。

ヤドムレ【呪《まじな》い・水字貝の呪力】 沖縄県八重山郡竹富町鳩間島の大城安子さん（昭和五年生まれ）は、水字貝のことを「ヤドムレ」と称し、これを豚小屋に吊って魔除けにしたと語る。同県宮古郡多良間村水納島では水字貝を「ユーグル」と呼び、同村多良間島では「ヤドムイ」「ヤドゥムーリ」「ギタナラ」などと呼んで、母屋の四隅や畜舎に吊って魔除けにした（水納島出身・知念勇吉さん・明治四十三年生まれ、福嶺松生さん・大正八年生まれ）。八重山郡竹富町西表島祖納出身の高道正文さん（大正六年生まれ）は、水字貝を「ヤドカイ」と称し、牛・豚・山羊の小屋に吊った。同町竹富島の加治工政智さん（明治二十八年生まれ）からは以下のように聞いた。家を建てるときには「ナカバラ」（中柱）を重視し、中柱の真下に浜辺から持ちきたった清浄な砂と「ハロゴ」と呼ばれる水字貝を埋めて、「ウトウト　コノミヤーヲ　ツクリスリヤー　ムータイフーナン　マキントーラヌ　カンゼンケンゴニ　アラシタボーレ　ウトウト」と「家の願い」を唱えた。また、門口・豚小屋にも水字貝を吊った。

「ヤドムレ」「ヤドムイ」「ヤドゥムーリ」は「宿守り」すなわち「家の守り」の意で、「ヤドカイ」も同系である。水字貝の突起が、家に潜入せんとする病魔・悪霊を防除すると考えられていたことがわかる。その呪力信仰が人の住居から畜舎にまで及んだのである。鹿児島県大島郡瀬戸内町加計呂麻島の於斉では、伝染病がはやったときには水字貝を棒の先に刺して門口に立てたという（芝田安さん・明治四十三年生まれ）。▼アクマガイ、フィジャンベーベー

ヤマウバジョウ・ヤマオナゴ【信仰・自然への節度】椎葉村入子蒔の人が山へ「タケノコカキ」（筍採り）に出かけたところ、「ホゴ」（籠）の中に髪の毛のツクネ（固まり）が入っていた。髪は糸になり、いくら引き出しても絶えることがなかった。それは「ヤマウバジョウ」（山姥）のもので、そのときからその家は裕福になった。サキンという松尾の人が、必要以上に猪を苦しめたことがあった。サキンが山に入ったとき、白髪の「ヤマオナゴ」（山女子）に出会った。ヤマオナゴはサキンを見て気味悪い笑いを浮かべた。サキンは急いで家に帰ったが、震えが止まらずに死んでしまった。ヤマオナゴは生き血を吸うといわれており、「ヤマオナゴに出会ったら笑わないで逃げて帰れ」といわれている。当地では、山姥は山への礼節を尽くし節操を守れば人の味方になり、欲をかき山に背くようなことをするとヤマオナゴの祟りを受けると伝えられている（宮崎県東臼杵郡椎葉村大河内竹の枝尾・中瀬守さん・昭和四年生まれ）。

ヤマウバジョウとヤマオナゴは「山の神」の二面性を示しているように考えられる。▼ワカドウフ

ヤマノカミオコシ【信仰・山の神・山の神起こし】一月三日、熊野神社裏山で、檜《ひのき》の古木前の磐境《いわさか》に、二本の又木に陰陽を形象した二体が据えられ、竹簀《たけす》の上に重ね餅・串柿・洗米・塩が供えられ、脇に神酒が供えられる。山の神の左側に長さ五メートルほどの藁の太綱が張られる。ムラの男たちが集まってくる。午前五時二十分、ムラ神主を中心に「ヤマノカミオコシ」（山の神起こし）が始まる。太綱の前で山奥の方角を向いて礼拝をしてから、先端が又になった一・五メートルほどのフクラソ（ソヨゴ）の棒を持ち、棒を太綱に刺して太綱を揺すりながら次のように大声で誦する。〽起きやった　起きやった　山の神さん起きやった　早稲もよかれ　中《なか》

稲《て》もよかれ　晩稲《おくて》もよかれ　四十四の作りものみなよかれ――。男たちは次々と山の神起こしを行う。男たちは家から二つの藁苞《わらづと》を持参しており、うち餅の入ったひとつを山の神起こしの前に太綱の奥のほうに投供《とうく》する。いまひとつは直会《なおらい》の餅・鰯を入れ、フクラソの枝を添えて家に持ち帰って、屋敷や畑の木に吊っておく（滋賀県蒲生郡日野町中山東・西村栄一さん・昭和八年生まれ）。

ヤマノカミノノサ【信仰・山の神】　山形県南陽市荻上荻に、廃村になった水林の方向に向かってムラの中を通る道がある。その道をそれて山中に入ると、樹齢二百年ほどのミズナラ・二百年ほどの杉の木が目に入る。その木の根方に山の神の小祠があり、杉の枝に三本の「ノサ」が吊られていた。ノサは藁製で長さ一・二メートル、下垂するノサの先はラッパ型に開き、径は三十センチほどである。先端と吊り根との間には笠状の藁が五個ほど重なっている。これが「ヤマノカミノノサ」（山の神のノサ）である。ノサを吊るのは山の神への献供で、祭日は三月十七日、稲作の始まる前である。ノサには煮干し・昆布・炭・青麻をつける。山の神様は女で「メンキサイ」（醜い）、また嫉妬深いから、女性は山の神に参るものではないとして男だけで祭る。また、三月十七日は山の神が木を数える日だから立木を伐ってはいけないとも伝えている（加藤善兵衛さん・明治四十五年生まれ）。

隣ムラの下荻北には、「ノサ」は女性である山の神を慰めるための男根の造形物だとする伝承がある。

菅江真澄の『比遠能牟良君』の中には、真澄自筆の「山の神の幣」と題された絵図がある。現秋田県南秋田郡五城目町大川谷地中のもので、「山の神の幣とて睦月の十二日に藁もて作る十二のふしあり」と記されている。これは先に紹介した山形県のものと酷似している。幣束《へいそく》的なものは御幣と紙が主流になるのであるが、古くは「木の削り掛け」、奥三河・南信州・北遠州で木を割って作られる「ニューギ」などがある。これらに対

山の神のノサ（山形県南陽市小滝居残沢、昭和 52 年 7 月 24 日撮影）

して右に紹介した「ノサ」は、稲作農民が自ら生産した稲の茎たる藁で幣《ぬさ》にあたる「ノサ」（ヌサ）を作っているところに大きな特徴があることを認めなければならない。

ヤマミサキ・カワミサキ【信仰・憑霊と住居の境界】 山中や川で人に憑依する霊を「ヤマミサキ」「カワミサキ」という。ミサキに憑かれると気分が悪くなったり嘔吐したりする。「ミサキを家の中に持ちこむな」といわれている。屋外と屋内の境界は、屋根から雨垂れの落ちるラインである。「ミサキ」に憑かれたと感じられるときには雨垂れ筋の外にいなければならない。ミサキを祓い、帰すには以下のようにする。膳に握り飯を四個置き中央に塩を盛ったものを用意してもらい、家のほうを向いて握り飯を食べる所作をしてから、後ろに向かって握り飯を投げる。雨垂れ筋は「サンズノカワ」（三途の川）ともいわれており、山で死んだ人・川で死んだ人は、僧に読経してもらってからでなければ雨垂れ筋を越えて家に入れてはいけないとされている（愛媛県上浮穴郡旧面河村草原・佐幸ツネ子さん・昭和二年生まれ）。

高知県香美市物部町笹明賀の岡村金太郎さん（大正八年生まれ）は、山の尾根筋の末が三本集まるところはヤマミサキが顕現するところだと伝え、三本の谷川が合流するところはカワミサキが憑きやすいと語っていた。

ユルイノマモリイシ【呪《まじな》い・防火・イロリ】 大井川から径一寸ほどの丸石を四個拾ってきてユルイ（イロリ）の四隅の灰の中に埋めておくと、火の粗相がないと伝えられていた。これを「ユルイノマモリイシ」と呼んだ（静岡県榛原郡川根本町東藤川平栗・中沢金仁さん・明治三十年生まれ）。

ユルイバーサン【住・妖怪・イロリ】 ユルイ（イロリ）の灰をつついたり、灰を水で濡らしたり、灰の中に唾を入れたりすると、「ユルイバーサン」（ユルイ婆さん）という妖怪が出るとして右の行為を禁じていた。ユルイの灰の中で醂《さわ》し柿やイモ類を焼いたり、灰の上で節分の豆占をしたりするので灰を清潔に保たねばならなかった。ユルイの隅に丸石を入れておくと子供がヤケドをしないとも伝えた（静岡県浜松市天竜区春野町川上・高田角太郎さん・明治三十四年生まれ）。

リュウグウサンノゴクウ【信仰・アワビの豊漁祈願】三重県鳥羽市国崎では旧暦十一月十五日の夜、潮に合わせ、海女たちが龍宮様にアワビの豊漁祈願をした。献供物は米と小豆を潮で洗ったもの、そのほかに「ガラスメ」という方名のアワビ型の小貝で、これらを供え、次の唄を歌唱した。〽ツイヨツイヨツイヨ　竜宮さんの孫よ　行ったらくだされ　ホタホタと——。これは「アワビ捕り唄」ともいわれていた。「ツイヨ　ツイヨ」というのは、伊勢・志摩・熊野における漁師や海女の出漁に際しての海神への挨拶である。「竜宮さんの孫」というのは、国崎の海女たちが、自分たちが竜宮さんの子孫であることを自認するものである。「ホタホタ」はアワビが岩に吸着せずに浮動している状態を示す。祭りが終わると「ヒマチ」と称して小豆飯で直会《なおらい》をしたのであるが、小豆飯を炊く際に余った米と小豆を潮で洗い、これを「リュウグウサンノゴクウ」(竜宮さんの御供)と称して組の家々に分与した(三重県鳥羽市国崎町・橋本こはやさん・大正二年生まれ)。

XI 社会・村落生活

ここでは社会・村落生活にかかわる民俗語彙を扱う。社会・村落生活にかかわる民俗を表立って学んだわけではないが、稲作における灌漑用水の慣行や、山村における焼畑の体験などに耳を傾けているうちに、水利にかかわる共同労働、焼畑における共同労働や、山地主と山小作の関係などが話題となり、かかわる民俗語彙を学ぶことができた。

イダイロ【社会、村落生活・村落空間】 集落の周囲の、落葉松《からまつ》が生えていないところを「イダイロ」と呼んだ。イダイロの北側は「イリ」（「ウラ」とも）、イダイロの南は富士山の裾野で、標高一〇〇〇～一一〇〇メートルのところを「ウエヤマ」と呼んだ（山梨県南都留郡鳴沢村鳴沢・渡辺佐久馬さん・大正二年生まれ）。「イダイロ」は「居平」の意で、他地の垣内《かいと》にあたると考えられる。

イチジョウモチ【社会、村落生活・生業複合と草山】 秋田県横手市大森町の渡部重二郎さん（明治四十二年生まれ）は以下のように語る。八沢木・大森・阿気・館合の四か村は、八沢木の奥に四十町歩の山地を購入し、うち二十町歩を草山にした。山地は、燃料・屋根萱《やねがや》・炭俵萱《がや》・馬料としての萩と葛・雪囲い萱《がや》・堆肥用の草などを確保するためのものだった。萱《かや》や肥草は「一《ひと》シメ一丈《じょう》」と定められており、一人一日の人夫料も、一丈《じょう》一《ひと》シメの萱《かや》や肥草だった。よい草を生やすために、二十町歩の草山は春、山焼きをした。盆の十三日の前に堆肥用の草刈り日を定め、その日は一丈《じょう》の縄をたくさん用意し、午前四時から草刈りを始めた。その日は、「イチジョウモチ」（一丈餅）と称して餅を搗《つ》いて食べた。平地農村地帯の人びとがいかに山の力に依存していたかがわかる。

イデ・イデブクロ・イデガワ・イゴ【社会、村落生活・灌漑用水】灌漑用水取水のために河川の水を止める堰のことを「イデ」(井出)という。イデによって堰止めされた水がたまる範囲を「イデブクロ」(井出袋)と呼ぶ。当該のイデから自分の水田に水を受ける者を「イゴ」(井子)という。イデからかかり水田群に水を引く水路は「イデガワ」(井出川)である。井出造りは、当該イデから水を受ける者の「デアイ」(出合い)で行い、井出造りが完了すると「ネンニョ」(年預)の家で井子が宴会をした(三重県伊賀市下友生・榎実さん・昭和四年生まれ)。

伊賀市内には水利作業にかかわる簡易な酒食を「テッパツ」と呼ぶ例がある。『改訂綜合日本民俗語彙』には、長野県東筑摩郡の例として、「テッパツ」は「茶碗酒」のことだと記している。無関係ではない。

オジュウシチ【社会、村落生活・娘たちの象徴呼称】「オジュウシチ」とは十七歳の意で、十七歳前後の若い娘を指す。籾碾《もみひき》唄の中に次のようにある。〽お前とならばどこまでも　奥山のサイカチバラの中までも(囃《はや》し)碾《ひ》けたかオジュウシチ　籾ゃないか碾《ひ》いてみよ　ボタモチャ戸棚か――(静岡県島田市川根町笹間上粟原・成瀬治宣さん・明治二十二年生まれ)。

オボカゲ【社会、村落生活・教育】ムラ(部落)の主催で、秋の収穫が終わった十月末から十一月初めにかけての時期に、来年小学校に入学する子供たちと、結婚前の十七歳・十八歳の青年男女を当屋に招待して「オフルマイ」をする行事を「オボカゲ」と呼んだ。各戸から糯米《もちごめ》一升ずつを集めて餅を搗《つ》く。餅は一人ずつ膳に盛る。膳の上に稃心《みご》(稲藁の芯)を七本ほど敷き、その上に餅を置く。餅は一升餅の三分の一ほどで軟らかい。子供たちは稃心《みご》を交差させてこの餅を切る。切った餅には、豆腐を擂《す》って醤油と砂糖を混ぜたものをつけて食べた(岩手県北上市和賀町山口・小原ミヤさん・大正四年生まれ)。

「オボカゲ」とは不思議なことばである。この語は「オボコ」(子供)・「カンゲイ」(歓迎)が詰まったことばだと考えられる。村落共同体の意志として小学校に入学する子供たちを祝い、無事な成長と学業成就を祈るのである。未婚の若者たちについては、おのおの良縁に恵まれ、立派な家庭を築いてくれることを祈るものである。共同体の美しい心を見てとることができる。「オボカゲ」という呼称からすれば、子供に対する祈りが先行し、青年がそれに付帯したものと考えられる。

カク【社会、村落生活・離島と操船】沖縄県宮古郡多良間村水納島では、十五歳から五十歳までの男を「カク」（格＝決まり）と称してサバニ（刳《く》り舟《ぶね》・その発達型のハギ舟）操船有資格者と定めて処遇し、舟にかかわる行事に責任を持ってあたらせた。五十歳過ぎおよび十五歳未満では、状況によってはサバニの操船は無理だと考えられたのである。例えば、島に赴任する教師の送迎には必ず二艘のサバニを出し、一艘に五人ずつのカクが乗ると定められていた。このことから、離島における舟人の力と資格を尊ぶ社会組織の実態と、小舟によって人を迎える古層の様式を窺うことができる。厳しい気象・海象に対応する島人の伝承知も理解できる。知念勇吉さんがカクに参画したころ、島にはカクが五十人おり、「バンマール」（輪番）で海や舟にかかわるムラ役にあたっていた（水納島出身・知念勇吉さん・明治四十三年生まれ）。

カケアイ【社会、村落生活・無尽】村落内で組まれる「無尽」のことを当地では「カケアイ」（掛け合い）と呼んでいた（岩手県和賀郡旧湯田町長松・高橋仁右衛門さん・大正九年生まれ）。

カサコウ【社会、村落生活・講】喬木村阿島は和傘の産地で、傘の部位ごとに分業化されており、元締をふくめ傘にかかわる家が百戸はあった。傘にかかわる者がグループごとに「カサコウ」（傘講）を組んでいた。十二月十五日に、グループごとに静岡県の秋葉山本宮秋葉神社に代参を立て、傘を奉納した。代参者が帰ると宴を開いた。別に「ミノガミコウ」（美濃紙講）もあり、こちらも秋葉山を信仰した。さらに職人の信仰として広く知られる「タイシコウ」（太子講）も盛んだった。太子講には、傘屋の家族は必ずサンマを食べ、その傘屋の仕事をする内職者の家にもサンマを配った。海から遠く離れた地であるだけに、サンマは貴重だった（長野県下伊那郡喬木村阿島・菅沼良子さん・大正十二年生まれ）。

カシケンボウ【社会、村落生活・極貧者】貧乏人のことを「カシケンボウ」という。「「ヂロ」（イロリ）に爪を入れると七代カシケる」という口誦句がある（宮崎県東臼杵郡椎葉村大河内竹の枝尾・中瀬守さん・昭和四年生まれ）。「カシグ」（傾く）とかかわる「カシク」という動詞との関係が考えられる。

カチアイ【社会、村落生活・共同労働】「結い」のことを「カチアイ」と呼んだ。種蒔きはカチアイ仲間のなかの長老がこれにあたった（熊本県八代市泉町椶木・加藤国記さん・明治三十七年生まれ）。「カチアイ」とは「カテアイ」、すなわち「加え合い」の意で、その転訛だと考えられる。

カヂシ【社会、村落生活・山小作の年貢・焼畑】「カヂシ」（加地子）は古く荘園時代から用いられた用語であるが、当地では山小作が山地主から焼畑地を借りて作物を栽培した場合、作地代、年貢として納めるべき収穫物やその比率を示す民俗語彙として用いられた。当地では山小作が山地主に対して、カヂシとして収穫物の六割を納めるという慣行があった。それは穀物のみならず、換金作物の「ヤナギ」（三椏《みつまた》＝製紙原料）にまで及んでいた（高知県高岡郡檮原町大蔵谷・西村晴實さん・昭和五年生まれ）。

カマイレ【社会、村落生活・資源共同管理】馬料としての萩を得るための共有山の「山の口あけ」のことを「カマイレ」（鎌入れ）と称した。萩は一旦霜にあたると葉が落ちる、実が生《な》ると葉が落ちるといわれ、霜の前・実の前の二百十日を鎌入れとした（岩手県遠野市小友町鮎貝・菊池一三さん・明治三十九年生まれ）

カマオコシ・ツクリアガリ【社会、村落生活・若者宿】若者仲間の青年宿も、若い娘の娘宿もあった。男女別々の宿で、春の農耕前と秋の収穫後に四、五日休み、そのなかの一日を、春は「カマオコシ」（鎌起こし）、秋は「ツクリアガリ」（作り上がり）と称して共食会を開いた。男の鎌起こしは「ハツザケノミ」（初酒飲み）とも呼んだ（佐賀県鹿島市音成東塩屋・倉崎次助さん・明治四十一年生まれ）。

カマゾロエ・ヤマノクチアケ【社会、村落生活・資源共同管理】 倉谷部落では次のものに「ヤマノクチアケ」（山の口あけ＝解禁日）を定めていた。①胡桃、②肥草、③屋根萱《やねがや》、④マタタビ、⑤栃の実。山の口あけは年ごとに定めた。おのおのの山の口あけの日は、倉谷橋に集合して一斉に山に入った。山に入るために集合することを「カマゾロエ」（鎌揃え）と称していた。「鎌揃えに出てくりゃれ」と大声で叫んで回った（福島県南会津郡只見町黒谷倉谷・萱谷としえさん・大正七年生まれ）。

カマド【社会、村落生活・分家】 分家のことを「カマド」（竈）と呼んだ。「中村カマド」「大上カマド」「南野カマド」などという呼称があった（岩手県久慈市山形町霜畑・八幡ちよさん・大正二年生まれ）。『改訂綜合日本民俗語彙』には「津軽の各郡や岩手県で分家することをいう」とある。「カマド」は家一戸の単位を示すことばとして使われる語であるとともに、同族の系統を示すこともあった。

カリワケ【社会、村落生活・年貢】 八重河内には水田は少ないが、地主は小作に田を貸していた。「年貢」という形はとらずに、稲刈りの日に稲束で、収穫を地主と小作が半々に分けた。これを「カリワケ」（刈り分け）と呼ぶ。ちなみに、株間は六寸と極めて狭く、稲作環境の厳しさを示している（長野県飯田市南信濃八重河内本村・遠山常雄さん・大正六年生まれ）。

同市南信濃木沢上島の下平福義さん（大正七年生まれ）は、地主と小作の刈り分けは畝で割ったという。

カレキノクチ【社会、村落生活・資源共同管理】 十二月一日を「カレキノクチ」（枯木の口＝口あけ）と称して、この日以降、どこの家の持ち山に入って枯木を拾ってもよいとされていた。ただし、生木を伐ることは絶対に許されなかった（滋賀県米原市志賀谷・森田美恵さん・大正十三年生まれ）。

キダウチ【社会、村落生活・占有権標示】川に流着する流木、この場合、持ち主のない河原木を見つけ、占有権を示すために流木に刻みこむ印を「キダ」といい、斧や鉈《なた》で、例えば「三・正」などと刻み込むことを「キダウチ」という（岐阜県大野郡白川村荻町・佐藤盛太郎さん・明治三十五年生まれ）。「キダ」は「キザ」（段・刻）の転と考えられ、「キダウチ」は「刻《きざ》打ち」である。

ギュウバヒマチ【社会、村落生活・講】部落のなかで牛馬を飼育している者が集まって「ギュウバコウ」（牛馬講）を組み、牛馬の病気や死に際して協力し合った。ムラはずれに牛馬専門の埋葬地があり、死んだ牛馬は講員によって運ばれ、葬られた。講員は折々、「ギュウバヒマチ」（牛馬日待）と呼ばれる宴会を開いた（静岡県藤枝市大東町・内藤正治さん・明治三十三年生まれ）。

キリワケ【社会、村落生活・山地主と山小作の労働慣行・焼畑】山小作が山地主の山を借りて焼畑をする場合、「キリワケ」（伐り分け）という方法があった。山地の伐採を山小作が行い、それ以後の火入れ・種蒔き・除草・刈り入れなどはすべて山小作と山地主が均等・対等に行い、収穫物も対等に分けるという方法である（宮崎県東臼杵郡椎葉村不土野向山日当・甲斐馨さん・大正五年生まれ）。

クサノクチアケ【社会、村落生活・資源管理】大井川左岸の源助は三十五戸で、大井川の堤には一丁おきに「ダシ」（水制土手）が築造されており、それが九本あった。ダシを基準にして三十五に割り、さらに籤引《くじび》きをして「クサノクチアケ」（草の口あけ）の日を定めて公平を期した。草は土手から河原までをふくんだ。草は牛馬飼料とし、踏み肥は堆肥にして田畑に入れた（静岡県藤枝市大東町・内藤正治さん・明治三十三年生まれ）。

グズリッポー【社会、村落生活・巡回者】巡回してくる物乞いのなかでタカリのことを「グズリッポー」と呼んだ（静岡県浜松市天竜区春野町川上・高田角太郎さん・明治三十四年生まれ）。

クミトリ・ヨツオケ【社会、村落生活・ムラとマチの相関】ムラからマチへ肥料にする下肥を取りにいく慣行は全国的に見られた。以下は、長野県飯田市宮ノ上で農業に従事した北原良男さん（大正十五年生まれ）による。下肥の「クミトリ」（汲みとり）には「ヨツオケ」（四つ桶）と呼ばれる径三十五センチ、深さ一・二メートルほどの縦長の桶を用いた。桶は檜《ひのき》または椹《さわら》の板目で作られていた。四つ桶と呼ばれるゆえんは、木曽馬あるいは木曽系馬に振り分けで二本ずつ、計四本背負わせて運んだことによる。契約的に汲みとる家のことを「ダンカ」（檀家）と呼んだ。北原家の檀家は、吾妻町・宮の前・諏訪町・錦町などにあった。良男さんの時代にはリヤカーになり、四つ桶を六本積むことができたが、坂道があるので木曽馬に先引きをさせた。平素は野菜類を礼とし、盆・暮には三升の一臼餅を贈った。多い家には餅二臼分を贈ったこともあった。昭和三十五年まで汲みとりを行ったが、末期にはマチ家と汲みとり手の立場が逆転していた。下肥溜めは畑の隅に作った四つ桶百杯入りのコンクリート製のタンクだった。下肥は①水田、②桑畑、③麦の追肥、などに使った。マチ家では竈《かまど》・風呂場などに薪を使い、イロリ・炬燵《こたつ》などに炭を使うので灰が出る。北原家ではその「ハイアツメ」（灰集め）もした。檀家は吾妻町の五戸で、おのおのに焼酎甕を預けておき、それに灰を入れてもらっておいて回収にまわった。

ゴカンニチレイ【社会、村落生活・地主と小作】「ゴカンニチレイ」とは一月五日に行われた地主と小作の間の儀礼のことで、「五箇日礼」の意である。一月五日、小作方は礼装をして、年頭礼として現金または穀物若干に和紙一帖または障子紙を添えて地主に届け、年始の挨拶をする。地主は返礼としてソバヤキモチと御幣餅を作ってもてなす。ゴカンニチの御幣餅は「ゾウリゴヘイ」（草履御幣）と呼ばれた。ゾウリゴヘイの串は椹《さわら》・杉・檜《ひのき》のいずれかで、長さは三十五センチ、一本に練りつける米の量は五勺とされており、それは大型で、まさに草履の形状をなしていた。タレは胡桃味噌だった（長野県飯田市南信濃木沢中立・白澤秋人さん・昭和四年生まれ）。▼ハタレイ

ゴゼヤド【社会、村落生活・瞽女《ごぜ》とムラびと】越後から娘・中年・老婆の三人組の瞽女《ごぜ》が秋の村祭りの前に巡

回してきた。門付芸をして銭や米を受けた。ムラのなかに瞽女《ごぜ》を泊める家があり、それを「ゴゼヤド」（瞽女宿）と呼んだ。瞽女《ごぜ》宿をする家は「食べるのに骨の折れる家」で、宿賃として瞽女《ごぜ》から米や銭を受けとっていた。瞽女《ごぜ》は夕食後、瞽女《ごぜ》宿で口説節《くどきぶし》などの芸を披露した。これを聞きに集まる者がおり、そんななかの若者は「ゴゼスキ」と呼ばれた。「マスマワシ」（枡回し）という慣行があり、瞽女《ごぜ》の芸に対する心付は回ってきた枡の中に入れることになっていた（茨城県常総市国生・長塚清太郎さん・大正七年生まれ）。

コドモヒマチ【社会、村落生活・教育】 豊川市御油町本町区では、年五回、子供たち（子供組）を区長の家に招待して振舞をする「コドモヒマチ」（子供日待＝会食）があった。それは次のとおりである。①一月三日＝正月、②四月中旬＝半僧坊の祭り、③八月一日＝御油神社祭礼、④十月上旬＝御油もと祭り、⑤十二月十五日＝秋葉祭り（愛知県豊川市御油町・角田富次さん・明治四十三年生まれ）。

コドロ・オオドロ【社会、村落生活・田植慰労】 田植にかかわる作業は、荒起こしは各家で、代掻き・田植は結いという形が多かった。「コドロ」とは「コドロオトシ」（小泥落とし）の意で、結いの組で行う慰労会を意味する。対して「オオドロ」は「オオドロオトシ」（大泥落とし）で、部落全体の農休みを意味した（広島県山県郡北広島町新庄・伊藤洋さん・昭和八年生まれ）。

コニン【社会、村落生活・小作系】 「コニン」は「小人」の文字をあてることができる。財産家・旦那衆に対して、財産のない家、旧小作系の家、またはその家の者をこう呼んだ（静岡県藤枝市瀬戸ノ谷蔵田・藤田賢一さん・明治三十五年生まれ）。

ゴブイチ【社会、村落生活・焼畑の年貢】 当地における焼畑の小作料は収穫の五分の一と定められていた。これを「ゴブイチ」と呼んだ（徳島県美馬市木屋平川上・梅津多金美さん・明治三十六年生まれ）。

サイメンギ【社会、村落生活・境界】 山の境界を示す木のことを当地では「サイメンギ」という。ヒノキ科の椹《さわら》をサイメンギとして植え、守る慣行があった（大阪府河内長野市天見・田中キミエさん・明治三十四年生まれ）。『日本国語大辞典　第二版』に「さいめぐい」（際目杭・境目杭）・「さいめじるし」（際目印・境目印）がある点からすると、「サイメンギ」は「サイメギ」であったことも考えられるが、「ユキアイザイメン」（行き合い裁面）という語やそれを語る伝説があることからすると「裁面木」の可能性も否定できない。奈良県吉野郡吉野町山口では、サイメンギのことを「ヤマノノコシギ」（山の残し木）といい、それは杉か檜《ひのき》で巨樹となっているものが多かったという。愛知県豊川市の山の境木は常緑高木のヤマモモの木だった。豊川市下長山町の岡田軍治さん（大正九年生まれ）は、峰のヤマモモと山の麓のヤマモモをつないでみると持ち山の境界線がわかると語っていた。

サンイチヅクリ【社会、村落生活・山小作の年貢・焼畑】 山地主から山を借りて焼畑を行う場合、収穫の三分の一を山地主に納める慣行を「サンイチヅクリ」（三一作り）と称した。ただし、作物は稗・蕎麦・小豆の三種に限られていた（宮崎県東臼杵郡椎葉村不土野向山日当・甲斐馨さん・大正五年生まれ）。

シコ【社会、村落生活・共同労働】 水普請・川浚《さら》い・道路補修など、出合いの共同労働のことを「シコ」と呼んだ。シコが終わると当屋でうどんを食べるならわしがあった（愛知県安城市藤井町・富田求さん・大正十三年生まれ）。

「シコ」とは、「為交《しか》う」の意と考えられる。

シバタテ【社会、村落生活・占有権標示】 茸《きのこ》・山菜などの占有権を標示する方法のひとつに「シバタテ」（柴立て）があった。例えば、マイタケの大株を発見したときは柴を折って立てた。占有権標示には小石を重ねて積むという方法もあった（岐阜県大野郡白川村荻町・佐藤盛太郎さん・明治三十五年生まれ）。

スイシャヒマチ【社会、村落生活・水車組】米・麦の精白が臼杵から水車動力に移った時代がある。静岡県藤枝市に合併された旧志太郡大洲村では、戦前の最盛期には水車が十六基回っていた。その後水車は次第に減り、昭和三十年代には半数となり、昭和五十年代にはまったく姿を消した。水車は近隣の水車組で共同利用し、共同で管理した。一年に一度、使用度数によって精算が行われ、その日に「スイシャヒマチ」（水車日待）と称して宴会が開かれた（静岡県藤枝市善左衛門・原川康男さん・大正四年生まれ）。

　長野県飯田市上久堅森には水車が二基あり、「ドッサリ」（添水《そうず》唐臼）を使う家が一戸あった。水車はともに三戸で共同利用していた。水車は径十尺、上部から落ちる水を水車付着の箱に受ける方式だった。臼は一斗張り一基、使用は一戸三日で交替した。父が大工だったので修理や管理をしたが、大がかりな修繕があったときには宴会を開いた。搗《つ》いた穀物は、米・麦・稗・粟・コキビ（黍）だった。水の凍る季節には水車は休みとなった（木下善治さん・大正十二年生まれ）。

　水車組の戸数が多い場合もあった。飯田市上久堅下平の桐生隼人さん（昭和三年生まれ）の場合は、十二戸で水車を利用していたので、各戸に十二支の呼称をあてて、その順で利用していた。臼は二基あったが、使用時間は一昼夜で、戸数が増えるほど短くなった。

添水唐臼。長野県飯田市上久堅ではこれを「ドッサリ」と呼んだ（岐阜県大野郡白川村御母衣、遠山家）

水車（岩手県遠野市土淵町山口）

ソバキリブルマイ【社会、村落生活・兎の共食】 一月中、どの家でもマルウチ（疑似鷹）や銃で兎を獲った。一月中はムラのなかで、兎を獲った家を宿として、兎の肉で出汁をとり、交替で蕎麦切りをふるまい合う習慣があった。それを「ソバキリブルマイ」と呼ぶ（秋田県由利本荘市鳥海町百宅・佐藤運一郎さん・大正三年生まれ）。

▼マルウチリョウ

タカヤマ【社会、村落生活・耕地眺望儀礼】 宮城県大崎平野東部に篦《のの》岳山《たけさん》（二二二メートル）がある。その山麓にある遠田郡涌谷町吉住の太田義文さん（昭和十三年生まれ）は以下のように語る。当地には「タカヤマ」（高山）と呼ばれる行事があった。時期は五月一日から十五日の間で、「菜の花が咲くと高山」という自然暦があった。高山は必ず田植前に行われた。高山の主役は姑・嫁といった女たちで、それに必ず小学生の子供たちが伴われた。吉住は七十戸だが、高山は十戸前後の組で行われた。御馳走は山菜や筍の煮付け、「カド」（鰊《にしん》）、鰹のナマリ節などだった。餅も出た。何よりも高山を特徴づけたのは女たちが飲むドブロクだった。ドブロクは、家々で高山のために四月上旬に仕込んだものだった。子供たちには甘酒が用意された。ドブロクには二番米が用いられた。発酵が始まることを「「ナキ」（鳴き）が始まる」といった。当地はドブロクが盛んで、農作業の三時にもドブロクを飲むほどだった。高山の場は、山の中腹にあるいくつかの平地だった。産仮小屋というムラに住む阿部シゲ代さん（大正五年生まれ）は、「高いところで大声を出して歌を歌うと病除けになる」と教えられたという。高山は単なる行楽ではない。田植前に高山から耕地を眺望し、大声を出すということは、耕地を褒め、賛美し、地霊を活性化させ、よって秋の豊穣を祈るという古層の信仰心意を潜在させているにちがいない。

篦岳山（宮城県遠田郡涌谷町より）

タスキヌグイ【社会、村落生活・組織経営】村役の交替を「タスキヌグイ」(襷拭い)という(静岡県浜松市北区引佐町川名・山下治男さん・大正十三年生まれ)。

タバコモッコ【社会、村落生活・共同労働】灌漑用水管理・補修の出合い作業のなかに、「オーク」(オーコ＝天秤棒)の両端に土を入れた畚《もっこ》をつけて運ぶ作業がある。「タバコ」とは休憩のことで、「タバコモッコ」とは、休憩前の畚《もっこ》に土を多く詰めこむ慣行があったことを語っている(高知県高岡郡四万十町市生原・坂本良水さん・大正十二年生まれ)。

タヤクマイ【社会、村落生活・共同労働】稲作灌漑用水の管理・補修などにかかわる出合いの共同労務のことを当地では「タヤク」(田役)と称し、「タヤク三日」といって年間に三日の出合い労働をするのが慣例だった。一戸で男女二、三人ずつ出た。溝掘り・穴掘りなど掘る作業のことを「シャクリ」、槌で叩き固める作業を「タタキ」と呼び、「カツギ」もあった。男の日当は米一升、女は米八合と定められており、一年の暮に清算をし、欠席した場合は、戦前は米、現在は現金で清算がなされる。米での清算を「タヤクマイ」(田役米)と呼んだ(高知県高岡郡四万十町市生原・坂本良水さん・大正十二年生まれ)。

ヂシ・ヂシガケ【社会、村落生活・山小作の年貢】山小作が山地主から山を借りて焼畑を行った場合に納める年貢のことを「ヂシ」(地子)と呼んだ。ヂシを掛けることを「ヂシガケ」(地子掛け)という。秋、地主と小作がいっしょに作物の稔りの状態を見て決めることもあったが、収穫の二割を納めるというのが普通だった。杉の植林が進むと、杉材の伐出後、杉苗を植える日当を以って三〜四年、杉跡を焼畑として使わせてもらうという形が生まれた。これを「スギネング」(杉年貢)という(静岡県浜松市天竜区佐久間町相月・栗下伴治さん・明治二十七年生まれ)。

チチヨウシ【社会、村落生活・縁組み】出生後間もなく生母が亡くなった場合、嬰児を持ち、母乳が余る女性のいる家に、生母を亡くした嬰児を養子として引きとってもらい、乳母を母とし、成長してその家の人として生涯を過ごすという縁組みの形があった。成人後数年、縁組みした家で働き、実家にもどる場合もあったが、一生血縁者に等しい関係が守られた。これを「チチヨウシ」（乳養子）という。政市さんの母は肥立ちが悪く政市さんを産むとすぐに亡くなった。政市さんは津南町上結東の滝沢家に乳養子に入り、二十一歳のときに大赤沢の石沢家にもどった（新潟県中魚沼郡津南町大赤沢・石沢政市さん・明治三十六年生まれ）。

ツボガリ【社会、村落生活・稲作・年貢】小作が地主に納める年貢米の量を決定するために、地主と小作が立ち合いのもと「ツボガリ」（坪刈り）という試し刈りを行った。坪あたり八合か、坪あたり一升か、などと測定した。坪一升なら豊作だといわれた（奈良市秋篠町・大川喜久治さん・明治三十九年生まれ）。「坪刈り」や「坪刈り帳」は江戸時代の慣行として知られるが、近代に入ってもそれが行われていたことがわかる。

トチノメ【社会、村落生活・若者組加入儀礼】ここでいう「トチノメ」とは「栃の芽」そのものではない。翌年芽となる部分をふくむ栃の枝先を箸として二本そろえたものを使う儀礼を指す。十一月十二日を「若い衆の契約」と称し、この日若い衆仲間が当屋に集まって、その年十五歳になる男子の男根を栃の芽の箸で挟む。この儀礼行為を「トチノメ」（栃の芽）と呼んだ。この儀礼が済むとその男子はムラで一人前と認められ、諸役を受け、親は引退した。大井沢の山の神祭りは十一月十七日で、十一月十二日と十七日には山の神様にオシロモチ（粢《しとぎ》）をあげた（山形県西村山郡西川町大井沢出身・富樫音弥さん・明治三十六年生まれ）。

栃の芽の箸で男根を挟むという儀礼行為は、本来的には男根の機能

実って大地に落ち、外皮の中から丸い堅皮を露出する栃の実（静岡県浜松市天竜区水窪町）

検査であった。若い衆の契約、男根機能検査に栃の木が選ばれたのはなぜだろうか。それは、外皮が割れ、中から丸い堅皮の栃の実が出現する状態が、成熟する男根と類似し、男根を象徴するからである。十七日の山の神祭りに先立つ十二日にこの儀礼を行うのは、女性である山の神に男根を提示することになるからである。この儀礼には、十五歳になる男子に共同体を支える資格があるか否かの資格検査をし、併せて性教育をするという、古い時代の習俗が流入しているのである。

トーヤゴ・サンスゴ【社会、村落生活・私生児】家が隣接して建っているわずかな隙間のことを「トーヤ」と呼ぶ。「トーヤゴ」とは結婚していない男女がトーヤで交情してできた子、すなわち私生児を指す。「サンスゴ」（相思子）も同様に私生児のことをいう（佐賀県鹿島市音成東塩屋・倉崎次助さん・明治四十一年生まれ）。

ナカマイド【社会、村落生活・共同井戸】「ナカマイド」とは、共同井戸、「仲間井戸」のことで、多羅尾では岩田家・渡辺家・古川家が管理するものがあった。井戸枠の三方には椿の木が植えられ、それが井戸にゴミが入るのを防ぎ、夏は強い太陽光線を防いで井戸水の冷温を保った。七日盆の日に井戸仲間で井戸浚《さら》いをし、水番のために鮠《はや》を入れた。その日、井戸神様に洗米をあげた（滋賀県甲賀市信楽町多羅尾・岩田勘三郎さん・大正五年生まれ）。

三重県伊賀市西山にもいくつも共同井戸がある。小字西出の共同井戸は坂の途中にあり、五本の径が井戸を中心に輻射状に集まっている。井戸の背後には井戸を守るように椿の木が繁っている。近くに住む稲葉一郎さん（昭和十八年生まれ）は次のように語る。井戸の名は「椿井戸」、井戸仲間は昭和三十年までは、炊事用水・風呂水を桶に汲んで「オーコ」（天秤棒）で運んでいた。井戸浚《さら》いは八月一日に井戸仲間で行い、井戸の周辺の掃除もする。奈良市内には椿井と呼ばれる地があり、そこに「椿井小学校」がある。椿は井戸を守る木の代表的なものだったのである。

ネンヤ【社会、村落生活・娘宿、若者宿】「オンナネンヤ」は、比較的広い家の一部屋に十七歳から二十二歳までの娘が三人から五人、通年で泊まりこんで共同生活をするものだった。同様の「オトコネンヤ」もあり、ともに家のあるじが監視役をした。この監視役を「オス」と呼んだ。オトコネンヤは漁撈組織とかかわり、十五、六歳を「スガリ」と称し漕ぎ手の手伝い、十七、八歳を「ゾウリモチ」、二十歳以上を「ヨツバリ」と称して一人前とした（三重県志摩市大王町波切・西村長吉さん・明治三十九年生まれ）。

右にある監視役の「オス」は「オサ」（長）との関係が考えられる。『改訂綜合日本民俗語彙』に「ネド」の項があり、「伊豆の利島では、女子も十五歳、正月二日のカネツケイワイを終えると、以後は隠居家などで、三人とか五人とか一緒になって泊る風があり、そこをネドといった」とある。「ネド」は「寝処」、志摩の「ネンヤ」は「寝家」だったことがわかる。これらは、ともに村落共同体維持のための教育の場であり、伝承の場であったことがわかる。

ハタレイ【社会、村落生活・地主と小作】定畑および焼畑地を借りている小作と地主の間で行われる新年の儀礼を「ハタレイ」（畑礼）という。一月十一日に行うので「ジュウイチニチレイ」とも呼んだ。この日、小作は米の餅と粟の餅の重ね餅・串柿二十本・大豆・小豆などを地主の家に持参した。これらの品々を「ナカダチ」と呼ぶ。小作のなかから「フルマイテ」という世話役が選ばれ、フルマイテが地主側の「フルマイモノ」の世話をする。フルマイモノは、三角豆腐・貝・魚・葱の入った吸いもの・酒・飯などだった（長野県飯田市上村下栗・野牧政男さん・明治三十四年生まれ）。▼ゴカンニチレイ

フシンガヤ・タワラガヤ【社会、村落生活・資源管理】玄倉は八十戸で共有の萱場《かやば》を持っており、萱場《かやば》のことを「ノ」（野）と呼んだ。八十戸のなかで、翌年屋根普請をする家は二軒と定められており、それが循環されていた。十二月に日を定めて一戸で二人ずつ出て萱《かや》刈りをした。その日以降は自由に刈ってもよかった。萱《かや》には「フシンガヤ」（屋根普請、すなわち屋根葺き萱《がや》）と「タワラガヤ」（俵萱、すなわち炭俵萱《がや》）とがあった。普請萱《がや》は中段刈りで「ワキカカエ」（脇抱え）分を一把とし、二十四把を一駄とし、二駄分を次の年に屋根普請をする家に届けることになっていた。萱《かや》のほかに縄二十尋を一ボウと称し、二ボウを届けることになっていた。屋根葺

きに関して平等な相互扶助組織が形成されていたのである。俵萱《がや》は根刈りで、三抱え一束の萱《かや》を稲叢《いなむら》形に組み上げたものを五積みとされていた（神奈川県足柄上郡山北町玄倉・三尋木うらさん・明治二十八年生まれ）。

萱《かや》屋根葺きの協業は平等が旨である。その目的を達成するために、宮崎県西都市上揚では、近世、領主が巡察の際泊まったという四軒は七間半×四間半、そのほかの家はすべて六間半×四間半で統一されていた。萱《かや》の相互分担はもとより、ほかに、屋根葺きの当屋に油引きの縄三十尋を持参した。油引きの油は、菜種油・椿油・茶の実油などだった（浜砂久義さん・大正八年生まれ）。

ホッタ【社会、村落生活・私的休養】正規でない、私的な内緒の事象に「ホッタ」を冠して表現する例がある。ムラの通念のなかにある行事関係の餅に対して、家で勝手に搗《つ》く餅を「ホッタモチ」、私生児を「ホッタコ」と表現した。七月には、ムラで決まりの七月二日の「ノウヤスミ」（農休み）、労働が集中する雨期に晴天であっても区長がフレを出して休みとした七月三日の「アメフリショウガツ」（雨降り正月）・「オシメリショウガツ」（お湿り正月）と称する休みがあったが、これとは別に「ノベヤスミ」（延べ休み）をすることもあった。このようなムラ約束（ムラの公認）の休日以外に、勝手に休日にすることを「ホッタヤスミ」と称した（静岡県浜松市北区引佐町川名・山下治男さん・大正十三年生まれ）。

右に見る「ホッタ」は「放った」から来ていると考えられる。

マクラザカナ【社会、村落生活・結いの食事】茶摘み・麦の収穫・田代あけ（植田耕起）などを「結い」で行った。掘ってから埋めておいた自然薯の煮しめ、蕨《わらび》・ゼンマイの煮付けなどを夕飯の菜として用意したのだが、菜の中心は塩鮭で、これを「マクラザカナ」（枕魚）と称した。昼食時と夕食時の二回焼酎を出した（宮崎県東臼杵郡椎葉村大河内竹の枝尾・中瀬守さん・昭和四年生まれ）。

マンゾウヨリアイ【社会、村落生活・経理】ムラ経費の精算を盆の切り、暮れの切りの二回とし、八月十五日前の日曜日、十二月十五日前の日曜日にムラ寄り合いをして行った。これを「マンゾウヨリアイ」（万雑寄合）

と呼んだ。ムラ経費は、現在は各戸均等であるが、戦前は財産家が多く出していた（富山県南砺市利賀村阿別当・野原ことさん・大正四年生まれ）。

「万雑《まんぞう》」とは、近世の北陸地方で、一般の課役や村入用（村費）を示したことばである。

ムカデ【社会、村落生活・灌漑用水】木津川支流、服部川の「イデアゲ」（井堰設置工事）で行われていた石の運搬方法のひとつに「ムカデ」がある。径七十センチにも及ぶ石を次のようにして運んだ。径八寸、長さ二間の檜《ひのき》の丸太の真中に鎖を掛けた石を吊る。丸太の下側の前方・後方に三本ずつ横木を入れる。その横木のおのおの両端を一人ずつが担ぐ。一つの石を十二人で担ぐことになる。石を吊って十二人で歩く様態が百足《むかで》に似るところからこの呼称がついた。イデアゲは出合いの事業ではあるが、ムカデの石運びは重労働だったので報奨金が出た（三重県伊賀市服部町・前川庄太郎さん・大正九年生まれ）。

ムラブレ【社会、村落生活・伝達】集落内の者を対象に、祝日・ムラ行事・ヤマドメ・イソドメ・ウミドメなどを参事が大声でふれて回ることを「ムラブレ」といった（東京都三宅島三宅村阿古・三宅島・山本春男さん・明治三十四年生まれ）。

ヤマムカエ【社会、村落生活・建材伐出】小浜島の人びとは、家屋建築の建材である①柱材＝ドゥスヌ（イヌマキ）、②梁材＝自生フクギ、③桁材＝アサス（モチノキ）、④鴨居・縁板材＝タブノキ、を西表島から伐出して刳《く》り舟《ぶね》で運んだ。小屋掛けをして泊まりこみ、代々続く十戸ほどの「ユイマール」（結い）で仕事を進めた。刳り舟で運ぶのだが、一尺角なら片側一本、四寸角なら片側二本を桁木に結いつけた。小浜島へ材木が着く日には、当該家および親戚など関係する女たちが御馳走を作り、酒を用意して浜で出迎えた。これを「ヤマムカエ」（山迎え）と呼んだ。「ウラフネノジラバ」という唄が山迎えの唄として歌われた（沖縄県八重山郡竹富町小浜・小浜島・仲盛寛さん・明治三十九年生まれ）。

ヨナベミ【社会、村落生活・娘宿】たづさんの娘時代にはまだ「ムスメヤド」（娘宿）の風習が残っていた。同級生に浜田せいという子がいて、その家に五人の娘仲間が集まって、納屋でランプをつけて藁叩きや縄綯《な》いの夜ナベをした。夜ナベだけでなく、天気の悪い日には昼間でもその納屋で縄綯《な》いをした。この地には「ヨナベミ」（夜なべ見）ということばと実態があった。娘宿的な場へ若者たちが遊びに来るのである。浜田家の納屋にも布施田の若者たちはもとより、和具の若い衆までやってきた。こうした娘宿のごとき場を巡回して阿児の石神からミカンを売りにくる老婆がいた（三重県志摩市志摩町布施田・田畑たづさん・大正十年生まれ）。

ワカゼイリ【社会、村落生活・若者組】若者組のことを「ワカゼ」（若勢）と呼んだ。男子が十六歳になると、八月六日の「ネムリナガシ」（眠り流し）の夜、ワカゼに入った。これを「ワカゼイリ」（若勢入り）と称した。その折、ワカゼの代表に陰毛を三本提出する慣行があった。さらに、その年の十二月十二日に田麦俣の山の神（のちに五所神社に合祀）に長さ二尺、径二寸五分ほどの、朴《ほお》の木で作った「キンマラ」（木製男根）を献供した。これとは別に、男子が十五、六歳になると父親に連れられて湯殿山初参りをした（山形県鶴岡市田麦俣・渋谷賢造さん・明治三十年生まれ）。

『改訂綜合日本民俗語彙』には「ワカゼ」「ワカゼイチ」「ワカゼイリ」「ワカゼグミ」などの項目がある。

ワデ【社会、村落生活・柴切り】山村での「シバキリ」（柴切り）、すなわち、村落のなかで最初にその地を拓いた家の屋号に「ワデ」が用いられることが多い。柴切りは、屋敷地として傾斜地の高位置で日当たりがよく、水の便のよいところを選ぶことが多い（静岡県榛原郡川根本町水川尾呂久保・土屋猪三雄さん・大正四年生まれ）。「ワデ」は「ウワデ」（上手）から変化したものと考えられる。

XII 人とイエをめぐる諸民俗 ――家族・親族・生活用具・産育・遊び・身体・疾病・衛生など――

日々の暮らしのなかで使ってきた生活用具、家族・親族の関係、産育、遊び、身体、疾病、薬餌、衛生などはおのおの重要な主題であり、これらはいずれも豊かな民俗語彙を纏《まと》っている。本来ならば、おのおの独立の章を立てるべきではあるが、事例が整わなかったので、ここでは一括して扱った。

アカツチバコ【生活用具・蚊遣り火床】 夏季、蚊遣り、蚊燻《かくす》べのために「モロ」（ヒノキ科常緑針葉樹杜松《ねず》）の葉を燻《いぶ》すのを目的とした火床のことを「アカツチバコ」（赤土箱）と呼んだ。一尺四方、深さ八寸の箱の中に赤土を詰め、中央に窪みを作ってそこでモロを燻《いぶ》す（三重県伊賀市才良・加藤繁さん・大正十四年生まれ）。

アキヤスミ・アキアゲ【親族・里帰り】 秋の収穫後の十一月十日ごろ、「アキヤスミ」（秋休み）と称して嫁を一週間ほど実家に帰す習慣があった。その際、鮭一匹を藁苞《わらづと》に入れて、みやげとして嫁に持たせた。嫁の実家からは餅が返された（秋田県大仙市花館・三浦トシさん・昭和十年生まれ）。

稲刈り・脱穀が済んだところで「アキアゲ」（秋上げ）と称して嫁を実家に帰した。その際、みやげとして鮭を持たせた。一月二日にも嫁の里帰りがあったが、このときにも鮭を持たせた（秋田県大仙市藤木八圭・菊地春枝さん・大正十年生まれ）。

三重県伊賀市の旧上野市域には「センタクノサトガエリ」（洗濯の里帰り）・「ヌイモノノサトガエリ」（縫いものの里帰り）があった。また、岩手県北上市和賀町山口には「アサバタオリノサトガエリ」（麻機織りの里帰り）

があった。時代や地方、地域のなかで嫁に対する配慮がくふうされ、伝承されていたことがわかる。

アマブラ・アマメ【身体・火斑《かはん》剝ぎの来訪伝承】イロリの火に肌を焙《あぶ》り続けると火斑ができる。秋田の「ナマハゲ」は「「ナモミ」（火斑）剝ぎ」の意だと説かれている。高知県吾川郡仁淀川町別枝芋生野の杉本馨川さん（大正十年生まれ）は以下のように語る。子供のころ、行儀悪くイロリの火にあたっていると親たちから「アマブラコスリが来るぞ」と聞かされた。「アマブラコスリ」とは「アマブラ」（火斑）を剝ぎ取りにくる鬼のようなものだという。愛媛県上浮穴郡久万高原町では「アマビラコスリが来る」と伝えた。宮崎県東臼杵郡椎葉村では火斑のことを「アマメ」と称し、行儀悪くイロリの火にあたると「「アマメハギ」の爺のくっど」といわれた（同村長江・椎葉治美さん・大正十一年生まれ）。ナマハゲのごとき身体性はないが、伝承上の「火斑剝ぎ」の来訪が語られていたことがわかる。

火斑を示すことばは地方によって異なる。①「アマメ」＝徳島県・広島県・島根県・宮崎県・新潟県、②「アマミ」＝長野県東筑摩郡・石川県、③「アマビ」＝長野県東筑摩郡、④「アマビレ」＝愛知県北設楽郡、⑤「アバミ」＝岐阜県飛驒地方、⑥「アバネ」＝島根県出雲地方、⑦「アボメ」＝熊本県、⑧「ナモミ」＝秋田県・岩手県、⑨「ナゴミ」＝岩手県、⑩「ヒカタ」＝秋田県・岩手県、などがある。

アワガチウス【生活用具・精白具】粟を精白するための竪臼《たてうす》の素材としては栃の木またはハンサ（ミズメの木）が選ばれた。杵で搗《つ》く作業中に小粒の粟が臼の外へ跳ね出すのを防ぐために、椀状に刳《く》った臼の凹部の口部に「カエシ」（返し）と称する飛散防止の短い庇状の突起を円形につけた。この臼を「アワガチウス」（粟搗ち臼）と呼んだ（福井県大野市上打波・和歌芳成さん・明治四十四年生まれ）。

アンウス・クンウス【生活用具・搗具】人が使う道具の寸法は使う人の体と連動するという考え方がある。竪《たて》臼《うす》の高さに関する伝承がある。竪臼《たてうす》を作るときには、まず使う人の頭から顎までの顔の大きさの周囲を計って、その長さを竪臼《たてうす》の高さとする。顔の大きい人の臼を「アンウス」、顔の小さい人の臼を「クンウス」と呼んだ

（静岡市葵区田代・滝浪作代さん・明治三十九年生まれ）。

アンツク【生活用具・携帯網籠】 アダンはタコノキ科の熱帯性常緑低木で、葉は線形で茎から気根を垂らす。気根は支柱根となる。実はパイナップルに似る。気根のことを「アダナシ」（アダンの足）と呼ぶ。このアダナシの繊維を利用して綱や民具を作る。沖縄県八重山ではアダナシの気根を細かく裂いて田の泥に浸けて色づけをする。径二ミリほどの縄を綯《な》って「アンツク」（アミツク＝編み付く）と呼ばれる小形網籠、携帯籠のごときものを作る。編み方にも模様を浮かせる技術もあり、民芸品としての価値も高い。肩に掛ける細縄をつけ、弁当を入れて野良通いをするのに多用された。耐久力があり、一生ものだといわれている。なお、アダンの枯葉は自島での完結性を潜在させる離島の人びとにとって欠くことのできない燃料である。

アンツク（沖縄県八重山郡竹富町竹富島）

イジコ【生活用具、運搬具】 口径二尺、深さ三尺五寸で、八分の目で編んだ縄の袋を「イジコ」と呼んだ。掘りたての里芋や蒟蒻芋などを入れ、ショイコにつけて背負って運ぶときに使った（静岡県藤枝市瀬戸ノ谷蔵田・藤田賢一さん・明治三十五年生まれ）。

育児用の「イジコ」（嬰児籠）からの語彙転用である。

イシユ【傷・湯治】 竹や灌木の切り株などを踏み貫いて足に傷を負った場合、「イシユ」（石湯）をした。油石と呼ばれる黒い石を拾ってきてその石を焼く。焼いた石は、洗面器（不燃性）などの容器に水を入れ、塩を加えたところに入れる。そこに傷ついた足を入れれば癒えると伝えられている（長野県北安曇郡池田町会染中島・平林芳男さん・昭和三年生まれ）。

イボウ【疾病・化膿】皮膚などが化膿することを「イボウ」という。これは人に対しても動物に対しても使われた。猟犬が猪の牙の負傷にあうことが多いので、猟師は縫合のためにいつも黒糸と「ヨギトジ」（夜着閉じ＝布団針）を持ち歩いた。猟犬の傷は粗雑に扱うとイボウ。黒糸を使って縫合すれば藍が化膿止めになる、といわれた（静岡県浜松市北区引佐町渋川・滝本勝義さん・明治三十九年生まれ）。

猟犬が猪の牙で負傷したとき、静岡県ではお茶で傷口を消毒し、宮崎県の猟師は焼酎で消毒すると聞いた。

ウシハマ【健康管理・海水浴と潮風呂】夏の土用の丑の日に海水を浴びると健康になると伝え、男や子供は磐田市の駒場の浜に赴き海水浴をした。これを「ウシハマ」（丑浜）と呼んだ。帰りには樽に潮水を汲み入れ、舟に積んで東派川を溯り、家で潮水の風呂を沸かし、老人や女性はこれに入った。近代的な海水浴以前の慣行である（静岡県磐田市平間・鈴木金蔵さん・明治三十九年生まれ）。

ウスノシャクリビキ【労働・石臼碾《ひ》き】石臼で穀物や豆類を粉にするときの碾《ひ》き方の一種で、柔軟さがなく、突きまわすような荒い碾《ひ》き方を「シャクリビキ」という。当地には「田臼（籾摺《もみす》り臼）はシャクれ、石臼はシャクルな」という口誦句がある。当地で穀物を粉にする際の臼碾《ひ》き唄に次のものがある。〽臼を碾《ひ》くなら眠り目で碾《ひ》きゃれ　団子喰うときゃハチまなこ　〽臼を碾《ひ》くならぞろりと碾《ひ》きゃれ　臼のシャクリビキゃ添いとげぬ

――（京都府京丹後市久美浜町市野々・藤原義雄さん・大正二年生まれ）。

「サクリ」「シャックリ」という身体症状がある。横隔膜の痙攣で息が急に吸いこまれるとき「シャックリ」というような音を発する。「シャクル」のもとの「サクル」というのはこの症状に通ずるもので、直線的・鋭角的で、唐突で乱調につながる動作をも指す。「シャクリ泣き」も同形である。粉を碾《ひ》くための石臼の回し方は、柔らかく静かでゆるやかなリズムでなされなければならなかったのである。

ウチガエ【生活用具・弁当、食物入れ】「ウチガエ」は長さ五尺、筒状で径七寸ほどの麻布製で、弁当・団子その他を入れ、両端をくくって背板につけて山に出かけた（福井県大野市上打波・和歌芳成さん・明治四十四年生ま

れ）。

「ウチガエ」は「打飼《うちがい》」と無関係ではない。打飼《うちがい》は「打飼袋《うちがいぶくろ》」の意で、本来は飼いものの餌を入れたものだとされる。『日本国語大辞典　第二版』によれば、山梨県南巨摩郡・静岡県磐田郡（現磐田市）・奈良県吉野郡・和歌山県日高郡では「ウチガイ」を弁当袋の意に使ったとある。静岡県の大井川流域でもメンパ背負いの袋を「ウチガエ」と呼んだ。

ウブユダライ【生活用具・盥《たらい》】 出産にかかわる「ウブユダライ」（産湯盥）は、椹材《さわら》で径一尺八寸、胴の高さは八寸である。「センタクダライ」（洗濯盥）は径一尺八寸、胴の高さは六寸五分だった。裕福な家の娘はこの二つの盥《たらい》をセットとして嫁入道具に加えていた（長野県木曽郡木曽町福島八沢・和出澄雄さん・昭和七年生まれ）。

ウヤムヌ【疾病・治療伝承・乳児口内炎治癒呪術】 一歳の誕生日を迎えるほどの乳児の口の中が爛《ただ》れる病気を「ウヤムヌ」という。乳児にこの症状が出ると、母親はその子を抱いて兄弟を連れ、海岸へ行く。クバ笠に似た貝（リュウキュウウノアシ）を箆《へら》で捕り、鍋に潮水を入れて煎じ、その汁を飲ませた。次いでアダン葉のゴザを敷き、母子・兄弟ともその上に寝て眠るまねをしたあと「コケコッコー」と三回唱し、「夜が明けた」と叫んで家に帰った（沖縄県八重山郡竹富町新城島出身・西大舛高一さん・大正六年生まれ）。

同町西表島古見では「ウヤムヌ」「水疱瘡」「麻疹」に罹ったとき、親がクバ笠をかぶり子を連れて浜に赴き、リュウキュウウノアシを煎じてその汁で口を拭き、さらに疑似睡眠・疑似鶏鳴を行ったという。

同町竹富島の崎山苗さん（明治二十六年生まれ）は、子供がウヤムヌに罹り乳を飲まなくなると、風呂敷を自分の顔にかけ、芋掘り箆《へら》を持って浜へ行く。途中で人に会っても顔を隠して箆《へら》だけ見せる。浜でリュウキュウウノアシを三個捕って帰る。そして、門から入って東方の位置に石を三個据え、その上に「アラギ貝」（シャコ貝の一種）の殻を掛け、貝殻の中にリュウキュウウノアシを入れて下で火を焚く。貝から出た汁で口を拭く。そして、門の脇に筵《むしろ》を敷いて母子で横たわり、疑似睡眠・疑似鶏鳴（三回）を行う。起きて、門の外で筵《むしろ》を三回叩《はた》く。

疑似睡眠・疑似鶏鳴は、悪い日の終了を告げ、よい日の到来を確認する呪術である。

オオダレ・コダレ・ビンダレ【生活用具・盥《たらい》】「オオダレ」（オオダライ＝大盥）・「コダレ」（小盥）・「ビンダレ」（鬢盥）のうち、オオダレは男ものの洗濯用で径二尺に深さ八寸、コダレは女ものの洗濯用で径尺五寸、ビンダレは三つ脚つきで、女性が自分の顔・髪を洗うものである。嫁入り仕度の品として三種類の盥《たらい》を滑川の桶屋で買った。「洗濯ものは日に当ててはいけない」「洗濯ものを竿から左右に貫通して抜いてはいけない」といわれていた（鹿児島県肝属郡南大隅町根占横別府・黒江ふみさん・大正十四年生まれ）。

オンドリコンド【子供・玩具】女竹の節抜き一尺ほどのものを立て、上端にサルトリイバラの葉を漏斗状につける。そこにサルトリイバラの赤い実をのせる。これを持って下から吹くと赤い実が躍る。これを「オンドリコンド」（踊り小僧）と称して子供たちの遊びにした（静岡県賀茂郡松崎町池代・山本吾郎さん・明治四十一年生まれ）。

カブス【生活用具・調理】鍋で煮ものをするとき、蒸気を逃がさないために蓋との間を遮閉する働きをする藁製の輪を「カブス」という（沖縄県八重山郡竹富町新城島出身・西大舛高一さん・大正六年生まれ）。

カロウト【生活用具・衣類箱】衣類などを入れる箱で、素材はネズコ、縦三尺五寸、横二尺五寸、深さ二尺の箱で蓋つきのものを当地では「カロウト」と呼び、大工が作る。嫁入りする娘はみなカロウトを作ってもらい、その中に衣類などの嫁入り道具を入れて嫁ぐ。一生この箱を使ったあと、自分が死んだときにはそのカロウトを棺箱として葬儀をしてもらうという習慣があった。昭和二十七年、寛さんのもとへ嫁いできたきみさんも、カロウトを持ってきてそれを今でも使っている。男も二十歳になるとカロウトを持つことになっていた。カロウトは、嫁入り道具→生活用具→棺箱、と人生儀礼の要所で重要な役割を果たしてきたのである（福島県南会津郡檜枝岐村・星寛さん・昭和三年生まれ）。

「カロウト」は漢字で「唐櫃」と表記され、「カラヒツ」の変化した語だとされるが、右のカロウトは庶民の用具で、四脚または六脚の外反《そとぞ》りの脚がついた高級なものではない。

ガワ②【生活用具・曲輪素材】 粉化穀類の精選を行う篩《ふるい》に使う曲輪のことを「ガワ」（側）と呼ぶ。自家製粉時代、精選に使う篩《ふるい》は重要な生活用具だった。このことは、ガワの製造技術とガワの素材を伐出する山林の重要性を語っている。粉篩《こなぶるい》のガワの長さとして二尺六寸のものがあった。長さ二尺六寸の柾目板を曲げて作るのである。これを「ニロク」と称し、この原材を多く伐出できる山を「ニロクヤマ」と呼ぶほどであった。篩《ふるい》のガワの素材として適性を持つ樹種の順序は、①唐檜《とうひ》→②黒檜《くろべ》（ネズコ）→③姫小松だった。篩《ふるい》は山間部だけでなく平地農村地帯でも多用された。製造・行商・修理などがシステム化されていた（福島県南会津郡檜枝岐村・星寛さん・昭和三年生まれ）。

クルミカゴ【子供・育児】 深さ二十六センチ、径五十六センチの目の粗い籠で、籠口には藁を当て、そこをトヅル（ツヅラフジ）で締めたもので、育児用に使うこの籠を「クルミカゴ」と呼んだ。子供が生まれると二か月までは、この籠の中に寝かせ、三か月から五か月まではこの籠の中に子供を座らせ、周囲にボロ布を詰めて子供を包《くる》む。「クルミカゴ」という呼称はここから生まれた。この時期は、老人たちが籠を揺すって子守をする。クルミカゴの時期が終わると子守娘の登場となる（静岡県浜松市天竜区水窪町奥領家大野・水元定蔵さん・明治二十二年生まれ）。

静岡県藤枝市高柳の岡崎やゑさん（大正四年生まれ）は以下のように語る。嬰児を入れる籠を「イジコ」（嬰児籠）と称した。イジコの底には米俵に使う桟俵《さんだわら》を使い、深さは俵の二分の一で、密に編んで俵口も丁寧に整えた。子供が生まれるたびに新しいイジコを作った。周囲には「アワイ」（子守半纏《はんてん》）を詰めた。

桟俵《さんだわら》の径は約一尺、それはいかにも狭い。使用期間の限界が考えられる。また、子供の誕生ごとに新しいものを作るという点にも儀礼的な匂いがある。

ゲンゾウ【親族・里帰り】久子さんは、宮崎県西都市上揚の浜砂家から助八重越《たすかりばえごえ》という峠を越えて、同県児湯郡西米良村小川上三財の上米良優さん（大正十四年生まれ）のもとへ昭和二十四年三月二十一日に嫁いだ。当地では里帰りのことを「ゲンゾウ」という。姑のまんさんはよくゲンゾウを許してくれた。農閑期に年五回ほどゲンゾウで上揚に帰ることができた。ゲンゾウは一、二泊で、夫と子供もいっしょだった。夫とともに除草や薪運びなど実家の仕事を手伝った。ゲンゾウにはどれほど心が弾んだことか。帰りにはいつも餅か団子をもらって帰った（上米良久子さん・昭和四年生まれ）。

「ゲンゾウ」は「ゲンザン」（見参）の転訛で、古層の儀礼を纏《まと》う古いことばである。正月などのやや儀礼的な実家への挨拶から発して、「土の匂いがし、心躍る里帰り」の意に拡大したのであろう。▼ゴミフルイ

ゴクネリ【衛生・入浴】落葉性の蔓性木本《つるせいもくほん》マツブサのことを「ゴクネリ」と呼んだ。この蔓《つる》を風呂に入れると体が温まるとも神経痛に効くとも伝えられている。伝説で語られる三十人力の強者テシャマンクはいつもゴクネリを帯にしていた。いつものとおりゴクネリを帯にして伊勢参宮をし、宿に泊まった。その折、宿の内儀がひどい神経痛に悩まされていた。テシャマンクは自分が帯にしていたゴクネリを切って風呂の湯に浸し、内儀をその風呂に入らせた。すると即効があり、内儀の神経痛は快癒した。テシャマンクはゴクネリの帯の代わりに立派な帯をもらって帰ったという（静岡市葵区田代・滝浪文人さん・大正五年生まれ）。

コハライ【身体・妊娠・堕胎】当地では堕胎のことを「コハライ」（子払い）と呼んだ。厳しい経済的事情があったにせよ、授かった命を自ら払うというほど残酷なことはないのだが、こうした語彙は単なることばではなく実態を伴うものだった。当地では酸漿《ほおずき》の根を煎じて飲めばコハライに効くと伝えられていた。「苦かった。あの苦さは忘れません」とMさんは語ったが、幸いにしてその子は生を享《う》け、無事成人した（静岡県伊豆の国市浮橋・Mさん・大正元年生まれ）。

長塚節の『土』では、お品が堕胎の際の酸漿《ほおずき》の根の挿入による黴菌《ばいきん》によって死に至ったと書かれている。茨城県常総市国生の長塚節家の分家の当主、長塚清太郎さん（大正七年生まれ）は、『土』におけるお品のとった

堕胎法は耳にしたことはないが、その代わり、当地には桑の木の根から出る白いヤニが堕胎を促す薬になると伝え聞いていたという。

ゴミフルイ【親族・里帰り】お茶摘みの終了・田植の終了後に里帰りをすることを「ゴミフルイ」（塵芥振るい）と呼んだ。正月三日夕方から・盆の日帰り・里の秋祭りなどの里帰りには、この語は用いなかった（静岡県藤枝市高柳・岡崎やゑさん・大正四年生まれ）。▼ゲンゾウ

コヤ【身体・生理・月小屋】静岡県の大井川流域から大井川以西にかけて、「ツキゴヤ」（月小屋＝女性が生理のときに入る別棟）の習俗が濃密だった。多くは月小屋のことを「コヤ」（小屋）と呼び、生理のことまでも「コヤ」と呼んだ。両者の区別はアクセントによった。建物（月小屋）のことを「kóya」、生理のことを「koyá」と発音して呼び分けた。

静岡県島田市福用の大池みちさん（明治二十七年生まれ）は次のような茶摘唄を伝えていた。〽小屋（koyá）になったら裏の小屋（kóya）へ行って　汁もコションバク煮て食べず——。「コションバク」というのはこの地方の方言で「平素より塩味を強くして」という意で、平素は貴重な塩を節約していたことがわかる。「食べず」の「ず」は打消の意ではなく、古語の「むず」、すなわち「むとす」の意で、「む」は意志を表す。「平素は控えている塩を多く入れて食べよう」という意志が見られる。月小屋は女性の人間性否定の象徴として解されがちであるが、当該の時代には、月小屋に籠る期間は、煩瑣《はんさ》な家事からも、姑からも子供からも解放され、若干の好みの食物を食べることのできる安息の期間であり、小屋はくつろぎの空間だったのである。小屋籠りの期間が安らぎのときであるほどに日常は厳しいものであったことも忘れてはならない。

サンアガリ【出産】出産休みのあとに体の浄めをした。三か所の沢水が合流するところで体を浄め、それから風呂に入った。これを「サンアガリ」（産上り）と呼んだ（静岡県藤枝市瀬戸ノ谷大久保・平口きぬさん・明治二十二年生まれ）。

サントウヤキ【疾病・獣系薬餌】猿・兎・貂《てん》の頭を径一尺、深さ一尺の素焼き甕に入れ、隙間に米糠を詰め、さらにその甕を覆い隠すほどに米糠を盛りあげる。それに点火してじっくりと蒸し焼きにする。これを「サントウヤキ」（三頭焼き）と呼んだ。蒸し焼きにした頭は粉化して混ぜ、分包しておいて飲む。熊の頭も同様にすることがあった。ともに頭痛の薬だとされた（秋田県北秋田市阿仁打当・鈴木辰五郎さん・明治三十七年生まれ）。

サンノコシユ【衛生・産後の腰湯】産後の腰湯のことを「サンノコシユ」（産の腰湯）という。大根葉・青木の葉・石菖《せきしょう》を入れ、塩を一摑《ひとつか》み入れて沸かし、その湯を使った（奈良県吉野郡吉野町山口・森口たまゑさん・明治四十年生まれ）。

シオブロ【衛生・入浴・身体保全】「シオブロ」は「塩風呂」の意であるが、釜に塩叺《しおかます》を入れて湯を沸かす例が多い。長野県飯田市上村程野八丁島の前島チエ子さん（大正八年生まれ）は、春彼岸のころ、味噌搗きのために塩入り叺《かます》を買った。その叺《かます》に残った塩を生かして「カマスブロ」を沸かして入った。新潟県中魚沼郡津南町大赤沢の石沢政市さん（明治三十六年生まれ）は、冬至の日に塩叺《しおかます》を風呂に入れ、塩風呂に入った。塩風呂は体を温めた。塩は生命維持にとって不可欠であり、浄化・浄め祓いの力を持つ。塩風呂は「保温」にとどまることなく、人びとに浄め・再生力・生命力をもたらすと考えられていた。

シバスベリ【子供・遊び】少年たちの遊びで、山の斜面を樅《もみ》・栂《つが》の枝に乗って滑り降りる遊びを「シバスベリ」（柴滑り）といった。枝は太いものを選び、三、四人乗って滑った。樅《もみ》・栂《つが》には油があるのでよく滑るといわれていた（静岡県榛原郡川根本町犬間平田・大石博人さん・昭和十六年生まれ）。

シバフネ【生活用具・運搬】「シバフネ」とは木の枝を組み編みして舟状にしたものである。これに刈り干しを積んで、綱で引いてムラまで運んだ（岐阜県高山市上宝町中山・中屋弥一郎さん・明治四十年生まれ）。▼ナラズエ

シビャー【子供・玩具、漁撈・錘《おもり》】タカラガイ科の貝類の総称として宝貝・子安貝と呼ばれる貝を「シビャー」という。貝殻は卵型で、殻口は内側に曲がりこんで口部は鋸歯状をなす。口部が一～一・五センチほどの小型のものと、七～八センチに及ぶ大型のものがある。「シロシビャー」と「クロシビャー」があり、前者は小型で、浜から「イノー」（礁池）にかかる海中の斜面「ピシク」に棲息するので、子供たちがこれを捕採し、生きたものを仲買人に売った。仲買人は生きたものを砂に埋め、肉を腐らせ洗浄してから箱に入れて流通経路にのせた。クロシビャーは漁業用の網の錘《おもり》に使った（沖縄県南城市知念久高・久高島・内間芳子さん・昭和五年生まれ）。

同県石垣市石垣島白保の多宇マツ子さん（昭和二年生まれ）は、大きい宝貝はナマで砂に埋めて洗浄処理をしたあと、子供たちが「ウシモウモウ」（牛モウモウ）と呼んでおもちゃにし、黒い宝貝は漁網の錘《おもり》にしたという。同県宮古郡多良間島では「スビ」と呼ぶ。幼児語で「ンボー」（牛）と呼び、大型のものに紐をつけて引いて遊ばせた（福嶺松生さん・大正八年生まれ）。同県八重山郡鳩間島では「ンボマー」と呼んだ。筆者が少年時代を過ごした静岡県牧之原市では、この小型の宝貝を「ネコガイ」（猫貝）と呼んで女児たちがオハジキにしていた。『日本貝類方言集　民俗・分布・由来』（川名興編）には、「スビ」（沖縄県八重山諸島・鹿児島県大島郡）・「オマンコガイ」（神奈川県・東京都三宅島）・「オマンチョガイ」（福島県二本松市）・「オメコガイ」（和歌山県）など、女陰を示す方名が多く収載されている。これはこの貝の形状によるものであり、古くは「竹取物語」の「燕の子安貝」ともかかわる。この貝が「子安」とかかわるのもその形状による。柳田國男は『海上の道』において宝貝に強い関心を寄せている。

さまざまな方名を持つ宝貝。沖縄県石垣市石垣島では子供たちがこれを「ウシモウモウ」と称して玩具にした

シャクシユズリ【家族・主婦権の譲渡】岡山県新見市菅生別所の西村修子さん（昭和六年生まれ）は、主婦権の譲渡のことを「シャクシユズリ」（杓子譲り）という。杓子《しゃくし》譲りは姑が病気になったときに行われた。飯米の管理

と味噌部屋の管理の権限を渡された。これを「シャクシワタシ」と呼ぶ地も多い。

ショウガフジ【身体・入浴保温】シラクチヅルのことを「ショウガフジ」（生姜藤）と呼ぶ。よく乾燥させてから細かく切って布袋に入れたものを風呂に入れると体が温まる。冬、猟に出かけて体が冷えたときなどにショウガフジを風呂に入れた（福井県大野市貝皿・洞口作次郎さん・明治四十三年生まれ）。

シロ【子供・遊び】少年たちが特定のグループを作って、ほかのグループや大人などから離れた状態で遊ぶ遊び場のことを「シロ」と呼ぶ。現在子供たちに「秘密基地」と表現される場を「シロ」と呼んだ。下栗のムラと遠山川との間には三百メートル以上の標高差があるので、夏、少年たちは遠山川本谷まで泳ぎに行くのには抵抗があった。そこで、少年たちは下栗本村と屋敷の間の祓沢に目をつけた。上組・中組・下組の少年たちでおのおの祓沢に堰を作り、水浴びもできるシロを定めた。「カクレガ」と呼ばれる小屋も作り、水浴びをし、二度イモ（馬鈴薯）などを焼いて食べたりもした（長野県飯田市上村下栗本村・熊谷清登さん・昭和十四年生まれ）。

ジンキチ【生活用具・布袋】「ジンキチ」は一斗入りの木綿袋で紺染めで、リュックサックのように背負える形になっていた。栗拾いのときなどは、ジンキチのほかに一斗入りの袋をもう一つ持った（静岡県榛原郡川根本町奥泉・佐藤正美さん・大正十一年生まれ）。

スンヅクロ【子供・遊び】蕎麦の脱粒は、蕎麦束を一番叩き→二番叩き→三番叩きと進めた。最後には蕎麦の茎稈《くきがら》が山積みになった。子供たちはその茎稈《くきがら》の中に入って遊び、これを「スンヅクロ」と呼んだ。「巣作ろ」の意だと考えられる（静岡県藤枝市瀬戸ノ谷蔵田・藤田賢一さん・明治三十五年生まれ）。

タカラコブロ【衛生・入浴】当地ではツワブキ（石蕗）のことを「タカラコ」と呼ぶ。土用の丑の日にタカラコを入れた風呂に入ると体が温まるとして「タカラコブロ」に入った（岡山県津山市加茂町倉見・政宗浪子さん・大正七年生まれ）。

タコグサ【子供・遊び・ママゴト】「タコグサ」はスベリヒユ科の一年草で、田畑や路傍に生える。奈良県磯城郡田原本町堺町で幼少女期を過ごした秀田智恵子さん（昭和二年生まれ）は、スベリヒユのことを「タコグサ」「ゴハングサ」と呼ぶ。タコグサと呼ぶのは、この草の茎の色がつややかな赤銅色をしており、茹でたタコを思わせるからである。また、これを「ゴハングサ」と呼ぶのは、ママゴトの際、刻んでゴハンにしたからである。

岸田定雄は『大和のことば　民俗と方言　上』でスベリヒユについて以下のように述べている。「「スベリヒユ」をエビと呼んでいたように思う。……子供はこの草の茎を左手で持ち、右手の拇指と人差指ではさんでこすりながらエビニナレ　タコニナレと歌った。もともと赤い色をした茎だが、こすればもっと赤くなるように感ずる」。さらに岸田は、『日本児童遊戯集』（大田才次郎編）収載の常陸の童戯として「ヒエの茎をとり、指にて揉みながら「権兵衛権兵衛、酒飲んでよっぱらってみせろ」というとヒユの茎は漸次赤色を帯ぶるなり」という例を引いている。

タコグサ（奈良市古市町）

チノマセバアサン【産育・乳母】島根県安来市広瀬町西比田では、もらい乳をした相手の女性、乳を飲ませて育んでくれた女性のことを「チノマセバアサン」（乳飲ませ婆さん）と呼んだ。乳を受けた子は、乳飲ませ婆さんとは一生のつきあいをする慣行があったという（上田静子さん・大正十四年生まれ）。

鳥取県東伯郡三朝町大谷では、もらい乳のお礼は米で行う習慣があった。静岡県藤枝市瀬戸ノ谷滝ノ谷では、一人の女性の乳を複数の子が飲むと子供に勝ち負けができるとし、授け乳・もらい乳をあまり好まなかった。

チノミチ【身体・血の道】 産褥《さんじょく》・月経時・更年期などに、血行不良から起こる頭痛・温熱感・めまい・のぼせ・精神的不安などを呈する女性特有の症状を「チノミチ」(血の道)と呼ぶ。症状には個人差がある。血の道には猿の頭の蒸し焼きが効くという伝承は広域に及んでいる。岐阜県本巣市根尾越波の松葉とめをさん(明治四十五年生まれ)は次のように語る。夫の二平さんは猟師だった。夫はあるとき、猿の頭を竈土《かまどつち》と呼ばれる土で包み固め、籾糠で蒸し焼きにし、血の道の薬にするようにとプレゼントしてくれた。蒸し焼きにしたサルコウベを石臼で碾《ひ》いて粉にし、定期的に飲むとよいというのである。とめをさんは幸いにして血の道の気がなかったので、一個分のサルコウベの粉を知人との間でケヤキの竪臼《たてうす》と交換した。臼は今でも使っており、臼を見るたびに夫の心遣いを思い出す。

奈良県五條市大塔町惣谷を訪れた折、同地の戸毛幸作さん(昭和五年生まれ)が猿の頭を粘土で包み、粉ミルクの罐《かん》に入れ、籾殻を詰めて蒸し焼きにしているのを見た。血の道の薬にするのだと語っていた。

チューインボウ・ステンボウ【衛生・便所の落とし木】「オケガワ」(桶側＝椹《さわら》の桶素材)の端材を利用して、長さ二十センチ、幅二センチほどの「チューインボウ」を作った。チューインボウとは便所の落とし木(尻ふき)のことである。チューインボウは使用後、箱に入れ、たまると焼いて灰を畑に入れた(長野県飯田市上村下栗大野・胡桃澤ちさ子さん・大正七年生まれ)。

便所の捨て木のことを「ステンボウ」(捨ん棒)と呼び、これは椹《さわら》でなければだめだといわれていた。長さは六寸で、雨降りにステンボウ割りをし、藁で束ねて保存した(同市上村程野・山﨑松春さん・大正十五年生まれ)。同県松本市奈川金原の奥原喜代子さん(大正十三年生まれ)は次のように語る。便所は外便所で、昭和十五年ごろまで「チョウゲン」を使った。チョウゲンとは木ッ端のことで、椹《さわら》・檜《ひのき》がよいといわれていた。栗もナラも竹も危険で、「ハギ」(葉木)と呼ばれる、冬でも葉のある木がよいとされた。

静岡県浜松市天竜区や飛騨では「チョウギ」、鹿児島県には「チョギ」と呼ばれた例がある。チューインボウ・チョウゲンをふくめ、これらは「籌《ちゅう》」「籌木《ちゅうぎ》」に起因する。籌《ちゅう》とは数とりをする細い竹の棒のことで、便所の落とし木の形状が籌《ちゅう》に似ているところから、漢語が民俗語彙になったのである。

ツチバナ【疾病・薬餌・猪の鼻】 猪の鼻は破壊力・威力があるので「ツチバナ」（槌鼻）と呼んだ。猪の鼻を乾燥保存しておき、煎じ出せば、腫《は》れもの・風邪・熱に効くと伝えられていた（山梨県南巨摩郡身延町大垈・佐野秀章さん・明治三十三年生まれ）。

猪は蝮《まむし》やハブの天敵と伝えられる。蝮《まむし》に咬まれたときには、乾燥保存しておいた猪の鼻を煎じて傷口に塗れば治るとする伝承を宮崎県・奈良県・岐阜県・長野県などで聞いた。

ツヅラケンド【生活用具・精選具】「ケンド」とは「簁《とおし》」のことである。円形の「ガワ」（側）にツヅラ（葛などの蔓《つる》）を縦横に張って、精選対象によって目の大きさを調節設定したものを「ツヅラケンド」と呼ぶ。主として大豆・小豆の精選に使った。網目の素材はほかにヘギ竹・針金・絹糸など種々あるが、粉化したものの精選には篩《ふるい》が用いられた。当地では「ヒエゴメトオシ」（稗米簁）、「チャオロシ」（茶葉の精選具）なども用いられていた（高知県吾川郡仁淀川町椿山・中内茂さん・明治三十六年生まれ）。

テギネ・モチツキギネ【生活用具・搗具】 大麦を搗《つ》く（脱稃《だっぷ》する）ときは「モチツキギネ」（餅搗き杵＝横杵）と「クボウス」（竪臼《たてうす》）を使って一人で搗《つ》いた。麦二升に茶碗半分の水を加えて搗《つ》くのだが、二時間から三時間かかった。蒸した味噌豆は「テギネ」（竪杵《たてぎね》）を使って二人で搗《つ》いた（鹿児島県肝属郡南大隅町根占横別府・黒江ふみさん・大正十四年生まれ）。

デクノボウ【子供・郷土玩具】 東北地方の郷土人形で、轆轤《ろくろ》を使って作る「コケシ」のことを「デクノボウ」と呼んだ。原材はニシキギ科の落葉小高木・高木の檀《まゆみ》である。当地では檀《まゆみ》のことを「マキ」と呼んだ。そして、「マキの葉がホキル（ほどける）とき大豆を蒔け」という自然暦を伝えている。それは鳩が卵を抱くときだとも

ツヅラケンド（中央）（高知県吾川郡仁淀川町椿山、中内家）

いう（山形県西村山郡西川町大井沢出身・富樫音弥さん・明治三十六年生まれ）。

テコブ【身体・出産】握り拳のことを「テコブ」という。宮崎県東臼杵郡椎葉村では、「ドヂ」（土間）に筵《むしろ》や布を敷き、その上に竪臼《たてうす》を据えて、その臼のへりをしっかり摑《つか》んで気張って出産した女性が多かった。手助けをする人のいない状態での出産もあった。そんな折は、自分で湯を沸かし、臍《へそ》の緒も自分で切らなければならない。同村不土野向山日添の椎葉クニ子さん（大正十三年生まれ）は、三女を一人で産み、一人で取りあげた。「臍《へそ》の緒は親のほうも子のほうも「テコブ」一つ分を残して切る」という伝承があったので、それに従って切ったという。

テンマギネ【生活用具・精白具】竪杵《たてぎね》のことを「テンマギネ」と呼ぶ。長さは三尺、把手部分の長さが一尺、両端の杵の部分の長さが各一尺、材はサルタ（サルスベリ）、把手部を片手で持って稗の脱稃《だっぷ》・精白に使った（静岡県榛原郡川根本町奥泉池の谷・大村真一さん・明治三十六年生まれ）。

ドシ【疾病・ハンセン病】ハンセン病のことを「ドシ」といった。「冬至過ぎに南瓜を食べるとドシになる。冬至に南瓜を食べないと中気になる」という口誦句がある（青森県西津軽郡深浦町大山・前田正男さん・大正四年生まれ）。

許されることではないが、「奴視《どし》」とかかわる呼称だと思われる。

トチクジリ【生活用具・栃の実割り】採集食物である堅果類のなかの栃の実は、球状で堅い皮に包まれている。サポニン・アロインという食阻害要素をふくんでいるので、人が実を口に運ぶ前にそうした要素

トチクジリと栃の実（岐阜県飛騨市河合町月ケ瀬、上手一良家）

を除去しなければならない。毒素除去の効率をよくするためには堅い皮を除き、中身を取り出すことが求められる。栃の実を割って皮を除く。その栃の実を割る道具は写真のようなもので、これを岐阜県飛騨市河合町では「トチクジリ」（栃抉り）と呼んでいる。木鋏み状の挟み具の台の部分と把手のある抑え木の間に、栃の実を入れて抑えるのである（岐阜県飛騨市河合町月ケ瀬・上手一良さん・大正九年生まれ）。

同様のものを福井県の若狭地方では「トチヘシ」（栃圧し）と呼ぶ。

トナガマ【生活用具・煮沸具】「トナ」は「牛馬の飼料」の意で、「トナガマ」は牛馬に与える飼料を煮る大釜のことをいい、「ヤダガマ」ともいう。「ヤタ」が牛馬飼料を意味する語で、ここでは「タ」が濁音になったものと思われる（岩手県下閉伊郡岩泉町安家年々・祝沢口良男さん・大正十一年生まれ）。

大釜には、二斗釜・二斗半釜・三斗釜のほか、特大で大豆を五斗煮ることができる径四尺の釜などがあった。味噌豆・食用にする「シダミ」（コナラ・ミズナラ）・栃の実の処理など、大釜では牛馬飼料以外にさまざまなものを煮た。

トモギネ【生活用具・搗具】臼杵材は「ミネバリ」（オノオレカンバ＝斧折れ樺）を第一とし、ケヤキを第二とした。ミネバリで臼と杵をセットで作ることを「トモギネ」と呼んだ。搗《つ》き臼の窪みのことを「ハチ」（鉢）と称し、ハチの内径は尺六寸～尺五寸、「ハチは八寸までは彫るな、七寸で止めろ」と教えられた。杵の長さは尺六寸以内、柄は二尺七寸とされた（福島県喜多方市熱塩加納町宮川五枚沢・小椋光則さん・昭和三年生まれ）。

ナカザシ【運搬用具・蕨《わらび》根澱粉の運搬袋】蕨《わらび》根の澱粉を運搬する際、南京袋のような粗い布の袋では澱粉が漏れるし、紙の袋では弱い。そこで、南京袋の中に「ナカザシ」（中差し）と称して紙の袋を重ねて入れ、そこに澱粉を入れて、縄で縛って運んだ（岐阜県高山市高根町日和田・原田金作さん・明治三十九年生まれ）。

ナワシログミカツギ【労働・担ぎ方】「ナワシログミカツギ」とは米俵の担ぎ方である。新助さんという人が米俵を天秤棒で二俵、肩で一俵の計三俵を担いで焼津のマチまで運んだという話がある。また、焼津市飯淵には六俵担ぐことができる「六俵さん」と渾名《あだな》された人がいたという。これらの担ぎ方は、三個以上の茱萸《ぐみ》の実が一か所から下がっている状態を想起させる。苗代の季節に紅熟するので「苗代茱萸《ぐみ》」と呼ばれる茱萸《ぐみ》は、一か所から三個以上の実が下がるのである。米を俵に入れ、人力で運ぶ場面があった時代の表現である（静岡県藤枝市大東町・仲田要作さん・明治三十三年生まれ）。

ニガタマ【薬餌・蝮《まむし》の胆嚢】 蝮《まむし》のことを「ハビ」と呼んだ。ハビの胆嚢は小豆粒ほどで、これを「ニガタマ」と呼んだ。ニガタマと二寸ほどに切りそろえた蝮《まむし》の骨を乾燥保存しておき、腹痛や発熱のときこれらを煎じて飲んだ。ニガタマは芯熱を取り去ると伝えられていた。もとより肉も食べた（三重県熊野市二木島町新田・大原菊夫さん・大正三年生まれ）。

少年のころ「ハメ」（「ハミ」とも＝蝮《まむし》）捕りをする父のもとで、父に教えられた。父はその場で皮を剝き、ハメのニガタマ・心臓・肝臓を取り出してナマのまま丸飲みにして、こうするものだと語った（奈良県天理市山田町・今西太平治さん・大正九年生まれ）。

ネックイ【子供・玩具】 長さ尺五寸、径二寸ほどの杉の棒の先を削って尖らせ、地面に突き刺さりやすいようにする。これを「ネックイ」（根杭）と呼ぶ。子供仲間で遊ぶとき、相手のネックイを倒して自分のネックイを立てるようにする（静岡県田方郡函南町田代・渡辺利雄さん・明治二十九年生まれ）。

同様の遊びは各地にあり、棒は「ネッキ」「ネンガラ」「イングイ」などの呼称がある。『改訂綜合日本民俗語彙』にも解説がある。

ノミヨケ【衛生・蚤除け】 夏季は蚤に悩まされるので、「ノミヨケ」として和紙に柿渋を刷《は》いた「シブガミ」（渋紙）を敷いた。イロリのある居間は、十月から春の彼岸までは厚ムシロの上に「ウスベリ」（太藺《ふとい》のゴザ）を敷いた。春の彼岸過ぎから九月末までは、ウスベリの上に渋紙を敷いた。納戸（寝床）やほかの部屋は畳の下に渋紙を敷いた。蚕は床下で卵が孵《かえ》ってのぼってくるといわれていた。和紙は自家で漉《す》き、柿渋も自家で作った（静岡県浜松市北区引佐町三岳・安間文男さん・大正五年生まれ）。

バクアゲザル【生活用具・笊《ざる》】麦飯は前夜に煮ておいた「エマシムギ」（笑まし麦）と米とを合わせて、朝炊く。そのエマシムギの水分（粘液をふくむ）を除去するための笊《ざる》を「バクアゲザル」（麦上げ笊）と呼んだ。竹笊《たけざる》で、尺五寸×一尺ほどの笊《ざる》だった（長野県飯田市南信濃八重河内本村・山﨑今朝光さん・大正十一年生まれ）。

ハコ・オハコ【子供・遊び】子供の遊び場のなかで現今「秘密基地」と呼ばれる場所を「ハコ」「オハコ」と呼んだ。隠れ宿のことである（三重県伊賀市花垣・今森崇さん・大正十年生まれ）。

ハックリ【傷病・アカギレ民間薬】ラン科の多年草シュンランのことを「ハックリ」という。ハックリの根をアカギレの薬にした。根を煮てからつぶし、蒲《がま》の穂の形状になるように長箸ほどの竹の先に練りつけ、「ベンケイ」（魚串挿し）に挿しておく。アカギレにつけるときには湯に浸して軟化させ、表面を削ってアカギレのヒビに塗り込む（岩手県久慈市山形町霜畑・八幡太郎さん・大正三年生まれ）。

山形県鶴岡市大網七五三掛では、シュンランのことを「ホックリ」と呼んだ。根を掘り、擂鉢《すりばち》で擂《す》って貝殻に入れて保存しておき、アカギレができると湯で練ってアカギレの裂口を埋めるようにつけた（渡辺亀吉さん・大正二年生まれ）。

ハライゴマ【子供・玩具】杉の木または桐の木の径一寸五分ほどの部分を長さ二寸ほどに切り、まず円錐形にする。次いで、先端と反対側の部分に熾《おき》を置いて、椀のように内部を焼きながら刳《く》る。これは独楽《こま》であるが、長さ尺五寸の女竹の先に一尺のボロ布縄をつけたものとセットで独楽《こま》を回す。鞭状のボロ縄を打ちつける勢いで独楽《こま》を回すのである。これを「ハライゴマ」（払い独楽）と呼んだ（静岡県田方郡函南町田代・渡辺利雄さん・明治二十九年生まれ）。

ヒイサマ【家族・曽祖母】当地では曽祖母、ヒイバアチャンのことを敬意と愛情をこめて「ヒイサマ」と呼ぶ。長野県飯田市立石の佐々木要蔵（大正七年生まれ）家には「ヒイサマノカキノキ」と呼ばれる市田柿の木が二本あった。そして、その二本の木に生《な》る柿の実の管理はヒイサマが行っていた。

ヒウチヤマテゴ【生活用具・発火具】父、芳太郎は雨の日にも山へ出かけた。蓑笠姿で、蓑の下の腰に「ヒウチヤマテゴ」という桐の木の筒をつけていた。その中には、サルノコシカケのような「ナバ」（茸《きのこ》）を乾燥させて紛化したものの紙包み、カド石、鉄の火打ちが入っていた。煙草を吸うとき、マッチよりはその火打ちのほうがよいと語っていた（宮崎県東臼杵郡椎葉村不土野尾前・尾前新太郎さん・大正十一年生まれ）。

ヒキハチ【生活用具・石臼の粉受け】盥《たらい》の大型のもので径三尺、深さ六寸あり、石臼を碾《ひ》くとき粉を受けるための半切桶を「ヒキハチ」と呼び、この中に石臼を据えた。「碾《ひ》き鉢」の意である（静岡県榛原郡川根本町犬間・菊田藤利さん・明治四十一年生まれ）。

石臼の粉受けには桶形式とともに、径の太い木を刳《く》ったものも用いられた。▼ブチバチ

ヒナカ・ヒトチカラ【労働と休息】兵庫県宍粟市一宮町倉床の小室勘一さん（明治三十四年生まれ）は、「節供一《せっくいち》日《にち》コトヒナカ、間《あい》の休みはヒトチカラ」という口誦句を伝えていた。褻《け》の日の労働をふまえ、休息のできる日と時間を伝承するものである。正月三日、盆二日、さらに、五節供はおのおの一日の休息ができる。また「コト」の日、例えば「コト八日」などは「ヒナカ」（半日）の休息ができる。そのほかの休息は労働のなかの「ヒトチカラ」（一服）だというのである。ちなみに当地の「コト」の日は二月十六日で、この日は「ユリダの木」（ヌルデの木）で箸を十二膳（閏年には十三膳）作って、藁で簾状《すだれじょう》に編んで橋の近くの木に吊る。この日は混ぜ飯を作って食べた。箸は自然に落ちて流れ去るのをよしとした。

ヒマヤ【身体・月小屋】月小屋のことを「ヒマヤ」と呼んだ。母が三歳で亡くなったので姉が母代わりだった。

姉がヒマヤへ入るときにはどうしようもなく淋しかった。ヒマヤは六尺×三尺の広さで、「トンギラ」（添水《そうず》型搗《つ》き臼）の小屋の隣にあった（長野県下伊那郡天龍村神原向方・中平ふみよさん・明治四十二年生まれ）。

愛知県新城市七郷一色黒沢の荻野勝二郎さん（明治三十二年生まれ）は、「タヤ」（月小屋）に籠っている母親を恋い、小屋の近くの柿の木に登って母を呼んだことがあるという。静岡県藤枝市大東町の内藤正治さん（明治三十三年生まれ）は、「コヤ」（月小屋）に籠った母親を慕って小屋に近づき、父親に叱られたことがあったという。

ヒラダニ【衛生害虫】大型の壁蝨《だに》で、山中に材木伐出に入ったときなどに人につく「ヒラダニ」がある。ヒラダニを皮膚から抜くときには、まず線香でヒラダニを殺しておいてから抜く（沖縄県八重山郡竹富町新城島出身・西大舛高一さん・大正六年生まれ）。

ブチバチ【生活用具・石臼の粉受け】石臼（碾《ひ》き臼）の下で粉を受けるための主たる粉受けには、浅く大きい木皿型のものと半切桶型のものとがある。前者は木地手斧《ちょうな》の跡がついているので、これを「ブチバチ」（打ち鉢）と呼んだ（福島県大沼郡金山町小栗山坂井・五ノ井謙一さん・大正四年生まれ）。▼ヒキハチ

ヘワ【生活用具・石臼の調節】稗の孚《ふ》（外皮）を除くために碾《ひ》き臼（石臼）を使った。普通の状態で稗を碾《ひ》くと稗が粉化してしまうので、それを防がなければならない。粉にしないで外皮だけを除くためには、雄臼（下臼）と雌臼（上臼）の間に微少な高さの差をつけなければならない。その調節のために下臼の芯棒の上に麻苧《あさお》の屑をのせた。これを「ヘワ」と呼ぶ（宮崎県西都市上揚・浜砂久義さん・大正八年生まれ）。

ベンケイ【生活用具・魚串挿し】鮎・ウグイ・カジカなどを串焼きにしたものを挿して保存するための藁束を「ワラベンケイ」（藁弁慶）と呼び、焙《あぶ》った川魚を入れてイロリの上などに保存しておく縦長の籠のことを「カゴベンケイ」（籠弁慶）と呼んだ（山形県最上郡鮭川村川口米・矢口三郎さん・大正十五年生まれ）。

魚串をびっしりと挿し立てられた藁束・藁苞《わらづと》の形状が、無数の矢を受けて立つ「弁慶の立往生」に通じるところから、串焼き魚の保存の藁束を「ベンケイ」(弁慶)と呼ぶようになったことは『日本国語大辞典 第二版』にも見えるが、「籠弁慶」までの拡大呼称は珍しい。

ホッパコ【子供・遊び】 粘土を窪みのない茶碗型に固め、乾燥させたものを地面に打ちつけ合い、たくさん穴ができたほうを勝ちとする遊びをした。これを「ホッパコ」と呼んだ(滋賀県近江八幡市中之庄町・西川完治さん・大正三年生まれ)。

ミズツボ【生活用具・水甕】 炊事用の水を入れておく水甕のことを「ミズツボ」(水壺)と呼んだ。風呂は大バケツで六杯、水壺は大バケツで四杯だった。夕方、残りの水を捨て、壺の掃除をするのは子供の仕事だとされていた(三重県伊賀市真泥・西島覚さん・昭和二年生まれ)。

ミソワタシ【家族・主婦権の譲渡】 当地では主婦権の譲渡のことを「ミソワタシ」(味噌渡し)と呼んだ。当地における主婦権の譲渡を象徴するものは味噌・奈良漬(粕漬)・ドブ酒(ドブロク)の三つであり、なかでも味噌が中心だった。箕浦家の味噌は大豆一斗に米糀一斗と五合五勺塩、岩崎家のものは大豆一斗に米糀一斗と六合塩である。同じムラでも味噌の味は異なっていた。「手前味噌」である。「いつまでもやらんで、もう嫁にやらせよ」と舅に譲渡を促される姑もいたという(滋賀県米原市志賀谷・箕浦栄美子さん・大正十三年生まれ、岩崎房枝さん・昭和四年生まれ)。

ムッカー【疾病・夢遊状態】 焼畑・椎茸栽培・樵《きこり》・猟師などの山中の小屋暮らしの折、恐怖のために夢遊病者のようになることがある。これを「ムッカー」という。川根本町犬間では、夜中に無意識に起き上がって彷徨する者を「モッカオキ」という(静岡県榛原郡川根本町旧長島地区・滝口さなさん・明治二十七年生まれ)。「モッカイ」「モッケ」(物怪)と同系の語と考えられ、物の怪に憑かれた状態を示すものと見てよい。

ヤツアシ【生活用具・衣類焙乾《ばいかん》、虱《しらみ》駆除】 杉の木の先端で長さ四尺、径一寸ほどの棒を八本用意し、おのおのの棒の先端に穴をあけ、そこに紐を通して括る。開くと傘の骨のようになる。これをイロリの炉縁《ろぶち》を囲むように立てる。用途は、冬、雪で濡れた衣類をイロリの火で乾かすことと、衣類に虱《しらみ》が増殖付着したときそれを除くことである。この八本の木組みを「ヤツアシ」（八つ脚）と呼ぶ。虱《しらみ》を除けるために衣類を八つ脚に掛けるときには杉の葉を燃やす（山形県村山市槇山《たもやま》・鈴木忠雄さん・大正十年生まれ）。

ユビブクロ【労働・指先保護】 焼畑地に種蒔きをする前に斜面の凹凸を均す仕事があり、この作業に指先を使う。どうしても指先が荒れるので、左右の拇指と人差指に木綿布で作った袋をはめた。これを「ユビブクロ」（指袋）と呼んだ（石川県小松市旧小原町出身・伊藤常次郎さん・大正十一年生まれ）。

指先は、焼畑のみならず稲作においても痛めることがあった。以下は宮城県岩沼市早股須賀原の渡辺成子さん（昭和八年生まれ）による。手で田植をしていた時代、広い面積の田植を終えると、指先を痛めたり磨耗させたりすることがあった。そんなときには「クリムシ」（クスサンの幼虫）が作る網目のある繭を指先にはめると、弾力性に富んでいるのでとても助かった。クリムシの網目繭は平素から保存しておいた。網目繭は「スカシダワラ」（透かし俵）とも呼ばれた。

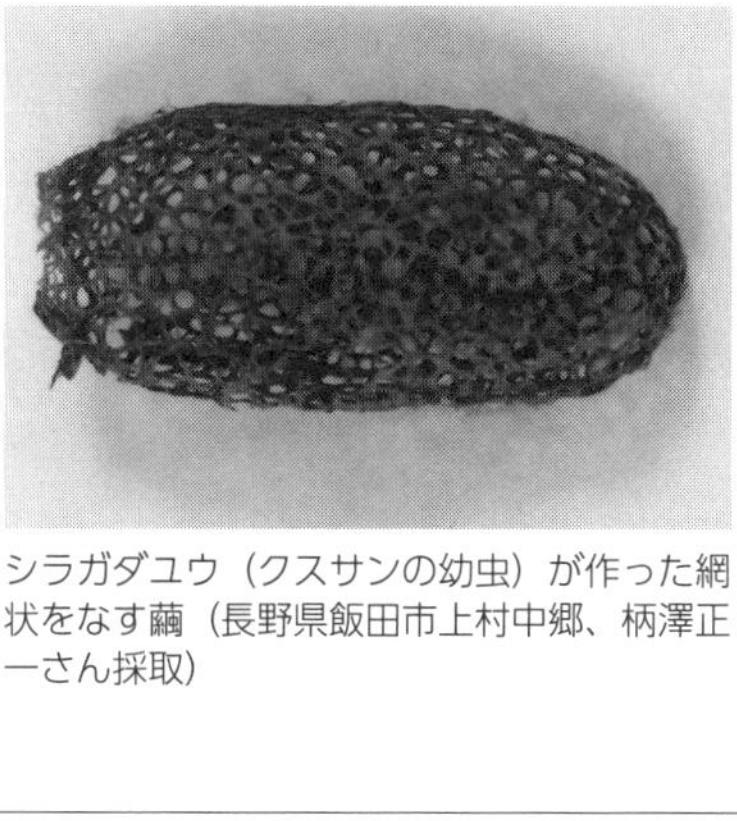
シラガダユウ（クスサンの幼虫）が作った網状をなす繭（長野県飯田市上村中郷、柄澤正一さん採取）

ヨウジョウ【出産・産小屋】 福井県敦賀市白木には女性が入る小屋が二つあった。西の小屋が「ツキゴヤ」（月小屋）、東の小屋が「ウブゴヤ」（産小屋）だったが、今はない。以下は同地の坂本喬子さん（昭和七年生まれ）の体験と伝承による。昭和二十九年に長女を出産したとき、自宅の母屋で産んでから産小屋に入った。産小屋籠りのことを「ヨウジョウ」（養生）と称し、男児を産むと養生は二十三日間、女児の場合は二十四日間とされていた。病院で一週間過ごした場合は、その日数を引いた残りの日数だけ小屋に入ることになっていた。小屋籠りの日数は、産小屋で出産を行う場合の慣行だったことがわかる。小屋で出産した時代には、親戚の老婆が二人、取りあげ婆さんとして付き添ったと伝えられている。産後は脂っこいもの、酸味のあるものは避けた。里芋のズイキは古血をおろすとして食べ、オコゼの汁は乳の出がよくなるとしてこれを飲んだ。若布・餅も産後によいといわれていた。喬子さんが小屋籠りをしたころにはもう畳も敷かれており、小屋籠りの期間は心身ともに安らぐ「養生」の期間だと実感したという。

ヨギリ【生活用具・水筒】 クロタケ（真竹）の節を活用して作った水筒のことを「ヨギリ」と呼ぶ。カバ類の皮を剝いで竹筒の周囲に巻いて糊着する。「カバ類の皮は彼岸までに剝け」とか、「トウキビ（トウモロコシ）の実入りのころに剝け」という口誦句があった。ヨギリには主としてお茶を入れて携帯した（宮崎県東臼杵郡椎葉村不土野尾前・尾前新太郎さん・大正十一年生まれ）。

「ヨギリ」の「ヨ」は、竹の節と節との間の空間部分を指す語である。「ヨギリ」とは、その空間部分を生かすために上・下の二節を生かして切った竹筒を意味している古語系の民俗語彙である。

ヨケクサ【身体・悪阻】 当地では妊娠にかかわるツワリ（悪阻）のことを「ヨケクサ」または「ヨケクセ」という。また、当地では妻がヨケクサになると夫にもヨケクサの症状が出るといわれている。「家内がヨケクセじゃけん、おれも吐き気が来ていかん」などと呟かれた。宮崎県東臼杵郡椎葉村不土野水無の尾前ケサノさん（大正六年生まれ）の夫は孫次さん（明治四十五年生まれ）だった。ケサノさんは九人の子供に恵まれたのだが、妊娠したとき、いつも孫次さんにもヨケクサの症状が出た。ケサノさんは妊娠するといつも酸味のある梅干・酢をかけた大根おろし・ヤマモモなどが食べたくなった。孫次さんは頭が痛くなり、風邪のような症状になる。声がいつもとちがってくる。孫次さんが草刈りに出かけるときは隣の庭を通る。隣人から、「孫次がクスンクスンして通ったけに、またケサノが孕《はら》んだじゃろう」といわれるほどだった。ケサノさんは、「男のヨケクサは女に加勢するようなものだ」と語る。

「ヨケクサ」とは、妊娠時に妊婦が特定の匂いや食物を拒み、避け、除けるさまを呈することを意味している可能性がある。

ヨコテ【身体・計測単位】 人が手の拇指とほかの四指を最大に開いた状態の幅を「ヨコテ」(横手)という。栗の播種《はしゅ》基準として「栗はヨコテ一粒」という口誦句がある(石川県小松市旧小原町出身・伊藤常次郎さん・大正十一年生まれ)。

ヨコロ【生業用具・槌】 横槌のことを「ヨコロ」「ヨコロッチ」「ヨコラ」「ヨコラッチ」などと呼ぶ。素材は椿の木を適材とした。年輪を重ねた椿の木の幹を輪切りにして打叩《だこう》部を作り、その中央部に続ける形で柄を残して作る。藁叩き・大豆コナシなどに使った(島根県雲南市三刀屋町粟谷・板垣正一さん・大正六年生まれ)。

ヨヌキ【加工用具・竹の節抜き】 真竹の節を抜き、竹の丸樋(竹管)を作り、これを接続して水源から集落、各戸へと水を引く竹管水道が大正時代に始まり、昭和二十四年にエスロンパイプになるまで続いた。昭和二十六年に簡易水道ができた。竹管を作るとき使う節抜きをする鉄棒のことを「ヨヌキ」と呼ぶ。芹沢清次(大正十三年生まれ)家にヨヌキが保存されていた。尖頭部の長さが一・五センチ、錘《おもり》を兼ねて節を破砕する円錐形の鉄塊の径が二・五センチ、長さは全体で二間である(静岡県榛原郡川根本町東藤川小長井・小長谷吉雄さん・明治四十五年生まれ)。

ヨヌキという鉄の道具が作られていたということは、大井川中・上流部の段丘状のムラムラで竹管上水道が盛んに作られ、利用された時代があったことを語っている。大井川右岸最上流部のムラ、静岡市葵区田代でも竹管上水道が使われた時代があった。竹管上水道は各地にあった。例えば、長野県飯田市上村下栗半場では、昭和十一年から、エスロンパイプに替える昭和三十年までは竹管だった。「ヨヌキ」の「ヨ」は古語で、本来は竹や葦の節と節との間を示す語であったものが、次第に節そのものを指すようになったのである。

ヨビヅカイ【親族・招待】三重県伊賀市上野の「天神祭り」は、十月二十三日・二十四日・二十五日と続く大きな祭礼である。十月二十日に甘酒を完成させる。同日、「ヨビヅカイ」(呼び使い)と称して、上野近郊にある主だった親戚に天神祭りの招待を告げに行く。重箱入りの甘酒がそのときのみやげである。舅の源吾は毎年十月二十日、バスに乗って旧大山田村阿波の木戸家へ呼び使いに出向いた。大山田の木戸家からは、十月二十四日、老主人が孫を連れて農人町の木戸家を訪れる。この訪問を「ナベカリ」(鍋借り)と称し、みやげとして季節の野菜に菓子を添えて持参する(三重県伊賀市上野農人町・木戸かよ子さん・昭和四年生まれ)。

ヨベス【生活用具・漬桶】鱒(サクラマス)ズシを漬けるスシ桶のことを「ヨベス」と呼んだ。楕円形の桶で、長さ一尺に幅最長部八寸、深さ八寸で、鱒ズシは夏漬けこんで秋から冬に食べた。鱒の切り身・大根・南蛮・飯に塩を振りながら、交互に重ねて重石をかけて漬けこむのである(青森県西津軽郡鰺ヶ沢町一ツ森町・大谷石太郎さん・明治三十二年生まれ)。

「ヨベス」とは「魚《よ》圧《へ》す」の意、すなわち、魚を中心としたスシを入れ、それに重石をかけて圧《へ》し抑える桶のことである。

ヨメッコネーサン【家族・兄嫁】兄嫁のことを「ヨメッコネーサン」と呼ぶ。この地方では小姑(義妹)に機織りを教えるのはヨメッコネーサンの仕事だとされていた。家で蚕を飼っていたので、自家の繭から糸紡ぎをして嫁入り用の着物の布を織った。綾織りではなく、「ヒラッテ」といって縦横単純な織りだったが、これもヨメッコネーサンから教えられた(静岡県富士市柏原・土屋りうさん・明治三十二年生まれ)。

リュウ【生産用具・砂糖黍搾汁容器】口径尺五寸、高さ尺八寸、底径七寸の素焼きの甕に、砂糖黍を搾って煮つめたものを入れた。この甕を「リュウ」と呼び、これに入れておくと水分が除去されると伝えられた。子供たちはリュウを洗った水を飲ませてもらうのを楽しみにしていた。明治以前はこの地から江戸へ砂糖を出荷していたという。砂糖黍栽培の規模は縮小されたが、近代以降も続いていた(静岡県藤枝市大東町・臼井徳次さん・

明治三十年生まれ）。

リンゾウ【生活用具・穀物貯蔵具】「リンゾウ」の基部には径三尺にも及ぶ「ホガチウス」（穂搗ち臼）、ないしは穂搗《ほが》ち臼と同じ形の「ウスゴロ」（臼の窪みを彫らない状態のもの）を使う。材は小原ではケヤキ、白山市白峰では栃を多く使った。糸巻き型の胴のくびれが鼠返しの機能を持った。臼やウスゴロの上部に正味の高さ六尺の杉皮または胡桃の木の皮を円筒状にして縛りつけた。箍《たが》の役目をするのはネソ（マンサク）である。ネソ箍《たが》は、筒と臼が重なる部分とその上の二か所に巻いた。この円筒に粒化した穀物を入れたのであり、これを「リンゾウ」（輪蔵）と呼んだ。輪蔵はどの家でも「アマ」と呼ばれる二階に置き、穀類・豆類の乾燥に配慮した。高さ六尺のものが標準で、普通、稗を入れた輪蔵四に対して粟を入れた輪蔵一の割合で貯蔵し、蕎麦・小豆・大豆を高さ三尺の輪蔵に貯蔵する家もあった。豊作の年には六尺の上に三尺の皮を加えることもあった。輪蔵のネソは前結びとし、結び目に「実結び」と「縁結び」の願いをこめるものだとされた（石川県小松市旧小原町出身・伊藤常次郎さん・大正十一年生まれ）。

ワリエ【生業用具・柄の素材】アラカシ・シラカシなどは木の質が硬く丈夫なので、鍬の柄をはじめとして農具の柄や鉋《かんな》の台などに使われた。「ワリエ」（割り柄）とは、鍬・鋤・斧などの柄にするためにまっすぐな樫の木をミカン割りにして乾燥させたもののことで、このようにすると狂いが出ない。対して、カシ類を製材機にかけたものはまっすぐに見えても狂いが出る。いつでも使えるように割り柄を用意しておくものである（静岡県榛原郡川根本町東藤川小長井・小長谷吉雄さん・明治四十五年生まれ）。

XIII 自然環境・生きもの

人びとは自然環境を注意深く観察し、それをふまえて地道に生活や生業を営んできた。その軌跡は民俗語彙にしっかりと刻み込まれている。気象・海象・地象・地勢・地質・天象――これらの特徴やサイクルを見極めることが常に求められてきたのである。ここではそうした民俗語彙に注目した。併せて、広義での生きものの生態にかかわる民俗語彙も若干ではあるが収めている。

アカゴ【生きもの・アカウミガメ・食習】 当地ではアカウミガメのことを「アカゴ」と呼ぶ。アカゴの肉を食べる習慣があり、アシタバ・南瓜などとともに煮た。アカゴを食べると汗が臭くなるといわれていた。前足のことを「ハネ」と呼んだ。腹甲は日に透かして見て、透けるところは食べられる。背甲は子供がおもちゃにした（東京都三宅島三宅村阿古・三宅島・山本春男さん・明治三十四生まれ）。

アカユキ【自然環境・気象・雪】 中国大陸からの黄砂混じりの雪を「アカユキ」（赤雪）という。「アカユキが三回降ると、もう大雪の心配はない」といわれていた（山形県鶴岡市田麦俣・渋谷賢造さん・明治三十年生まれ）。

アセリ・タケリ【生きもの・猪・生態】 牡の猪について「アセリをかいたからタケリが始まる」という口誦句がある。「アセリ」とは発情期を迎えた牡の猪が、小便をしたあと、足で土砂をかけることである。「タケリ」とは発情のことである（静岡県賀茂郡松崎町池代・山本吾郎さん・明治四十一年生まれ）。

発情期の猪はアシビの木を荒らすという伝承が各地にある。

アベカワ【生きもの・アベマキ・コルク素材と薪】 ブナ科の落葉高木「アベマキ」の樹皮のことを「アベカワ」と略称する。アベカワをコルク素材として出荷した時代がある。春から夏にかけて皮を剝いで出荷したあと、冬期には幹をほかの炭材とともに炭に焼いて出荷した（岡山県新見市千屋実・上田健吉さん・大正十一年生まれ）。

アワシナ【自然環境・土質】 火山灰・火山灰土のことを「アワシナ」と呼ぶ。アワシナは冬季凍《し》みることがないといわれている。当地では、栗の実を保存するとき、箱の中に栗の実とアワシナとを混ぜて入れた（青森県十和田市旧十和田湖町・長畑徳一さん・昭和二年生まれ）。

アワラ【自然環境・湿地帯・葦原】 浮島沼の残存地帯のなかで、どうしても水田にならない葦が生える湿地帯を「アワラ」「アーラ」と呼んだ。葦は刈ったものを稲叢《いなむら》状にしておき、燃料・畑の肥料などに使ったのだが、若い葦を刈って刈敷として水田に入れることもあった（静岡県富士市中柏原・高木好男さん・明治四十三年生まれ）。沼津市桃里の鈴木善一郎さん（明治四十五年生まれ）は、「ハマギ」（海岸流着木）で飯を炊き、葭《よし》（葦）で風呂を焚いたという。

イキリザマシ【自然環境・気象・暑気の対応食】 暑くなった状態や蒸し暑くなった状態を冷ます方法のひとつに麦香煎を冷水で溶いて飲む方法があった。また、暑いときに、香煎に微量の塩または砂糖を加えて冷水で練って食べる方法があった。これらを「イキリザマシ」と呼んだ。「イキル」とは蒸し暑くなる状態である（長野県飯田市上村下栗小野・成澤徳一さん・昭和二年生まれ）。

イシクラ・ツチミ【自然環境・地質】 天竜川支流の遠山川に注ぐ上村川右岸（西側）と左岸（東側）の土質のちがいについては、程野や中郷の人びとがしばしば語るところである。「イシクラ」とは「石の多い地所」の意で、この場合、小石・割れ石混じりの畑を意味し、「ツチミ」とは、土質のよい土地を意味する。上村川右岸はイシクラで、左岸はツチミだとされる。イシクラの畑で蒟蒻を栽培した場合、天然蒟蒻の「キゴ」（当歳の蒟蒻芋）は越冬できないが、左岸のツチミなら越冬できる。したがって右岸のイシクラには蒟蒻は栽培せず、大豆・小豆・粟・コキビ（黍）などの「クキモノ」（茎もの）を栽培する。左岸では馬鈴薯・甘藷・里芋・牛蒡など「ネモノ」（根もの）を作る。麦はどちらでもよいが、堆肥はすべて右岸（西側）のイシクラに多く施さなければならない（長野県飯田市上村中郷・熊谷繁正さん・昭和三年生まれ）。▼サンショウヅノ・フジヅノ、ゼリックラ・ゼリバタ

イチゴバナレ【生きもの・熊の生態】母熊は牡と牝の二頭の仔を産むことが多いといわれている。仔熊が二歳になった夏、牝の仔熊が夢中になってヤマイチゴを食べているうちに母熊は牡の仔を連れてその場から姿を消す。これを「イチゴバナレ」（苺離れ）という。そして二頭で冬籠りをしたあと、母熊は自分の生んだ牡の仔と交わるという（岐阜県高山市清見町三ツ谷・中谷隆三さん・明治四十三年生まれ）。

新潟県新発田市滝谷滝谷新田の佐久間友一さん（昭和三年生まれ）からもまったく同じ話を聞いた。仔熊（牡・牝問わず）が夢中になってヤマイチゴを食べている間に母熊はそっと姿を消す。これを「イチゴバナレ」と呼ぶという話は東北地方でも多く語られていた。

イナゴ【自然環境・土質】乾燥した砂のことを「イナゴ」という。寒中には海岸のイナゴの層が二十〜三十センチ薄くなる。「ホシカバ」（干鰯場）の砂は乾燥していなければならないので、寒中の干鰯場《ほしかば》はイナゴの層の厚いところを選んで設定した（千葉県山武市白幡納屋・斎藤敬吉さん・明治四十三年生まれ）。

イヌオトシ【自然環境・狼・言い伝え】山犬すなわち狼が喰い残した猪や鹿のことを「イヌオトシ」（犬落とし）という。人が山犬に許しを得ればこれらの肉を食べてもよいが、許しを得ないと山犬が怒るという言い伝えがある（静岡市葵区小河内・望月繁福さん・明治三十一年生まれ）。

イヤル【自然環境・気象、海象】 高知県の四万十川河口部で、台風などのとき海が陸地に砂を打ちあげることを「イヤル」といった。左岸から河口に突き出す砂嘴《さし》、青砂島は、川が吐出する砂と海が巻き返す砂、そして台風や海荒れがイヤル砂によって形成されてきたのである。海がイヤルようなときに潮も水田に入り、稲枯れを起こした（高知県四万十市鍋島・江口豊重さん・大正四年生まれ）。

ウシノソウメン【生きもの・根無葛《ねなしかずら》】 当地ではヒルガオ科の寄生性一年蔓草《つるくさ》ネナシカズラ（根無葛）のことを「ウシノソウメン」（牛の素麺）と呼ぶ。牛が好んで食べるからである。ウシノソウメンが多い年は雪が早くて多いと伝えている（石川県白山市中宮・不破たまさん・大正九年生まれ）。

ウーシュー・シュードレ【自然環境・海象・潮動】 沖縄県宮古郡多良間村水納島では大潮のことを「ウーシュー」と呼ぶ。ウーシューは旧暦十三日から十六日の間と三十日から翌月の二日までの間である。前者は十五日の満月が中心、後者は闇夜めぐりであるが、いずれも潮動と干満が顕著である。この時期は、プカウミ（外海）の沖で鯛釣りをしたり、リーフ（ピシ＝干瀬）が露出するのでそこで漁《いさ》りをしたりする。潮の動きがない小潮は旧暦の六日・七日・八日と二十一日・二十二日・二十三日で、これを「シュードレ」（潮倒れ）または「シューギレ」（潮切れ）という。一般には小潮どきは漁撈活動に適していないとされるが、水納島の漁師は、シュードレにはエラブチャー（イロブダイ）・グルクン（フエダイ科）・ヒキ（スズメダイ科）などを対象にした追込漁をしたり、一本銛を使っての「ウリヤー」（潜水漁）でタコや甲イカを獲ったりした。海が荒れているときには、「イノー」（礁池）でカタカシ（ヒメジ科）・アラ（ヒトミハタ）・タコなどを獲った（水納島出身・知念勇吉さん・明治四十三年生まれ）。

ウシロダテノカミ【自然環境・山地崩落と家屋敷の信仰】 傾斜地に屋敷どりをする場合、背後の山の山地崩落から母屋や屋敷を守るために、屋敷の背後に「ウシロダテノカミ」（後ろ楯の神）を祀る例が見られる。静岡県浜松市天竜区水窪町奥領家針間野の林実雄（大正十年生まれ）家の後ろ楯の神は、豊川稲荷神社・愛宕神社・将軍地蔵の二社と一体である。同町奥領家大野の水元敏邦（昭和十五年生まれ）家の後ろ楯の神は、巨大な磐座《いわくら》の前に建つ天伯社である。

ウチフミ【生きもの・熊の生態】熊が冬眠を終え、穴の前に出てみてそのまま穴にもどることを「ウチフミ」（打ち踏み）という。「熊が雪見をする」ともいう（秋田県北秋田市阿仁打当・鈴木辰五郎さん・明治三十七年生まれ）。

ウチミズ【自然環境・河川増水】木津川の堤防があるために、増水時にムラから出る川の水はけが悪くなってムラの中にたまる水のことを「ウチミズ」（内水）と呼ぶ。ウチミズによる稲への被害も出た。したがって、霞《かすみ》堤《てい》のように、堤防を築かずに遊水させる箇所（遊水式無堤岸）を設けた（京都府木津川市加茂町河原・黒田正利さん・大正七年生まれ）。

ウッタツ【自然環境・気象・霜】霜柱のことを「ウッタツ」と呼ぶ。雪が降らずに気温が下がったときにウッタツができた。ウッタツは麦栽培の敵だった。麦踏みをして茎を強くし、土を落ちつかせなければならなかった。三月、雪が解けるころウッタツが土を背負い上げることがある。晩秋立つこともある。子供たちの間には、手首に霜をのせて我慢比べをする遊びがあった（長野県飯田市上村程野・山﨑松春さん・大正十五年生まれ）。「ウッタツ」とは「浮き立つ」の意である。

ウノハナアラレ【生きもの・満開の卯の花】純白に咲き乱れる卯の花を「ウノハナアラレ」（卯の花霰）と表現する。「大豆蒔きは卯の花霰」という自然暦がある（徳島県三好市西祖谷山村・奥嶋せいさん・明治二十八年生まれ）。

ウミアケ【自然環境・気象、海象・流氷】北海道北見市常呂町常呂豊浜の安部豊章さん（昭和六年生まれ）は、「流氷がいる間」「流氷がいなくなる」と表現し、流氷を生あるもの、生きもののように語る。流氷がいなくなるのは三月の末ごろで、シンキロウが出ることもあった。流氷がいなくなるのを「ウミアケ」（海開け）というが、それは四月にずれこむこともある。南風が吹いて流氷がいなくなると春だ。流氷は悪いものを持ち去ってくれる。ウミアケになると毛蟹をはじめとしてさまざまな海の恵みがもたらされる。

ウワミズ【自然環境・河川・河床と水】 河原を掘るとすぐに出てくる水を「ウワミズ」（上水）と呼び、これに対していわゆる地下水を「シタミズ」（下水）と呼んだ（静岡県榛原郡吉田町大幡・堀住千二さん・大正三年生まれ）。

エグチナワ【生きもの・蛇の生態】 青大将のことを「エグチナワ」（家朽縄、「クチナワ」は蛇の意）と呼んだ。草葺き屋根の屋根裏に青大将が棲みつくことがあった。青大将は、米を盗み喰いする鼠や蚕に害を与える鼠を捕食してくれるので、家屋敷のヌシとしてこれを尊ぶ例は全国的に見られる。当地には「イロリの自在鉤《じざいかぎ》を揺するとエグチナワが落ちてくる」という口誦句がある。エグチナワが落ちるということは家の守りヌシが落ちることを意味し、自在鉤《じざいかぎ》を揺することは火災のもとでもあり、それは禁忌だった（佐賀県鹿島市音成東塩屋・倉崎次助さん・明治四十一年生まれ）。

エゴ【自然環境・潟海《かたうみ》地形】 有明海の海中溝のことを「エゴ」という。〽潮が満ちてきたエゴエゴ回る　私ゃ「クワサキ」（鍬先＝泥を担う女労務者の荷笊《にざる》に泥を盛る役）さんに気を回す――という「ガタイネ」（潟イネ＝泥土担い）節がある（佐賀県鹿島市音成東塩屋・倉崎次助さん・明治四十一年生まれ）。

エビスコウヒマチ【自然環境・資源保全の行事】 十一月二十日の恵比須講の日には鮭を獲ってはいけないという禁忌伝承があった。この日は鮭鱒漁をする舟を持つ五人組が当屋に集まり、「エビスコウヒマチ」（恵比須講日待）と称して宴を開いた（山形県鶴岡市三栗屋出身、同市大網七五三掛在住・渡辺亀吉さん・大正二年生まれ）。

新潟県東蒲原郡阿賀町津川でも、恵比須講の日は鮭漁をするものではないと伝えている。エビスコウヒマチを鮭漁の禁忌としたことで、この日が鮭の産卵・交尾の日となり、種の保全につながったことになる。

オキドロ【自然環境・河川氾濫・農業】豊川右岸の河原の岸側には竹藪があり、その藪と堤防の間に「シンキリ」（新切）と呼ばれる畑地がある。その幅は一定しない。愛知県豊川市行明町の榊原家徳（大正十年生まれ）家のシンキリの横幅は八十メートルで、上下の幅は二間である。シンキリは各戸二間単位で割られている。シンキリでは昭和十八年までは桑を栽培し、昭和十九年には戦中・戦後の食糧増産のために桑を扱《こ》いでその跡に甘藷・大豆を栽培したが、その後大麦に変わり、これが昭和二十六年まで続く。その後、昭和三十四年まで桑栽培を行ったが、再び桑を扱《こ》ぎ、以後は里芋・生姜・キャベツ・白菜などの換金作物栽培となる。昭和四十年に豊川放水路が完成するのであるが、それまではシンキリに対する水入り（洪水）が頻繁に起こった。そのたびごとに厚さ二寸の砂泥が入った。作物被害は生ずるものの、この砂泥は肥料分をふくんでおり畑地を肥やした。これを「オキドロ」（置き泥）と呼んだ。

　各地の河川にかかわる畑作と、河川氾濫や「オキドロ」的な土砂との関係は多様だった。以下は京都府城陽市枇杷庄大堀の吉岡サト子さん（大正七年生まれ）による。木津川の河原で茶を栽培しているが、この地では河原栽培の茶のことを「木津川の「ハマチャ」（浜茶）」と呼ぶ。「宇治田原の茶は煎茶、木津川の浜茶は点茶」という口誦句もある。「点茶」とは抹茶をたてることである。木津川の浜茶は色も香りもよいので抹茶に適しているというのだ。それは河原の茶が常時冠水するので害虫が流され、かつ川が運ぶ肥沃な客土が茶を肥やすからだという。しかし昭和四十二年、高山ダムができてからは消毒と施肥が必要になったのだという。

オシダシ【自然環境・地象・崩落土石の流出】山地崩落の土砂が、河川支流の沢・谷に入り、土砂が流路伝いに押し出され、吐出される状態、または吐出された状態を指して「オシダシ」（押し出し）という。「オンダシ」ともいう。オシダシの土砂が多い場合は合流する、より大きな流れを遮り、堆積した土砂が堰をなし、渓谷閉塞を起こしダム湖を形成する場合もある。その堆積堰が決壊すれば二次災害を起こす場合もある。天竜川支流遠山川本谷左岸の湯の沢のオシダシが堆積し、遠山川を塞ぎ、その決壊による「島の大田」と呼ばれる合計二町歩の水田が流失した事実は、須沢地区では長く語り継がれている（長野県飯田市南信濃木沢須沢・大澤彦人さん・大正十五年生まれ）。

飯田市南信濃地区内には「押出」「押出沢」という地名もある。

オヒゴイ【自然環境・気象・長雨に対する日和乞《ひよりご》い】長野県飯田市上村中郷は長い間焼畑・畑作に依存してきた。六月・七月に雨が降り続くと粟に虫がつく。大豆には実が入らず、蒟蒻はシラキヌ病に罹り、すべて収穫が期待できなくなる。同地の木下一さん（大正十一年生まれ）によると、そんなときには「オヒゴイ」（お日乞い）をしたという。標高一七八〇メートルにある「中郷のお池」の水を竹筒に迎えてきて正八幡宮に供え、ムラびとこぞって日和乞《ひよりご》いをする。百度参りをし、千垢離《せんごり》をとる。その後再度「お池」に赴き、筒の水を返す。

オボト【自然環境・山の土質】山裾で日当たりがよく土質もよいところを「オボト」という。オボトは自然薯がよく育つ。対して尾根筋のことを「ツルネ」と呼ぶ。ツルネの痩せ地では松茸が採れる（愛知県豊川市千両町・伊藤繁一さん・大正七年生まれ）。

オワオ【生きもの・青鳩の鳴き声】当地ではアオバト（青鳩）のことを「オワオ」と呼ぶ。子供のころ焼畑の山へついて行くと昼休みのお茶を沸かすための水汲みにやらされた。焼畑は高いところにあり、水は低いところの沢へ行かなければ汲めなかった。途中に巨樹の繁る原生林があり、昼でも薄暗く気味悪かった。そんなとき、オワオが低い声で「ホーホーオワオー」「ホーホーオワオー」と鳴くとゾッとするほど恐ろしかった（静岡県浜松市天竜区水窪町奥領家草木・志村ふじさん・明治三十四年生まれ）。

カイゴワレ【生きもの・燕の卵と孵化】燕の雛が孵《かえ》ることを「カイゴワレ」という。雛が孵《かえ》ると「ああカイゴ

雨乞い・日乞いの聖池とされた山上の中郷池（長野県飯田市上村中郷）

ワレをした」といって家内中で喜んだ（富山県南砺市利賀村岩渕・野原元治さん・明治四十四年生まれ）。

「カイゴワレ」とは「殻子《かいご》割れ」の意である。

カザグモ【自然環境・気象・雲と予兆】富士山の山頂の上や山頂の部分に小さな雲が撒《ま》き散らしたように出るその状態を「カザグモ」（風雲）という。「富士山に風雲がかかっているときには焼畑の火入れをしてはいけない」といわれている。風が出て延焼につながるからである（静岡県富士宮市猪之頭・植松萩作さん・明治三十二年生まれ）。

カザドキ【自然環境・気象・風鎮め】四月四日と七月四日を「カザドキ」（風斎）と呼んだ。半紙に「奉納　風の御神様」と書き、竹に縛りつけ、「姫神様にあげる」と称してこれを「カザハタ」（風旗）と呼ぶ。また、「風の穴をふたぐ」と称して団子を作る。「トキする」と称して仕事を休むのがならわしである。カザドキの日は農作物を栽培している畑の中へ入ってはならないと伝えるが、カライモ（甘藷）と里芋の草取りだけはかがんでする仕事で、風にあわないからよいといわれた（宮崎県東臼杵郡椎葉村不土野向山日添・椎葉クニ子さん・大正十三年生まれ）。

「トキ」は「斎《とき》」の意で、「トキの日」は「物忌みの日」である。風を鎮めるための物忌みとして仕事を休む、畑に入らない、といった慎みが伝えられていたのである。

カタユキ【自然環境・気象・雪】二月末ごろ雨が降り、それが上がると「ユキムシ」（雪虫＝雪渓カワゲラ）が出る。日も高めになり、心なしか暖かくなって雪が解けるのだが、夜は冷えこむので凍って固まり、「カタユキ」（堅雪）になる。堅雪になると、少年たちは好んで山歩きをする。そのころカケスがよく鳴き、モズの繁殖が始まる。兎は括り罠、リスはトラバサミ、鼬《いたち》は箱罠で獲った。長じてからは、営林署がらみで冬中炭焼や材木の山林労務を行った。冬山は三月末日で終わりとなり、一週間から十日ほど家で過ごす。このとき堅雪を利用して「ハルキ」（春木）出しを行った（青森県むつ市川内町家ノ辺畑・岩崎五郎さん・昭和六年生まれ）。

三月中旬から三月末まで、雪は堅雪になった。「カタユキワタリ」（堅雪渡り）で田圃の中でも学校までまっすぐに歩けるようになり、近道ができてうれしかった。その折、水の多いところに転落して着物や服を濡らす者がいた。そんな子供たちのために、学校には「カビタレ」（川浸れ）用の着替えが用意されており、用務員がそれを着せ、下校時までに濡れた衣類を薪ストーブで乾かしておいてくれた（福島県南会津郡南会津町山口台ノ下・月田禮二郎さん・昭和十八年生まれ）。

堅雪はほかに「雪渡り」とも呼ばれ、「シミユキ」（山形県）という地もある。長野県下高井郡木島平村では「シミワタリ」（凍み渡り）という。富山県の砺波平野では「スンズラ」と呼ぶ。青森県つがる市木造清水では「シバレユキ」と呼ぶ。

ガッチ【生きもの・カケスの生態】当地ではカラス科の鳥カケス（懸巣）のことを「ガッチ」と呼ぶが、「カシッパ」と呼ぶこともある。ガッチは栗・胡桃・栃などの実をくわえて移動し、埋める。ガッチは雲を見て木の実を埋めるので埋めたところを忘れてしまうのだ、と言い伝えている。「ガッチが埋めたものを人が食べると物忘れをするようになる」と伝え、物忘れのひどい人に対し、「お前はガッチのようだ」ともいう（静岡県浜松市天竜区水窪町奥領家針間野・田中為三さん・明治四十四年生まれ）。

カメノマクラ・キツキ【生きもの・アカウミガメと浮木】海に漂流している木材で亀（アカウミガメ）の爪跡のついた木を「カメノマクラ」（亀の枕）と呼んだ。「キツキ」（木付き）と称して、亀の枕には鰹の群がついて大漁になることがたびたびあるといわれている。これは亀のお導きだと伝えられていた。亀の枕を鰹船船主の庭に祭る風もあった。不慮の死をとげたアカウミガメの墓を作る風もある（静岡県御前崎市御前崎）。

カモヲキル【生きもの・猪の生態】猪が「ネヤ」（寝ぐら）を作ることを「カモヲキル」という。日が当たるところで萱《かや》（薄《すすき》）または木の枝を広さ一坪、高さ二尺ほどに積む。夏、蚊・虻・蚋《ぶゆ》などを除けるためのものだという（宮崎県西都市上揚・浜砂久義さん・大正八年生まれ）。

「カルモカク」（枯る草掻く）は、猪が寝床を作るために枯れ草を集めるところから、「猪」または「ゐ」音をふくむ語にかかる枕詞となっている。「カモヲキル」は「カルモカク」と同義・同系の表現である。

ガーラ【自然環境・水田】 大井川扇状地には、耕土の土中に大井川の河原石の層がある水田が多い。これを「ガーラ」と呼んだ。「ガーラタンボ」（河原田圃）の略である。ガーラは「ハシャギ」（水はけ）がよいのでよい米が穫れるといわれた（静岡県藤枝市大東町・内藤正治さん・明治三十三年生まれ）。

カラシミ【自然環境・気象・雪のない寒気】 十二月末から一月末にかけて、雪が降らないのに寒気が厳しく、空気が乾燥して冷えこみが厳しい状態を「カラシミ」（空凍み）と呼ぶ。風はあり、「ウッタツ」（霜柱）も立つ。カラシミが続くとヒビ・アカギレができる。ヒビ・アカギレには熊の脂をつけた。一方、カラシミは干し柿や凍み大根を良質にするともいわれる（長野県飯田市上村下栗屋敷・胡桃澤菊男さん・昭和五年生まれ）。

ガレ【自然環境・地質】 山地崩落で土がなく石や小岩が集まっているところや、傾斜地で崩れ岩や石ばかりのところを「ガレ」と呼んだ（静岡県榛原郡川根本町千頭沢間・清水初市さん・大正三年生まれ）。「ガレ」については『民俗地名語彙事典』に詳述がある。

カンゴモリ【自然環境・防寒】「寒の入り」に蕎麦掻きを作り、醤油または味噌で食べた。その折、ケンチン汁に油を入れた油汁を食べた。漬け菜も添え、さらに蕎麦饅頭も作って食べた。これを「カンゴモリ」（寒籠り）と呼んだ（埼玉県秩父郡小鹿野町両神・白石みつさん・大正元年生まれ）。

寒の入りに、「ハラワタが凍らぬように」といって油揚げ飯を炊いて食べた（奈良市和田町・大北正治さん・大正十三年生まれ、奈良県五條市大塔町惣谷・戸毛幸作さん・昭和五年生まれ）。「寒八（寒に入って八日目）の油揚げ、寒九（寒に入って九日目）のトロロ」（秋田県横手市大雄潤井谷地・佐々木倉太さん・昭和二年生まれ）といった伝承もあり、寒冷季には活力を増す食べものを食べなければならないとする伝承は広域に及んでいた。「寒籠り」は

「冬籠り」にも通じる季節感に満ちたことばである。

ギラ②【自然環境・冬季道路凍結】冬季降雪後、道路が凍結した状態を「ギラ」と呼んだ。道路がギラになると人も牛も滑倒《かっとう》して危険なので、「ガンリキ」（鉄製爪歯）をつけた（広島県神石郡神石高原町牧山形・山口宗義さん・大正五年生まれ）。

ギンヂユキ【自然環境・気象・雪】一・五メートル以上積もる雪の下層の雪で、締まって水分が少ない雪のことを「ギンヂユキ」という。ギンヂユキが多いと雪解けが遅いといわれている。ギンヂユキはスコップでも掘りにくい（福島県南会津郡南会津町山口台ノ下・月田禮二郎さん・昭和十八年生まれ）。「ギンヂユキ」は白さ・堅さから「銀地」にたとえられたとも考えられる。

クエ・グエ【自然環境・地象・山地崩落】宮崎県東臼杵郡椎葉村では山地崩落のことを「クエ」または「グエ」または「クエビキ」という。同村下福良桑の木原の山中俊雄さん（大正九年生まれ）は「大グエの引くところ（クエビキするところ）には湧き水が起こるから注意せよ」と語る。同村大河内竹の枝尾の中瀬守さん（昭和四年生まれ）は次のように語る。「クーチ」という屋号の家があり、分限《ぶげん》者だったがクエのためにすべてを流された。「クーチ」とは「クエ地」の意である。

熊野・吉野地方でも山地崩落に「クエ」「グエ」を使う。奈良県五條市大塔町堂平の丸田国男さん（昭和八年生まれ）は「グエる」と動詞用法もする。「山クエ」「山グエ」ともいう。

クエビキ（宮崎県東臼杵郡椎葉村）

この語は古く、『万葉集』（六八七番歌）の「はや川の堰きに堰くともなほや崩《くえ》なむ」にも見える。「崩ゆ」「潰ゆ」の意である。

クギョウサー【生きもの・アマゴ・産卵期の雄】当地では産卵期に黒色を増した雄のアマゴのことを「クギョウサー」と呼ぶ（静岡市葵区田代・滝浪作代さん・明治三十九年生まれ）。「クギョウサー」とは黒い衣を着て苦行を重ねながら旅をする「苦行僧」の意味で、その転訛である。産卵期に黒くなった雄のアマゴを黒衣の旅僧に見たてたのである。

クチ【自然環境・海岸地形】サンゴ礁の環礁（リーフ）には切れ目があり、それを「クチ」という。サバニはここを出入りし、魚も大潮・小潮、潮汐干満の海象に連動して、「イノー」（礁池）と「フカウミ」（外海）の間をクチを通って移動する。石垣島の環礁で宮良川河口に近いところに「ミヤラグチ」と呼ばれるクチがある。台風が近づくと、人びとはミヤラグチからサバニを入れてマングローブの中まで引きこんだものだという（沖縄県石垣市宮良・石垣島・後原トミさん・大正八年生まれ）。

クム・ヤマクメ【自然環境・地象・山地崩落】静岡県では土手が崩れることを「クメル」といい、山地崩落のことを「ヤマクメ」という。これらを「クム」とも表現する。『日本語方言辞書』には、長野県・静岡県に「クム」が「崩れる」の意に用いられると報告されている。

クラド【自然環境・海象・潮】黒い潮が寄せてきて一週間から十日間、磯の海中では何も見えなくなる。この潮を「クラド」と呼ぶ。この潮に乗って「グミイカ」と呼ばれるイカが磯にやってきて、テングサ・ホンダワラ・モクなどに卵を産みつける。産卵を終えたイカは「アイガミ」と呼ばれる青い潮に乗って沖へ帰って行く。「茱萸《ぐみ》がたくさん生《な》るとイカがたくさん来る」といわれていた。麦刈りをしてからイカ獲りに出かけた。子供が傭《やと》われて、漁獲したイカを数えに行ったという話がある（静岡県賀茂郡河津町見高・島崎勝さん・明治三十九年生まれ)。
『改訂綜合日本民俗語彙』にも「クラド」という項があり、次のように記されている。「三月末から四月にかけて潮が煤のように暗くなることがある。これを神奈川県の江の島でクラドという。四月中にはその潮もはれる」。

クロヒゾエ【自然環境・地形と日照】陽光の入らない陰地のことを「クロヒゾエ」(黒日添)と呼ぶ。黒日添の麦蒔きは早くしなければならない。「十月中に麦蒔きを終えよ」といわれていた(宮崎県東臼杵郡椎葉村大河内臼杵俣・椎葉ユキノさん・昭和六年生まれ)。

クロマツチ・ボヤケツチ【農耕・環境・畑地の土質】畑地の土質には差異がある。その特色を示す語彙もあり、適性作物の伝承もある。①「クロマツチ」(黒真土)＝石の混じりはない。トウキビ(トウモロコシ)・里芋を作る。②「ボヤケツチ」＝軽くて舞うような土。カライモ(甘藷)を作る。③「クロボヤケ」＝照るほど土が軟らかくなる。カライモができるが堆肥が必要。④「ヒトコーマ」＝土層が薄く土質が悪い。麦・トウキビを作るが、雨年はよいものの、日照り年は悪い。⑤「アカマツチ」＝照るほど固まる。作物が作りにくい(宮崎県東臼杵郡椎葉村不土野向山日添・椎葉クニ子さん・大正十三年生まれ)。

ケド【自然環境・雪山】冬期、山の尾根筋の一方の斜面に雪庇《せっぴ》ができる。当地では雪庇《せっぴ》のことを「マブ」と呼ぶ。マブの反対の斜面を歩けといわれている。マブが切れているほうの斜面を「ケド」と呼ぶ(青森県西津軽郡鰺ヶ沢町松代町白沢・豊沢丑松さん・大正三年生まれ)。
「ケド」は「消処《けど》」、すなわち雪のないところを意味するものと思われる。

ケヨセ・カイヨセ【自然環境・気象・風】春の彼岸のあとに吹く北西風または北風のことを「ケヨセ」(貝寄せ)と呼んだ。この風が吹くと貝が吹き寄せられる(鹿児島県南さつま市笠沙町片浦岬・中村嘉一さん・明治四十年生まれ)。

強い西風を「カイヨセ」と称し、この風が吹くと赤貝が寄るといわれている(福岡県柳川市有明町東ノ切・倉本幸さん・明治四十五年生まれ)。

ゲンベイ【自然環境・雪・藁沓】雪の季節に履く藁編みの長沓を「ゲンベイ」という。ゲンベイを履くときには「クタダ」(藁のハカマ)を中に入れた。尋常小学校三年までは早稲沢の分校だったが、四年生からは檜原の本校へ通った。片道一時間雪道を歩くとゲンベイは濡れた。濡れたゲンベイは用務員が学校のイロリで下校までに乾かしてくれた。イロリは六尺四方、燃料は炭で、その炭は学区の字で分担して供出した(福島県耶麻郡北塩原村桧原早稲沢・大竹繁さん・大正六年生まれ)。

福島県南会津郡只見町田子倉出身の大塚正也さん(昭和二年生まれ)は以下のように語る。「ゲンベイを左右同じようにそろえて作ることができなければよい女房が来ない」という言い伝えがあったので、若者たちはゲンベイ作りに励んだものだ。

コウゲ【自然環境・地質】木の葉や木が腐って土に帰ることのない土地を「コウゲ」という。コウゲは山の高いところに多い。風にさらされ、土が流され、岩の多いところである。焼畑もできにくい地である(高知県吾川郡いの町寺川・川村美代子さん・昭和三年生まれ)。

『民俗地名語彙事典』にも「コーゲ」「コウゲ」の項があり、芝草地などを示す例が挙げられている。

コダマウチ【自然環境・気象・大雪の予兆】朝は上天気で、猟で山に入るとところどころで鉄砲を撃つような音、木の割れるような音のすることがある。これを「コダマウチ」という。コダマウチを聞いたら直ちに下山、帰宅しなければならない。一時間以内に空が鍋墨のように黒くなって雪が降ってくる。たちまち一～二尺積もる(青森県中津軽郡西目屋村砂子瀬・鈴木忠勝さん・明治四十年生まれ)。

ゴトー【自然環境・地質】焼畑予定地などで石が集まっていて焼いても畑にならないところを「ゴトー」と呼んだ（静岡市葵区田代・滝浪きくさん・明治三十年生まれ）。

コナギ・ケスキ【自然環境・雪・雪掻き篦《へら》】二種類の雪掻き篦《へら》がある。「コナギ」とは「小長柄《こながえ》」の意であろう。「ケスキ」は「掻《か》き鋤《すき》」の意と思われる。ともに素材はイタヤカエデで、コナギは全長四尺、篦《へら》部の長さ尺五寸、柄の長さ二尺五寸。ケスキは全長四尺五寸、篦《へら》部の長さ二尺、柄の長さ二尺五寸である。ケスキは雪おろしに使い、コナギは雪上狩猟に持参した。雪崩のことを「ワシ」と呼ぶ。「ナデビラ」（傾斜のある山面）は「ワシがくる」と称して特に注意した。「ワシにあったらコナギか柴を立ててその陰にしゃがみこんでいると雪が頭の上を通りすぎていく」と伝えられている。コナギは篦《へら》の半分を雪の中に埋めて立てる（青森県中津軽郡西目屋村砂子瀬・鈴木忠勝さん・明治四十年生まれ）。

ゴボワキ・ワキアナ・ドンコ【自然環境・伏流水の湧出】木津川流域には伏流水の湧出箇所がたくさんあった。京都府城陽市枇杷庄大堀の吉岡サト子さん（大正七年生まれ）は次のように語る。稲荷神社の横には「ゴボワキ」（伏流水の湧出地）が池になっていた。戦前にはそこで菖蒲を栽培して京都の町に売っていたが、昭和四十二年、高山ダムができてからゴボワキがだめになった。城陽市水主の斎藤ジウさん（大正五年生まれ）は深田のことを「ドボタ」と呼び、ドボタのところどころには水が湧き出る「ワキアナ」（湧き穴）・「ドンコ」（湧き穴と同義）があった、と語る。同じ木津川流域の同府木津川市山城町平尾浜屋敷の田畑敏夫さん（大正三年生まれ）は、伏流水の湧き出る深田のことを「ドタ」と呼んだ。ドタでの稲刈りには、松材で作った箱型の田舟を使って稲を運んだ。戦後、大阪にビルの建設ラッシュが起こり木津川の砂利が採掘されてからドタがなくなった。

サコツボ【自然環境・山中地形】水源地で水の流れのない窪地のことを「サコツボ」と呼ぶ。カシ類・椎などが生える。ただしウバメガシは尾根筋に多い（和歌山県東牟婁郡那智勝浦町西中野川小色川出身・尾崎熊一郎さん・明治三十四年生まれ）。

ザラメユキ【自然環境・気象・雪質】 降る雪が凍った地上にたまるものを「ザラメユキ」（粗目雪）という。ザラメ雪が降ると春が近いとして喜んだ（新潟県魚沼市大栃山・大島寛一さん・明治三十八年生まれ）。

サンショウヅノ・フジヅノ【自然環境・鹿角と土質】 上村川は、天竜川支流の遠山川右岸に注ぐ。上村川左岸に棲息する牡鹿の角を「サンショウヅノ」（山椒角）と呼び、右岸に棲息する牡鹿の角を「フジヅノ」（藤角）と呼びならわしている。鹿の角は、植生・地質などの環境条件によって、色・ハダ・長さなどの形状が異なる。岩地・石地の傾向が強い上村川右岸の鹿の角は長さが短く縦縞がちであるのに対し、土質が豊かな左岸の鹿の角はより長く太く、角ハダは山椒の木肌のようにイボ状の凸凹に覆われていていかにも荒々しい。よい立派な角を持つ牡鹿は、鳴き声もよいので牡鹿がつく。牡鹿の鳴き声は、一回に角の又の数だけ続く。二の又なら「カンヨー、カンヨー」、三の又なら「カンヨー、カンヨー、カンヨー」と鳴く。角は地元では解熱などの煎じ薬にするが、落とし角ではない生き角は、静岡県の鰹漁師が疑似餌を作るために買いに来た（長野県飯田市上村程野・宮澤俊雄さん・昭和十五年生まれ）。▼イシクラ・ツチミ

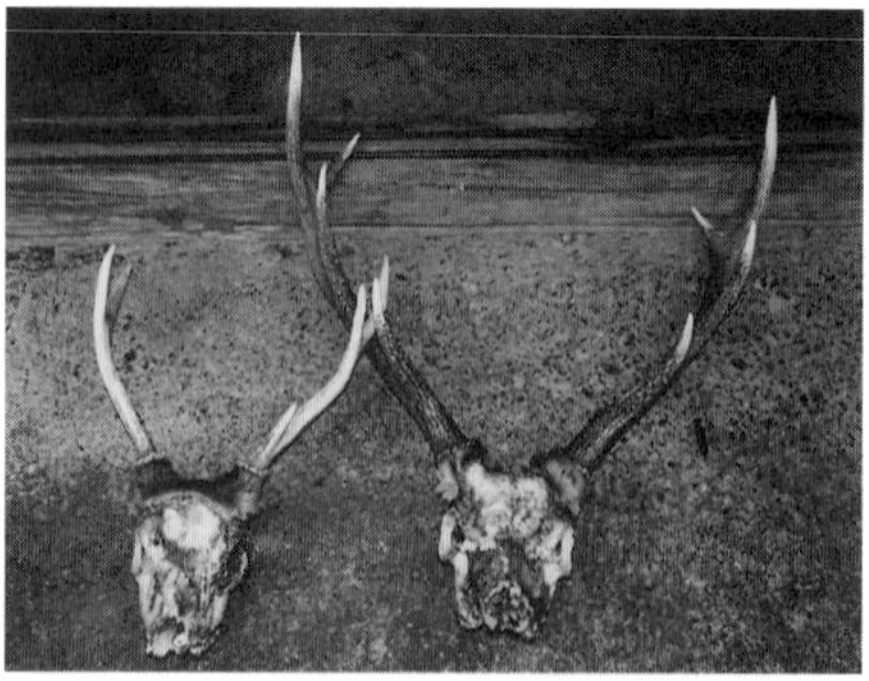

左は藤角（上村川右岸）、右は山椒角（上村川左岸）（長野県飯田市上村程野、宮澤俊雄家）

シオガワリ・イリコミ【自然環境・海象・潮動】 静岡県浜松市西区村櫛町は、浜名湖内に突き出る半島状の地の漁村である。同地の高山安一郎さん（明治三十二年生まれ）は、朔望月《さくぼうげつ》の循環、大潮・小潮のめぐりなど、旧暦にもとづいて漁業を組み立てていた。この地では漁に不利な小潮を指して「七日八日の「バカジオ」（馬鹿潮）」と呼んだ。動きが弱くなった潮が再度動きはじめるのは十日で、父親から「十日の朝潮忘れるな」と教えられた。この日を「シオガワリ」（潮変わり）と呼ぶ。こうして潮が変わって漁がよくなるのは旧暦の十三日

と二十七日で、これを「イリコミ」という。「十日の朝潮忘れるな」というのは、シオガワリからイリコミにかけては回游するよい魚が潮に乗ってたくさんやってくるという意味である。

シオボケ【自然環境・気象・風】強い潮風が山の木々に吹きつけ、樹木が弱って変色することを「シオボケ」（潮呆け）という。雨が降ると勢いを取りもどす（島根県隠岐郡西ノ島町浦郷三度・西ノ島・藤谷一夫さん・昭和二年生まれ）。

ジカン【狩猟・生きもの・猪の発情期】「ジカン」（次寒）とは、寒明けから彼岸前にかけての季節を示す語で、厳密には民俗語彙ではない。当地には「次寒の初めが猪のサカリ（発情期）」という伝承がある。ちょうどそのころ、牡の猪がアセボ（アシビ）の樹皮を剝きはじめる（静岡県榛原郡川根本町東藤川小長井・小長谷吉雄さん・明治四十五年生まれ）。

シキワラ【自然環境・雪・泥濘《ぬかるみ》対応】冬季、雪で庭が泥濘《ぬかる》むのを防ぐために、秋の収穫後、玄関の前の庭に「シキワラ」（敷き藁）をした。敷き藁を除くのは三月末である。除いた藁と廐肥《きゅうひ》を混ぜて堆肥として積んでおき、夏の土用に切り返しをした。それを次の春に田に入れたのである（宮城県大崎市古川大崎伏見本屋敷・門脇れふ子さん・昭和七年生まれ）。

シマヂ・ミネヂ【自然環境・地形・通風と茶栽培の霜害】静岡県浜松市天竜区春野町杉地区は、天竜川左岸支流の気田川に向かって東から西へ流れる杉川沿いのムラである。同地では川沿い、谷底の地や集落のことを「シマヂ」（島地）、対して尾根筋に近い高地および高地集落のことを「ミネヂ」（峰地）と呼ぶ。シマヂには気田子（標高三〇〇メートル）・居寄（標高二〇〇メートル）などがあり、ミネヂには行師平（標高四九〇メートル）・高杉（標高四三〇メートル）などがある。シマヂもミネヂも茶栽培が盛んであるが、遅霜の害はミネヂよりもシマヂのほうが甚大である。それは、ミネヂには常時風があり、空気の流動が霜害を防ぐからである。対してシマヂは無風ゆえに霜害がひどくなるのである。現在は防霜ファンが普及しているが、防霜ファン以前には杉の生葉を焚いて煙を出し、空気を動かすという方法だった。その労力も、ミネヂに対してシマヂのほうが大きかった。気田子では、毎年八十八夜の前の晩に「シモヒマチ」（霜日待＝霜害除け祈願）を行ってきた（静岡県浜松市天竜区春野町杉居寄・白沢六郎さん・明治三十三年生まれ）。

シモミチ【自然環境・気象・霜害】霜が降りる（生ずる）帯状の地のことを「シモミチ」（霜道）と呼ぶ。その帯状の地は霜害を受ける。例えば、霜が谷沿いの地に帯状に降りると、その地に栽培されている桑の葉は霜害を受けて黒くなってしまう。桑畑の一部が霜道にかかり、一部がはずれると、その状態を俯瞰すれば縞模様に見える。桑畑の多くが遅霜にあうと、春蚕《はるこ》に対する給桑《きゅうそう》ができなくなる。桑の不足分は「クワナカシ」（桑仲師＝桑の仲買人）から買い求めた（長野県飯田市宮ノ上・北原良男さん・大正十五年生まれ）。

シャグライ【自然環境・時と明暗】黄昏どきのことを「シャグライ」という。この時間帯には川魚が獲れやすい。「シャグライドリ」ということばがある（岐阜県高山市上宝町中山・中屋弥一郎さん・明治四十年生まれ）。「シャグライ」とは「薄暗い」という意である。「サグライ」（狭暗い）の転訛と思われる。視界が狭くなることとかかわる。

ジャヌケ・ジャグエ【自然環境・地象・山地崩落】長野県・山梨県の一部には山地崩落、すなわち「ナギ」のことを「ジャヌケ」（蛇抜け）と呼ぶ例がある。山地崩落の跡は、上が細く下が広い形のものもあるが、山の尾根近くから沢筋まで一定の幅で樹木や表土を崩落させた跡が岩肌・地肌を露《あらわ》にしているものもある。それは、大蛇が木々を薙ぎ倒して移動した跡に見たてることもできる。このような崩落地を「ジャヌケ」と呼ぶ。三重熊野と呼ばれる一帯の山地では、右と同様の崩落地跡のことを「ジャグエ」（蛇崩え）と呼んでいる。六一三ページの「クエビキ」の写真のごときものである。『熊野年代記』収載の次の記述にも注目しておきたい。「承徳元（一〇九七）丁丑熊野洪水谷々ヨリ螺出山崩」。ここでは、山地崩落を起こすものを大蛇ではなく巨大な法螺貝だと見ていることがわかる。先端鋭く螺旋状に回転して山を崩し砕き、法螺貝の大音響と相俟って恐ろしい破壊力の主を想像したのである。▼クエ・グエ

ショバ・ショミズ【自然環境・地象・狩猟禁忌伝承】山中に岩盤から塩分をふくんだ水が染み出ているところがある。そうしたところを「ショバ」(塩場)と呼ぶ。ショバには鹿・猪、その他の獣が塩分を求めて集まってくる。これを待ち受けて狙撃すれば捕獲の確率は高くなるのであるが、この地には、「ショバで獣を狙うものではない、ここで猟をすると魔物が出る」という伝承がある。「魔物除けとしていつも鉄の玉(弾)を持ってゆくものだ」ともいわれている(長野県飯田市上村下栗屋敷・胡桃澤菊男さん・昭和五年生まれ)。

山中に塩分をふくんだ水が滲《にじ》み出る岩や岩盤がある。例えば、北又沢左岸の第一堰堤下を登ったところにもある。そのようなところを「ショミズ」(塩水)と呼ぶ。鹿・猪・狸などが塩分を舐めにやってくる。岩が磨耗しているところもある(同市上村下栗本村・熊谷清登さん・昭和十四年生まれ)。

シリクサリ・シリクサレ【生きもの・産卵後のアマゴ】産卵後に流れ下るアマゴのことを「シリクサリ」と呼ぶ。これを焼いて妊婦に食べさせると安産が得られると伝える。シリクサリが無事産卵を終えた魚であることからこうした伝承が生まれたものと思われる(長野県飯田市南信濃八重河内梅平・米山甚平さん・大正十四年生まれ)。

産卵後のアマゴのことを「シリクサレ」と呼ぶ。シリクサレは麦蒔きのころで、魚体が黒くなる。シリクサレは谷の奥から始まり、徐々に下流に及ぶ(同市南信濃南和田名古山・柴原数夫さん・昭和六年生まれ)。

同市南信濃上須沢の近藤佐敏さん(大正十五年生まれ)は産卵後のアマゴのことを「クサリッポー」と呼んだ。クサリッポーを干して焼き、味噌汁に入れて食べさせると産後の女性の肥立ちがよいと伝えた。ここにも類感呪術的な匂いがある。

スカ・セン【自然環境・人工造成の砂丘と砂地畑】『日本国語大辞典　第二版』の「すか」の項には、「州処(す

か）川や海の水などで堆積した砂地」とあり、妥当である。静岡県の遠州灘沿いの地では主として、小さくても、人手が加わったものでも、砂丘状の地を「スカ」と呼ぶ。静岡県御前崎市池新田大山は、宅地化が進んでいるが昭和五十年代までは砂地農業を中心としたムラだった。同地の阿形八郎平さん（明治三十七年生まれ）は以下のように語る。大山部落と渚の間は二キロほどあり、その間に「スカ」（蒲鉾《かまぼこ》型の列状砂丘）が六列あり、スカとスカとの間に五列の砂地畑がある。これを「セン」と呼ぶが、古くは「ホッタ」と呼ばれていた。スカもセンも人造で、スカは粗朶《そだ》立てや簀《す》立《だ》てによって砂を固定化したもので、スカの上には、砂丘の固定化・飛砂防止・潮風除けのためにクロマツが植えられている。スカにより、センは飛砂や潮風から守られることになる。センは最もオカ寄りを一線と呼び、海に向かって順に二線・三線・四線・五線となる。これはスカ・センの造成の時代差を示す。同様の砂地畑をムラの戸数割りにして、「明治割り」「大正割り」「昭和割り」などと呼んでいる地もある。

スド【自然環境・気象・雪崩】雪崩のことを「スド」という。屋根から落ちる雪の固まりのことも「スド」という。「歩いてみて雪が鳴くときはスドが起こりやすい」といわれている（山形県鶴岡市大鳥・工藤朝男さん・昭和十二年生まれ）。

スバコ【生きもの・家禽・鶏の生態と信仰】昭和五十六年二月、静岡県榛原郡川根本町奥泉土本を訪れた折、同地の土本春雄家の玄関にある表札の右上に、記憶のなかに眠っていた「スバコ」（巣箱）が固定されているのを見かけてシャッターを切った。土本家は生憎お留守だったので、近所の舟場みさをさん（大正七年生まれ）に尋ねてみたところ、鶏が夜間眠るために入る巣箱として使われていたものだという。私が幼少年期を過ごした榛原郡菅山村松本（現牧之原市）の小字谷下の十二戸のなかの四戸ほどに、蓋のない巣箱が玄関の頭上に固定され、ムラびとたちは「スバコ」と呼んでいた。昭和十年代まではこれがあった。「鶏の巣箱」の意である。磐田市富里出身の岳父、鈴木次太郎（明治三十七年生まれ）によると、同地にも「スバコ」の慣行があり、同地には、玄関正面のみならず、玄関の裏側頭上に巣箱を置く家もあったという。静岡県の遠州地方一帯にこの慣行が及んでいたことがわかる。

家人のみならず、客が出入りする玄関の頭上に巣箱を固定する理由はどこにあるのか。複数羽の鶏を飼うのが一般的であるのに、巣箱はどの家にも玄関に一つしかなかった。それはいかにも象徴的である。巣箱に入れなかったほかの鶏は木の枝や固定された竿などの高所で夜を明かしたのである。鶏は時を作り、時を告げ、太陽を招く鳥だと信じられてきた。鶏は時の管理者として意識されてきたのだが、一方、水難死者の探索にも鶏が呪力を発揮すると信じられてきた。ここには空間管理の呪力が垣間見える。境界に鶏を埋めたという伝承もある。何よりも神社の鳥居に注目しなければならない。始原の鳥居は、聖地と俗界を結界する象徴的造形物であり、そこは空間・境界を管理する鶏がとまる場だったのである。遠州地方の農家の玄関に固定された鶏の巣箱は、家に入りくる悪しきものを防止し、家および家族を守ることの象徴だったのである。生活様式の変容・民家の建て替えによって、玄関の巣箱はまったく見かけられなくなった。

スバコ（静岡県榛原郡川根本町奥泉土本）

セツサダメイシ【自然環境・天象・星と生活】小浜島の前本幸一家の裏に、石の穴から季節による星の位置を見定め、行事や稲・麦・豆・粟などの播種《はしゅ》日を定める石がある。この石のことを「セツサダメイシ」（節定め石）と呼んだ（沖縄県八重山郡竹富町小浜・小浜島・大嵩秀雄さん・明治三十八年生まれ）。

セドメ【自然環境・地象・山地崩落と川】山地崩落の土砂が川を塞ぎ、堰き止め湖の状態を作ることがある。当地ではそれを「セドメ」（瀬止め）と呼んだ。瀬止めが決壊すると二次災害を起こしやすい（奈良県吉野郡野迫川村北今西・増谷將行さん・昭和十五年生まれ）。

ゼリックラ・ゼリバタ【自然環境・地象・岩混じりの畑地】「ゼリックラ」とは石混じりの土地を指す。ゼリックラの畑地のことを「ゼリバタ」（ゼリ畑）という。ゼリ畑にはカズ（楮《こうぞ》）を栽培することが多かった（長野県飯田市上村程野・山﨑松春さん・大正十五年生まれ）。

小石混じりの地を「ゼリ」と呼ぶ例は静岡県浜松市・磐田市北部にもある。「ゼリ」は「ザリ」との関係が考えられる。▼イシクラ・ツチミ

タキドキ【生きもの・生態・鹿、羚羊《かもしか》の発情期】獣類の発情交尾期を「タキドキ」という。鹿は十月十日、モミジが色づくころから、羚羊《かもしか》は十月二日から、おのおの一週間ほどである（長野県伊那市旧長谷村平瀬・小松清隆さん・明治四十四年生まれ）。

タタエ・ヒヅマリ【自然環境・海象・潮の干満】潮動において満潮のことを「タタエ」（湛え）といい、干潮のことを「ヒヅマリ」（干詰まり）と呼ぶ。慣れないところで舟をつなぐと「舟が座る」、すなわち海水のない状態になって舟が動かせなくなる。荷をおろすときには、タタエのとき「ガンギ」と呼ばれる海水の干満に対応する石段状の設備の上部におろす（香川県三豊市詫間町大浜・石田久男さん・昭和三年生まれ）。

タニゼメ【自然環境・地象・山地崩落】三重県伊賀市では山津波・山地崩落のことを「タニゼメ」（谷攻め）と呼ぶ。伊賀市西山は滋賀県境山地の南斜面のムラである。同地の山本和夫さん（大正六年生まれ）は父や祖父母から次のように聞いたという。「谷攻めは百年ごとに起こるものだから、谷を横切る形に家を建てるな」「谷に家を建てるな」——。二八災害（昭和二十八年の山津波）では、西山に死者一七名、行方不明者一五名、負傷者三一八名、全壊家屋一六二戸、人のほか牛もやられた。谷攻めは、「イワグサリ」（岩腐り）といって岩がボロボロになるところに起こると伝えられている。

タビゴ・マテゴ・アザミコ【生きもの・猪・仔育てと餌】猪が仔を育てるときの食物によって猪の仔を呼び分

ける方法がある。①「タビゴ」＝タブ（椨）の実を喰って育った仔、②「マテゴ」＝マテバシイ（馬刀葉椎）の実を喰って育った仔、③「アザミコ」＝アザミ（薊）を喰って育った仔、という呼称がある（鹿児島県肝属郡南大隅町佐多辺塚打詰・鍋多清光さん・大正十五年生まれ）。

タロヒ【自然環境・気象・氷】ツララのことを「タロヒ」（垂氷）という。萱《かや》屋根から並んで下がっているタロヒが短くなると春が近づく。タロヒを棒で叩くと音楽ができる（岩手県花巻市石鳥谷町戸塚蒼前・藤原昭男さん・昭和二十年生まれ）。「タロヒ」は「タルヒ」（垂氷）からの転で、古く『枕草子』三〇二段に「垂氷いみじうしだり……」とある。

秋田県北秋田市阿仁打当では、ツララのことを「スガ」と呼ぶ。「スガ」は氷の意で、福島県の只見地方では、氷・ツララ・霜氷・樹霜などを総じて「シガ」と呼んでいる。富山県南砺市から飛騨地方にかけては、ツララのことを「カネコリ」と呼ぶ。長野県下高井郡木島平村往郷馬曲の芳澤定治さん（大正十年生まれ）は、ツララのことを「カナッコリ」と呼んでいた。ツララは萱《かや》葺きの屋根の減少と地球温暖化で減少し、短くなっている。「ツララ」の「ツラ」が「連《つら》」とかかわることは当然である。

ツララ（秋田県仙北市田沢湖田沢口）

タワラユキ【自然環境・気象・雪】凍み雪になると、風の吹き方によって雪上に雪の玉ができ、それが雪上を転がることがある。この雪玉のことを「タワラユキ」（俵雪）と呼んだ。年寄りたちは俵雪ができると「今年は上作だ」と称し、稲をはじめとした農作物の豊作の予兆として喜んだ（山形県鶴岡市温海川・今野建太郎さん・昭和二十三年生まれ）。

チョンノスミ【生きもの・鷦鷯《みそさざい》】鷦鷯《みそさざい》は体長約十センチと、日本産の小鳥で最小とされている。当地では鷦《みそ》鷯《さざい》のことを「チョンノスミ」と呼ぶ。雪が降ると人の近くにくる。山で仕事をしているときには足で落ち葉を踏むことが多い。落葉を踏むと虫類が表に出てくるので、チョンノスミはそれを狙って人の近くや人の後ろにやってきて虫を喰う。「チョンノスミがやってくると雪が来る」という環境口誦もある（静岡県浜松市天竜区水窪町奥領家針間野・田中為三さん・明治四十四年生まれ）。

「チョン」は小さくこまめな鷦鷯《みそさざい》の愛称的なものであり、「ノスミ」は「ヌスミ」（盗み）の転訛と思われる。人の後ろについて虫を盗むと見たてたのである。それを「チョン盗み」と表現、伝承したのであろう。

ツエ・ツエヌケ【自然環境・地象・山地崩落】愛媛県・徳島県の山地には、山地崩落のことを「ツエ」（潰え）・「ツエヌケ」（潰え抜け）とする呼称がある。徳島県美馬郡つるぎ町貞光川見の磯貝和幸さん（大正十四年生まれ）は、地滑り地帯のことを「ツエカワ」、大きな崩落のことを「オオヅエ」（大潰え）と呼ぶ。大潰えが起こるときには畑に水が吹き、地鳴りがするという。

ツシゴ【自然環境・潮の干満にかかわるトキの伝承】潮の干満のことを「ツシゴ」という。潮の退きどきよりは満ちどきのほうがよい仕事ができる。「ツシゴが悪いと雪崩にあう」という。ツシゴにこだわりすぎると山に行けなくなる（岐阜県高山市奥飛騨温泉郷田頃家・清水牧之助さん・明治四十年生まれ）。

『改訂綜合日本民俗語彙』にも「ツシゴ」の項があり、以下のように記されている。「福井県大野郡五箇村でいう。時刻の名で、これによって吉凶を判断する。月の中を上、中、下の十日に分け、それぞれきまったツシゴの繰り方がある。これが引潮どきにあたると産に悪く、死者が多いという（山村手帖）」。

ツバメノサンバンゴ【生きもの・燕の生態】「燕は春の彼岸に来て秋の彼岸に帰る。一番子は一番茶のころ、二番子は八月、三番子は九月初めで、三番子は育ちにくい」という。飛び立つ季節を目前に控えて、三番子は早く体を作らなければならないという本能から、騒がしいほどに鳴き立てて親に餌を求める。ここから当地では、例えば若い娘たちが喧《やかま》しくおしゃべりしたり騒いだりすることを「「ツバメノサンバンゴ」（燕の三番子）のように喧《やかま》しい」と表現する（静岡県浜松市天竜区春野町杉字杉峰・増田彦左衛門さん・明治四十四年生まれ）。

ツペ【狩猟・熊の生態・熊《くま》の胆《い》】春、穴籠りから出た熊がまだ食物を喰っていない場合は、肛門部に松ヤニなどをふくんだ固まりがついている。これを「ツペ」と呼ぶ。捕獲した熊にツペがついている場合は、胆汁を使っていないので熊《くま》の胆《い》が大きい。ツペの有無を見れば解体前でも熊《くま》の胆《い》の大きさの予測ができる。熊《くま》の胆《い》には茄子型とアケビ（通草）型があり、アケビ型のほうが胆汁が多い（青森県西津軽郡鰺ヶ沢町芦萢町・五十嵐丹次郎さん・明治四十四年生まれ）。

ツユザメ【生きもの・鮫の生態】梅雨どきに海岸に近づく鮫のことを「ツユザメ」（梅雨鮫）という。それは、メジロザメの一種で体に赤みのある「アカワニ」（鮫）である。産卵のためである。雌が二～三割に対して雄が七～八割で、雄のほうが多く獲れるが、雄のほうが獰猛である。雌は産卵に集中する（島根県大田市五十猛町大浦・吉岡新一さん・大正十年生まれ）。

ツルオイ【生きもの・鶴と農作物】鹿児島県出水市を中心とした一帯に飛来する鶴（ナベヅルが主）が、大正十三年に「鹿児島県のツル」として天然記念物に指定された。天然記念物の鶴を虐待することはないのだが、地元の人びとには鶴との葛藤がなかったわけではない。以下は鹿児島県出水市荘荒崎の江野金蔵さん（昭和七年生まれ）の体験である。水田裏作の小麦・裸麦・菜種・空豆・四月豆は、基本的には鶴の食害にあった。少年時代、冬休みや日曜日に鶴の番、

稲のヒツジバエや落穂を啄むマナヅルやナベヅル（鹿児島県出水市）

「ツルオイ」（鶴追い）をするのは子供の仕事だとされていた。一斗罐《かん》を棒で叩いたり、大声を出したり手を叩いたりして鶴を追った。時間帯は鶴が摂餌活動をする午前八時から午後五時までの間で、鶴が塒《ねぐら》に帰るまでだった。鶴追いを必要とする期間は十二月から三月までだったので、冬休み、日曜日以外は、荒崎で田麦を作る二十戸が五戸ずつ組を作って輪番で鶴追いをした。鶴は麦の芽や豆類のほかに、稲の「ニロクバエ」（二禄生え、「ヒツジバエ」とも）・蛙・田螺《たにし》・ケラ・ミミズなどを食べた。ケラを求めて鶴は田の畦《あぜ》を崩した。鶴の北帰行は桜の花の蕾のころであるが、鶴追いをさせられていたころは「早よ帰ればよか」と思っていた。

ツワル【自然環境・梅雨どきと檜皮《ひわだ》素材】「ツワル」「ツワリ」は妊婦の悪阻に使われることが多いが、木の芽が出ることを指す例もある。ところが、「木がツワル」と表現し、すなわち「扱いにくくなる」という意味に使う例がある。奈良県五條市大塔町堂平で十六歳から二十一歳まで檜皮《ひわだ》職人の祖父、国太郎のもとで働いた丸田国男さん（昭和八年生まれ）は、檜皮《ひわだ》は梅雨どきだけはツワッて扱いにくくなり仕事ができなかったという。檜《ひ》皮《わだ》も竹釘も必ず闇夜めぐりの日に伐った材を使った。

デイツボ【自然環境・湧水】大井川右岸の川沿いに大井川の伏流水が湧出する場所が点在する。それを「デイツボ」と呼ぶのであるが、「出井坪」の意と思われる（静岡県榛原郡吉田町大幡・堀住千二さん・大正三年生まれ）。

デキナミ・ヘリナミ【自然環境・海象・台風と波】台風のできかかりのときの波を「デキナミ」（出来波）という。この波は荒い。台風の終わりごろの波を「ヘリナミ」（減り波）という。ヘリナミは荒そうに見えてもたいしたことはない（三重県志摩市志摩町布施田・田畑たづさん・大正十年生まれ）。

デスズ【自然環境・水・泉】泉・湧き水のことを「デスズ」と呼ぶ。ムラの南北にデスズがあり、北は不動様のデスズだった。一部には板樋で分水を受けている家もあった。水神様にもデスズがあった（山形県飽海郡遊佐町菅里十里塚・大滝栄作さん・明治四十三年生まれ）。

テル【自然環境・落葉広葉樹の紅葉】 コナラ・ミズナラ・カエデなどの落葉広葉樹が紅葉（黄葉）することを「テル」（照る）という。「木が照ったら……」という表現がある。当地には「木が照ったら麦を蒔け」という自然暦がある（徳島県三好市東祖谷・山口義輝さん・明治四十二年生まれ）。

テンジョウアブリ【自然環境・気象・濃霧除けの日和乞《ひよりご》い】 富士山東麓は六月中旬から盆前まで濃霧や長雨に悩まされる。静岡県御殿場市川柳の大胡田実さん（明治三十八年生まれ）は、子供のころ見た「テンジョウアブリ」（天井焙り）という行事が強く心に残っている。ムラには「道祖神場」と呼ばれる狭い空地が道祖神の前にあった。大人たちはその日、蓑笠姿で道祖神場に集まり、道祖神を縄で縛って、道祖神場で火を焚き「日和乞《ひよりご》い」を行った。首尾よく雨が降れば道祖神の縄を解いた。これが「テンジョウアブリ」である。絶えることのない濃霧や長雨は日照を阻む。これは農民の敵だったのである。

トッパネ【生きもの・兎、貂《てん》、熊などの跳躍移動】 獣類の通常の歩みではなく、跳躍移動のことを「トッパネ」という。巣へもどるときなど、足跡の幅を変え、敵の追跡を避ける効果もある。「トッパネ」とは「跳《と》び跳《は》ね」の意で、兎が寝床へもどるときのトッパネの歩幅は四尺、貂《てん》が巣へもどるときのトッパネの幅は三尺、ともに多くて四跳ね、平均二～三跳ねだとされる。熊のトッパネは五尺だという。トッパネは「カクレアシ」（隠れ足）ともいわれる（岩手県和賀郡西和賀町甲子・照井次雄さん・大正二年生まれ）。

ドロベー【自然環境・火山降灰と枇杷栽培】 鹿児島市古里町下村は桜島南岳の南麓海岸のムラである。同地で枇杷一反五畝を栽培する岩元たみさん（大正十四年生まれ）は以下のように語る。枇杷の花は十一月で、この時期に花が「ドロベー」（泥灰）をかぶると収穫は皆無になる。「ドロベー」とは桜島の噴火降灰と雨が混じったものである。花から実になりかけるのが十二月で、十一月末、「キタコチ」（北東風）が続くときには少し早めに袋をかける。この季節のキタコチは枇杷の敵だといわれている。

トングワ【自然環境・環礁・地形】イノーのなかでも、潮の干満にかかわらずサバニ（刳《く》り舟《ぶね》）の通ることのできる舟の道を「トングワ」と呼んだ（沖縄県島尻郡伊是名村・伊是名島・中本徳守さん・明治四十三年生まれ）。

ナギ②【自然環境・地象・山地崩落】山地崩落のことを「ナギ」と呼び、それは進行する崩落現象を指す一方、現象が起こった痕跡をも指す。中央構造線沿いで長野県に属する遠山谷（飯田市上村・南信濃）は、ナギの恐怖を背負い続けてきた地である。ナギの痕跡はさまざまな伝承を纏《まと》う。「都ナギ」（本谷左岸）は、追手に追われた遠山土佐守が「ナギの向こうに都が見える」と語ったという（飯田市上村下栗・野牧久言さん・大正七年生まれ）。大蛇伝説のある「池口ナギ」がある池口には「大ナギ」「青ナギ」があり、池口という地名自体が山地崩落の堰き止め湖からついたものである。地名としては、下栗の「ナギナカ沢」、遠山川右岸の「名古山《なごやま》」（ナギ山の変化）などもある。ナギ跡を色を以って示す例もある。「青崩れ」も先の青ナギと同系で、「赤ナギ」は下栗上区の大野と小野の境の赤ナギ沢の上方にある。赤ナギは梶谷奥にもあり、ここでは大雨が降ると、明治時代の崩落地が赤茶色の濁流を流したという（同市南信濃八重河内本村・遠山常雄さん・大正六年生まれ）。遠山川左岸の大町には「大ナギ」「ゴトウナギ」「ゴロー押し」などのナギがあり、ナギの恐怖は常に潜在した。十一月七日には赤色の中折幣《なかおりへい》を立て、ナギの鎮静を祈って山の神を祭ったという（同市南信濃南和田大町・荒井学さん・昭和三年生まれ）。上村下栗大野の子安神社には、子安大明神・池大明神と並んで赤崩《あかなぎ》大明神が祀られている。赤崩《あかなぎ》大明神の本来の祭祀地は赤ナギ沢だったとされ、それは赤ナギ沢の上方に今も赤色の崩落痕を露《あらわ》にしている赤ナギの反復崩落抑止、ナギの鎮静を祈る場だった。天竜川支流である遠山川本谷左岸の平畑から下栗を望むと、「ナギナカ」「ナギナカ沢」の裂溝が垂直的に見える。ナギナカ沢の崩落拡大は下栗本村にとって

池口ナギ（長野県飯田市南信濃和田池口）

は深刻な心配ごとだった。氏神、拾五社大明神を祀る鎮座地はナギを鎮めるための場所だということが、神社の位置によってよくわかる。神社はナギナカ沢の真上に鎮座している。下栗帯山の熊谷定美さん（大正十五年生まれ）は、「都ナギが崩れると風が吹き、雨が降る」「サブナギが崩れると風が出て雪が降る」と語る。下栗本村の大川長男さん（明治三十四年生まれ）は、「都ナギの上の平の雪が消えると彼岸が来る」と語っていた。人びとは常にナギ跡を観察していたのである。ナギは今でも増え続けている。

ナギ跡に早々と生えてくる先駆植物について、南信濃木沢の斎藤七郎さん（大正十四年生まれ）は次のように列挙する。榛《はん》の木《き》、ヤシャブシ、アカメガシワ、トヨノキ（ヌルデ）、ナギアザミ――ナギアザミとはフジアザミの方名である。この方名には遠山谷とナギの関係、当地の人びとのナギ跡の観察の細かさが見てとれる。こうした伝承をふまえ、ナギ跡再生・ナギ再発防止の土木工事にも榛《はん》の木《き》やヤシャブシが植栽される。山地の多い日本列島には各地に山地崩落の伝承はあるが、遠山谷はそれが最も濃密な地である。

静岡県榛原郡川根本町千頭の吉田重義さん（大正十二年生まれ）は、大木を伐り倒すと周囲の雑木の根が崩れてナギになりやすい、植林の二十五年目はナギの危険性があると語る。

ナゴ【自然環境・杉の花粉と自然暦】春、煙のように飛散する杉の花粉のことを「ナゴ」と呼ぶ。当地ではナゴの飛散開始を以って椎茸栽培の指標とする自然暦がある。現在は杉花粉症の要因でもある（静岡県浜松市天竜区春野町杉居寄・白沢六郎さん・明治三十三年生まれ）。

ナデピラ【自然環境・気象・雪崩と斜面】冬期、雪崩が落ちる傾斜地のことを「ナデピラ」と呼ぶ。雪が七、八寸以上積もったらナデピラを横切ってはいけないといわれていた。マタギ仲間がナデピラを横切るときには一斉に横切ることはしない。まず、一人を横切らせて様子を見る。このようにすると当面の通過者を助けることができるからである。このようにして順次通るのである（青森県中津軽郡西目屋村砂子瀬・鈴木忠勝さん・明治四十年生まれ）。

ナメ【自然環境・気象・氷】冬期、道路などが凍結するその氷を「ナメ」（滑）と称し、「ナメる」「ナメった」などと、動詞として「凍る」ことを表現する。凍って白くなった部分を「シラナメ」と呼ぶ。道路が凍結して危険なときには「ナメバイ」と称して滑倒《かっとう》を防ぐために灰を撒《ま》く。山仕事にかかわるものや猟師は結氷の滑り止めに「ガンリキ」（鉄の四ツ歯カンジキ）を装着した。子供たちの通学路にはナメバイ・「ナメズナ」（滑砂）を撒《ま》いた。子供たちは長靴を履き、靴底と甲に縄を巻いた。甲掛けを着け、草鞋《わらじ》をはき、爪先に「ネジ」と称して藁を巻くこともあった。ナメ道は未舗装の時代より舗装後のほうが危険だという（長野県飯田市南信濃木沢下中根・熊谷慎蔵さん・大正十四年生まれ、大澤順治さん・昭和十一年生まれ）。

ナリカゼ【自然環境・気象・風】北西風・西風のことを「ナリカゼ」という。ナリカゼは十月末から吹きはじめ、四月の初めまで吹く。十月末のナリカゼのことを「イネホシカゼ」（稲干し風）とも呼び、収穫した稲をよく乾燥させてくれる風として歓迎した。ところが冬季のナリカゼは雪を運び、雪と相乗して人びとを悩ませた。母屋や付属舎を冬の強いナリカゼや雪から守るために、大崎平の民家では「イグネ」（屋敷林）が発達した。イグネを観察すると、どの家のイグネも西と北に厚く、東と南は薄くなっている（宮城県大崎市古川大崎伏見本屋敷・門脇徳夫さん・昭和六年生まれ）。

ニタツボ【生きもの・猪、鹿の生態】山中で水の滲《にじ》み出るところで、猪や鹿が「ニタ」（ヌタ）を打つ場所を「ニタツボ」という（宮崎県東臼杵郡椎葉村大河内竹の枝尾・中瀬守さん・昭和四年生まれ）。

ニタヤマノカミ【自然環境・種の保全】「ニタ」とは、猪や鹿が山中の水の染み出る湿地や水たまりの泥土で「ニタズリ」（ヌタウチ）をする場所である。宮崎県東臼杵郡椎葉村大河内竹の枝尾の中瀬守さん（昭和四年生まれ）は以下のように語る。ニタ山（ニタ場のある森）は北向きの窪地で水の湧くところである。ニタ場には「ニタヤマノカミ」（ニタ場の山の神）がおり、ニタ場の木を伐ったり、そこで小便をして汚したりすると必ず祟りがある。同村不土野古枝尾の那須登さん（昭和四年生まれ）は次のように語る。ニタ山の神の森は荒らしてはいけないといわれている。また、ニタ山の神の森に猪罠をかけるものではないといわれている。同県西都市銀鏡の黒木福督さん（昭和三年生まれ）は以下のように語る。ニタ場には水があり大木がある。ニタズリをしたあと、その大木で猪が体をこする。猪はニタ場に集まるものだから「ニタネライ」（ニタ場にくる猪を待ち受けて狙撃すること）をすれば必ず獲れるものだが、狩人はニタ狙いをするものではないといわれている。「ノサッタもの（授けられたもの）しか獲るな」と伝えらえている。

ニタ山の神の森の禁伐伝承はニタ場の守護であり、ニタ場の森の守護は、猪・鹿の種の保全につながる。ここには、一方では焼畑・定畑の害獣となるのであるが、また一方では貴重な蛋白源ともなる猪・鹿を絶滅させてはいけないというメッセージがある。猪・鹿にとどまることなく、ほかの鳥獣や昆虫類に至るまで、さらには森をなす多種に及ぶ草木も、ニタ山の神の森で種を保全・継承してきたのである。ここには広義の生きものと人との共生の民俗思想がある。

ヌケコグチ【自然環境・地象・山地崩落】山地崩落の起こった跡地のことを「ヌケコグチ」と呼ぶ。山の木を無闇に伐ると「ヌケ」（山地崩落）が起こるといわれている（岐阜県飛騨市宮川町祢宜ケ沢上・新家健吉さん・大正十五年生まれ）。

ノボリウグイ・トコウグイ【生きもの・ウグイの呼び分け】コイ科のウグイには降海型と淡水型があるが、当地では前者を「ノボリウグイ」（三十センチにも及ぶ）、後者を「トコウグイ」（十五〜二十五センチ）と呼ぶ（静岡県浜松市天竜区春野町杉居寄・岩田文夫さん・大正九年生まれ）。

ノワケドテ【自然環境・山地利用の構造】阿蘇山の山地利用は、時代による変遷や方位による山地地形、山地地勢などによる諸条件によって異なるので、一様に図式化することはできない。以下は熊本県阿蘇市役犬原上役犬原の山口浅次さん（明治四十二年生まれ）による。標高九〇〇メートル以上に「ウワマキ」（上牧）と呼ばれる牧場があった。上牧を所有権によって分割する土手のことを「ノワケドテ」（野分け土手）と呼んだ。ノワケドテは幅・高さともに二メートルほどだった。のちに鉄条網になった。上牧の下は標高八〇〇メートルより上が共同の萱場《かやば》で「カヤノ」(萱野＝屋根葺き萱《がや》採取場)、次に六五〇メートルほどとの間が共同の「カリボシヤマ」(刈り干し山＝牛馬飼料採取場)だった。その下一〇〇メートルまでが「シタマキ」(下牧)であり、さらにその下に燃料などを採取する個人山があった。ここは小字で呼ばれていた。地形によっては水田が標高八〇〇メートルに及んでいるところもあったが、総じて阿蘇山の山地利用は標高差によって構造的になされていた。

ハブオコシ【自然環境・気象・雷とハブ】「年が明けて初雷が鳴るとハブが目をさます」という伝承があり、よって新年の初雷を「ハブオコシ」と呼んでいる(鹿児島県大島郡瀬戸内町古志・奄美大島・上原タケ子さん・大正十年生まれ)。

ハブノミマイ【生きもの・毒蛇】毒蛇のハブに咬まれると、咬まれた者のところに別のハブが見舞いにくるという伝承があった。これを「ハブノミマイ」という。したがって、受咬者を家の中に入れると危害がほかの家族にも及ぶとして、受咬者を家の中に入れずに軒下に小屋を掛けて治療した。家屋内へのハブの侵入を防ぐには、庭に硫黄を撒《ま》く、また、庭に久高島の砂を撒《ま》く(久高島にはハブがいない)。ハブを料理するときには刃物を使ってはいけないという伝承があり、竹の篦《へら》を使った。年末に屋敷の珊瑚砂を敷き替える慣行があるが、白砂を撒《ま》くと、夜、ハブの姿が浮きあがるからよいという伝承もある(沖縄県国頭郡東村慶佐次・島袋徳正さん・大正八年生まれ)。

ハブに咬まれた者を家に入れないのは、家の煤埃《すすぼこり》が咬傷《こうしょう》に悪影響を与えるという伝承もある。

ハママワリ・ナダマワリ【自然環境・気象・風】冬になると、西風によってカワハギ・シマダイ・鰯・フグ・ハリセンボンなどが浜に吹き寄せられた。年寄りが「ハママワリ」(浜回り)と称して、早朝、食べられる魚を拾って回っていた(福井市浜住町・山口健一さん・昭和二十二年生まれ)。

鳥取市浜坂新田の山根博太郎さん(大正十一年生まれ)は、冬の北風が強い折、年寄りが午前三時、四時に起きて「ナダマワリ」をしていたと語る。夜が明けると鳥が打ちあげられた魚を喰いにくるので、その前に食用になる魚を拾って歩いたのだという。

ヒゾエ【自然環境・日照条件】日照条件のよい土地を「ヒアテ」（日当）と称し、対して日当たりのよくない日照条件の悪いところを「ヒゾエ」（日添）と呼ぶ。椎葉村ではこれらが普通名詞として使われるにとどまらず、固有名詞、すなわち地名にもなっている（宮崎県東臼杵郡椎葉村大河内竹の枝尾・椎葉ハルさん・明治二十四年生まれ）。

「日当」は実態に即応するものの、「日添」には問題があるように思われる。「ヒゾエ」は原初には「ヒゾレ」、すなわち「日逸《ひぞ》れ」だった可能性がある。

ヒゾレ【自然環境・地形と日照】日向《ひなた》に対して日の当たらない斜面のことを「ヒゾレ」と呼んだ（静岡市葵区田代・滝浪ふくさん・明治三十九年生まれ）。

「ヒゾレ」は「日逸《ひぞ》れ」の意と考えられる。

ヒッコ【生きもの・山蚕】「ヤマコ」（山蚕）のことを「ヒッコ」と呼ぶ。ヒッコは山桑《やまぐわ》・コナラ・ミズナラ・イタヤカエデなどについた。ヒッコを捕ってきて家の壁に飾った（岩手県遠野市附馬牛町上附馬牛大出・大橋ゆはさん・昭和八年生まれ）。▼ヤマコ

ヒヨドリナギ【自然環境・気象・秋季凪】秋季に「ヒヨドリナギ」（鵯凪）と呼ばれる凪の日がある。それは三宅島の鵯《ひよどり》が、御蔵島に多く自生する柑子《こうじ》ミカンの実を食べるために群をなして渡るからである（東京都三宅島三宅村阿古・三宅島・山本春男さん・明治三十四年生まれ）。

ヒラオシ【自然環境・気象、地象・雪崩と山地崩落】秋田県鹿角市では雪崩のことを「ヒラオシ」と呼ぶ。同

市八幡平夏井の阿部勝夫さん（昭和二十二年生まれ）は、雪崩のみならず山地崩落のことを「ヒラオシ」と呼ぶこともあるという。ヒラオシをなくすためには、山にブナ・ミズナラ・栗などを残せと教えられたという。雪崩と山地崩落を「ヒラオシ」という同じことばで示すのは、「ヒラ」が山の斜面を示す語であり、「オシ」は雪や土を押し下ろすという点で共通するからである。

フキ・フリフキ・ヂブキ【自然環境・気象・吹雪】 当地では吹雪のことを「フキ」（吹き）と呼ぶ。フキには二種類あって、降る雪と風が混じって吹いてくるものを「フリフキ」（降り吹き）という。雪が降りながら吹くものである。いまひとつは、地面に降り積もった雪を強い北西の風が吹きあげ、吹き飛ばすもので、これを「ヂブキ」（地吹き）と呼ぶ。雪は降っていないのに吹雪く状態である。地吹きになる雪は粉雪である。ベタ雪（みぞれ）・霰《あられ》・ザラメ雪（堅雪）などは地吹きにはならなかった。降り吹き・地吹きは十二月から三月末、時には四月の初めに吹くこともあるが、総じて二月が最も激しい。「フキ」は人びとの冬季の暮らしの大きな阻害要因だった。外出や子供たちの通学にも支障を与えてきた（青森県五所川原市金木町藤枝・外崎明さん・昭和十年生まれ）。

「ヂブキ」という民俗語彙が、今では「地吹雪《ぢふぶき》」ということばで一般化され、金木町藤枝地区を中心舞台として「地吹雪《ぢふぶき》体験ツアー」が組まれるに至っている。

フミダワラ【自然環境・気象・雪踏み】「フミダワラ」（踏み俵）は道路などの雪を踏み固めるための藁沓の一種である。径一尺、深さ二尺ほどの俵型の藁筒で、二個で一セット、一足分である。底に「タラバシ」（タワラバシ＝俵端、すなわち桟俵《さんだわら》）をつける。雪踏みは十一月半ばから二月半ばまでで、大人が朝晩の二度踏んだ。雪踏みをしたのちには、タラバシの跡が菊の模様のように見えて美しかった。踏み俵も藁の青さが目立ってきれいだった。当地には正月三箇日の朝飯前に、一日二十枚ずつタラバシを作る習慣があった。藁を半分に曲げて足で抑えながら編みつけるのであるが、タラバシ二十枚を一本と称し、一本作るのに一時間半かかった（山形県村山市楯山《たもやま》・鈴木忠雄さん・大正十年生まれ）。

正月三箇日のタラバシ編みは、米の豊穣予祝になっていたのである。

フユスギ【自然環境・豪雪地の冬季出稼ぎ】冬季、深い雪に閉ざされてまったく仕事ができないので、冬でも積雪のない地方へ出稼ぎに行くことを「フユスギ」と呼んだ（石川県白山市白峰苛原・長坂吉之助さん・明治二十七年生まれ）。「フユスギ」の「スギ」は、「身過ぎ」の「過ぎ」である。

ブリオコシ【自然環境・気象・雷と予兆】十二月二十日過ぎの西風のシケの日に必ず雷が鳴る。その雷のことを「ブリオコシ」（鰤起こし）と呼ぶ。鰤起こしが鳴ると、鰤が敦賀湾に入ってきて鰤がよく釣れる（福井県敦賀市手・山下与一さん・昭和七年生まれ）。

ホリナゲマツ【自然環境・河川氾濫】大井川の堤防が決壊して川の氾濫が迫ったとき、堤防に植えてある松を倒して堤防の保護に使った。倒した松は竹で止めた。「ホリナゲマツ」とは「放り投げた松」の意である（静岡県藤枝市大東町・内藤正治さん・明治三十三年生まれ）。

マキカゼ【自然環境・気象・旋風】ツムジカゼのことを「マキカゼ」（巻き風）という。二月から三月にかけて巻き風がよく吹く。麦の追肥として厩肥《きゅうひ》、すなわちマゴエを使った。「結い」で「マゴエダシ」をするのが一般的だったが、当地では「桜の花が咲くまでマゴエを出すな」という自然暦による禁忌伝承があった。麦の生長と施肥適期を知らせると同時に、桜の開花以前にマゴエダシをすると、畑に出されて乾燥し、軽くなったマゴエが巻き風に巻き上げられて飛散してしまうというのである。巻き風はこのほか、刈干しも運んでゆく。この地は、中央構造線沿いの上村川河畔と遠山川沿いの本谷の両方から同時に風が当たるので巻き風が起こるのだといわれている。「アオガキ」「ヤライ」などは母屋を巻き風から守った。アオガキは屋根の棟より低めに止めるようにした。アオガキは、南・南西から吹き上げる台風にも有効だった。冬は上村川筋からの北風が強い

（長野県飯田市南信濃木沢上中根・近藤松秋さん・昭和十五年生まれ）。

マブ【自然環境・気象・雪庇《せっぴ》】 積雪期に山の尾根筋や片崖状地にできる雪庇《せっぴ》のことを「マブ」という。崖状地などに三、四間延びていることもある。冬期、狩猟活動で山に入ったとき、「マブの上に乗ってはいけない」「マブのかかるところへ出てはいけない」といわれている。コナギ（小長柄＝雪掻き箆《へら》）でつついてみると百～二百メートル崩れることがある。鉱山の坑道を「マブ」と呼ぶ例がある。「マブ」は空洞状の地を示すとともに、雪庇《せっぴ》の下に空なるものをふくむ雪の状態をも示したものと考えられる（青森県中津軽郡西目屋村砂子瀬・鈴木忠勝さん・明治四十年生まれ）。

雪庇《せっぴ》を示す語彙には、右のほか次のものがある。「フキダレ」（青森県西津軽郡鰺ヶ沢町一ツ森町）、「マンブ」（岩手県和賀郡西和賀町沢内若畑）、「ダシ」（山形県鶴岡市大鳥）、「ダシカケ」（新潟県村上市大栗田）、「フッカケ」（山形県西村山郡朝日町宮宿・福島県南会津郡田島町）、「ミネカエリ」（新潟県魚沼市大栃山）、「フカギ」（青森県西津軽郡深浦町大山）、「ユキカケ」（栃木県日光市湯西川）、「カマガタ」（福井県小浜市上根来）など。雪庇《せっぴ》の形状にかかわるものが多いことがわかる。「フカギ」が「フッカケ」と同系であることも首肯できる。いずれにおいても、雪庇《せっぴ》に近づいたり雪庇《せっぴ》の上を歩いたりすることは固く禁じられている。

ミズアゲ【自然環境・河川氾濫】 豊川の洪水警報の伝達は「カワバン」（川番）が川土手にある半鐘を打って行った。昭和十二年に当古区内に配布された半鐘打法の一覧表がある。水深十三尺から二十一尺までの半鐘の打ち方が記されており、「出水の峠」は途切れることのない連打である。家のあるじはこの半鐘の警報と自身の「ミズミ」（水見）によって、「ミズアゲ」（水揚げ）と呼ばれている家財・食糧の安全対策開始を決定した。各戸ではおのおの「ミズアゲダイ」（水揚げ台）を五脚ほど持っていた。水揚げ台は高さ三尺、縦三尺、横一間ほどのもので、これに米・麦の俵を積み上げた。家族は「ミズヤ」（水屋）と呼ばれる、石垣積みの高い土台の上に建てた二階のある家に避難することもあった（愛知県豊川市当古町・中山道徳さん・明治四十五年生まれ）。

ミナゲイカ【自然環境・気象・風】 富山湾に南西の風が吹くとイカが海岸に打ち上げられて死ぬので、それを「ミナゲイカ」(身投げ烏賊)と呼んだ。南西風のときには多くの魚が湾外に出るといわれ、鰤は北西風のあとに磯辺に入るといわれている(富山市水橋町・石金幸造さん・大正十三年生まれ)。

メッキリ【自然環境・積雪変化】 春が近づくと、雪に覆われた山の上部に「メッキリ」(目切り)と呼ばれる雪の裂け目ができて雪がずれ、やがて雪崩が起きる。メッキリができ、雪崩が起きると春が来る。雪崩が起きたところから新芽が芽吹く(山形県鶴岡市温海川・今野建太郎さん・昭和二十三年生まれ)。

メトバリ【生きもの・ウグイの稚魚と化膿治癒】 アカウオ(ウグイ)の稚魚を「メトバリ」と呼ぶ。足に腫《は》れものができたり、怪我をして治りにくかったりしたときに足を淵の水に浸けていると、メトバリが腫《は》れものの膿や傷の皮を喰ったりするので治りが早いと伝える(長野県飯田市南信濃八重河内梅平・米山甚平さん・大正十四年生まれ)。

「メトバイ」(水門鮠)という語がある。田の水口《みなくち》に集まる雑魚《ざこ》のことだが、人の足、腫《は》れものや傷に集まるウグイの稚魚の群とメトバイとの呼称上の脈略が考えられる。

メバエジオ【自然環境・海象・海水温】 十二月から二月にかけてサザエ・ナマコを捕採する際、海水温がとりわけ低くて辛いことがある。これを「メバエジオ」(布生え潮)と呼ぶ。潮がひやこいほど若布の生育がよいと伝えた。逆に、潮が温《ぬく》いと生えかけた若布が腐ることがある(三重県志摩市阿児町安乗・迫間こゆきさん・大正八年生まれ)。

ヤエシオ【自然環境・海象・潮動】 干潮から満潮へ、満潮から干潮へと潮流が転換する反転時間の十分間は潮の動きが止まる。この十分間の潮を「ヤエシオ」という。次に満潮に向かって動きはじめる一時間を「イキタチ」という。潮の干満は六時間で交替するのだが、干(ヒッショ)・満(ミッショ)の潮動の盛りを「ハヤリ」と呼ぶ。若布採取などの活動はこの潮動に合わせて行われる（兵庫県南あわじ市阿那賀伊毘・坂口美之助さん・昭和四年生まれ）。

ヤスド【自然環境・積雪】屋根の上に積もった雪が落下してくることを「ヤスド」という。「スド」とは雪崩のことで、雪上を歩いてみて雪が鳴く（音を立てる）ときはスドが起きやすいといわれている（山形県鶴岡市大鳥・工藤朝男さん・昭和十二年生まれ）。

「ヤスド」とは「屋雪崩」の意である。

ヤチボンズ【自然環境・湿地・植物根塊】豊北一帯には「ヤチヂ」「ヤチハラ」と呼ばれる湿地帯が多かった。耕地を造成するには、まず排水路、すなわち「オオミゾ」（大溝）掘りをしなければならなかった。大溝掘りをすると「ヤチボンズ」にぶつかる。ヤチボンズとは、葭《よし》や草の根が固まって、そこに榛《はん》の木《き》が生えたところをいう。これを除かなければ大溝も耕地もできない。大溝掘りの賃金はメートル単位で決まっていた。スコップ研ぎを怠るとうまく掘れない（北海道十勝郡浦幌町豊北・竹田鉄男さん・昭和十八年生まれ）。

ヤマズレ【自然環境・地象・山地崩落】鳥取県東伯郡三朝町大谷では、山地崩落のことを「ヤマズレ」という。「山がズル」「山がズレル」ともいう。同地の坂出寿江さん（大正四年生まれ）は、昭和四十五年のヤマズレで家を流されたと語る。

ヤマチンミー【自然環境・資源管理・水源涵養】旧暦五月一日から九月一日までを「ヤマチンミー」（山留め）として賀陽山・腰岳などの山地に入ることを禁じ、この間、木を伐ってはいけないとされた。第一にこの期間はハブの咬傷《こうしょう》の危険性があること、第二にこの期間は木が水をあげるので、伐っても木の質がよくないといったことが要因である。なお、山のある島は保水力のある島で、稲作ができる島であった。ヤマチンミーは水源涵養にもつながった（沖縄県島尻郡伊平屋村・伊平屋島・伊礼英徳さん・大正八年生まれ）。

ヤマヌケ・ヌケ【自然環境・地象・山地崩落】当地では山地崩落のことを「ヤマヌケ」（山抜け）または「ヌケ」という。炭木を伐り出した跡は山抜けが起こりやすいと伝えている（福井県勝山市北谷町谷・平広さん・大正十三年生まれ）。▼ナギ②

ユキオコシ【自然環境・気象・雪の予兆】初冬、「一つ雷」が鳴ると雪が降る。この「一つ雷」を「ユキオコシ」（雪起こし）と呼ぶ（滋賀県長浜市余呉町菅並・西村敬治さん・昭和九年生まれ）。

長野県飯田市の松川入というムラは昭和四十一年に廃村になった。同地で暮らした塚原千晶さん（昭和五年生まれ）は、綿虫（半翅目ワタアブラムシ科の昆虫）のことを「ユキオコシ」と呼んでいた。「綿虫が出ると雪が降る」という降雪予兆と連動する呼称である。

ユキザラシ【自然環境・積雪利用】蓑・縄・籠・スカリ・「ゲンベイ」（雪沓）・「フミダワラ」（踏俵＝雪踏み用）などは稲藁で作り、耐久力をつけるために「ユキザラシ」（雪ざらし）を行った。これらの民具を雪上に置き、厚さ十センチほど雪をかけ、一週間から十日ほどさらしたあと、十日間ほど干した。こうすると丈夫になると伝えられていた。なお、蓑は藁のほかに「ヒロロ」（ミヤマカンスゲ）でも編んだ（福島県大沼郡金山町沼沢・猪俣幸さん・明治四十年生まれ）。

ユキシマキ【自然環境・気象・風と雪】十二月中旬から二月末まで川下から上に向かって吹く強風を「アラシ」と呼んだ。アラシに乗って横向きに吹きつける雪のことを「ユキシマキ」と呼んだ（滋賀県高島市朽木生杉・西川定市さん・大正十二年生まれ）。「シマク」という動詞がある。「シ」は「風」、「マク」は「旋回する」の意である。雪を巻きこんだ旋風が「ユキシマキ」である。

ユキダマ【自然環境・気象・雪】初春、「シミワタリ」（堅雪）になってから、田畑の上に径尺五寸ほどの雪の球体を見かけることがある。これを「ユキダマ」（雪玉）という。年寄りは「雪玉がたくさん出るとその年は豊作になる」と語っていた（長野県下高井郡木島平村往郷馬曲・芳澤定治さん・大正十年生まれ）。

富山県南砺市井波東軸屋の稲垣博さん（昭和九年生まれ）は、堅雪の上に新しい雪が降ったときに雪玉ができ、雪玉が大きくなると稲が豊作になると伝えていた。

ユキミチフミ【自然環境・気象・雪】 雪の季節、喜多方方面へ炭や木地を背負い出し、暮らしに必要な物資を入れるために「ユキミチフミ」（雪道踏み）は不可欠だった。ムラの中の道を二尺幅で自分の家から隣家へと踏む。下方の隣ムラ、山岩尾までの雪道踏みは、五枚沢二十戸の各戸から一名の出合いで、電柱から電柱の間を単位として踏んだ。雪踏みに出るのは女性が多かった。外套をかぶり、足は長靴に「ツメカンジキ」をつけた。「アグツリミチ」と称して同じ場所を踏み固めた。雪道を踏み固めながら電柱の間を往復すると、どんな寒いときでも汗が出た。実施や進行は区長の判断に従ったが、雪荒れがおさまった翌朝、八時から踏みはじめて昼前に帰るといったものだった。こうして道を固めても、さらに深く積もることがある。そんなときや木地小屋などへ行く場合には、トリキ（クロモジ）や竹で作った「ツルカンジキ」（輪カンジキ）をつけた（福島県喜多方市熱塩加納町宮川五枚沢・小椋光則さん・昭和三年生まれ）。

ムラのなかの雪道踏みは子供の仕事だった。藁沓の底にワラスベ（藁のハカマ）を敷き、楮《こうぞ》の木を曲げて輪状にしたカンジキを履いて雪踏みをした。子供たちは次のような唄を歌いながら四角く踏み固めて移動した。〽京々参り京参り　京の三十三間堂　仏の数は三万三千三百三十三体ござる　〽京の名所は宮と寺　織物染物パイノパイノパイ――（富山県南砺市利賀村阿別当・野原ことさん・大正四年生まれ）。

ユキメ【自然環境・気象・雪上反射光と眼疾】 青森県むつ市大湊上町の古川博さん（昭和十年生まれ）は、堅雪のころの反射光にさらされて目を痛めることを「ユキメ」（雪目）と呼んでいた。涙が出て充血するのだという。青森県西津軽郡鰺ヶ沢町では、大寒を過ぎるとリンゴの木の剪定を始めるのだが、このとき、早くも人びとは防寒と反射光防止のために覆面をするのだと聞いた。

『秋田民俗語彙事典』には「ユキメ」「ユキメヨケ」「メスダレ」など、雪目に関する項目がある。なかでも、顔面に麻布を垂らす仙北市田沢湖で行われていたという「メスダレ」(目簾)は注目される。また、田中喜多見も『山村民俗誌　山の生活篇』で岩手県岩手郡雫石町における堅雪のころの雪の反射光による眼疾と夜の山小屋の煤煙による追いうちについて言及している。

ユバ【自然環境・地象・狩猟禁忌伝承】①山中で岩盤から鉱泉が滲《にじ》み出ているところがある。これを「ユバ」(湯場)と称した。ユバには鹿・猪などの獣類が集まるが、ユバにつく獣を狙うものではないといわれた。ユバの獣を狙うと魔物が出ると言い伝え、猟師はいつも魔物除けの鉄の玉を持つものだと教えられた(長野県飯田市上村下栗屋敷・胡桃澤菊男さん・昭和五年生まれ)。

②山中に湯・塩分・アルカリ分などが滲《にじ》み出ているところがある。そこを「ユバ」と呼ぶ。例えば葡萄沢の横の湯の沢などにある。ユバには産後の鹿・猪などがやってくる(同市上村下栗本村・熊谷清登さん・昭和十四年生まれ)。▼ショバ・ショミズ

ヨーギン【生きもの・エゾハルゼミ】エゾハルゼミのことを「ヨーギン」と呼ぶ。普通鳴き声を「ミョーキン、ミョーキン、ケッケッケ」と聞きなすが、当地では「ヨーギン、ヨーギン、ギンギンギン」と聞きなす。奥山へ木材伐出で入っているとき、ヨーギンが鳴くと気温が上がった(静岡市葵区田代・整月初正さん・大正元年生まれ)。

ヨシヂ【自然環境・湿潤地】滋賀県近江八幡市円山町は葭《よし》の産地として知られる。張りめぐらされたクリークに囲まれた状態で、葭《よし》の密生する「ヨシヂ」(葭地)がある。原初は自生地だった葭地《よしぢ》が、人の葭《よし》利用に即して人の管理する形になった。円山では、葭地《よしぢ》の地主が「カリコ」(刈り子)を傭《やと》って三月上旬から中旬にかけて葭《よし》を刈らせる慣行があった。古くは葭《よし》刈りに「カンジキ」と呼ばれる田下駄を履かなければならない葭地《よしぢ》もあったが、現在は葭地《よしぢ》の床の乾化が進み、安定している。個人所有とは別に共同の葭地《よしぢ》もあり、例えば六人で持つ

「六人もん」（十九町歩から二十町歩）の葭地《よしぢ》のような形もある。葭《よし》刈りが済んだあと、三月末から四月上旬にかけて「ヨシヂヤキ」（葭地焼き）が行われる。葭地《よしぢ》焼きの目的は螟虫《めいちゅう》の発生防除と肥料としての灰の獲得である。刈り子は頭巾をかぶり、大型の葭《よし》刈り鎌で刈り払いながら、葭《よし》を自分の左肩に立てかけ、腰につけた縄で径三十センチほどの束にして担ぎ出す。葭《よし》の用途は葭《よし》屋根材・葭簀《よしず》素材・茶畑の覆いなど多様だった（近江八幡市円山町・井上正六さん・大正六年生まれ）。

葭刈り（滋賀県近江八幡市円山町）

ヨタラ【自然環境・河川・雪】冬期、川を流れてくる雪のことを「ヨタラ」という。ヨタラは「ヨド」（淀み）の近くで凍る。その下にウグイが集まる（新潟県岩船郡関川村大島・伊藤彦市さん・明治四十四年生まれ）。

ヨナバ【自然環境・火山降灰と牛の歯】熊本県の阿蘇山周辺では火山降灰のことを「ヨナ」と呼ぶ。ヨナの害は作物被害をはじめとして多岐に及ぶ。そのひとつに、ヨナをかぶったトウモロコシの葉・茎・牧草を食べ続けた牛の歯が脆くなることが挙げられる。二、三歳の牛の歯に大きな影響が出る。奥歯にヨナが詰まって異常が生ずるのである。これを「ヨナバ」（ヨナ歯）という。ヨナ歯になると牛が痩せてくる。それは、ヨナ歯になった牛は下痢をするからである。家畜商はまず牛の歯を見る。ヨナ歯であることがわかり、しかも痩せていれば、値段は極端に低くなる（熊本県阿蘇市波野中江山崎・楢木野文夫さん・大正十年生まれ）。

ヨミズ【自然環境・溶雪と河川】早春、山の上部が日照を受け溶雪し、その夜、水が下り、翌日それが川に流入する。これを「ヨミズ」（夜水）という。サクラマスがその水によって溯上する（青森県西津軽郡深浦町大山・前田正男さん・大正四年生まれ）。

ワイガタツ【自然環境・海象】潮流の岸寄りの地で、潮が流れず、ゆるく渦を巻いて流れが淀む状態を「ワイガタツ」（ワイが立つ）という。ワイが立つと、漂流物がそこにたまり、海底には土砂がたまるので浚渫《しゅんせつ》しなければならない（大分市佐賀関・芳岡盛也さん・昭和七年生まれ）。▽ワエ

ワエ【自然環境・海象・潮流】瀬戸内海島嶼部の潮流のひとつである「ワエ」とは、「ホンジオ」（本潮、すなわち主潮流）の方向に逆行する、岸近くの潮流のことをいう。それは、岸の突出部などの存在によって水が回ることから生ずるものと考えられている。瀬戸内海ではほぼ六時間ごとに「ミチ」（満ち潮）と「サゲ」（退き潮）が転換する。瀬戸内海島嶼部に暮らす人びとは、ワエをふくめて、海象を熟知していなければならなかった。農作業やつきあいで島と島とを往復するに際して、本ジオとワエを巧みに使い分けて時間と労力を節約し、暮らしの効率をあげてきたのである（愛媛県越智郡上島町岩城東・岩城島・黒瀬重夫さん・大正六年生まれ）。

上島町岩城の城ノ鼻に灯台がある。その灯台の前方海上に、フジツボ型に石を積み上げた構造物が頭頂部を出している。これは「マルバト」と呼ばれている。黒瀬さんは次のように語った。「マルバトが作られた時期はわからないが、マルバト築造の目的は人工的にワエを作るためのものだ」。城ノ鼻にマルバトを作ることによって、東に向かって流れる本ジオに対し、岸沿いに西に向かって流れるワエを作ろうとしたのである。本ジオが激しく東流するなかを、岩城のマチの港に向かって舟を進めなければならない人びとのために、おとなしい順流になるワエを作ろうとしたのである。「マルバト」とは「丸波止」の意であろう。

ワカバユキ【自然環境・気象・雪】春、堅雪になってからその上に降る雪を「ワカバユキ」（若葉雪）という。ワカバユキは表層雪崩を起こしやすい（山形県鶴岡市田麦俣・渋谷賢造さん・明治三十年生まれ）。

ワリ・ミジョ【自然環境・海岸地形】伊平屋島では環礁のことを「メーピシ」（前干瀬）、メーピシに囲まれた海を「イノー」（礁池）、メーピシの外の海を「フカウミ」（外海）と呼んだ。舟の出入りするメーピシの切れ目を「クチ」と呼び、そのクチより幅も狭く、深さも浅い切れ目を「ワリ」（割）・「ミジョ」（溝）と呼んだ。「ワリ」

「ミジョ」は魚の通路である。「タマン」（ハマフエフキ）はイノーで餌を食べるために上げ潮でワリからイノーに入り、退き潮に合わせてイノーからフカウミに出る。「ムレジ」（タカサゴ）や「ビズン」（ムロアジの一種）は宵の口にワリからイノーに入ってイノーで寝る。そして、明け方フカウミへ出てゆく（沖縄県島尻郡伊平屋村・伊平屋島・伊礼英徳さん・大正八年生まれ）。

結び　民俗語彙からの受信

数多くの鍬、しかも異様に大きな風呂鍬が何本もある。これは静岡県菊川市中内田で見かけた農家の納屋の鍬掛けである。個々の鍬は、環境に対応したさまざまな農作業の過程で、おのおのに役割を果たしてきた。もとより一本一本に呼称があり、その鍬が使われる作業過程を示す語彙がある。さらには鍬を打つ鍛冶屋、風呂鍬の木部を作る篦屋《へらや》があり、そこにも製造道具にかかわる実態と語彙がある。個性ある鍬の背後にはおのおのに物語があったのだ。本書でも篦屋《へらや》関連の語彙など一部は取りあげてはいるものの決してじゅうぶんではなかった。

いま、あらためて多彩な鍬の写真を見直してみると、稲作やその水田で冬作として栽培されてきた麦をふくむ農耕の総体にかかわる語彙がいかに厖大な量に及ぶものなのかが容易に想像できる。しかるに、ここに並ぶ鍬はその使命を終えたといってもよい。裏作に麦が栽培されることがなくなり、稲作も、耕耘機《こううんき》・田植機・コンバインなどの登場によって農耕技術の様式が大きく変化したのである。このことは、多くの農具を消滅させ、その用法や作業過程にかかわる語彙を忘却させた。

この列島には稲作のできにくい奥深い山地が多い。そうした地に暮らす人びとは、焼畑・定畑・林産・採集・狩猟・河川渓谷漁撈・土地土地に合わせた換金生業要素などを複合させて暮らしを

ある農家の鍬（静岡県菊川市中内田）

支えてきた。高度経済成長始動以降、その多くの生業複合要素は徐々に欠落し、おのおのにかかわって生動してきたシステムとそれにかかわる民俗語彙は忘却の一途をたどっている。本書はそれらのなかのごく一部を掬いとどめたにすぎない。己れの関心の赴くままに奥深い山のムラムラや離島を歩くことが多く、語彙の学びもここに片寄った。

本書の持つ大きな欠点は、地方都市、大都市を問わず、マチに暮らす人びとの民俗にかかわる語彙を欠落させていることである。高層マンションに住み、高層ビルのオフィスで仕事をする現代都市生活者には探索が及ばないにせよ、地方都市やそのマチに根づく暮らしには目を向けるべきだった。柳田國男記念伊那民俗学研究所で『飯田・上飯田の民俗1』（飯田市美術博物館、柳田國男記念伊那民俗学研究所編）にかかわった折、地方都市とその近郊の民俗動態の一端を学ぶことができた。長野県の飯田市および下伊那地方は養蚕が盛んだった。その養蚕を基点としてマチと近郊の人びとが多面的に生業連鎖をくり広げていたのである。繭からの糸引きは養蚕農家でも行われていたのだが、大正九年に飯田・下伊那が纏《まと》まって「伊那社」という製糸工場を発足させ、それが昭和九年には「天竜社」に発展した。製糸工場と連動して絹織物の機屋が点在するようになる。それがまた染色につながる。飯田市上郷飯沼南の中平武司さん（大正十五年生まれ）は昭和六十三年まで染色業に携わった。染色業には、①模様染め（下書きの模様を染めつける）、②捺染《なっせん》（型染め）、③浸染（無地染め）などがあった。春秋二回見本染めを行い、組合で展示会を開いた。問屋は売れると見込んだ反物を一種類につき十本から十五本求めて全国各地の問屋に売りこむ。染色・織物に関するさまざまな業務を担う「悉皆屋《しっかいや》」は反物を一本ずつ求め、別に「柄帳」を持ち、これらを見本として地方をめぐり、売り歩く。悉皆屋《しっかいや》は染め替えの品を染色屋に持ちこむこともあった。飯沼南には問屋が一軒、悉皆屋《しっかいや》が十軒あった。また、飯沼南では昭和三十年代まで、模様染め＝四軒、捺染《なっせん》＝十軒、浸染＝十軒が営業していた。

飯田市桜町に「牧島刺繍店」があった。牧島隆さん（大正十四年生まれ）は京都の室町で刺繍の修業をした。入門当初は「オカマワリ」と称して糸運び、糸切りなどをした。牧島さんが手がけてきた刺繍は、絹和服の絵柄刺繍・色無地浸染に家紋や飾りを入れる仕事、諏訪神社のお練り衣装にかかわる刺繍・ネーム刺繍などだった。刺繍屋も繭を基点とする生業連鎖の一環に入る。

蚕種屋《こたねや》や、蚕種《さんしゅ》の孵化抑制にかかわる天然氷の製造や人造氷を扱ってきた飯田市通り町の宮下製氷も、この鎖環《さかん》の一環を担っていたことになる。

呉服店もまたこれに連なる。飯田市銀座通りのカギヤ呉服店を営む佐々木唯男さん（昭和六年生まれ）は以下のように語る。呉服商の大売出しは年に三回ある。①「ハツウリ」（初売り）＝昭和三十年には除夜の鐘が終わってから元旦の夕方まで全商品を売った。②「セイカモノ」（盛夏もの）＝七月五日の津島神社の祭りから七月十四日・十五日の祇園様まで、浴衣を中心に絽や紗を売る。③「サイマツオオウリダシ」（歳末大売出し）＝十二月二十日から大晦日まで、近郊の人びとの正月用、冬もの、飯田のマチの各商家の使用人に対する御仕着せ、現物賞与としての衣類が売れた。

呉服商の行商的な訪問販売には三つの型があった。①奉公人（店員）二人が組を作り、荷車に商品を積んで、新野・阿智・清内路・遠山・上伊那方面を巡回するもの。②奉公人が一人ずつ商品を背負って、荷車の入れない山間部の「ダンカ」（檀家＝得意先）を巡回するもの。③「端境期が商機だ」として七月・八月に二人の番頭が、間《あい》、冬用の反物を持って上得意を回る。こうした、徹底した訪問販売の過程で、〇〇家の娘が△△家へ嫁ぐ話が決まった、という縁談を正確に摑《つか》むことが呉服商の才覚だといわれた。飯田・下伊那地方では、結婚に際しての仲人とは別に、最初に「縁」を紹介し、男女、両家を紹介する者のことを「ハシカケ」（橋架け）・「オハシカケ」・「ハシカケサン」などと呼んだ。呉服屋の奉公人や番頭は各地のハシカケサンと親しくしておき、縁談、「サケイレ」（酒入れ＝縁談決定）などの情報をいち早く知ることに腐心した。また、家具屋と組んで情報を交換し、互いに商品を納入できるよう配慮し合っていた。一人の娘が嫁ぐとなれば、季節に応じたよそ行きの着物・羽織・帯・普段着・儀礼用の衣類・襦袢などが売れた。ここで呉服屋と家具屋は鎖環《さかん》を生かしていたのである。

例えばマチとムラを巻きこんだ右のような生業連鎖にかかわるおのおのの語彙を集積すべきだったのだが力が及ばなかった。今後の民俗学徒の活動に期待させていただきたい。

これまで民俗語彙にかかわる報告をまったくしてこなかったわけではない。そのひとつは「大井川流域民俗語彙」（近畿大学民俗学研究所『民俗文化』第26号　二〇一四）があり、いまひとつは『民俗のことばで探る　遠山谷の環境と暮らし』（伊那民研叢書3　柳田國男記念伊那民俗学研究所　二〇一八）である。これらに収載した民俗語彙は補足、修正を加えて本書に収めている。右の二つの仕事を進める際、いずれにおいても見出し語とする民俗語の分類・部門の決定には躊躇するものが少なくなかった。また、見出し語の叙述も簡略な語彙解説では飽き足らず、比較や考察に踏み込みたいという思いを抱いてきた。民俗語が背負っている民俗世界も描き込みたいという思いに駆られた。そんな思いが募り、本書においては民俗語彙関係の書物の通念を逸脱し、肉付け、踏み込みが過ぎた部分があり、〝私説民俗辞典〟のような印象を与えてしまうようにも思われる。綜合的、全国的、標準的な民俗語彙の集成は『改訂綜合日本民俗語彙』によって成されている。ほかにも先に紹介したような諸々の成果も見られる。そうしたなかで、踏み込み、書き込む形の語彙報告が試みられてもよいのではないかと考えるようになった。いまひとつ、『改訂綜合日本民俗語彙』が編まれたころの民俗学の主流からは少し離れた分野、例えば、農耕のなかでの焼畑や、狩猟・採集・河川漁撈の問題、自然環境にかかわる視点など、若干の補足があってもよいのではないかとも考えた。本書でそれらがじゅうぶん補われているわけではないのでそれは未来の学徒に託したい。

本書を読み返してみてのひとつの実感がある。ここに集まった民俗語彙の総体として描かれたものは、近代以降、高度経済成長前夜までのこの国の庶民の生き方、その暮らしの襞《ひだ》であるように思われる。民俗学には日本人の歩むべき方途を探る役割があるのだが、その前提には、この国の人びとの暮らしのなかの細かい襞《ひだ》に目を向け、それを詳細に記録する責務があるのではないだろうか。ここに描かれた暮らしの襞《ひだ》は我々にさまざまな示唆を与えてくれる。それをどう生かすかが重要な課題である。

民俗語彙の探索は、続ければ際限もなく続く。道半ばではあるが足を止めたい。長い間ひそかに担ってきた課題だった。想いのほどからすればまことに至らないものになったのだが、やっと肩の荷をおろしたという感懐がある。『新修民俗語彙』は願望の標題であり、実態は『私拾民俗語彙』の域を出ていない。

追い書き

フィールドノートの頁をいくたびも繰った。見出しの民俗語を記し、解説を書き、末尾に伝承者の居住地とお名前、生年を書くたびに、民俗事象と語彙について語ってくださった各地の古老の方々の風貌がおのおのに甦ってくる。その語りの場、季節の風までも甦る。語りをあたたかくする土地の訛《なまり》、陽焼けした頬、額に刻まれた皺――。己れが高齢に達してみて、あのときはお疲れになったことだろうという点にも思いが至る。また、お会いした多くの方々の語り口や細部にわたるお話を回想するにつけ、そこには「託す」思いがあったのではないかと思われてくる。長い間お預かりしてきたものをやっと公にさせていただくことができるという安堵の思いがよぎる。お教えいただいた方々に対する深い感謝の念が湧く。この仕事はそうした多くの方との協業だというべきであろう。

十年以上も前のことだ。「本作り空」の檀上聖子さんに、いつの日か自分が学んできた民俗語彙を纏《まと》めてみたいという話をしたことがあった。檀上さんはそのことを覚えていてくださり、概要を示すようにとの慫慂《しょうよう》を受けた。概要を届けてからも月日が流れた。お待ちくださり激励も受けた。そして、あまり類例のない書物をみごとに編集していただくことができた。心より感謝申しあげたい。また、編集の実務を担当してくださった松本有希子さんには細心のお心配りをいただいた。

版元の伊藤甫律氏には、出版事情が殊のほか厳しいなか、特殊な書物を刊行していただき、大きな喜びとするところである。伊藤氏は島根県安来市の御出身で民俗に対する見識も豊かで、寄せる思いも深い。今回もまた民俗学徒筒江薫さんの御助力をいただいた。一冊の書物はじつに多くの方々の御協力と共感をいただいて初めて世に出ることができるのだということをしみじみと感じている。

新型コロナウィルス猖獗《しょうけつ》のなかで満八十五歳を迎えて

令和四年二月十四日　野本寛一

参考文献一覧

筆者が挙げた主要参考文献および本文中に言及のあった文献について、文献の著者、編者または監修者の五十音順に配列した。複数の版が存在するものについては、筆者が指定する版を優先した。

阿部宗明監修『原色魚類大圖鑑』北隆館　一九八七
飯田市美術博物館、柳田國男記念伊那民俗学研究所編『飯田・上飯田の民俗1』飯田市美術博物館　二〇一三
石塚尊俊『日本の民俗32　島根』第一法規　一九七三
稲雄次編著『秋田民俗語彙事典』無明舎出版　一九九〇
蛯原一平「沖縄西表島におけるイノシシ用重力罠の構造と狩猟パターン」『東アジアのなかの日本文化に関する総合的な研究　研究成果報告書Ⅰ』東北芸術工科大学東北文化研究センター　二〇〇七
大田才次郎編『日本児童遊戯集』平凡社　一九六八
折口信夫『折口信夫全集　第二巻』折口博士記念古代研究所編　中央公論社　一九五五
折口信夫『折口信夫全集　第三巻』折口博士記念古代研究所編　中央公論社　一九五五
川名興編『日本貝類方言集　民俗・分布・由来』未來社　一九八八
岸田定雄『大和のことば　民俗と方言　上』現代創造社　一九八二
北原保雄ほか編『日本国語大辞典　第二版』小学館　二〇〇三
倉田一郎『国語と民俗学』岩崎美術社　一九六八
酒井卯作編著『琉球列島民俗語彙』第一書房　二〇〇二
佐久間惇一『狩猟の民俗』岩崎美術社　一九八五
上代語辞典編修委員会編『時代別国語大辞典　上代編』三省堂　一九六七
菅江真澄「比遠能牟良君」『菅江真澄全集　第四巻』未來社　一九七三
菅江真澄「雪の出羽路」『菅江真澄全集　第五巻』未來社　一九八一
鈴木寛之「民俗学と語彙研究」関一敏編『現代民俗学の視点　第2巻　民俗のことば』朝倉書店　一九九八

鈴木牧之著・宮栄二校注「秋山記行」『秋山記行・夜職草』東洋文庫186　平凡社　一九七一
高谷重夫『日本の民俗27　大阪』第一法規　一九七二
田中喜多見『山村民俗誌　山の生活篇』一誠社　一九三三
谷川健一編『日本民俗文化資料集成　第16巻　農山漁民文化と民俗語　倉田一郎集』三一書房　一九九五
富田礼彦編『大日本地誌大系　斐太後風土記　第一巻』雄山閣　一九七七
長塚節『土』春陽堂　一九一二
中村幸彦、岡見正雄、阪倉篤義編『角川古語大辞典』全五巻　角川書店　一九八二
名越左源太著・國分直一、恵良宏校注『南島雑話1　幕末奄美民俗誌』東洋文庫431　平凡社　一九八四
名越左源太著・國分直一、恵良宏校注『南島雑話2　幕末奄美民俗誌』東洋文庫432　平凡社　一九八四
日本建築学会民家語彙集録部会編『日本民家語彙解説辞典』日外アソシエーツ　一九九三
野本寛一『軒端の民俗学』白水社　一九八九
野本寛一『稲作民俗文化論』雄山閣　一九九三
野本寛一『海岸環境民俗論』白水社　一九九五
野本寛一『野本寛一著作集Ⅰ　山地母源論1　日向山峡のムラから』岩田書院　二〇〇四
野本寛一『野本寛一著作集Ⅱ　山地母源論2　マスの溯上を追って』岩田書院　二〇〇九
野本寛一編『食の民俗事典』柊風舎　二〇一一
野本寛一「大井川流域民俗語彙」『民俗文化』第26号　近畿大学民俗学研究所　二〇一四
野本寛一『野本寛一著作集Ⅴ　民俗誌・海山の間』岩田書院　二〇一七
野本寛一『伊那民研叢書3　民俗のことばで探る　遠山谷の環境と暮らし』柳田國男記念伊那民俗学研究所　二〇一八
野本寛一『生きもの民俗誌』昭和堂　二〇一九
野本寛一『言霊の民俗誌』講談社学術文庫　二〇二一
野本寛一『自然暦と環境口誦の世界』大河書房　二〇二一
橋口尚武「民俗資料からみた敲石の再検討」『季刊　どるめん』第12号　ＪＩＣＣ出版局　一九七七
早川孝太郎『猪・鹿・狸』講談社　一九七九

早川孝太郎『早川孝太郎全集　第十巻』未來社　一九八八
福田アジオほか編『日本民俗大辞典』上・下　吉川弘文館　一九九九、二〇〇〇
藤原与一『小さな語彙学』三弥井書店　一九九一
藤原与一『日本語方言辞書　昭和・平成の生活語』全三巻　東京堂出版　一九九六、一九九七
文化庁文化財保護部編『無形の民俗文化財　記録　第23集　狩猟習俗Ⅱ　新潟県・宮崎県』文化庁文化財保護部　一九七八
松永美吉著・日本地名研究所編『民俗地名語彙事典』ちくま学芸文庫　二〇二一
宮良當壮『宮良當壮全集　第八巻　八重山語彙　甲篇』第一書房　一九八〇
宮良當壮『宮良當壮全集　第八巻　八重山語彙　乙篇』第一書房　一九八一
宮平盛晃『琉球諸島の動物儀礼　シマクサラシ儀礼の民俗学的研究』勉誠出版　二〇一九
宮本常一『民間暦』講談社学術文庫715　講談社　一九八五
屋代太郎弘賢著・中山太郎編著『校註　諸国風俗問状答』東洋堂　一九四二
柳田國男監修・民俗学研究所編『改訂綜合日本民俗語彙』全五巻　平凡社　一九七〇
柳田國男「火の昔」『柳田國男全集　14』筑摩書房　一九八七
柳田國男「遠野物語拾遺」『柳田國男全集　2』筑摩書房　一九九七
柳田國男「海上の道」『柳田國男全集　21』筑摩書房　一九九七
柳田國男「食物と心臓」『柳田國男全集　10』筑摩書房　一九九八
柳田國男「後狩詞記」『柳田國男全集　1』筑摩書房　一九九九
山口弥一郎『山口弥一郎選集　第三巻』世界文庫　一九七二

索引

凡例

・見出し語はすべて収録し、ゴチック体で示した。見出し語以外で特に注目すべき語についても収録し、明朝体で示した。
・収録ページは本文中重要と思われる箇所のみに絞った。
・同音異義語はそれぞれ独立した項目として収録した。

ア行

カ行

サ行

タ行

ナ行

ハ行

マ行

ヤ行

著者　野本寛一（のもと　かんいち）

1937年静岡県生まれ。國學院大學文学部卒業。文学博士（筑波大学）。近畿大学名誉教授。2015年、文化功労者。2017年、瑞宝重光章受章。著書に『焼畑民俗文化論』『稲作民俗文化論』『人と自然と　四万十川民俗誌』（以上、雄山閣）、『生態民俗学序説』『海岸環境民俗論』『軒端の民俗学』『庶民列伝　民俗の心をもとめて』（以上、白水社）、『熊野山海民俗考』（人文書院）、『近代文学とフォークロア』（白地社）、『山地母源論1　日向山峡のムラから』『山地母源論2　マスの溯上を追って』『「個人誌」と民俗学』『牛馬民俗誌』『民俗誌・海山の間』（以上、「野本寛一著作集Ｉ～Ｖ」岩田書院）、『栃と餅　食の民俗構造を探る』『地霊の復権　自然と結ぶ民俗をさぐる』（以上、岩波書店）、『大井川その風土と文化』『自然と共に生きる作法　水窪からの発信』（以上、静岡新聞社）、『生きもの民俗誌』『採集民俗論』（以上、昭和堂）、『自然災害と民俗』（森話社）、『季節の民俗誌』（玉川大学出版部）、『近代の記憶　民俗の変容と消滅』『井上靖の原郷　伏流する民俗世界』『麦の記憶　民俗学のまなざしから』（以上、七月社）、『自然暦と環境口誦の世界』（大河書房）、『自然暦と環境口誦の世界』（電子書籍版、22世紀アート）、『飽食以前　イモと雑穀の民俗』（柊風舎）、『民俗誌・女の一生　母性の力』（文春新書）、『神と自然の景観論　信仰環境を読む』『生態と民俗　人と動植物の相渉譜』『言霊の民俗誌』（以上、講談社学術文庫）、『食の民俗事典』（編著、柊風舎）、『日本の心を伝える　年中行事事典』（編著、岩崎書店）ほか。

装丁：佐藤レイ子
協力：中山義幸（Studio GICO）
編集・制作：株式会社　本作り空Sola
https://solabook.com

新修民俗語彙

2024年11月25日　第1刷

著　者　野本寛一
発行者　伊藤甫律
発行所　株式会社柊風舎
〒161-0034　東京都新宿区上落合1-29-7　ムサシヤビル5F
TEL. 03（5337）3299　FAX. 03（5337）3290

印刷／製本　株式会社明光社印刷所

Printed in Japan　ISBN 978-4-86498-115-6　C0539

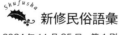